KB154951

우정
L'amitié

L'amitié
by Maurice Blanchot

블랑쇼 선집

6

우정

L'amitié

모리스 블랑쇼 지음 류재화 옮김

B
그린비

『모리스 블랑쇼 선집』을 간행하며

모리스 블랑쇼는 철학자이자 작가로서 이 시대에 하나의 사상적 흐름을 형성했다. 그는 말라르메의 시학의 영향 아래에서 현대 철학과 문학의 흐름을 창조적·비판적으로 이어 가는 '바깥의 사유'를 전개시켰다는 점에서 전통에 위치한 사상적 매듭인 동시에, 다음 세대의 (푸코·들뢰즈·데리다로부터 낭시·라쿠-라바르트·아감벤에 이르기까지의) 뛰어난 철학자들에게 끊임없이 영감을 주어 온 사상적 원천이다. 이는 그의 사유를 한때의 유행이 아니라 지속적으로 참고해야 할 준거점으로 받아들여야 한다는 요구가 부당하지 않은 하나의 근거가 될 수 있을 것이다. 그러나 블랑쇼가 진정으로 중요한 이유는, 삶이 사상보다 중요하다는 단순하지만 명백한 사실에 비추어 볼 때, 다른 데에 있다.

그는 종종 '소크라테스 이전의 사상가'라고 불리어 왔다. 그 사실은 그의 사유가 아카데미의 학문적 역사와 배경을 넘어서서 자신의 삶의 체험을 바탕으로 여러 삶의 양상을 직접적으로 표현한다는 것을 의미한다. 우리는 그의 언어가 궁극적으로 우리의 학문적·지적 호기심이 아니라 우리 각자에게, 우리 각자의 삶에 호소하고 있다는 사실을 경험하게 될 것이다. 그의 언어는 우리가 반복하고 추종해야 할 종류의 것이 아니라, 몸으로 받아들여야 할 종류의 것, 익명의 몸과 마음으로 느껴야 할 비인칭의 언어 또는 공동의 언어다. 따라서 블랑쇼를 읽는다는 것은, 그가 생전에 원했던 대로 '모리스 블랑쇼'라는 개인의 이름(동시에 사회에서 받아들이고 칭송하는 이름, 나아가 역사적 이름)을 지워지게 하는 동시에 어떤 공동의 '우리'에 참여하는 것이며, 나아가 그 귀결점은 또 다른 공동의 언어로 열리고 그것을 생성하게 하는 데에 있다. 아마 거기에 모리스 블랑쇼를 읽는 가장 중요한 이유가 있으며, 결국 거기에 독자의 마지막 몫이 남아 있을 것이다.

『모리스 블랑쇼 선집』 간행위원회

Maurice Blanchot, *L'amitié*

C · O · N · T · E · N · T · S

"나의 공모적 우정.
내 기질이 다른 사람들에게
온전히 전해질 수 있다면
바로 이런 우정 덕분이다."

"이 정도로 깊은 우정에 이를 수 있는 친구들이 있을까.
여기 한 버려진 인간이, 모든 친구들로부터 버려진 인간이 있다.
그런데 그가, 삶 속에서, 삶을 초월해 자신을 동행해 줄 자를 만난다면,
그 역시나 삶이 없는 자, 아니 모든 관계로부터 떨어져
자유로운 우정이 가능해진 자일 것이다."

─── 조르주 바타유

우정

1
예술의 탄생

라스코가 우리에게 경이감을 주는 것은 사실이다. 지하 세계의 아름다움을 그토록 오래 간직하고 있다가 우연히 드러내게 되었는데, 그것도 폐허가 된 유적이나 아무도 모르게 사라질 뻔한 장식물처럼 발견된 것이 아니라 그야말로 압도적인 현존으로 우리 앞에 나타난 것이다. 그곳은, 눈부신 실력과 천재성을 발휘하기 위해 거의 일부러 택한 공간 같다. 이 그림들의 놀라운 장관이라니! 지금 우리는 너무나 아연실색하여 순진무구한 아이처럼 이것들을 보고 있는데, 하물며 이것을 처음 본 관객은 이 기적과도 같은 계시를 어떻게 감당해 냈을까. 이곳은 그야말로 예술이 빛을 발하는 장소이다. 그 빛은 최초의 빛이자 완전 무결하게 완성된 빛이다. 라스코에 있다는 것은 예술의 실제적 탄생을 참관하는 일이다. 예술은 탄생한 다음 수정되거나 변경되는 것이 아니라, 그 자체 안에서 무한히 변화하며 부단히 새로워진다. 라스코가 보여 주는 것이 바로 이것이다. 그러니 우리 역시 놀라는 것이다. 매료되고, 너무나 흡족한 것이다. 우리가 예술에서 기대하는 것은 바로 이것이다. 예술은 태어나는 순간부터 인정되고 긍정되며, 확언된다. 그렇게 매번 확인되어야 다시 영속적으로 태어날 수 있는 법이다.

이런 생각은 환상일까? 아니다, 실제 그렇다. 이런 생각을 해야 우리의 놀라운 탐색이 이어진다. 예술은 우리 자신과 더불어 그리고 시간과 더불어 그 근본까지 파고드는 것임을 이토록 기가 막힌 복선으로 암시하고 있지 않은가. 라스코는 저 먼 태고의 것이면서 동시에 지금 우리가 눈앞에서 보고 있는 것 그대로이다. 이 그림들은 하나의 세계를 가지고 우리에게 왔고, 그 세계는 우리와 어떤 공통점도 없다. 그저 윤곽과 형상만 짐작할 뿐이다. 온갖 문제와 질문은 차치하고서라도 이토록 내밀한 공간에 들어와 이미 사라져 버린 시대의 작품들을 보며 우리는 그야말로 충격에 빠져 있는 것이다. 특히 이제 막 출현하기 시작한 시대의 느낌이 고스란히 전해지는 베제르 계곡¹에서, 우리는 또 한번 놀란다. 왜냐하면 예술이, 아니 예술의 힘이 이렇게 도처에, 우리 가까이에 확연히 있다는 믿음이 생겼기 때문이다. 더욱이 지금처럼 예술이 사라져 버린 시대에 말이다.

---

1 프랑스 누벨아키텐 지방의 베제르(Vézère) 계곡 주변에서 선사시대 인류의 모습을 보여 주는 흔적들이 나타났다. 특히 몽티냑(Montignac) 마을에서 발견된 라스코(Lascaux) 동굴 벽화는 1940년 이곳 마을에 살던 소년들에 의해 우연히 발견되었다. 일대 장관을 이루는 기원전 1만 7000년경의 이곳 벽화와 암각화에는 들소, 말, 사슴, 염소 등의 동물들이 빨강, 검정, 노랑, 갈색 등의 풍부한 색감으로 표현되었으며, 주로 동물들이 그려진 점으로 보아 사냥의 풍요를 기원하는 샤머니즘 의식의 일환이었을 것이라고 보는 해석들이 훗날 더 인정되었다. ─ 옮긴이

"라스코 동굴에 들어오면, 온몸이 조여지는 듯한 느낌을 받는데, 화석이 된 인간의 첫 유해 또는 그들이 쓰던 돌 연장이 전시된 진열창 앞에 서 있을 때의 느낌과는 사뭇 다르다. 오히려 시대를 초월한 걸작 앞에 서 있을 때의 느낌과 비슷하다고나 할까. 정말로 뭔가가 '실로 내 앞에 있는 듯한'[2] ── 눈이 환해지고 온몸이 불타는 듯한 ── 느낌이다."

---

2 원문은 présence이다. 존재, 현존, 또는 현전(기존의 블랑쇼 번역본에서 두루 사용된 용어) 등 다양한 우리말로 번역될 수 있지만, 모리스 블랑쇼가 특별히 탐색하는 개념이라 문맥에 따라 의미가 잘 전달되도록 정교하게 번역될 필요가 있다. 블랑쇼는 현대 예술이 지나치게 재현(représentation) 기술에 집착하는 경향이 있음을 암묵적으로 비판하면서, 예술이 되살려야 할 세계는 'représentation'이라기보다 'présence' 자체라고 넌지시, 그러나 힘주어 말하고 있다(다음 장 「박물관과 예술과 시간」에서도 블랑쇼는 이런 생각을 피력하고 있으며, 특히 자코메티를 다룬 후반부에서 présence가 우리가 복구해야 할 얼마나 소중한 개념인지를 섬세하게 설명한다).
'présence'는 우선 12세기 중세에는 'être animé', 즉 어떤 존재가 활기와 생기를 띠고 있는 상태를 의미했다. 이어, 내 눈앞에 나타난 어떤 매력적이고 신성한 것을 의미하기도 했다. 접두사 pré-는 단순히 앞이 아니라 옆도 될 수 있으며, 거의 신체적 접촉이 이루어진 듯(실제로 접촉하지 않아도) '가깝게' 그 아우라와 에너지가 그대로 전이되는 무매개성이 더욱 강조된다. 따라서 이 번역본에서는 présence를 현존이나 현현 등으로 번역하되 특별히 맥락 속에서 그 강력한 의미를 살려야 할 필요가 있을 때는 '실로 내 앞에 있음' 등으로, 다소 서술적으로 풀어 옮기기도 했다.
다만 이 번역본에서 '현전'(現前)은 택하지 않기로 한다. 왜냐하면 한자어를 통해서나 그 의미가 짐작될 뿐 실제로 우리가 자주 사용하지 않는 단어이기 때문이다. 반면 프랑스어 présence는 지극히 일상적인 용어이면서 바로 그렇기 때문에 블랑쇼가 이 단어를 일부러 쓴 것으로 짐작되기 때문이다. 뒤에 카뮈를 다루는 장에서 블랑쇼는 매우 낯설고 다소 공격적인 어조로, 철학자들에 의해 문학적 용어가 경색되고 고착되는 것을 비판한다. 이 책에 실린 블랑쇼의 문학적 통찰과 사유에 비춰 보았을 때, 블랑쇼는 자연 세계처럼 지극히 일상적이고 무매개적이며 소박하고 단순한 실제성을 있는 그대로 포용하며 그 자체 내의 반복성과 운동성을 통해 새로운 차원으로 솟구치듯 비약하는 상상성 또는 추상성을 선호하는 것 같다. 우리가 간과하기 쉬운 것이, 추상성은 실재성을 떠나지 않는다는 것이다. 실재성을 떠나지 않으면서 변신하고 비약한 결과물이 추상성일 수 있다는 것이다. ── 옮긴이

이 느낌은 왜 이렇게 강렬할까? 우리는 이 그림들을 더욱이 ─ 순진하게 ─ 바라보며 감탄하게 된다. 왜일까? 그 자체가 감탄스럽기도 하지만, 그야말로 최초의 것이기 때문이다. 어두운 밤으로부터 맹렬히 튀어나온, 그리하여 비로소 눈에 보이게 된 최초의 예술 작품이기 때문이다. 마치 우리가 그때 거기 있었던 것처럼. 아니, 지금 우리 앞에 있는 것을 보면서도 도무지 설명이 안 되는 것처럼. 그 지독한 호기심과 지치지 않는 열정으로 우리가 그토록 찾아 헤맸던 것, 그러니까 최초의 인간이 실재한 증거를 보게 돼서일까? 우리는 왜 이런 기원이 필요할까? 아니, 모든 기원은 왜 이런 환각적 베일에 싸여 있는 걸까? 우릴 조롱하듯, 진짜 정수는 보여 주지 않는 법이어서 이렇게 숨기는 걸까? 아마도 이것이, 이 최초의 것이 은닉한 텅 빈 진실일까? 예술은 원래 이런 환각 속에 놓여 있는 법인데, 우리가 괜히 궁금해서 미치는 것일까? 왜 예술이 이런 수수께끼를 재현하는지 알고 싶은 걸까? 우리는 왜 그것을 파헤치려고 하는 것일까? 왜 "라스코의 기적"을 말하면서, 조르주 바타유는 "예술의 탄생"을 말할 수 있었던 것일까?

조르주 바타유가 라스코에 몰두하면서 쓴 책[3]은 너무나 아름다워 그가 제시하는 것을 곧이곧대로 믿게 될 정도이다 ─ 라스코의 형상들에서 영감받은 것을 끊임없이 소환하며 그토록 확실하게, 그토록 박학다식하게, 또한 심오하게 말하고 있으니 우리는 지금 우리가 보고 있는 것, 또는 그가 우리에게 보라고 한 것을 보면서 그 모든 것을

---

3 Georges Bataille, *La peinture préhistorique: Lascaux ou la naissance de l'art*, Skira, 1955.

인정하지 않을 수 없는가 하면, 그래서 행복감을 갖지 않을 수 없게 된다. 바타유의 책이 지닌 가장 큰 장점 가운데 하나는 비록 동굴 벽면과 흙바닥에서 가져온 형상들이지만, 어쨌든 그것을 전혀 왜곡하지 않으면서 이 형상 자체에서 새어 나오는 느낌을 그대로 갖게 한다는 것이다. 그래서 그가 말하려 하는 바를 우리가 비로소 이해하게 된다는 것이다. 이 그림과 형상에 제시된 여타의 설명보다 그저 그것을 있는 그대로 보다 보면 단박에 깨우쳐지는 게 있다. 때로는 장엄하고, 때로는 과장된 듯 너무나 충만한 이 동물 형상들의 행렬은 도대체 무엇일까? 조르주 바타유는 그게 무엇인지 확실히 우리에게 알려 준다. 동물들은 서로 겹쳐 있기도 하고 얽혀 있기도 한데, 이 형상 행렬은 주술 의식과 관련되었을 것이다. 이 의식은 인간 사냥꾼과 군상처럼 모여 있는 이 동물계 간의 어떤 관계를 드러낸다 — 그것은 아마도 서로의 이해타산, 아니면 주술관계, 아니면 공모와 결탁, 우정 같은 것이다. 우리가 다 알지 못하는 의식儀式이 분명 있었을 것이라고, 전문가들은 오늘날 이른바 "원시" 예술이라고 명명하는 것들을 떠올리며 뭐든 상상해 보려 했다.

바로 그래서 희미하나마 진지한 해석들이 있는 것이다. 무겁고, 어둡고, 복잡하고, 머나먼 어떤 총체적 문제가 떠오른다. 만일 라스코가 접근 불가능한 신비한 의식과 풍속이 펼쳐질 것 같은 어두운 야생의 세계라면, 반면 라스코의 그림들은 너무나 자연스럽고 암흑 덕분에 기적적으로 밝아 보이며 쾌활하니 더더욱 놀랍다. 우물 바닥에 감춰져 있던 장면은 제외하고, 또 "일각수"라 부르는 약간 가로 형태의 형상은 별개로 하더라도,⁴ 다른 것들은 모두 우리 눈과 마주치는 순간 즉각 행복해지는 것들이다. 아름다운 물건을 볼 때 감탄하고 놀라면서도 친숙함을 느끼지 않나. 난해한 수수께끼나 공들인 정교함은 없지만 우리에게 즉흥적인 자유로움을 주는, 그러니까 대단한 뒷생각이나 그럴 듯한 의도나 구실 따위 없이 그저 자기 자신을 위해 즐겁게 그린 무사태평한 그림인 것이다. 고고학적으로 의미를 부여할 만한 것도 전혀 없다. 사실 그리스 예술의 초기 형태보다 덜 고고학적인데, 그저 약간 뒤틀려 있거나 과장되어 있을 뿐 오늘날 보게 되는 매력적인 원시 예술품의 특성 같은 건 없다. 만일 18세기 인간이 라스코 동굴 속으로 내려와 이 어두운 내벽을 보았다면, 그들이 꿈속에서나 보았을 인류 초기 시대의 목가적이고 순수하며 약간 단순한 기호들을 알아봤을 것이다. 우

---

4 라스코 동굴의 우물 바닥에 그려져 있어 '우물 인간'이라 불리게 되었다. 투창을 맞아 배에서 내장이 약간 흘러나오는 들소가 오른쪽에 크게 그려져 있고 왼쪽에는 이 들소 옆에 쓰러져 있는 한 남자가 있다. 남자의 머리는 새 모양이고 성기가 발기되어 있다. 이 쓰러진 남자 밑에는 횃대처럼 생긴 가느다란 나무줄기 끝에 새 문양이 달려 있는 사물 형상이 그려져 있다. 이 세 오브제(들소, 성기가 발기한 남자, 횃대의 새)의 연관성을 두고 여러 해석이 나왔다. 가령, 남자와 들소의 관계는 사냥꾼과 사냥감의 관계이며 발기된 성기는 성적 황홀경이자 신들린 최면 상태 또는 죽음 전 단말마의 황홀경이라는 것이다. 처음 이 동굴이 발견되었을 때는 사냥을 하다가 사고를 당한 사냥꾼의 일화로 해석되었지만, 점차 성과 죽음, 사냥의 비유적 함의가 내포되어 있을 것이라는 식으로 해설이 심화되었다. 특히 동굴 벽화에 새는 잘 그려지지 않았다는 점을 들어, 이 새는 현실 세계의 동물이 아니라 영혼의 비상을 환기하는, 즉 죽음을 상징하는 것이라 보았다. 블랑쇼는 이 우물 인간에 대한 탁월한 환기와 성찰로 이 장을 갈무리하게 될 것이다. 한편, 일각수 형상들은 동굴 안에 들어온 방문객들을 압도하는데, 움직이며 원무를 추는 듯한 리드미컬한 구성이 특이하다. 바타유는 일각수라는 희한한 동물 형상은 현실 세계와는 관계없는 꿈과 일부였을 것이라고, 상기한 책에서 해설하고 있다. — 옮긴이

리는 이런 꿈들이 진짜 꿈이라는 것을 안다. 그런데 선사인들보다 덜 순진했을 18세기인들이 보기에 라스코 예술은 꿈에서 보던 것 그 이상의 설명할 수 없는 순박함을 지니고 있었을 것이다. 낯설지만, 그리 멀게 느껴지지 않으니 유사함도 일면 있고, 즉각적인 가독성을 부여하니 신비 예술이 아니라 그저 예술로서 신비한 것이다.

*

그런데 우리를 만나러 저 수천 년 전 동굴 바닥에서 온 예술은 그렇게 비장하게 온 게 아니라, 기꺼이 즐겁고 거뜬하게 온 듯하다. 행진하는 동물 무리의 저 살아 숨 쉬는 듯한 움직임과 형상들, 저 이동과 전이의 생! 예술 행위를 하며 느끼는 유일무이한 행복일지 모를 저토록 강렬한 환각은 그 어떤 이론보다 강하며 손에 잡힐 듯 생생하다. 예술을 비로소 발견한 행복한 축제가 한판 벌어지는 것이다. 자기만의 축제를 위해 바로 예술이 있는 것이다. 조르주 바타유는 여러 생각을 좇아가며 자기 탐색을 여실히 보여 주는데, 라스코 그림들은 아마도 이 비등하는 힘과 넘치는 관대함의 축제와 관련되었을 것이라고 추정하기도 한다. 축제란 무엇인가. 수고와 노동을 잠시 멈추고 인간으로서 — 그야말로 처음으로 진정한 인간으로서 — 짧으나마 환희를 누리는 시간이다. 자연적 원천, 즉 기원으로 돌아가는 것이다. 지금은 아니지만, 그랬던 때로 돌아가는 것이다. 금지된 것들을 어기기, 아니 지금 금지된 것들이 있다면 바로 그것을 깨부수기. 그런데 기원의 실존이 있는 곳, 바로 그 지점에서 폭발해야 한다. 바로 그 지점을 장악하면서도 내버려 두고 내버려 두면서도 장악하며 하나로 수렴해야 한다 ─ 소위 예술성이 "명명"되는 곳에는 이런 운동성이 있는 것이 원칙이다. 생각해 보면, 인간도 이렇게 인간이 되었다. 수백만 년에 이르는 장구한 세월 동안 여러 계보를 거쳐 인간과는 전혀 다른 것에 이르기도 했는데, 우리는 이 존재들을 대개 오스트랄란트로프Australanthrope, 텔란트로프Télanthrope, 시난트로프Sinanthrope 등으로 부른다. 이들은 직립하였고 싸울 때는 정강이뼈를 사용했다. 뼈를 부스러뜨려 부싯돌로 사용하거나 돌에 불이 붙을 때까지 기다렸으며 아무 물건이나 도구로 사용하다 어느덧 물건으로 도구를 만들게 되었다. 그토록 위험한 일인 줄 모르고 서서히 자연에서 멀어졌고 급기야 자연을 파괴했다. 이제 파괴와 죽음을 알게 되었다. 그리고 파괴와 죽음을 활용하는 법도 알게 되었다. 전前 인간, 즉 인간 이전의 인간이 노동하는 인간이 된 것은 이 같은 무궁한 시간성 속에서였다.

이 노동하는 인간이 기적 같은 혁신을 이뤄 한자리 차지하며 다른 일군의 생물체들과 격차를 벌이게 되었을 때 어떤 "감정"을 느꼈을지를 우리는 알지 못한다. 자신만만함? 아니면 잔인함? 그게 정확히 무엇이었는지는 모르지만, 대단한 것이었을 것이다. 아마 때로는 전자이고 때로는 후자였을 것이다. 하지만 인간으로 가는 이 첫 행보 속에서 비참하고 공포스러운 기억도 갖고 있었을 것이다. 인간, 아니 아직은 인간이 아닌 인간은 어쨌든 더 강해지려고 노력했고 그러면서도 항상 자신이 약하다고 느꼈을 것이다. 그래서 아예 전혀 다른 것이 되고 싶었을 수도 있지만, 본질적으로 그렇게 될 수 없었다. 결핍과 부족을 느끼며, 우리가 자연이라 부르는 것에 부족한 것을 오류로 인식했을 것이다. 자기 자신과 자연 생명 공동체 사이에 있는 빈 구멍, 그것이 그에게는 파괴와 죽음처럼 느껴졌을 것이다. 그러나 이 구멍을 통해, 아니 이 구멍을 이용해 거듭나야 했다. 괴로워할 것도 없고 아쉬워할 것도 없었다. 더 강해지기 위해서는 자신의 약점을 이용하고 심화해야 했다. 인간이 할 수 있는 것을 중심에 두고 그 가장자리에 둥근 원을 그었을 때, 조르주 바타유가 전제하는 이 금기는 ─ 성적인 금기, 죽음에 대한 금기, 살해 등 ─, 자기 자신을 뛰어넘지 못하게, 아니면 뒤로 돌아가지 못하게 하는 일종의 방벽이었다. 출구 없는 위험하고 의심스러운 길을 가야 할 때 이 방벽은 절대적이었다. 그래야 자신을 지킬 수 있었으니 말이다. 마침내 모든 형태의 수고스러운 활동을 지키고 수호하기에 이르렀다. 자연의 본성이 아닌 노동에 자신을 집어넣음으로써 어떤 형태를 완성하기에 이른 것이다.

우리는 이렇게 우리도 잘 알고 있는 네안데르탈인이라는 옛 사람에 이르게 된 것이다. 그럴 법한 가설에 따르면, 우리는 네안데르탈인에서 바로 온 것이 아니라, 네안데르탈인을 파괴하고 나왔다. 네안데르탈인에 대해 우리는 다소 거칠게 말하지만 그들은 대단한 일꾼이었다. 연장과 무기의 달인이었으며, 아마 작업장을 운영하는 자였을 것이다. 죽음을 인정하고 존중하며 어두운 곳에서 자신을 보호하고 방어할 줄 알았다. 하여, 그들 자신은 비록 사용하지 못했지만 미래의 인간이 사용할 수 있는 열쇠를 건네주었다. 이런 네안데르탈인에게는 무엇이 부족했을까? 그저 가볍고 담대하게, 도전적으로 영감받은 힘을 추동하여 여태 자신을 보호하고 있던 규칙을 깨 버리면 되었는데 그러지 못한 것일까? 자신의 능력을 알았지만 약점도 알았던 네안데르탈인은 가진 것이라도 지키는 데에 급급했을까? 통치권자의 위법처럼 과감하게 위반하는 법도 알아야 한다. 이런 최후의 위반이 있어야 현생 인류인 인간으로 낙인될 자격을 갖는 것이다. 현자들이 간혹 우리에게 제안하는 도식과 함께 그 유사한 언어를 사용해 보자면, 여기에는 공상적 순회巡廻, randonnée[5]가 있다. 한 번에 두 번 도약하거나 두 순간 사이에서 행해지는 정제精製된 위반transgression[6]이 그것이다. 전前 인간은 주어진 자연성에 따라 요행히 자신을 제어하면서도 불쑥 자신의 본성에 반하여 자신을 딛고 일어서기도 했다. 그렇게 자신을 일으켜 세우

---

5 randonnée는 정처 없이 계속 돌아다니거나 언제 끝날지 모르는 긴 행보나 산책 등을 의미하는데, 사냥 용어에서 파생했다. 사냥에 내몰린 짐승이 한곳을 빙빙 도는 절체절명의 순간과 상황을 연상할 수 있다. 원무나 핸들 꺾기 같은 순환적 동작성을 면밀히 파악해 보면, 꼬리에 꼬리를 물듯 앞으로 나아가는 것이 곧 뒤로 물러나는 것이고, 뒤로 물러나는 것이 곧 앞으로 나아가는 것일 수 있다. 이 사이 추동적 에너지는 상존한다. 네안데르탈인과 호모사피엔스, 전 인간과 인간, 또는 현생 인류의 기원 문제를 다루는 이 단락에서 이 단어가 비유적으로 불쑥 등장한 것은 인류 및 문명의 진보가 일방향성으로 진행되는 것이 아니라 금기와 위반 사이를 영속적으로 반복하며 빙빙 순회하듯 진행되는 것임을 암시하기 위한 것으로 보인다. ─옮긴이

6 transgression(도덕적, 법률적 판별을 떠올리기 이전에 우선 이 단어는 어원만 살리면 '타고 넘어감'이다 ─옮긴이)이라는 단어는 분명 이 두 순간에 같은 의미로 쓰이지 않는다. 첫 번째 경우에 이 단어를 사용한 것을 설명하려면 긴 서술이 필요할 것이다. 만일 나중에 직립하여 걸어 다니는 인간이 어떤 금지된 것들에 둘러싸이게 되었다면, 그건 이전에 어떤 뜻밖의 '위반'이 있었기 때문이다. 그로부터 한참 떨어진 시간 차가 있어 처음처럼 낯설 뿐, 이미 오래전 드리오피테쿠스 시절부터 자연은 이미 추월되었고 위반되었다. 항상 최초의 위반이 있고, 그것이 먼저 생겼기에 훗날 다른 금지의 형상이 잡히는 것이다. 우선 우리는 금기를 뛰어넘는다, 즉 "위반한다". 이어 우리는 열린 길을 가고 있다고 생각하지만, 경계를, 방어벽을 치면서 열린 길을 가는 것이다. 이 방어벽들은 우리를 전혀 다른 지점들에서 제한한다. 법은 어기면 안 되므로, 항상 어겨진다.

며 스스로 직립한 동물이 되었다. 이제 노동을 하고, 그러면서 덜 자연적인 자가 되었다. 전에 자신에게 이로웠던 것을 스스로 제한하고 금지해 가며 이제는 거의 자연적이지 않게 되었다. 그러나 이 첫 결정적 위반으로 이른바 동물에서 인간이 툭 떨어져 나왔다 해도 현생 인류와 비슷한 인간이 되기에는 아직 충분치 않았다. 따라서 또 다른 위반이 필요했다. 스스로를 조절하고 제한하지만, 동시에 언제든 위반할 수 있는 가능성이 열려 있으니 다시 한번 결국, 그리고 확실히 감행하는 위반. **한순간** ─ 차이가 생기는 시간 ─ 금기들이 어겨지고, 인간과 인간의 기원 간의 간격은 다시 문제가 되었다. 그러는 사이 전의 것을 일부 복구하는가 하면 더 탐험하고 시험했다. 이런 식으로 전의 실제와 (그러니까 우선은 동물성이라는 실제와) 비범한 접촉이 이루어져 최초의 광대함을 되찾게 된 것이다. 그런데 이런 복귀는 복귀 그 이상이다. 왜냐하면 복귀한 자는 그 동작만큼은 수백 년 동안 지속되어 온 구속과 길들임과 나약함을 어느 정도 제거한 듯 보이지만, 이 불가능한 복귀를 스스로 속 시끄럽게 의식하고 있기 때문이다. 한계를 알고 있고, 이 한계를 깨부술 수 있는 유일한 힘도 알고 있다. 이 둘 다를 사는 전적인 실존을 꿈꾸지만, 그건 꿈에 불과할 뿐 그럼에도 불구하고 무엇인가 와서 덧붙는다는 것을 비밀스럽게 확신한다. 작고 미세한 조각이긴 하지만, 약간 거리를 두고 살살 모호하게 갖고 놀다 보면 그 모든 것의 주인이 될 수 있을 것만 같다. 상징적으로 그것을 나에 적응시키거나 조금씩 그것과 소통하다 보면 서서히 그것이 되어 갈 것이다. 예술은 이렇게 스스로, 그러니까 감각적 확신으로, 그 어떤 것도 고갈시킬 수 없는 명징성을 띤다.

조르주 바타유는 말했다. "우리는 일종의 확신을 가지고 앞으로 나아간다. 더 엄밀한 의미로, 위반은 예술 스스로 자신을 드러내는 순간에만 현존한다. 예술의 탄생은 순록의 시대와 거의 일치하는데, 이때 약간 소란스러운 놀이와 축제도 있었다. 동굴 저 안쪽에서 그림 형상들이 나타나면 생은 개화하듯 터지고, 스스로를 추월하며, 죽음과 탄생의 놀이로써 완성된다." 바타유의 이런 생각에는 행복하고, 강렬한, 그러나 약간 당혹스러운 무언가가 있다. 인간은 꼭 정말 인간다워져서 인간이 되는 것이 아니다. 다른 생물체와 구분되어서가 아닌 것이다. 그 차이를 충분히 분명하게 느끼면서도 그 차이를 없애려는 모호한 힘이 불쑥 솟아날 때 오히려 정말 인간다워지는 것이다. 인간으로서 획득한 비범한 능력으로 영예로워지는 것이 아니라, 그 비범성을 차라리 방기할 때, 아니 없애 버릴 때, 아니, 그런 대가를 기꺼이 치를 때 더 인간다워지고 영예로워지는 것이다. 사실상, 이런 것이 진짜 극복하는surmontant[7] 것이다.

---

7 surmonter는 조어대로만 보면 위로 '올라가다', '뛰어넘다'라는 뜻이다. 앞의 transgression 도 마찬가지지만 인간의 정신성이 절대관념이나 자기주체성보다 동사적 측면, 즉 동작이나 작용을 통한 주체의 실천 행위 속에서 모색되고 있다. 언어 자체의 근원적 의미로 돌아가 그것을 다시 성찰하는 언술과 수사적 표현이 블랑쇼의 글에서 자주 등장하게 될 것이다. —옮긴이

예술로 인해 우리 현생 인류는 정통하고도 유일한 탄생일을 갖게 될 것이다. 만일 라스코에 그려진 그림들이 우리와 충분히 가깝게 느껴지고 우리를 충분히 유혹한다면, 반드시 날짜를 확정할 필요는 없고, 가까운 날짜이기만 하면 된다. 그렇다면 이른바 인접성proximité을 느끼게 되는 것일까? 아니면, 오히려 현존성présence, 더 정확히 말하면 현현성apparition을 느끼게 되는 것일까?[8] 내 앞에 실로 있음! 느닷없고 가차 없이 갑자기 빛을 보게 된[9] 이 작품들이 회화사에서 사라지기 전에, 아마 따로 떼어 내 다룰 필요가 있을 것이다. 막 출현한 듯하고 순간적으로만 거기 있는 것 같으며, 순간에 의해, 순간을 위해 거기 흔적을 남

---

8 블랑쇼가 présence의 의미를 proximité와 apparition 사이에 배치하면서 세 단어 사이의 미묘한 차이를 부각하는 것과 더불어, 전자보다 후자를 강조함으로써 익숙한 일상적 언어인 présence를 더 소중하고 신묘한 언어로 새롭게 조명하고 있음을 짐작할 수 있다. — 옮긴이

9 유럽이나 그밖의 다른 대륙 동굴들은 탐사 팀에 의해서도 발굴되지만, 우연히 발견된 적도 많다. 특히 라스코 동굴 벽화의 발견은 2차 세계 대전 중에 일어나 더 극적인 효과를 불러일으켰다. 이 일화는 한 편의 소설 같은 장면으로 시작한다. 1940년 9월 8일, 18세 청년 마르셀 라비다는 친구들과 산책을 하고 있었다. 그런데 토끼를 쫓아가던 그의 개 로보가 토끼가 사라진 어느 바위 틈 앞에서 짖는 것을 보고 이상히 여기다가, 그 바위 틈 아래서 우연히 동굴 하나를 발견하게 된다. 조르주 바타유에 따르면, 이 일화는 다소 창작된 감이 없지 않다. 놀란 마르셀과 친구들은 학교 선생님인 라발 선생님을 부르고 그는 당시 나치를 피해 이 지역에 도피해 있던 신부이자 선사학자인 앙리 브뢰유를 불러온다. 고고학자였던 신부는 이것이 선사시대의 동굴 벽화임을 바로 알아본다. 전쟁의 깊은 외상에 빠져 있던 프랑스인들에게 이 구석기 시대 동굴은 그야말로 전율과 충격이었다. 선사시대의 발견으로 역사시대에 대한 반성이 일어났다. 이후 수많은 연구자들과 예술가들, 문인들이 라스코 동굴 벽화로부터 깊은 영감을 받아 많은 글을 썼다. — 옮긴이

긴 듯한 형상들은 어두운 형상이 아니라 밤이 찰나적으로 열리는 순간 그때만 잠시 보이는 것 같다.

내 앞에 바로 있는 듯한 이 이상한 "현존"의 느낌. 선線 정도로만 그려진 제한된 외양 속에서도 보석처럼 반짝이며 확고하지는 않지만 확신에 찬 외양으로 그 어떤 가시적 사물보다 훨씬 더 확실하고 분명한 현존감을 발휘하고 있으니 말이다. 최초의 예술은 아마 이런 느낌을 주는 것이었을 것이다. 너울거리는 횃불의 불빛 아래 처음 그 모습을 드러냈을 때 혹시라도 다른 누군가가 조금이라도 의심이 들어 다시 덧칠하지 못하게, 아니 그럴 여지조차 두지 않을 정도로 확고부동한 권위를 자랑하며 자신을 현현하고 있는 이 형상들. 지금 여기서 시작된 이 예술이 이미 오래전 시작되었다는 것을 우리는 알고 있고 느끼고 있다. 라스코는 유일무이하다. 그러나 혼자가 아니다. 라스코는 처음이다. 그러나 맨 처음은 아니다. 수천 년 전 인간은 조각하고, 새기고, 흔적을 남기고, 채색하고, 더럽히고, 간혹 인간의 얼굴을 그려 놓기도 했다. 가령 이 브라상푸이 조각상[10]처럼 여성의 아름다움에 솔직하게 반응할 줄도 알았다. 예술 행위의 첫 동기가 무엇인지 우리는 지극히 많은 것을 배워 알고 있다. 예술을 발명한 게 곰일 수도 있다. 동굴 내벽을 발톱으로 할퀴면 밭고랑 같은 선이 여러 개 생긴다. 그러면 곰

---

10 1882년 프랑스 랑드 지방의 브라상푸이 후기 구석기 유적지에서는 여인의 몸 형상을 한 작은 조각상이 여럿 나왔다. 일명 비너스상으로 불리는데, 그 환조 기법 및 표현 기술은 놀랍다. 후기 구석기인들이 왜 이런 조각상을 만들었을지를 놓고 실질적인 작품이라거나 호신용 부적이라거나 무녀상이라거나 학자들마다 견해가 다르다. ─ 옮긴이

의 친구인 인간이(만일 당시 곰이 인간의 주요 반려동물이었던 게 사실이라면) 이를 보고 깜짝 놀라서, 아니면 무섭기도 해서, 그 할퀸 선들에 좀 더 신비한 느낌을 내기 위해 그 선 위에 또 다른 선을 그려 훨씬 또렷이 보이게 만들었을 수도 있다. 레오나르도 다 빈치가 그랬듯이, 돌이나 동굴 벽면을 한참 바라보다 보면 그 미묘한 요철과 색의 변이 속에 어떤 형상을 상상하게 된다. 그래서 약간 가필만 하면 정말로 어떤 동물 형상이 그려진 것처럼 보일 수도 있다. 바위 표면에 ── 또는 자기 얼굴이나 몸 위에 ── 흙 묻은 더러운 손가락을 비벼 대 흔적을 내기도 하는데, 이미 손가락에 색이 묻어 색감이 살짝 살아 있다 보니 왠지 마음에 들었을 수도 있다. 동물 뼈나 돌을 부수어 무기로 쓰기도 하는데, 그것을 "산산조각"éclats[11] 낼 때 뭔가 튀면서 기묘한 환희가 느껴졌을 수도 있다. 그래서 처음에는 이 파편들을 쓸데없이 더 완성을 기해 부수기도 했다. 단단한 물건에 변형을 가할 때 느껴지는 이상하고도 기분 좋은 쾌감도 알게 되었을 것이다. 그래서 이 파편 부스러기로 벽면에 뭔가를 새기면 훨씬 강렬한 느낌의 윤곽선이 살아나 더 효과적이라는 것도 알게 되었을 것이다. 우리는 이런 증거들을 이미 많이 가지고 있다. 적어도 우리 방식으로 인정되는 증거를 다량 확보하고 있는 것이다. 라스코 이전에도, 그러니까 훨씬 멀게는 3만 년 전부터 훨씬 가깝게는 1만 5천 년 전에도(이건 거의 오늘날이라고 봐도 무방하다) 이

---

11 조각이라는 뜻도 있지만 강렬한 빛 조각, 즉 섬광이라는 뜻도 있다. 블랑쇼는 이 이중적 의미를 살리기 위해 조각이나 파편을 뜻하는 다른 단어들도 있으나 특별히 여기서는 이 단어를 쓰고 따옴표로 강조하고 있다. ──옮긴이

런 벽화들이 있었다. 라스코는 그 규모나 완성도뿐만 아니라 복잡한 것들을 구현해 내는 실력과 역량만으로도 이미 수 세기 전부터 우리가 지금 보는 것과 비등한 회화 작품을 만들 수 있었음을 눈부시게 증명하는 것이다. 이 작품들은 전통과 모델, 그리고 용법을 만나면서 더욱 정교해졌을 것이다. 앙드레 말로가 '박물관'Musée[12]이라 부르기도 했지만, 우리는 이 특별한 예술 공간 안에 들어와 있는 것이다. 당시에 진짜 아틀리에가 존재했고, 미술 거래에 가까운 것이 있었다고 말해도 과장이 아닐 정도이다. 알타미라 동굴 주변에는 이를 뒷받침할 만한 여러 징후들이 있는데, 가령 돌 위에 작은 들소가 새겨져 있는 것이 그것이다. 그리고 거기서 3백 킬로미터 떨어진 퐁드곰에는 알타미라의 작은 들소를 그대로 복제한 듯한 큰 들소가 새겨져 있다. 유랑하던 몇몇 예술가들은 자신의 작은 석판을 들고 다니다 누가 부탁하거나 기회가 되면 가서 그려 줬을 것이다. 신성한 의식을 치르기 위한 용도라면 그 요구에 맞게 여기 가서도 그려 주고 저기 가서도 그려 줬을 것이다. 특별한 곳을 정해 그곳을 장식하고 어떤 독특한 의식을 치르는 경우라면 그 의식에 참여하는 사람들이 사로잡힐 만한 것을 그렸을 것이다. 아마 그래서 오늘날 우리들마저도 이에 사로잡히는 것인지 모른다.

따라서 라스코에서 시작된 것이 곧 예술의 시작이라고 말할 수 있다. 예술은 초기에는 어둠의 시간 속을 헤맸다. 아무것도 없다가 기호

---

12 다음 장에서 다루게 되겠지만, 말로는 이 용어를 특별한 의미로 쓰면서 박물관의 탄생과 역할, 그리고 작품들이 박물관이라는 공간에서 겪는 변모와 부활, 정복과 대면 등 그 역동성에 주목하며 이른바 '상상의 박물관'이라는 개념을 정초한다. — 옮긴이

들이 증식되는 순간이 있다. 조르주 바타유가 주장하는 것처럼 옛 사람 네안데르탈인은 예술 행위에 대한 최소한의 개념도 갖고 있었던 것 같지 않다.[13] 이건 좀 혼란스럽고 당황스럽다. 그보다는 이 정도는 생각해 볼 수 있을 것이다. 우리가 노동이라 부를 만한 것이 발견되었는데 (단순한 물건을 물품이나 장식물, 무기, 연장 등으로 바꿈), 예술품이 실용품이 될 수는 있지만 꼭 그렇다고 표현하거나 단언하거나 통보할 수는 없는 일이다. 차라리 이건 가능하다. 또 다른 계보로 보면, 우리가

---

13 조르주 바타유는 호모사피엔스와 네안데르탈인을 분명히 구분하며, 근본적인 차이가 있다는 것을 여러 각도에서 언급한다. 우리와 동류로 보는 '호모사피엔스'라는 명칭은 영장류와 분명히 구분하기 위해 식물학자로도 유명한 린네가 붙인 것이다. 최근 다른 학자들은 '호모사피엔스'는 너무 낙관적인 개념이라며 '호모 사피엔스 사피엔스' 또는 '호모 스피리투알리스'(homo spiritualis) 등으로 바꿔 부르기도 한다(장 클로트, 『선사 예술 이야기』, 류재화 옮김, 열화당, 2022 참조). 이런 명명성을 두고 벌어지는 논란의 기저는 동물이든 인간이든 주변 자연의 물리적 생존 환경에 어떻게 적응하고 살아남는가가 관건이라는 것이다. 단순히 의식주 등의 물리적 생활만이 아니라 '죽음'이라는 문제, 특히 가까운 동료나 혈족, 타자의 '죽음'으로 인한 고통을 어떻게 극복할 것인가, 그것이 무엇으로 표상되는지 등에 대한 심오한 탐색이 이뤄지면서 '예술 탄생'의 비밀에도 접근하게 되었다. 호모사피엔스의 탄생과 예술의 탄생이 반드시 일치한다고 보는 데에는 여러 의문점이 제기되지만, 대체적으로 같은 시기라는 것을 바타유는 여러 설명을 통해 해설한다. 여기서 호모사피엔스로 분류되는 것은 라스코 동굴 같은 예술 작품 생산 능력을 보이는 크로마뇽인부터다. 바타유는 네안데르탈인 때부터 무덤이 출현한 것으로 보아, 죽음에 대한 인식은 이때부터 있었다고 보지만, 죽음 인식을 곧바로 예술 탄생으로 연결시키지는 않는다. 문제는, 죽음에 대한 인식에서 오는 고통을 어떻게든 누그러뜨리려는 의지의 산물이 있느냐 없느냐이다. 이 산물이 예술 행위나 동굴 벽화 등에 새겨진 표상물로 나타났을 것이다. 바타유는 예술의 탄생과 관련하여, 가령 '웃음'도 고통을 누그러뜨리려는 의지에서 나왔을 것이라 보며, 이렇게 말한다. "네안데르탈인이 웃는 법을 알았는지는 의심스럽지만, 라스코인은 분명히 웃는 법을 알았다. 우리는 고통의 누그러짐에서 웃음이 탄생했으리라는 사실을 잊고 있다. 이 사실을 잊기 위해 학문이라는 심각한 태도가 필요했던 것이다"(조르주 바타유, 『라스코 혹은 예술의 탄생 / 마네』, 차지연 옮김, 워크룸프레스, 2017 참조). ─ 옮긴이

여기서 나왔을 가능성이 더 많은데, 인간은 이미 노동자이며 동시에 예술가인 적이 있었다. 그러려면 초기를 훨씬 뒤로 잡아야 한다. 네안데르탈인의 예는 그래서 중요한데, 네안데르탈인은 능숙한 조작으로 물품을 만들기는 했지만, 이것이 훨씬 자유로운 활동으로 곧바로 이어지지는 않았다. 자유 의지를 가지고 있거나 금기를 부수려는 막연하나마 결연한 힘이 있어야 이런 자유로운 활동이 가능하다. 그리고 그때 예술이 구현되는 것이다. 그런데 인간 능력의 영역을 왜 구분하는 걸까? 다시 말해 인간은 내적인 측면과 외적인 측면이 있는데, 둘은 근본적으로 다른 것이라고 봐야 할까? 이것은 진화적 운동성과는 거의 관련이 없다(두 영역의 가치에 상대적 우열이 있다는 식으로 결론지을 수는 없지만, 두 영역이 반드시 함께 가는 것은 아니라는 추론은 할 수 있다. 더욱이 두 능력은 항상 동시에 생기는 것도 아니고, 간혹 하나가 — 즉, 예술 능력이 — 부족할 때가 있다. 훗날 신석기 시대가 되면, 인간은 족쇄에서 풀려난 듯 가벼워지지 못하고, 그렇게 방치된 채 예술의 실종을 맞는다. 이건 위험한 상황이다. 이런 가벼움이 있어야 지금은 멈춰 버린, 이제는 없는 이전의 자신을 되찾는데, 이제 더 이상 그런 유일무이한 자신을 갖지 못하게 된 것이다).

*

테야르 드 샤르댕[14]은 시작들은 항상 우리에게서 빠져나가 멀어진다고 말한다. "만일 우리가 시작을 결코 확인할 수 없다면, 그건 심오한 **우주적 투시법**perspective cosmique 때문이다. 그게 무엇이건 간에, 어떤 것이 시작되어 전개된다면 시간에 의해 그 가운데 가장 연약한 ── 부피나 두께에 있어서도 ── 부분부터 흡수된다. 개인이든, 집단이든, 문명이든 이른바 이것들의 태아는 화석화되지 않는다." 따라서 항상 누락이 있는 것이다. 기원에서 유래한 것이 나타나고 표현되지만 이미 기원에서 멀어져 있다. 기원은 기원이 생산한 것에 의해 싸이고 감춰진다. 아마도 바로 그렇기에 기원은 기원 자체로 파괴되고 소진된다. 그렇게 밀려나고, 벌어지고, 멀어진다. 본래 이렇게 밀려나면서 차이가 생긴다는 듯이. 결코 우리는 샘의 원천을 볼 수 없다. 결코 그 용출도 볼 수 없다. 다만 그 바깥에 있는 것을 볼 뿐이다. 샘의 바깥에 있는 현실이 샘이 되어 버렸다. 항상 다시 샘이 없어지거나 샘에서 멀어진다. 샤르댕은 샘의 속성처럼 인간의 속성도 그러하다고 보면서 "끝없이 뒤바뀌는 이 변동 때문에 우리의 기다림은 도전받고 있다"고 덧붙인다. 아마 기원이 없는 게 아니라, 이렇게 없어지는 것이 기원일 것이다. 멀어지고, 없어지고, "하얘지는" 것이 바로 기원, 그러니까 샘을 구성하고 있는 것이다. 기원이란, 완성되어 가고 있는 현재 진행형 상태일 때만 완성 가능한 것이 된다. 바로 뒤에 있던 것을 더 멀리 뒤로 던져 보낼 수 있는 힘을 통해 더더욱.

　이런 신기루가 만일 하나라도 있다면, 이것이야말로 예술의 진실

---

14 Pierre Teilhard de Chardin(1881~1955). 프랑스의 고생물 지질학자이자 가톨릭 사제이다. 실증과학자로 활동하면서 과학과 신앙의 조화를 지향하였다. 화석생물의 계보를 연구하며 지구 형성과 생물 형성, 정신 형성을 연계적 과정으로 파악하였다. 그의 사상은 결국 하나의 오메가 점을 지향하는데 여기에 종교 의식이 자리함으로써 종교로 귀착되기는 하나, 당시 종교계에서는 이런 그의 사상이 이단시될 수밖에 없었다. ── 옮긴이

이며 감추어진 의미이다. 예술은 기원과 연결되나 그 기원은 늘 '비기원'non-origine, 그러니까 기원 없는 기원으로 다시 이어지는 것이다. 예술은 탐험을 떠나면서 긍정하고 확신하게 된다. 순간, 이 모든 획득 형태들이, 그러니까 방금 전만 해도 본질이었던 것들이 이제는 아니라고 느껴지는 순간 온몸을 부르르 떨며 기동하고 솟구치는 것이다. 그랬으나 이제는 아닌 것을 뒤로 보내고, 앞으로만 나아가는 것이다. 예술은 앞으로 나아가는 자세 때문인지 약속 같다. 항상 다시 시작하는 수밖에 없는 청춘이다. 예술은 인간이 첫발을 내딛는 것과 동시에 시작되었다는 가설을 세울 수밖에 없는 이유도 이것이다. 그런데 예술의 그 위대한 초기 시절이 특별한 이유는 인간 스스로 정말 자기만의 고유한 시작을 하면서 예술을 시작했기 때문이다. 자신에 대한 최초의 원초적 긍정, 그 고유한 새로움을 표현하면서 말이다. 예술이 나아가던 길과 방법을 통해 인간은 자연적 힘을 얻게 되었다. 자연적 힘이란 오로지 시작할 때만 생기는 본질적 힘이다. 즉 그보다 먼저 있었던 것을 재추동하며 그 힘을 폭발시키고 에너지를 터뜨리며 기쁨을 뿜어내 이 모든 것을 완벽히 장악하는 힘이다. 물론 라스코에서 예술이 첫발을 내딛은 것은 아니다. 인간 역시나 여기서 첫발을 내딛은 것도 아니다. 그러나 바로 이 라스코에서, 이 넓고도 좁은 동굴에서, 여러 형상들이 거주하는 이 동굴 내벽에서, 통상의 거주지가 결코 아니었을 것만 같은 바로 이 공간에서 예술은 분명 처음으로 주도적이고 선도적인 충만함을 만끽했을 것이다. 인간에게 자기 옆에서 잠시, 이 기적과도 같은 경이 옆에서 잠시 머물러도 좋다는 예외적 특권을 부여하면서 자신은 벽 너머로 도망쳤을 것이다. 왜냐하면 자기를 찾아보라고. 커다란 황소의 이 장엄함. 들소들의 이 음침한 격앙. 작은 말들의 은총과 순록과 사슴들의 저 꿈꾸는 듯한 경쾌함. 어딘가를 뛰어넘는 듯한 이 넓적한 소들의 저 우스운 모습까지. 알다시피 인간은 우물 바닥에만 그려져 있다. 그것도 어떤 도식과 부호의 형상으로. 투창을 맞은 들소와 몸을 뒤로 돌리고 있는 코뿔소 사이에 길게 뻗어 누운 자세로 있는 한 남자. 그는 죽은 걸까? 잠이 든 걸까? 주술에 걸려 몸이 굳은 척하고 있는 걸까? 그는 다시 살아 돌아올까? 아니면 정신이 돌아올까? 다시 현실로 돌아와 삶을 찾을까? 선사시대 학자들과 이 분야 전문가들은 온갖 학문적 논거와 재기 넘치는 상상력으로 소묘하듯 수많은 가설을 쏟아 냈다. 인간 형상을 구체적으로 그리지는 않았지만 비밀 아닌 비밀로 결국 인간에 대해 전부 말해 버린 것인지 모른다. 어떤 수수께끼 같은 요소를 넣어 전체 그림 속에 삽입한 것은 적잖이 충격이다. 어떤 이야기 속에 한 장면을 일화적으로, 아니면 극적으로 집어넣어 외설적 효과까지 불러일으켰으니 말이다. 어찌 되었건, 이 그림은 여전히 난해하다. 그러나 한 가지는 분명하다. 이것이 이 최초의 그림을 그린 작가의 최초의 서명이라는 것. 행여 들킬까 봐 그림 구석에다 슬쩍, 그러나 결코 지워지지 않을 표식을 남겨 놓은 것이다. 작품을 그린 사람이 작품에서 처음 탄생한 것이다. 그런데 이 인간은 이 작품에 의해 자신이 심각한 위협을 받고 있다는 것을, 아마 죽음을 당할지도 모른다는 것을 알고 있었을까.

2
박물관과 예술과 시간

『예술의 심리학』[1]에 대한 앙드레 말로의 저작들이 훨씬 엄정한 진단을 받지 않은 것에 대해 간혹 사람들은 애석해하는 것 같다. 사람들은 그의 책이 난해하다고 생각하는데, 언어 때문이 아니라 — 언어는 명확하다. 아니 그 이상으로 영롱하고 총명하다 — 전개 방식 때문이다. 앙드레 말로 스스로도 이 에세이 끝에 가서는 훨씬 강렬한 구성을 원한 듯하다. 아마 그가 옳았을 것이다. 독자들은 확실히 틀렸다. 그가 전개하는 개념과 관념들이 변화무쌍한 것은 사실인데, 느닷없이 바뀌는가

---

1 이 글은 1950년에 쓰였다. 『예술의 심리학』(*Psychologie de l'Art*)은 총 세 권으로 이뤄졌는데, 1947년부터 알베르 스키라 출판사에서 출간했다. 그 마지막 권이 나온 후, 앙드레 말로는 상당 부분을 수정하여 또 다른 판본으로 갈리마르 출판사에서 『침묵의 소리』(*Les Voix du Silence*)라는 제목으로 출간했다('예술의 심리학'은 앙드레 말로의 저서 제목이기도 하지만, 학문 분야를 가리키는 용어이기도 하다. 예술 창작 과정에서 예술가가 갖는 무의식 현상이나 작품을 수용하는 관객의 마음과 심리 등에 대해 연구하는 학문이다. — 옮긴이).

하면 어느 부분에서는 한없이 머무르다 사라지고 다시 돌아오며, 제
마음에 드는 형식의 문장을 써서 스스로 긍정하고 단언한다. 그렇게
해야 잘 설명되는 것이라고 믿는 듯하다. 그런데 문장이 이렇게 움직
이기 때문에 개념은 버려지거나 다시 소환되는데, 이런 새로운 형식이
말로에게는 그저 행복하고 영광스러울 따름이다. 말하려는 개념 바깥
에서 말하고 싶었던 개념이 나오기 때문이다.

　이런 동적 구조는 ─ 분명 무질서하기도 한 ─ 확실히 이 책의 가
장 큰 매력 가운데 하나다. 글의 전개가 무질서해도 개념들은 일관성
을 잃지 않으니 말이다. 상충되는 모순적인 것들로 인해 개념들이 끊
임없이 되살아나면서 글은 생기를 잃지 않는데, 그러면서 개념의 모순
성이 탈피되는 것이다. 덧붙일 것은, 여기서 중요한 것은 개념들이 아
니라는 점이다. 개념들은 자기 자리에 거의 있지도 않다. 누군가가 ─
아마 발레리일 것이다 ─ 이렇게 썼다. "그림에 대해 말할 때는 항상
자기 변명을 해야 한다." 그렇다. 변명을 하게 되는 것은 엄격성 때문
이다. 한 권의 책에 대해 말하는 자나 그림에 대해 말하는 자는 아마도
이중의 변명이 필요할 것이다. 앙드레 말로의 변명은 그가 지금 말하
고 있는 예술에 대한 자신의 열정이나 그가 많은 혜택을 본 작품에 대
한 찬사에 있는 것(왜냐하면 예술 작품이 늘 찬사를 바라는 것은 아니기
때문이다. 칭찬받는 것을 싫어할 수도 있다)이 아니라, 전혀 다른 종류의
특별한 장점에 있다. 그것은 바로 숱한 생각들이다. 작품 또는 작품이
수반하는 이미지들과 위험을 무릅쓴 대화를 하면서 예술 전반에 관한
중요한 생각들을 하기도 하고, 해설적 가치를 잃는 것은 아니지만 어
느새 지적인 것과는 전혀 관계없는 몽상에 빠지다 미묘하고 놀라운 섬

광을 볼 때도 있다. 온갖 생각을 하다 보면 ── 우리는 그림을 이해하기 위해 끝없이 생각하는 운명이긴 하다 ── 우리는 그게 무엇인지는 모르지만 더 넓은 곳으로 미끄러져 들어가곤 한다. 그림이 묘사하는 것을 생각하기보다 예술 작품의 경험을 흉내 내듯 전혀 다른 또 하나의 경험을 실제로 할 때가 많은 것이다. 개념은 이제 테마가 되고 모티프가 되어 다소 일관성 없이 전개된다. 이를 읽는 독자는 이게 무슨 소리냐며 푸념을 늘어놓겠지만, 오히려 이것이 그럴 법한 진짜 사색이다. 더욱이 이런 사색이 실질적인 어떤 구조와 질서 속에 이루어지고, 갈피를 못 잡는 산만함이 오히려 생동감을 주면서 오늘날 문화를 더 잘 이해하게 만드는 것이다. 박물관 문화라는 것이 각기 다른 모든 것을 한자리에 규합해 놓는 것이긴 하지만, 서로 다른 역사적 시기의 예술 작품을 연속성 속에 보다 보면 훨씬 감각적으로 이해할 수 있게 된다.

아마 앙드레 말로는 우리 지식의 발달과 그에 따른 복제 기술의 발달 덕분에 ── 이게 더 중요한 이유겠지만 ──, 예술가들이, 아니 각 예술가들이 처음으로 범보편적인 예술을 마음껏 하고 있다고 인식했을 것이다. 그렇다고 다른 사람들도 다 아는 것을 본인만 갑자기 뒤늦게 깨달아 이런 말을 새삼스레 하는 것은 아닐 테다. 그 이전에 이미 많은 비평가들이 이 "두루 편재성의 정복"을 성찰하긴 했다. 다시 한 번 발레리를 소환할 수밖에 없는데, 발레리는 현재라기보다는 임박한 미래에 대해 말하면서 이렇게 썼다. "예술 작품은 일종의 두루 편재성 ubiquité을 갖게 될 것이다. 우리가 요청하면 즉각 대령되거나 시대를 막론하고 복원될 것이다. 예술 작품은 이제 그 작품 안에서만 있는 것이 아니라, 모든 작품 안에 있게 될 것이고 거기서 누군가가…." 그러고는 이렇게 결론짓는다. "새로운 것이 쏟아지면서 예술의 기술을 모두 바꾸어 놓을 것이고 창작 그 자체에도 영향을 미칠 것이다. 아마도 예술의 개념 자체를 기가 막히게 다 수정하는 지경까지 가게 될 것이다." "기가 막히게"라고 했지만, 발레리는 이 기가 막힌 기적 같은 일에 나름대로 저항하고 있었다. 더욱이 그 기적을 본다면, 가벼운 의식 상태, 아니면 반몽 상태에서 얼핏 보는 정도에 그치길 바랐다. 그렇다고 발레리가 흔쾌히 역사를 환영하는 것은 아니다. 발레리가 박물관을 좋아할 때는 앙드레 말로가 기원한 대로 천장이 높은 곳이어서 사원이나 살롱, 학교나 묘지처럼 밀랍을 바른 듯 고독이 제공될 때다. 박물관이라는 이 맥락 없는 집에서 약간은 야만적이고 대단히 비상식적인 문명의 불행한 발명만을 볼 뿐이다. 그래서 약하게 철회했을 뿐 그것을 결코 주장한 것은 아니었다.

그러나 앙드레 말로는 박물관을 주장할 뿐만 아니라, 매우 설득력 있게 박물관을 일종의 권력을 가진 범주에 새롭게 집어넣는다. 우리는 지금 그런 시대에 와 있다. 이런 권력은 역사의 목표이기도 하다. 박물관이라는 이 새로운 범주는 예술을 통해 표현되고 완성된다. 박물관은 예술품을 쟁취하고 시위하듯 전시하며, 더 나아가 예술 의식 및 예술 창조의 진리 그 자체가 된다. 예술 의식과 예술 창조는 한 작품을 통해 구현되지만, 동시에 이전의 작품을 인용하거나 환기하고 변형하며 끊임없이 새롭게 변모métamorphose시킨다. 이른바 **상상의 박물관**Musée imaginaire이 되는 것이다. 일단 예술품으로 인정된 모든 문명의 모든 예술을 알게 된다. 몇몇 사람에게만 속한 이상적 지식이 아니라 징말 실재하고 살아 있는 보편적 방식(복제)을 통해 우리는 매우 편리하게 모든 작품을 알게 되는 것이다. 결국 이런 지식은 독특한 성격을 지닌다 할 수 있는데, 바로 역사적이라는 것이다. 역사적 가치 외에 다른 가치는 드러내지 않은 채 우리가 인정하고 수용한 지식을 통해 마침내 역사성이 부여되는 것이다. 그런데 동시에 역사적인 것이 아닐 수 있다. 역사라는 객관적 진실에 신경 쓸 필요가 없을 수 있다. 그저 완성되면서 자기 것이 되는 것, 우리는 이런 것을 픽션으로 받아들이거나 아니면 픽션을 선호한다. 알다시피 과거의 예술은 지금 우리 앞에 나타나는 것과는 다른 방식으로 있었다. 우리는 하얀 조각상들에 무심히 현혹되지만, 만일 이것을 색깔을 입혀 복원한다면 뭔가 잘못된 것처럼 보일 것이다(흔히 이런 식이다. 복원은 작품이 갖는 힘을 무시한다. 시간의 진실을 그대로 받아들이려면 바랜 색을 그대로 인정해야 한다). 그림도 늙는다. 어떤 그림은 잘못 늙고, 어떤 그림은 흐르는 시간과 함께 톤이 분해된다. 하지만 부식되어도 걸작이 된다. 우리는 상처라는 행복을 안다. 오로지 시간이 날개를 달고 비상할 때 이 승리는 가능하다. 장인이 조악하게 작업한 바르도[2]의 이 두상들을 다시 바다가 새로 조각해 더 매혹적으로 만들었다. 게다가 우리 지식의 수단도 변한다. 복제와 복원을 통해 예술품은 어떤 의미에서 등급이 낮아졌다. 세밀화가 회화가 되고 회화는 분리되고 파편화되어 전혀 다른 회화가 되었다. 가공 예술? 아니다. 예술이 곧 가공으로 보인다.

더 중대한 다른 결과도 생겨났다. 이런 결과들은 아직 잠들어 있

---

2 티베트 불교의 승려들. — 옮긴이

거나 활성화되지 않은 결과들이다. 여기에 박물관의 진리, 이른바 박물관의 섭리를 추가해야 한다. 예술이 점점 더 자신을 의식하고, 스스로를 발견할 자유를 갖게 되면 훨씬 공고한 효력적 의미가 있을 것이다. 박물관은 스스로 논란을 일으키며 모든 문화를 활발하게 만든다. 당장에는 그것이 명확히 드러나지 않지만 박물관은 불완전하면 불완전한 대로, 예술 전체가 아니라 자기가 보는 단 하나의 예술만을 골라 완벽을 기해, 확신을 기해 영광을 입힌다. 그리하여 그리스 예술과 르네상스 예술이 전범이 되었다. 예술가들은 이런 예술과 경쟁할 수 있다는 것을 증명해야 했다. 설령 이와 비등해진다 할지라도 시간적 거리는 극복할 수 없으니 오로지 자신 안에 몰두할 수밖에 없다. 시간 바깥의 시간에 머물면서 말이다. 박물관이 범보편적일 수밖에 없는 것은 바로 이런 이유 때문이다. 그리하여 "말 다했다. 다 끝난 일이다" 또는 "명약관화한 일이다" 같은 말은 이제 감탄의 대상이 도처에 있다는 말이 되었다. 이론의 여지가 사라져야만 이 감탄의 대상은 승리를 구가하며 영원불멸의 길을 걷는다. 반면, 박물관이 제 역할을 하기 시작하면서, 예술은 이제 박물관 예술이 되기로 한다. 많은 사람들에게는 대단한 혁신이지만, 대단한 척박화의 징후이기도 하다. 예술은 원래 그 자체로밖에 설명되지 않으니 척박해진 건 당연하지 않은가? 이는 토론할 여지가 있지만, 변화는 명백하다. 조형 예술은 우선 종교적 감정, 그러니까 보이지 않는 세계에 대한 감정을 불러일으키는 데 도움이 된다. 그래서 우리 공동 사회는 이 도움을 받아 지금까지 지속될 수 있었다. 헤겔도 말했지만, 예술은 곧 종교다. 이 순간에도 교회, 무덤, 지하 또는 하늘에 예술이 있다. 그러나 접근하기 힘든 곳에, 잘 보이지 않는 곳에 있다. 고딕 건축을 누가 보는가? 바로 우리다. 다른 사람들은? 고딕이 아니라면 그 비슷한 것들을 간청한다. 기도가 사라지니 기념물과 작품이 나타났다. 그림, 즉 우리 시야가 미치는 범위 내에 현존하는 예술을 만들어 냈다. 르네상스는 이런 변화와 함께 시작된 것이다. 하지만 르네상스가 발견한 시각적 요소가 르네상스 자체를 흡수해 버렸다. 르네상스는 그저 외양을 재생하는 것에 만족하지 못하고, 이른바 르네상스가 미美라 부르는 조화와 일치에 따라 외양을 변신시키는 것에도 만족하지 못했다. 르네상스가 볼로냐에서만 일어난 것은 아니었지만, 피렌체인들 이상으로 형태의 의미를 되찾기 위해 삶의 낙樂이나 일화적 기쁨, 심지어 색감에 대한 희열도 저버렸다. 고대에 빚지지 않겠다는 단호한 결의 탓이었는지, 아니면 그들 안에 이런 열정이 원래 비밀처럼 간직되어 있어서였는지는 모르겠지만 어쨌든 르네상스는 예술을 내 앞에 실제 있는 것처럼 만드는 데 성공했다. 그런데 이런 성공에는 모호한 지점이 하나 있다. 이 현존을 재현하는 능력으로 곧바로 연결시킨 것이 그것이다. 여기에서 시작된 오해가 지금까지 이어지고 있는 것이다. 그러나 오해도 쌓이면 가치를 갖는 것인지 어쨌든 위대한 걸작들은 이렇게 탄생했다. 이 위대한 작품들은 교회 소유물 또는 궁의 소재물이었으며 간혹 정치적 역할을 하기도 했다. 위대한 작품은 삶과 밀접하게 연결되고, 삶은 작품 속에 반영되는 것으로 이해되곤 했다. 어떤 인물의 초상화가 집에 걸려 있다면, 그저 가족화가 된다. 하지만 이 작품들이 실제든 이상이든 박물관으로 들어간다면, 이제 삶은 포기해야 한다. 작품에서 삶이 빠져나가는 것을 받아들여야 하는 것이다. 인위적인 장소가 이른바 박물관이다. 이곳은 자연이 사라지고 없다. 이 세계는 구속이고 고독이며 죽음이다. 죽음이 거기 있는 것은 정말 사실이다. 적어도 삶은 거기 없다. 삶의 극장도, 희로애락도, 속세의 존재 방식도 없다. 일어날 일이 아직도 더 있을까? 사원에 있던 신은 조각상이 되었다. 초상이 초상화가 되었다. 꿈조차 세계로, 세계의 이미지들로 변형된다. 꿈은 원래 빈 세계, 결핍된 세계 아닌가? 꿈은 그림을 밝게 비추어 주는 새로운 눈부신 조명 속에 사라져 갔다.

일순간, 일거에, 변화가 일어났고 예술 작품에 대한 이의 제기가 일어났다. 현대 예술은 이제 박물관에서 자기 섭리를 인식하게 될 것이다. 이 진리는, 이 섭리는 이제 교회가 아닌, 역사나 일화도 아닌, 형상도 아닌 데서 찾아야 한다. 가장 직접적이고 무매개적인 삶을 이제는 알지 못할 것이다 ─ 모든 게 외관을 띤 가구 같다. 아마도 평생, 예술이 아니라 예술 "생활"에서나 예술을 알아볼 것이다. 화가는 그림을 섬긴다. 그런데 분명한 것은, 그림은 어떤 것도 섬기지 않는다는 것이다. 이상한 것은, 이런 발견이 있은 다음날부터 예술에 대한 예술가의 관심이 줄어드는 것이 아니라 사그라들 줄 모르는 절대적 열정이 되었다는 것이다. 예술 작품은 스스로는 아무것도 의미하지 않는데, 이런 열정을 구현하고 반영하는 듯하다. 왜? 이제 이것을 질문해야 한다.

*

앙드레 말로 역시 이를 스스로 물으며 다양한 답변을 내놓는다. 하지만 그 전에 분명히 해야 할 게 있다. 역사에 기인한 변화와 발전과 더불어 이와 같은 뜻밖의 새로운 인식은 두 가지 형태 아래 나타난다. 상상의 박물관과 현대 미술이 그것이다. 앙드레 말로의 관점은 여러 가지를 고려하고 검토해 나온 것이긴 하지만 우리 시대의 여러 발견물들에서 영감받고 헤겔이 견지하는 원칙을 참조하며 조형 예술에 주로 적용되고 있다. 분명 여기에는 많은 차이점이 있지만 유사성 또한 흥미롭다. 오늘날, 처음으로, 예술이 두 번 베일이 벗겨진다고 말할 때, 여기서 "처음으로"라는 단어는 명명백백한 권위를 갖고 있다. 그렇다면 이미 결론에 도달한 셈이다. 만일 시간이 닫히지 않는다면 이렇게 "처음으로"라고 말하는 관찰자에게는 이 시간성이 단호한 진리 같다. 앙드레 말로에게도, 아마 우리 각자에게도, 우리 시대는 다른 시대와 다르다 — 적어도 조형 예술에 관한 한. 이것이 바로 "처음으로" 눈부시게 빛나는 세계이다. 처음으로 예술은 그 총체나 본질의 베일이 벗겨졌다. 그리고 둘은 매우 밀접하게 연결되어 있다. 예술은 이제 예술이 아닌 것을 포기하고, 예술인 것으로만 확대해 정작 예술을 축소한다. 세계도, 신도, 꿈도 축소되었다. 빈곤해졌다. 빈곤해질수록 자기 진리는 더욱 강화되어 작품 전체로 확대되니, 예술에 다가가기가 더욱 어려워졌다. 예술을 인정하지 않거나 무시하고 경멸하게 만들었다. 따라서 상상의 박물관은 현대 예술과 동시대적인 것이 아니라 현대 예술을 찾아내는 수단이며 이른바 명작이라 불리는 예술을 만들어 내는 주체이거나 절반의 비밀처럼 반은 숨기고 반은 드러낸 일종의 보정 장치이다. 예술에는 열정적인 논쟁이 붙게 마련이다. 자신만 인정하고 다른 나머지는 모두 부정하면서 거의 경이에 가깝게 자기 확신에 빠지지만, 순수하게 빛을 발하는 절대절명의 순간은 있다. 여러 시대와 문명을 거쳐 미끄러져 오다가 마치 새벽에 처음 동이 트는 순간처럼 예술이 불쑥 섬광처럼 솟아오르지 않는다면 더 이상 참을 수 없을 것이다. 이런 식의 사건은 정말 경이롭다. 우리 예술이 보편적이라는 말은, 모든 시대 모든 작품이 다 우리 예술이라는 말일 수 있다. 박물관이, 또는 그 누군가가 예술을 발견하고 지정해 주는 것이 아니라 예술 작품 스스로가 자신을 있는 그대로 드러낼 때 예술이 될 텐데 말이다.

앙드레 말로의 방식이 허용한 범위를 좀 넘어 말한 것도 같다. 그러나, 오늘, 처음으로, 예술은 자신을 자각하기에 이르렀고(특히 부정적 자각. 회화는 더 이상 모방을 하지 않는다. 상상을 하지 않는다. 변경을 하지 않는다. 자신한테 낯선 가치들에 연연하지 않으며, 회화 그 이상은 아니다 ─ 그런데 이것이야말로 긍정적 측면이다. 사실 쉽게 가질 수 없는 건데, 그림은 자기 고유의 가치만을 가지고 있을 뿐이다), 게다가 이런 자각이 단순히 비시간적 장소에 예술을 갖다 놓는다는 것과 거리가 멀다면, 그리고 그것이 이른바 지속 시간durée[3]과 관련된다면 그 의미에서 잠시 머물러 보자. 어느 순간 어떤 형상이 생기면 절대적으로 그렇게 보이는 이 순간이 특화된다. 그리고 다른 것들에 자신을 비춰 볼 수 있는 힘을 서서히 가지면서 스스로 절대적 투명성을 갖게 됨과 동시에

---

3 여러 감내의 과정과 시간을 거쳐 내구성을 띠게 된다는 의미의 동사 durer에서 파생한 명사인 durée는 시간을 삼분법(과거-현재-미래) 또는 시간과 분, 초 단위로 분할하여 인식하는 태도에 대한 반성이다. 시간은 원래 분할할 수 없는 것이며, 측량할 수도 없다. 통상적으로는 지속되는 시간을 의미하는 단어이지만, 어떤 상태이자 감정이며 현상이고 세계이기도 하다. 특히 베르그송과 그 제자들이 특수하게 발전시켜 의미를 탐색한 이 단어는 객관화된 물리적 시간 개념이 아니라 한 주체가 느끼는 고유한 시간 개념이기도 하다. 요약되거나 종합될 수 없고, 수량화되거나 측정할 수 없는, 이른바 수학적, 과학적으로 규명하는 시간이 아니며 오로지 각 주체가 내적으로 체험한 시간이다. ─옮긴이

다른 것들에 대한 투명성도 갖게 된다. 따라서 그 순수와 진실이 그대로 드러난 빛이 되기도 한다. 분명 이런 것들이 간단하지는 않다. 예술은 ─ 현대 예술 ─ 머리가 불타오르며 끝이 반짝거리는 혜성이 아니라, 광대한 궤도에서 가장 어둡고 가장 둔탁한 곳을 비추는 아름다움이다. 더욱이 오늘날의 작품들까지 보게 되면서 바야흐로 우리가 "온 누리의 상속자"가 된 거라면, 단순히 여태 나온 작품의 상속자가, 창조자가, 정복자가 된 것만은 아니며 여기에 다른 하나가 추가된다. 먼저 나온 작품을 정복하고, 이 선행하는 것들에 의존한 창조가 있게 된다. 이 의존성은 인과 관계는 아니다. 일종의 변증법처럼 몇몇 단계를 거치는 식인데, 앙드레 말로는 이것을 변신(메타모르포세스)[4]이라는 단어를 써서 표현하였다. 정확히 들어맞지는 않지만, 혹은 너무 많은 다른 것들을 떠올리게 하지만 우리는 이 단어를 통해 그가 무엇을 말하고 싶어 하는지 짐작한다. 예술 ─ 여기서는 작품 전체를 의미하거나 각각의 작품을 의미한다 ─ 은 본질적으로 불안하게 동요하고 움직이는 것이다. 박물관은 살아남아 불변하는 자들이나 영원히 죽은 자들이 있는 곳은 아니다. 조각상들을 보아라, 움직인다! 보들레르만 하더

---

4 흔히 오비디우스의 『변신 이야기』를 통해서도 짐작하듯 '변신'은 단 한 번의 변화를 뜻하는 말로 한정되어서는 안 된다. 형상이 무한히 변화하여 변형되고, 변태되고, 결국 전혀 몰라볼 정도로 일변(一變)하는 지경까지 가는 의미이다. 본문에서 이 단어를 충분히 다층적 의미로 해석하여 서술하고 있기에 '변신' 또는 '변모' 또는 '일변' 등 문맥에 맞추어 다양하게 번역했다. 아울러 블랑쇼가 앙드레 말로가 고유하게 쓰고 있는 이 단어의 의미를 해설할 때는 의미의 환기를 위해 원어 발음을 괄호 안에 넣어 살리기도 했다. 블랑쇼가 앙드레 말로의 '상상의 박물관'에서 추출하여 심화하는 개념도 이것이다. 저 고대 미술에서부터 입체파에 이르는 미술사의 과정은 이런 메타모르포세스의 과정이기도 하다. ─ 옮긴이

라도 실제가 아닌 것만 같은 조각상들이 충격적으로 변하는 것을 보고 놀라 질겁하지 않았나. 결정적인 작품을 보며 소스라치게 놀라 온몸을 떠는 자가 있다면, 졸도하여 잠시 죽었다가 부활하는 자도 있는데, 이런 일은 필시 무한정 일어날 터이다. 왜냐하면 실러가 말했듯이 "삶에서 소멸해야 노래 속에서 불멸의 삶을 살기" 때문이다. 불멸성이 견지하고, 지지하고 지탱하려고 하는 것은 바로 이 죽음 자체. 노동이자 창조적 부정이 되어 버린 죽음. 이 세 권의 저서 말미에서 앙드레 말로는 이렇게 쓰고 있다. "이 최초의 보편적 예술 문화가 분명 현대 예술을 여기까지 오게 만들었으니 앞으로도 계속 그런 방향으로 변화시킬 것이다." 따라서 현대 예술은 자신을 태생시킨 '메타모르포세스'의 힘에서 벗어날 수 없게 된다. 당연히 변신할 것이고, 급기야 일변할 것이다. 그렇게 약속되어 있고, 그렇게 선고되어 있다. 아니, 더 나아가 그것이 자신의 절대가 될 것이다. 오로지 그렇게 환원된 표현물이 될 것이다. 일변할 것이므로 아직 모르는 것이 곧 그의 미래가 되는 것이다. 그러나 그것을 기다리면서, 아직은 그 순간이 아니라는 사실을 통해, 더 나아가 이런 일변의 힘을 뚜렷이 밝히고 확대해 나갔던 이 특수한 순간, 바로 이 현대 예술을 통해 모든 예술이 늘 찾고 있던 문제의 답을 찾을 수 있는 가능성이 열린 듯하다. 이 답이 왜 유용하고 중요한지도 알 수 있을 것이다. 앙드레 말로가 두 번째 책에서 주로 다루는 것은 예술적 창조의 문제인데, 사람들은 이 주제를 더 선호할지 모른다. 문명이 어떻게 만들어지고, 작품들이 어떻게 구성되고 조합되며 완성되는지 그 고유한 과정의 비밀을 너무나 투명하게 감각적으로 깨닫게 해 주기 때문이다. 바로 이 투명성이 곧 그 비밀이기도 하겠지만. 사실상,

이런 느낌은 순간적 행복에 다름 아니다. 나중에 다시 말하겠지만, 이렇게 행복하다가 너무 속도가 빨라진 하루라 다시 어둠이 내리면 불행이 이어지기도 한다. 왜냐하면, 예술은, 다시 문제적인 것이 되며 또한 무한한 고통이 되기 때문이다.

*

알다시피, 조형 예술과 자연은 전혀 다른 것이다. 그러나 앙드레 말로는 아주 열정적으로 그리고 때론 놀라울 정도로 확고부동하게 이 진실이 끊임없이 위협받고 있는 것처럼 말한다. 이 문제를 더 제시해야 할 갈급함을 느끼는 것이다. 그는 이렇게 쓰고 있다. "모든 예술은 재현을 한다고 하는데, 이것은 일종의 축소적 체계를 인정하는 것이다. 회화는 자연의 모든 형태를 화폭에 2차원으로 축소한다. 조각가는 3차원으로 재현해 운동성을 살리지만, 그래 봤자 조각은 움직이는 게 아니다." 그가 말하는 축소는 자연을 그리는 예술가를 생각나게 한다. 풍경화는 축소된 풍경인가? 기술의 도움을 얻어 변형하며 예술에 대해서는 일절 관심이 없는? 전혀 아니다. 왜냐하면 회화의 목표는 이런 축소를 다시 축소하는 일이기 때문이다. 많은 학파들이 대단히 명예로운 일은 아니지만 이를 열심히 시도했다. 사실상 만일 "예술이 축소에서 시작한다면" 이것은 예술 작품이 그 자체 내에서밖에 시작될 수 없는 일이라는 것을 암시한다. 예술 세계 내에서 이른바 영속적으로 되어 가는 과정 ── 예술이 만들어 가는 역사 ── 을 통해 말이다. 우리가 앞에서 본 것처럼 상상의 박물관이 상징하는 건 이것이었다. 그러나 예술가의 눈을 통해 이루어져야 하기 때문에 너무나 제한적이고 열악하다. 예술은 자연에서 시작하는 게 아니라 도리어 그것을 부정한다. 그림의 기원이 늘 또 다른 그림이거나 또 다른 조각품인 것은 아니지만 일종의 전ㅅ 예술이다. 찬미된 작품이든 무시된 작품이든 그 안에서 뭔가가 예감된다면, 이것은 다시 다른 작품에서 재생될 수 있다. 그래서 예술가는 늘 작품의 자식이다. 열정적으로 자신이 찬미하는 작품을 거부하는 그날이 올 때까지 열정적으로 그 작품을 모방하므로 바로 작품들의 자식인 것이다. 앙드레 말로는 이 견해만큼은 확고한데, 그래서인지 가령 어린아이의 그림에 대해서는 별로 말하지 않는다. 왜냐하면 어린아이가 만일 강아지 그림을 그리면 그가 보는 강아지도 아니고, 틴토레토가 그린 강아지 그림도(그리고 아마도 차라리 그게 다행이라고 말해야 할 것이다) 아니기 때문이다. 앙드레 말로는 예술가는 별도로 놓을 필요가 있다고 생각하는 것 같다. 예술가만의 은신처, 아니 이 세상 저 너머의 다른 세계. 박물관은 출구 없는 세계이며, 고독한 지속 공간이며, 인간의 자유와 지배력이 유일하게 실현되는, 그래서 유일하게 진짜 이야기가 있는 곳이라고 생각하는 것 같다. 상상의 박물관, 그리고 자유로워지기 위해 거기 갇히는 신종 예술가. 바로 이런 게 예술이라고 말하는 것 같다. 거기에 모든 예술적 창조에 관한 정보가 다 있다. 어떻게 조토는 자신의 소명을 발견했는가? 치마부에의 그림을 보면서지 그가 목동일 때 늘상 보아 온 양들을 보면서가 아니다. 처음에는 모방과 복제였다. 이토록 위엄 있는 형태에 압도당해 신들린 듯 열정적으로 모방하면서 예술가로 탄생했다. 그리고 이 작품들의 조형적 비밀을 알아냈다. 서서히, 그리고 나중에. 결코 그 비밀에 바로 닿지 않고 가장자리에 계속해서 머물며 느끼고, 창조하며 그 비밀을 찾아냈다. 바로 이것이 앙드레 말로가 말한 조토의 "초안"이다. 이것은 우선 균열을 일으키고 의도를 가지려는 힘이다. 예술과 양식을 뛰어넘어 변화하려는 ─ 추상적으로나 미학적으로가 아니라 조형적으로 ─ 의지가 여기에서 읽힌다. 젊은 창작가는 어느 날 박물관 안에 들어와 있는 자신을 발견하게 되고, 왠지 자유로워지면서도 스승들에 사로잡힌 포로가 된다. 초안을 되찾으며 묘사하고, 자신의 흐름을 되찾으며 발견하고 드디어 일변하는데, 한마디로 작품 안에서만 의미를 갖는 특별한 체험이다. 매우 구체적이고 기술적인 관점에 따라 묘사하되 최소한 이 체험을 덜 배신하면서 ─ 다시 말해, 배신은 여전히 하면서 ─ 자기 길을 찾아가는 것이다. 앙드레 말로가 쓴 대목 중 가장 설득력 있는 것은, 엘 그레코가 베네치아 화파를 통해 자신의 길을 열었다랄지, 틴토레토가 역시나 베네치아 화파를 통해 자신의 길을 열었다랄지, 조르주 드 라 투르가 카라바조를 통해 자신의 길을 열었다랄지 등을 환기하는 대목이다. 말로는 더 나아간다. 고야는 다름 아닌 자기 자신을 통해, 즉 그냥 고야라 불릴 뿐 아직 많이 알려지기 이전의 마흔 살까지의 고야를 통해 자신의 길을 열었다는 것이다. 특히나 엘 그레코에 대한 아주 감동적인 단락을 썼는데, 말로가 엘 그레코에게 감동받는 것은, 우리가 그의 그림을 보면 인정하지 않을 수 없는 압도적인 기량의 톨레도 풍경이나 그의 고독 또는 어두운 황혼이 아니다.[5] 화가가 태어나면

---

5 El Greco(1541~1614). '엘 그레코'는 그리스인이라는 뜻으로 화가가 스페인에서 활동할 때 얻은 별명이다. 본명은 도메니코스 테오토코풀로스이다. 엘 그레코는 36세에 마드리드

서부터 가지고 있던 것을 제거하면서까지 ── 즉 모든 윤곽선들을 뒤흔들어 놓음으로써 ── 찾아낸 바로크적 운동성[6]과 유사한 그 무엇에 말로는 감동하는 것이다. 그것은 저 심원深遠에 대한 탐색이다. 더 없이 깊은 곳(그리고 먼 곳).

앙드레 말로는 한 예술가의 "시각"이라는 말을 들으면, 신경이 곤두서는지 이 단어에 대한 반감을 자주 드러낸다. 예술을 재현 개념으로 놓는 것도 결사 반대해 일말의 이런 논리(그림이란 시각으로부터 벗어나기 위한 투쟁이라고 말할 수 있다)를 펼칠 정도에 이른다. 그가 반복해 쓰는 형식 문구가 있다. "조형 예술은 세상을 보는 방식에서 나오는 것이 아니라 세상을 만드는 방식에서 나온다." 시각을 제거한다고 했을 때 여기에는 상상적 시각도 해당된다. 회화를 내적 산물로만

를 거쳐 톨레도에 도착한다. 톨레도는 당시 스페인 왕궁이 있던 수도였다. 엘 그레코가 그린 「톨레도 풍경」은 전통적인 풍경화 기법에서 완전히 벗어나 매우 주관적인 표현 기법을 보여 주었다. ── 옮긴이

6 바로크(baroque)는 포르투갈어로 '일그러진 진주'라는 뜻이다. 단순히 이질적인 것들의 조합이나 부조화스러운 흐름의 장식적 선의 효과와 같은 외양적인 면만 떠올려서는 안 된다. 더욱이 자유와 일탈, 변형과 변이, 혁신의 정신으로만 이해해서도 안 될 것이다. 예술 양식만이 아니라 하나의 정신 경향 또는 심미 현상으로까지 확대된 바로크의 광대한 의미의 요체는 상호 충돌되는 이중 기제의 공시성이다. 가령, 다양성을 가지면서도 통합하는 반응일 수 있다. 외형적으로 완벽하게 구현된 세계에 대한 열망과 존중을 결코 포기하지 않으면서도 내부에서 알 수 없는 불안과 내적 긴장, 그 긴장을 폭발시켜 버리고 싶은 강렬한 충동이 무질서하고 불연속적인 형상으로 나타난 것이 이른바 바로크적 운동이며 바로크적 감성이다. 특히 뒤에서 환기되지만 박물관을 비유하는 라이프니츠의 '창문 없는 모나드'는 바로크의 알레고리로 자주 등장하는 개념이다. 전체는 1이라는 단수, 즉 닫힌 밀폐 공간(우주)이지만 그 안에 있는 입자들은 자유 운동을 하며 응축된 힘을 폭발하는 여러 개의 복수들이다. 블랑쇼가 앙드레 말로의 상상의 박물관을 해석하며 이 단어를 떠올린 것은 이런 맥락에서 이해해 볼 수 있다. ── 옮긴이

보면 수동적이고 주관적인 표현물로 한정된다. 보이지 않는 어떤 것을, 보이는 어떤 것으로 표현한다면 둘 사이의 유사성을 찾게 되어 있다. 예술이 이런 걸까? 세 권의 저서를 통해 앙드레 말로는 초현실주의는 거의 다루지 않거나 멀리하는데, 그로서는 이런 태도가 오히려 자연스럽다 ── 왜냐하면 그는 자기 식대로 초현실주의라는 용어를 쓰는데 여기에는 다소 악의적인 측면이 있기 때문이다. 시각이라는 단어나 상상이라는 단어를 불신하는 것은, 이것이 조형 예술과는 거리가 있기 때문이다. 특히 조형 예술을 기능이나 창조적 활동 같은, 개념이 불분명한 단어로 표현하는 것을 경계한다. 화가는 형태를 만드는 창조자이긴 하나 꿈에서 본 것을 열정적으로 복사하는 투시가는 아니다. 개념은 그림 밖에서 나오는 게 절대 아니다. 그림이 있기 전에는, 어떤 회화적 의도도 있을 수 없다. 그림은 모방을 통해 뭔가를 느끼고 소묘하거나 어떤 다른 그림들과 접촉하면서 나오는 것이기 때문이다. 그림은 체험이다. 그 체험을 통해 확신이 서고 특수한 힘이 생겨난다. 이렇듯 예술 자체 내에서만 의미를 갖는다. 그런데 이 힘을 정의하거나 아니면 적어도 이름을 붙여야 하는데, 앙드레 말로는 이것을 스타일이라 부른다. 예술이란 무엇인가? "형태가 스타일이 되게 하는 것." 그렇다면 스타일이란 무엇인가? 앙드레 말로는 이 답을 나름대로 마련해 놓고 있는데, 약간 놀라운 측면이 있다. "스타일은 편집이다. 세계가 가장 본질적이고 핵심적인 부분을 향해 가도록 세계 요소들을 편집하는 것이다."

예술을 복원하는 데 유일하게 사용된 "예술의 심리학"을 앙드레 말로가 상상하게 된 강력한 이유가 있을 것이다. 오로지 자신의 경험과 자신에게 고유한 세계, 즉 이 박물관이라는 우주(창문 없는 모나드)는 예술가가 시간의 무한성으로까지 들어가서 충분히 완벽하게 자신 안에서 정제되고 자기 관점에 따라 방향을 잡아 가며 창조하고 촉발시키는 세계이기 때문이다. 이 세계에 들어가 앞으로 나아가다 보면, 더 큰 위험이 있다는 것을 알면서도 나아가게 된다. 왜냐하면 그가 찾는 것이 저 끝, 저 '극단'이라는 것을 알기 때문이다. 그간의 모든 열정과 희생에 걸맞은 고독과 함께 그는 지속적 변신의 시간을 거쳤다. 그렇다, 바로 이런 형국이 앙드레 말로가 탐색해 갔던 것이다. 바로 이것이 그가 말하는 "가장 본질적이고 핵심적인 부분"과 거의 일치한다. 진정한 열정으로서의 그림 및 조형 예술이라고 말할 때 바로 이 부분을 염두에 둔 것일 것이다. 아마 이것 때문에라도 앙드레 말로는 스스로도 화가가 되었어야 했다. 이 극한 부분을 탐색하기 위해 그림에 흥미를 가진 것이지 그림을 변명하기 위해서는 아니었다. 달리 말하면, '하기' 위해서지 '보기' 위한 것은 아니었다. 어떤 문제를 탐색하며 그 문제 안으로 깊이 들어갈수록 자연과 생의 섭리에 닿게 된다. 따라서 이 모든 문제를 언어로 설명하기에 부족한 점이 있다. 앙드레 말로는 미술에만 관심이 있는 것이 아니라 인간에도 관심이 있다. 하나를 통해 다른 하나를 구하다 보니, 하나를 강조할 수밖에 없는 유혹이 불가피했을 것이다. 우리가 문제를 제기하는 만큼 이 유혹은 더욱 절대적이고 갈급해진다. 왜냐하면 이 기묘한 박물관에 대해 정말 많은 것을 생각할 수밖에 없기 때문이다. 우리는 이곳에 계속해서 거주할 것이고, 우리가 들어와 있는 이 기묘한 박물관 이상으로 기묘한 역사에 대해서도 자연스레 생각하게 될 것이다. 우리는 과연 무엇을 보고 있는 것일까? 우리가 더 보고 싶은 것은, 우리가 정말 더 보고 싶은 것은, 외양으로서의 작품이 아니라, 그 외양에 굴복하지 않는 작품 자체이다. 우리가 매료되는 것은 승리에 넘치는 이 기묘한 힘이 깃들어 있는, 바로 그래서 전혀 다른 세계를 만들어 내는 작품 자체이지 단순히 그림에 표현된 선과 색, 구도 같은 외양이 아니다. 가령 비잔틴 양식의 작품들은 외양을 거부하고 외양과의 단절을 확실히 표현하는데, 이런 작품을 만들도록 자극한 것은 이른바 조형적, 형태적 탐색이나 스타일에 대한 탐색이 아니라는 것을 우리는 잘 알고 있다. 그것은 저 천상과 하계에 있는 모든 신들에게 우리가 부여하는 가치, 세상을 살며 느끼는 그 기묘한 가치들에 대한 탐색일 것이다. 놀라운, 그러나 예기치 않은 확정적 사실. 만일 예술이 세계와 일정한 거리를 두고 심지어 세계의 **부재**absence를 통해 이루어지는 것이라고 한다면, 그 세계는 도대체 무엇일까. 정확히 들어맞지는 않지만 이미 사용하는 개념인 초월성의 세계일 것이다. 안정적이고 용이하며 이성적이고 이미 정립된 것, 더 나아가 계속해서 유지되고 지속되는 것에 전전긍긍하는 이 모든 총체적 관계성을 초월하기. 그리고 부정하고, 파괴하고, 위협하기! 바로 이것이 초월성이다. 순수하든 불순하든, 인간을 구원하든 파괴하든 이른바 유효성에 매몰된 세간의 가치와 이치를 박차고 나가 산산이 부수기. 예술의 길을 걸어가면서 또 다른 길을 열어젖히기. 이 순간, 예술은 종교이다. 세속적 가치로부터 자신을 뿌리째 뽑아내 낯선 곳에 내동댕이칠 때, 확실하게 표명된 것이 아니라 비밀스럽게 암시되어 있는 고유한 진실에 비로소 훨씬 가까이 다가가게 되는 것이다. 이런 의미에서 신들이 있다. 이 신들은 임시적 대체물이다. 그러니까 예술적 힘이 넘치는 숭고한 가면 ── 반드시 미적이지 않아도 되는 ── 이다. 역사와 변신의 변증법을 통해 이 예술적 힘은 생겨났고, 마침내 오롯이 자기 자신으로 돌아온 예술가는 이 순간 자신의 독립성과 고독에 대해 인식하는 것이다. 피카소를 기다리는 그리스도 판토크라토르[7]처럼.

　　그렇다면 지금은? 지금, 예술은 아마도 피카소라 불릴 것이다. 이 말은 피카소가 판토크라토르를 계속해서 그려야 할 의무를 갖는다는 말처럼 들리는데, 만물의 창조주이자 형상의 창조주가 한 일을 그에게 맡겨서만이 아니라, 더 상위 목표인, 그러니까 더 영원한 차원인 이 "본질적 부분"을 그림에 일치시켜야 하기 때문이다. 첫 세기가 시작된 이래, 인간들을 위한, 이 절대세계의 황금빛 찬란한 이미지를 재현하기 위해 그토록 애써 온 것이다. 현대 예술이, 즉 앙드레 말로의 미학이 전환점을 돌아야 하는 부분이 바로 여기다. 지독히 어렵지만 반드시 해내야 하는. 사실 그렇다. 은밀히 통하는 신들은 이젠 사라지고 없다. 신들은 더 깊은 부재의 세계로 돌아왔다. 세계 이쪽이든, 저쪽이

---

7 Le Pantocrator. 헬라어 '판토크라토르'는 '전능하신 분'이라는 뜻으로 구세주 예수 그리스도의 권능과 위엄을 드러내고, 그 권능이 온 세상에 퍼져 모든 민족이 은총을 누릴 것을 고백하는 예수 성상화를 총칭한다. 천장화, 모자이크화, 아이콘과 여러 회화 등 예수의 형상을 그린 전반의 도상을 뜻한다. ── 옮긴이

든 이들의 과제란 사라진 옛날을 다시 나타나게 하는 것밖에 없어 보인다. 아니면 훨씬 구체적으로, 예술에 거칠고도 무모한 장소 — 공허 — 를 제안하는 일이다. 바로 그 장소에서만 예술은 스스로를 장악할 수 있다. 물론 자신을 의식하지 않고. "실재"에서 시선을 돌리고, 외양을 거부하고, 재현 대신 스타일을 쟁취하는 힘을 갖게 되는 부재와 깊이의 세계. 예술이 자신의 섭리를 의식하기 시작하면서, 세계를 거부하고 박물관의 고독을 인정할 수밖에 없게 되면서, 신들이 살고 있는 이 부재와 깊이의 세계는 곧 예술가가 자신의 삶을 보내고 살아갈 실제 공간이 되는 것이다. 바로 이때 그림이 획득된다. 화가는 이번에는 자신이 그린 그림 속으로 사라져야 한다. 화가가 그림 자체가 된다는 것 — 그림이 그림답다가 되는 것 — 외에 다른 무엇이 필요하겠는가? 그렇다, 그림은 그래야만 할 것처럼 보인다. 하지만, 만일, 앙드레 말로식으로 다시 말해 본다면, 그림은 예술에 그저 장악당하고만 있지 않을 것이다. 그림은 다소 선명한 자기만의 이름으로 — 인간과도 같은 자질, 인간의 이상적 상, 인간의 명예 등 한마디로 "세계의 본질적인 부분" — 탁월한 전범이 될 만한 힘을 지니고 있어야 할 것이다. 이 힘은 예술이 도리어 길을 잃어야만 표현되는 신성한 것이다. 과거의 예술은 분명 신과 관계가 있었다. 과거의 예술은 분명 표현을 함으로써, 즉 보이지도 않고, 표현되지도 않고, 눈앞에 있지도 않은 것을 현존시키려 했다. 예술은 탈선하여 보이지 않는 쪽, 알려지지 않는 쪽을 향하여 가는 것이 아니라, 반드시 보여지는 순수한 가시적 현존의 길을 갔다. 오롯한 자기 형태를 가질 때만 절대적 확신을 가질 수 있다는 지극히 당당한 주장을 하면서 말이다. 그래서 그토록 인상적인 결과들을 산출한 것이다. 하지만 비가시적인 것들은 깃들고 머물러 있는 법이다. 그것은 명상되거나 사색되는 것이 아니다. 그러니 다시 한번 유의해서 이 점을 강조해야 한다. 앙드레 말로에게 그림은 "상"image[8]이 아니며 **부재**를 회화적으로 쟁취해 내는 일은 더더욱 아니다. 기술적인 회화 기법으로 축소하거나 환원하기 이전에 "이건 그게 아냐" 또는 "잘 안 보이는데"라고 아연실색하면서도 뭔가 얼핏 보이는 일이다. 그렇다고 비가시적인 것을 픽션처럼 가상으로 보는 일은 더더욱 아니다(앙드레 말로의 이 저서 제3권은 "시적인 세계"를 더 많이 언급하고 있긴 하지만 말이다). 그림은 이상적이고 문화적인 가치를 갖지만, 조형적으로나 회화적으로 형상화되지 않은 비가시적인 것도 그림 주변을 위험스레 배회하고 있다.

이런 방향 전환, 또는 가벼운 수정이 고의적인 것은 아니다. 앙드레 말로 안에서 나오는 다양한 갈래의 생각들을 쫓아가다 보니 결국 이렇게 방향을 돌릴 수밖에 없게 되어 다소 비장한 감이 없지 않다. 시간의 변화와 박물관의 변신을 거쳐 결국 이르게 될 곳은? 그저 화가인 화가? 이를테면 고야의 맞은편에 있는 세잔? 그러니까, 형이상학적 열정과 꿈, 신성한 것으로부터 해방된 그림을 그린 세잔? 세잔의 그림에 이르러 그림은 비로소 그 무엇을 위한 것도 아닌 제 스스로의 열정,

---

8 여기서는 거의 그림이라는 뜻으로 쓰였지만 image는 어원대로라면 라틴어 Imago에서 왔다. 죽은 조상의 두상이라는 뜻에서 파생하여 부재하는 자를 상으로라도 떠서 현존시킨다는 의미가 있다. 상, 형상 등으로 번역하거나 문맥에 따라서는 이미지로 그대로 번역하기도 했다. ─ 옮긴이

제 스스로의 창조에 다름 아니게 되었다. 앙드레 말로는 우리에게 바로 이 점을 확인시켜 주고 있는 것이다. 현대 예술은 그림이라는 장르로부터 독립한 것이다. 기존의 문화와 전통으로부터도 완전히 독립한 자치 구역이다. 문화가 된 그림은 한 단계, 한 순간일 뿐이다. 한마디로 고약한 순간이 아니고 무엇이겠는가마는. 지식인들이 개입하면서 조형 예술에서 보는 것이라곤 지극히 가시적인 요소가 전부이게 되었다. 지식인들은 예술이란 조화로운 픽션이며, 사물의 변형이고, 가치의 표현이라고 말한다. 또한 인간 세계 또는 문명화된 세계의 재현이라고 말한다. 하지만 그림은 재현 기능이 사라질 때, 그림이 고유한 자기만의 가치를 추구할 때, 문화의 보증인이 될 수 있지 않을까? 그렇다, "위대한 항해자 예술"이라고 앙드레 말로는 말했다. "하지만 위대한 항해자들의 문화가 착상될 수 있을까?" 한편 의구심은 답이 된다. "피카소가 세잔을 잇는다. 불안에 찬 질문이 병합과 정복으로 이어진 것이다. 하지만 혼자 질문하는 문화는 존재할 수 없다."

물론 그럴 수 있다. 하지만 예술은 열정적인 질문일 뿐이고, 이른바 우리가 문명이라 부르는 것으로부터 받은 것도 없으니 줄 것도 없지 않은가? 문명이란 무엇일까. 인정된 가치, 공개된 진실, 정립된 제도. 한마디로 이상적인 정류장이다. 화가는, 우리가 보는 그대로의 예술가는 분명 신적인 존재이지만, 그렇다고 이게 대단히 놀랄 만한 일은 아니다. 그도 그럴 것이 신의 위상, 아니 그 이상의 위상을 갖기 때문이다. 신성의 진실이란 가면에 다름 아니다. 이건 일종의 불가피한 풍자이다. "우리는 감탄하는 그림에 대해 말할 때 어떤 제스처를 쓰는데, 이른바 경배하는 제스처. 박물관은 수집의 공간인데, 일종의 사원이 되었다. 물론 브라크의 정물화는 신성한 피사체가 아니다. 그러나 비잔틴식 미니어처가 아니라 해도 정물화 자체로 신성한 다른 세계에 속하며 우리가 그저 그림이라 부르고 싶은 것을 그래서 예술이라고 부르는 것이다." 앙드레 말로는 정말 내키지 않는다는 표현을 쓰며 이런 말도 덧붙인다. "여기서 종교적이라는 단어는 정말 싫다. 하지만 마땅한 다른 어휘가 없다. 이 예술은 신이 아니다. 그냥 어떤 절대이다." 여기서 절대라는 말은 스스로 닫혀 있다는 뜻이기도 하다. 자기 내에서 탁월함이든 의미든 가질 뿐 —— 자기 밖의 세계에 대해서는 거의 무심하게 있다고 말할 수 있을 정도다 —— 이다. 적어도 앙드레 말로가 현대 예술에 대해 취하는 이런 관점은 우리로 하여금 적잖은 생각을 하게 한다. 신의 이름은 그림이며, 전에는 그림이 미적 리얼리즘의 유혹으로부터 도망치기 위해 형이상학적이고 종교적인 리얼리즘을 필요로 했다면, 그래서 그림이 신들을 좋아했다면, 오늘은 신들이 그림이 되었으니 이제 "스스로 그림이고자 하는 그림의 창조만"이 있을 뿐이다. 그림에서 형이상학이 사라졌다는 것도 더불어 말해야 한다. 그저 이 그림에 지나지 않는데, 전에는 그림을 형이상학으로 변형시키거나 그 결과 리얼리즘이라는 또 다른 형태를 만들어 내거나, 그것도 아니면 어떤 '해야만 한다'처럼 순전히 도덕적인 의무감을 예술에 부과함으로써 문명을 구제하거나 인간성을 보존하려 했다.

*

이런 의무감은 세 번째 책에서 더 절박해지고, 예술은 이 의무감을 훨씬 더 기꺼이 확신하는 듯하다. 이것은 이상적 기능이라 부를 수 있는 것으로, 인간이 "유산으로 상속받은 이상적 이미지를 약화하지 않고 더 강화하고 변형할 수 있다". 아마도 절박함, 불가피함 때문이겠지만, 그 결과 예술관, 세계, 예술의 전망은 바뀌었다. 박물관은 예술가에게 고유한 세계이지 예술사에 고유한 세계는 아니다. 예술은 역사의 자유이자 특수한 시간의 표현물(이에 대해서는 더 질문할 것이다)이며, 고유한sui generis 시대를 드러내는 것으로, 변신의 개념을 조명하기에 충분하다. 박물관에 가면 작품들이 앞에 있다. 별다른 중재나 왜곡 없이 현대 예술은 진리(작품이 이해되도록 필요한 언어)를 표현한다는 사실 때문에 작품이 하나의 관점을 가진 어떤 총체로 인식된다. 옛날에는 그 진짜 의미 ── 조형 예술의 순수 장점 ── 가 일화나 픽션, 신성한 가치 같은 다소의 가식을 통해 지각되고 찬사되었다면, 오늘날은 보다시피 작품들에서 진실을 추출해 보는 눈이 생겼다. 물론 우리는 비잔틴 예술이 예술 스스로를 위한 예술이 아니었다는 것을 안다. 비잔틴 예술은 신성한 세계에 다가가기 위한 것이었을 뿐이지만, 그래도 예술물을 남긴 이상 우리 역할은 그것을 예술로, 즉 우선은 형태 체계로 대신할 수도 있을 것이다(앙드레 말로는 『상상의 박물관』에 이렇게 쓰고 있다. "그러나 우리에게 비잔틴 예술은 우선 형태 체계이다. 다시 태어난 예술은 변신하면서 그 의미를 바꾸고 신 없이 부활한다"). 마찬가지로 이토록 괴리가 많은 작품들을 오늘날 우리가 선호한다면, 가령 우리가 흑인 예술과 푸생을 동시에 좋아한다면 그것은 아마도 공통점 없는 작품들에서 공통적 요소를 찾아낼 수 있기 때문이다. 그림이 무엇을 재현하든, 무엇을 암시하든, 어떤 역사적 변장을 하고 있든 이제 그림은 우리에게 그 나름의 표현과 표명 방식으로 자신을 드러내는 특수한 언어가 되어야 한다.

그러나 사실 그건 아니다. 우리가 박물관에 속고 있는 것이다. "이 장소는 인간이 떠올릴 수 있는 최고의 개념을 제시하는" 곳으로 이미지의 사원인 것만이 아니라, 문명과 종교, 역사적 찬란함을 갖춘 곳이다. 우리가 사랑하는 박물관은 우리에게 세잔을 알려 주는 곳이 아니라——더욱이 세잔의 예술은 그림이 담고 있는 내용이나 세계에 대해 말하는 것이 아니라 그것을 부정하고 거부하는 것이 공인된 예술이다——, 이렇게 말할 수 있을지 모르겠지만 내용물의 박물관 또는 역사와 시대의 박물관이 되어 버렸다. 앙드레 말로는 이렇게 말한다. "우리 시대는 예술을 통일하려는 것 같다. 형태 면에서도 단일한 하나의 친족성을 세워 바로 인지할 수 있게 말이다. 그러나 동시대 작품을 뛰어넘어 과거의 작품들에서 특별히 조형적 특질과 자질들을 갖춘 것만을 알아보는 예술가가 있다면, 그 예술가는 현대적 야만인을 능가하는 최고의 예술가 유형이 될 것이다. 이 현대적 야만인은 인간의 자질과 특질을 거부하는 경향이 있다. 우리 문화가 현대 미술에 표현된 색깔과 형태에만 지극히 예민하게 반응하는 데 그친다면, 현대 미술은 상상조차 할 수 없을 것이다. 우리 문화는 거기에 국한되지 않는다. 왜냐하면 전례 없는 문화가 확립되었기 때문이다." 그리고 이 예술 문화는 말로가 우리에게 예고한 것처럼 **순전히** 예술적인 것만은 될 수 없고 그렇게 되어서도 안 될 것이다. 게다가 예술이 문화가 되는 순간부터 그것은 문화의 수단이자 도구가 되며, 더 이상 자기 자신에게만 소속될 수 없고, 변장과 예속의 길로 다시 떨어진다. 가치와 식별이라는 바퀴.

하지만 앙드레 말로는 현대 예술의 의미가 그에게 어떻게 비치는지를 놓고 문제 제기를 하는 건 아닌 것 같다. 그림이란 세계를 부정하고 모든 가치를 부정하는(자신 이외에는 모두 부정하는 식으로) 일이라는 확신과 그럼에도 불구하고 그림이 인간의 자질과 가치를 구하는 일에 쓰인다는 것이 반드시 양립 불가능한 일도 아닐 것이다. 바로 이것이『예술의 심리학』이 난해한 이유 가운데 하나이다. 이를 이해하기위해 우선 박물관의 현 위치를 역사와 견주면서 시간에 직면한 예술로 이해할 필요가 있다. 박물관 안에 있으면 ── "예술가"가 아니라 "관객"으로서 있게 된다 ── 우리의 찬사와 관심은 작품이 재현하는 과거로도 향한다. 그러나 실제 과거의 그 과거가 아니라, 이 작품들 속에 이상적으로 있으면서 빛을 발하는 과거이다. 거기 그려진 건 그리스인가? 아니면 수메르인가? 아니면 비잔틴인가? 아니다. 그건 분명 아니다. 우리의 역사적 시각은 환상이다. 그건 신화이다. 지극히 정신적 것으로 가득한 신화. 이 환상은 영원히 사실적인 것을 재현한다. 우리에게 머물러 있는 것이 그림 속에도 살아 숨 쉬고 있기에 진실하게 느껴질 것이다. 우리도 접근 가능한 것이기에 우리가 흥분하고 매혹되는것일 게다. 결국 우리 안에 있는 삶이 작품 안에도 있기에 우리도 작품을 통해 다시 살아나는 것이다. "우리 문화와 덧없이 사라지는 절대 간에는 끝없는 대화가 있었다. 이 관계를 통해 예술은 부활한다. 가령, 그리스 신과 우주가 연결되거나 예수 그리스도와 세계의 의미가 연결되거나 산 자와 죽은 자들이 수많은 영혼들로 연결된다. 수메르의 모든작품은 수메르 왕국을 암시한다. 수메르 왕국은 이미 사라진 과거라붙잡을 수도 없고 이해할 수도 없지만 우리 정신을 빼앗아 갈 수도 있는 것이다. 큰 박물관들은 우리 안에 잠재되어 있는 역사적 이국주의를 좋아한다. 그래서 우리에게 인간의 힘들이 이룬 이 광대한 영역을 주는 것이다. 그러나 이 기나긴 자취는 지상이나 영토에 대한 감수성으로 남은 것이지 역사에 대한 감수성으로 남은 것이 아니다. 예술이 부활시킨 것은 죽은 사회가 아니다. 죽은 자들의 사회는 스스로 만들어진 것이고, 여기에 흔히 이상적인 또는 보정적인 이미지가 덧붙었다." 따라서 예술은 정신을 영원하게 만드는 것이라고 말할 수 있다. 예술은 역사와 상관되어 작동된다. 헤겔식으로 말하면, 역사는 자연과도 상관되어 작동된다. 하여, 예술은 자연에도 상관되어 의미가 생기니, 예술은 소멸하는 것들을 뛰어넘어, 지속성의 종말에도 불구하고, 의미의 영원한 생을 확신한다. 예술은 더 이상 시간을 걱정하지 않는다. 예술은 순수한 변화를 야기하는 파괴력이다. 그래서 예술은 영원성을 갖는 것이고, 온갖 부침과 성쇠를 거쳐 변신한다. 예술은 끝없이 형태를 보존하고 새롭게 만들어 내면서 "인간을 통해 뛰어난 세계가 만들어졌음"을 증명하고 마는 것이다. 앙드레 말로는 선명한 용어를 써 가며 이 힘을 찬양한다. "어쨌든 예술은 인간을 재현하고 문명을 표현한다. 문명은 원래 있는 것이 아니라 착상된 것이라는 듯이. 예술이 문명을 만들기에 의미가 생긴다. 생의 다양성보다 더 강력한 것이 바로 이 의미이다." "심판의 날에, 신들은 어떤 형상들과 마주하게 되었다. 살아 있는 것만 같은 조각상 민족!" 이것은 신들이 창조한 세계가 아니라, 인간들이 창조한 세계로 바로 그 현존을 증명하고 만 것이다. 바로 예술가들의 세계. 모든 예술은 신들에게도 교훈이다. 또한 이런 의미심장한 문장. "세계를 재창조하기 위해 인간이 이토록 끈질겼던 게 헛된 것만은 아니었다. 왜냐하면 재창조된 형상을 제외하고는 죽음을 넘어 그 어떤 것도 결코 **현존**할 수 없기 때문이다."

그렇다면 이런 특권은 어디서 나오는 것일까? 만일 그런 게 있다면, 오늘날 인식하기 시작한 예술에 대한 어두운 저주와 그 실패일 것이다. 예술가에게만 있는 이런 예외적인 힘 때문에 예술가는 유일하게 횃불을 든 자가 되었을지 모른다. 영원성을 갖는 장인. 앙드레 말로는 이를 확증 사실처럼 받아들인다. 그의 생각을 뒷받침하는 논거들이라면, 우선 예술가는, 탁월한, "창조자"라는 것이다. 다시 말해 결코 자연에 복종하지 않는 자이다. 자연을 모방하는 것처럼 보일지라도 복종하는 것은 아니며, 차라리 신성에 복종하느라 자연을 거부하는 것일 수 있다. 이 신들에 대해서도 물론 자유롭다. 이 자유를, 아마도 본인은 모를 테지만, 그러나 그의 작품을 보면 확실하다. 작품이란 바로 자유의 구가에 다름 아니기 때문이다. 지금도 여전히 예술가는 고야처럼 어둠이나 괴물, 공포, 밤과 연결되어 있다. 마치 우리가 "원초의 것들"에 사로잡히듯이 이것들이 내뿜는 힘, 이 무정형성의 카오스에 매료되는 것이다. 장악이 아니라 사로잡힘이다. 중독된 듯 혼란스럽게 종속되면서, 바로 여기서 경이가, 기적이 발하는 것이다. 사로잡힌 자만이 작품을 구현하고 비로소 작품을 장악할 수 있는 힘을 얻는다. 먼저 예속이 있어야 자유와 해방이 온다. "다소 고풍스러운, 아니면 케케묵은 감정들을 간접적으로 표현한 것일지라도 걸작에는 이런 특별한 울림이 있다. 왕실의 기운이 감도는 하계의 세계에 들어갔다 나온 듯하다. 예술에는 그 어떤 괴물도 없고 그게 궁극적 목표는 아니지만 말이다. 우리의 감탄 속에는 인간으로서 해방된 감정과 작품을 지배하는 감정이 늘 뒤섞여 있다." 고야의 고독은 무한하지만 한도가 없는 것은 아니다. 왜 냐하면 그는 화가이기 때문이다. 만일 "그에게 그림이 신비에 닿을 수 있는 수단이라면, 이 신비는 그림에 닿을 수 있는 수단이기도 하다". 그리하여 그 신비가 밝혀지고 해탈과 득도가 오는 것이다. 반 고흐는 결국 미쳤지만, 그의 그림은 명석하고 투철하다. 예술가는 결코 자기 시대에 의존하지 않는다. 개인적 역사성에도 의존하지 않는다. 그의 그림은 당대에 통용되던 관점에서도 떠나 있다. 이제 우리는 왜, 그 탄 생부터 죽음까지, 예술가가 우리에게 오로지 자신의 현존 그 자체라 할 박물관 안에서만 드러나는지 이해할 수 있을 것 같다. 박물관에서 만 예술가는 자유롭다. 그것이 그의 자유이기 때문이다. 그는 예술에 속해 있었던 것이고 예술은 그 자신에게만 속해 있다. 예술가가 창조 자일 때, 예술은 현존을 힘으로 바꾸며, 종속을 지배로 바꾸며, 죽음조 차 삶으로 바꾼다.

*

앙드레 말로가 보기에, 예술가만이 우리를 부조리와 우발성으로부터 구한다. 예술가만이 빛나는, 이해 가능한, 그리고 유익한 현재를 만든 다. 달리 말해, 그들이 없다면 무형의 폐허만, 기억물 없는 무자비한 지 속성만, 혐오스러운 시간이라는 시체의 부패물만 남는다. 방금 인용했 지만, 앙드레 말로는 이렇게 쓰지 않나. "재창조된 형상을 제외하고 는 죽음을 넘어 그 어떤 것도 결코 **현존**할 수 없기 때문이다." 그는 예 술에 과도한 특권을 부여하는데, 인간의 노동 산물이 모두 역사적 유물이 되는 것은 아니지만 앙드레 말로는 이에 별로 의문을 더하지 않는다. 유물이 되려면 역사를 통해 그 의미가 간직되고 새로운 의미가 붙어 끊임없이 풍부해지지 않으면 안 되기 때문이다. 하지만 이건 의문을 던져 볼 만한 사안이다. 만일 그토록 멀리서 온 작품들이 우릴 끌어당기고 고도로 미학적인 것이 우릴 사로잡는다면, 이 먼 곳이 예술을 대체할 수 있다는 것이다. 우리 세계와 가까운 곳에서 벗어나 훨씬 뒤로 물러나는 이런 역사적 운동은 예술가의 창조 가치와 비교될 수 있는 가치를 갖는다. 이런 지적은 앙드레 말로의 확약이 어디서 왔는지 이해하는 데 도움이 된다. 조각상 돌은 눈부실 정도로 정교하고 미묘하게 깎여 빛을 발하는데, 이것이 주는 감동은 이루 말할 수 없다. 마치 헤르메스가 프락시텔레스[9]에게 미소를 보내는 것 같은 상당히 인간적인 의미를 갖는다. 저 고대의 조각상을 비교 대상이 없는 비범하기 짝이 없는 예술의 반열에 놓기도 하는데, 그래서 박물관에서 작품을 보며 경이감에 빠지는 기분을 똑같이 느낀다면, 이것이 작품 자체에 대한 감동인지, 예술 작품에 시간성이 흘러들어 가 생기는 감동인지 잘 알 수 없는 역설적인 느낌이 드는 것은 사실이다. 가령 프락시텔레스의 조각상에 깃든 시간이 우리에게 흘러들어 오는 방식에는 정말 미묘하고도 낯선 것이 있다. 흔히 지적되지만, 우리가 작품에 다가

---

9 프락시텔레스는 기원전 4세기 그리스 고전기의 조각가로, 대표작 중에 헤르메스 조각상이 있다. 이전의 조각들에서는 신이 전혀 움직이지 않는 식으로 표현된다면, 프락시텔레스의 조각상에서는 신이 자신을 보는 참배자는 신경 쓰지 않고 오로지 자신에 집중하는 모습으로 표현되어 있다. — 옮긴이

간다면, 화폭이나 대리석에 다가가는 것이다. 그런데 예술가의 의도가 반드시 여기 표현된 상像으로만 구현되는 것은 아니다. 바로 내 옆에 있으니 그 상이 내 손에 닿지 못하는 것도 아니고, 시간이 흘렀다고 해서 이 상까지 시간과 함께 멀어진 것도 아니다. 그렇다고 해서 이 상을 붙잡을 수 있을 것 같지도 않다. 붙잡을 수 있을 것 같으면서도 붙잡을 수 없는 이런 느낌은 도대체 왜 드는 것일까? 조각상의 이런 현존은 지속 시간의 구속으로부터 해방된 데서 나오는 것일까? 바로 이게 영원성이라는 경이일까? 고전 미학은 그렇게 믿었다. 앙드레 말로의 한편에는 이런 고전 미학적 취향이 있다. 형체를 이상적으로 표현하여 완벽한 아름다움을 추구함으로써 현존성은 무한히 담보된다. 조각상을 상징화해서 확실하게 보여 주는 순간만큼은 절대적 물리적 시간으로부터 해방된 유일무이한 순간이다. 이상적인 아름다움은 이런 예외적인 순간을 이론적으로 구현할 때 드러나는 것이다. 그래서 이런 생각을 하게 된다. 이 형체가 아름답다면 이 인물은 영원히 지속되리라. 하지만 더불어 예감할 수 있는 것은, 아름답든 아름답지 않든 시간이 흘러가는 이상 아름다움도 흘러간다는 것이다. 물론 형체가 갖는 이 영원한 현재(예술적 불멸성)에 부여하는 가치는 시간과 시대, 역사에 달려 있다. 그러나 우리는 살아남은 형체들이 저평가되거나 심지어 저주받곤 했다는 것을 잊곤 하는데, 선고받은 것은 상像이 아니라 생존성그 자체이다. 영원히 남은 문명만이 문명일 것이다. 하지만 인간이 영원성이라는 은신처에 묶일 때, 그것이 위험한 것이거나 아니면 위험에 노출된 것은 아닐까 하고 생각하지 않는 것은 아니다. 왜냐하면 영원성이란 환상일 수 있으니까. 있는 그대로 있을 수 있는 유일한 기회를 철회하는 일일 수 있으니까.

예술은 이런 환각으로 생기는 신념 속에서 자기 역할을 하는 것이 분명하다. 인간 문명은 이 무매개적인 삶과 덧없이 사라지는 시간을 변화시키고 영원토록 만들라고 예술을 소환한 것인데, 예술은 그야말로 확실히 유사성을 날인해 주기 때문이다. 유사성이란 삶을 모방하는 것이 아니라, 오히려 삶에 닿을 수 없게 하는 수단이다. 왜냐하면 삶으로부터 벗어나면서 삶을 환기하는 이중 기제를 갖고 있기 때문이다. 살아 있는 형체들, 즉 인간들은 예술로 빚은 형체들과 사실은 유사성이 없다. 자기 고유의 유사성, 즉 반영 속에 비친 모습 같은 자기 진실을 갖춘 아름다운 형상을 얻으려면 일명 데스마스크 같은 자기 시신의 외양이 나올 때까지 기다려야 할까? 죽음을 통한 이상화, 생의 마지막 순간이 영원히 굳어진 외양. 초상화에 그려진 얼굴이 실제 얼굴과 비슷하다고 해서 유사한 것이 아님을 사람들은 조금씩 인식하기 시작했다. 유사성이란 초상화와 더불어서만 시작된다. 무슨 말인가 하면, 실제 얼굴이 거기 없기에, 얼굴이 거기 부재하기에, 아니면 유사성이라는 것이 부재할 때만 나타나는 것을 표현하기에 그 유사성이 작품 안에 있게 되는 것이다. 유사성이란 작품과 결부되어서만 말할 수 있는 것으로 그게 곧 그의 작품이자 그의 영광이자 그의 불행했던 삶이다. 그리고 이 부재는 시간이 만들어 낸 형상이다. 세계는 떠나가고, 이제 그에게 남은 것은 이러한 거리감과 멀어짐뿐이다.

이 시간을 어떻게 명명할까? 아마 그건 중요하지 않을지 모른다. 그걸 영원이라 부르면 위로가 되지만 속임수다. 그걸 현재라 부르면 정확하지 않다. 왜냐하면 우리가 아는 현재란 활동성 속에서 완성되고 구현되는 현재이기 때문이다. 우리가 아는 미래란 현재에서 끝없이 자라나는 것이기 때문이다. 거기서 시간의 순수하고 간결한 부재를 보고 싶은 유혹도 있게 마련이다. 프락시텔레스의 조각상을 본 해설자들은 이런 관점의 비평을 남겼다. 프락시텔레스의 헤르메스는 자기 신비의 근원인 자기도 알 수 없는 저 밑바닥을 보고 미소 짓고 있다는 것이다. 이 미소는 시간에 대한 무심함에서 나온 것일 수 있다. 시간에 대해 자유롭다는 것, 신비감은 바로 여기서 나온다. 예술 작품 속에 등장하는 미소가 우리 마음을 사로잡는다면, 그것이 인간 비밀의 한 전범으로 여겨지기 때문이다. 랭스의 미소,[10] 성녀 안의 미소는 이런 도전적인 시도이다. 덧없음을 표현함으로써 ─ 순간의 은총과 자유 ─ 그것이 비현실적 세계 안에 유폐되면서 기간이 연장된 것이다.

그러나 여기서 시간이 부재한다는 것은 우리가 행동하고 일하는 세계가 부재한다는 의미일 수 있다(거주 가능한 현실 세계에서 우리는 끝없이 노동을 함으로써 세계의 부재를 극복하려 한다. 이런 부정성을 부인하며 가능성의 세계를 만드는 강박에 사로잡혀 있는 것이다). 그러나 예술이 나타내는 시간의 부재성은 이와는 차원이 다른 것으로, 현실적

─────────────

10 일명 '랭스의 미소' 또는 '미소의 천사'로 알려진 랭스 대성당의 이 천사상은 13세기에 만들어진 것으로, 서쪽 파사드 왼쪽 문에 자리하고 있다. 랭스 대성당은 1차 세계 대전 중 독일군의 포격을 맞아 불탔는가 하면 300발의 포탄을 맞는 등 막대한 피해를 입었는데, 이 웃는 전사상도 포탄을 맞아 얼굴 표면의 일부가 떨어져 나가고 손상되었다. 손상되기 전의 사진과 손상된 후의 사진, 그리고 복원 중인 조각상의 사진 등이 공개되면서, 프랑스인들은 시대사적인 아픔과 함께 웃음이 사라졌다 다시 나타난 천사 얼굴의 다양한 모습에 복잡미묘한 감정을 느꼈다. ─ 옮긴이

인간이 끝없이 가능성만을 추구하며 매진하는 세계를 끝내 버리고 대신 이 세계 —— 실용적 삶만을 추구하는 세계, 진실은 표현되어야 하고 의미는 부여되어야 한다고 믿고 그런 문화만을 양산하는 세계 —— 바로 앞에 있거나 바로 뒤에 있게 하는 힘이다. 그래야 아마도 인간은 진정한 주권을 얻을 것이다. 그 모든 상황에서도 자신을 확신할 수 있을 것이다. 비로소 자기를 통제하는 것을 포기하고, 자신에 집착하지 않을 수 있을 것이다. 예술이 인간을 위험에 처하게 할 수 있는 것도 그래서다. 예술은 인간을 세계 바깥에 무자비하게 던져 놓는다. 미래가 약속된 안전하고 이해 가능한 세계가 아닌 그 바깥에 말이다. 고야의 그림에 피와 불안, 죽음이 있는 것도 그래서다. 그러나 이것이 있었기에 예술 작업이 가능했다. 세상을 모르는 어린아이나 세계를 상실한 광인은 어쩌면, 아니 응당 예술가들이다. 불안함이든, 무사태평이든 다 공허해서이다. 사람은 이미 모두 부재에 소속되어 있다. 우리가 덧없음이라 부르는 것이 바로 그것이다. 현존 자체가 덧없음이다. 우리는 현존을 포착할 수 없고, 그것을 가지고 무엇을 할 수도 없다. 결코 어떤 것도 시작되지 않았고 완결되지 않았다. 모든 것이 무한 속에서 반복될 뿐이다. 왜냐하면 어떤 것도 결코, 정말, 있었던 적이 없기 때문이다. 이런 걸 아마도 영원, 아니 영원한 되풀이라 부르는지 모른다.

*

예술의 세계가 부재와 관련되어 있듯이, 예술의 시간은 영원한 반복과 관련되어 있다. 하지만 이것을 보지 않기란 어려운 일이다. 예술은 부재를 찾아 나선다. 아니 부재에 필적하려고 한다. 그 방법은 세상이 말하는 일반적 차원의 진리에서 모든 것을 다 끌어내는 것이다. 그리고 이 부재를 **구현**하는 것인데, 이렇게 예술로 구현된 현실로 "세계"는 다시 복원될 수 있다. 그 세계는 이전과는 달라 자칫 애석한 세계처럼 비칠 수 있는데, 왜냐하면 오해가 있어서다. 이른바 굴복 — 외양에 굴복 — 하고 과제를 다할 의무를 역설적으로 준 것이다. 이 과제는 그러니까 부재를 완성하는 것인데, 세계의 부재만이 아니라 세계로서의 부재를 완성하는 것이다. 어쨌든 어떤 형식을 갖든, 어떤 수단을 동원하든, 부재는 또 하나의 세계가 되고, 현실이 되려 한다. 현대 예술이 우리에게 가르쳐 주듯 부재를 통해 보여지는 현실이 훨씬 "본래적"이다. 이런 현실은 거의 부재에 버금가는 세계로, 여러 깐깐한 요구 사항들이 있는데, 결핍된 그대로 자신을 온전히 보여 주어야 충만한 실존감이 생긴다는 것이다. 위협은 있다. 예술을 누그러뜨릴 것들이 도처에 있어 예술은 늘 위협받는다. 그런데 예술이 찾는 것과 예술은 영원히 같지 않다는 것을 잊어서이기도 하다. 둘이 인접하는 데 성공하면 둘은 더더욱 상시 서로를 배반한다. 이런 불만족 또는 무한정한 이의 제기는 조형 예술의 경험에서 드러난다. 한계에 불만을 갖는 것은 이론적 출발일 뿐 원래부터 한계는 있는 것이다(순전히 형식적 질문이다).

그러나 말해야 할 다른 게 있다. 화폭이나 조각상이 오로지 홀로 있고 싶어 한다면, 다른 작품들과의 비교를 생략할 만큼 혼자 위대한 걸작이 되려는 것이 아니라 이른바 걸작들의 사회로부터 완전히 빠져나오고 싶어서다. **모두와 거리 두기**. 고독은 바로 이렇게 표명된다. 혼자 머물겠다는 열망은 이른바 정통적인 작품들이 가진 절망 어린 진실이다. 하지만, 보통, 이런 욕망조차 헛되다. 그림이 좋으니 그걸 보여 줄 수 있는 좋은 무대나 상업적 가치를 가진 세계에 들어가 있어야 한다는 말은 아니다. 그러건 말건 그림은 세계 **바깥에**hors 자리를 마련해야 한다. 이 바깥이란 상상적 장소이거나 삶으로부터 자유로워진 삶이다. 그러니까 앙드레 말로가 박물관이라는 이름으로 가치를 부여한 세계이다. 박물관은 신화가 아니라 신화가 있는 곳이다. 세계 바깥에 있어야 한다는 조건은 그래서 붙는다. 그래야 예술 작품으로서 버틸 수 있는 길이 열리고 전체와 상호적 관계를 만들어 종국에 하나의 온전한 세계를 만들고 하나의 이야기를 탄생시키기 때문이다. 박물관은 앙드레 말로가 우리에게 알려 준 대로, 하나의 장소가 아니라 이야기다. 이 이야기는 분명 "세계"의 이야기와 관련 없는 천상의 이야기는 아니다. 하지만 지속성이라는 고유한 형태와 특별한 변증법이 거기서 일어나는 것만은 부인할 수 없다. 변신(메타모르포세스)이라는 명사 때문에 우리는 이 변증법을 예민하게 받아들였다. 위대한 예술가는 처음에는 자기 자신에 따르고 이어 자신의 숙련성에 따르며 결국 박물관에서 형성된다. 위대한 작품은 다른 모든 작품들을 변화시킨다. 그림의 화폭과 조각상을 스치고 어지럽힌다. 잠을 깨우거나 다시 잠들게 하며 일정한 시간이 흐른다. 토르소는 왜 그렇게 만들어졌는가? 처음부터 머리가 없었는가? 아니다, 시간이 머리를 깨뜨렸기 때문이다. 밤베르크의 성녀 엘리자베트의 일그러진 얼굴은 어두운 밤의 아우라를 만들며 이른바 유사성을 낳았는데, 이는 아마도 그녀가 그토록 기다렸던 것일 수 있다. 색은 바래 분해되었다. 이런 용해성이 예술에 주는 보상일 수 있다. 예술이 그토록 표현하고 싶어 했던 부재가 이렇게 찾아

온 것이다. 결국 무슨 말인가? 우선 프락시텔레스의 소년이 현재적 영원성 속에서 미소 짓는다고 말해서는 안 된다. 이 미소는 비실재적인 곳에서만 나오는 미소이다. 그러나 비실재적인 것 또한 시간의 형태이다. 시간이 형태를 만들고 이것이 像의 숙명이다. 대리석이어서 보존되었다 할지라도 에우티디코스의 소녀[11]나 소년의 두상 같은 조각상들은 웃지 않는다. 그런데 시간이 이 미소를 바꿔 놓았다. 때론 경멸하듯 원래의 미소를 지우고 이 눈에 띄는 미소를 갖다 놓은 것이다. 너무 뻔한 "속물적" 미소로 변해 버린 것이다. 우리가 괜히 다르게 보는 건 아닌가 할 수도 있지만, 아니다. 정말 다른 게 되어 버렸다. 부재의 미소는 이제 사라지고 없다. 흥미로운 미소의 모습을 보여 주니 문화는 흥미를 느끼겠지만, 정작 이것을 만든 예술가는? 글쎄다. 보고 싶지 않을 것이다.

고전 미학은 형태를 이상화하거나 순수하게 만드는 탐색이 아니라, 순간적 찰나를 이상화하는 일이다. 약화되거나 소멸되지 않고 계속해서 반복될 수 있는 절대적 순수의 현재를 만들려는 것이다. 영원히 되풀이되는 일은 어둠의 저주 같지만 ── 세계가 멀어질 때 이 시공간이 우리를 붙잡는다 ── 고전 미학은 이런 반복에 영광과 행복을 부여했다. 왜냐하면 이 반복적 재생을 통해 신생新生이 가능하기 때문이

---

11 일명 '삐로통한 소녀'로도 알려져 있는 에우티디코스의 소녀상은 고대 그리스 조각상의 엄격한 스타일에 따라 표정이 거의 없다. 보기에 따라 약간의 미소를 머금고 있는 것처럼 보이기도 하지만 불확실하다. 세월에 마모된 이 조각상을 일부 복원하면서 미소를 조금 더 분명하게 입힌 것을 블랑쇼는 암묵적으로 비판하고 있다. ── 옮긴이

다. 대담한 목표이다. 때론 삶에 개입하지 않고 삶과 거리를 두는 양식화를 통해 그 목표에 도달하기도 하고, 때론 살아 숨 쉬는 순간과 하나 되어 그 순간을 붙잡음으로써 결코 자신을 붙잡을 수 없는 것으로 만들어 그 목표에 도달하기도 한다. 하지만 외양의 재현을 통하지 않고는 그 어떤 것도 할 수 없다. 왜? 여러 가지 이유가 있는데(가장 명백한 이유는 결국은 세계를 빨아들이고 싶어 한다는 것이다. 예술은 무[無] 또는 부재와 관련된 것이긴 하지만, 그래서 저주받은 것이기도 하지만, 인간의 위대한 활동으로써만 그 열망이 충족된다), 시급하지 않다 할 수 없는 것은, 아직은 부재하는 상을 어떻게든 **재현**하는 일이다. 그 순간 그 **현존**에 가장 생생한 개념이 주어지기 때문이다. 이것이 여러 번 반복해서 행해지며 '되어 가기'devenir[12]의 고통스러운 과정이 수반된다. 이 반복은 이미 이중의 유사성 속에 확언되었다. 그림이라는 경호를 받으며 유사한 것은 다시 유사한 것을 참조한다. 프락시텔레스의 소년은 그 미소에 관한 한 영원히 자신을 닮아 있을 것이다. 삶 전체에서 이렇게 일단 떼어 내진 유사성은 조소 작업의 힘을 통해 견고하기 이를 데 없는, 그러나 영원한 것만은 아닌 대리석이라는 은신처 안에, 또 조각

---

12 이 표현은 이 책에 앞으로도 자주 등장한다. devenir는 de(~로부터)와 venir(오다)의 합성어로, 일정한 출발 지점 및 연원이 있어 거기서부터 생성되어 변화하는 과정을 겪다가 어떤 상태나 곳에 이르게 됨을 뜻한다. 생성과 발생부터 그 변화의 과정과 공정을 연기(緣起)적으로 연상할 필요가 있다. 동사에서 파생하여 명사로도 활용되지만 동적인 작용성과 수행성이 강조되는 단어이다. 지극히 일상적인 용어를 통해 그 고유의 섭리를 통찰하는 블랑쇼 사유를 살리기 위해 변화나 생성, 진화 등의 명사적 개념어를 택하지 않고 '되어 가기' '되어 감' 등의 동사적 표현으로 옮겼다. ─ 옮긴이

이라는 은신처 안에 자리 잡기 때문이다. 외양이 사라지거나 작품에서 멀어지면, 항상 반복 재생될 수 있을 것 같은 이 현재는 이상하게도 그 명증성을 잃는다. 이것은 마치 상상적인 모나리자가 항상 그 색과 선 뒤에서 미소 지을 준비를 하고 있는 것과 같다. 작품이 곧 그림이라고 한다면, 붓질 얼룩이나 물감 요소들은 어디에 숨지도 무엇을 약속해 주지도 못한다. 그러면 순수 현재는 무너지고 이상적인 순간은 소멸한다. 이 재시작의 힘 때문에 작품이 우리에게 가까이 다가왔는데, 작품은 작품과만 가까워질 뿐, 이제 진짜 현재도 확실한 미래도 보장해 주지 못하고, 그저 소멸에 매혹되고, 변신에 도움을 청할 뿐이다.

고전적 이상은 이미지와 순간을 소멸하는 사물들, 가령 화폭 천과 돌 같은 은신처에 놓고자 했다. 그런데 이런 소멸하는 재질 또한 우리를 매혹한다. 천은 점점 바랜다. 대리석은 점점 균열이 생긴다. 하지만 이미지는 부패하지 않으며 순간은 완결되지 않고 계속해서 반복된다 (그렇다고 고갈되는 것은 아니다). 박물관은 우리에게 이것은 절대 그렇지 않다고 알려 준다. 아마 그림의 진실이 그림과 그다지 멀지 않다는 것을 인정하는 일은 괴롭고 불쾌할 수 있다. 하지만 그림의 진실이 질료적 실재나 그 "수단"과 분리되는 것은 아니다. 부재를 포착하기 위해서라도 잘 조직된 순수 질료라는 이 현존 속에서 영광을 구가해야 할 것이다. 그럼에도 불구하고 그림은 모조리 거기 안에 있는 것 ── 화폭 천, 얼룩, 층이 생긴 미묘한 떨림 ── 이라고 말할 수는 없을 것이다. 왜냐하면 그림은 그림 안에 없다는 보증 속에서 가능한 것이지, 거기 있다고 한다면 아무것도 아니기 때문이다. **황홀한 매혹**을 느끼며 우리가 그림에 가까이 다가가게 하는 그 무엇만이 그림을 보증해 준다. 황홀경에 사로잡힌 눈처럼 기꺼이 허망해지려는 이 시선. 시점이나 관점이 아니라 무엇과의 접촉. 의미나 진실 세계 같은 것 말고 그 바깥 세계로 미끄러져 들어가게 하는 어떤 번쩍이는 소스라침과 사로잡힘.

현대 예술에서 그림은 이 물성과 비물성의 이원성을 갖는다. 핵심과 정수는 쉽게 공유되지 않지만, 어쨌거나 본질적으로 순수한 질료가 있고, 그것이 질료 그대로 현존하고, 또 절대적으로 순수한 부재가 있고 이 부재에 대한 욕망과 열정 또한 공존한다. 이것은 분명 상호 모순이지만 환영할 수밖에 없는, 정말 소멸시키고 싶지 않은 모순이다. 그 결과 시간은 이 이원성에 따라 작동한다. 돌을 사용하면 돌이라는 물적 질료는 서서히 손상되고 분해되며 마모되는데, 미적 가치는 이로써 더 생긴다. 그리고 이것이 우리에게 공표된다. 이런 작업이 어떤 사고로 인한 것은 아니며, 그렇다고 시간에 의해 마모되어 변한 것이 작품과 아무런 관계도 없는 비본질적인 것도 아니다. 고전주의자들이 희망한 대로, 작품의 내밀성과 진실은 질료 자체에 있기도 하다. 레오나르도 다 빈치의 프레스코화는 프레스코화이니 결국 지워질 운명이고, 이것은 미리 고려되어 제작되었을 것이다. 바로 이런 지워짐, 부재가 작품의 정수가 될 것이다. 여기서 가장 중요한 시간은 변화의 원리이자 변모를 야기하는 불안 요소이며 강력하면서도 무력한 변증법이다. 작품은 부재를 품고 있지만 종국에 이 부재는 작품에서 자신을 빼내 작품 바깥으로 빠져나갈 것이다. 고전주의자들이 작품이 영원히 반복된다고(첫 원본은 반복되는 것도 아니고 재생되는 것도 아니다) 하는 이유는 바로 이런 비현실적이고 상상적인 순간과 관련된다. 마치 샘은 마르지 않는 것이므로 계속해서 샘을 퍼 나를 수 있는 것과 같다. 원본에서 번역이 끝없이 생성되는 것과 같다. 따라서 작품은 다른 것에 대해서도 자신에 대해서도 일절 걱정하지 않는다. 작품은 시간의 은신처에 있는 것이 아니라 시간의 은신처 그 자체다. 바로 그 작품 안에 우리가 믿고 있고 감탄해 마지않는 가득 고여 있는 현재라는 절대적 불변성이 있는 것이다. 그러나 작품은 자기 고유의 부재다. 그래서 영속적으로 되어 가는 것일 뿐 결코 완성은 없고 만들어졌다가 없어졌다가 할 뿐이다. 작품이 이 부재와 관련해 얻는 차원은 이미지를 통해 더 감각적으로 느껴진다. 따라서 박물관은 상상적 총체성 속에 구현된 이 부재의 세계다. 다만 중간에 어떤 일말의 완성을 전제한 실현 과정이 있고, 현대 예술이 바로 이 지점에 있는 것이다. 이런 부재의 바다 한가운데서 작품들은 부단히 흘러 녹고, 움직인다. 각각이 시간의 한 부표이며, 한순간에 불과하지만, 전체성을 띤 한순간으로서 필사적으로 찰나이면서 영겁이다. 또한 부분이면서 전체가 되기를 필사적으로 갈구하는 것이다. 부재는 휴식 없는 휴식이다. 이런 서약이 불가능한 것처럼, 작품 자체는 점점 이 불능성을 의식하며 스스로가 비장한 징후임을 점점 더 확신하는 것이다. 매혹적인 화살표, 그런데 이 화살표가 겨누는 것은 바로 불능성이다.

*

앙드레 말로가 변신(메타모르포세스)에 대해 한 지적은 그가 꺼낼 수도 있을 결론 가운데 하나로, 걸작이라는 개념이 크나큰 의미를 갖는 것은 아니고 언제든 변할 수 있기에 늘 위협받음을 강조하는 것으로 이해해도 좋다. "절대적으로 자유로운" 예술에 대해 스스로 질문할 때도 이런 비유를 든다. "어떤 화가도 알지 못했던 징후적 요소는 바로 우리 안에서 시작된다. 다른 단어가 없으니 그것을 우선 '얼룩'이라고 해 보자. 이 얼룩은 전통적 개념의 그림 구도나 구성과는 아무런 연관이 없다. 일본의 표현 예술처럼 미묘하게 발휘할 수 있는 기법도 아니다. 얼룩은 얼룩으로만 존재한다는 식으로, 즉 얼룩 자체가 존재 이유인 것처럼 보인다. 이전에 칸딘스키에게 나타났던 것이 미로에게 나타나고, 클레에게서도 가끔 나타난 적이 있다. 그러나 여기에 어떤 종속 관계가 있는 것은 아니다. 그저 어떤 차원의 예술에 대해 말하고 싶은 것이다. 하지만 화가는 이런 얼룩을 살리다 그림을 파괴하기까지 한다. 피카소의 화법이 그러하듯. 피카소는 어떤 의미에서 우리 미술의 잠정적이나마 가장 극단적인 점을 건든 셈이다." 이 극단적인 점(말로가 말한 것처럼, "주요한 큰 발견에는 과거 전체가 투영되어 있다")을 통해 우리가 종국에 알게 된 것은 박물관이 있는 이상, 진짜 작품이 있을 수 없고, 진짜 휴식이 있을 수 없다(박물관의 휴식도)는 것이다. 모든 걸작품들은 익명의, 특별히 누구라고 칭할 수 없는 흐릿한 그 누군가가, 아니 그 무엇인가가 지나간 눈부신 흔적에 불과하다. 예술이 지나간 흔적일 수도 있고, 어쨌든 그건 얼룩을 향해 가고 얼룩을 향해 산산이 부서진다. 작품이 작품 자체로 우리의 관심을 끈다기보다 한 예술가의 열정적 삶과 그가 살아왔던 길이 새겨진 일종의 눈부신 표시가 관심을 끄는 것이다. 처음에는 자신만의 이의 제기를 강렬한 몸짓으로 화폭에 표현한다. 그런데 이 논쟁적인 운동이 서서히 하나의 흔적이 되어 안정성과 휴식을 얻게 된다. 예술가는 그저 우리에게 지나가는 흔적처럼 여겨진다. 계속되고 지속될 운명이 아니라, 아마도 지워질 운명이다. 예술가는 이 극점을 찾아가며 예술을 남길 뿐이다. 그렇기 때문에 이 차이를 말하는 게 어렵다. 그래서 문화에 대한 염려가 많은 앙드레 말로가 걸작 예술과 야생 혹은 날것 예술 가운데 하나를 택하는 것이 아니라 그 사이에서 기어코 자기 기운을 유지하는 것이다. 앙드레 말로에게 어린아이의 그림이나 "미친" 사람의 그림은 예술이 아니다. 왜냐하면 말로에게는 그것이 장악함maîtrise이 아니라 장악당함possession을 표현한 것이기 때문이다. "어린아이는 예술가적이지만 예술가는 아니다. 아이는 그림에 장악당해 있지만 예술가이려면 그림을 추월할 생각으로 ─ 자기 그림이기 때문이다 ─ 그림 위에서 그림을 장악해야 한다. 아이는 결코 이 정도까지는 하지 않는다. 그런데, 예술은, 꿈이 아니라 꿈에 장악당함이지 않은가." 그래서 이렇게도 쓴다. "비밀스럽게라도, 인간의 지배력을 믿게 만드는 작품만을 걸작이라 불러야 별다른 후회가 없을 것이다." 그렇다면 우리는 박물관을 포기해야 한다. 아니, 박물관식의 관점이 아닌 다른 관점을 가져야 한다. 오로지 그 스스로가 예술가여서 손으로 그린 우연한 흔적인 데생 안에서도 ─ 예술가가 군이 탐색하지는 않았지만 우연히 갖게 된 행복한 흔적 ─ 창조적 예술의 정수를 알아볼 줄 아는 진짜 예술가가 되어야 한다. 칸딘스키도 말했듯이 위대한 예술가는 팔레트에 아무렇게, 그러나 경이롭게 던져진 무질서한 물감 튜브에서 나온 찌꺼기들을 이제 작품으로 변모시킬 것이다.

예술은 더 이상 한 작품의 "완벽성"에 있지 않다. 그건 **어디에도 없**다. 만일 박물관이 의미가 있다면, 그것은 박물관이 지니고 있는 이 근심과 부정의 힘이다. 물론 우리는 걸작들을 보며 감탄하고 싶다. 다른 작품들을 기꺼이 다 배제해 버릴 만큼 매혹된 상태에서 이 걸작들 하나하나와 결부되길 원한다. 작품은 스스로 파괴되기 전에, 다시 말해 변신하며 당당히 지워지는 운명의 길을 가기 전에 단 한 순간만이라도 영원성을 갖고 싶어 한다. 그것은 곧 세상의 모든 예술과 하나가 되는 순간이다. 그러나 이 순간을 살았다는 것은 이미 다시 아무것도 없는 부재의 세계로 돌아가고 있다는 뜻이다. 이 부재가 곧 "영원"이다. 이미지는 우리가 느끼듯 행복이다. 왜냐하면 무한 옆의 유한이기 때문이다. 슬슬 움직이는 가운데 정지할 수 있는 가능성의 세계. 이로써 우리는 형태가 된 부재의 주인들을 믿게 되었다. 밤은 빽빽하고 어두우나 그 안에서 눈부시게 밝은 빛을 낼 것이다. 그렇다, 이미지는 행복이다. 그러나 바로 옆에 덧없음이 체류하고 있다. 둘 사이 경계에서 가장 강력한 힘이 솟아날 것이다. 그 근기根基가 되는 심연에서 나온 이 힘은 오로지 자신에 호소함으로써 자신을 표현할 수 있다. 앙드레 말로는 자신의 최근 소설에 나오는 유명한 문장을 인용하는데, 예술적 창조에 찬사를 바치는 영광의 노래라 할 것이다. "가장 큰 신비는 밤하늘의 수많은 별들만큼이나 풍부한 질료에 우연히 던져졌다고 생기는 것이 아니라, 덧없음을 부정할 수 있을 만큼 강렬한 이미지들을 이 감옥에서, 우리 자신에서 끌어낼 때 생기는 것이다." 그러나 이 또한 강조해야 한다. 허무를 부정할 수 있는 이미지는 우리 위의 허무를 바라보는 시선이라는 것도. 이미지는 가볍다. 시선은 너무 무겁다. 이미지는 반짝거린다. 허무는 흩어지고 퍼져 두터워지는데, 그래서인지 아무것도 드러나 있지 않다. 이미지는 살짝 비치는 틈이다. 검은 태양의 얼룩이다.

찢어진 부분이다. 눈부시게 빛나는 외양 아래 저 다함없는 깊은 어둠의 네거티브. 이미 너무나 깊고 너무나 텅 비고, 너무나 위협적이고 너무나 매혹적이다. 우리가 부여하는 것보다 훨씬 풍부한 의미가 있으나 또한 아무것도 없다. 가난하다. 아무것도 아니다. 조용하다. 왜냐하면 그 안에 주인 없는 어두운 무위의 힘이 도사리고 있기 때문이다. 이 힘은 죽음이 갖는 힘이자 재시작이 갖는 힘이다.

3
박물관의 고통

나는 쿠르티우스[1]의 에세이에서 특히 다음 문장에 주목했다. "호메로스, 베르길리우스, 단테, 셰익스피어, 괴테는 완전히 우리 재량권 아래 있는데, 이는 문학이 예술과는 다른 방식으로 존재함을 시사한다." 놀라운 지적이다. 우선 거의 명백하기 때문이다. 그런데 아니다. 곧이어 이건 잘못된 확신이라는 생각이 드는 것은 왜일까. 쿠르티우스는 LP판도 없고, 다른 시청각 소통 수단도 없고, 박물관도 없고, 특히 놀라운 복제 기술로 더욱 풍부해진 "상상의 박물관"도 없던 시대에 이것을 썼을 것이다. 예술은, 아니 모든 예술은 매번 각자에게 배달된다. 앙드레 말로 덕분에 우리가 새롭게 인식하게 되었지만, 이건 어마어마한 사건이다. 말로는 예술적 창조를 위해서도 어떤 관점, 아니 어떤 새로운 요

---

1 Ernst Curtius(1814~1896). 독일의 역사학자이자 고고학자이다. 특히 그리스의 올림피아 신전 일대를 발굴하고 연구한 것으로 유명하다. ── 옮긴이

구 사항들에 따를 수밖에 없게 된 것이 이 어마어마한 사건 때문이라고 이미 지적하지 않았나. 이건 간과할 수 없을 것이다. 그러나 이런 변화가 우연히 생긴 게 아니라는 것을 우리는 또 모르지 않는다. 기술 덕분에 우리가 풍요로운 전담을 얻은 것처럼, 기술 덕분에 우리는 예술을 얻었다. 모든 것을 소유하고 모든 것에 다가갈 수 있게 되었다. 이런 지배력에 누구는 질겁을 하고 누구는 활기를 되찾지만, 아무튼 누구도 이를 멈출 수 없다. 이제 다 아는 거창하고 당연한 사실에 머물러 있지 말고, 쿠르티우스가 한 말에 대해 다시 한번 질문해 보자.

그는 아마 이런 말을 하고 싶었을 것이다(그가 지금의 우리에게 말할 수 있다면). 위대한 문학 작품의 고유성은 크나큰 실체적 손실이나 변경 없이 나름대로 무한히 전승될 수 있을 테지만 예술 작품은 과연 그럴 수 있는가 하는 것이다. 놀라운 것은, 어떻게 호메로스나 단테가 우리 재량권 안에 있다고 말할 수 있느냐는 거다. 여기에 다른 작가를 덧붙여 보자. 말라르메는? 르네 샤르는? 여기서 **완전히**라는 단어가 매우 도전적이다. 그런데 그 어떤 작품도, 심지어 아무리 최근에 나온 현대작이어도 완전히 우리 재량권 안에 있는 건 없다. 왜냐하면 우리가 그 작품을 읽을 수 있을 만한 조건에 있어야 하기 때문이다. 알다시피 우리는 『일리아스』나 『신곡』을 완전히 소화한 적이 없다. 오류 없이 전승되었다 할지라도 이런 작품은 우리 이해의 척도를 벗어난다. 우리가 접근할 수 있는 수준에서 읽는 것일 뿐 여전히 낯설다. 그들과 우리는 완전히 갈라져 있기 때문이다. 신들과도, 세계와도 언어와도. 우리가 아는 것이 있고 우리가 모르는 것이 있다. 특히 여기서 우리의 지식이 문제가 된다. 호메로스에 대해 안다고 하지만, 사실 우리가 아는 것은 호메로스의 문명과 관련된 것이다. 문명적 친숙함 때문에 좀 덜 낯설어 보일 뿐 낯설기는 매한가지다 ── 쿠르티우스처럼 섬세한 정신에게도. 예술 작품은 복제될 수 없다고 그 나름의 합리적 근거를 들어 부인하는 사람이 왜 문학 작품은 무한정 전승될 수 있다고 생각하는지 이해하기 조금 어렵다. 작품은 작품 그대로 있을 뿐이다. 우리가 알고 읽는 것도 있고 모르고 읽는 것도 있지만 어쨌든 문학 작품과 소통하는 데 큰 지장은 없다는 얘기 같다.

*

이 논쟁의 기원은 저 멀리까지 거슬러 올라간다. 인쇄 문제가 아니라 글쓰기의 문제다. 플라톤(글로 쓸 수밖에 없지만, 글에는 위험하고 해로운 어떤 혁신적인 것이 있다며 글을 자유롭게 비난하는 플라톤을 보노라면 놀랍다)은 조르주 뒤튀[2]가 박물관과 그 복제 용이함을 격렬하게 비난한 것과 마찬가지로 글의 문제를 비난한다.[3] 플라톤은 문학을 걱정하는 것이 아니라 사유를 걱정한다. 플라톤에게 글은 이런 말이다. 어느 누구도 말하지 않는 말, 한 말을 반복할 줄밖에 모르는 말, 질문한 사람에게 결코 대답하지 않는 말, 공격이 들어와도 방어할 줄 모르는

---

2 Georges Duthuit(1891~1973). 프랑스의 미술사가이자 예술 평론가로서 특히 마티스의 해설가로 유명하다. 초현실주의 작가들과 많이 교유했으며, 그중에서도 앙드레 마송과 교분이 두터웠다. 조르주 바타유 등과도 함께 활동했다. ── 옮긴이
3 Georges Duthuit, *Le Musée inimaginable*, Paris: Corti, 1956.

말, 아무도 말하지 않는 말이지만 아무나 말하게 내버려 두는 말. 분별도 없고, 선호도 없고, 거부도 없고, 끔찍하게 추상적인 이 말은 자신이 잉태된 장소와 삶에서 빠져나와 권위도 없이 이름도 없이 여기저기 눈먼 장님처럼 배회한다. 우리를 기억에도 없는 죽은 자로 만드는 죽은 언어이다. 그도 그럴 것이 이제부터는 쓰인 말이, 그러니까 글이 우리 자리를 차지하고 우리 결점을 들춰낼 것이기 때문이다.'

플라톤의 이 심각함(이성적 "인문주의"라는 이름으로 들어선 속임수 외양'에 대한 최초의 이의 제기이다. 소크라테스식의 인문주의라면 말 뒤에 살아 있는 사람이 있어야 하고, 그 사람이 바로 그 말을 보장하고 확언해 주어야 하며 스스로도 그 말을 확신해야 한다)은 결코 허투루 보아서는 안 되었는데, 나중에 손으로 쓴 필사본이나 좀 더 나중에 나올 책들과는 대적이 되지 않았기 때문이다. 오늘날로 보면, 하이데거가 소크라테스에 가깝다. 아마 쓰지 않고 철학하는 사상가는 소크라테스가 마지막이었을 것이다. "소크라테스 이후 모든 사상과 명상은 책으로 귀결된다." 쓰인 것을 왜 이렇게 무시하고 경멸할까? 이건 분명 글이

---

4 나의 『라스코의 짐승』(*La Bête de Lascaux*, Paris: G. L. M, 1952)을 참조하길 바란다(이 글에서 모리스 블랑쇼는 라스코 동굴 벽화의 위용에 찬 침묵의 선묘화를 "쓰인 말"이라 표현하면서 아무도 이곳에 현존하지 않지만 신탁이 말해지는 것 같고 신성이 사는 것 같다고 느낀다. 라스코 벽화의 그림은 소리 나는 말도 아니고 쓰인 글도 아니지만 이런 차원의 새로운 언어가 미래의 문학이 될 수 있다고 제안한다. — 옮긴이).

5 '글'을 비유한다. 흔히 소크라테스 이전의 철학과 이후의 철학을 나누곤 하지만, 소크라테스는 우선은 저작을 직접 남기지 않은 자이다. 전승된 소크라테스의 철학은 제자들이 남긴 기록과 그 안에 담긴 소크라테스의 언행들을 통해 유추되고 있을 뿐이다. 니체 역시나 소크라테스를 이렇게 명명한다. "소크라테스, 글을 쓰지 않는 자." — 옮긴이

말보다 부차적이라는 생각과 관련되어 있을 것이다(대부분이 구두 문화였다가 무엇인가 전달할 게 있을 때, 또는 구두로 소통한 것을 다시 복원하고 지속시킬 필요가 있을 때만 글을 썼을 것이다). 단 하나 있는 독특한 작품을 똑같이 재생하는 그림을 증오한 것도 같은 이유에서였을 것이다. 이것은 바로 기술에 대한 비판이다. 기계적 생산은 곧 복제이다. 기계의 감각이다. 만들어 내고, 다시 만들어 내고 이제 똑같은 것을 무한정 만들어 낼 수 있는데, 한 작품에 소요되는 지속 시간 개념을 뛰어넘는 전혀 다른 힘이다. 더욱 강력해진 힘, 이것은 무섭기 짝이 없다. 그것이 우리에게 천편일률을 약속해서만이 아니라 아마도 또 다른 심오한 이유 때문일 것이다. 복제할 수 있는 가능성, 또 복제될 수 있는 가능성은 결국 그 현존의 근본적 빈곤을 드러내고 말기 때문이다. 재생될 수 있는 무언가가 있다면 이미 그 현존에는 결핍이 전제되어 있는 것 아닌가. 재생을 허용하지 않는 풍요가 있어야 할 텐데, 이런 풍요가 거기에는 결핍되어 있는 셈이다. 존재가 반복된다는 것은 기계적인 실존을 의미할 수 있다. 만일 그 존재가 마르고 닳지 않는 풍부함이 있다면 어떤 반복도, 완벽을 가져올 기계적 수작도 있을 수 없다. 서양 문화의 결정적 기호인 기술은 인간의 강력한 힘이 되었지만 현존 그 자체는 그야말로 궁핍하게 되었다.

반면, 예술과 예술 작품은 아마도 존재의 존엄을 확언하며 복원해 줄 수 있을 것처럼 보인다. 척도를 벗어나는 풍요와 신생新生의 힘, 그 창조적 도량. 생, 힘, 깊이, 자연 같은 단어들이 이런 세계를 알리고 있다. 예술은 우리에게 현존은 항상 다른 것이며, 반복되는 게 아니라고 말해 준다. 예술은 작열하는 시작이며, 최초의 빛이다. 이미 강조해서 말했지만 이른바 생산된 것으로서의 예술 작품은 한 번의 탄생으로 끝나야 할까? 재생해서 좋은 것으로 만들려는 시도를 한사코 반대할 수 있을까? 예술 작품은 늘 일시적으로만 현존하는 실존이며, 불확실의 확실성을 사는가? 곧 소멸할 것을 알기에 더욱 빛나는 빛처럼? 바로 이런 작품이 갖는 본질적 고독과 복제와 재생 기술이 보장하는 개별적 실제 양식 사이에 근본적 양립이 어떻게 없을 수 있겠는가? 이것은 한 사람 대對 모든 사람의 갈등 양상만은 아니다. 단 한 사람의 찬미자가 다른 사람이 시샘할 정도로 혼자서만 어떤 그림을 보관하고 있다면? 이를 반대하며 그런 그림이라면 더더욱 많은 사람들에게 보여 줘야 할 권리가 있다고 주장할 수 있을 것이다. 이렇듯 단순히 이런 대결 구도의 문제만은 아니라는 것이다. 진짜 쟁점은 다른 데 있다. 예술의 경우, 재생의 힘이란 만들어져 가는 중에 재생된 것의 의미를 바꾼다는 데 있다. 예술 작품이라고 해서 이런 힘을 벗어날 수 있다고 주장하거나 복제본은 늘 원본 안에 있는 독특한 것을 잃어버릴 수밖에 없다는 말을 새삼 하려는 것은 아니다. 어떤 그림이 원본의 자리를 완벽하게 차지한다거나, 다시 말해 재현이 현존을 완전히 대체해 버릴 수 있다는 것은 받아들일 수 있다. 그러나 그 결과는? 그러면 무슨 일이 초래될까. 작품은, 보이지 않는 파괴 그 이상으로 파괴된다. 생명의 무한 번식으로 풍요의 과잉이 초래되듯 기계적 무한 생산이 그저 반복될 뿐이다. 아무리 만들어도 늘 공허가 생기니 갈수록 더 궁핍해질 뿐이다. 화가가 그림을 그릴 때, 그림이 지닌 역량을 어떻게 증명할 수 있을까? 이미 한 것을 반복하는 것 말고. 그렇다고 이미 한 것은 전혀 하지 않는 단절 말고. 아니면 이미 했던 것을 이어서 하는 것 말고. 정말 처음처럼 늘 새롭게 할 수 있을까. 작품을 기계적으로 재생한다고 해서 일어나는 독특한 발견이 없는 것은 아니다. 이건 너무 확실하다. 파생 작품은 반복 재생하기 쉽지 않은 핵심과 정수를 부분적으로라도 넣어 나온 것일 수 있다. 어떤 방법을 쓰더라도 완전히 정확한 재생물은 나오지 않지만, 동일하게 복제하면서도 전혀 새로운 차원이 있다면 전보다 고등한 생명체가 나왔다고 할 수 있을 것이다. 범접 가능한 예술은 단 하나 있던 유일한 그림에서 증식되어 나온 타협물이긴 하지만, 그 한 중심에는 이 정수가 부분적으로 남아 있을 거라는 말이다. 다른 많은 것들은 나중에 무너져 없어진다 해도 이 정수 하나만이라도 보유한다면 그나마 가능성이 있다. 이제 **원본**은 없다. 원본과 복제본, 다시 말해 어떤 그림의 모태가 된 작품과 그렇게 해서 파생된 그림 사이에는 별다른 유기적 관계도 없다. 아마 이제 곧 겨우 그림 정도만 있게 될 것이다. 아니면 익명성의, 비개인성의 "창조"의 힘만 남아 있게 될 것이다. 이것을 한탄하는 사람도 있고 기뻐하는 사람도 있지만 그 우월적 영향력에 대해 모호한 감정을 갖지 않는 사람은 없을 것이다. 작품의 확산에 있어 기계적 복제 기술은 당당히 새로운 역할을 하고 있다. 어떤 시도를 하든, 어떤 변경을 하든 예술 창조에도 위력을 미치고 있으니 말이다. 아마도 이런 근심 걱정 때문에 조르주 뒤튀는 앙드레 말로와는 정반대되는 글을 썼을 것이다. 말로의 책은 좀 과장되어 있으나 비장하고 비감하기에 중요하다. 왜냐하면 그것은 예술이 방향을 잃은 데 대한 어떤 절망의 징후지만, 상상의 박물관 경험은 그 위험성을 우리로 하여금 다소 잊게 만들기 때문이다.

그런데 이 위험성은 그렇게 어둡고 난해한 것도 아니며 새로운 것도
아니다. 왜냐하면 어떤 장소든 들어가면 이런 기분을 느끼는 일이 왕
왕 있기 때문이다. 수많은 걸작들이 함께 놓여 있는 장소에 들어가면,
일종의 박물관에서 느끼는 고통이 올 수 있다. 산에 올라갔을 때 어서
아름다운 경치를 보며 감동에 젖고 싶어 흥분한 나머지 순간 현기증이
일고 호흡이 가빠질 때가 있다. 그와 비슷한 고통인 것이다. 아무리 무
한정 증식되어 나온 것이라 해도 이 유일무이한 압도적 현존 앞에 있
는 이상 처음에는 동요가 인다. 그림이 정말 거기, 그렇게, 사람처럼 서
있으니 당연하다. 이건 너무나 자신을 확신하는 사람 같다. 자신의 명
성에 너무나 만족하고 보여 줄 걸 다 보여 주겠다는 의지로 당당히 자
신을 노출하니 마치 무대의 여왕이라도 된 듯하다. 우리 역시나 그 매
력에 사로잡혀 눈을 떼지 못하나 이상하게도 이내 좀 불편해지고 거북
해진다. 박물관의 관성에는 이런 참기 힘든 약간의 야만적 요소가 있
다. 어떻게 이런 정도에 이르게 되었을까. 어떻게 그렇게 고독하고 배
타적으로 홀로 있다가 돌연 거칠게 어떤 비밀스러운 지점을 보여 줄
수 있게 된 걸까. 각 그림마다 이런 소통의 공감대가 미리 준비되어 있
었단 말인가. 이른바 살롱에서의 만남이라 할 만한 유난스럽고 각별한
만남을 기꺼이 준비하고 있지 않은가. 뭐가 얼마나 대단히 놀라운 건
지 나는 잘 모르지만, 도서관에도 이런 게 있다. 그러나 적어도 도서관
은 우리에게 모든 책을 동시에 읽게 하지는 않는다(아직까지는). 왜 예
술 작품은 이런 백과사전적 야망을 가지게 되었을까. 그러니까 왜 함

께 전시하고 함께 봐 줘야 성이 차게 되었을까. 그러면 너무나 평범한 시선으로 보게 될 수도 있는데. 또 그게 그저 같은 어수선한, 혹은 게으른 시선으로 보다 보면 결국 작품과의 진정한 소통은 파괴되는 수순을 밟게 되는데 말이다.

이렇게 모든 게 암울한 상태라면, 이걸 해결해 줄 유일한 책임자는 앙드레 말로가 아닌지 하는 생각을 나는 또다시 하게 된다. 어쨌든 오늘날에는 놀라운 변화와 발전으로 박물관이 거의 범보편화되었고, 우연의 일치인지 이제 예술은 신이나 신적인 것 또는 인간의 가치를 표현하는 게 아니라 오로지 자기 자신을 드러내 보이는 일이 되었다. 자기 고유의 빛을 가지고 태어나 스스로를 발현하므로 우리는 그 흐름을 멈출 수도 없게 되었다. 우리 각자의 개인적 취향으로는 그 의미를 감소시킬 수도 없게 되었다는 말이다. 한마디로 작품은 스스로의 결정성을 갖게 되었다. 한편, 우리는 작품 속에서 이미 이런 수많은 번뇌를 겪은 무한한 다층적 양상을 느낀다. 제 안에서 이미 끝없이 나누고 가르고 흥분하고 솟구쳤다가, 다시 누르고 완화하는 과정을 거쳤을 것이다. 혼자이면서 제 안으로 파고들 필요가 있었다. 릴케가 말한 것처럼 다른 사람의 시선 없이 보이든 보이지 않든 어떤 공허를 사이에 두고 우리들과 떨어져 혼자 고립될 필요가 절박하게 있었던 것이다. 그러나 또한 다른 사람과 서로 관계를 맺고 나눌 필요도 있다. 각자 혼자 있으면서 동시에 함께 있을 수 있는 것이다. 예술은 유일무이한 것만으로도 충분히 좋다. 하지만 어느 순간 일대 일변이 일어서 우리 모두가 동시에 전율을 느끼며 벅차오를 때가 있을 것이다. 아마 이 끝없이 진행된 과정이 드디어 마지막 결말을 맺듯 완성되는 순간일 것이다.

박물관은 이런 다양한 형태의 소통의 장이었다. 부르주아지들의 궁정이기도 했던 실제 박물관들은 국가적 자산이 되었고, 경쟁과 이해 관계의 충돌이 생겨나는 장이 되었다. 경제든 문화든 미학이든 그 어떤 형태의 이익을 내세우는 동안 예술은 소외되고 강등되긴 했지만 말이다. 그러니 그림의 천기누설이 실추된 예술을 더 실추시킨다고도 볼 수 없는 일이다. 앙드레 말로 탓에 우리가 자각하게 된 상상의 박물관은 전시할 수 없는 작품의 그림들까지 보완해야 완성되는 실제 박물관을 의미하게 된 걸까? 도서관처럼 된 박물관일까? 그래서 실제 박물관이 아니라 상상의 박물관일까? 한 번도 주어진 적 없고 눈앞에 있던 적도 없지만, 항상 도래할 새 작품을 예감하며 동요하고 확신하게 된 걸까?『침묵의 소리』에서 환기했던 개념을 내가 잘못 적용하고 있는지도 모르지만, 앙드레 말로가 상상의 박물관이라고 명명하고 묘사한 것은 아마 이와 유사한 영감에 사로잡혀서일 것이다. 정말 예술적 경험으로밖에 느낄 수 없는 특수한 공간의 이미지란 이런 것이다. 공간 밖의 공간, 부단히 움직이고 있으니 무엇이 나올 듯하지만, 그러나 아직은 아닌 시간. 오로지 다가올 작품을 바라보는 시선만 있는 채 예술가가 끝없이 찾고 또 찾는 공간. 경험이라는 단어는 그래서 중요하다. 강렬하게 느끼고 체험했으나 현실에서는 포착되지 않는 그 무엇이므로. 따라서 박물관은 박식한 자들이 관람하고 명상할 만한 것들을 담아 놓는 용기가 아니며, 문화적 발견물을 일람표를 작성하듯 적어 놓은 명부도 아니다. 그것은 오로지 자기 자신에 사로잡힌 예술적 창조가 있는 곳, 찾아내기 위해 찾고 또 찾는 일만 있는 곳이다. 설령 찾아냈어도 다시 처음으로 돌아가야 하며, 새로운 것을 찾아낸 순간 이미 새로운 것이 아니어 버려야 할 것만 같은 그런 곳이다.

　조르주 뒤튀는 분명 이런 경험의 형태에 대해서까지 적대적이지는 않았을 것이다. 논점화하기 위해 추상적 수사어를 찾다 보니 그렇게 되었을 것이다. 작품을 기원에서 빼내고, 즉 자신이 나온 세계에서 분리해 버리고, 우리가 흔히 다소 혼동해서 부르는, 그러나 아주 상력한 단어인 이른바 아우라를 작품에서 제거하기 때문에, 박물관은 그야말로 상징적인 적대 장소가 된 것이다. 추상과 요약만 집중적으로 하는 작업장, 한마디로 가장 폭력적이고 가장 모욕적인 장소가 된 것이다. 이곳은 장소 아닌 환경이며, 세계 밖의 세계이며, 공기도 없고, 빛도 없고, 생명도 없는 곳인데 이상하게 사람을 가둬 놓는 곳이다. 뒤튀는 매우 인상적이게도 이와 반대되는 아주 단순하고 소박한, 그러나 생생히 살아 있는 장소 하나를 거론한다. 이를테면 비잔틴 양식의 거대한 건물이다. 왜냐하면 여전히 실질적인 현실감을 느낄 수 있기 때문이다. 모두가 있으면서 각자 있을 수 있는 곳. 작품이면서 일상적 실존감을 느낄 수 있는 곳. 종교심과 여러 감정들을 느끼면서 사물을 보는 기쁨 속에서도 이것이 예술을 통해 전달되는 느낌을 동시에 받을 수 있는 곳. 그러니까 공동으로 영성체를 받는 기분이면서 자기만의 내밀한 고요를 느낄 수 있는 곳이기 때문이다. 리글[6]은 이곳을 절대 혹은 무한이라 명명했고, 보링거는 무한적 영속 공간이라 했으나, 뒤튀

---

6 Alois Riegl(1858~1905). 19세기 말과 20세기 초의 오스트리아 미술사가로 보링거 (Wilhelm Worringer, 1881~1965)에게도 영향을 주었다. 보링거는 독일 표현주의 운동을 옹호하고 지지했다. ── 옮긴이

는 이들의 분석을 이용하면서도 자신의 미학에 영감을 준 운동에 따라 이를 삶과 분리하지 않기 위해 다만 실제라 불렀다. 그렇다, 우선은 실제적 공간이다. "제례 의식과 음악, 축제가" 있던 곳이므로. 그런데 그 실제란 도대체 어디인가? 비잔틴식의 지상인가? 플라톤식의 하늘인가? 왜냐하면 그는 여전히 이런 공간의 현존을 믿고 있기 때문이다. "그러나 다르게 '리모델링'된 곳이다. 이번에는 신학적 강요가 없는 곳이다. 그래서 지금은 세상 사람들이 다 오는 곳이다. 우리가 아주 사적인 곳에 산다고 해서, 위생 시설 또는 보호 감호소 같은 곳에 산다고 해서, 아니면 우리 도시를 하나하나 죽이는 네온 불빛 가득한 곳에 산다고 해서 이런 곳을 부인할 이유는 없다. 그런 곳을 방문하는 것은 일종의 심리적 보상이다. 주변에 쇠비름이 가득한 쓰레기통으로 변한 도심에서 우리가 살고 있으니까 말이다." 여기서 실제라고 불린 곳은 단순히 이상적인 곳이다. 나는 그곳이 너무나 끔찍할 정도로 추상적인 곳일까 봐 두렵다. 그도 그럴 것이 그는 우리가 사는 세계의 현실을 너무나 과도하게 추상화해서 강권하는 경향이 없지 않기 때문이다. 우리를 과거의 낯설고 향수 가득한 추억의 공간으로 너무 되돌아가게 만들기 때문이다.

*

중요한 것만 빼내어 쉽게 요약하는 식의 추상과 싸우고 싶은 자는 — 이것도 쉽지는 않으니 대단한 일이지만 절망적이고 필사적인 전투여야 한다 — 우선 시간을 버텨 내야 하는데, 시간의 마지막, 그러니까 모든 것이 일시 정지된 듯한 순간에야 비로소 추상이 우리에게 주어지기 때문이다. 시간은 우리를 떼어 놓고 갈라놓는다. 우마이야 모스크에 있는 다마스쿠스의 모자이크를 우리가 접한다고 생각해 보자. 사실 몇 년 전 전시회가 있어 그 첫 복원물이 우리에게 제공되었다. 우리는 두 가지 차원에서 손상된 작품을 보게 되는 셈이다. 왜냐하면 "실제" 있었던 공간이 아닌 그 일부만 낯선 공간에 와 있으니 그렇다. 이런 게 추상화다. 이건 보는 우리에게도 괴로운 일이다. 사실상 이것들을 전시한 박물관이 루브르여서 괴로운 것도 있지만, 콘스탄티노플의 세인트 소피아 성원이나 투르뉘의 생-필리베르Saint-Philibert에서 전시되었어도 마찬가지이다. 이런 주제와 관련해 우리가 예술에 대해 말할 수 있는 것이라곤 별로 없다. 그 아름다움에 넋이 나가 유괴하듯 가져온 고고학자들에게 이 괴로움을 전가하는 수밖에 없는데, 그도 그럴 것이 순간, 우리 역시나 흡족해 어쩔 줄 모르는 엘긴 경[7]처럼 되었으니까 말이다. 앙드레 말로는 이를 두고 부활이라고 말하는데, 무엇이 부활한 것일까? 지금 여기 있는 것이 그때 거기도 있었다는 우리의 환상? 기만적 믿음? 그런 데다 그때 그 상태가 우리 앞에 훨씬 가까이 와 있으니. 그야말로 현현한 듯한 환상일까? 하지만, 알다시피, 또 다른 게 있다. 이건 지금 시간에 느끼는 우리 고유의 체험이다. 저 태고의 세계였던 것이, 한 세계의 현존이었던 것이 오늘 당당하게 현존하지 않는 현현으로 우리 앞에 서 있는 것이다. 그것에 대해 전혀 무지한데도, 이 무

---

7 제7대 엘긴 경인 토머스 브루스는 콘스탄티노플에서 대사를 지낸 영국인으로, 그리스의 파르테논 신전 대리석을 런던으로 옮겨 온 것으로 유명하다. ─옮긴이

거운 압도감으로 현존하니 예술이라 명명하지 않을 수도 없는 것이다. 한때는, 그러니까 저 먼 옛날부터 계속해서 이어져 온 세월 동안에는 예술 작품이면서도 자기 태생 공간에 그대로 숨겨진 채 보이지 않는 상태로 있었다. 그런데 그들의 세상이 무너졌고, 다른 세계들과의 역사적 몸부림으로, 이전과는 다른 방식으로 숨겨진 삶을 살다가 드디어 우리에게까지 오게 된 것이다. 그러나 이번에는 태어나서 처음으로 자기 자체로, 작품 자체로 제 모습을 드러냈다. 우리 세계에 피신해 온 게 아닌 것이다. 그 어떤 피신처도 은신처도 없이, 일체의 다른 세계 없이, 자기만의 비밀의 정수를 간직한 채 현실 그 자체로 서 있는 것이다. 달아날 듯 달아나지 않는 명증함으로, 눈부신 고독으로 말이다.

박물관은 어떤 식으로든 이런 결핍과 헐벗음, 찬연한 궁핍을 표현하는데, 피난처 없는 것이 바로 예술의 진리이며, 이것을 처음으로 인식한 건 횔덜린이다. 다만, 여기 덧붙일 게 하나 있는데, 매우 모호하지만, 상반되는 것도 인정해야 한다는 것이다. 예술 작품은 활동적 삶에서 한발 뒤로 물러나 험난한 시간의 위기를 빠져나와야 밀랍처럼 굳어진 영속적 보호와 안전의 세계로 들어갈 수 있다는 것이다. 어찌 보면 속세를 빠져나온 것이 박물관에 있는 작품일까? 완전무결한 순수 부재와 확신성 없는 이 불확실성의 세계에 양도된 것일까? 박물관이라는 단어는 보관, 보존, 전통, 안전이라는 의미를 갖고 있고, 이 장소에 모여 있는 모든 것은 그저 보관을 위한 것으로, 비활동적이고, 비공격적으로 이 특별한 세계에 머물러 있을 것을 명받는다. 이 특별한 장소는 보관 그 자체이기도 하지만, 지식과 문화, 미학의 보관처이기도 하다. 예술에 대한 질의치고는 낯선 것일 수도 있지만, 시詩가 이른바 아카이브 작업에 들어가야 그 지속성을 보증받는 것과 비슷한 이치이다. 이런 모호함이 뜻밖인 것은 아니다. "순수 현존"하려면 바로 응고되어야 한다. 생명성 없는 영속성 안으로 들어가 안정을 찾아야 한다. 완전히 썩어야 비로소 장엄하고 초연한 공허의 영원성을 얻게 될 테니 말이다. 만일 조르주 뒤튀가 우리가 상상의 박물관을 통해 만난 것들에 대해 너무나 우호적인 것에 적잖이 놀라고 심지어 절망한 일이 합당하다면, 이 상상의 박물관이라는 형체가 불러일으키는 개념이 어쩔 수 없이 이 모호한 지점에 있어서이다. 예술에 대해 질문을 던지면서도 우리는 이런 개념에 항상 대답할 준비가 되어 있어야 한다. 명세 목록처럼 예술 작품을 표현하고 그렇게 보여 줄 필요성도 있지만, 이런저런 구실로 목록만 계속 바꾸는 간편식 추상에 대한 경계와 근심도 있어야 한다는 것이다. 그러나 때론 문학과 예술의 새로운 경험이며 오늘날 우리의 고역이자 책임인 이 본질적 **되돌아감**retournement도 인정할 수밖에 없다는 것이다. 예술에 대해 말할 때, 과거의 예술이나 과거에만 속한 예술을 기준으로 시대를 타고 내려와 전全 시대 전全 작품을 말할 때도 있지만, 그 반대로 부단히 변신하는 예술, 끝없이 되어 가기만 할 뿐 그 미래는 온 것이 아니라 오고 있는 중일 뿐인 작품에 대해서도 말해야 한다. 매번 시작할 때 솟구치는 힘만이 그 유일무이한 힘일 뿐, 영원히 재시작하는 것으로서만 자신을 확신하는 이상, **동시에** 자신의 직위와 위력을 내려놓을 줄도 알아야 한다는 것이다.

4
백과사전의 시대

1. 만일 오늘날 백과사전적인 어떤 것을 기대한다면 ── 당연히 백과사전의 모든 것, 세상에 관한 모든 것이 아니라 ── 그건 백과사전이 우리에게 지식 및 지식 이론이 역사적으로 걸어온 길, 그것이 형성되어 온 과정을 보여 주기 때문이다. 이를테면 일종의 내부 진화 과정, 즉 밝혀진 사실과 진실, 그럴 법하다고 추정되는 가능성이나 불확실성 등 보이지는 않지만 이 모든 것들이 부단히 순환해 온 과정을 다 제공하기 때문이다. 발화된 것과 발화되지 못하고 침묵된 것 등이 늘 있게 마련이다. 백과사전의 작동 원리만이 50권에 이르는 작은 도서관을 살아 있는 코스모스처럼 만들 수 있었는데, 우리는 이것을 너무 고정적인 배열과 질서 체계만으로 파악한 점이 없지 않다. 원처럼 순환하는 지식, 바로 이것이 백과사전을 위한 변명이다. 순환하며 계속해서 이동하는 만큼 더욱 풍부하고 아름답다. 백과사전의 모든 복잡한 원리가 이로써 쉽게 설명될 수 있는데, 우리가 아는 것, 알아서 완결된 것도 이

무한한 운동성의 속성을 띠므로 상황이 달라진다. 모든 것을, 아니 모든 것의 모든 것을 다 아는 것이 가능하다 할지라도, 지식은 부단히 영원한 쇄신성을 보장해야 할 것이다.[1]

　백과사전은 알파벳 순서에 따라 되어 있지만, 이것은 처음부터 의도한 것이 아니라 우연히 어쩔 수 없이 그렇게 된 것이다. 논리적 순서에 따라 체계를 만들어야 확실하고 이성적이라고 생각하는 기존 관념에 진력이 나면서도 별다른 수가 없으니 알파벳 순서대로 하되 이를 아주 신중하게 미세한 방식으로 여러 번 수정한 것이다. 18세기는 결국 최종적으로 신학적 도식 대신 그나마 이 체계를 선택한 것이다. 디드로는 지식을 칼로 자르듯 나누는 것이 **자연스럽다고** 절대 생각하지 않았다. 그는 자연성은 그런 게 아니라고 생각했다. 디드로는 이 자연성에 대해 나름의 놀라운 개념을 가지고 있었는데, 우주의 생기 및 삶의 전변轉變, 자연의 기적적이고 천재적인 변화와 섭리를 떠올리는 것이다. 특히 우주적 생기는 이미 파손된 형태에서만 생긴다고 통달하고 있다. 이런 개념을 가지고 있었기에 백과사전을 단순히 책이라는 형태를 띤 서지물이 아니라 생명체처럼 살아 있는 활물적 창조물로 만들려했던 것이다. 반면 달랑베르의 개념은 전혀 다른 것이었는데, 메마를

---

1 이런 성찰은 플레야드 백과사전 중 레몽 크노의 지휘하에 출판된 『문학의 역사』(*Histoire des littératures*)에 주로 다뤄져 있다(갈리마르 출판사에서 펴내는 작가 전집 시리즈와는 별도로 갈리마르는 '플레야드' 백과사전(Encyclopédie de la Pléiade)을 펴냈는데 『문학의 역사』는 레몽 크노가 주도했고, 장 그로장, 로베르 앙텔므, 루이르네 데 포레 등도 같이 보조했다. '철학의 역사', '종교의 역사', '기술의 역사', '음악의 역사' 등도 이 시리즈에 들어 있다. — 옮긴이).

정도의 엄정함과 질서정연한 신중함이 있어야 각 학문에 원칙이 서고, 전체 학문에 정돈된 질서가 생긴다고 보았다. 다시 말해 다양성을 열망하면서도 통일성을 열망할 때, 인간 정신의 주권적 재량권이 표현될 수 있다고 보았다.

2. 백과사전은 한 사람에 의해 쓰인 것이 아니기에, 한 언어로 사유되지 않을 수 있었다. 우리는 이런 식의 관점 변화가 필요하다. 플레야드 백과사전의 근심 가운데 하나는 "유럽의 바깥 문화를 상당히 많은 부분 가져와야 한다는 것"이었고, "그 위엄을 자랑하는 동방과 동양의 문학을 복원하는" 것이었다. 칭찬할 만한 근심이다. 백과사전 기획에서 우리가 기대하는 것이 사실상 그런 거였다. 우리 문화가 아닌 다른 문화들이 있음을 아는 것만 아니라, 우리를 우리 자신과 약간은 다르게 만드는 일련의 지식이 필요하다. 세계의 복수성, 전통의 복수성, 스타일의 복수성, 그리고 특히 우리한테 가까운 것만 온순하게 감탄하는 것 말고 전 시대, 전 언어에 걸친 다른 것들을 보고 더 감탄할 기회가 생긴 것이다. 별로 아는 게 없는 독자라면 이런 건 당연히 모른다. 그런데 깨친 게 많은 독자라고 해도 평범한 이론적 지식을 뛰어넘어 서로 관련이 없는 듯한 동떨어진 작품들의 이런 참신한 만남을 정말 구체적으로 체감할 수 있을까? 그 상호 상생의 운동성을? 서로 혼융되어 전체를 이루는 얼핏 상투적일 수 있는 이 개념을 정말 체험적으로 알 수 있느냐는 말이다. 이런 것을 정말 체감하기 위해서는 어떤 낯선 정신 세계가 요청되어야 할 것이다. 혼자 있을 때보다 다른 것들과 함께 붙어 있으면, 더 무거워지고, 더 중요해지고, 더 실제적으로 된다는 것을

알기 위해서라도 말이다.

　독특한, 아니 분명 야만적이기까지 한, 그러나 불가피하고, 그래서 바람직한 이런 만남은 적어도 여러 언어와 나라, 방법, 그리고 연구소 등을 통해 더욱 확실히 관철되어야 한다. 백과사전은 어떤 출판 현상이 아니다. 플레야드 백과사전 작업을 위해 그 수많은 지적, 물적 자원이 준비될 때, 서로 다른 힘들이 하나로 모여 우리가 몰두해서 발명해 내려는 그 상상적 구심점이 과연 가능할까 하는 의구심이 있었다. 테야르 드 샤르댕이 말한 것처럼, 우리의 물리적, 사회적, 지적, 예술적 우주란 부드러운 곡선을 타고 흘러가다가 순간 기운이 변하는 지점, 바로 그 지점에서 팽창과 분산의 힘이 압축과 수렴의 기운으로 바뀐다. 그런데 신비한 주술 언어 혹은 그 비슷한 언어 아니고는 이것을 절대 표현할 수 없는 것 또한 사실이다. 백과사전은 이른바 전복의 구조를 결코 소홀히 할 수 없는 것이다.

　우선, 그것은 "연구자들의 상호 연계성"이 담보되고, 일종의 비개인적인 거대한 성찰물이 형성되지 않으면 안 되는 집단 저작이다. 각각의 특수한 지식들이 서로 만남으로써 아직 알려지지 않았으나 반드시 필요한 방향을 향해 나아갈 수 있다. 그러나 백과사전이 구현하고 싶은 가능성을 시험해 보는 것도 중요하다. 오늘날 같은 현대에도 이런 백과사전이 가능할까? 물론 여러 방법을 통해 가능하고, 마찬가지로 이 여러 방법을 통해 성공할 수도 실패할 수도 있다. 우리 시대는 배우기 위해서든 배운 것을 잊기 위해서든 조용히 틀어박힐 수 있는 우리들의 도서관 말고 또 다른 작은 도서관을 더 들일 수도 있다. 하지만 우리가 이미 알고 있는 도서관 주변으로 모여드는 선에서다. 여전히 중요하고 가치 있다고 판단되는 매우 일반적인 진술에 한해서다. 또는 책의 형태, 즉 일종의 총체성을 가지고 확언할 수 있는 지식 형태에 한해서다. 잘 알려져 있다시피 연구자들은 점점 더 함께 모여 공부하는 추세다. 간혹 눈에 잘 띄는 공동체 형태이거나 흔히는 눈에 잘 띄지 않는 공동체 형태인데, 그러나 이들이 몰려드는 지식 분야는 너무나 개별적이고 특수한 분야이거나 아니면 특별한 기술이 필요한 분야라, 모든 것을 종합하는 백과사전 형태의 지식이 아닌 것은 사실이다. 이게 꼭 전문 분야여서는 아니다. 사실, 기법 및 기술의 비중 때문이다. 다시 말해 실용성 말고는 그 어떤 의미도 없는 거의 도구적인 지식을 위해 함께 모여 공부하는 것이다. 여기서는 굳이 책의 진지함을 추구하지 않는다. 그러다 보면 곧 각자가 기계적이고 도식적인 지식만을 얻게 된다. 다른 목소리와 다른 관점을 가진 자료와 정보들을 통해 완전히 새로운 문화를 이미 상당히 접한 지금은 백과사전이 거의 케케묵은 고대식의 지식 수집소로 보이는 것도 사실이다.

달리 말하면, 이미 너무나 많은 양의 정보를 갖게 된 20세기라, 백과사전이 최고로 잘나가던 18세기와는 다른 상황을 맞고 있다는 것이다. 내용을 담는 형식, 다시 말해 이미 사직했거나 해임한 지식을 하나의 언어에 또는 하나의 지식 체계에 담아 도식화하는 이런 다소 거북한 방식 때문에 시대에 뒤처진 듯 보이는 것이다.

3. 레몽 크노는 플레야드 백과사전 기획을 발표하는 글에서 다음과 같이 말하고 있다. 그의 첫 문장이다. "반사식 기계를 사용하는 일이 증가하였고, 원자력 에너지를 사용하게 되었으며, 아시아 또는 식민지

민족들이 자치적인 시민 사회 및 산업 사회로 진입하였다. 가장 최근의 이런 일련의 세 가지 이유 때문에라도 서구인은 이제 새로운 시대에 와 있음을 직감하게 되었다." 그리고 덧붙이기를, "전 세계적 단위로 제기되는 이런 문제들은 이제 문화 및 사회 형태만이 아니라 풍속 및 사회도덕에서도 아주 중차대한 혁명이 일어날 것을 전조하고 있다. 따라서 이런 문제들을 포괄적으로 고찰해 보고 오늘날까지 끝없이 질의되는 것들과 이런 문제들이 서로 연결되어 있음을 부각할 필요가 있지 않을까?" 플레야드 백과사전이 소소한 교과서 차원의 기획이 아니라는 것을 잘 보여 주는 문장이다. 과학, 시간, 힘, 사물, 인간을 모두 소개하고 가능한 모든 영역을 두루 다루면서 이에 대해 아마도 다 말할 수 있다고, 그로써 약간이라도 질문을 제기할 수 있다고 생각한 것이다. 따라서 백과사전은, 본질적으로 "철학적"이어야 하는데, 자기 자리를 떠나, 철학 뒤에서, 즉 느리게 가는 운구차의 행렬 속에서 가야 할 것이다. 이 행렬은 철학이 이끌지만 기쁨은 없고 그저 앞으로 나아갈 뿐이다. 백과사전의 철학? 백과사전에도 그것이 없을 수는 없다. 철학이 재현하는 요구 조건에 대한 관점을 잃지 않는 한 그 나름의 철학이 있다. 반면 백과사전이 갖는 특별한 장점에도 불구하고 만일 소위 객관성이라는 것 뒤에 자신의 실존 방식이자 자신만의 암묵적 확신을 감추고 있다면 그 가치는 쓸모가 없을 것이다.

4. 백과사전은 어떤 문화 형태와 관련되어 있다. 그게 무엇일까? 그 가치란 무엇일까? 그 때문에 우리는 무엇인가를 잃고, 잊고, 존재하거나 현존하지 않지 않는가?

기술론자들은 이에 대한 답을 갖고 있다. 지식이 실천적인 행동으로 옮겨질 때만 진정한 지식이라는 것이다(백과사전 문화는 보편적 언어로 구현되어야 하는데, 과학 정신에 입각한 언어여야 과학에 대해서만이 아니라 그 모든 것에 대해 다 말할 수 있다는 것이다).

어떤 문화가, 이런저런 부분에서는 나름의 가치가 있지만 전체적으로 놓고 보면 반드시 소외될 수밖에 없다고 말한다면, 마르크스주의적인가? 그런데 바로 이것이야말로 백과사전이 부딪힐 가장 어려운 문제 중 하나일 것이다. 레몽 크노는 이런 말을 하고 싶었을 것이다. "이제는 꼭 서양인만이 참조할 만한 인간 종種의 표상은 아니다." 백과사전은 가장 멀리 떨어져 있는 시대와 지역까지도 우리에게 알려 주는 일을 하고 있다. 그런데 여기서 말하는 서양인은 누구인가? 누구는 서양인이고, 누구는 아니고, 이렇게 나뉘는 것인가? 다 자기 기준에서 말하는 거 아닌가? 서양인을 기준으로 하면 가장 멀리 있는 것은 동양 말고 다른 어디겠는가? 분명, 백과사전은 우리에게 마르크스 사상에 대해 정확히 말해 줄 수 있지만 그것만으로는 충분치 않다. 마르크스 사상은 백과사전 전체 항목 가운데 하나의 항목으로 말해져야 한다. 무슨 말인가 하면, 서양 문화에서 유효한 일관된 담론이 있을 수 있지만, 또 다른 한편 이것에 근본적인 이의 제기를 하는 일도 가능하다는 것이다. 연구의 지평과 매 순간 새롭게 던지는 질문의 지평이 나뉘는 불일치가 생기지 않는 한——지극히 희망 사항이지만.

여기에 알랭의 답이 있다. "교양 도서라는 말을 들으면, 나는 우선 전집으로 달려간다. 거기에는 아름다운 명저에, 최고의 번역본들이 다 있으니까. 시인, 정치가, 모랄리스트, 사상가의 모든 보고寶庫가 거기다 있으니까. 그런데 전혀. 그들은 정말 학식과 교양 넘치는 자들로, 그들 문화를 나에게 알려 주고 있지만, 문제는 문화란 전승되는 게 아니고 요약되는 것도 아니라는 거였다."

이런 신중함은 라블레와 몽테뉴에게도 이미 있었다. "그건 전혀 계발해 주지 않는다." "그건 충분히 무르익지 않아 인간의 명상에 도움이 되지 않는다." 교양이나 일반 상식은 지식이라는 단어를 보어 없는 서술어처럼 만든다. 그건 어떤 방법을 절대적이고 실체적으로 아는 것이지, 아직 알지 못하는 것을 배우는 게 아니다. 그렇지만 뭐라도 배워야 한다. 이 측정값은 임의적이다. 조금을 다 알 것 같거나 거의 아무것도 알지 못한다. 통상 이 값이 고정이다. 알랭은 너무 새롭거나 한 번도 생각해 보지 않았거나, 상당한 시간 노력을 해서 다시 생각해 본 것은 평균의 정신 ── 우리들 ── 을 상처 주고 놀라게는 하지만 이 정신을 함양하지는 않는다고 생각한다. 이를테면, 그는 아인슈타인에게는 아예 문을 닫고, 유클리드면 견뎌 낼 수는 있다. 감동적인, 아니 대단한 해결책이다. 하지만 혼자서 이미 모든 것을 생각한 사람만이 스스로 학습할 수 있다.[2] 오늘날 전통은 바로 아인슈타인이다. 이게 무슨 말인가? 그러니까 아인슈타인을 전혀 이해하지 못하는 것과 마찬가지로 지금은 전통을 전혀 이해하지 못한다는 것이다. 전통에 대한 무시도 있고 권위의 상실도 있고 전통과의 단절도 있기 때문이다. 그래서 바야흐로 교양이 그 자리를 대신하게 된 것이다 ── 교양은 오랫동안 인

---

2 이것은 우주물리학자 밀른의 생각에 가깝다.

간의 정신을 살찌우고 기름지게 한다며 일종의 지식의 크림으로 통한다. 그런데 크림만이 아니라 시간의 동요와 가속화로 쉴 새 없는 지식의 시큼한 유장乳漿[3]도 마실 필요가 있다. 인간들이 늘어나고 인간 집단 생활이 늘어나면서 개인적으로라기보다 집단적으로 알아야 할 게 많아졌다. 모든 것을 다 알아야 할 상황이다 보니 이미 굳어진 딱딱한 형태의 지식을 섭취하기에도 바쁘다. 그러니 오늘날에도 백과사전이 정당화되는 것이다. 백과사전은 일종의 살아 있는 인간 공동체의 한 이미지이기도 하다. 많이 아는 자, 좀 아는 자, 전혀 모르는 자들이 모여 거의 유기적인 관계를 맺고 사는 오늘날 공동체 사회의 한 상에 다름 아닌 것이다.

5. 알랭의 답으로 다시 돌아와 보자. 우리는 그가 적은 답을 쉽게 제거하지 못한다. 그리고 나는 이건 예비적인 질문이라고 생각한다. 백과사전적 보편 언어란 모든 게 다 말해지거나 모든 걸 다 말하게 해 주는 언어를 빌려서 말하는 것을 의미하는데, 왜 여기에는 문학을 위한 자리는 없을까? 문학이 우선 전혀 다른 언어라는 것을 인정하고 확신해서일까? 아니면 문학은 필수적으로, 그리고 본질적으로 사라지게 될 운명이어서일까? 문학은 오해를 사는 방법 말고는 달리 말할 수 없어서일까? 우리는 이미 문학과 역사의 관계가 얼마나 해결하기 힘든 문제를 갖고 있는지 알고 있다. 여기다 백과사전적 요구까지 맞춰야 한

---

3 젖에서 단백질과 지방을 빼고 남은 부분. ── 옮긴이

다? 이게 얼마나 절충도 협상도 안 되는 건지 우리는 잘 알고 있다. 그런데 여기 다른 문제가 있다. 문화의 세계에서는 말라르메와 빅토르 위고를 동시에, 괴테와 횔덜린을 동시에, 라신과 코르네유를 동시에 아는 것이 가능하고, 필요하고, 또 좋다. 논란의 여지가 없는 아름다운 이름들만 선택하면 되기 때문이다. 그러나 괴테는 횔덜린에 귀를 막고 있고, 클라이스트를 거부한다는 것을 알아채는 순간이 반드시 오는데, 그러면 이제 우리는 횔덜린과 괴테에 동시에 마음을 열 수 없게 되는 것이다. 문화 밖에 위치하는 이 지점, 문화가 알지 못할 수밖에 없는 이 지점을, 한 중심에 놓는, 아니면 여러 중심 중 하나로 놓는 백과사전을 상상하거나 착상할 수 있을까?

6. 번역 없이는 백과사전도 없다. 그런데 번역이란 무엇인가? 번역은 가능한 것인가? 번역은 단수적인 문학 행위가 아니다. 이는 백과사전적인 작품을 번역하게 허용하면서도 동시에 금지한다, 아니 위협한다. 번역한다는 것은, 차이를 "작업"하는 일이다.

5

번역하다

번역자에게, 그리고 또 번역에게 우리가 진 빚이 무엇인지 우리는 알고 있을까? 잘 알지 못한다. 번역이라는 이 고된, 수수께끼 같은 일에 용감히 뛰어든 자들에 대한 감사함을 지니고 있긴 하지만, 우리 문화 뒤에 숨어 있는 장인들에게 우리는 그저 멀리서 인사를 건넬 뿐이다. 사실상 우리는 그들과 연결되어 있고, 그래서 그들의 열의를 순순히 인정해 주지만, 약간은 무시하면서도 공손히 인정해 주는 정도의 말없는 감사를 표할 뿐이다. 왜냐하면 우리가 사실 그들을 알아볼 수 있는 수준에 있지 않기 때문이다. 이제 나는 번역자의 업무에 대해 말하고 있는, 탁월한 산문가이기도 한 발터 벤야민의 에세이에서 그가 지적한 우리의 문학 행위라는 형태, 그 독특한 형태에 대해, 한번 말해 볼 생각이다. 이렇게 말하는 게 맞건 틀리건 간에, 문학의 의미에 대해 모든 책임을 지고 있는 자들은 시인, 소설가, 문학 평론가 등이고 여기에 번역가도 포함시켜야 한다고 벤야민은 주장한다. 번역가는 가장 희귀하고

도, 어디 비할 데가 없는 작가들이기 때문이다.[1]

번역하다, 지금 생각해 보면, 이 말은 어떤 문화 지역에서는 이미 오래전에 나타났는데, 번역을 악의적이고 유해한 의도가 있는 것으로 생각해서였다. 어떤 사람들은 그들의 언어를 번역하는 것을 원치 않았고, 말 그대로, 이 반역 행위가 일어나면 전쟁을 벌이기까지 했다. 한 민족이 말한 것을 다른 외국에 넘기는 것이나 마찬가지라는 것이다. (에테오클레스[2]의 절망을 기억해 보자. "[내] 땅에서 뽑아 가지 마시오. 적들의 먹잇감이 되다니. 이제 그리스 말을 진짜 말할 줄 아는 도시가 나타나겠군.") 신에 대항하여 바벨탑을 다시 세우겠다고 주장하고 나선 셈이니, 번역가는 크나큰 불경죄를 저지른 자이다. 언어를 뒤섞어 혼돈에 이르게 함으로써 인간들을 서로 분리시킨 하늘의 벌칙을 비웃기라도 하듯 역공하고 있으니 말이다. 옛날에는 어떤 근원의 언어로 거슬러 올라갈 수 있다고 믿었다. 그저 말하는 것만으로도 진실을 말하기에 충분한 최상의 언어가 거기 있다고 믿었다. 벤야민은 이 꿈 같은 것을 포착한다. 그는 언어들은 모두 같은 진실을 겨냥하지만, 같은 방식으로 겨냥하는 것은 아니라고 말한다. 내가 **브로트**Brot라고 말할 때가 있고, **빵**Pain이라고 말할 때가 있지만,[3] 나는 다른 방식으로, 같은 것을

---

1 Walter Benjamin, Œuvres choisies, trans. Maurice de Gandillac, "Les Lettres nou -velles" collection, Paris: Denoël, 1971.
2 그리스 신화에 등장하는 오이디푸스의 아들이다. 아버지 오이디푸스가 죽은 뒤 테베의 왕권을 놓고 쌍둥이 형제 폴리네이케스와 싸운다. 아르고스 왕이 이끄는 일곱 장군의 공격을 받지만 잘 막아 내며, 결국 폴리네이케스와 마지막 결투를 벌이다 둘 다 죽는다. — 옮긴이
3 각기 독일어와 프랑스어로 '빵'이라는 뜻이다. — 옮긴이

겨냥하는 것이다. 그런데 하나씩을 취해도 언어는 불충분하다. 번역을 통해 하나의 방식을 다른 방식으로, 하나의 길을 다른 길로 교체한다고 해서 내가 만족하는 것은 아니다. 다른 것들을 겨냥하고 있는 이 모든 방식을 보완하면서 어떤 조화나 통일을 이룬 또 다른 상위 언어에 내가 징후를 보낼 수 있게 될 때 나는 비로소 만족하는 것이다. 이 상위 언어는 모든 언어를 절충해 신비한 결합을 이룸으로써 비로소 이상적으로 말해지는 그 무엇이다. 번역가에게 메시아 신앙이 생긴다면 바로 이래서다. 번역가는 언어를 키우고 자라게 해 저 궁극의 언어 쪽으로 끌고 가려 한다. 그런데 지금 내 눈앞에 있는 언어에 이 궁극의 언어가 이미 증명되어 있어야 하고, 앞으로 다가올 것까지 은닉되어 있어야 번역은 더 결사적으로 이것을 움켜잡으려 한다는 것이다.

관념적 유토피아 놀이란 무엇인가 하면, 각 언어에 단 하나의 같은 겨냥 방식이 있고, 항상 같은 의미 작용이 있고, 이 모든 겨냥 방식들이 나중에 대체와 보완이 가능하다고 전제하는 것이다. 그러나 벤야민은 다르게 생각한다. 번역가는 언어의 차이를 그대로 살아 내야만 한다는 것이다. 번역은 바로 이 차이에 기초한다. 그런데 이 차이를 추구하면서도 사실은 이 차이를 거의 도착적倒錯的으로 제거하려고 한다. (잘 번역된 작품은 다른 두 가지 차원에서 칭찬받는다. 하나는 번역된 것이라고 믿기지 않아서. 다른 하나는 정말 같은 작품, 정말 기적적으로 너무나 동일한 작품이라서. 전자는 새로운 언어를 위하여 작품의 기원을 없앤 경우다. 후자는 작품을 위하여 두 언어가 본래 가지고 있는 독창성을 없앤 경우다. 두 가지 다 어떤 본질적인 것을 잃어버린다.) 사실, 번역은 결코 차이를 사라지게 하는 일이 아니라, 오히려 이 차이를 있게 하는 일이다. 번역은 이 차이가 있다는 것을 끊임없이 암시하면서도 감추어야 한다. 때론 드러내고 때론 부각하는 그야말로 이 차이의 생生 그 자체다. 여기에 그 존엄한 의무와 이끌림이 있는 것이다. 헤라클레스가 바다의 양안을 한꺼번에 움켜잡은 것처럼, 서로 다른 두 언어를 헤라클레스의 힘에 버금가는 강력한 통일의 힘으로 담대하게 근접시켜야 하는 것이다.

그러나 더 말할 것이 있다. 원문에 이런 차이성이 이미 내포되어 있어야 번역되었을 때 노숙함과 품격이 흘러나온다. 왜냐하면 책은 처음부터, 번역될 다른autre⁴ 언어에 징후를 보내게 되어 있기 때문이다. 그래도 되는 특권을 부여받은 양, 번역되면서 많이 달라져 있거나, 심지어 자신도 몰라볼 정도로 완전히 뒤바뀔 수도 있는데, 생생한 말일수록 더욱 그렇다. 원문은 결코 확고부동한 게 아니다. 어느 순간에는, 언어적인 변화의 조짐을 스스로 예고하고, 전혀 다른 톤, 때로는 위험할 정도로 완전히 다른 톤으로 바뀔 것을 지시하거나 요청한다. 그런데 원본은 어찌 보면 너무 성대한 파생물 속에서 훨씬 더 잘 드러나기도 한다. 번역은 이런 '되어 가기'이다. 파생되고 생성되는 것이 불가피해지며 번역은 바로 이 되어 가기를 번역하고, 이것을 완수하는 일이다. 때로는 번역을 순순히 놔주기 위해 때로는 번역을 움켜잡고 놔주

---

4 프랑스어의 autre는 우리말로 '다른'으로 번역되곤 하지만 différent과는 또 다른 의미이다. différent이 가지의 갈래가 나뉘듯 분기되어 달라진 것이라면, autre는 건널 수 없는 강을 사이에 두고 떨어진 양안처럼 완전히 다른, 생과 사의 차이만큼이나 다른 것이다. 이를 살리기 위해 본문에서 '전혀 다른' 등으로 번역하기도 했다. ──옮긴이

지 않기 위해 이런 기이한 운동성과 시련을 주는 것이다. 고전 작품의 원문은 더는 사용하지 않는 사어가 많기에 더더욱 번역을 요구받는다. 미래 없는 언어의 미래를 만들 유일한 책임이 번역에 있는 것이다. 번역되어야만 살아남는다. 고전 작품은 번역을 하면 할수록 기원에서 멀어져 낯선 것이 되면서도 원문에 있던 고유한 것이 더 되살아나는 힘을 갖기도 한다.

번역자는 단수적인 독창성을 가진 하나의 작가이다. 아니, 그 이외에 다른 어떤 것을 요구하지 않는다. 차이를 없애면서가 아니라 차이를 이용하면서 언어의 차이를 만드는 비밀의 장인이다. 격정적이고 미묘한 변화를 주며 자기 언어로 가져오면서도 원본에 원래 독창적으로, 다르게 있는 것을 상당히 일깨워야 한다. 벤야민이 잘 설명한 것처럼 여기서는 유사성의 문제를 말하는 것이 아니다. 번역된 작품이 번역되어야 할 작품과 유사하기를 바란다면, 특히나 문학적 번역의 가능성은 거의 없다. 이것은 타자성에서 출발하여 정체성을 되찾아 가는 사안이기도 하다. 서로 낯선 두 언어 속에 같은 작품이 있는 것이다.[5]

---

5 「번역자의 과제」에서 발터 벤야민은 번역문과 원작을 매우 미묘하면서도 선명하게 구분하여 번역문의 위상을 그야말로 전대미문의 방식으로, 혁명적으로 암시하고 있다. 블랑쇼가 번역은 차이를 없애기보다 차이를 이용하며 차이를 만드는 일이라고, 아니 차이를 "사는" 일이라고 강조하는 이유도 벤야민이 얼마나 정확하게 원문과 번역문을 공간적 영역으로 구분하여 설명하는지 그 함의를 간파했기 때문이다. 공간적 형상화를 통한 벤야민의 비유와 암시를 명징하게 이해하지 않으면 오역하기 쉬운 단락이다.
벤야민의 호소를 단계별로 요약하면 다음과 같다. 괄호 안의 문장은 설명을 위해 옮긴이가 덧붙인 것이고 괄호 바깥은 원문에 나온 표현을 거의 그대로 살린 것이다. 1) 번역문은 알프스산과도 같은 원작의 숲속에 깊이 들어가 있는 것이 아니라, 그 숲 바깥에서, 그 숲을 바라보고 있다. 2) (바로 그 위치이기 때문에) 번역문은 원문의 메아리가 울려 퍼지는 유일

이렇게 항상 **전혀** 다른 것이 될 수도 있다는 이상한 기운, 이 미묘한 기동起動에서 나오는 빛을 포착해야 번역이 무엇인지 알아차리게 되는 것이다.

그렇다, 번역가는 이상한 사람이다. 향수에 젖은 사람이다. 원작이 내세우듯 분명히 보여 주는 모든 것을 강렬히 느끼는데(원작에도 물론 완벽하게 다가갈 수 없다. 그도 그럴 것이 그 안에는 자리 잡을 거주처가 없기 때문이다. 영원히 초대만 받을 뿐 거기서 살 수는 없다), 번역자가 자기 언어로 표현할 때에는 어떻게도 할 수 없는 극도의 결핍을 느끼기 때문이다. 여러 번역 전문가들이 증언하듯, 번역을 하면서, 자기가 갖고 있지 않은 언어에 당황하기보다는 자기가 속한 언어에서 더 많은 난제를 만난다. 가령 다른 외국어 글과 만나면서 모국어에는 없는 것을 볼 뿐만 아니라, 박탈된 방식으로, 또는 이 박탈성 때문에 더 풍부하게 모국어를 소유하게 된다. 다시 말해 다른 언어라는 자원을 통해 이 박탈을 보충하다 보니, 둘이 이상하게 하나가 되는 유일무이한 순간을 맞게 되는 것이다. 그렇게 **다른** 작품은 생산된다.

한 장소이다. 3)(단순히 밖에 있는 것이 아니라,) 그 안으로 다시 들어가려고 하지 않고 그 바깥에서 버티고 서 있기 때문에 원본(오리지널)을 반향시키는데, 그 유일무이한 장소에서 매번 메아리를 울리게 된다. 4)(그런데) 이 메아리는 (원본 또는 원문의 메아리가 아니라) "낯선 언어로 쓰여진 한 작품"("une œuvre écrite dans une langue étrangère": 모리스 드 강디약의 프랑스어 번역본. "une œuvre écrite en langue étrangère": 마틴 브로다의 프랑스어 번역본)의 메아리이다. 결구처럼 쓰인 이 마지막 표현은 결국 원문을 품은 번역문을 암시함으로써 번역문에서는 원문의 메아리(동일성)가 나면서도 번역문 자체의 메아리(차이성)도 나와야 함을 암시적으로 피력하는 것이다. 블랑쇼는 이 의미를 간파하여 "la même œuvre dans deux langues etrangères"라고 언어 둘(deux)을 한 번 더 부각해 표현하고 있다. ── 옮긴이

벤야민은 루돌프 판비츠[6]의 놀라운 원칙을 인용한다. "우리 번역본은 최상의 것일지라도 기본적으로 잘못된 원칙에서 출발했다. 우리 번역본은 독일어를 산스크리트어화하고, 헬레니어화하고, 영어화하는 대신, 산스크리트어, 그리스어, 영어를 게르만화하고 있기 때문이다. 외국 작품의 정신보다 자기 고유의 언어 사용법을 더 존중한 셈이다. 번역자의 이런 원천적 과오는 다른 언어로부터 충격을 받아 자신의 언어가 무너지는 것보다 자신의 언어가 용케도 그 언어들에 있는 것처럼 보이게 하는 것이 낫다고 생각해서다." 제안이든 요구든 위험한 듯하면서도 매력적이다. 각 언어는 모든 다른 언어가 될 수 있다. 적어도 온갖 종류의 새로운 방향으로 큰 손상 없이 이동할 수 있다. 이것은 번역자가 번역하게 될 작품에서 그만큼 충분한 자원을 발견하는 것을 전제한다. 또한 자신이 세게 움직여도 별 탈 없을 만큼 그 작품이 충분한 자기 권위를 갖고 있어야 함을 전제한다. 따라서 번역은 이제 그만큼 자유로워지고 새로워진다. 서술적이고 구문적인 **문자 그대로의 직역**littéralité도 가능하지만 그 이상을 하지 않으면 안 되는 것이다. 앞의 역량 정도에만 머물러 있다면 번역은 무용한 것이 되고 만다.

판비츠는 자신의 관점의 보증인으로 루터, 보스, 횔덜린, 게오르게 같은 강력한 이름을 거명한다. 이런 이름들은 매번 독일어의 틀을 부수고 그 국경을 넓히기 위해 스스로 번역가가 되기를 주저하지 않았다. 특히, 횔덜린의 예는 번역의 힘에 매혹된 자가 결국 어디까지 가는

---

6 Rudolf Pannwitz(1881~1969). 20세기 독일의 작가이자 철학가이다. ―옮긴이

지, 얼마나 위험에 처하는지를 말해 준다. 횔덜린은 광기에 휩싸이기 전 『안티고네』와 『오이디푸스』를 번역했다. 이것은 그야말로 최후의 작품으로, 단호한 결의와 계획을 가지고 한 것이었다. 그래서 대단히 성찰되어 있고, 장악되어 있으며, 결의가 넘친다. 단순히 그리스어로 된 작품을 독일어로 가져오는 문제가 아니었다. 그렇다고 독일어를 독일어의 원천인 그리스어로 데려가는 문제도 아니었다. 그것은 서양적 생의 전변轉變과 동양적 생의 전변을 하나로 상생시켜 통일하는 것이었다. 그런데 그렇게 나온 것은 지극히 간결하면서도 완전무결한 어떤 언어였다. 그 결과물은 끔찍할 정도로 아름다웠다. 의미가 바로 대체될 만큼 두 언어 사이에 깊은 내통마저 있었으며, 두 언어 간의 공허 사이에서 새로운 의미가 탄생했다. 너무나 근원적인 조화. 괴테의 얼어붙은 미소가 이해될 만큼 그 효과는 너무나 강력했다. 괴테는 누구를 보며 그렇게 웃는가? 시인도 아니고, 번역가도 아니다. 어떤 중심점을 향해 무모하게 걸어가는 사람이다. 그렇다면 그는 왜 그곳으로 걸어가는가? 거기 가면 정해지고 제한된 의미가 아닌 다른 의미가 있을 것 같아서다. 거기 가면 통일된 순수한 힘이 있을 것 같아서다. 이런 시도를 횔덜린은 바로 번역을 통해 한 것이다. 우리는 이제 그를 이해한다. 왜냐하면 언어에는 순수한 분할 논리가 사전에 전제되어 있긴 하지만 그 언어들 간에 어떻게든 실질적 유기 관계가 있어 충분히 통일할 수도 있기 때문이다. 번역할 준비가 된 자는 이 위험하고도 놀라운 비밀스러운 삶을 의연하게 사는 자이다. 이것이 익숙해서 오만할 수 있는 자이거나, 작가들의 가장 큰 비밀을 아는 자이다. 번역이란 결국 광기에 다름 아님을 아는 것이다.

6

위대한 축소주의자들

문학과 혁명

최근 프랑스어로 번역된 트로츠키[1]의 책은, 여타의 중요한 책들처럼
모리스 나도[2]의 지휘하에 "레트르 누벨"Lettres Nouvelles 컬렉션으로 출
간되었는데, 나는 트로츠키의 책이 왜 전통 평론가들을 기쁘게 했는지
안다. 이 피로하고 유복한 시대에 우리는 우리 자신으로부터 물려받은

---

1 트로츠키는 1917년 10월 쿠데타의 주동자이자 탁월한 웅변가이며 예리한 이론가이다. 혁
  명을 이끈 '붉은 군대'의 창설자이자 레닌의 계승자였다. 그라포마니(무턱대고 쓰고 싶어
  하는 병)를 가진 것이 아닌가 할 정도로 끊임없이 글을 쓰는 자였다. 스탈린과의 권력 투쟁
  에서 실패하고, 결국 멕시코에서 암살되지만, 그는 '끔찍한' 혁명가, 즉 차라리 진정한 문학
  가, 예술가였을 수 있다. 왜냐하면 영구 혁명을 꿈꾸듯 불가능의 영역을 끝없이 탐사하는
  자였기 때문이다. —— 옮긴이
2 Maurice Nadeau(1911~2013). 프랑스의 작가이자 문학 평론가이며 프랑스 유수의 문예
  지에 글을 쓰고 기획 및 출판에 관여했다. Les Lettres nouvelles 컬렉션은 1953년부터
  1976년까지 출간되었는데, 이 컬렉션에는 트로츠키뿐만 아니라 에드몽 자베스, 이브 본푸
  아 등 많은 작가들의 작품이 소개되어 있다. —— 옮긴이

문학과 문화를 동일시하기 때문이다. 그러니까 우리 과거에 만족하기 때문이다. 과거의 작품을 복구하는 이런 기획은, 과거의 작품을 우리의 세계와 유사한 것으로 만들려는 시도이다. 다시 말해, 반항적인 위대한 대작을 우리의 것으로 만들어 높이 비상시키려는 노력이다. 따라서 이런 기획을 하는 의미와 기법을 잘 살펴볼 필요가 있다. 왜 동화 작용은 불가피한가? 완전하지 않은데, 왜 항상 단일화 내지 동질화 작업을 무릅쓰는가? 이렇듯 이 위대한 축소주의자들은 환원할 수 없는 것조차 환원 가능한 것으로 만들려 하면서 이 집단 가공의 공정을 조용히, 그리고 무심히 수행하며 밤낮으로 힘든 고역을 마다하지 않고 있는 것이다. 다행히 아직은 저항할 수 있는 지점들이 남아 있는데, 정치, 욕망의 놀이, 사상 같은 것들이다. 이 저항 지점들마저 많이 약화되었지만, 아직 완전히 투항한 건 아니다. 아마도 비판 형태가 달라졌을 것이다. 보들레르를 어디서는 비판하고, 어디서는 아카데미에 모시려던 시기가 있었다. 트로츠키를 두려워해 그의 문학 동료라곤 앙드레 브르통밖에 없던 시기가 있었다. 혁명가로서의 트로츠키는 여전히 두렵지만, 작가로서는 인정하여 작가들의 팡테옹에 정중히 모심으로써, 그의 아름답고 고요한 죽음을 기리며 비로소 두려움에서 벗어나려 했을지 모른다.

우리 사회나 문학, 문화가 모든 것을 지탱한다고는 생각하지 말아야 한다. 항상 금지된 것들이, 그러니까 배제적 구조나 난해한 제한 등이 있다. 가령 우리의 무제한적 자유 속에서 밖에서 온 것은 우리와 반대되는 것일 수 있다고 치부하여 잘라 내는 경우가 있게 마련이라는 것이다. 다만, 이런 제한들은 눈에 덜 띄거나 덜 확고하다. 밖에서 온 것은 ─ 우리는 알게 모르게 밖에서 왔다는 이유로 거부하곤 한다 ─ 이번이 마지막이라는 식으로 한 번에 결정되는 것은 아니며, 우리의 몇몇 배제 방식이 미세하게 작동하여 결정된다. 영광스럽게도 우리는 모든 것을 다 이해하는 재능이 있다며 모든 것을 우리식으로 동화시키려는 의지가 일면 작동하는 것이다.

*

우리는 모든 것을 이해한다. 모든 것을 이해하는[3](피상적으로가 아니라, 정말 실질적으로) 우리는 전체적으로 다 받아들여지지 않으면 뒤돌아서게 되는데, 여기서 근원적인 차이가 생길 수밖에 없다는 사실을 잊고 있다. 모든 것이 이해되고, 모든 것이 확신된다고 하지만, 질문(가장 심오한 질문)이 발화를 통해 이루어지는 이상 질의하면서 생기는 시간 및 공간은 그대로 보유 중이게 된다. 다시 말해 이 공간 및 시간은 이해의 영역에 속하는 게 아니라, 문학의 영역 ─ 특히 시의 영역 ─ 에 속한다. 문학에 의해 주어지는 시간과 공간 경험으로 우리는 전혀 다른 시험에 놓이게 되는데, 그것은 단일성 또는 일체성Unité에서 벗어나려는 몸짓이다. 우리 시대에는, 아니 다른 모든 시대에도 통일 작업은 일부러 완성하는 게 아니라, 각 사회와 문화가 각자 그들 나름의 이득을 위해 통일 작업을 하다 보니 서로 협조한 셈이 되어 공교롭게도

---

3 프랑스어로 comprendre는 '이해하다'라는 뜻이면서 동시에 '전체를 아우르다', '포함하다'라는 뜻이다. ─옮긴이

모든 문학 작품이 단일성 또는 일체성을 갖게 된 것이다. 그러니까 두 일체성이 있는 것이다. 하나는 지배적 사회라는 일체성, 즉 상황적 일체성. 그리고 다른 하나는 도래할 일체성. 이 일체성은 변증법적으로든 유토피아적으로든 어떤 차이도 없는 보편적 사회를 탐색하는 일체성이다. 잘 알다시피, 이제 작가는 다면의 얼굴을 가졌거나 얼굴이 없는 괴물이 되어 있다. 이것이 바로 횔덜린이 말하는 반역자이다. 횔덜린은 늘 방향을 돌려 벗어나는 자였다. 그러나 이런 방향 전환은 고유하고도 특별한 지배력을 발휘하는 일에 소용될 수 있었다. 지금, 우리의 좋은 동반자와 다름없는 트로츠키가 우릴 안심시켜 준다면 무엇 때문일까? 답은 쉽다. 그것은 그가 스타일이 있는 작가라는 점, 상류급의 문학가(여기서 다시 '급'이라는 단어가 복구된다)라는 점이다. 더욱이 직업적 혁명가이면서 문학에 대해 말할 줄 아는 자라는 것이다. 우리의 유명한 문학가 중 누군가가[4] 트로츠키의 자서전을 읽은 후 이 끔찍한 혁명가가 진정한 문학가였음을 발견하고는 너무나 행복한 충격을 받았음을 나는 기억한다. 트로츠키의 비공인적인 사사로운 면모를 잠시 느끼는 것만으로도 행복하고 안심이 된 것이다. 더욱이 레닌과 함께, 10월 봉기를 결정한 자가, 아니 레닌 이전에 영구 혁명[5] 선언을 하

---

4 이 문장에서는 작가의 이름을 직접 밝히고 있지 않지만, 조금 아래에서 언급되는 앙드레 브르통을 가리키는 것으로 보인다. 브르통의 소설 『나자』에는 트로츠키에 대한 언급이 나오기도 한다. — 옮긴이

5 스탈린의 일국사회주의에 맞서 트로츠키는 영구 혁명을 주장했다. 트로츠키가 지속적이고 항구적이며 영원한 혁명을 강조한 배경은 프롤레타리아 혁명이 부르주아가 일군 민주주의 혁명 정도에 만족해서는 안 되고, 사회주의 혁명으로 계속해서 나아가야 하며, 스탈린의

게 되는 일련의 모든 사건을 개시한 자가 다름 아닌 트로츠키 아닌가. 이 영구 혁명은 이미 마르크스가 제안한 것으로, 결코 감미롭지 않은 혁명을 불굴의 의지로 끌고 감으로써 우리에게 "예술 영역에서도 완전한 자주적 결정"을 하게 한다. 자유라는 말은 트로츠키와의 의견 일치 속에서 앙드레 브르통과 디에고 리베라[6]도 말한 것이지만, 훨씬 힘 있고 강력한 "예술의 전적인 허용"Toute licence en art이라는 의미로 확대되었다. 그의 해설자들은 특히 이런 개념에 매료되었고, 이를 유산으로 계승할 준비가 되어 있었다. 왜냐하면 그들에게는 이것이 곧 자유로운 예술을 뜻하기 때문이었다. 그리고 그것은 공산주의적 요구에 반하는 방식으로 쓰일 수 있었다. 그들이 공산주의를 활용한 방식은 사실상 자칭 자유를 허무로 환원시키는 것이었는데, 예술에 이익이 더 남도록 차라리 '무직'non-emploi[7]의 힘을 더욱 요구한 것이다. 분명 모순적이었지만 아무도 이를 거북해하지 않았다.

일국사회주의가 마르크스주의를 국가사회주의로 왜곡해 국가적 자만심에 도취되어 있거나 과도한 관료체제만 양산했기 때문이다. ― 옮긴이

6 디에고 리베라는 멕시코의 유명 여성 화가 프리다 칼로의 남편으로, 노동조합 운동가였다. 트로츠키는 스탈린 숙청 기간 동안 여러 나라를 떠돌며 유형 생활을 했는데, 1937년 무렵에는 급기야 멕시코까지 간다. 거기서 디에고 리베라와 프리다 칼로를 만나게 된다. 프리다 칼로는 트로츠키에게 연정을 품었으며, 트로츠키는 결국 이곳 멕시코에서 스탈린이 보낸 자에 의해 암살된다. ― 옮긴이

7 초현실주의가 주장하고 실천한 방식을 비유한 표현으로 보인다. 이성에 의한 일체의 통제로부터 벗어나 자유롭고 초현실적이며 더 나아가 무의식에 의한 자동기술법 등을 시도한 초현실주의 운동을 떠올려 볼 수 있을 것이다. ― 옮긴이

문학을 이런 식으로 파악하는 것, 즉 한 혁명가를 알아 가면서, 그가 작가라는 것을 발견하고는 안심하는 것이 문학에게는 큰 모멸일 수 있다. 마치 글을 쓰는 것이 더 이상 순수하지 않다거나, 위험하지 않다거나 하는 것처럼 비칠 수 있어서다. 문화를 이끄는 스승들이 보기에, 글을 쓴다는 것은, 글을 항상 잘 써야 한다는 것을 의미할 수 있다. 선을 만들어 내고, 악의 세계에서 선을 인식함으로써 가치 있는 세계와 하나가 된다는 것을 의미할 수 있다. 사르트르는 『말』을 발표했을 때 기존 평단의 모든 평론가들로부터 거의 만장일치로 찬사를 받았다. 그런데 이것이 볼모가 되어 이 비정규직 작가는 평론가들에게 과거를 만회해 정규직 작가가 될 거라는 지표를 준 셈이 되고 말았다. 왜? 그 정도로 눈부신 책이었기 때문이었다. 1946년 무렵, 모리스 메를로퐁티와의 대담이 기억나는데, 메를로퐁티는 나에게 비평가들이 카뮈는 기꺼이 환영하는데, 왜 사르트르는 두려워하는지 물었다. 나는 많은 생각을 하지 않고 바로 이렇게 대답했다. 카뮈는 스타일에서 평론가들을 안심시키는데, 사르트르는 작가로서의 좋은 태도나 예의 같은 게 없기 때문이라고. 『말』과 함께 평론가들은 이제 집결이 가까이 왔다고 믿었다. 신경을 많이 써서 만들어 낸 형태, 발랄하고 짓궂은 스타일이 우리의 유수한 전통의 일부분이 된 것은 이렇게 해서였다. 특히 그 특유의 냉혹함이 사르트르 자신, 그러니까 젊은 사르트르 자신에 어쨌거나 반대해 나온 것인 이상 그 냉혹함은 더욱더 빛을 발했다. 아름다운 영혼의 소유자라면 사르트르를 읽으며 자신을 불평하기도 하고 보호하기도 하는 작가를 느끼며 이렇게 말할지도 모른다. "당신은, 그렇게 기만적인 아이가 아니었습니다. 어머니와 아버지를 진정 사랑하지 않았습니까. 부모님과 함께 뤽상부르 공원을 얼마나 다정하게 걸었습니까" 기타 등등. 물론 이 책에 기분 좋은 것만 있는 건 아니었다. 부도덕하고, 귀에 거슬리고, 듣기 불편한 생각들도 많았다. 다만, 익숙해진다는 것, 바로 이것이 비정한 것이다. 작가에게는, 특히 명성이 높은 작가에게는, 더 이상 자기 자신을 반대할 수 없는 순간이 온다. 그 스스로 하나의 권력이 되는 것이다. 그를 반대하는 야권 세력이 아무리 공격을 해도 이를 무마할 정도로 강력한 체제가 구축이 되면, 적대적인 미움의 대상이 된다 해도 이보다 더 큰 영광이 그를 섬기므로 그 정도로는 상처를 받지 않는 것이다. 내가 보기엔 최근 스웨덴에서 있었던 일화도 이로써 설명된다.[8] 너무나 명석한 작품이라 노벨상 위원회로서는 선의로 상을 주려 한 것이었으나 결과적으로 온전한 독창성을 지닌 사르트르에게 벌을 준 셈이나 마찬가지가 되었다. (사르트르가 그 상을 거부한 것은 옳았다. 이 거부는 단순하고, 진실했다. 작가는 특전 및 영예를 받

---

8 1964년 10월 22일, 사르트르는 노벨 문학상을 거부했다. 스웨덴 한림원이 사르트르를 노벨 문학상 수상자로 발표하던 시각, 사르트르와 시몬 드 보부아르는 몽파르나스 동네의 한 카페에 있었고, 당시 노벨상 소식을 미리 전해 들은 AFP 통신의 한 젊은 기자가 이 카페에 있는 사르트르를 찾아냈는데, 이 소식을 급히 전하자 사르트르는 그 기자에게 이렇게 말했다. "나는 그 상을 거부하오. 이걸 기사로 써도 좋습니다." 사르트르는 나중에 이런 말도 하였다. "정치적이거나 사회적이거나 혹은 문학적인 어떤 태도를 가진 작가는 자기 스스로의 수단, 즉 쓰인 말을 가지고만 행동해야 한다. 작가가 그 어떤 영예를 받게 될 경우 그는 자기 독자들을 '바람직한 것이 못 되는' 그 어떤 압력에 노출시키게 된다. '장폴 사르트르'라는 이름으로 된 작품과 '장폴 사르트르 노벨 문학상 수상자'라고 인쇄된 것은 이미 다르다." ──옮긴이

아들일 수 없다. 구별되는 것을 알지 못한다. 그런 선택을 받아들인다는 것은 어떤 문화 형태나 사회적 기관을 받아들이는 것만 아니라, 더 나아가 어떤 자유 개념을 받아들인다는 것이고, 어떤 정치적 선택을 받아들인다는 것이다.) 그에게 노벨상을 줌으로써 그를 엘리트 작가 그룹에 들어가게 하면, 그가 엘리트 개념을 받아들인 것이 되니 그에게 벌을 내린 것이 아니고 무엇이란 말인가. 글은 본질적으로 익명성을 좋아하는데, 엘리트 개념과 함께 글의 진실은 사라질 것이기 때문이다.

의식이라는 산업

한스 마그누스 엔첸스베르거[9]가 그의 글[10]에서 흥미롭게 환기하고 있지만, 그는 일찌감치 이런 산업을 알아차렸다. 이 산업 역시나 경영에 달려 있지만 물질이 아닌 비물질 산업이다. 책이든, 다른 예술 형태의 작품이든 분명 작품은 생산물이다. 하지만 생산된 것은 단순히 보편적 의미의 풍요가 아니라, 견해, 가치, 형태, 그리고 의미를 부여하거나 거부하는 난해한 힘, 다가올 말 등이기도 하다. 이 경영의 의미를 더욱 분명하게 하기 위하여 상황을 도식화해 보자. 전통적 자본주의 경영 방식에 따르면, 노동력이 거의 문제가 된다. 그러나 기술 진보를 가능하게 하는 새로운 방식에 따르면, 판단하고 결정하는 힘이 문제가 된다.

---

9 Hans Magnus Enzensberger(1929~), 20세기 독일의 시인이자 작가이며 번역가이고 기자이다. ——옮긴이

10 *Einzelheiten*이라는 독일어 제목으로 출판된 작품에 실려 있다(프랑스에서는 1965년 「문화 또는 진홍책?」["Culture ou mise en condition?"]이라는 제목으로 번역 소개되었다. ——옮긴이).

따라서 이 힘을 강요하거나 제한하지 않으면서 이용해야 하는데, 다시 말해 자유라는 외양은 그대로 두는 것이다. 이른바 인간의 의식을 경영하는 산업은 이것을 파괴하는 듯 보이지 않게 하면서 그것을 개발할 것이다. 정보를 만들고 전파하거나 압력을 가하는 대단위 장치들은 직접적으로나 간접적으로 권력의 통제를 받는다. 이들이 가장 필요로 하는 것은 유순한 생산자들이 아니라, 무례하고 거친 작품들이나 저항적인 사상들이다. 이런 작전은 두 가지 이점이 있다. 심미적으로도 불복종적인 작품을 세상에 알리게 되면, 편견을 가지고 있지 않은 듯 보이므로 문화계를 이끄는 주인장들로서는 그다지 나쁘지 않다. 반대 진영의 지식인들과도 협력할 줄도 안다고 생각할 테니 말이다. 이런 지식인들은 시의적절하지 않은 정치적 선언은 거부하겠지만, 문학을 통한 협력은 무해하다 볼 것이다. 따라서 서로를 지지하며 순수하게 보증을 서 준다. 공인을 해 주면 권위가 올라가므로 영향력을 미치기 위한 작업의 효율성도 더욱 커진다. 문화적 사안이 정치적으로 연결되면 연결될수록, 문학적으로, 그리고 예술적으로 유순해 보이는 이점이 있다. 하지만 여기까지는 아직 투박한 놀이이다.

놀이가 훨씬 정교한 도착倒錯이 되려면, 바로 작품 자체를 중립화해야 한다. 국가 권력의 통제를 받는 인간 의식 산업이 어떤 문제적 작품을 보급하는 데 이바지하다 보면 위험이 초래되는데, 의식이 약화된 것처럼 보이지 않게 하면서 이 의식을 유용해서이다. 위험이란 의식을 증대하는 데서 오는데, 모순들까지 더 활발히 증대하기 때문이다.[11] 작가를 통제하는 것은 아니고 ― 포섭된 작가는 더 이상 유용한 동맹이 아니다. 적수로 철저히 남아 이용될 때만 유용한 것이다 ― 자유롭게 두면서, 즉 자기 자유를 활용하게 하면서 이른바 문학과 같은 무한히 이의 제기를 하는 일과 비밀스러운 공모도 하게 하는 것, 바로 이것이 위험을 야기한다는 것이다. 솜씨 좋게 제작된 텔레비전 프로그램을(이 프로그램을 제작하는 사람들은 그들이 다른 작품에 대해 아주 모호하게 알고 있을 뿐인데, 왜냐하면 시스템 내부에서 일을 하기 때문에 의식이 되는 것은 시스템이지 그 작품 자체는 아니기 때문이다) 보고 난 하루의 끝을 떠올려 보자. 그 프로그램에 출연한 작가는 여러 질의에 대해 굳이 대놓고 말하지 않지만 자신이 쓴 것에 대해 말한다고 믿으며 이런저런 말을 한다. 시청자는 이것들을 주의 깊게 듣고 난 후, 또 신중하게 든 신중치 못하게든 이런저런 해설을 듣고 난 후, 이어 소개되는 다른 좀 거친 작품이나 별 볼 일 없는 작품에 대해 하는 말을 듣는다. 시청자는 속으로 참 좋은 하루였다고 말하며 잠자리에 들지만, 그럼에도 불구하고 사실 진짜로 일어난 일은 없다, 결과에 이르렀을 뿐. 흥미로운 사건과 중요한 일이 있다 해도, 우릴 어수선하게 하는 것은 전혀 없다. 이런 것이 바로 모든 것이 확립된 철학이다. 그리고 그 뒤에 모든 문화 진흥 업무가 있다. 하지만 이런 결과에도, 우리 마음을 어수선하게 하는 작품들과 협력하는 것은 필수 불가결하다. 결국 이런 어수선함이 스스로 가라앉고 어떤 기분 전환이나 유희의 차원에서 이로운 것으로 변하기 때문이다.

　　문학은 아마도 본질적으로는(오로지 이것만이 본질적이라고 표명

---

11 스캔들까지 일으킨 건 아니지만, 그저 너무나 세게 피에르 기요타(Pierre Guyotat)의 책 (*Éden, Éden, Éden*, Paris: Gallimard, 1970)을 강타한 금기.

하듯 말하는 것은 아니다) 반론하는 힘이다. 이미 강력하게 정립된 것에 대한 반론, 어떤 것에 대한 반론, 어떤 것이 있다는 것 자체에 대한 반론, 때로는 언어에 대한 반론, 더 나아가 문학적 언어 형태에 대한 반론, 그리고 마침내 권력이 된 반론 자체에 대한 반론. 문학은 부단히 스스로 한계를 정하면서도 한계와 부딪히며 이뤄진다. 이 한계가 무한히 뒤로 후퇴하면서 실질적으로 또는 이상적으로 지식과 행복의 총체가 완결되는 것처럼 보이는 순간 한계는 사라진다. 그런데 한계를 넘는 위반의 힘으로 훨씬 많은 것이 고발된다. 왜냐하면 무한 자체가 무한에게는 한계가 되기 때문이다. 무한은 중립적 표명을 통해 한계를 알림받게 된다. 여기서 중립적 표명이란 한계 내에서 말하면서도 한계 너머를 말하는 식으로 표명된다. 이런 의미에서 모든 중요한 문학은 우리에게 마지막 새벽처럼 나타난다. 재앙과도 같은 지난 밤을 뜬눈으로 지새우면서도 항상 어떤 가변성은 띤다. **혹독한 무아**無我, **무장한 저 인내심 깊은 상상을 통해 이 도저한 거부의 상태에 이르는 것이다**(르네 샤르). 다시 말해, 문학은 항상 패배한다. 문학이기에 패배한다는 것이다. 승리하기에 패배한다는 것이다. 그러나 문학이 세기에 걸쳐 어마어마한 작품을 내놓으면서 문화를 풍요롭게 하는 것도 사실이다. 하지만 문화는 아무것도 아니다. 아니, 문화는 모든 것이다. 만일 시가 한계를 넘으며 한계가 되는 지점에서 쓰이는 것이라면, 그리하여 비로소 배제하는 힘과 배제당하는 힘을 갖는 거라면, 문화는 배제가 아닌 포함의 작업이다. 필요 불가결하다 하지만, 바로 그렇기 때문에 치명적이라는 것이다.

포켓 문학

우리 문학 세계에서 볼 수 있는 작은 현상을 하나 생각해 보자. 위베르 다미슈는 한 우수한 글[12]에서 이런 현상을 "포켓 문화"라 부르는데, 지금부터 하려는 내 성찰의 상당 부분을 여기서 빌려 왔다. 나는 여기서 과도적인 어떤 것을 인식하는 것 외에 다른 중요성이 있다고 생각하지 않는다. 다소 소심한 프랑스 출판사들은, 그도 그럴 것이 프랑스인들은 상당히 전통주의적인 방식을 고수하는 자들이어서 관성을 바꾸는 것을 항상 두려워하는데, 최근 독일과 미국의 동종업자들을 보며, 이를 따라하게 되었고 제법 이윤이 남는 귀여운 발명품이라 여기며 즐기게 된 것이다. 물론 이런 성공이라면 마음껏 즐겨야 한다. 큰 작품이든 (작은 작품이든) 보급에 만전을 기하려고 여러 방법을 고안하다 나온 창의적인 발상일 것이다. 만일 인류가 일군 문화에 대해 순응력과 적응력이 있는 제안이 있다면 —— 형태가 생겨야 무릇 내용 또한 나타나니 부단히 작업하는 게 아니겠는가 —— 이는 조절해야 할 총성 같은 게 아니라, 오히려 제어와 멈춤 장치를 폭발시켜 더 발전시키고 몰아붙여야 할 게 아닐까? 따라서 기뻐하자! 그러나 절대 순진무구하게는 말고! 포켓판 문학이 이로움으로 가득한 떠들썩하고 작은 신화처럼 기능하는 것은 사실이다. 롤랑 바르트의 분석에 따르면 신화란 일부러 부여한 듯한 명징한 의미에 싸인 채 그 안에 조합되어 있는 것인데, 이렇게 만들어진 신화에는 은연중에 암시된 보충된 의미가 들어 있게 마련

---

12 Hubert Damisch, "La culture de poche", *Le Mercure de France*, n°1213, novembre 1964.

이다. 포켓판이란 무엇인가? 바로 싸게 주고도 살 수 있는 책이다. 이보다 좋은 게 있겠는가? 누가 이걸 반대하겠는가? 그러나 값이 그다지 비싸지 않은 책은 오래전부터 존재해 왔다. 여기서 중요한 것은, 값의 격차(더욱이 그 차이도 거의 없거나 점점 줄어드는데)가 아니라, 시스템의 성격이다. 결국 우리가 각성해야 하는 것은 그 정치적 결과물이다. "우리 사회는 아주 잘 만들어져 있어 아주 가난한 사람도 문화만큼은 자유롭게 접근할 수 있도록 보장하고 있다"는 것이다. 분명 신비화다. 왜냐하면 이런 보급의 혜택을 입는 것은 서민 대중이 아니라 매우 개별적이고 유복한 대중이기 때문이다. 포켓판은 삶을 풍요롭게 하고 위안을 주는 것이니 이를 기획한 자들로서는 이것이 하나의 신비다. 왜냐하면 이것은 당연히 이윤이 남는 기획이고, 이 이익이 이른바 선한 일에 쓰여, 모든 이들에게 문화의 특권을 부여하는 박애적인 일이라는 것이다. 포켓판은 하나의 시스템을 숨기면서 부여하는 특성을 갖는다. 바로 거기에 이 문학의 이데올로기가, 그 이해관계가 있는 것이다. 포켓판은 다음을 부르짖는다. 1) 이제 국민 모두가 문화에 접근한다. 2) 이것은 모든 사람이 접근 가능한 문화의 총체이다. 3) 위 두 번째 명제는 희망 사항일 뿐이다. 그런 결과를 낳기 위해 애를 쓸 뿐, 거의 실현 불가능하다. 하지만 그렇게 믿기로 합의한다. 바로 그래서 (다미슈가 잘 말한 것처럼) 고전 작품부터 마오쩌둥의 수기, 연애물 시리즈, 복음서, "누보로망" 소설에 이르기까지 온갖 것을 다 모아 놓은 정교한 혼합이 나오게 된 것이다. (이게 끝의 끝이라고 할 수 있을지 모르겠지만,) 마침내 사드 후작이 쓴 무고한 글들의 발췌본까지 포켓판이 나오기에 이르렀다.[13] 전체성을 주장하지만, 실로 그와는 전혀 다른 경제적 이유에 따른 명령이다. 포켓판 편집자는 판매자로서 이런저런 책을 몇 부 찍어 이윤을 낸다고 말하지 않고, 전집을 내서 모든 책을 다 아우르기 위해 넓은 시장을 염두에 둔다고 말한다. 바로 여기에 속임수가 있는 것이다. 전집은 훨씬 다양한 대중을 겨냥해야 한다. 따라서 여러 이질적인 것들이 다 모여 있어 표면적으로는 범위가 매우 넓어 보이지만, 실로 적당히 절충한 것으로 여러 저작들을 전시하듯 소개하는 것 외에 다른 통일성은 없다. 영리한 표지로 사람들의 시선을 붙잡아 구매자로 하여금 호화로운 기쁨을 맛보게 한다. 고급 명품이 모든 사람의 손이 닿는 곳에 있게 된 셈이다. 그러나 포켓판은(전통적인 장서본과는 다르게) 고유한 상업적 필요를 따른다. 다미슈는 이를 다음과 같은 문장으로 도식화한다. "판매는 신속하게 이뤄져야 한다. 재고가 쌓여서는 안 된다. 발행인이 빨리 소진되기를 바라는 재고가 쌓여서는 안 된다." 책들이 모습을 보이는가 하면 이내 사라지고 없다. 나만 하더라도 이를 그대로 수용할 뿐만 아니라, 훨씬 불순하게 "누가 방금 제안한 것만 더 강렬하게 읽고 싶어 한다". 내일이면 늦을 것이다.

---

13 게다가 여기에는 질베르 를리(Gilbert Lely)에 의해 알려진 재밌는 일화가 있다. 『알린과 발쿠르』는 문인으로서 제법 진지하게 받아들여지기 위한 사드의 바람으로 "철학 소설"이라는 부제를 달고 출판되었다(1793년 사드가 자신의 본명으로 발표한 첫 작품이다 ─ 옮긴이). 몇몇 장면을 제외하고는 사드가 썼을 법한 특유의 특징과 몇몇 개념들이 들어 있다. 이 작품은 실제로 사드 후작을 작가들 가운데서도 특히나 완벽한 작가로 인식시켜 주었다. 사드 부인도 칭찬을 아끼지 않았을 정도로. (그런데 하나 덧붙일 것이 있다. 내가 이 글을 쓰고 난 다음, 같은 컬렉션에서 사드의 『악덕의 번영』과 『미덕의 불운』이 출간되었다. 이 작품은 여러 판본이 있는데 ─ 조르주 바타유, 장 폴랑 등이 서문을 썼다 ─ 이 판본들은 당국을 전혀 긴장시키지 않았다. 하지만 이번 포켓판은 금서가 되었다. 사람들은 장관의 어리석음을 비난할 것이다. 그러나 한 장관의 어리석음은 한 통치 체제의 지성이자 진실이다.)

내일은 또 다른 것으로 넘어갈 것이다. 누군가가 나에게 제안하는 것은 더 이상 베케트가 아니라, 항복한 문학 생산물이다. 전집이라는 이 끌림에 취해 이를 순진하게 믿고 이것들을 읽는 것이야말로 문화를 읽는 일이라고 확신하는 것이다. 그런 경외감으로 기꺼이 환영하는 것이다. 따라서 지속 기간은 실로 폐지되는 경향이 있다. 성숙과 인내의 시간은, 옳건 그르건 간에, 지금까지는 모든 문화적 전승에 필요한 것으로 여겨져 왔다. "포켓판 문화는 결국 작품을 순전히 문화적으로 보급하려는 본능적 의지를 파괴하고, 대신 이를 효과적인 기술 메커니즘으로 바꾼다."

기술에 대해서는 할 말이 없다. 그러나 그 사용에서 놀라운 것은 기술이 은폐하고 있는 새로운 이데올로기이다. 포켓판 책에 그 토대가 되는 의미 및 교훈을 부여하고 있는 것이다. 기술이 문화 및 그 보급을 위시한 다른 문제를 모두 해결하므로 정치적 전복은 전혀 일어나지 않아도 된다. 사회 구조 내의 변화도 적다. 굳이 아첨하지 않고 자유롭게 유통되도록 착한 가격으로 작품을 재생하는 것으로 충분하다. 아니, 모든 사람이 이 작품들을 읽으며 동화되고, 작품이 가지고 있는 독특한 특성들 속에 자신을 스스로 적응시키기 위해서는(물론, 흔히는 대부분 어려운 작품들이어서 독자가 읽도록 유도해야 한다는 것을 부정하지 않지만, 책 자체보다 그 앞에 실린 학자연하는 모호한 서문이 읽기 더 힘든 게 사실이다. 이런 서문은 독서를 용이하게 하려고 실린 게 아니라, 이 기획의 교육적 성격을, 이른바 고급 문화의 가치를, 다시 말해 싼 가격에 팔지만, 그 수준은 높다는 것을 강조하기 위함이다) 자유롭게 유통되는 것처럼(자본주의 시장이 정한 한계 내에서 유통되는 것에 불과하지만)

보이는 것만으로도 충분하다.

차라리 이단이 되어

포켓판 발명은 ──시시한 방식일 수도 있지만, 이런 시시한 방식으로 우릴 속이니 이보다 더 완벽한 발명은 없는 셈이다 ──그 간단한 메커니즘 덕분에 문화에서 분리되어 나오기 힘들다. 축소해서라도 전해 주려는 힘과 권력이 어떤 것인지 더 잘 이해되게 해 주기 때문이다. 포켓판, 그러니까 '포켓'판이라는 제목이 이미 거의 모든 것을 말하고 있다. 그것은 바로 호주머니 안에 들어가는 문화이다. 진보주의적 신화. 모든 작품이 유용 가능하고, 접근 가능하고, 더 나아가 당장 우리 것이 된다. 단순 접촉, 즉 구매자의 찰나적 동작만으로도 흡수되어 수용된다는 것이다. 이는 다음과 같은 사실을 암시한다. 1) 문화, 즉 이 위대한 비개인적 힘이 개인적인 것으로 대체된다. 제 나름의 느린 동화 작업을 완수해야 하는 작품이 값으로 평가된다. 작품은 이미 파악되고, 이미 읽히고, 이미 이해된 것처럼 여겨져 이 정도는 읽어야 보편적 이해력을 갖춘 사람이 된다. 우리는 자신을 응당 그런 사람으로 간주하고 그래야 필요한 사람이 된다고 생각한다. 2) 작품에 다가가면 작품은 멀어지는 법이고, 포착한다 해도 늘 결핍이 생긴다 ──우리 안의 결핍, 작품 안의 결핍, 언어 안의 공허가 있어서일 수도 있지만. 작품에는 절대 좁힐 수 없는 축소 불가능한 거리가 있게 마련이다. 그래서 작품은 늘 낯설고, 말이라는 것도 말 자체에서보다 말 약간 너머에서 말해지게 마련인데, 이제 아는 것도 가능해지고, 말로 표현하는 것도 가능해졌으니 모두 친숙하고 행복한 작품들로 변모하는 것이다. 문화란 실체, 아니 가득 찬 실체이다. 그 공간은 어떤 균열이나 구부러진 데 없이 계속 이어지는 동질적 공간이어야 한다. 물론 문화는 그래야 성장하고 무한히 연장된다. 바로 거기에 문화의 강한 이끌림이 있는 것이다. 문화는 앞으로 나아간다. 그런데 미래 쪽에서 보면 아직 공허가 있어 문화는 부단히 더 움직인다. 때로는 이 움직임 안에서도 잠시 움직이지 않기도 한다. 왜냐하면 수평선상에서 움직이기 때문이다. 나아가면서 나아가지 않는 것이다. 수평선을 바닥으로 놓고 거기서 올라가다가 다시 수평선 바닥으로 떨어진다. 문화도 이런 움직임을 갖는다. 문화로부터 벗어나서 그 너머로 가 버리는 것도 문화이고, 다시 통일성과 동질성으로 떨어지는 것도 문화이다. 아니, 이런 것들이 뒤섞여 있는데, 이렇게 말고는 다른 방법이 없는 것이다. 문화란 그래서 긍정하고 확신할 수 있어야 한다. 문화란 실제 작업이다. 그래서 필히 행복해지게 하는 능력과 관대함도 있다. 그런데 원 같은 순환성(원은 항상 열렸다 닫혔다 하며 늘어난다)을 벗어나려고 한 지 이미 오래인 작품은 배은 망덕하고 무례한 실수를 보여 주는 징후에 다름 아니다. 작가 — 말하기를 미루는 자 — 는 성공하면서 실패하는 자일까? 성공을 거부해 실패하는 것 말고는 다른 선택은 없는 불편한 운명일까? 나는 우선 르네 샤르를 생각해 본다. 여기 그의 답이 있다. "창조하다. 스스로를 배제하다. 어떤 창조자가 절망한 채 죽지 않을까? 그러나 만일 찢어져 죽는다면 절망할까? 아마도 아닐 것이다." 그리고 나는 트로츠키를 생각해 본다. 그만 하더라도 장엄한 단순미로 행복한 미래의 유토피아에 대한 생각을 발전시켜 나갔다. "인간은 진지하게, 한 번 그 이상으로 자연을 변경할 것이다. 자신의 취향에 맞게 땅을 우연히라도 개조할 것이다. 우리 취향이 빈곤하다고 두려워할 이유가 전혀 없다. 보통의 인간도 아리스토텔레스, 괴테, 마르크스의 크기에 도달할 것이다. 이 높이보다 더 높게, 새로운 정상으로 치솟아 올라갈 것이다." 그렇다면 그는 예술에 대해 뭐라고 말할까? "새로운 예술은 무신론적인 예술이 될 것이다." 이 말은 신이 부재한 조용한 수평선을 바라보라는 것만이 아니라 그 속박에서 벗어나 그저 지지대에 불과한 신의 원칙을 포기하라는 것이다. 그 순환적 고리로부터 벗어나라는 것이다. 신의 보호 아래 있듯 휴머니즘의 보호 아래 있으면서 우리는 늘 통일성에 대한 매혹에 갇힌 채 머물게 될 것이다 ─ 달리 말하면, 문화라는 황홀한 지식으로부터 (가능할 법하지 않지만 차라리 이단이 되어) 나오라는 것이다.[14]

---

14 나는 여기서 위대한 시인 알렉산드르 블로크의 『12』의 일부를 인용하고 싶다. 한편 10월 혁명은 그에게 공포였다. "볼셰비키들이 시를 쓰지 못하게 하는 것은 아니다. 그러나 볼셰비키들은 나를 장인으로 느끼지 못하게 한다. 장인이란 자기 안에 영감과 창작의 극(極)을 가지고 리듬을 점하는 기량을 가진 자다." 볼셰비키 혁명으로 이제 이런 극은 당의 기량하에 들어가게 된다. 이어 공산주의 혁명은 차이 없는 공동체를 지향하며 이 기량을 복원하고 이 극을 전체성이라는 무심한 운동성 안에 옮겨 놓으려 했다. 그리고 한 단계가 더 남아 있다. 중심은 중심 중의 중심에 있는 부재와 만나야 한다는 것이다. 이에 대해서는 다음 트로츠키의 문장을 인용하고 싶다. "혁명과 함께 삶은 야영이 되었다. 개인의 생활, 제도, 방법, 사상, 감정, 모든 것이 익숙지 않고 일시적이며 과도기적인 것이 되었다. 모든 것이 취약하게 느껴진다. 이 영구적 야영은 인생이라는 일화적 특성을 갖는데, 그 안에 우발적 요소가 있기 때문이다. 이 우발성에는 무의미의 인장이 들어 있다. 일화의 다양성 속에서 혁명은 갑자기 의미를 잃고 궁핍해진다. 그렇다면 혁명은 도대체 어디 있는가? 자, 이것이 어려운 문제이다." 상당히 수수께끼 같은 글이지만, 그가 제기하는 문제는 혁명의 문제를 초월해 적어도 문학과 예술이 제기하는 문제를 가장 확실하게 표현해 주는 문장이라고 나는 믿고 있다.

7

영점零點에 선 인간

오래전부터 역사가, 학자, 사상가, 그리고 미학자마저 이제 우리는 문제적인 최종 국면에 들어와 있다고 말하고 있다. 이 국면은 바로 경제적, 기술적, 민족적, 과학적, 예술적, 정신적 팽창을 이룰 대로 이룬 국면이다. 테야르 드 샤르댕[1]만 해도 이를 다소 천진난만하게 이렇게 표현하고 있다. 인류는 "유체流體 총체 안에 계속해서 가속화되는 소용돌이 한복판에 들어와 있다"고 말이다. 따라서 모든 것에 관심을 가져야 하고, 모든 것을 알아야 하고, 모든 것에 적응해야 한다. 문명의 세계화, 보편적 지배, 지구화, "집단 지성화" 같은 단어들이 우리가 말하고

---

1 이 책 31쪽의 각주 14번 참소. 샤르댕은 우주는 성서에서 말하는 시간보다 훨씬 오래전 빅뱅의 순간에 만들어졌으며, 계속하여 '오메가 포인트'를 목표로 진화하고 있다는 우주 진화론을 주장했다. 우주의 무의미함과 인간 문명에 대한 절망적 회의론 대신 우주 속 인간의 가치와 목적을 되새기려고 하였다. —— 옮긴이

생각하는 모든 것에 함의되어 있다. 우리 모두는 각자가 주인이라고 느낀다. 아니 이 지구의, 이 지구상에 존재하는 모든 것의 주인이라고 느낀다.

클로드 레비스트로스는 그의 책[2]이, 아니 그의 책들이 대성공을 거둔 것에 대해 깜짝 놀라지는 않았을 것이다. 그가 그의 지서에서 이 위험한 매력에 대한 몇 가지 확증 사실을 과학 이외의 영역에서 또는 과학에 반대해서 발견하지 않았다면, 그렇게 즐거워하지 않았을 것이라고 나는 생각한다. 이런 폭넓은 재능은 항상, 약간은 부당하게, 칭찬받거나 찬사받거나 (그리고 비판받거나) 할 위험이 있다. 자신이 하는 활동 중 하나를 부인하지 않는 이상 학자이자, 사상가이자, 작가의 역할을 동시에 수행하는 것이 왜 어려울까? (같은 질문을 자크 모노[3]에게도 던져 볼 수 있다.) 과학 기술에 대한 오해에서 비롯된 것들도 있지만, 서서히 마감되어 가는 한 세기의 강한 특성과도 연관 지어 생각해 볼 만한 것들이 여기에는 있다. 이때만 해도 글이란 문화의 보조 수단이거나 여기서 문화는 지식과 지식인들의 조용한 카스트 사이에 들어와 중재되거나 중재에 의해 타협된 것이었다. 지식인들이 자기만의 전공에 갇혀 있으면 있을수록, 비슷하게 한정된 분야만 다루는 연구자 집단에 하나의 통일체처럼 묶여 있으면 있을수록, 극히 개별화된 특별한 언어로만 설명하는 —— 도식화하는 —— 그들 지식을 모든 사람들에게

---

2 Claude Lévi-Strauss, *Tristes Tropiques*, Paris: Plon, 1955.

3 Jacques Monod(1910~1976). 생물학, 생리학, 생화학 연구가로 1965년 생리학 및 의학 분야에서 노벨상을 받기도 했다. —— 옮긴이

말할 필요를 더욱 강렬하게 느끼게 된 것이다. 그런데 그 결과는 대부분 실망스러웠다. 연구자들은 아무리 미세한 문제여도 사활을 걸어야 한다는 것을 알고 있다. 다시 말해 사유에 있어 생각해 볼 만한 것이 있고, 새로 가져와야 할 것이 있다면 여기에는 막대한 흥미로운 이점이 있기에, 그들이 발견한 것을 사유의 언어로 번역해야 한다는 것을 적어도 그들은 잘 알고 있다는 것이다. 그러나 이것은 거의 이루어질 수 없다. 기구적으로 정확한 엄정함을 추구하는 언어에서, 부정확하지만 그 나름의 엄정함을 추구하는 전혀 다른 언어의 도약을 완수해야 하기 때문이다. 더욱이 그들이 언제나 아는 것도 모르는 것도 즉각 번역 가능하다고 믿고 있는 이상 어려움은 더욱 컸다. 아인슈타인이 우리에게 무언가를 말할 때, 우리는 격앙되는가 하면, 친근한 존경심을 갖고 그의 말을 경청하지만, 이것은 그가 우리에게 알려 준 것 때문이 아니라, 그가 정말 우리가 알아들을 수 있는 말로 그것을 알려 준다면, 우리와 우리 마음의 작용에 대해 그가 가르쳐 준 것이 얼마나 우리를 감동시킬지 순진하게 믿고 있기 때문이다. 오펜하이머[4]가 우리에게 많은 상식과 양식을 전해 주려 애쓰면서, 과학 학문 특유의 힘과 진지함, 정

---

4 Robert Oppenheimer(1904~1967). 20세기 미국의 물리학자로 양자론 연구가이다. 2차 세계 대전 중 로스앨러모스 연구소 소장을 지내면서 원자폭탄을 개발했고, 프린스턴 고등 연구소 소장으로 재직하던 기간에 위험인물로 지목되어 청문회가 열렸다. 정치에도 관심이 많았던 그는 추방된 유태인 물리학자들을 위한 모금 활동을 하기도 했고 스페인 내전에 참전한 사람들을 적극 돕기도 했다. 노조 활동 및 교직원 노동조합에도 적극 참여하여 그의 주변에는 나치즘과 반파시즘 활동을 하는 좌파 친구들이 모여들었다. 2차 대전 후 미국을 휩쓴 매카시 선풍의 여파로 오펜하이머도 억울하게 마녀사냥을 당한 측면이 있다. — 옮긴이

통성에서 나온 것을 일반적 사고로 이해되도록 풀어 말하다 보니 상호 모순에 부딪혀 의미 없는 결론에 이른 것도 이와 같은 맥락이다.

*

레비스트로스와 비교될 만한 이런저런 학자들의 성찰보다 레비스트로스의 성찰 자체가 우리에게 더욱 중요하게 보이는 것은, 바로 인류학이 아주 특별한 학문이기 때문이다. 인류학은 인간을 거의 직접적으로 다룬다. 레비스트로스는 철학을 가르치는 것으로 이력을 시작했지만, 같은 내용을 반복해서 가르치는 일에 염증이 났거나, 혹은 철학 자체에 염증을 느껴 교단을 떠났다. 확실한 것은 이것이 철학을 사랑하는 최선의 방법이자 철학에 성실하기 위한 최선의 방법이었다는 것이다. 놀라운 것은, 그가 부딪힌 문제들이 바로 근대 과학의 통속화로 우리가 알게 된 문제들과 매우 유사하다는 것이다. 하지만 레비스트로스의 경우에는, 이런 문제들이 인류학 연구자들에게 직접 닿아 연구 이상으로 연구의 가치와 의미 자체를 질의하기 시작했다는 것이다. 인류학자는, 여전히 존재하기는 하나 우리와 전혀 다른 시대에 사는 것 같은, 우리와는 전혀 다른 공간에 사는 사회에 소속된 인간들을 연구한다. 인류학은 오늘날을 추정하지 않는다.[5] 인류학은 구세계의 축을 이

---

5 레비스트로스는 인류학은 '인간 현상'에 대한 연구로, '인간 현상'은 자연 현상의 일부인데, 동물의 경우와 달리 항상적이고 특수한 성격을 띠므로 별개의 독립된 방식으로 연구해야 함을 강조한다. 그래서 인류학이 문화 우열론에 빠지는 것을 특히 경계하면서 다양한 여러

동시킨 위대한 항해 때만큼이나 오래전으로 거슬러 올라간다. 정복자, 선교사 등 유토피아를 꿈꾸는 자들은 인류학이라는 걸 모르고서 그들의 일을 효과적으로 수행했다. 이것이 학문화된 것은 훨씬 후대로, 인류학의 대상이 확실히 고갈되었을 때다. 처음에는 외국인들처럼 정말 낯설어 보였던 이 민족들을 발견하고 알아 가면서 초보 인류학자에게는 커다란 야망이 생겼을 수 있다.

이것이 바로 연구자들을 괴롭히는 첫 번째 패러독스이다. 모든 학문이 이런 고통을 갖는다고 말할 수는 없다. 천문학자는 하늘이 온통 연구 대상이지만, 하늘에는 항상 우리가 모르는 것이 있다. 천문학자의 발견으로 알려지는 것이 더 늘어날 뿐이다. 인류학자는, 역사상 위대한 문명을 일군 민족과는 편차가 있는 다른 인간들에게 호기심을 가지고 어떤 편견도 없이 그들을 연구하기 위해 어딘가로 이동할 필요가 있었다. 다시 말해 지구 저 끝까지도 갈 필요가 있었다. 근대 문명의 성공으로 세계를 지배하게 되자 아직까지 알려지지 않은 일정 부분의 인류에게까지 찾아가 이들을 점령하고 파괴하고 변모하며 이들을 연구하기 시작한 것이다. 인류학자는 난처하게도 제국주의를 돕는 동료

차이들을 단순 비교하는 것이 아니라, 그 차이들 속에서 공통적 속성을 추출하거나 "수시로 변하는 다양한 현상" 뒤에 숨은 어떤 근본적인 "내적 원리"를 파악하는 것을 주된 연구 방법론으로 삼는다.

장 자크 루소(가령, "고유한 속성을 보기 위해서는 우선 차이를 관찰해야 한다")에게서도 영감받은 이런 방법론 때문에 레비스트로스는 최대한 차이를 찾아 나서는 것이다. 먼 나라, 낯선 나라(공간적으로나 시간적으로나)가 연구 대상 및 현장이 되는 것도 그래서다. ― 옮긴이

가 된다. 제국주의는 인류학자에게 한 손으로는 도움을 주고, 또 다른 한 손으로는 그가 하는 학문이나 학문 대상에서 손을 떼게 한다. 사람들은 이집트 원정에 학자들을 동행시킨 나폴레옹 보나파르트를 칭찬하는데, 이 학자들 덕분에 이집트학이 생겨났기 때문이다. 연구자들은 보나파르트에게 일견 충성하는 신하의 태도를 취했지만 실은 짐짓 꾸민 것이있다. 그다지 행복한 상황은 아니었기 때문이다. 보나파르트는 결국 이집트의 무덤과 도시, 문명을 파괴하였고, 이집트인들도 죽이고 말았다. 그때부터는 정말 끔찍한 부조리가 재현되었다. 그러나 여기 또 다른 문제가 있다.

학자는 군대나 사업가의 장비의 일부가 된 것을 후회한다. 포교를 위해 여행을 떠난 선교사쯤으로 생각해야 그나마 위로가 된다. 인류의 이익을 도출하기 위해 학문이 정복 전쟁을 따라갔을 뿐이라고 생각하면서(사실 확신이 들지 않는 이유이다. 왜냐하면 결국 정복 및 파괴를 저지르는 무력 의지를 펼치는 데 있어 학문이 일정 부분 기여했기 때문이다), 학문이 정복 전쟁이라는 과오의 책임자는 아니라고 생각한다. 그러나 학문이 이와 어느 정도 상관이 있거나 숫제 책임의 당사자일 수도 있다. 인류학자는, 임무를 무사히 끝내는 것이 가장 큰 걱정거리라 최대한 그 지역 주민들의 심기를 건드리지 않으려고 자신의 연구 방식이나 생활 방식을 그곳에 맞춘다. 사실 인류학자의 학문이란 원주민이 살아가는 방식을 특히나 좋아하여 그것을 연구하고 다루는 일이므로 이는 당연하다. 그러나 이들이 그곳에 들어간 이상 이들 집단에 일말의 지장을 주고 파괴적인 영향을 미치는 것 또한 확실하다. 서구 근대 인간이 잠입해 들어간 곳은 어디나 전통문화와 그 문화를 지탱하는 사람들을 깊숙이 변질시킨다. 아직까지 알려지지 않은 독특한 문화를 소유한 작은 세계와 접촉할 기회가 학자들에게 여전히 많은데, 학자들도 결국 자신과의 접촉으로 그 세계가 변할 것을, 본래의 독창성도 사라지게 될 것을 알고 있다. 단순화 및 도식화하는 경향이 있는 이 학문은 자신의 연구로, 자신의 연구 대상을 휘발시켜 버리는 힘을 발휘하고 마는 것이다. 더욱이 인류학은 미립자나 씨앗을 다루는 사안이 아니라, 교체 불가능한 사람들과 그들의 문화를 다루는 사안이다.

물론, 인류학이 그 정도로 이들을 사라지게 만드는 것은 아니다. 그러나 적어도 외부에서 온 자들이기에 이 민족들에게 조금이라도 영향을 미칠 수밖에 없다. 하여 지금까지 보존되어 온 이 공동체에 변화가 생기는 것은 불가피하다. 옛것과 현대의 것이 끔찍하게 뒤섞이고 여러 형태가 조합된 잡동사니들이 생긴다. 그런데 이 인류학자 여행객은 비탄에 잠기는 것이 아니라, 자기 입장에서 주제를 선택할 뿐이다. 이런 오염은 또 다른 문제이다. 그건 그렇다 치자. 인류학의 한 중심에는 전혀 손을 타지 않은 위대한 문화를 만나고 싶어 하는 꿈이 있다는 것이다. 레비스트로스는 우리에게 이렇게 솔직히 말하고 있다. "아직 손상되지 않고, 오염되지 않고, 저주받지 않은 어떤 무대가 눈부시게 나타날 때면, 진짜 여행을 하던 시대에 살고 싶었다"고 말이다. 그는 이렇게도 말했다. "인류학자로서 원주민 마을에 들어갈 때 마치 하얀 눈 위에 첫발자국을 내는 느낌이 들 때보다 더 흥분되는 일은 없다. 옛 여행객들의 경험을 내가 다시 하는 것 같다. 현대 인간은 위대한 발견 덕분에 완전하고 모든 것을 완성했다고 생각하지만, 이 원주민 문화를 보는 순간 역逆계시를 받는다. 그들만이 그런 게 아니었다고 말이다. 이것은 정말 새로운 알림이다."

　이런 결정적인 체험을, 오늘날 다시 할 수 있을까? 레비스트로스는 실망스럽지만 한마디로 그럴 수 없을 것이라고 한다. 그는 이내 자신의 눈과 호기심만 믿고 부겐빌[6] 원주민이 되고 싶은 욕망을 품게 했던 환상을 자책한다. 16세기의 순수함과 20세기의 지식을 동시에 가지려는 욕망을 품었나는 것이다. 피멘타부에누 원주민들은 지금 보면 손상된 나약한 집단일 수 있는데, 4세기 전 이 알려지지 않은 문명을 처음 발견한 여행자들의 시선으로 보았다는 것이다. 적어도 16세기 여행자들의 눈에는 부겐빌 문명이 근본적으로 낯설었지만, 완성된, 뛰어난 문명으로 보였을 것이다. 결국 레비스트로스는 전혀 손대지 않은 삶을 자유롭게 덮치려는 욕망을 헛되게 갖는 것은 죽고 말 씨앗을 품고 다니는 것에 다름 아님을 깨닫는다. 연구에 열정을 가진다고 해서 쉽게 알 수 있는 것이 아니기에 슬픈 지식이다. 슬픔이 그의 책에 흐른다. 책 제목[7]도 그래서다.

*

그러나 직업적 소명은 매우 강하다. 이 소명이 저서 안에 흐르고, 바로 거기에 마음을 사로잡을 만한 것이 있다. 정신 차려! 위험 신호를 알리는 듯한 에너지와 재빠른 각성. 항상 전진하며 느끼는 기쁨. 아마도 만

---

6 파푸아뉴기니에 있는 섬. — 옮긴이
7 레비스트로스의 『슬픈 열대』를 가리킨다. — 옮긴이

족하는 법이 없어서 생기는 거겠지만 알 수 없는 초조함. 그러나 완전히 만족하여 행복감을 느끼는 것을 피한다. 다 소진되는 것보다 약간의 결핍이 나은 것이다. 그렇다면 인류학자는 왜 자신이 소속된 문명으로부터 격하게 방향을 돌려 이 먼 지역을 연구하러 가는 것일까? 그의 경험의 핵심에 무엇이 있기에. 인류학자를 자신으로부터도 멀리 떨어뜨려 놓는 이곳을 왜 그토록 만나러 가고 싶어 하는 것일까. 이 먼 지역은 어찌 보면 풍부한 부도, 문자도, 힘도 없어 망가진 공동체 사회라 할 수 있는데. 더욱이 이런 공동체 사회는 이미 어느 정도 알고 있고 다시 돌아가 만나게 될 사회와 미미하게 다를 뿐이다. 각자 느끼는 흥미가 따로 있다고는 하더라도 말이다. 먼 곳에 대한 욕망은 자기 세계에 대한 마음이 차지 않아서일까? 아니면 책이나 서재를 벗어나야 할 필요 때문에? 공기를 실컷 들이마시거나 깊은 숲의 고독 속에 사색하며 어떤 탐색을 하려는 것일까? 아니면 수많은 낮과 밤을 요구하는 연구 작업 속에 실로, 그러니까 신체적으로 진정하게 참여하고 싶어서일까? 그래야 자기 시대로부터 빠져나올 수 있을 테니까?

왜 이런 행동을 하는 것일까? 우리가 세상을 보는 방식과는 다른 방식이 있음을 인식시키면서 기존의 인습과 세계를 재고하게 하기 위해서? 이것은 이미 몽테뉴, 파스칼, 그리고 특히 18세기가 항상 해 왔던 것들이다. 그렇다면 이를 부단히 재발견하게 하기 위해서일까? 인류학자는 우리에게 그 이상의 것을 말하고 싶어 하는 듯하다. 레비스트로스의 장점 가운데 하나는 그가 이 세계에 대해 느끼는 진정한 매력을 그의 박식으로 덮지 않는다는 것이다. 이런 매력은 바로 시작이 주는 매력이다. 최초의 것에 대한 관심. 인간 사회가 부단히 최초의 것을 재생할 수 있다는, 다시 말해 본래성의 가능성에 대한 탐색이다. 『슬픈 열대』의 저자는 우리에게 "근원으로 항상 거슬러 올라가는" 인류학자의 야망에 대해 말한다. 그는 이렇게 쓰고 있다. "인간은 처음에 창조했던 것 이상으로 더 대단한 것을 창조하지 않는다. 그게 어떤 분야이건 간에, 첫걸음만이 전적으로 가치가 있다." 그리고 마침내 열렬한 팬으로서, 이 책을 헌사하고 싶어 했던 루소를 향해 몸을 돌린다. 우리는 레비스트로스의 책 페이지마다 그가 자신에게 가장 핵심이 되고 정수가 되는 것에 다가가고 있음을 느낀다. 그것은 아마도 이 처음이라는 문제, 그것일 것이다.

소위 원시 사회라 불리는 사회에 대한 연구를 통해 우리는 자연인을 만나려는 게 아니다. 사회 상태가 필요하고 불가피하다는 것을 알고 있던 루소도 이런 건 결코 믿지 않았다. (여기서 '본래의'$_{originaire}$라는 단어가 뭔가 의미를 갖는다고 일단 인정해야 한다.) 루소가 그런 사회들이 우리보다 "인간의 본성 안에 있는 본래적인 것"을 더 가지고 있다고 생각한 건 아니었다. 그러나 이런 시작이라는 개념, 또는 시작할 때 솟구치는 힘과 가까운 힘을 가지고 있던 사회를 우리가 다시는 만나지 못할 것이기 때문에 이를 "가설적 모델"로 설정하면서 이상적인 것으로, 또는 실험실의 산물처럼 연구 작업의 가설로 간주할 수는 있을 것이다. 복잡한 기존 사회 속에서 이 사회를 우리가 상상적으로나마 훨씬 명확하게 볼 수 있게 하려는 의도에서 말이다.

"근원으로 항상 거슬러 올라가는 인류학자의 야망…" 이런 표현은 생각해 볼 만한 것이다. 이렇게 거슬러 올라간다는 것은 무엇을 의미할까? 원초 형태에 대한 탐색. 이건 마치 최초의 인간이나 최초의 예술적 표현을 탐색하는 것과 유사하다. 하지만 이런 최초의 것은 지각할 수 없다는 것도 안다. 그게 어떤 의미를 갖는다 할지라도, 최초의 것은 그 어떤 순간에도 손에 잡을 수 없지 않은가? 아주 옛날 영도라는 평행선의 절대적 "선"을 건너간 항해자는 정말 이례적인 순간에 와 있다는 기분이 들었을 것이다. 유일무이한 점點, 성스러운 지대, 그곳을 통과하는 것 자체가 결정적인 입문을 상징했기 때문이다. 지리학적으로는 아무런 의미도 없는 상상적인 점, 그러나 이 아무것도 아님 때문에 영도零度, degré zéro는 정확히 표현된다. 이 영도가 이상적인 표준점이라면 인간은 거기 닿기 위해 영도를 향해 팔을 뻗어 가는 것이다. 자신으로부터도 해방되고, 자신의 편견과 신화, 신들로부터도 해방되어 완전히 달라진 시선과 새로운 확언을 가지고 돌아오는 것이다.

*

영점零點, point zéro[8]에 대한 탐색은 필히 모호하게 마련이다. 변장하여 자신을 감출 수도 있어야 하고, 기꺼이 단순화도 해야 한다. 누군가

---

8 블랑쇼는 이 단락에서 degré zéro와 point zéro를 혼용하고 있다. 최초의 본래의 것에 대한 탐색이 니힐리즘으로 빠지거나, 비유했다시피 원시 예술에서 영감받아 기교 없이 그리기 위해 결국 기교를 부리는 우를 범하듯이 블랑쇼는 이 개념이 오해받을 것을 걱정하여 수학적 상상력을 발휘해 쓰는 것 같다. 우선 degré zéro, 즉 영도는 온도, 각도, 고도 따위의 도수(度數)를 세는 기점이 되는 자리이며, point zéro, 즉 영점은 식에 포함된 문자에 어떤 값을 넣어도 언제나 성립하는 등식일 때, 가령 $f(x)=0$이 되는 x의 값을 이르는 말이다. ── 옮긴이

는 여기서 니힐리즘이라는 이름하에 파괴적인 면만을 본다. 허무로 향하는 이 어두운 호소만을, 지친 문명만을 듣는 것이다. 더 정확히 말하면 이렇게 지친 문명 속에서 인간은 자기 토대를 잃어버렸다는 것이다. 그렇다고 단순히 기술적 진보에 대한 질문에 답을 내겠다는 게 아니다. 누군가는 여기서 어떤 알리바이를 발견한다. 이런 탐색은 번뇌의 짐을 덜고, 태고 때의 형태로 돌아가려 하거나, 진보라는 이름으로 불리는 것들을 비판하며 현대의 고된 일들을 거부하려는 몸짓에 다름 아니다. 처음과 원시, 시작과 초기, 근원과 시작 등의 개념을 쉽게 혼동하는 것은 그런 것들에 마음이 쉬사리 유혹되기 때문이다. 어떤 회화가 원시 예술에서 영감받았다고 해서 보면 인위적 기교 없이 그리기 위해 오히려 너무 인위적으로 탐색했다는 인상을 받는다. 철학가만 하더라도, 소크라테스 이전의 철학자들에게 묻는 것은, 그들에게 진실이 무엇이냐고 묻는 식이다. 왜냐하면 플라톤 이전의 철학자들은 아직 다 만들어지지 않은 생각을 표현했기 때문이다. 영점에 대한 탐색이 착각을 불러일으키기 때문에 허망한 것이라고 개탄하는 것은 너무 쉬운 일이다. 그건 기만적인 게 아니라, 상상적인 것이다. 수학자들이 차용하는 단어와 거의 비슷한 의미로서의 상상적인 것 말이다. 신화가 없는 인간은 자기 자신에 사로잡혀 있지 않다는 말이다. 모든 결정론적인 것에서 자유로우며 이른바 모든 "가치"를 스스로 금한다. 이 무에 반응하는 의식 외에 그 어떤 것에도 의미를 부여하지 않을 정도로 그 모든 것을 박탈당한 이 영점의 인간에 대해, 카를 마르크스만 하더라도 가능한 하나의 이론적 모델로서 분석한 게 있다. 비록 그 도식에 정확히 들어맞지는 않아도 어떤 의미에서 현대의 프롤레타리아, 즉 완전한 무산자 계급이 바로 이 영점의 인간처럼 비치거나 정의되거나 확언될 수 있다.

바로 이런 맥락에서 인류학에서는, 그러니까 인류학자는 직업적 소명을 가진 채 가장 기초적이고 초보적인 사회 형태를 연구하는 쪽으로 방향을 돌리는 것이다. 이런 사회 형태에 섞여 사는 사람들은 우리 문명사회가 분명 대단한 의미와 가치를 부여하는 것에 완전히 무심하다. 아직도 많이들 "근원으로 항상 거슬러 올라가는… 야망"이라는 말을 착각한다. 여기서 근원을 단순히 다른 것만이 아니라 훨씬 간단하고, 훨씬 발가벗은 상태이고, 훨씬 자연에 가까운 세계라고 생각한다. 기술력이 끊임없이 세계를 변질시키지만, 이런 세계로부터 벗어나 있는 세계라고 생각하는 오류를 범하는 것이다. 레비스트로스에게 이런 세계에 대한 향수가 없는 것은 아니지만, 적어도 그는 "어린이 민족 같은 것은 존재하지 않는다"는 것을 그 누구보다 잘 알고 있다. "모두가 성인"이며, "모든 인간 사회는 자기 뒤에 과거를 가지고 있는데, 대략 비슷한 규모로 그 나름의 위대한 질서 체계를 갖춘 세계"이다. 이것을 그 누구보다 잘 알고 있기에, 우리와 멀리 떨어져 사는 민족에게서 진정한 형제애를 느끼며 깊이 공감하는 것이다. 우리는 "원시"라는 단어의 신기루에 빠져 시작이라는 것이 얼마나 밀도 있고 풍부한 필연성을 ─ 불가능성일 수도 있다 ─ 가지고 있는지보다 무사태평한 행복 그리고 성숙함에 따르는 진지함과 무거움으로부터 자유로운 어린아이의 순수함만을 보려고 하는 것이다.

레비스트로스가 여행 중에 쓴 수첩의 몇몇 쪽을 환기해 보자. 우리에게 남비콰라족에 대해 말해 주는 장면이다. 야영지에서는 모닥불이 반짝인다. 레비스트로스 옆에는 종려나무 가지 몇 개로 움막을 친, 세상에서 가진 게 가장 없어 보이는 인류가 있다. 등에 지는 채롱에는 별 볼 일 없는 물건 몇 개가 들어 있을 뿐이다. 그에게는 어떤 재산도 없다. 이보다 더 가난하고 초라할 수 있을까? "그러나 이 가난한 곳에는 속삭임과 웃음이 가득하다. 남녀는 실낙원에 대한 향수가 느껴질 정도로 한없이 포옹한다. 사람이 지나가도 그들은 애무를 멈추지 않는다. 모두가 너무나 친절하다. 아무런 걱정 없이 무사태평하다. 순진하기 이를 데 없는 동물적인 만족감. 이런 모든 다양한 감정들을 다 모아 놓으면 아마 인간에게서 나타나는 가장 감동적이고 가장 진실한 다정다감을 볼 수 있을 것이다." 10년 후, 또 다른 관찰자가 같은 원주민 부족을 만나는데, 그는 이들을 병이 들어 초췌하고 못생기고 못된 열등 인간처럼 묘사한다. "남비콰라족 마을에 그다지 오래 머물지 않아도 그들이 얼마나 깊은 증오감과 불신, 절망감을 가지고 사는지 대번에" 알 수 있다. 이런 변화는 아마 백인과 접촉한 결과일 것이다. 그러나 그토록 진실하고 아름다운 무사태평함 속에서 미래에 대한 압박감 없이 살다 보니, 바로 그 때문에 미래가 없어진 것이다. 무사태평한 가벼움을 선택해 그것을 잠시 얻은 자는, 그 다음엔 피폐해진 삶의 무거움을 순간 선택할 수도 있다는 것을 안다(혹은 알지 못한다).

*

우리 시대에 만족하지 못하는 독자라면,『슬픈 열대』의 책장을 넘기며 현재에서도 멀리 떨어지고 미래에서도 멀리 떨어진 채 형제애로 넘치는 작은 도시에서 인간 발명의 광기를 저주하며 사는 꿈을 꿀 수 있을 것이다. 레비스트로스에게는 분명 서구 문명을 완벽하다고 보지 않는 자의 모습이 있다. 기술 발전과 사회 변화로 세계화된 사회가 도래한다고 해서 만족할 만한 해결책이 나온다고도 생각하지 않는다. 레비스트로스에게는 확실히 테야르 드 샤르댕의 비범한 낙관주의 같은 게 없다. 샤르댕은 소용돌이처럼 계속해서 돌아가며 늘어나는 인류가 두 개의 섭리에서, 즉 생물 세계와 정신세계에서 구세주 같은 섭리를 찾는다면 수많은 문제를 제어하여 우리가 예측할 수 있는 것보다 더 뛰어난 초인성을 가질 수 있을 것이라고 본다.

그런데 이 책에서 레비스트로스는 루소에 대한 찬사만큼이나 마르크스에 대한 찬사를 잊지 않는다. 마르크스를 잊는다면, 그의 사상을 변질시키는 것만이 아니라 그의 사상에서 가장 흥미로운 점을 무시하는 것이다. 우리가 사막에서 신기루를 보듯, 마르크스는 불쑥 원시적이라는 단어를 쓰곤 하는데, 그가 시작에 대해 탐구한 것은 그저 신기루를 탐구한 게 아니라는 것이다. 수천 년 전에 이미 모든 활동으로부터 우리를 분리할 것을 제안한 불교가 말하는 해탈과 마르크시즘이 말하는 해방을 연결하려는 시도를 다름 아닌 마르크스가 하고 있기 때문이다. 마르크시즘의 해방은 노동 속에서 노동에 대한 전적인 긍정을 통해 완수되는 것으로, 만일 마르크스가 어떤 지리적인 선線을 넘었다면, 그것은 그 선으로 상징되는 어떤 시작을 피하기 위해서가 아니라는 것이다. 우리 시대가 곧 그 까다로운 선의 구현 자체이긴 하지만 말이다. 그렇다면 무엇을 위해서일까? 우리 문명이 최초 출발점 또는 최초 행로에서 부득이 드러나는 격심한 차이를 있는 그대로 두지 못하고 외국인을 동화시키는 것처럼 나와 다른 것을 자기식으로 적응시켜 점유함으로써, 즉 익숙한 인상을 부여함으로써 결국 우리가 끊임없이 길을 잃고 헤맬 수밖에 없음을 깨닫게 하기 위해서였다는 것이다.

우리와 가까운 것이 사실은 우리와 가깝지 않다는 것을 우리는 모른다. 우리는 우리가 우리 시대에 살고 있고, 우리 언어를 쓰고 있고, 우리 집에서 살고 있으니 안전하다고 ──안전 의식은 곧 공포에 떨고 있다는 반증이다── 믿고 있으나, 이 안전이 우릴 기만하고 있다는 것을 필히 망각하고 만다. 분명, 기술에 대한 과장된 수사법은 늘 매우 의심스러운 것이다. 그러나 기술이 진보하면 기술로 인해 불거진 어려움을 해결할 수 있을 것이라고, 충분히 다른 방안을 마련할 수 있을 것이라고 생각하며, 어떤 식으로든 일종의 안도감을 찾으려고 하는데, 사실 이것 역시나 의심스럽다. 그렇지 않기 때문이다. 물론 이렇게 덧붙일 수 있다. 천만다행이다. 왜냐하면, 만일 기술로 탄생한 사회가 다른 사회보다 특권이 있다면, 우리에게 가져다준 풍부한 물적 자원 때문이 아니라 우리에게 가져다준 명백한 위기 때문이니 말이다. 결국 우리를 미래의 구원 앞에 발가벗겨 놓기 때문이다.

따라서 여기에 일종의 기술 사회를 배려한 관용이 있는 셈이다. 사실, 그 진실은, 그리고 그 위대한 미덕은 ──지식적 차원에서── 우리를 풍요롭게 하는 데 있는 게 아니라, 우리를 헐벗게 하는 데 있다. 존경심도 인간애도 없는 야만적 세계. 우리가 사랑하는 모든 것, 존재 자체를 사랑하는 모든 것을 전부 잔혹하게 버려야 한다. 피난처라 생각하는 행복을 우리는 몰아내야 한다. 진실로 가장한 것들을 다 몰아내야 한다. 우리가 소속된 것, 때로는 그 자체로 이미 파손된 것을 파괴해야 한다. 끔찍한 시련이다. 하지만 이런 반론이 가능하다. 정확히 말하면, 다시 솟구칠 수 있는 힘만은 제외하고, 우리로 하여금 모든 것을 비로소 버리게 만드는 것이므로, 아마도 완전한 절연에 수반되는 행운의 기회를 얻을 것이다. 자기 자신을 강제로 단념해야 할 때, 죽거나 시작해야 한다. 아니 다시 시작하기 위해 죽어야 한다. 이것이 바로 신화 없는 인간의 신화가 표상하는 힘든 과제의 의미가 될 것이다. 희망과 불안과 환상을 느끼는 영점의 인간이여.

8
느린 장례

순진한 질문 하나를 해 보고자 한다. 지식인들이 마르크시즘에 입문할 때 좋고 나쁜 방식이 있고, 마르크시즘에서 멀어지는 데 좋고 나쁜 방식이 있는 걸까? 두 움직임의 이유가 흔히 같은 것에 나는 주목한다. 어느 날 정신적 이유로 마르크시즘에 접근했다가 같은 이유로 멀어지기 때문이다. 초현실주의는 시의 이름으로 마르크시즘에 왔다가, 역시나 시의 요구 조건들로 마르크시즘을 떠난다 ──아마도 이것이 가장 놀라운 행보일 것이다. 가령, 앙리 르페브르[1]의 행보는 이런 불규칙성

---

1 Henri Lefebvre(1901~1991). 소르본 대학에서 철학을 공부했고, 1930년대 공산당에 입당했으나 1950년대 스탈린주의를 비판한 활동으로 프랑스 공산당에서 축출되었다. 68혁명 당시 파리 낭테르 대학 교수로 재직하고 있었고, 68혁명에도 많은 영향을 미쳤다. 초기에는 마르크스 사상에 관심을 기울였으나 말년에는 고도 산업 사회 및 현대 정보화 사회 등에 많은 관심을 가지고 다수의 저작을 발표했다.『일상생활 비판』,『현대세계의 일상성』,『리듬분석』,『공간의 생산』등 다수의 책이 국내에도 번역되어 있다. ── 옮긴이

을 보여 더욱 주목할 만하다. 철학자이지만, 전혀 헤겔주의자가 아니고, 오히려 니체나 파스칼, 셸링에 가까운 그는 종교와의 고통스러운 논쟁 끝에 마르크스의 낭만적 혁명 사상을 만났고 거기서 자신이 애초 정말 열망하고 희구했던 것을 만나 강렬하게 이끌렸다(그의 열망은 완전하고도 절대적인 혁명이었다. 그의 계획은 국가도, 가족도, 철학도 끝내는 것이었다. 그래야 개체가 완전히 해방되어 한계 없는 가능성을 갖게 되기 때문이었다). 그런 낭만주의를 극복하기 위해 혁명 사상을 잘 정돈하고 지키려고 한 것은 마르크스의 노력이기도 했다. 르페브르는 30여 년간 프랑스의 대표적인 ─ 너무나 공식적으로 ─ 마르크스주의자였다. 마르크스 사상에 동조하며 자신의 확신을 피력했다. 그에게는 두 가지 순간이 공존했다. 낭만적 즉흥성과 명철성의 요구. 즉, 개인적 확신만이 아니라 사회체 또는 우주 생태와 연결된 일관된 정합성.

르페브르는 낭만주의자로 마르크시즘에 들어왔다가 다시 낭만주의자로 마르크시즘을 떠난다. 여기서 우리는 이론을 실행하고 도구를 통제한다고 해서 초기에 받은 영감이 제거되지는 않는다는 것을 깨닫는다. 처음 생긴 질문들은 도약하는 힘을 잃어버리지 않는 법이다. 아니면, 그 힘은 "공포"terreur 때문에 더 강화된 탓인지, 절제되기보다 더 극적으로 치솟기도 한다. 내 말은, 이른바 "마르크시즘"이라는 사상의 그늘 아래서 생각하고 일하며 살아가는 인간에게는 아무리 외부적 제약이 있다 해도 반드시, 결국 나타나는 절대적 요구 사항이 있다는 것이다. 공산당에 낭만적으로 입당하는 것을 두고 비이성적이라 비판할 수도 있다. 그러나 지행합일하지 않으면 마음이 편치 않거나, 늘 자신을 면밀히 감시하는 경향이 있는 사람은 비등하는 자기 열정을 스스로도 불신하기에 참기 힘든 이 교리에 더더욱 충실하려는 경향이 있을 수 있다. 그러나 지금 내가 여기서 해설하려는 르페브르의 저서[2]는 단순히 그런 감정의 차원이 아니라 훨씬 단단한 이유들을 포함한 의연함을 보여 준다.

*

한 당에 가입한, 즉 한 결정決定, décision[3]에 가입한 철학자로서 그는 서서히 공식적 마르크시즘이 그의 결정을 두 가지 방식으로 위태롭게 할 것임을 알았다. 여기서 결정이란 우선은 철학의 자기 초월을 의미한다. 그리고 세계가 '되어 감'에 따라 그 철학도 완성됨을 의미한다. 첫 번째 방식이란, 독트린(즉, 변증법적 유물론)이 계속해서 하나의 철학으로 표명되고, 모든 것에 답을 가져야 하는 시스템 개념의 이데올로기로 남으며 점차 제도적인 것이 되어 가는 이른바 도그마티즘을 부과하는 것이다. 두 번째 방식이란 철학이 당 또는 국가의 실천 과제와

---

2 Henri Lefebvre, *La Somme et le reste*, Paris: La Nef de Paris, 1959(『합계와 나머지』. 르페브르가 1958년, 57세의 나이에 쓴 책으로, 30여 년간 마르크스주의자로 살아오면서 철학자로서도 많은 비판을 받아 온 그간의 여정을 기록한 일종의 자서전이다. 철학사상사에 있어 가장 중요한 저서로도 평가받는 책이다. 소외 현상 및 교리, 제도 및 기관에 대항해 어떻게 자신을 만들어 갈 것인가 등을 자신이 살아온 삶을 따라가며 쓰고 있다. 1959년에 처음 출간되었으며, 1973년에 재간행되었다.──옮긴이).

3 여기서 결정은 어떤 사안을 결정한다는 일반적 의미가 아니라, 철학을 초월하는 비범한 행동이자 철학 자체의 가장 숭고한 형태로서 사유되고 심화되는 의미를 갖는다. 공산주의 행동노선과 사상철학의 일면을 함의하는 단어로 수사되고 있다.──옮긴이

하나가 되어야 하기 때문에 이제 진실을 직접적으로 구현하는 차원이 되어야 한다. 철학이 표방하는 사상의 자기 초월만은 아니게 되는 것이다. 이것은 차라리 철학의 조용한 포기이며, 조건 없는 항복이며, 선고 없는 죽음이다. 르페브르에게 남아 있는 일면의 철학자는 아마 이제 합의된 사상의 자살을 수용하게 될 것이다. 가령 시인 노발리스가 철학적 자유의 가장 고양된 대단원의 마지막 장으로 원했던 그런 자살 말이다. 하찮고 진부한 생존, 즉 시스템의 생존을 유지하면서도 어떻게 이 자살 형태를 수용할 것인가? 시스템 안에서 다시 교리적으로 생각하고 알아야 할 것이 정해지기 때문이다. 이건 분명 뒤집어진 헤겔, 아니 뒤집어져 납작해진 헤겔일까?

가벼운 평론가들은 이렇게 반문할 것이다. 그러면 결국 제자리 아닌가? 굳이 왜 배제되기를 기다렸는가? 자신의 비밀스러운 사상에 따라 자신을 자유롭게 만들지 못하는 자가 주장하는 자유는 가치가 있을까? 우리는 그의 내밀한 정신세계를 다 알지 못한다. 할 수 있는 한, 그 이야기의 가장 큰 진실이 드러나는 순간을 기다려야만 알 수 있는 거겠지만, 나는 (우리 모두가 관련된) 이 이야기의 의미를 어떻게든 표현하려고 노력하는 중이다. 재능과 힘 있는 사상 때문에 그가 어느 정도는 마르크스 사상의 "대표자"로 비쳤고, ──이것이 이미 불행한 상황이다. 어떻게 무엇을 "대표한다"는 말인가? ── 그는 여러 어려움을 개척하고, 질문들을 던지고, 아직까지 해결되지 않은 진리가 있다는 것을 그대로 보여 주며(그의 여러 저서에 이것이 분명히 나타나 있다), 그가 생각하기에 미래에 대한 가장 열린 해석이라고 여겨지는 것을 견지하려고 했다. 공식적 마르크시즘의 규율을 준수하면서 이런 생각을 표현함으로써 그는 이 공식적 마르크시즘을 더욱 책임지게 만들었고, 이 책임성으로 마르크시즘은 더욱 강화되었다. 이건 간단한 계산이다. 당이 철학자가 되는 순간 이제 당의 지령이 철학적 신념을 쥐게 되는 것이다. 진리를 경영하는 것이 완수해야 할 일종의 과업이 된 만큼, 정치적 위계질서와 철학적 위계질서가 겹친다. 대략 진리가 획득되면, 합당하게 행정적 처리를 하는 일 외에 달리 할 일이 없다. 그건 맞다. 그럼에도 불구하고, 다른 관점에서 보면, 각자가 당이다. 가능성은 늘 존재해야 한다. 변화를 멈춰서는 안 된다. 벌어진 사건과 관련해 투쟁이 모호하게 계속된다. 개념이 가운데 놓여 있다고 하나, 인간들이라는 간접 수단을 통해 그 개념을 놓고 투쟁이 지속된다. 이상하고도 추하고 역겨운 투쟁이다. 전前 철학자는 자신이 이런 투쟁 속으로 들어와 있다는 것을 느꼈다. 그도 그럴 것이 그의 첫 결정, 다시 말해 철학을 초월하고자 하는 희망으로 당에 입당한 행동이 문제가 되었기 때문이다. 따라서 이 결정의 의미를 지키기 위해서는 그대로 머물러 있어야 했다. 이 결정은 어떻게 될 것인가? 어떤 독특한 변신을 거치다 보면 변질될 우려가 있지 않은가? 그는 예기치 않은 사건에 휘말리고, 미루어 짐작할 만한 시련을 겪는다. 더 최악은, 자신의 사상을 구부려 그가 도저히 받아들일 수 없는 도그마에 맞추었다는 것이다. 자유주의 이론가라면(우리들 각자는 전부 스스로를 자유주의자라고 생각한다), 이런 수정주의는 추문에 가까운 것이라 생각한다. 하지만 그가 "공산주의"[4]

---

4 여기서는 '공산주의'에 부득이 따옴표를 할 수밖에 없다. 우리는 공산주의에 소속되지 않으며 공산주의는 명명을 통해 지시되는 게 아니기 때문이다.

에 소속됨으로써 어떤 도약을 완수했는지, 이 철학자가 어떤 자기 확신으로 그것을 해냈는지 잊었는가? 바로 철학의 종언을 고하고자 했다. 철학은 끝났다. 그러나 어떤 형태로? 하나의 세계로서 영광스러운 성취의 형태로? 순수하고 단순한 청산이라는 훨씬 우울한 형태로? 자기 초월로? 포기로? 전문가의 전유물인 이중적 함의로 가득 찬 모호한 문제라 아니할 수 없다. 전문가라면 수줍어서라도, 아니 순결을 지키기 위해서라도, 비극적인 것보다는 희극적인 것을 원할 것이다. 심각하기보다는 진지함을 유지하며 차라리 시시해지는 편을 택할 것이다. 마치, 철학의 종언을 말해도, 계속해서 이 종말에 대해 끝도 없이 철학하고 싶어 할 것이다. 최후의 시각까지 철학이라는 자신의 밥벌이를 구하기 위해 노력할 것이다.

*

앙리 르페브르의 책은 바로 이 문제를 중심에 두고 있다. 그리고 이것만으로도 핵심적인 책이 되기에 충분하다. 왜냐하면, 일견, 직업적 사상가만을 갈급하게 겨냥하고 있는 듯하지만, 일상적 기다림 속에 있는 우리를 겨냥하고 있기 때문이다. 잘 알다시피 이런 게 바로 마르크시즘 운동의 특성 가운데 하나다. 명백하게도 이 특성을 우리는 피하지 못하므로, 철학의 운명은 우리의 운명이 되었다. 이를 한 국가가 마르크스-레닌주의의 교리에서 멀어졌을 때, 다른 국가의 수장이 그 교리의 이름으로 그 국가를 질책하는 것에 빗댈 수 있을까. 철학이 힘을 얻어 비단 그 힘을 행사해서만이 아니라, 철학이 그 힘의 핵심을 변화시켰기 때문이다. 이로써 삶의 모든 것을 완성하는 차원에 이르렀기 때문이다. 크리스티나 여왕이 자기 환상으로 데카르트의 이름을 빌려 전쟁을 선포했다 해도,[5] 전쟁이 데카르트 철학 때문은 아니었다. 전쟁은 그 고유한 힘의 수단에 의해 전개되었을 것이고, 전쟁은 데카르트가 말하는 본질적인 영역 밖의 차원에 있었다. 과거 끔찍한 종교 전쟁이 있었지만, 전사가 전쟁의 칼을 든 게 아니었고, 신은 그때만 해도 대군大軍을 위해서만 싸웠다. 그러나 오늘날 '결정'은 철학이 하는 게 아니다. 결정은 철학을 번역할 뿐이다. 아니 오히려 결정은 철학과 반대된다. 왜냐하면 철학은 더 이상 자율적이고 이론적인 질문 양식이 아니기 때문이다. 새로운 권력의 도래를 요구하며 그 자리에 철학을 대신해서, 그보다 더 적절한 것이 들어섰기 때문이다. 그것은 바로 철학이 실현되는 **장소로서의 현장**lieu이다. 이것은 사적인 것도 공적인 것도 뛰어넘는다. 사상과 행동도, 사회와 자연도, 대화와 생활도 뛰어넘는다. 이유는 그럴 듯하지만 무력한 것, 생각이 없어 만족이 되지 않는 노동도 뛰어넘는다.

매번 진정한 혁명이 완수될 때마다, 빛을 발하는 공허가 양산된다. 제 스스로 작렬하는 절대적 빛. 이 빛에는 공포마저 있다. 마치 철학의 순수 현존, 순수 화신 같은 가공할 만큼 놀라운 현현. 프랑스 혁명

---

5 데카르트는 말년에 스웨덴의 여왕 크리스티나의 계속된 초청으로 스톡홀름에 간다. 학구열이 강한 이 여왕은 데카르트와 매일 이른 아침에 만나 대화하길 원했다. 평소 몸이 약해 아침 늦게까지 잠을 자는 습관이 있던 데카르트는 무리한 끝에 면역 체계에 문제가 생겨 이듬해 폐렴으로 사망한 것으로 추정된다. —옮긴이

은 이 현현 자체로, 저 멀리서 혁명을 바라본 자들마저 현기증, 아니 공포에 이르는 혐오감을 느낄 정도로 대단한 매력을 지녔다. 이것은 차마 정면에서 바라보지 못하는 철학적 태양이다. 이 순간, 각자가 철학자다. 철학은 각자가 가능한 한 부정하되 결국 모두가 확신하게 되는 차갑고 날렵한 이성이다. 각자의 권한에는 범주가 있다. 권한은 추상적으로 요약되나 결정은 단호하고 열성적이다. 국가 권력을 행사하듯 이뤄지는 것이 아니라 전쟁의 주인이 되어 세계 영혼을 구현하는 군사력을 행사하듯 이뤄진다.

10월 혁명[6]은 더 이상 철학적 로고스의 눈부신 현현, 찬란한 개화, 그리고 이어지는 종말만은 아니다. 10월 혁명은 로고스, 즉 그간의 보편적 담론을 파괴해 만든 눈부신 현실이다. 노동하는 인간, 그것도 최소한의 생리적 욕구를 해결하기 위해 노동하는 인간, 그러나 완전히 궁핍한 인간. 이런 인간을 고통스럽게 아무런 말도 못하게 만든 이 거대한 로고스를 파괴한 혁명인 것이다. 자연적 본성이라고 간주되었으나 이것이 사이비 본성임을 자각한 끝에 이를 서서히 없애 나가고 마

6 러시아 10월 혁명은 알렉산드르 2세 때 농노 해방을 시작으로 서서히 점화되는데, 노동해도 가난한 노예처럼 사는 것을 타고난 본성으로 생각하던 농민들의 의식을 바꾸기 위해 도시 지식인과 학생들이 농촌 사회로 들어가 전개한 이른바 브나로드 운동이 영향을 끼쳤다. 정부의 탄압으로 이 운동은 실패로 돌아간다. 알렉산드르 2세를 이은 알렉산드르 3세는 다시 강권 정치를 펼치고, 러일전쟁에 패하면서 경제 상황은 더욱 피폐해져 굶어 죽는 농민들이 속출한다. 빵과 평화를 요구하며 궁전을 향해 몰려간 농민과 노동자 시위대를 향해 차르 군대가 총탄을 퍼부었다. 농민들과 노동자들의 진짜 각성이 일어난 것은 바로 이때로, 이제 그들은 더 이상 차르를 믿지 않게 되었다. 차르 체제를 무너뜨린 러시아 혁명의 불씨는 이렇게 타올랐고, 1917년 10월 혁명으로 세계 최초의 사회주의 정부가 수립되었다. —옮긴이

침내 제압해 버린 부단한 투쟁의 결과물인 것이다. 멈추지 않고 끝없이 계속된 이 투쟁을 통해 사회는 기필코 변화하고 만다. 왜냐하면 사회는 바로 이 극복과 제압의 전개 및 발전과 연결되어 있기 때문이다. 나는 지금 익히 아는 이 명제를 다시 주장하려는 게 아니다. 나는 이 명제를 우리가 매일같이 읽는다는 사실을 강조하려는 것이다. 약술적이고, 현학적이고, 거의 대중화되어 버린 이 통속적 명제는 우리가 밤낮으로 읽는 하나의 철학적 요구 사항(이미 철학을 초월한 형태로서)이다. 우리가 기꺼이 찬동하고 실천하며 따르고 있는 철학적 요구이다. 그런데 바로 그래서 그 안에서는 무례하다 싶을 정도로 반론과 반발이 일어나고 있는 것이다.

철학이 승승장구하며, 이른바 우리 세계를 지배하는 전지전능이 되고 우리 운명의 흐름이 된 것 같지만, 동시에 철학의 소멸이 발생할 수밖에 없다. 아니면 적어도 곧 매장할 시기가 다가오고 있음이 고지되고 있다. 다시 말해, 철학의 죽음은 매우 철학적이던 우리 시대에 이미 시작되고 있었는지 모른다. 그 연원은 1917년도 아니고 1857년[7]도 아니다. 1857년은 마르크스가, 시골 장터의 곡예사가 힘든 묘기를 하

---

7 크림전쟁에서 대패한 러시아의 황제 알렉산드르 2세는 다른 유럽 사회가 근대화를 일찍이 실현한 데 비해 과거 전제 정치를 그대로 유지하고 있는 러시아의 후발성 때문에 이 전쟁에서 패한 것을 깨닫고 절치부심하여, 수많은 기득권의 저항에 부딪혀 가며 신중하게 개혁을 일으키게 된다. 알렉산드르 2세는 크림전쟁을 끝내자마자 동생 콘스탄틴 대공을 위원장으로 하는 '농민 생활 조건 향상 위원회'라는 비밀 위원회를 설치했고(지주들의 반감과 저항 때문에 '농노 해방'이라는 표현을 쓰지 못했다), 마침내 1857년 12월 농노해방을 실시할 것을 발표한다. ── 옮긴이

듯, 마침내 시스템의 전복을 꾀하려 했던 때이기도 하다.[8] 이후 한 세기 반이 지나 헤겔과 니체, 하이데거도[9] 자신의 이름 아래 일군 절대적 지식을 현실에서 완성하였으니, 그 대단원을 표명 또는 실현한 것이 바로 철학이다. 다시 말해, 이론이 현실화될 때 이론이 비로소 사라진다는 것을 보여 줌으로써 철학이 완성된 것이다. 니힐리스트 운동은 자신을 받쳐 왔던 가치들이 스스로 무너질 때까지 하는 것으로, 이로써 마침내 형이상학은 완성된다. 따라서 니힐리즘은 아직 그 이름을 갖지 못한 가능태의 철학에게는 선구적인 징후이다. 이제부터 각 사상가와 동행하게 될 존재는 다름 아닌 땅거미 지는 황혼이다. 음산한 죽음의 기운이 감도는 이 기묘한 순간, 철학하는 영혼은 흥분과 열광 속에 이를 기쁘게 찬양해 마지않는다. 이 느린 장례를 치르며 이런 방식, 또는 저런 방식으로 부활을 얻기 위해 나름대로 계산하고 있는 것이다. 물론 기다림, 위기, 이른바 부정성의 축제와 같은 이런 체험이 비단 철학에만 있는 것은 아니다. 자기 안에 끝까지 남아 있는 것이 도대체 무엇인지 알아보기 위해 스스로 만기될 때까지 집요하게 살아 내는 이 체험은 문학에도 있을 것이다. 문학은 초현실주의 이래, 이런 시험과 시련을 겪으며 자기 끝을 보았고, 이로써 문학의 본질이 진정 드러나고,

---

8 카를 마르크스는 1857년 7월 11일에 어느 글에서 "혁명이 다가오고 있다"고 쓰고 있는데, 1857년은 세계 공황이 시작된 해이며, 그에게는 공황이 혁명으로 이어질 것을 예견하며 자본론의 이론을 정교하게 다듬는 시기였다. ──옮긴이
9 나는 여기서 과학 이전의 철학은 무시하는 모든 실증론자들, 가령 콩트식의 나른 시각은 언급하지 않는다. 니체의 관점은 이런 콩트식의 관점을 포함하면서도 이를 완전히 초월한다. 그래서 동시에 그것은 근본적으로 전혀 다른 것이다.

하여 되찾아진다고 보았다. 온갖 방식으로 혹독한 비판의 시기를 지나며 이와 같은 거친 동요를 다 겪어 낸 앙리 르페브르이기에 그는 절대 이의가 없는 증인인 것이다.[10] 앙리 르페브르는 철학자로서 그보다 더 철학자일 수 없을 정도로 살았다. 그러나 열혈 공산당원이라는 그 엄격한 모습으로 철학을 초월하고 철학을 끝내는 기획을 하였으니 직접 자신의 부고문을 작성하고 스스로 자기 죽음의 유언 집행자가 되고 만 것이다.

*

나는 여기서 과연 이런 활력이, 그러니까 이를테면 하계로 하강하다가 다시 몸이 가벼워져 고스란히 하계에서 빠져나오게 하는 이런 기운이 철학을 도와 완전히 용해되고 분해되는 것만큼은 교묘하게 피하게 해 주지 않았을까 자문해 보고 싶다. 바로 이런 결정이 ── 이에 대해서는 다시 말하겠다. 왜냐하면 이런 결정성이 모든 운동이 의미를 지니게 하기 때문이다 ── 엄격한 공산주의에 가입함으로써 철학적으로 사고하는 양식을 끝내 버렸기 때문이다. 이렇게 급작스러운 단절을 한 이상 철학을 지상으로 가져오면서 철학을 계속할 수는 없다. 그렇다고 이것 아닌 다른 어떤 철학을 소묘해서는 안 된다. 그러니까 우리 자신을 멸시하게 만들어 준, 일종의 비철학적 철학으로서의 "실존 철학" 같

---

10 시대의 전환점이라 할 초현실주의의 출현을 그는 중요하게 판단했을까? 이에 관한 한 몇 몇 우발적인 추억들이 어른거리며 약간의 그림자를 드리우고 있다.

은 철학을 소묘해서는 안 될 것이다.[11] 그것이 무엇이 되었건 자기를 지탱하는 것을 완전히 초월하는, 사유를 근본적으로 도약하는 이런 결정은 스스로에게 더욱더 근본적인 어떤 것을 요구해서이다. 자기 끝, 자기 종말을 보는 이런 강경한 요구가 내거는 것은 바로 그것이다. 공산주의자 르페브르는 철학자이고, 철학자 르페브르는 공산주의자이다. 그로서는, 공산주의자와 철학자를 노골적으로 분리하여 그 하나를 쉽게 선택해 살지 못한다. 혹은 분할하되 다시 정반합적으로 만드는 노력도 할 수 없었다. 그가 할 수 있는 것이라곤 생살을 찢듯 철저히 갈라지는 것, 영원히 대결하는 것, 그것밖에 없었다.

　철학자이므로 공산주의자가 될 수 있지만, 공산주의자는 공산주의 철학자가 될 수 없다. 왜냐하면 공산주의의 "실천성"pratique에서 철학은 당연히 끝나기 때문이다. 그렇다면 공산주의는 무엇이 될 것인가? 무엇을 할 수 있을 것인가? 마르크스 사상 안에 있는 철학적 사명은 어떻게 된 것인가? 마르크스 사상에 관심을 갖는 역사 해설 작업 및 박학다식한 연구물을 통해 그 사상은 더 연장되고 생생하게 보존되었다. 그렇다면 스스로도 주장하는 "자기 초월"dépassement을 향해 가고 있는 것일까? 그러나 너무 늦은 것은 아닐까? 철학이라는 머리는 너무

---

11 상당히 우회적으로 돌려 표현하고 있지만 실존주의 철학에 대한 블랑쇼의 입장은 단호하다. 블랑쇼는 차라리 조르주 바타유의 편인지 모른다(이 책 서두의 제사문에서도 조르주 바타유의 글을 인용하고 있다). 사르트르와 바타유의 논쟁을 굳이 언급하지 않더라도 바타유는 『내적 체험』(L'expérience intérieure)에서 바깥(ex)이 부각된 '실존'(existence) 개념을 부정하고 오로지 안(in)에서의 체험과 그 엑스터시의 열반을 인간 경험의 본래성, 정통성으로 강조한다. ─ 옮긴이

단단해 깨지지도 않는 것일까? 철학이 정치적 통제라는 조용한 힘과 부딪혔을 때 —— 흙으로 빚은 그릇이 철로 제련한 그릇과 부딪히는 것처럼 —— 그 중심 개념 위에 어떤 조건도 없는 항복 서약을 올려놓을 수밖에 없었을까? 르페브르는 거기에 동의하고 서명했지만, 철학적 머리로는 그 어떤 것에도 동의하지 않았다. 사형 판결문에도 서명하지 않았다. 이중 작전인가? 그건 좀 다른 것이다. 눈에 확연한 모순이지만 그 모순 때문에라도 용기를 내게 만든 게 정식 마르크시즘이라면, 마르크시즘으로 된 조직은 철학을 제거하고, 철학 자리에 "실천성"을 넣음으로써 철학을 사라지게 만든다. 이 "실천성"이 철학을 제거하고 나면, 그때의 철학은 열혈적인 활동성 외에는 알지 못한다. 그런데 다른 한편으로, 만일 이 "실천성"이 철학에게 시스템의 틀 안에서 계속해서 철학할 것을 요구한다면, 결국 기존의 철학적 권위 아래 행동을 정당화하고, 그 가치를 이데올로기적으로 대단히 표창하는 셈이 된다. 이와 관련해, 읽어 볼 만한 르페브르의 흥미로운 비평이 있다. 그 일부를 여기에 옮겨 본다. "공식적 '변유'[12]는 우리에게 이 참담하고도 다소 환각적인 장면을 제공해 준다. 철학을 죽이기. 철학의 쇠퇴를 구체화하며 이 순간의 정치에 소용되도록 철학을 죽임으로써 이 살아 있는 시신을 소생시킬 것이기 때문이다. 시체 더미에서 끌어낸 죽은 말을 타고 달리는 메피스토펠레스[13]처럼." 옛 철학자는 이를 어떻게 느끼고 어

---

12 변유(Le dia-mat)는 마르크시즘이 정부 권력의 통제 아래 있던 나라에서 '변증법적 유물론'(matérialisme dialectique)의 축약어처럼 사용되었다.

13 괴테의 『파우스트』에서 환기되어 유명해졌지만, 유대교와 기독교 비의(秘義) 문학에서 메

떻게 대답할 것인가. 결국 이렇게 소생하였으니, 내 안에 있는 철학자를 소환하고 이용하자? 나는 다시 생명을 얻었고, 철학의 자유를 다시 얻었다. 나는 죽을 수도 없고 살 수도 없다. 전율하며 소스라치게 놀랐다면, 적어도 이 비장함을 몰라볼 수 없을 것이다.

그러나 끊임없이 스스로에게 물어야 한다. 철학의 종말을 그렇게 단순하게 본다면 그건 너무 쉽다. 종말도 계속해서 이어져야 한다. 이루어지고 또 이루어지며 완전한 지배력을 갖게 되는 순간, 동시에 쇠퇴하고 하락하며, 마침내 — 그리고 항상 동시에 — 자신을 내던지는 환각이 생기지만, 사실은 또 다른 차원의 "앎"의 단계로 넘어가는 것이다. 바로 이것이 사상과 행동의 초월, 즉 '프락시스'praxis[14]이다. 이것은 다시 말하면, 초월을 시도하는 가운데 이루어진 철학적 자살이다. 단순히 철학하기를 거부하는 것이 아니다. 로렌스가 갑자기 군인이 되거나 랭보가 갑자기 무역 상인이 되는 것처럼 느닷없이 과목을 변경하는 게 아니다. 그것은 전혀 다른 것을 암시한다. 어쩌면 가장 끔찍하고 지독한 모순에 해당할 것이다. 어쩌면 스탈린주의가 보여 준 것일 수

피스토펠레스는 지옥의 일곱 왕자 가운데 하나이다. 라틴어로 '악취를 발산하는 호흡'을 뜻하는 메피티스(mephitis)에서 파생되었다. 쾌락을 위해 영혼을 파는 파우스트처럼 인간을 압도적으로 제압하는 악마적 세계를 비유하는 표현이다. — 옮긴이

14 마르크스주의 용어로, 철학적 이론 및 지식의 실천 활동을 의미한다. 원래는 아리스토텔레스 철학 개념인데, 아리스토텔레스에게는 테오리아(관상)와 포이에시스(제작과 노동) 사이에 있는 '윤리적 실천'이다. 칸트 철학에서도 이 개념은 다시 나오는데, 칸트는 테오리아와 프락시스의 순서를 바꾼다. 헤겔은 테오리아(이론)와 프락시스(실천)의 상호성을 철저히 추구한다. 마르크스와 엥겔스는 사적 유물론에서 의식에 관한 언설을 중지하고 현실적 지식이 그것을 대신해야 함을 주장한다. — 옮긴이

도 있다(교리가 아주 조금 들어가 있다고 해도, 그것은 거의 공포에 가까운 것이었다). 죽어 있으면서 살아 있는 이른바 언데드(좀비) 상태, 비판의 정도를 뛰어넘어 공포와 충격에 가까운 비판적 사고, 지식과 이론에 근거해 국가 정책 차원에서 집행하는 유혈이 낭자한 폭력과 테러 행위.[15] 바로 이것이 도그마티즘이다 — 도그마의 힘과 위엄, 오만을 활용하여 모든 도그마티즘을 파괴하며 완성되는 또 다른 도그마티즘. 이것은 철학자가 자기 스스로를, 그리고 철학 자체를 없애 버리는 청산자가 되는 일로, 죽음을 걸고 시도하는 죽이기이며, 모든 것이 완벽하게 무의미해져야 완성되는 절대적 살해이다. 자신의 삶, 그 이상을 건, 미래를 내다보고 뛰는 것이라고는 없는, 그야말로 죽음을 건 내달려 뛰기이다. 철학적으로나 인간적으로 정말 개 같은 삶을 살게 될 것이며, 나중에, 훨씬 나중에 깨닫게 되지만 자신을 부수고 끊어 내면서까지 이 아름다운 폭력성을 감행했건만 위로 날아 올라가는 일은 영영 요원해진다. 독선과 공포, 비굴한 도그마에 기대는 것도 결코 멈추지 않는다. 웃음거리밖에 안 될 경험일까? 그러나 아마도 바로 이것이 소위 진정한 초월이다. 초월의 의미가 요구하는 위험마저 불사한 걷잡을

---

15 스탈린은 "가장 믿음이 가는 사람이 가장 의심을 받아야 할 사람이다"라는 말을 하기도 하였는데, 그는 1937년부터 1938년 사이 스탈린 체제에 조금이라도 비판적이거나 비판적으로 보이는 사람은 모조리 숙청하였다. 사형 집행 인원은 68만 명이 넘었으며, 강제 노역 중에 질병, 고문 등으로 사망한 인원만 14만 명 가량이다. 프랑스 대혁명 시기 자코뱅 정부의 공포 정치 기간에도 이런 유의 숙청 및 적폐 청산이 대대적으로 이뤄졌는데, 이 완전무결한 순수 혁명에의 의지로 집행된 '테러' 및 스탈린식의 대숙청은 혁명 이론 및 사상의 실현성을 역사적으로 평가하는 데 있어 신통한 난제로 남는다. — 옮긴이

수 없는 내달려 뛰기이다.

*

그러면 도대체 어떻게 이런 결정을 하는가? 르페브르 자신도 말하기를 멈추지 않았지만, 우리도 초월에 대해 말한다. 철학은 끝이 났다. 그러나 자신을 초월하며 끝이 났다. 하이데거가 그러했다. 형이상학의 초월. 니체가 그러했다. 인간은 극복되어야 할 무엇이다. 극복하다, 초월하다. 나는 헤겔 철학의 일부분이 담긴, 아마 하이데거가 쓴 것으로 보이는 이 문장을 다시 읽는다. "어떤 것으로 가장 깊이 들어가, 그것을 더 높은 수준으로 바꿈으로써 자기 것을 만든다."[16] 진실은, 바로 우리가 어떤 것도 잃고 싶어 하지 않는다는 것이다. 우리는 초월하기를, 넘어서 더 멀리 가기를 원한다. 그러나 그 자리에 그대로 머물면서다. 우리는 내쫓기를 원하면서 보존하기를 원한다. 되던지기를 원하면서 되잡히기를 원한다. 이 거부 안에서 거부하며 모든 것을 얻기를 원한다. 르페브르는 당을 떠나면서, 자신은 어떤 것도 포기하지 않았다고, 아무것도 버리지 않았다고 말했다.

　다른 순간에는 이렇게 말한다. "자신의 철학적 야망을 끊임없이

---

16 헤겔 역시나 사물 안으로 가장 깊이 들어가길 원했다. 그러나 우선 그것을 제거함으로써 말이다. 하이데거는 부정의 순간마저 지우거나, 모면하거나, 발가벗겨 없앤다. 초월, 아니 자기 초월. 초월해야 한다고 주장하는 형이상학의 키워드다.

줄이면서 사는 것이 철학자이다. 사라진 환상, 나귀 가죽의 테마[17]를 자신의 "경력" 안에서 하나로 모은다. 철학하는 자는 최대의 희망을 상정하기에 이르는데, 언어에 따라 행동하고, 그래서 몇몇 용어를 변경하는 것이다. 정상을 벗어난 희망을 철학 —— 지혜를 넘어선 광기 —— 에 상정하지 않는다면 철학에 뛰어들 자는 아무도 없다." 그러나 그는 어떠했던가. 바로 이 희망을, 정도를 벗어난 이 희망을 스스로 수용했다. 그 결과를 예측하며 결정했다. 자기가 실존하는 방식, 즉 철학의 종말을 염두에 두고 그것을 이루어 내려고 솔선수범하면서 말이다. 여기에는 어떤 모순도 없다. 철저한 일관성만이 있다. 철학이 자신의 종말을 주장할 때, 철학은 이 비정상을 통해 새로운 정상을, 새로운 척도를 재도입할 것을 요구하고 주장하는지 모른다. 따라서 이제 입을 다물 준비가 된 철학의 마지막 단어는 '도를 넘기'démesure가 될 것이다. 그럼에도 불구하고 우리에게 아직 할 말이 남아 있다면, 이 말일 것이다. 비정상은 모든 철학적 지혜의 정상이다.[18]

---

17 발자크의 소설 『나귀 가죽』에서 주인공 라파엘이 얻게 되는 나귀 가죽은 원하면 원하는 대로 소유하게 해 준다는 마법의 가죽인데, 단 조건이 있다. 원하는 것이 이뤄질수록 나귀 가죽의 크기는 줄어든다. 나귀 가죽은 물신사회 인간의 욕망을 함의하면서 동시에 그 욕망으로 인해 행한 만큼 고갈되고 소진되는 인간의 근원적 에너지, 즉 생명력을 의미한다. 행함과 바람의 역설 사이에서 인간이 욕망을 최적화해서 관리해야 그나마 생명이 유지되는 아이러니를 상징적으로 보여 주는 작품이다. —— 옮긴이
18 여기서 짧게밖에 주석을 달지 못하지만, 자크 데리다가 이것을 그의 글에서 자기만의 새로운 —— 아니, 다른(그것을 노출하듯 드러내지 않으면서 다루기 때문에) —— 방식으로 제기하였다. 그것은 바로 "철학의 종말"에 관한 문제이다.

9
공산주의에 대한 접근(필요와 가치)

디오니스 마스콜로[1]는 공산주의에 관한 한 권의 책에서 결국 혁명 운동의 본질은 필요 충족이라는 것을 보여 주려고 한다. 이보다 확실한 것은 없을 것이다. 니힐리즘은 부인할 수 없는 것이지만, 부인할 수 없는 니힐리즘이 있다고 해서 인간의 필요가 중단되는 것은 아니다. 이렇다 할 진리나 가치 또는 대단한 결말을 추구하지 않고도 인간은 계속해서 살아가며 그렇게 살아가는 것만으로도 필요를 만족시킬 방법

---

1 Dionys Mascolo(1916~1997). 20세기 프랑스의 작가이자 좌파 운동가이며 레지스탕스 활동을 했다. 독일의 파리 점령 기간, 갈리마르 출판사의 기획위원을 지냈고, 이때 작가 마르그리트 뒤라스를 만나 사랑에 빠진다. 그는 당시 뒤라스의 남편 로베르 앙텔므와 친교를 나누며 함께 레지스탕스 모임을 조직하기도 했다. 1947년, 남편과 이혼한 마르그리트 뒤라스와 결혼했으며, 1956년에 헤어진다. 디오니스 마스콜로는 공산주의 사상에서 좌우대립의 분열성 같은 부정적인 면이나 혁명보다 인본적 사상을 보려고 애를 썼다. 1960년에는 모리스 블랑쇼 등과 함께 알제리 전쟁에 불복종할 권리를 선언하는 선언문을 작성하기도 했다. — 옮긴이

을 찾아내는데, 이렇게 필요한 만족과 정비례하여 끝없는 탐색 운동을 해 나가는 것이다.[2]

디오니스 마스콜로는 공산주의는 소통을 유물론적으로 탐색하는 과정이라고 말한다. 이는 간단히 ─너무 간단히─ 표현된 것이다. 필요를 만족시키기 위한 운동은 앞으로 나아가다 장애물을 만나 부딪히는데, 그 장애물은 경제적 속성을 띠고 살아가야 하는 실존의 문제, 바로 그것이다. 이런 속성은 그간 잘 인식되지 않고 있었던 것으로, 인간은 서로를 상인 같은 경제적 거래 때문에 필요로 한다는 것이다. 그래서 인간이 물건처럼 거래된다. 어떤 인간들은 어떤 인간들에 의해 임대되고, 매매되고, 이용되고, 착취된다. 인간은 그렇게 도구 또는 연장이 된다. 도구성, 즉 인간이 인간과 물적 가치를 주고받는 상관성과 그 효용성에 입각해 보면, 노예는 자신의 노동 ─또는 자신의 시간─ 을 다른 누군가에게 주는 자이다. 그리고 그 다른 누군가는 주인이다. 그런데 다른 사람을 하나의 사물처럼 다루는 자는 자신도 모르는 사이 자기 자신 또한 하나의 사물처럼 다루고, 모든 것이 경제적 연관성 속에서 사물로 인식되는 세계에 소속된다. 이런 세계에서는 현실과 그 현실의 형상도 다 사물처럼 파악되어, 결국 모든 소통을 끊어 놓는다. 자신과 유사한 자와 유사하지 않은 자로 나누어 소통을 끊는 것만이 아니라 자기 자신과도 소통하지 못한다. 아니, 소통 자체를 끊어

---

2 Dionys Mascolo, *Le communisme, révolution et communication ou la dialectique des valeurs et des besoins*, Paris: Gallimard. 이 책은 1953년에 나왔다. 이 책에 대한 나의 비평도 그 무렵 쓴 것이다. 112쪽(원서 쪽수)에 실린 주석은 최근에 작성한 것이다.

놓는다.

하지만 우리 세계에서 이런 식의 관계성은 일부 은폐되어 있거나 몇몇 가치의 간섭 및 개입으로 흐릿해져 있다. 인간이 다른 인간을 사용한다는 것은, 인간을 사물로 다룬다는 것인데, (이상적으로는) 사물로서의 인간을 존중해서다. 이로써 혼란과 위선, 준칙의 부재가 생기는데, 이게 우리 문명의 현주소다. 마르크시즘의 본질은, 집단 관계에 있어 인간을 사물로부터 해방시키는 것이다. 그런데 사물의 편을 들어, 즉 사물에 힘을 부여해 그렇게 하고자 한다. 인간에게서 도리어 모랄 같은 알리바이나 가치 같은 환상을 제거하고 인간을 철저히 쓸모 있는 것, 작용하는 것, 생산하는 것 같은 물적 가치로 환원하자는 것이다. 마르크시즘의 본질은, (물론 적어도 **협소적인** 의미에서) 인간에게 사물성을 부여함으로써[3] 자연성을, 더 나아가 자신 안에 있는 자연성을 장악하게 하는 것이다. 이상적인 희망과 바람에 기댄 해방은 인간의 예속 상태를 더 연장할 뿐이다. 인간을 더 기만할 뿐이다. 그런 거짓 상태에 계속 머물다 보면, 결국 발이 땅에 닿지 않게 된다. 자신이 누군지 잊게 되는 것이다. 이런 관점에서 보면 해방자는 이제 가장 순수한 물적 상태의 인간이 된다. 도구로서의 인간은 이미 다른 변장 없이도 물적 조건으로 환원된 것이다. 유용한 자, 필요한 자, 필요를 충족시키는 자에게 권력이 부여되어야 한다. 노동하는 인간, 생산하는 인간이

---

3 이렇게 말하는 것이 그가 하고자 하는 말에 더 가깝거나 더 맞을 것이다. 인간이 관계상에서 힘을 갖는 것을 멈추고 인간이 (제거됨으로써) 인간 자체로 힘이 될 때 비로소 "소통"이 가능해질 것이다.

어야지 그냥 인간(이런 인간은 "아무것"도 아니다. 결핍, 부정, 필요의 인간에 불과하다)이어서는 안 된다. 노동하는 인간, 생산하는 인간은 익명성과 비개인성을 가진 노동 자체이거나 노동에 의해 생산된 물건 또는 작품 자체여야 한다. 여기서 작품이란 인간이 고통을 견디고 그에 대한 응답물처럼 내놓은 결과물로, 이로써 비로소 실질적 자유에 이른다. 이른바 존재하는 사물을 "보면서" 가치를 매기는 비현실성(다시 말해 이런 것은 없다는 말이다)을 통해, 인간 역시나 이런 필요의 인간이 되는 것이다.

세련된 척 위장하고 있지만 실로 야만에 불과한 우리 문명과 단절하고 새로운 야만으로 돌아가서 무언가를 실현해 보겠다는 이 어마어마한 노력. 우리는 미지의 인간을 향해 가고 있다 ── 왜냐하면 우리는 인간이 무엇이 될 수 있을지 알 수 없기 때문이다. 필요를 만족시키느라 불평등까지 야기하는 끔찍한 폭력, 사물에 예속당함, 사물에 지배당함, 그것만이 아니다. 기술 고유의 논법으로 마침내 피로와 무기력을 가져와 꿈도(혹은 혈기도) 종국에 이르고 만다. 만일 이 필요가 눌려 있어 힘으로 표상되지 않는다면 장기간 보유되어 있다가 결국 그런 운동으로 현실화된다. 이 운동의 변화와 속도는 가히 놀랍다고 할 수 있으나, 시간을 요하는 일이다. 본질은 도착하는 데 있지 않다. 출발하는 데 있다. 인간의 시작은 탁월한 사건의 전범일 것이다. 우리가 그런 예비 단계에 있다고 자신 있게 말할 수 없을지도 모르지만, 그래도 끊임없이 시작해야 할 것이다. 다시 말해 이 시작이라는 단어를 결코 쉽게 자부해서는 안 될 것이다. 여하튼 아무도 마르크스의 이 문장을 의심하지 않는다. "자유를 충족하려면 가장 기본적인 필요와 외부적 목표를 충족해야 한다. 자유란 그때 시작된다." 이 말은 오로지 방향을 정하고 탐색한 후 비로소 가능한 미래를 결정하는 것 외에 동시대인들에게 약속해 줄 것은 아무것도 없음을 의미했다.

그 당시 인간들보다 훨씬 후대인 오늘날의 인간들은, 환상 보고서에 속으며 사는 삶을 원치 않는다. 가장 단순한 필요들부터 만족시켜야지 그것 외에 다른 출구는 없는 것이다. 다시 말해, 집단 관계 속에서, 이런 필요 인간에게 권력이 주어지도록 해야지 그 외에 다른 실존은 생각할 수 없다는 말이다. 집단적 비개인성 외에 다른 존재 방식은 알지 못한다는 것이다. 일체의 비밀스럽고 사적인 생활 형태는 추방되어야 하고, 이런 삶을 사는 자는 범죄자로 취급될 수도 있다는 것이다. 이것이 프랑스에서는 바로 공포 정치 기간 때 일어난 일이다. 그런데 마스콜로는 분명 그의 저작 가운데 가장 창의적이라 할 장에서 이 마지막 결론을 인정하지 않는 듯하다. 비록 두 가지가 상충되긴 하지만, 우리는 두 가지 삶을 함께 살아 보려고 한다는 것이다. 하나는 이른바 사적인 관계 속에서 생기는 삶이다.[4] 우리는 이를 기대할 필요를 느끼지 않거나 기대할 수 없기 때문이다. 왜냐하면 욕망과 열정, 어떤 극단

---

4 하지만 여기서 반론이 제기될 수 있다. 사적인 관계와 집단적 관계를 그렇게 쉽게 구분할 수 있을까? 두 경우 다 단순히 주체와 객체의 관계 또는 주체와 주체의 관계가 문제가 된다기보다 이 관계가 무한성을 갖느냐 아니면 불연속성을 갖느냐가 더 문제가 된다. 사적 관계든 집단적 관계든 욕망이나 말을 통해 긴급하게 요구되지만, 이 관계는 이동할 수 있다. 이 관계에는 항상 타자 — 또는 불가능 — 가 들어와 결정의 핵심 형태라 할 정치적 명제를 구성하기 때문이다. 디오니스 마스콜로도 이것은 인정할 것이라고 나는 생각한다. 남은 문제는 이 필요라는 개념이 그렇게 간단하지 않다는 것이다. 이 필요도 왜곡될 수 있다. 어떤 억압 상태에서 인간은 결국 이 필요 아래로 떨어질 수도 있다.

적인 열광, 발설하고 싶은 말 때문에 인간은 인간의 친구가 될 수 없다. 인간은 자기 안에 어떤 불가능성을 늘 안고 살아간다. 독선은 무너지며 소통은 더 이상 분리된 자들이 소통하는 것을 의미하지 않는다. 분리된 자들은 미래에 서로 인정할 것을 약속하나 그 미래에 분리 없는 세계가 오는 것은 아니다. 소통은 단순히 가까워지는 것이 아니다. 욕망의 내밀성 속에서, 특별하고 고유한 개체성 속에서 다만 홀로 확인할 뿐이다. 둘을 하나로 통일하는 운동을 통해 확인하는 것이 아니라 오히려 그런 운동을 거부하면서다. 결연할 것도 없고, 확신을 가질 것도 없다.

이 두 가지 삶을 살 수 있을까? 살 수 있거나 살 수 없거나 어쨌든 살아야 한다. 하나는 "소통"의 미래와 관련된다. 인간이 더 이상 인간을 음험하게, 폭력적으로 사물로 만들지 않을 때 이런 미래는 올 수 있다. 하지만 그 경우에도 인간은 이미 사물들의 세계에 깊이, 위험하게 개입되어 있다. "유용한" 관계냐, "효능성"이 있는 작품이냐를 매번 따지며 그런 관계나 작품을 만들어야 그나마 길을 잃지 않으니 말이다. 다른 하나는 이런 세계가 아닌 다른 바깥 세계와 즉각, 무매개적으로 소통하는 세계다. 다만 조건이 있다. "즉각적"인 동요가 있어야 한다. 열린 틈이 있어야 한다. 격렬한 파열이 있어야 한다. 기다릴 것도 없이 타는 불이 있어야 한다. 왜냐하면 이것이 바로 공산주의자의 관대함이자 무자비함이며, 초조와 안달이기 때문이다. 어떤 우회나 계략, 지연을 거부하기. 무한하고도 우연한 자유. 물론, 전자의 삶만이 가능한 "진실"과 관련된다. 이런 삶은 알아서 살아진다. 그러나 소용돌이 같은 삶의 전변을 겪고 괴로워하며 어떤 세계를 향해 간다. 그러나 후자의 삶은 잘 고려되지 않는다. 하지만 느낀다. 내밀한 "삶"은 ── 왜냐하면 낮의 소속이 아니기 때문에 ── 잘 정당화되지 않는다. 잘 인식되지도 않는다. 다만 어떤 가치를 띤 것처럼 변장할 때만 인식될 뿐이다. 이로부터 비극적 분할이 생겼다. 이건 아마도 거의 참을 수 없는 분할이다. 도대체 누가 알았겠는가. 우리 시대의 고유한 비극이 여기서 생겨났다는 것을.

하여, 이렇게 우리는 두 가지 삶을 살게 된 것이다. 두 번째 삶은 권한도 없고 결정할 것도 없다. 사적 인간관계 속에서 드러나곤 하던 "소통"이 우리가 여전히 예술 작품이라 부를 수 있을 만한 작품 속에서나 가능하게 된 것이다. 이런 "소통"은 아마도 우리에게 기만에서 벗어난 한 지평으로서의 세계를 보여 주진 못할 것이다. 하지만 이런 기만의 관계를 만드는 결정기관(심급기관)만큼은 거부하게 할 것이다. 하여, 우리는 하나의 위상을 갖게 되는데 그렇다면 우리는 비로소 "가치"에 연연하지 않을 수 있게 되는 것이다. 디오니스 마스콜로는 작가란 필요를 추구하고 충족하는 세계에 살면서 동시에 가치와 목표가 있는 내밀한 세계에 살아야 한다고 말한다. 그의 제안이 갖는 의미는 그가 생각했던 것보다 훨씬 중요할 것이다. 더 심화될 수 있는 여지가 충분히 있다. 시 작품 또는 예술 작품이 만일 우리에게 어떤 것을 말해 준다면, 일체의 가치로부터 일정한 거리를 두고 있거나 일체의 가치 평가를 밀어낸 것이기가 쉬운데, 행여라도 가치에 대해 자만하는 순간 즉시 (재)시작을 요구받게 된다. 가치 따위는 잃어버리고 더 어두워지고 더 침잠하기를 요구할 것이다. 니체는 일체의 가치들을 모두 변환시키고자 했으나 이런 가치 전복(적어도 그가 쓴 글 중 너무 알려져 눈

에 확연해진 부분)의 가치와 개념만큼은 건드리지 않고 고스란히 남겨
둔 듯싶다. 아마도 전혀 **다른**autre 차원의 긍정을 향해 앞으로 나아가
는 것이 바로 우리 시대의 과제일 것이다. 공산주의는 이런 과제를 우
리에게 엄중히 환기하면서도 자신은 이 과제를 회피하곤 한다. 우리가
누누이 환기해야 할 이 과제는 이른바 "예술적 경험" 영역에서만 있을
것이다. 놀라운 우연의 일치이다.

10

마르크스의 세 가지 말

마르크스에게는, 그리고 마르크스로부터 나온 것에는 항상 세 종류의 말이 있는데, 각기 어떤 힘과 형태를 가졌다. 이 세 종류의 말은 모두 필수 불가결하며, 따로 분리되어 있고, 단순히 반대되는 것 그 이상이다. 마치 나란히 병치되어 있는 듯하다. 아니면 서로 괴리된 것이 함께 유지되고 있는 듯하다. 이는 복수성이 강력히 요구되는 것으로, 마르크스 이후, 우리 각자는 말을 하면서도, 글을 쓰면서도 모든 걸 다 놓칠 수 있는 가능성이 있는지 모름에도 이를 따를 수밖에 없다는 느낌을 지울 수가 없다.

1. 이 세 가지 말 중 첫 번째 말은 직접적이나 길다. 이 말로 말을 할 때, 마르크스는 마치 기존의 전통에서 나온 "사상의 작가"처럼 보인다. 철학적 로고스를 사용하는가 하면 여러 거장들의 이름을 차용하는데, 그렇다고 헤겔을 차용하는 건 아니며(이건 중요하지 않다), 그의 사상

은 성찰적 요소 속에서 조탁된다. 그러나 두 가지 방법에서 직접적이다. 왜냐하면 말할 것이 있어 말해지는가 하면 말한 것이 곧 답변이 되기 때문이다. 발언이 곧 답변이 되는 형태 속에서 결정적이고 궁극적인 답이 나오는데, 이야기를 시작하여 들어가다 이야기가 잠시 멈추거나 깨질 때 진실이 흘러나오기 때문이다. 대답을 하면서도──인간 소외, 필요 충족의 우선성, 물적 실현 과정으로서의 역사, 총체적 인간 등에 대해──그 대답을 하게 만든 질문들은 여전히 미결 상태로 놔둔다. 이런 질문의 부재로 오늘날의 독자이냐 어제의 독자이냐에 따라 모두 그의 사상을 뒤따라가는 것이긴 하지만 질문 형식들은 다르게 나온다──공허를 채우면, 그 공허는 오히려 더 많이 생겨날 것이다. 마르크스의 말이 때로는 인문주의로, 더 나아가 역사주의로 보이는가 하면, 때로는 무신론으로, 반인문주의로, 더 나아가 니힐리즘으로 보이는 이유이다.

2. 두 번째 말은 정치적이다. 짧고, 직접적이며, 아니 짧은 것 이상이며, 직접적인 것 이상이다. 왜냐하면 모든 말이 단락短絡되어 있기 때문이다. 그것은 어떤 의미를 갖는 게 아니다. 호소이며, 격정이며, 파열적 결정이다. 더 정확히 말하면, 어떤 말도 하지 않지만 계시되고 있는 것은 갈급함이다. 초조하고, 늘 과잉된 긴급한 요구이다. 여기서 과잉이란, 그도 그럴 것이 그것만이 유일한 척도이기 때문이다. 이토록 투쟁을 호소하며, "혁명적 공포"를 지지하면서까지(우리는 애써 이를 잊으려고 한다), "영구적 혁명"을 추천하며, 마감과 완결이 있는 혁명이 아니라 **임박함**imminence의 혁명을 촉구하는 것이다. 왜냐하면 연장의 기

회를 제공하지 않는 것이 혁명의 특성이기 때문이다. 항상 존재하는 요구를 가지고 살아가도록 하면서 시간을 열고 시간을 가로지르는 것이 혁명의 특성이기 때문이다.[1]

3. 세 번째 말은 간접적인(따라서 가장 길다) 학술적 담론이다. 이 자체로, 마르크스는 다른 대표적 지식인들에게도 존경받고 인정받는 것이다. 하여 마르크스는 학자이며, 학자적 윤리 강령에 따라 일체의 검토 및 비평도 순순히 받아들였다. 이런 좌우명을 자신에게 준 것도 마르크스 본인이다. 데 옴니부스 데비탄둠.[2] 그는 이렇게 선언한다. "자기에게서 나온 것이 아니라 낯설고 알기 어려운 것에 과학을 들이대려고 하는 자를 나는 가장 '저열한' 인간이라고 부른다." 하지만 『자본』은 본질적으로 전복을 꾀하는 작품이다. 그러나 과학적 반론의 여지를 주어 그나마 덜 전복적인, 그러나 결국 혁명이라는 필요한 결과를 끌어냈다. 왜냐하면 작품 안에는 어떤 이론적 사유 양식이 함의되어 있었지만, 지나치게 도식화하지 않아서이다. 그리고 바로 이 점이 과학 개념 자체를 전복한 것이다. 과학도, 사상도 마르크스 작품에서 고스란히 나온 게 아니다. 좀 더 따져 보면, 과학이 과학 자체를 근본적으로 변화시키면서 자신을 지시할 때, 항상 실천 속에 변화 작용을 겪는 이론이 되는 것이다.

---

1 이것이 눈부신 방식으로 발현되고 표명된 것은 68혁명 때였다.
2 De omnibus dubitandum. 키르케고르가 쓴 책에서 유래했다고 알려진 이 말은 "모든 것은 의심되어야 한다"는 의미이다. —옮긴이

이 점에 대해서는 여기서 더 많이 전개하지 않기로 한다. 마르크스의 예는 쓰기의 말이 부단히 이의를 제기하며 스스로 퍼지고 스스로 끊어지면서 여러 겹multiple의 형태를 만들어야 한다는 것을 시사하기 때문이다. 공산주의자의 말은 항상 과묵한 동시에 격렬하다. 정치적인 동시에 학자적이며, 직접적인 동시에 간접적이다. 동시에 총합적이고 파편적이며, 길고 거의 찰나적이다. 마르크스도 자기 안에서 늘 서로 부딪히고 어긋나는 언어의 복수성을 편안하게 보지는 않는다. 비록 같은 최종점을 향해 수렴되는 것처럼 보인다 할지라도, 한 언어가 다른 언어에 의해 다시 번역되기도 힘들다. 중심에서 이탈하여 당대의 것이 아닌 양 만들어지는 이 언어들 간의 이질성, 차이, 또는 격차로 인해 도저히 원 상태로의 회복이 불가능한 일종의 뒤틀림 효과를 만들어 내면서 사람들로 하여금 계속 여러 번 조정하며 읽게 만드는 것이다.

*

"과학"이라는 단어는 다시 하나의 키워드가 된다. 이건 인정할 수 있다. 그러나 과학들은 있지만, 아직 과학적인 과학은 없다. 왜냐하면 과학의 과학성은 여전히 이데올로기에 예속되어 있기 때문이다. 과학이 아니라 인간과학이라는 이데올로기가 남아 있기 때문이다. 한편 다음을 상기해 보자. 마르크스주의자인 작가라면 지식에 의존해 글을 쓸 수는 없다. 왜냐하면 문학은(글쓰기에 요구되는 것은 용해와 변모로 발생하는 모든 힘과 형태를 감내하는 일이기 때문이다) 이런 운동성에 의해서만 과학이 될 뿐이기 때문이다. 이런 운동성을 통해 이번에는 과학이 문학이 되어 간다. 즉 기입되는 담론이 되어 가는 것이다. 이른바 "글쓰기라는 무분별한 놀이"에 빠지게 되는 것이다.

11
기대를 저버린 종말론

철학자, 또는 겸손함과 자긍심으로 스스로를 철학 교수라 부르는 자라면 이런 문제를 제기하기로 마음먹는다. 오늘날에도 원자폭탄이 있다. 그러니까 인류는 자멸한다는 것이다. 이런 파괴는 전면적이라는 것이다. 인류에 의해 시작된 인류의 전면적 파괴 가능성은 역사적으로도 이미 개시되었다는 것이다. 아무리 신중한 자제력을 발휘한다 해도, 과거로 되돌아갈 수 없을 것이다. 과학은 우리를 전멸의 달인으로 만들었다. 전멸은 우리에게서 절대 제거되지 않을 것이다.[1]

---

1 1956년 야스퍼스는 한 학회에서 원자력의 위험에 관해 발표했다. 이 내용은 라디오로 방송되었고, 커다란 반향을 일으켰다. 이후 야스퍼스는 원자핵 문제를 비롯해 이와 관련한 모든 문제를 다시 진지하게 생각하고 검토해 볼 필요가 있다고 판단하였다. 그 결과물이 엄청난 책으로 나왔다. 1958년 독일어로 출간되었으며 부셰-샤스텔 출판사에서 에드몽 사제의 정성 어린 번역을 통해 최근 프랑스어로 출간되었다(『원자폭탄과 인간의 미래: 우리 시대의 정치적 양심』*Le Bomb atomique et l'avenir de l'homme: conscience politique de*

좋다, 그렇다면 빨리 결론을 내 보자. 인간은 사라지거나 아니면 스스로 변화할 것이다. 이런 변화는 제도와 사회 질서에서만 오는 게 아니라, 변화를 통해 요구되는 것에서도 온다. 실존의 총체 그 자체의 변화를 요구하는 것이다. 심층적이고 근본적인 전향conversion[2]을 통해 오로지 철학만이 ── 교리를 가지고 하는 종교는 안 된다. 이미 계획과 범주의 틀을 가진 교회나 국가는 할 수 없다 ── 이 변화를 조명하고 준비할 수 있다는 것이다. 완전히 개인적인 전향. 전복과 동요를 통해서만 도달되는 실존, 그것만이 나의 실존이다. 나는 내 삶을 바꾸어야 한다. 이 변화 없이는 내가 지닌 근본적인 가능성에 답할 수 있는 사람은 될 수 없을 것이다. 망설임 없이 소통하고 싶은 욕구 때문에 인간들과 연결되어 사는 것처럼, 어떤 유보 조항 없는 온전한 성실성으로 미래에 연결되어야 스스로 긍지를 느끼는 그런 내가 될 수 있을 것이다. 이 변화와 이 변화와 함께하는 진지함으로, 나는 홀로, 절대적으로, 기꺼이 참여할 것이다. 다른 사람들에게도 역시 이 같은 요구를 각성시키리라. 왜냐하면 "이 변화를 수많은 개인들이 다 함께 이뤄 내지 못한다

---

notre temps). 제1판이 나온 후 야스퍼스는 서문을 다시 썼는데, 그의 구상이 어떤 것이었는지 보여 주는 문장을 일부 인용한다. "이 책의 소재는 엄밀히 말하면 우리 시대의 정치적 양심이다. 원자폭탄의 위협으로 인해 모든 미래는 전혀 다른 구조의 정치적 양심을 반드시 가져야만 할 필요가 있게 되었다. 그래서 이 책의 제목을 이렇게 결정했다."

2 바로 이어 교리의 종교가 나오지만, 이 단어는 주로 종교적 개종 및 회심을 뜻한다. 원어의 사전적 의미로만 보면 가던 방향을 완전히 바꾸어 거꾸로 감이다. 종교성을 다소 배제하기 위해 전향이라 번역했다. 야스퍼스는 가치 전환의 시대에 인간은 기존의 사상적 한계와 능력의 한계를 느끼며 불안해하지만, 인간 존재에 더욱 깊이 침잠히는 철학과 사색의 힘으로 자기 의식을 '반전'하여, '내향'(內向)하고, '개명'(開明)하고 '조파'(照破)할 것 등을 요구하고 있다. ── 옮긴이

면, 인류를 구제하는 것은 불가능하기 때문이다".

　　이 같은 결론으로부터, 만일 카를 야스퍼스가 말한 것이 맞다면, 인류는 패배했다고 우리는 간단하게 결론 낼 수 있을 것이다. 그런데 이렇게 짧고 강렬하게 답한다면 이런 진지한 질문에 제대로 답하지 않는 것일 수 있다. 질문의 진지함을 구실로 사상이 경박하게 흘러가는 것도 이상하긴 하지만 말이다. 일단 수어진 전제는 인정하자. 역사는 돌아간다. 그것도 비밀스럽게가 아니라, 대낮에, 모든 것이 확연히 드러나듯이. 그도 그럴 것이 아무리 모르는 자라도 가장 많이 아는 자만큼이나 알기 때문이다. 이렇게 돌아가는 것에 대해 우리는 그 특성을 다음처럼 설명할 수 있을 것이다. 마지막 해까지, 인간은 혼자, 고독하게, 스스로 죽어 갈 수 있는 힘이 있다. 이제, 이 힘을, 놀랍게도, 그리고 끔찍하게도, 인간 전체가 가질 수 있게 되었다. 인류는 그것을 할 수 있다. 그러나 그저 할 수 있을 뿐, 확신을 가지고 그 힘을 지배할 수는 없다. 결국 각자 불안해하며 이런 질문을 하기에 이른다. 우리는 지금 어디 있나? 무엇에 이를까? 해결책은 있을까? 이에 대해 야스퍼스는 두 번이나 대답한다. 해결은 가능할 것이다. 만일 인간이 근본적인 전향을 완수한다면(이것이 그의 책의 핵심이다).

*

그러니까 화두는 이것이다. 우리는 바뀌어야만 한다는 것. 그런가 하면 우리는 뭔가에 깜짝 놀란다. 이런 변화를 인식하고, 다시 말하고, 해설하는 내용을 담은 것이 그의 책 자체인데 정작 야스퍼스는 하나도 변하지 않았으니 하는 말이다 —— 언어도 그대로, 사상도 그대로, 정치적 견해 및 표명 방식도 그대로다. 평생 그가 유지해 온, 매우 귀족적이고도 매우 꽉 끼는 톤인데,[3] 놀라운 모순이기는 하다. 말 그대로 한 예언자가 이렇게 말하고 있는 것이다. 변합시다, 변합시다, 아니 그대로 있읍시다. 그런데 그가 어떻게 이런 권위를 가지게 되었을까. 이런 성찰의 소유자가 말하는 위협에 우리가 이토록 신경을 쓰게 되었으니 말이다. 그가 말하는 위협은 우리 실존과 생각을 송두리째 속속들이 다 흔들어 놓을 만큼 큰 위협이다. 반론이나 수정, 변경 사항 없이 그는 줄곧 사유해 온 같은 개념을 항변한다. 유일무이한 그 사건[4]을 인식하기 전, 우선 범우주적인 재앙이 임박해 있음을 인식시키고, 우리 자신을 근본적으로 완전히 변경하는 공포스럽기 짝이 없는 혁신을 하지 않으면 안 된다고 주장하는 것이다. 이런 자각과 인식을 시작으로 또 하나의 역사가 시작되거나, 아니면 인간은 끝이 날 것이라고 말한다.

그렇다고 그가 우리에게 제안한 대화를 궤변론자들의 **인신공격**에 가까운 그것처럼 반박하며 그를 불편하게 하려는 건 아니다. 다만 우리는 자문을 해 보려는 것이다. 왜 이렇게 진지한 질문을 던지는 것일까. 인류의 미래를 담지한 질문이라서? 근본적으로 새로운 사상을 답

---

3 카를 야스퍼스는 그의 자서전에서, 어떤 모델로서의 가치가 있는 간단명료함으로, 자신의 교육 과정을, 특히 정치적 사상의 형성 과정을 묘사한다. 그는 결코 틀린 법 없는 자유주의를 견지하는데, 그것은 바로 막스 베버의 자유주의다(피에르 부도가 번역한 야스퍼스의 *Autobiographie philosophique*, Paris: Aubier, 1963).

4 événement은 단순한 사건이 아니라 무엇인지 알 수 없지만 앞으로 다가올 일이라는 뜻이다. 이 장에서 계속해서 논점으로 삼고 있는 묵시록적 종말의 우회적 표현이다. —— 옮긴이

으로 내놓지 않으면 안 될 만큼 진지한 질문일까. 그렇다면 그 사상을 품고 있는 언어는 왜 새롭게 하지 않는가? 지적과 고찰들은 편향성을 띨 수 있다. 다시 말해 정치적으로는 어느 한편으로 쏠릴 수도 있다. 정신에 감동을 주는 절박한 말을 할 수 있는데, 2천 년 전 이래 매번 헛되이 듣는 것들과 너무나 동일하지 않은가. 따라서 이런 문제가 제기된다. 이런 질문에 쉽게 다가가시 못하는 어떤 어려움이 있는 걸까? 너무 심각한 문제라 무례해져 버리는 걸까? 도움을 청해 놓고 막상 도움의 손길이 오면 고개를 돌리듯이 말이다. 너무 심오한 사유라 새로운 것은 전혀 내놓지 못하는 것일까. 그래서 도리어 이 위험한 진리를 매우 가시적으로, 아니 너무 가시적으로 만들어 버리는 걸까? 결국 이 위험한 진리는, 매 순간, 모든 층위에서, 바로 인간 자유의 동반자다. 아니면, 이 위험한 진리는 보이는 것과 달리 그렇게 중요하지 않은 걸까(이것도 궁금하기는 마찬가지다). 아니면 우리가 정신적 결정을 하도록 어떤 알리바이나 압력을 제공하는 걸까? 이것과는 별도로 오래전 이미 표현된 바 있는 정치적 결정을 하라는 걸까?

야스퍼스의 책이 무엇보다 우선 암시하는 것은 바로 이 마지막 답변이다. 그가 걱정하는 것은 인류의 종말이다. 그리고 더 걱정하는 것은 공산주의의 도래이다. 하여 이제, 실질적인 질문으로 들어간다. 원자폭탄은 늘 안 된다고 해야 할까? "자유세계" 수호를 약화시킬 위험이 없는데도? 그의 대답은 솔직하다. 그는 독일이 원자력을 가져서는 안 된다고 발언한 18명의 괴팅겐 독일 물리학자들에게 잘못이 있다고 말한다. 마찬가지로 그는 공존 가설, 즉 이른바 중립주의 속에서 환상이 만들어졌고, 무책임한 지식인들도 이때 같이 만들어졌다고 본다

("볼셰비즘과 함께 유익한 양극화가 생길 수 있다고 보는 생각은 정치적 도덕을 경시하는 것이다"). 마지막에 가서는, 우리를 전멸에서 구하는 것과 전적인 지배로부터 구원하는 것, 두 가지 사이의 딜레마를 제시한 후, 결국 두 과제가 서로 연결되어 있다며 어떤 상황이 오더라도 잘 고려해 선택해야 한다고 강조한다. 숭고한 희생에는 엄격한 요구가 반드시 따른다고도 말한다. 말하자면, 바로 이성이라는 희망이다.

　이런 선택은 불가피하다. 삶보다 살아야 하는 이유가 더 중요하다는 생각. 이것은 정말 오래된 생각이다. 폭탄은 하나의 실제다. 자유는 가치이며 모든 가치 중에 가장 기본적인 가치이다. 각자 어느 순간, 하나를 선택해야 한다면 압제보다 멸망을 선택할 수 있다. 다만, 여기서, 이 자유주의 철학자는 검토나 비평 없이, 전체주의에 대해 말한다. 그와 함께 인간들의 좋은 점과 또 다른 점들에 대해 말하며 상당 부분은 자유에 대해 말한다. 그리고 인간 공동체를 완성하는 인간들에 대해 말한다. 대화는 다시 한 번 멈춘다. 사건은 역사의 한 축이지만, 선택지를, 근본적인 대결 구도를 바꿔 놓지는 않는다. 바로 그렇기 때문에 서로가 서로를 배양하며 공존하는 건 아닌가 하는 의구심이 든다. 원자폭탄에 대한 두려움을 성찰하지만, 가식에 불과하다는 것이다. 찾는 것은 새로운 사상이 아니라, 옛 상황들을 도리어 견고하게 하는 것 아닐까. 그는 이렇게 선언한다. "원자폭탄 문제가 인류의 실존 문제처럼 고려되지만, 여기에는 바로 전체주의라는 압제가 가져올 위험이라는 **똑같은 가치**를 지닌 문제가 있다." 결정적 전환점이 우리 앞에 있다는 주장은 이제 결딴난 셈이다. 이제 분명해졌다. 인류는 영원토록 이 옛 가치의 주변만을 맴돌 뿐이다.

아마도 완전히 다르게 표현해야 할 것이다. 만일 그렇게 새로운 사상이 전통적인 방식으로밖에 표명되지 않는다면, 절대적 외양을 띤, 이 끔찍한 면상이 도대체 무엇을 의미하는지 아직은 정확히 말할 수 없다. 그렇기에 이 모호한 도래할 사건을 두고 사상은 굳이 위험을 감수하지 않는 것이다. 정도를 넘은 도래할 사건? 아니면 너무나 아무것도 없어 아무런 말도 할 수 없을, 그저 진부한 사건. 그렇다면 이것을 오지 못하게 막는 것이 나을 것이다. 우리의 명예가 실추되어 그런 일이 일어난 것이 아니다. 인간은 알기를 원한다. 인간의 지식은 어떤 한계가 있는 걸 참지 못한다. 기술의 최종 결과를 거부하는 자는 그 최초의 징후들 역시 거부해야 한다. 종국에 그것을 거부하더라도 인간은 여전히 자유를 누리고, 자신의 변화를 누리고, 그 위험조차 무릅써야 할 것이다. 니체는 바로 이것을 그 누구와도 비교할 수 없을 만한 힘으로 표현했다. 진리를 추구하는 의지는 죽음을 걸 수도 있는 의지이다. 재앙을 한탄하는 학자는 위선자다. 그도 그럴 것이, 재앙은 과학이 만들어 낸 결과이기 때문이다. "우리는 진리를 체험하고 있다. 아마, 인류는 멸망할 것이다. 오호통재라! 어쩌겠는가!" 세계를 이해한다는 것은, 세계를 파괴할 가능성을 제시한다는 것이다.[5] 마찬가지로, 인간을 족쇄 바깥으로 끌어낸다는 것은, 곧 인간으로 하여금 무한한 미완을 인정하고 인식하게 만든다는 것이다. 이것이 바로 부정의 무한한 힘

---

5 이 개념에서 분명 옳은 ── 부분적으로 옳거나 ── 점을 포착하려면, 우주 자체를 파괴할 수 있다는 **확신**이 무엇을 의미하는지 생각해야 한다. 그것은 이미 갈 바가 정해진 자신의 실존을 확신한다는 것일 게다. 혹은 그런 실존을 창조해 낼 수 있다는 확신.

이다. 그 위험은 막대하다. 만일 우리가 우리 자신이 되고자 한다면, 우리가 지상 최고의 위험이 닥치기를 원해야 한다면, 나는 여기서 야스퍼스의 이 강력한 표현을 소환하련다. "만일 우리가 시련을 견뎌 낼 수 없다면, 인간은 생존할 자격이 없음을 스스로 보여 주고 마는 것이다."

*

이 문제적인 도래할 사건이 우리에게 가르쳐 주는 것은 무엇일까? 그것은 인간 종種을 총체성 안에서 문제 삼는 차원에서 시작된다. 그런데 인간 종 덕분에, 총체성이라는 개념이 우리의 수평선 위에 처음으로 가시적으로 솟아났다 — 동쪽에서인지 서쪽에서인지 어디서 솟아오르는 태양인지 우리는 모른다. 우리가 견지하는 총체성은 부정不定성의 힘을 갖는 총체성이다. 『정신현상학』의 서문이 특별히 확언해 주는 것이 바로 이것이다. 오성[6]의 힘은 부정의 절대적 힘이다. 오성은 분리하는 힘을 통해서만, 즉 파괴하는 힘을 통해서만 아는 것이다 — 분석,

---

6 프랑스어로는 entendement이다. 프랑스어 동사 entendre에서 파생된 것으로, entendre는 원래 '이해하다'라기보다 청각기관을 통해 '듣다', '알아듣다'라는 의미를 갖는다(태아는 모태 안에서 시각기관보다 청각기관이 먼저 생긴다. Audition의 어원 동사인 audire는 entendre와 유사어이기도 하다). 달리 말해, 가장 기초적인 감각기관에 의존하더라도 사물을 어느 정도 분별할 수 있는 분별력을 뜻하는데, 볼테르는 entendement은 인간에게만이 아니라 동물에게도 있다고 말한다. 한편, 칸트도 이런 분별력 또는 인식의 자발성, 즉 감성적 직관 대상을 사유하는 능력으로서의 '오성'을 강조하며 총체성 같은 개념 능력에 그치는 '이성'과 구분하였다. '이성'과 지금까지 서구 사상이 발전시켜 온 이성주의로부터 근본적인 방향 전환이 필요함을 자각하고 호소하는 차원에서 이해해 볼 수 있다. — 옮긴이

분열도 이런 힘이다. 아울러 파괴될 수 있는 것만을 알며, 파괴될 수 있는 것에 대해서만 확신한다. 궁극적 전멸이 오려면 무엇을 해야 하는지 우리는 정확히 알지만, 그것이 오지 못하게 하기 위해 도대체 어떤 자원에 호소해야 하는지 알지 못한다. 부정의 힘을 통해 우리가 갖게 된 것은 재앙에 대한 지식이다. 어떤 결정적 징후를 느끼며 종말의 가능성을 예보하고, 예측하고, 깨닫는다. 인간은 오성의 힘을 통해 모든 것에 의존한다. 그리고 오성은 바로 부정을 통해 모든 것에 의존한다. 이로 말미암아 지식의 ── 모든 것에 영향을 미치는 지식 ──비안전성에 대한 성찰이 나오게 되는 것이다.

　여기서 약간만 더 성찰해 보자. 쟁점이 되는 이 사건을 우리가 즐겨야 하는 것은, 우리 총체성 ── 그야말로, 오로지 부정적 방식으로서의 총체성 ── 을 다시 한번 확인하기 때문이다. 이른바 모든 것을 제압할 수 있는 힘을 다시 한번 확인하는데 ── 실로, 오로지 파괴하는 힘이다 ── 실망할 게 뭐 있겠는가? 이것은 실로 가장 강력한 힘일 것이다. 물론 우리는 여전히 무력하다. 우리 힘에 있지 않은 힘, 제어력도 개연성도 없는 힘 ── 다시 말해, 그럴 법하면서도 그럴 법하지 않은 힘 ── 이 이제 바로 우리의 힘이 될 것이다. 부족한 우리에게서 나오는, 그래서 우리 안에서 샘솟는 힘. 우리가 만일 정말 이런 힘을 지배할 수 있다면 이 힘을 갖게 되겠지만, 지금으로서는, 우리가 그 힘을 지배할 수도 없고, 그걸 원할 수도 없는데, 그 이유는 바로 우리가 우리를 지배하지 못하고 있기 때문이다. 파괴될 수 있는 인류라는 것이 어떤 하나의 전체로서 아직은 존재하지 않는 것이다. 어떤 면에서 보면, 제거될 수도 있는 힘이 바로 인간 공동체의 실존 그 자체이기 때문이다. 따라서 이를 확고부동하게 말할 수 없는 것이다. 혹은 인류가 전멸하고 난 이후에나 말할 수 있을 것이다. 인류가 전멸하고 나면 아무것도 없는 상태이니 아무것도 잡을 수 없는데, 그렇다면 그 결과 파괴할 수도 없는 것이다. 당연한 것이 존재하지 않으니까. 그래서 인류는 이런 종말의 힘을 절대 두려워하지 않는 것이다. 인류가 단순히 객체로서가 아니라 주체로서 자신의 문제에 대한 결정을 해야 한다면 어떨까. 즉, 어떤 국가 수장 같은 자의 무모한 주도권에 의존하지 않고 자기 스스로 결정을 해야 한다면? 이런 식의 주도권은 오늘날에는 기이하고 낯선 것이지만, 과거에는 불운한 일이었다. 아이스킬로스만 하더라도 하늘에서 떨어져 머리를 바닥에 찧는 고문을 받지 않았던가. 우리에게 줄곧 자살을 말하는 자는 이런 말을 한다. 단순히 당신의 죽음만 소유한 것이 아니라, 모든 사람들의 죽음을 소유하였으니 당신은 비로소 당신 자신의 주인이자 지배자가 된 것이라고. 단 한 명의 개체 아래 수십억의 인간 존재들을 분할해 표상하는 유치한 말일까? 죽을 수 있는 능력을 끝까지 지키기 위해 스스로 죽고 죽이는 이유를 숙고하는 최고의 부정적 영웅 햄릿처럼 말이다. 이 공동 자살의 이미지가 최소한의 의미라도 갖는다고 전제하고 나면, 이런 이미지는 소위 자발적 죽음의 결정에 이르기 위해 인간에게 부족한 것이 무엇인지 보여 주기 위한 것 같다. 이 자발적 죽음의 주제 대상은 바로 세계가 될 것이라고 말이다.

*

요약해 보자. 한마디로, 기대를 저버린 종말론이다. 과학이 우리에게 부여한 파괴의 힘은 아직 미약하다. 부득이한 경우, 지상의 삶을 무화시킬 수도 있겠지만, 우리는 지상에서 아무것도 할 수 없다. 이런 무기력이야말로 우리를 인내하게 한다. 인류의 근본적 파괴가 가능할 수 있다지만 그것은 사실이 아닐 수 있다. 이것이 가능하기 위해서는, 가능성의 조건들이 다 모여야만 한다. 실질적 자유, 인간 공동체의 완성, 단일성이라는 원칙을 세울 합당한 이유. 나른 용어로 말하면, 전체가 다 모여 완전한 것을 만드는 공산주의적 전체성이 그것이다.

하지만 우리는 오성에 깃든 고유한 힘을 확인했다. 오성 덕분에 우리는 죽음의 지평선, 즉 이해의 지평선 옆에 놓일 줄 알게 되었다. 우리가 무엇에 노출되어 있는지 파악하게 되었다. 모두가 죽듯이 일반적으로 죽는 것을 말하는 게 아니다. 평범하기 그지 없는 궁핍하고 초라한 우리 최종의 결말 속에 기꺼이 좌초하기 위해서라도 이 보편적 죽음은 알려고 하지 않아야 한다. 아니면, 이제부터라도 이 종말을 기꺼이 받아들이자. 종말이 일어나면 종말이 일어났구나 하고 말이다. 더 말할 것도 없는 단순한 사실처럼. 아니면 무의미 자체를 단순한 사실처럼 받아들이는 것이다 ― 흥분할 것도 절망할 것도 신경 쓸 것도 없이. 아니면 그 단순한 사실을 하나의 개념으로 고양하는 작업을 하기. 그래서 부정이 부정성으로 비워지기. 바로 이런 의미에서 오성은 이성에 호소하는 것이다. 그런데 이것은 간접적인 방식으로 이뤄진다. 왜냐하면 오성이 이런 선택을 하는 것이 아니기 때문이다. 오성 자체는 무심하다. 이성이 작업에서 전체를 차지한다. 그러나 어떤 조용하고 선한 의지에 따라 이성이 완성되는 게 아니라, 반목과 투쟁, 폭력에 의해 완성되기 때문에 이성이 현실화되면서 비이성적 사건을 도발할 위험도 있는 것이다. 그러나 어떤 면에서는 비이성적 사건의 도움을 받아 이성이 완성될 수도 있다. 이런 관점이 옛날식 사유에 도입되면 동요가 생기는 것도 그래서다. 우리는 아직 무엇을 말해야 할지 모른다. 이를테면, 야스퍼스는 원자폭탄의 위험을 성찰하는 과제에 몰두하면서, 사실은 공산주의의 "위험"에 대한 성찰을 멈추지 않은 것이다. 이런 파괴적인 전체성에 접근하면 인류에게는 전체에 대한 개념을 각성하고 얼른 그 개념의 형상을 잡아 보고 싶은 충동을, 그러니까 그 개념이 조직적으로 만들어져 통일되게 하고 싶은 충동을 느끼는 위험이 초래될 수 있다는 것이다. 하여, 이런 위험을 피하기 위해 원자폭탄과 그가 폭발적 전체주의라 부른 것은 같은 것에 불과하다고 결론 내린다. 그는 말한다. "이것이 바로 전멸의 두 가지 최종 형태이다." 한편, 그렇다면, 사상이 결핍된 전체주의의 아바타로 오인받고 있는 "마르크스적 성찰"이 어떻게 하면 타격을 받지 않게 할 수 있을까. 폭력이 필요한 요건이라고 하면서 재앙의 첫물을 싹트게 했으니 개량주의라고 비난하거나(우릴 큰 위험에 빠뜨리는 죄를 저질렀다면 이미 이 사상에 대해 선고할 준비가 되어 있기도 하다), 귀찮은 각다귀 벌레를 떼어 내듯이 종말론에서 추상적인 그림자는 떼어 내 버린다. 그리고 그저 바뀔 기미가 전혀 없는 기존의 전통과 언어 습관 속에 고집스럽게 웅크리고 있을 뿐이다.

최종적으로, 실망스러우면서도 교훈적인 것이 동시에 있다. 이성은, 이성 자체를 기다리다 보니, 이 기다림으로 옴짝달싹 굳어 있으면서 오로지 시간 벌기만 원하는 것처럼 보인다. 이성은 아직 지배할 능력이 되지 않아 그가 할 업무를 오성에 전가한다. (우리 시대의 검은 그림을 더 잘 조명해 줄 전설은 그래서 이것이 될 수 있을 것이다. 오성 앞에서 겸손해지는 이성의 기다림.) 오성은 차갑지만 두려움이 없다. 오성은 원자폭탄의 위협이 갖는 중요성을 무시하지 않지만, 그것을 분석하고, 절제시키며 자신의 차원 아래 둔다. 그리고 역설을 통해 그 새로운 문제들을 검토하는데, 마치 군사적 전략처럼 다루며 어떤 조건을 주어야 우리 분할된 세계에서 실현 가능한 실존을 유지한 채 상호 화해할 수 있는지 조사한다. 그래서 이 작업은 유용하다. 사상으로서는 유용하지 않아도 말이다. 이 작업은 종말론의 미망에서 깨어나게 한다. 전부를 택하거나 전무를 택하는 이런 극단적 양자택일이 원자 무기를 거의 신비한 힘으로 바꿀 수도 있음을 그는 보여 주지만, 이것이 우리 상황을 말해 주는 유일한 진실은 아니다. 어떤 폭탄들은 힘을 부여하지 않는다는 것을 그는 보여 준다. 순진하고 나약한 국가 수장들만이 그들에게는 없는 힘에 대한 노스탤지어로 이 신비한 보상물에 호소하고 싶어 한다. 마치 중세에 별다른 자산이 없는 작은 영지 공작들이 연금술사들에게 도움을 호소했던 것처럼. 이들은 황금을 만들어 주겠다는 구실하에 공작들을 파산시켰다. 그렇다. 이 오성의 교훈은 현명하다. 아니, 그저 거의 너무, 현명하다. 왜냐하면 우리를 두려움에 노출시켜 결국 두려움을 잃어버리게 했기 때문이다. 길을 헤매면서도 분명 경고하는 게 있는 교훈.[7]

---

7 나는 이 문장을 앙드레 글룩스만(André Glucksmann)의 *Le Discours de la guerre*(Paris: L'Herne, 1967)에서 참조했다.

12
전쟁과 문학

나는 간단히 답해 보고 싶다.[1] 프랑스에서 이른바 "누보로망", "신비평", "구조주의" 같은 이름을 각인시키며 화려하게 주목을 끈 새로운 시도들이 있었고, 이와 더불어 문학 개념은 상당히 많은 변화를 갖게 되었다. 이런 변화가 "제2차 세계 대전"과 직접적으로 연관된 것은 아니지만, 시대적 변화를 맞은 것만큼은 확실하다. 실로 이런 변화는 훨씬 이전부터 이미 시작되고 있었고, 근본적 위기가 더욱 가속화된 것을 다시 한번 확인시켜 준 셈이다. 지금으로서는, 그 크기가 어느 정도나 될지 잘 가늠되지 않고 적절한 언어가 떠오르지 않는다. 다시 말하면, 계속해서 위기는 심화될 것이고, 그 양태에 따라 문학에도 위기가 드리워질 것이다. 하여, 전쟁은 항상 어떤 식으로든 이어질 것이다.

---

1 폴란드 어느 문예잡지의 앙케트에 대한 답변. 앙케트 질문은 "1945년 이후 전쟁이 문학에 끼친 영향은 무엇이라고 생각하시는지 당신의 생각을 말씀해 주십시오."

이 말을 다시 하면, 전쟁(제2차 세계 대전)은 다만 전쟁으로 끝나는 것이 아니라 다른 역사적 사건들처럼 일어난 원인과 과정, 결과를 가지고 그 경계선 및 한계선이 그어질 것이라는 얘기다. 전쟁은 하나의 절대absolu였다. 아우슈비츠, 바르샤바(게토와 도시 해방 투쟁), 트레블링카, 다하우, 부헨발트, 노이엔감메, 오라니엔부르크, 벨젠, 마우트하우젠, 라벤스브뤼크를 비롯해 또 그 밖의 다른 이름들이 발음되면서, 이 전쟁은 곧 절대로 명명되었다. 거기서 일어난 유대인 대학살과 폴란드인 유린, 그리고 강제 수용소 훈련은, 우리가 말을 하거나 말을 하지 않아도, 우리 저 깊은 내면 속의 기억의 토대에 자리 잡았다. 하여 청년도 장년처럼 그것을 스스로 기억하고 또 잊어 가는 법을 알게 되었다. 프랑스에서, 정말 유일무이했던 한순간이며 항상 눈부셨던 68혁명의 시위 현장에서 수천의 혁명 청년들이 "우리는 모두 독일 유대인들이다"라고 구호를 외쳤던 것은, 나치즘으로 표상되는 무소불위의 전체주의 및 정치적 반인륜성, 그리고 근본주의가 지닌 반인륜성 ── 따라서 절대와 연관성이 있다 ── 에 희생당한 자들과의 연대감 및 형제애를 느꼈기 때문이다. 바로 이런 경험에서 나온 책들은, 영원히 장소 없는 장소가 되어 찬란하면서도 어두운 광휘를 지니게 되었다. 다른 책들을 읽거나 소비하는 방식과는 다르게, 어두운 밤을 알리는 수많은 징후들이자 조용한 경고인 것이다. 나는 가장 간결하고, 가장 순수한, 이 절대와 가장 가까운 책을 하나 인용하고 싶다. 바로 이런 절대를 상기시키는 로베르 앙텔므의 『인류』가 그것이다.

13
거부

공적인 사건에 직면한 어떤 순간, 우리는 우리가 거부해야만 한다는 것을 안다. 거부는 절대적이며 정언적이다. 굳이 논하지 않는다. 그 이유를 말하지도 않는다. 주장할지언정 말하지 않고 조용하며 고독하다. 마치 정오의 태양처럼. 거부하는 인간들, 또는 거부의 힘으로 서로 이어져 있는 인간들은, 아직 그들이 함께하지 못한다는 것을 안다. 공통적인 주장을 했던 시간은 이제 그들에게서도 분명히 제거되고 없다. 이제 남은 것은 환원 불가능한 거부, 바로 이, 어떤 불굴의, 엄격한, "아니오"로 하나 되어 뭉치는 우정이다.

거부 운동은 우리 각자가 똑같이 하고 있지만, 그 운동을 움켜쥐는 순간부터는 이상하게 하기 쉽지 않고 하더라도 드물게 한다. 왜 어려울까? 최악의 것이어서 거부해야만 하는 것이 아니라 이성적이고 합리적이고 이른바 행복한 해결책이어도 거부해야 하기 때문이다. 1940년에 있었던 거부는 침입자들의 무력에 반대해 행사된 게 아니라

(그것을 용인하지 않는 것은 당연하므로), 자신이 선의가 있으면 정당성 없이도 대표할 수 있다고 생각해 정전 협정을 한 그 노인이 잡은 기회에 대해 행사된 것이다.¹ 18년 후, 다시 한번 거부에 대한 요구가 일어났는데, 이것은 5월 13일 일련의 사건들에 대해서가 아니라(그건 자연히 거부당하게 되어 있다), 오로지 한 이름의 권위에 기대어 우리를 명예롭게 화해시켜 주겠다고 주장한 자들에 대해 행사된 것이다.²

우리가 거부하는 것은 가치가 없거나 중요성이 없어서가 아니다. 그건 바로 거부가 필요하기 때문이다. 우리가 더 이상 받아들이지 않아야 할 이유가 있는 것이다. 우리를 두렵게 만드는 것은 지혜라는 외양을 띠고 있는 것이다. 우리가 듣지 않을 것은 바로 일치와 화해라는 제안이다. 단절은 생겨났다. 우리는 너무나 솔직해져 더 이상 공모해 줄 수 없게 되었다.

우리는 거부할 때 경멸하지도 흥분하지도 않고 그저 할 수 있는

---

1 여기서 노인은 84세의 필리프 페탱 장군일 것이다. 1940년 나치 독일군의 침공에 프랑스는 완전히 무력화되고, 당시 레노 내각은 마드리드에 파견 나가 있던 국가적 영웅 페탱 장군을 불러들여 부총리에 임명하고 국가적 단결을 도모하지만, 1940년 6월 13일, 파리는 함락된다. 6월 17일 페탱은 정전을 호소하고 독일과의 협상 끝에 6월 22일 매우 가혹한 조건으로 정전협정을 맺는다. 그 결과 프랑스 북부가 거의 통째로 나치에게 넘어가고 프랑스 남부에 있던 비시에 수도를 둔 친독정권 비시 정부가 수립된다. ─ 옮긴이
2 여기서 한 이름은 샤를 드골 장군일 것이다. 1954년 알제리 민족해방전선은 알제리의 독립을 선포하고 게릴라전을 벌인다. 프랑스 정부는 이 독립운동을 유혈 폭동 또는 반란으로 규정하고 무력으로 진압한다. 프랑스군의 학살과 무력 진압에 여론은 들끓는다. 알제리 독립을 지지하는 프랑스 좌파 지식인들은 프랑스군이 아니라 알제리 게릴라들을 지지한다. 더욱이 게릴라군으로 스스로 참전하기까지 하는 등 자국 내 좌우익의 여론이 극도로 분열되면서 정신적 피로도도 높아진다. 이와 같은 5월 위기를 겪으며 결국 알제리에 유화적인 드골 장군과 드골주의자들이 정권을 잡고 제5공화국이 들어섰다. ─ 옮긴이

한 익명으로 조용히 거부한다. 왜냐하면 거부하는 힘은 우리 자신으로부터 나와 완성되는 것이 아니기 때문이다. 우리라는 그 유일한 이름으로부터 나와 완성되는 것이 아니라, 말할 수조차 없는 자들의 너무나 가난하고 보잘것없는 시작으로부터 나와 완성되는 것이기 때문이다. 오늘은 거부하는 게 쉬워졌다고 말할 수도 있으리라. 이런 힘을 연습하는 데에 그렇게 많은 위험은 따르지 않는다고 말할 수도 있으리라. 아마 우리들 대부분도 그렇게 할 수 있을 것이다. 하지만 나는 여전히 거부한다는 것이 결코 쉽지 않다고 생각한다. 우리는 거부하는 것을 배워야 한다. 사유의 준엄과 표현의 절제를 통해 아무런 타격도 받지 않고 버티는 것을 배워야 한다. 이제부터 우리들 각각의 주장이 증명해야 하는 것은 거부의 힘이다.[3]

---

3 예외적으로, 내가 이 작은 글을 언제, 어디에 처음으로 발표했는지 밝힌다. 1958년 10월 『7월 14일』(*14 Juillet*)이라는 잡지 제2호에 실린 글이다. 그리고 얼마 안 있어, 드골 장군이 다시 권좌에 올랐다. 그런데 이번에는 레지스탕스의 지지를 받아서가 아니라 돈을 받는 용병들의 지지를 받아서였다.

14
파괴하다

❖ **파괴하다**Détruire.[1] 이것은 우선 한 권의 책과 관련된 문제이다("책"인가 아니면 "영화"인가? 아니면 둘 사이인가?). 미지의 이 단어는 여전히 알 수 없는 상태로 이 책을 통해 우리에게 주어졌다. 그러나 어떤 약속과도 같은 전혀 다른 언어로, 그러니까 아마 말할 것이라곤 이것 하나밖에 없는 것 같은 언어로 우리에게 전달되었다. 늘 구세계에 속해 있

---

1 나는 우선 이 책을 참조한다. 마르그리트 뒤라스의 『파괴하라, 그녀는 말한다』(*Détruire dit-elle*. 블랑쇼는 로베르 앙텔므, 디오니스 마스콜로를 소환한 데 이어 자연스레 뒤라스를 소환한다. 앞선 장의 주제들인 마르크시즘과 혁명, 공산주의와 레지스탕스, 세기말의 문제, 전쟁과 문학, 거부 등의 주제에 이어 '파괴하다'가 온다. 이 '파괴하다'의 장 다음에는 루이르네 데 포레 및 미셸 레리스 등을 다루면서 전후 프랑스 문학이 어떤 번뇌에 빠지며 문학 자체를, 언어 자체를 문제 삼고 새로운 문학을 시작하는지 이해할 수 있도록 해 준다. 마르그리트 뒤라스의 이 작품은 1969년 전후 문학을 누보로망적인 글쓰기 차원에서 주도했던 미뉘출판사에서 출간되었고, 뒤라스가 직접 감독해 영화로 만들어졌다. 같은 해 9월과 11월, 뉴욕과 런던 영화제에서 상영되었다. ── 옮긴이).

는 우리는 이것을 파악하기 힘들다. 파악할지라도 우리가 파악하는 건 여전히 우리 자신이다. 안전 본능, 지나친 신념, 크고 작은 혐오감, 길고 긴 분개심으로 가득 찬 우리 자신 말이다. **파괴하다**는 절망에 대한 위로이다. 시간의 위협을 느끼는 우리를 진정시킨 후에야 찾아오는 질서와도 같은 단어이다.

지식적인 어휘를 사용하지 않아야 이 단어를 겨우 알아들을 수 있다. 말하자면, 파괴가 아니라 평온이다. 파괴하기 위해서는 사랑해야 한다. 사랑이라는 순수 행동으로 파괴하는 자는 남을 상처 주지 않을 것이다. 하여 파괴하지 않을 것이다. 다만, 텅 빈 막막함만을 줄 뿐이다. 파괴는 긍정적인 단어도 아니고 부정적이고 배타적인 단어도 아니다. 그저 중성적 욕망을 지닌 중성적 언어가 될 것이다. 이것은 그저 도란거림이다. 단일체로 찬미되는 독특한 용어가 아니라 희박한 공간에서 스스로 증식되는 단어이다. 그 단어를 발음하면서, 익명으로 발음하면서, 수평선도 없는 어느 장소에서 온 젊은 여자. 그러나 이 여자의 젊음은 나이 없는 젊음이다. 단지 젊게 보일 뿐 매우 오래되었거나 또는 너무 젊은 젊음을 지녔을 뿐이다. 그리스인들이 신탁의 말을 다름 아닌 어린 소녀에게서 기다린 것도 그래서다.

❖**파괴하다.** 이 원형 동사에서 이런 게 느껴진다. 느리고, 부드러운 것, 그래서 절대적인 것. 주어 없는 단어 —— 무한성infini을 드러내는 원형 부정사infinitif. 단어만으로도 완성되는 작품 —— 어쩌면 파괴 그 자체. 우리 인식으로 되찾을 수 있는 것은 아무것도 없다. 특히나 이 작품에서 어떤 행동 가능성을 기대한다면. 한가운데서 새어 나오는 빛처럼

불쑥 생겨나 버린 비밀, 그 비밀이 우리에게 토로되었다면, 자신을 파괴하면서 우리 역시나 파괴하기 위해서다. 현재와 완전히, 영영 분리된 미래가 오도록.

❖ 등장인물들? 그렇다, 등장인물들은 존재한다. 그들은 등장인물들이다. 남자들이고, 여자들이고, 실루엣들이다. 하지만 이들은 독특한 개성의 단수들, 아니 부동의 어떤 점點들des points de singularité 같다. 아무일도 일어날 법하지 않은 이 희박한 공간에서 어떤 움직임이 감지된다면 그 움직임들이 서로 스치며 흔적을 남기고, 그 흔적 선들이 서로 겹치고 다층으로 얽혀 있어서일 것이다. 인물들은 붙박여 있지만 끊임없이 주고받는다. 동일한 인물들이나 미묘한 변화가 그래서 생겨난다. 이 도저한 공간, 어떤 일도 일어나지 않는 공간. 한계마저 무한히 만들어 버리는 이 극한의 결핍 효과.

❖ 틀림없이, 거기서 일어난 일은 우리가 호텔, 공원, 그리고 그 너머 숲 등으로 명명할 수 있는 장소에서 일어난다. 해석하지 말자. 이것은 세계가 있는 장소이다. 그렇다, 우리의 세계가 있는 장소이다. 우리가 모든 것을 거주시키는 장소이다. 그럼에도 불구하고, 사방이 자연으로 둘러싸여 열려 있는 것 같지만, 엄격히 제한되어 있고, 심지어 폐쇄되어 있다. 옛날식으로 말하면, 성소처럼 분리되어 있어 신성하다. 책에서 행동이 시작되기 전, 영화에서 질문이 시작되기 전, 죽음 ──죽어가는 어떤 방식 ──이 치명적 무력함을 끌고 들어오며 그 작품을 만드는 듯하다. 모든 게 비어 있다. 우리 사회가 만들어 내는 것들에 비

해, 거기서 생겨나는 사건들에 비해 그곳에는 아무것도 없다. 식사, 놀이, 감정, 말, 쓰이지 않은 책, 읽히지 않은 책, 밀도 있는 밤, 그러나 이미 죽은 열정에 속해 있는 밤. 그 어떤 것도 편하지 않다. 왜냐하면 여기서는 완전히 현실적인 것도 없고 완전히 비현실적인 것도 없기 때문이다. 만일 글쓰기를 무대의 장면처럼 연출한다면, 부재하는 매혹적인 배경 위에 문장 같은 것들이, 언어의 흔적들이, 생각의 모방들이, 현존을 흉내 내는 것들이 돌아다닌다. 어떤 현존도 받쳐 주지 않는 현존. 오게 될 것, 그리고 지나간 것. 잊힐 것이라고, 모든 기억에서 떨어져 나갈 것이라고 결코 가정하지 않지만 결국 잊히는 것. 확신은 없으나, 결코. 단어 하나, 오로지 단어 하나이다. 끝이자 처음인 언어. 신들이 들고 온 말, 눈길을 끌지 않는 그러나 빛나는 말. **파괴하다**. 이제 우리는 이 새로운 단어에 대한 두 번째 요구를 반복하게 된다. 왜냐하면 파괴하기 위해서는 사랑해야 하고, 파괴하기 전에 우선 모든 것으로부터 해방되어야 하기 때문이다. 자신으로부터도 해방되어야 하며, 생생하게 살아 있는 가능성으로부터도 해방되어야 한다. 죽은 것들로부터도, 죽어 가게 될 것들로부터도. 아니 죽음 그 자체로부터도. 죽다, 사랑하다. 오로지 이렇게만, 이 중대한 파괴에 닿을 수 있을 것이다. 이상한 진리가 우리를 운명 짓는 파괴(그토록 탐나는 것이면서도 그토록 중성적이어 무미無味한. 그토록 격렬하면서도 모든 공격적인 힘으로부터 벗어난 것).

❖ 그들은 어디에서 왔을까? 그들은 누구일까? 이들은 분명 우리와 같은 존재들이다. 이 세계에 그 밖의 다른 자들은 없으니. 하지만 근본적

으로 파괴된 존재들(유대교에서 암시하는 방식으로)이며, 불행한 상처를 그대로 두고 있다기보다 마모되고 황폐해지면서 이른바 죽어 가는 무한한 운동성을 사는데, 이것이 그들에게 곧 유일한 추억이 된다(소녀에게, 아니 소녀의 청춘 시절에 마침내 부재가 섬광처럼 계시되며 갑자기 추억이 일렁이는가 하면 미완인 채로, 느리고 점진적으로, 지속적으로 추억이 떠오른다. 왜냐하면 소녀는 청춘 시설과의 절대적 관계성 속에서 파괴되었기 때문이다). 죽어 가는 이 무한한 운동성 덕에 소녀들은 해방되어 더욱 온화해졌으며, 타자에게 관심을 가지게 되었으며, 소유하지 않는 사랑을, 특화되지 않는 사랑을, 한정 없는 사랑을 하게 되었기 때문이다. 모든 것으로부터 해방되었고, 하나하나 지니고 있던 이 독특한 단어로부터도 해방되면서, 가장 젊은 것, 그러니까 저 어두운 밤의 젊음을 가지게 되면서 완벽한 하나의 진실을 말할 수 있게 된 것이다. 그래서, 파괴하다, 라고 그녀는 말하는 것이다.

가끔은, 고대 그리스인들에게 있었던 것을 신비하게 상기하곤 한다. 그러니까 고대 그리스인들은 항상 신들을 익숙하고도 낯선 것, 가까우면서도 먼 것으로 생각했다. 다시 말해 전혀 다른 것이 항상 같은 층 같은 방 안에 있는 것이라고 생각했다. 모든 신성으로부터 해방된 새로운 신이 여전히 오고 있고 항상 오고 있다. 머나먼 과거로부터 왔으나 인간들이 추구하는 진실이나 그 무거운 진리에서 벗어나 있고, 인간들의 특성이라 할 그 지리멸렬한 욕망이나 광기로부터 벗어나 있는 그런 새로운 신적 인간이 오고 있는 것이다. 아마도 이런 신들은 여러 다중적 특성들 속에서, 비가시적 분열을 통해 밤이나 망각, 또는 에로스와 타나토스를 공유하는 그 단순성과 관련 있을 것이다. 우리의 사정거리 안에 있는 죽음과 욕망. 그렇다, 이런 신들이 있는 것이다. 그러나 디오니소스 같은 풀리지 않는 수수께끼가 있듯 이런 광기의 신들은 일종의 놀라운 맞거래이다. 최후의 웃음을 짓기 전, 절대 순수의 세계에서 만나는 이 젊은 동반자는 **미친 여자**일까? 아니, 본질적으로 미친 여자? 다시 말해 광기에 관한 모든 것을 알고 그 너머의 세계로 가서 미친 여자(아마도 니체가 아리아드네라 이름 붙인, 자신의 일탈과 광기 저 밑바닥에서 본 것 같은 그런 형상).

❖ 루카트. 레우카데.[2] "파괴하다"라는 단어를 눈부시게 하는 것. 이 단어는 빛나지만 밝혀 주지는 않는다. 마치 신들이 부재하는 텅 빈 하늘 아래 있듯. 한때 우리 보고 들으라 발음되었던 것이, 이제 우리에게 속한 것이나 허용되는 것이 되었다. 만일 "숲"이 신비감도 없고 상징하는 것도 없게 된다면, 이제 숲은 건너기가 불가능한 **한계**가 되는 것이다. 건너갈 수 없으면서 건너감이 되는 것이다 ── 장소 없는 장소, 밖으로가 이것이다. 이런 이상한 단어의 진실은 침묵의 소란 속(이런 게 디오니소스 세계다. 가장 시끄러우면서, 가장 조용한 세계)에서 가능한 일체의 의미와 격리되어 이런 장소에 찾아온다. 그렇게 저 멀리에서 우리

---

2 Leucate. Leucade. 프랑스 남동부 지방 맨 끝, 왼쪽으로 깊이 들어간 만에 자리 잡은 항구 도시이다. 프랑스의 화가 앙투안 장 그로는 「루카트의 사포」라는 그림을 그렸는데, 그리스의 시인 사포는 절벽 끝에서 떨어져 자살한 것으로 알려져 있다. 전경 왼쪽에는 바다가 펼쳐져 있고 오른쪽에는 가파른 절벽이 있으며 그 위에 서 있는 여인이 언제라도 바닷속으로 떨어질 듯 위태하게 그려진 그림이다. 절벽 끝에 내딛은 발이 하얗고 찬란하게 표현되어 있다. ── 옮긴이

에게 온다. 파괴된 음악에서 들리는 무지막지한 웅성거림처럼 아마도 우릴 속이면서 우리에게 올 텐데, 모든 음악의 시작은 이런 것인지 모른다. 어떤 것이, 어떤 강력한 지배권이 여기에서 사라졌다, 또 여기에서 나타난다. 그렇다고 나타남과 사라짐 사이에서, 공포와 희망 사이에서, 욕망과 죽음 사이에서, 시간의 끝과 시작 사이에서, 귀로의 진실과 귀로의 광기 사이에서 우리가 무엇을 결정할 수 있다는 건 아니다. 파괴되었으므로 재생될 것이라 예측되는 음악(아름다움)이 아니라, 더 신비하게, **파괴 자체인 음악, 음악 자체인 파괴**이다. 우리가 보고 싶고, 우리가 편들고 싶은 것이 바로 이것이다. 훨씬 신비하고 훨씬 위험하긴 하지만. 위험은 무지막지하다. 번뇌는 더욱 무지막지하다. 파괴하면서 파괴되어 가는 것을 말하는 이 단어는 이제 어떻게 될 것인가? 아직은 모른다. 다만 우리 각자가 이제 이 단어를 지고 살아갈 것임을 안다. 그리고 이제 우리 옆에는 젊고 순수한 여자 동행자가 있으며, 그녀는 죽음을 영원히 주고받는 자이다.

15

헛된 말

나는 여기서 "비평 작업"은 하지 않을 것이다. 내가 설명할 것이 없는 이 작업에는 어떤 기제가 작동하고 있어 해석처럼 비칠 수 있는 말이라면 나는 다 포기해야 할 것 같기 때문이다. 조르주 바타유가 세상을 떠나기 얼마 전 『수다쟁이』[1]에 대해 내게 해 준 말 때문에라도 나는 그

---

1 *Le Bavard*. 『말꾼』이라는 제목으로 우리나라에 번역되었지만, 『수다쟁이』로 옮긴다('말꾼'은 말을 몰고 다니는 사람을 가리킬 뿐이다. '이야기꾼'의 창조적 변형으로 보이는 이 단어는 우리말 사전에 나오지 않는다). '수다쟁이'로 옮기는 이유는 프랑스어로도 다소 부정적인 의미를 띠는 이 표현을 작가가 일부러 반어적으로 쓰고 있기 때문이다. 화자는 말이 많은 자신을(즉, 말이 많은 우리를) 자조하고 힐난하며 말이 완전히 연소될 때까지 과잉으로 말하는 역설적 수행을 한다. 이 작품이 중요하게 평가받는 것은 바로 이런 도착적이고 역설적인 수행 때문이다. 말하는 인간을 희생 제물로 바치면서까지 언어로부터 해방되려는 극단의 몸짓이다. 파스칼 키냐르는 특히 이런 희생 제물 개념을 시작으로 루이르네 데포레에 관한 에세이 『침묵 서약』(*Le voeu de silence*)을 쓰기도 했는데, 언어가 더 이상 메시지를 위해 의미를 실어 나르는 도구가 아니라, 언어라는 질료 자체가 희생물이, 제물이 되어 완전히 연소되는 지경을 찬미한다. 파스칼 키냐르는 당시 갈리마르 출판사 도서기획

렇게 할 수밖에 없다. 바타유는 내게 이것은 여태 쓰인 것 가운데 가장 충격적인 이야기라고 했다. 그는 그 책이 자신과 정말 가깝게 느껴진다고도 했다. 그러면서 마치 어떤 진리가 서서히 미끄러져 들어와 그에게 가까이 오는 것 같다고 말했다. 당신도, 그러니까 나도 이 미끄러짐 속으로 끌려 들어오게 될 것이라면서. 아마 이 진리는 그가 가장 최근 읽은 진리 가운데 하나였을 것이다. 그 역시 그처럼 글을 쓰고 싶은 욕구가 더 이상 생기지 않았다고 말했다. 그는 나 역시도 이 이야기에 얼마나 큰 감동을 받았는지 너무나 잘 알고 있고, 지금은 아니어도 그것에 대해 말하게 될 날이 언젠가는 오지 않겠냐고 내게 물었다. 나는 침묵을 지켰다. 지금까지 우리에게 공통적이었던 침묵. 그것을 추억하는 것은 이제 나뿐이다. 그와 나눈 한담의 속편처럼 이 글을 이제 씀으로써 나는 거기에 답해야만 한다.

*

『수다쟁이』는 마법적인 이야기다.[2] 그렇지만 마법이 등장하지는 않는

위원으로 있던 루이르네 데 포레와 인연이 되어 문단에 입문하기도 했다. —— 옮긴이

2 Louis-René des Forêts, *Le Bavard*, Paris: Gallimard et collection 10/18(루이르네 데 포레[1918~2000]는 1946년 『수다쟁이』를 발표하며 문단의 주목을 받았다. 모리스 블랑쇼, 조르주 바타유, 미셸 레리스 등과 교유하면서 프랑스 문학에 상당한 영향을 미쳤다. 앞에서 환기된 로베르 앙텔므, 마르그리트 뒤라스, 디오니스 마스콜로 등과 알제리 전쟁 반대 위원회 및 재단을 만들어 함께 활동하기도 했다. 역시나 앞에서 언급된 『7월 14일』 잡지에도 참여했고, 1960년대 후반에는 갈리마르 출판사 기획위원으로 활동했다. 그런데 그 유명한 절필이 온다. 1965년 딸의 죽음으로 그는 어떤 글도 쓰지 않고 그림에만 몰두한다. 10여 년간의

다. 우선 내가 말해야 할 것은, 우리에게는, 그러니까 순진함이라고는 없는 우리 시대에게는, 이 책은 곧 환영 이야기와 등가다. 어떤 유령 같은 것이 이 책에 거주한 것이다. 아니, 어떤 운동성이 있는데, 그로부터 이 모든 것들이 생겨난다. 다만 이것을 엄격한 의미로 이해해야 한다. 이야기에 환영이 나온다는 게 아니라 환영은 전혀 없는데 절대적인 환영 같은 이야기라는 말이다. 그 결과 이 이야기를 읽는 독자는 이토록 압도적인 부재와 거리를 두고 떨어져 있을 수가 없다. 반드시 소환되어 이 부재를 지지하거나 아니면 일소해야 하는데, 이런 매력과 반감이 교차하는 가운데 결국 이 부재를 지지하게 되고, 이 부재를 일소하는 게 아니라 이 부재에 자신이 일소되고 만다. 다시 말해, 한번 이 이야기를 읽은 이상은 아무런 타격도 받지 않고 이 이야기에서 빠져나갈 수 없다. 왜냐하면 우리를 사로잡는 것은 비현실적인 이런저런 현상(마치 생의 건너편, 저 내세까지 연장하여 만든 듯한 생의 시뮬라크르)이 아니라, 온갖 형상들의 비현실성 그 자체이기 때문이다. 이 비현실성은 너무나 드넓게 펼쳐져 이 이야기를 말하는 화자는 물론 독자에게까지 와 닿는다. 저자는 이 이야기로부터 출발하며 그가 말을 할 수도

절필과 은둔 후 1978년 완전히 새로운 시적 형식의 자서전 『오스티나토』(Ostinato)를 발표한다. 오스티나토는 어떤 일정한 음형을 악곡 전체에 걸쳐 끝없이 되풀이함을 뜻하는 음악 용어이다. 자서전 형식을 취한 이 글에서 자전적 이야기는 사라지고, 그 자리를 이 오스티나토가 채우는 완전히 새로운 형식이 나타난다. 강렬한 감각적 기억과 몇몇 사건이 소환되며 '에고'(ego) 없는 무아의 글쓰기가 시작된다. 마르그리트 뒤라스에 이어 루이르네 데 포레, 그리고 미셸 레리스에 대한 블랑쇼의 이어지는 비평은 당시 프랑스 문단에 일어났던 이른바 글쓰기 행위 자체에 대한 심려한 사유와 근원적 회의, 번뇌, 그리고 그에 따라 나온 완전한 방향 전환의 문학적 결과물을 해석하고 성찰하고 있다. — 옮긴이).

있는 모든 사람들과 관계성을 만드는 것이다. 이 공간 안으로 들어가면 사건이 없기 때문에 사건이 두 배로 강화되는 듯하다. 사건은 없지만 아무것도 일어나지 않는 텅 빈 곳이라는 확신은 없다. 왜냐하면 경박하고도 신랄한 웃음소리가 들리는 것 같기 때문이다. 이 웃음의 메아리는 ── 부드러운 메아리 ── 어떤 하소연 같기도 하다. 그런데 이 하소연은 또 하찮은 소음 같기도 하다. 아니, 소음인데 무의미한 소음 같지는 않다. 그런데, 쓰라린 파면 이후 모든 게 사라졌을 때, 책 하나가 남는다. 이것이야말로 지워지지 않는 흔적이다. 그토록 헛되이 말하고 싶어 했던 남자를 벌하더니 또 보상을 주는 것처럼 한 권의 책이 남은 것이다.

이 이야기의 제목인 『수다쟁이』는 라 브뤼예르[3]의 어느 단상 제목이기도 하다. 하지만 『수다쟁이』는 수다쟁이의 초상화가 아니다. 우리는 도스토옙스키의 주인공 같은 인물을 만나고 있는 게 아니다. 『지하 생활자의 수기』의 주인공처럼 도발적으로 자신의 속내를 드러내고 싶은 욕구로 만성적으로 말하는 인물은 아니다.[4] 거의 매 순간 말을 하는

---

3 Jean de La Bruyère(1645~1696). 17세기 프랑스의 모랄리스트 작가이다. 여기서 모랄리스트란 반(反)모랄을 말하는 자라는 역설적 의미가 있다. 하여 여기에서는 모랄리스트를 도덕주의자로 번역하기 힘든 시대적 함의가 있다. 그도 그럴 것이 프랑스 17세기는 루이 14세의 절대왕정 체제기로 귀족들은 이 일체의 절대주의에 예속되어 있었고 궁정인 및 귀족 작가들의 언어는 정치적 언어처럼 이중적일 수밖에 없었다. 짧고 함축적인 문장이지만 그 문장 속 함의는 문법적 구조를 빌어 매섭도록 통렬했다. 『성격론 또는 이 세기의 풍속에 대하여』라는 브뤼예르의 파편적 단상은 17세기 문체의 전범을 보여 준다고 평가받는다. 특유의 문법적 구조와 리듬, 파열적 효과들은 마리보, 발자크, 프루스트, 앙드레 지드, 파스칼 키냐르 같은 수많은 프랑스 작가들에 영향을 미쳤다. ── 옮긴이

4 긴 독백 톤으로 자조적으로 말하는 화자의 어투 때문에 루이르네 데 포레의 『수다쟁이』는

것이 결국은 입을 더 잘 다물고 조용히 하기 위해서인데『지하생활자의 수기』에서 보았던 이 기진맥진하게 하는 힘이『수다쟁이』에서도 자주 다시 솟구친다. 우리는 몇 가지 역점을 찾아 가며 이런 힘에 대해 생각해 보려 한다. 그런데 미셸 레리스의 작품, 특히『성년』을 관통하는 것도 이런 힘이다. 여기서 작가는 고백하지 않으면 안 되는 자신의 기벽에 대해 말하면서 이것 말고는 다른 이유를 찾지 못한다. 도무지 억제가 되지 않는 말, 경계도 끝도 없는 말, 거의 태생적인 자기 고유의 불능성 때문이다. 여기서도 화자는 어떤 저의를 가지고, 우리로 하여금 자기가 어떤 사람인지 찾아내게 만든다. 그러면서 우리에게 표현하지 않으면 미칠 것 같은 갈급한 욕구를 느끼는 자들을 묘사해 준다. 그럼에도 불구하고 이런 자들은 사실상 어떤 할 말도 없다. 바로 그래서 수천수만 가지를 말하는 거다. 대화의 상대방이 이것에 동의하는지 어쩌는지는 개의치 않고 말이다. 그러나 들어 줄 상대가 없으면 이렇게 떠들 수도 없다. 그렇다면 이 두 글의 차이는 어디에 있을까?『수다쟁이』는 "나"라고 말한다. 미셸 레리스도 "나"라고 말한다. 수다쟁이는 화자이다. 일견 이 화자는 저자로도 보인다. 그렇다면 이 저자는 누구일까? 글을 쓰고 있는 "나"인가? 말을 하는 "나"를 빌려 글을 쓰고 있는 "나"인가? 이들의 위상은 각기 다른가? 공통점은? 이야기가 흘러가

도스토옙스키의『지하생활자의 수기』와 비교되어 연구되곤 했다. 도스토옙스키의 주인공은 첫 페이지에서 이렇게 말한다. "나는 병적인 인간이다. 나는 심술궂은 인간이다. 나는 남의 호감을 사지 못하는 인간이다."『수다쟁이』의 주인공은 첫 페이지에서 이렇게 말한다. "나는 자주 거울 속의 나를 들여다본다. 나의 가장 큰 욕망은 그 시선 속에서 어떤 비장한 것을 찾아내는 데 있었다." ─ 옮긴이

는 동안 서로의 관계 및 서로에게 부여하는 의미에 변화가 있는가? 분명, 미셸 레리스의 "나"는 훨씬 잘 버틴다. 이를 질의하고 의도가 무엇인지 물어볼 수도 있을 만큼 충분히 그런 인상이 든다. 왜냐하면 거기에 누군가가 있으니까. 자신이 주장하는 것에 대해서 대답을 해 주니까. 거기에는 진실만을 말한다는 서약처럼 어떤 약속이 있다. 그래서 우리 자신도 신념과 확신을 갖게 된다. 진실을 찾는 무한히 고된 작업 속에 이른바 레리스식의 자서전은 단어들과 가장 위험한 놀이를 벌이고 있는 것이다. 언어 공간의 심층에 박히되 너무나 헤매지는 않는 것이다. 그렇다고 그의 어떤 것이 어느 날 선명히 드러나는 것도 아니다. 도리어 이 과제의 어려움과 그의 무한한 수행이 이 협약을 강화한다. 이런 의미에서 미셸 레리스는 우리에게, 그러니까 우리 독자에게 자신에게는 없는 안전성을 제공한다. 여기에 그의 관대함이 있는 셈이다. 하여 우리는 우리의 안락을 ──우리의 땅을── 찾는다. 그런데 거기서 정작 자신은 철저히 노출되어 있고, 물속에서 발바닥이 땅에 닿지 않는 것처럼 어쩔 줄 몰라 하고 있다.

　　나는 『수다쟁이』가 니힐리즘, 그것도 거의 무한에 가까운 니힐리즘으로 가득한 책이 아닌지 의심한다. 모든 것이 의심 속에 흘러가면서도, 그 의심을 통해 그것을 어느 정도 한정하고 있으니 말이다. 다시 말해, 자기 본질로 환원시키는 픽션의 도저한 리얼리즘이라 할 것이다. 픽션의 허구성, 그 모호한 허구성에 완전히 붙잡혀 있으면서도, 이런 허무주의에 빠져 있는 게 아니라(이건 너무 쉬운 휴식 아닌가), 도리어 실상을 열렬히 받아들이며 비실상에도 이르게 하는 것이다. 불빛 없는 불, 삶을 밝게 비추지 않지만 삶을 불태우는 불의 몫[5]이 있는 것이다. 픽션을 존중하고 픽션의 힘을 성찰해야 한다. 이 힘은 픽션 자체에 있다. 너무 무겁지도 너무 가볍지도 않게 확산과 전개, 제한과 절제가 동시에 작동하며 무한한 힘이 생긴다. 이 힘은 다른 데서 나오는 게 아니라 픽션 자체에서 나오며, 어떤 것도 가만히 놔두지 않을 정도로 완전히 전염시키고 완전히 정화시킨다. 환심을 사고 싶게 만드는 그런 감상적인 공허가 아닌 것이다. 『수다쟁이』는 바로 이런 책이다. 기만적이고 위험한 책이다. 우릴 배신자로 만들어서가 아니라, 그 계략과 비열함으로, 더욱이 우리가 보듯이 주도면밀한 엄격함으로, 무제한 공모할 것을 요구하기 때문이다. 마지막에 기꺼이 항복하고 순응하면, 이번엔 우릴 내쫓고 여태 요구했던 것을 다 철회해 버리는 것이다.

이 이야기가 환영적인 특성을 띠는 것은, 이야기가 항상 이야기 안의 이야기로 들어가면서 중심에서 더 중심으로 수렴되는 경향을 띠기 때문이다. 이런 모호함 ─ 환영의 현존 같은 ─ 은 다수의 층위 또는 양상을 띠고 있다. 내 기억 속에서 되살려 낸 그것을 달리 부를 방법이 없어 층위라고 명명해 본다. 모든 건 일인칭 화법으로 시작되는 속임수에서 비롯된다. 사실상 "나"의 확실성만큼 확실한 게 없기 때문이다. 일인칭으로 사는 것은, 그러니까 우리 모두가 이렇게 순진하게 일

---

5 La Part du feu. 이 표현은 블랑쇼의 또 다른 저작의 제목이기도 하다. 문학이 문제가 될 때, 문학은 시작된다고 블랑쇼는 말한다. 여기서 문제란 단순히 작가가 글을 쓰며 갖는 여러 의심과 불안이 아니라, 글을 쓰는 자가 쓰인 글을 바라보며 그 글에 함몰되거나 또는 무심해지는 전혀 다른 두 기제가 동시에 작동하는 제반의 문제이다. 블랑쇼는 이 역설적 힘의 원리를 불의 원리에 비유하여 사색하고 있다. ─ 옮긴이

인칭으로 사는 것은, 바로 에고$_{ego}$[6]가 우릴 든든하게 보장해 주기 때문이다. 이 내적 초월성은 공격할 수 없을 것처럼 보인다. 그런데 『수다쟁이』에서의 이 "나"는 능글맞게 매력적인데, 아마 그의 결점 또는 결핍 때문일 것이다. 우리는 이 "나"가 어디에 속해 있는지, 무엇을 증언하는지 모른다. 이 이야기하는 "나"는 이야기하면서 마모된다. 그러면 이내 그 주변에 돌처럼 단단한 물질의 어떤 세계가 만들어진다. 이런 그의 실제적 외양을(그리고 더불어 그가 우리에게 고백한 그의 비참한 경험적 실제를) 우리가 믿으면 믿을수록 그는 비실제화되는 것이다. 이어, 비실제화되면 될수록 더욱 순도 높게 정화된다. 자신에게 고유한 것이 곧 정통성이 되는 식으로, 자신은 그렇게 그 자체로 표명된다. 그가 우릴 이렇게 기만하면 기만할수록 우린 더욱 우리 자신으로 돌아가는 것이다. 우리 존재에 대해 어떤 가치 판단을 들어도 상관없고, 신뢰나 평판이 없어도 그냥 살아가는 우리 자신으로 돌아가는 것이다. 그렇다면 다음을 주목해 보자. 이 '수다쟁이 나'가 스스로 연소되면서 우릴 현혹하는 것은, 수다에 대한 열정 때문에, 나는 무슨 이야기인지 도통 모르겠지만, 아무튼 끊임없이 이야기를 지어내는 뛰어난 이야기꾼이어서가 아니라, 이 '나 자신'이 그 자체로 하나의 우화가 되어서이지 않을까. 우리에게 그 많은 이야기를 해 주지 않으면 안 될 정도로 그는 병적이어서 이야기에 이야기를 거듭해야 우릴 붙들어 둘 수 있고, 그

---

6 그리스어 어원으로는 '나'가 아니라 '나의 이미지'(image de soi)라는 뜻이다. 우리는 나 스스로 환영적으로 만들어 낸, 또는 거울에 비치듯 타인의 눈에 비친 나의 이미지를 나로 착각한다. ─옮긴이

만의 그 유예성 거짓말이 있어야 그나마 실제 세계와 연결될 수 있기 때문이 아닐까. 솔직함이 속임수 작전이 될 때가 있다. 도박꾼이 상대를 속인다는 것을 상대에게 뻔히 드러내며 속일 때가 있다. 우린 절대 속임수에 빠지지 않는다고 생각하는데 결국 속게 될 정도로, 그렇게 대놓고 속이는, 즉 명명백백한 것을 제시하며 속일 정도가 되려면 대단히 영악한 천재여야 할 것이다.[7]

*

그의 작품을 가능하게 하는, 또 다른 차원의 모호함이 있다. 수다쟁이는 홀로 있는 자다. 침묵의 고독 속에 갇혀 있는 자보다도 더 홀로 있다. 말을 대신해 무언無言으로 자신을 표현하거나, 말을 가식으로 사용하는 묵언자 같다. 그러나 그의 "나"는 다공질 돌처럼 구멍이 나 있어 입을 틀어막듯 완벽하게 자제하진 못한다. 사방에서 침묵하려 하나,

---

7 블랑쇼는 『수다쟁이』라는 작품이 해낸 특별하고도 고유한 위업을 상당히 복잡하고 난해하게 설명하고 있는데, 가장 쉽게 말하자면 우리 삶이 연소되면서 완성되는 이치와 유사하다. 우리 삶에 어떤 의미를 가져다 싣는다는 것도 아니고, 우리 삶에 대단한 의미가 있다는 것도 아니고, 그저 살아지면서 살아가다가 소멸되는 것 그 이상도 이하도 아니라는 것이다. 삶에 언어를 대입해 보면, 이 작품 안에서 언어는 (혹은 모든 언어는) 일종의 모의(가짜. 시뮬라크르) 언어로, 어떤 것을 말하기 위해 말을 한다기보다 말을 소비하고 연소시켜 없애 버리기 위해 말을 끌어다 쓰고 있다는 것이다. 이런 맥락에서 대놓고 속이는 도박꾼의 비유는 이렇게 이해해 볼 수 있다. 도박꾼은 작가를 비유하고, 대놓고 속이는 행위는 작가가 『수다쟁이』라는 작품을 쓴 이유를 다시 한번 짐작케 한다. 작가는 픽션이라는 허구를 독자 앞에 제시하고 독자로 하여금 그것을 다 읽게 하면서 작품의 소비와 작품의 연소 과정을 동시에 행하는 공정 자체를 구현하고 싶었다는 것이다. ─옮긴이

자신을 더 잘 은폐하기 위해 또는 자기 자신을 더 잘 조롱하기 위해 침묵하다 보니 그 침묵이 수다로 여겨지기까지 한다. 그러니까, 이런 고독은, 다만 말할 어떤 계기를 찾기 위해 필요한 고독인 것이다. 그에게는 들어 줄 누군가가 필요하다. 아무 말 없이 들어 줄 줄 아는 너그러운 자, 강물의 물살처럼 흘러가지 않으면 도저히 흘러나오지 않아 그렇게 한없이 쏟아 내는 말들을 수렴하는 어느 한 점을 향해 방향을 잡아 가며 집중해 들어 줄 줄 아는 자 말이다. 갖가지로 해석될 수 있는 매우 모호한 교환. 그러나 여기서 실제로 뚜렷한 교환은 없다. 청자에게 대화에 참여할 것을 특별히 요구하지 않기 때문이다. 그저 말하는 그를 향해 몸을 돌려 주고 관심을 표해 주기만을 바란다. 아니, 그조차 바라지 않고 그저 가식으로라도, 예의로라도 관심 있는 척해 주기 바란다. 지나치게 열심히 들어 주는 자는 수다 떨기만을 원하는 자를 불편하게 만든다. 환상에 빠지지 않으려는 피상적인 이유 때문에, 즉 환상을 의도하지 않으려고 이렇게 말을 많이 하는 것일 뿐이기 때문이다. 자기가 수다쟁이라는 것 말고는 하는 말이 없는 이 수다쟁이는 사실상 그 이외의 말은 전혀 하지 않는다. 이렇게 하는 이유는 불만을 추월해 버리거나 다른 방향으로 돌리기 위해서다. 정체성 없는 말을 함으로써 자신의 정체성 또한 지워 버리고 싶은 욕구 때문이다. 말을 하는 순간 우리는 현존하게 되고 이로 말미암아 타자와 관계성이 생기는데, 이런 관계성을 지워 버리고 싶은 것일 수 있다. 자신이 누군가에게 속을 터 놓고 있다는 것을 환기하지만(암묵적으로), 그것은 비본질적인 고백이다. 다시 말해, 책임질 일 없는 언어, 갖가지 응답을 회피하는 언어를 수단으로, 비본질적인, 아니 실체 없는 인간에게 말을 걸고 있기 때문이다. "대화 상대자"가 느끼는 거북함은 이런 데서도 기인한다. 자신이 말없이 조용히 있을 수도 없고, 그러면 왠지 가짜인 것 같고, 자기 존재 감도 없는 것 같고, 그한테서 멀어져 자기 존재감을 발휘해 보지만 잘 되지 않고, 결국 이도 저도 되지 않기 때문이다. 결국 수다쟁이를 떠나 지 못한다. 매일 인간에게 주어지는, 그 희한한 영원성의 경험처럼 수 다쟁이는 떠나고 싶다고 떠날 수 있는 게 아니다.

　이 무한한 대화 속에서, 타자, 아니 피곤한 줄 모르고 끝없이 떠드 는 자 옆에 있는 그 자는, 사실은 타자가 아니다. 그것은 또 다른 자신 이다. 자신의 분신이다. 그것은 현존이 아니다. 그림자다. 파도다. 사 회를 형성하지 않는 자와 맺어진 결연자이며, 익명의 호환 가능자이 다. 들을 수 있는 능력을 가진 그림자이며 파도인 것이다. 한데 수다 의 힘에 압도되어 이 분신은 거기서 나름의 역할을 수행하는데, 그러 니까 화자이자 청자로서의 이중 직분을 수행하는 것이다. 그도 그럴 것이 그는 단순한 청자가 아니라, 독자, 더 나아가 어떤 이야기를 읽는 독자이기 때문이다. 한데 독자인 자신이 이 이야기 안에 이미 재현되 어 있다. 일종의 유사-현존, 거짓 현존, 아니 결국엔 거짓말에 불과한, 아니면 말의 거울 속에 비친 반영에 불과한 현존인 것이다. 그런 식으 로 말한다면, 모든 독자가 다 여기 해당한다(종국엔 그렇게 판단될 것 이다). 모든 책의 독자는 저자의 불행한 동반자이다. 그에게 요구되는 것은 말하지 말고 가만히 있으라는 것뿐이다. 떠나지 말고 거기 그대 로, 약간 떨어져, 거리를 유지하며 있으라는 것이다. 그는 이야기가 없 어도 되고, 개성이 없어도 된다. 그저 절대적 시신으로 그렇게 가만히 있으면 된다.『수다쟁이』를 읽다 보면 ── 왜냐하면 우리는 글을 쓰면서 둘로 나뉜 저 다른 한편의 독자가 되고, 또 이 글의 독자도 된다. 누 군가에게, 어렴풋하게 간청하는 반복 행위가 이 누군가에게 가면 다시 이 누구도 간청하는 반복 행위를 하게 되면서 그 반복성이 두 배는 심 화된다 ─ 분노하면서도 절제하는 격정적인 독백을 읽는 듯하다. 성 질을 돋우면서도 유혹하고, 실망시키면서도 다시 열정을 불타게 하 고, 이어 실망스러운 고백에 기대를 저버리게 하다 또 열정을 부추긴 다. 이렇듯 최종의 소멸에 계속해서 이를 때까지 어떤 의미를 주었다 가 지웠다가를 반복하면서도 정작 본인은 거의 지워지지 않을 것 같은 것이다. 카뮈의 소설(『전락』*La Chute*)에도 이와 유사한 독백이 나오는 데, 이것을 일부 차용한 것처럼 보이는 이 『수다쟁이』의 독백은 우리에 게 독자와 저자의 모호한 관계성에 관한 가장 강력한 개념을 제공했다 고 볼 수 있을 것이다. 출발할 때부터 이런 관계성을 가지므로 거의 도 착적인 관계성이라고 봐야 한다. 말하는 자(그러면서 쓰는 자)가 마주 하고 있는 것은 다름 아닌 자기 자신임을 예감하고 이 글을 처음부터 읽게 되는 것이다. "나는 자주 거울 속의 나를 들여다본다." 이 첫 문장 부터 이미 많은 것을 폭로하고 있다. 우리에게 말을 걸고 있는 자는 다 름 아닌 자기 자신에게 말을 걸고 있는 것이다. 여기서 그는 거울 속에 비친 자신을 보며 말하고 있지만, 그의 말은 일체성에 대한 희망을 잃 어버리고 분열된다. 남들과는 다른 자신만의 차이성을 탐색해 보지만, 다른 사람이 아닌 자기 자신과 분리되어 결국 저 무관심하고 무심하며 초연한 심연의 바닥에서 길을 잃고 마는 것이다.

*

다시 한번 이 점을 명확히 해야겠다는 생각이 든다. 이토록 정교한 기술을 통해 이야기 속에 암시된 독자를 이야기 자체에 집어넣는 데 성공한 작품은 거의 없다는 것이다. 독자가 이야기 안에 들어 있다면, 거기엔 함정이 있을 수밖에 없다. 독자가 이 함정에 빠지든 빠지지 않든 말이다. 이런 예로 나는 특히 「거울 속에서」라는 글을 떠올린다. 여기서도 역시나 우리는 한 아이—청소년이 우리에게 들려주는 것만을 알 수 있을 뿐이다. 이 글에는 지배적인 역할을 하는 그의 여자 사촌(성인)이 나오는데, 이 아이—청소년 집필자는 그녀의 의도에 따라 가공의 이야기를 써낸다. 이 여자—사촌은 이 소설의 독자로서 소설 속에 등장하는데, 자신을 거부하며 자신을 인정하는 식이다. 어떤 때는 등장인물들의 위상을 바꿔 놓기도 한다. 이 젊은 집필자는 분명 불손해 보이지만 객관적인 관객으로서 이 이야기의 주요 배우 가운데 한 사람의 이름으로 무대에 등장함을(이런 간접적 방식을 통해 직접 고백하지 않고도 비밀스러운 욕망을 더 잘 알게 하는 것이다) 밝히기도 한다. 결국 이야기 전체를 다 읽는 독자는 이를 경원시할 수 없다. "거울 속에서" 그가 본 것이 무엇인지, 그 의미가 무엇인지 결정해야 하기 때문이다. 그가 본 것은 그가 갈망하는 것이면서, 절대 보고 싶지 않은 것이기도 하다. 거부하는데도 자꾸 들여다보게 되는 이상한 거울처럼 말이다.

---

8 Louis-René des Forêts, "Dans un Miroir", *La Chambre des enfants*, Paris: Gallimard, 1960.

한데 이런 심술 맞은 행동이 능란한 작전으로만 보이지 않는다. 불안을 가중시키는 정교한 게임 속에 들어와 있다는 기분도 든다. 저자와 독자를 엮고 있는 이런 관계를 나는 질식이라고 명명하고 싶은데, 꼭 그 정도는 아니어도 서로 차가운 예의를 갖추고 있지만 상대가 내 목 안에 걸려 있는 듯한 기분이 들 수 있다. 이것은 그가 자신을 볼 수 있는 것처럼 자신을 보기 위한 하나의 수단일 수 있다. 그러니까 글을 쓰는 대신, 그가 읽고 있는지, 읽으면서 자신을 읽고 있는지 보기 위한 수단 말이다. 그러나 그럴 리 만무하다. 마지막에 가서는, 결국 일단 작품이 완성되면, 그 작품을 완성한 자는 작품으로부터 추방된다. 밖으로 돌려보내지는 것이다. 이제 거기 다시 접근할 수도 없고, 접근하고 싶은 마음도 들지 않는다. 이것은 다만 힘든 글의 육화 작업 중에 일어난다. 말하는 힘은 쓰이는 작품 안에서만 생긴다. 저자 자신은 항상 비실존적이다. 자신이 둘로 나뉘어 독자가 생겨나니 이 숨어 있는 목격자를 통해 무언가 제발 오기를, 찾아지기를, 증명되기를 원하는 것이다. 이 무엇은 다름 아닌 자신이자 타자, 아니면 나도 그도 아닌 자가 붙잡은 움직이는 단어들이다. 그래서 남는 유일한 진실은 저자도 독자도 아닌 둘로 나뉜 분할 그 자체다. 그렇다면 이야기는 잘 전개될 것 같지 않다. 그래서 아무리 비사실적이더라도 이야기를 무한정 연장시키려는 전망 속에 끝없는 전복이 일어난다. 누구라고 발설할 순 없지만 정체성을 띤 어떤 가상적 실존 때문에 마치 본 것 같은 느낌이 든다 —— 들리는 것도 같다. 그도 그럴 것이 화자가 아무리 붙잡으려 해도 번번이 화자에게서 달아나는, 실은 정체성 없는 존재이기 때문이다.

어떤 거리가 끝없이 심화되면서 —— 이것은 특별히 『착란적 기억』

*Une mémoire démentielle*에서 빈번히 일어난다 —— 동시에 거리가 제거되는 경우도 있다. 기억하려는 시도와 기억을 글로 고정하겠다는 결정 사이에 거리가 생겨난다. 그리고 둘 사이에 다양한 행위들이 이뤄지면서 더 나뉘고 갈라지며 완전히 새로운 실제가, 그러니까 2차적인 실제가 생겨난다. 이것은 순전히 부정적인 실제라고 할 수 있지만, 그래도 결정적이다(그랬던 것이, 아마 그랬던 것이 아니었을 수 있다. 아마 꿈꾼 것에 지나지 않을 수 있다. 아니면 그 자체로서 뭔가 일어난 게 없지는 않다. 기억이 잃어버린 것은 단순히 잊힌 것이 아니라, 불가능한 기억 속에서 그리고 또 불가능한 망각 속에서 찾을 수 있는 저 아득한 옛것인지 모른다. 마치 여기서는 잊어버리는 것만이 실제 일어나지 않았던 그 일을 기억 속에 간직할 수 있는 유일한 방법이라는 듯이 말이다. 결국 작가의 오만은 불가피하다. 어떤 순간에는 실상에 대한 무한한 탐색 —— 가장 본래적인 사건에 대한 환기 ——을 희생시켜서라도 지속 가능한 작품을 완성해야 하는 것이다. 작가에게는 이토록 오만하게 일종의 지속 가능한 책의 형태 아래서 항상 비밀스럽게, 조용히 머물러 있을 수 있는 —— 이것이 곧 침묵을 지키는 행위이다 —— 영원히 사라진 이 추억 아닌 추억을 거만하게 연장하는 방법밖에 없을 것이다. 이것은 맨 처음 강박관념 속에서부터 있었던 것에 충실하게 머물러 있으면서 그것을 재생산하는 하나의 방법이기 때문이다. 이를 굳이 부인할 것도, 정당화할 것도 없이 말이다).

*

『수다쟁이』에서 화자와 청자는 양립하며 반목하는데, 단순히 호환 불가능한 기능 때문에 양립하는 게 아니라 분리될 수 없는 기능 때문에 양립한다. 겉으로는 양립하고 있는 것 같지만, 더 근원적인 심층에서는 말의 이중적인 놀이이다. 내가 보기에 우리가 이야기의 핵심 가운데 핵심으로 들어가는 것 같은 기분이 든다면, 바로 이 때문이다. 수다를 떤다는 것은 언어로서는 수치다. 수다를 떠는 것은 말하는 게 아니다. 이른바 토크쇼는 말을 방해하고 침묵도 파괴한다. 수다를 떨 때는 가짜를 말하는 것은 아니지만 진실을 말하는 것도 아니다. 왜냐하면 진짜로 말을 하는 게 아니기 때문이다. 말하는 게 아닌 말, 저기서 와서 저기로 가는 기분 전환의 말. 이런 말을 통해 하나의 주제에서 다른 주제로 넘어간다. 무슨 문제인지는 굳이 알 것도 없다. 진지한 것들을 말했다가, 아무런 의미도 없는 것을 말한다. 그러나 둘 다 동일한 관심 사항이다. 더 정확히 말하면, 아무런 말을 하지 않아도 이해되는 게 있고, 그렇게 말하는 방식도 있기 때문이다. 침묵 앞에서 도망치거나 공포 앞에서 도망치는 것처럼 아무 말이나 하는 것도 하나의 표현 방식인 것이다. 그러나 이런 식의 말은 우리 사회에서는 늘 지탄의 대상이 된다. 사실상, 각자 수다를 떤다. 그리고 각자 수다에 유죄 선고를 내린다. 어른은 아이에게 이렇게 말한다. 넌 수다만 떠는구나. 남자는 여자에게, 철학자는 아무한테나. 정치인은 철학자에게 그대는 수다쟁이라고 말한다. 이런 비난에 전부 수다를 멈춘다. 나는 전 세계가 하이데거에게 보내는 인정과 찬사, 환호에 항상 놀라곤 했다. 하이데거는 분석을 구실로 그 특유의 기염을 토하면서도 절제하는 톤으로, 파롤parole을 비정통적인 것으로 선고하기 때문이다. 무시되는 파롤. 단호하고, 간결하고, 영웅적인 일인칭 주어 "Je"(나)를 쓰지 않기 때문이다. 대신

무책임한 "On"을 쓴다. 프랑스 사람들은 "On parle"라고 말한다.[9] 사람들은 말한다? 아무개가 말한다? 이 말은 다시 말해 누군가는 말하는데 아무도 말하지 않는다는 뜻이다. 우리는 "말을 말하는 주체 없는 말"의 세계에 살고 있는 것이다. 연사는 있지만 말은 없는 세계. 수다쟁이지만 실어증 때문에 수다쟁이가 된 세계에 살고 있는 것이다. 무언가를 전달하는 보고자는 있지만, 이들은 발설되지 않는다. 이름도 없고, 결정력도 없는 기술자들. 말은 신뢰를 잃어버렸고 불신의 늪에 빠졌다. 말을 한다는 것은 곧 판별당한다는 것을 의미한다. 다른 사람을 수다쟁이로 대하는 사람은 거만하고 독단적인 최악의 수다쟁이로 또한 의심받는다. 진지하고 근엄하게 말해야 한다. 이른바 건전한 의식 상태에서만 말할 것을 요구받는다. 그게 아니라면 아예 말해서는 안 된다. 그러나 말하기 시작하면, 이내 이는 언어를 폐쇄하기 위한 시도처럼 보인다. 단어의 존엄을 살리기 위해 단어를 멈추는 것이다. 그래서 침묵을 강요한다. 말할 수 있는 권리를 찾으려면 이럴 수밖에 없다. 이것은 헛된 말이라고 자수한다. 말하지 않고 명령하는 단호한 말

---

9 프랑스어 인칭 대명사의 의미와 활용은 우리말 인칭 대명사의 그것과 정확히 일치하지 않아 번역하지 않고 프랑스어 그대로 노출했다. 프랑스어 인칭 대명사는 가령, 일인칭의 경우 je, moi, on을 다 쓸 수 있다. je는 그야말로 술어 동사의 주체가 일인칭인 나이며, moi는 일인칭을 좀 더 강조한 강세형이다. on은 나를 감추기 위해 쓸 수도 있다. 구체적으로 누구를 특정하지 않고 문맥 속에서 가늠될 뿐이다. 보통은 일반적인 사람, 또는 대화 공간 속의 모두를 지칭하는 우리이기도 하고, 그냥 어떤 아무개일 수도 있다. 그러나 특히 흥미로운 on의 활용은 유체 이탈 화법처럼 주어를 일부러 생략하거나 생략할 필요가 있을 때 쓰는 기법이다. 말하는 화자인 "나"의 개입을 축소하고 나를 은폐하기 위해 쓸 때도 있다. 블랑쇼는 일인칭이 너무 강화된 언술 사회보다 비인칭 주어로 에고가 무화되고 세계와 하나로 용해되는 세계를 꿈꾸는 듯하다. ─ 옮긴이

을 이 헛된 말이 대신하는 것이다.

*

『수다쟁이』는 우리를 사로잡는다. 우리를 불안하게 한다. 이 작품이 무슨 상징적인 방식으로 우리 세계에 고유한 수다의 무용성을 재현해서가 아니라, 어떤 운동에 한번 가입하면 빠져나오려 결심하고 빠져나왔다고 주장해도 이미 이 운동에 소속되었음을 느끼고 불안해지는 것 같은 기분 때문이다. 달리 말하면 이 운동이란 사전적으로 이미 예시된 무지막지한 침식 운동 같은 것일 수 있다. 안은 이미 텅 비어 있음을 아는 것이다. 묵언증으로 단어를 오염시키고 단어들로 침묵을 오염시킨다. 한데 이것이 언어의 진실을 가리키고 있다. 특히 문학 언어의 진실을. 우리가 정말 끝까지 갈 용기가 있다면 우리는 이 진실을 만나게 될 것이다. 우리 자신을 엄정하고 체계적으로 포기할 용기와 종국에 현기증이 일어나도 느슨하게 자신을 완전히 포기할 용기가 있어야, 이토록 단단한 결심을 해야 우리는 이 진실을 만나게 될 것이다. 『수다쟁이』는 바로 이런 시도이다. 동요하는 독서가 우리에게 부여되는 이유이다. 분명, 수다를 떠는 것이 글을 쓰는 것은 아니다. 수다쟁이는 단테도 아니고 조이스도 아니다. 작가는 글을 쓰면서도 글로부터 벗어나며 글을 쓰는데, 이래야 비로소 작가가 되는데, 이와 마찬가지로 수다쟁이는 수다를 떨지만 결코 충분히 수다쟁이인 적은 아마 없을 것이다. 여전히, 수다를 떠는 것이 글을 쓰는 것은 아니다. 하지만 무한정 분리되는 이 두 경험은 다시 근접할 것이고, 근접할수록 그 중심, 다시 말해 텅 빈 중심에서 다시 만날 것이다. 그곳에서는 비로소 서로 분간이 안 되면서도 늘 무한히 상이한 채 있게 될 것이다. 시작도 끝도 없이 말하거나, 이것이 말의 전부인 양, 서로 반대되는 두 성질 중 그 어느 쪽 성질도 띠지 않는 중성으로 말함으로써 이런 수다 작품을, 그러니까 진정 문학적인 작품을 만들어 내기에 이른 것 아닐까?

앙드레 브르통은 무한히 말할 수 있는 가능성, 결코 지치지 않는 이 수다스러운 속삭임이 닫힌 우리를 완전히 열어 놓았다고 말했다. 일단 되풀이가 시작되면 무한히 계속되고 멈출 기회를 찾지 못한다. 마치 말을 하면서 말을 잃어버리는 것 같다. 더 이상 할 말이 없는데, 할 말이 없지는 않은 사람처럼 계속해서 말한다. 영감이라는 이름으로 감정이 끝없이 고양되어 말하는가 하면 정신 나간 말이라고 규탄하기도 한다. 누가 이렇게 만들었는가? 아니, 이 둘은 같은 것인가? 어떤 때는 정통성을 띤 경이로움이고, 또 어떤 때는 가식의 기만술인가? 어떤 때는 존재감으로 충만한 환희이고 또 어떤 때는 공허감으로 충만한 허무인가. 전자는 곧 후자이다. 아니, 전자는 후자가 아니다. 이 두 가능성을 판단하고 싶다면, 이 두 가능성에 대해 말하고 싶다면, 새로운 언어, 제3의 언어를 고안해야 할까? 그래야 이 모호함이 설명될까? 이 두 가능성은 모든 공간을 차지하고 모든 시간을 차지하며 우주와 우주 아닌 곳을 차지하는 걸까. 우리가 이쪽 세계에서 저쪽 세계로 넘어갈 때도, 즉 우리가 사는 세계에서 우리가 죽어 가는 세계로 넘어갈 때도 알지 못할 정도로 완전히 상충하는 전혀 다른 세계일까? 이 모든 걸 결정할 수 있는 유일한 방법은, 비길정 상태를 고수하는 것이다. "좋은 것"과 "나쁜 것"을 나누고 보는 태도를 금하면서 모호함이라는 요구 조건을 수용하는 것이다. 정통적인 말과 비정통적인 말이 있는 이상, 모호한 말도 있을 수 있다. 정통성이란 이쪽 또는 저쪽에 있는 것이 아니라 둘 다가 있는 모호함 속에 있다. 정통성이란 무한히 모호한 모호성 그 자체에 있는 것이다. 공공연히 정통적이라고 표방하는 말, 진지한 말 아니면 진지한 정신이라고 주장하는 말이 그래서 가장 의심스러운 것이다. 이렇게 의심하다 보면, 적어도 우리에게 공통적으로 있는, 일상의 불확실성에서 비롯된 불행을 떨쳐 낼 수 없을지도 모르지만, 그래도 의심할 수밖에 없는 것이다.

*

이제 『수다쟁이』 독법에 대해서는 말하지 않겠다. 각자 나름대로 읽어 가며 자신에게 고유한 핵심들을 챙길 수 있을 것이다. 『아이들의 방』에는 여러 이야기들이 모여 있는데, 각각 다른 이야기를 하고 있지만, 모두 어린 시절이라는 공통적인 테마와 관련되어 있다. 다시 말해 말의 불가능성이라는 테마와 관련되어 있다.[10] 그 가운데 하나가 정말 인상적인데, 내가 보기에 이 이야기는 특히나 결정적이어서 이것만 말해 보겠다. 어떻게 그 많은 단어들이 오로지 단어로서만 그렇게 고집스럽게 존재할 수 있을까. 샘은 파고 또 파도 샘인 것처럼 담론은 계속해서 담론이다. 서술된 말들이 한없이 펼쳐지며 계속되지만 갑자기 어떤 것

---

10 프랑스어로 어린이는 Enfant인데, 라틴어 Infans에서 유래했다. 인판스는 '말하지 못하는 자'라는 뜻이다. ─ 옮긴이

으로 대체된다. 그 어떤 것은 말을 하는 게 아니라, 보인다. 어떤 장소, 어떤 얼굴처럼. 기다리고 기다린 어떤 명징한 사실처럼. 아니 아직도 행동은 없는 텅 빈 장면이지만, 이것이야말로 공함을 극명하게 보여주기 위한 장면이라는 것처럼. 그렇다. 포착할 수 있는 것은 아무것도 없다. 오후가 끝나 갈 무렵의 밝은 빛 아래에 절벽이 있다. 연기 자욱한 카바레, 젊은 여인, 눈 내리는 정원, 벽 뒤에 있어 잘 보이지 않지만 분명히 들려오는 어린 신학교 학생들의 노래. 저 먼 과거, 아니 제한되고 한정된, 전혀 범상치 않은, 그 크기를 다 잴 수 없을 정도로 막막한 곳에서 들려오는 노래. 영영 움직일 것 같지 않고 고요한, 어떤 무한한 것의 열림. 이것은 마치 텅 빈 단어들로 가득한 공허가 어떤 가시적인 방식으로 드러나는 것 같다. 공허에 공허의 장소를 마련해 주면서 밝은 곳을 양산해 낸 것만 같은. 기적 없는 이 기적의 순간. 침묵과 동등한 환영. 아마도 이것은 죽음의 환영일 것이다. 죽음이란 절대 포착 가능하지 않은 것 아닌가. 눈에 절대 포착 가능하지 않은 것을 포착 가능하게 하는 절대적 가시성은 있을 것이다. 이 노래 속에서는 침묵과 말과 이런 죽음이 일순간 화해하는(타협하는) 것 같다. 그리고 이후, 이런 오르페우스의 시선 이후, 단어들의 대살육이 온다. 수다쟁이는 위기를, 소설의 위기를, 서사의 위기를 불러온다. 순간을 영원으로 만들기 위해서? 아니, 이 위기를 자조 섞인 작은 사건으로 축소해 없애 버리기 위해서? 추억을 하는 것은, 추억을 더 잘 파괴하기 위해서이다. 추억을 지어내야, 글이 지어지고, 옮겨지고, 자연스레 파괴되는 것이다.

『수다쟁이』가 다른 이야기들과 확연히 다른 점을 다시 한번 강조하기 위해 덧붙일 것이 있다. 그 운동성이다. 빈정거리는 투의 격렬함과 분노, 다 결딴낼 것 같은 포악성과 이런 파괴적인 돌파력을 완성하기 위한 힘겨운 운동이 있는 것이다. 조르주 바타유가 나중에 정말 사랑하게 되는 소설 양식의 작품들에는 바로 이런 운동성이 반드시 있다. 그가 썼던 것을 인용하고 싶다. "삶의 가능성을 계시하는 이 이야기는 어쩔 수 없이 **분노**를 소환하는 게 아니라, 일부러 분노의 순간을 소환한다. 이게 없으면 작가는 이 **과도한** 가능성들에 맹목적으로 순응하게 될지 몰라서다. 숨 막힐 정도로 힘들고 거의 체험 불가능한 시련이 있어야 작가는 아주 먼 곳까지 투시하는 힘을 갖게 된다고 나는 생각한다. 합의된 경계선이 너무 보이는 데에 지친 독자가 기대하는 것이 바로 이것이다. 저자가 현저하게, 어떤 속박도 느끼지 않고 쓴 책이라면 우리가 굳이 지체하며 읽겠는가?" 루이르네 데 포레 작품이 계시하는 것은, 바로 이런 속박이다. 저자가 작품을 쓰기 위해 감내해야 하는 **속박**. 어떤 도저한 불가능성이 찾아오고, 이번에는 우리 차례가 되어 우리 스스로도 이 속박을 요구하고 강요하며 환영을 만들어 낸다. 그러다 가끔 (이렇게 가끔 오는 것이 글의 미스터리이자 스캔들이다) 기쁨과 환희가 찾아온다. 행복이 표명된다. 이 터무니없이 황량하고 매혹적인 행복이."

---

11 카프카가 일기에서 썼던 것을 내가 여기서 살려 본 것은, 우리가 방금 읽은 이야기에 숨겨진 진실 가운데 하나를 암시하는 것 같아서이다. "이것은 밀레나가 사람들과 수다를 떠는 행복에 대해 말했던 것이다. 그녀는 자신이 말한 것의 진짜 진실을 완전히 이해하지 못하고 그 말을 했지만 말이다(여기에는 자기 합리화된, 슬픈 오만이 있다. 나 말고 다른 누가 수다를 떨며 기쁨을 누리겠냐는 말 아니겠는가?)."

16
천사와의 싸움

미셸 레리스[1]의 노력은 문학 작품이라는 수단을 통해 문학 작품과 문학 작품의 진실 사이의 연관성을 밝히는 것으로, 이것은 아마도 거의 미친 시도이며, 아마도 가장 탁월한 시도일 것이다. 문학 장르사의 관점에서 보아도 수많은 자전적 책들이 있어 오다 이 책이 나왔기에 더 주목할 만하다. 몇 세기 전부터 작가들은 자기 자신에 대해 말하는 것에만 상당히 골몰한 듯 보인다. 자기 이야기를 함으로써 돌연 새로운 가능성이 생긴 것이다. 어떻게 하면 자신에 대해 말할 수 있을까? 성

---

1 Michel Leiris(1901~1990). 1920년대 초현실주의 작가 그룹의 일원이었고, 1930년대에는 인류학자로서 아프리카 탐사를 하기도 하였으며, 미술에도 조예가 있어 피카소, 미로, 자코메티, 베이컨 등에 관한 글을 쓰기도 했다. 투우에서 영감받아 자신의 삶과 문학 활동에 대한 일종의 자전적 고백 문학인 『성년』을 발표했다. 특히 이 무렵 사르트르와의 만남은 레리스의 글쓰기에 중요한 영향을 미쳤다. 문학을 작품보다 하나의 투우 같은 행위로 보는 인식은 이로써 더더욱 확고해졌다. ─옮긴이

아우구스티누스부터 몽테뉴까지, 루소부터 지드까지, 장 파울부터 괴테까지, 스탕달부터 레오토까지, 샤토브리앙부터 주앙도까지 그야말로 탁월한 자전적 글들에 우리는 놀라고 매료되었고, 그 완벽한 성공에 설득되었다. 그러나 우리가 아끼는 것은 이들의 글이지 이들의 진실은 아니다. 아니, 이들의 진실 또한 아끼다. 이런 중요한 인물들이 그들에 대해 무언가를 썼다면, 어떤 갈급한 필요가 있을 테니 이를 외면할 수는 없을 것이다. 진실되려고 하며 글을 쓰니 이런 글을 통해 그들 스스로를 되잡을 것이기 때문이다.

어떻게 하면 자신에 대해 진실하게 말할까? 결과가 중요하다. 하지만 의도 이상으로 그 의도가 얼마나 엄정하게 수행되는지가 중요하다. 자신과 자신 사이에 진실이라는 함수를 넣기 위해서는 집요하고, 교묘하고, 체계적이고, 고취된 싸움을 해야 한다. 끝없는 싸움이다. 희망 없는 싸움이다. 루소가 우리를 늘 감동시키는 이유가 이것이다. 자신에 대한 정확한 관점을 갖기에 이르거나, 그다지 정확하지 않은 자신의 삶을 가지고 정확한 이야기를 하는 데 크게 성공하지 못하고 있음에도 불구하고 루소의 글은 왜 감동적인가?[2] 그는 그토록 불안하고 동요에 찬 환경에서도 자신 속에 살았다.[3] 그림자 같은 수많은 적들에

---

2 블랑쇼는 『도래할 책』에서도 이미 루소에 관해 썼는데, 루소는 "권태와 실패라는 감정을 갖고 글을 썼던 최초의" 인간이며, 쓴다는 행위가 고통이고, 허위인 것을 알면서도 쓰는 행위를 통해서만 자신이 진정 소속되고 싶은 '시작'과 '자연'과 '진리'라는 근원적 세계와 관계를 맺을 수 있었다고 해설한다. 미셸 레리스를 다루는 이 장에서 블랑쇼는 글 자체보다 글을 쓰는 행위에 대해 성찰하고 있음에 유의할 필요가 있다. ─ 옮긴이

3 루소는 『고백록』에서 자신을 아는 사람은 자기 자신밖에 없다고 말하는데, 여기서 루소의

둘러싸여 걱정이 될 만큼 수많은 사람들과 접촉했어도 그는 늘 자신 속에 살았던 것이다. 거의 광기에 가까울 정도로 그렇게 살았지만, 거기에 뭔가 잘못된 것이 있어서 놀라운 것이 아니라, 자기 자신과 타자에 대한 방어 전략에 있어 거의 잘못된 게 없어서 놀라운 것이다. 그것은 처음부터 모든 것이 감춰져 있고 왜곡되어 있어서다. 단, 진실하려는 그 어둡고도 모호한 의지만은 왜곡되어 있지 않다. 다시 말하면, 일종의 진실에 완전하고 철저하게 열려 있었던 것이다. 『고백록』은 미완인 채로 남아 있다. 장 자크 루소는 스스로 방황과 불행과 동요와 번뇌와 의혹 속에 있었다. 이른바 지금까지 알고 있던 진리에서는 그가 삶에 적용해 보려고 그렇게 바라 마지않았던 정확한 척도를 찾을 수 없었기 때문이다. 그는 진리에는 맞지 않았다. 진리도 그에게는 맞지 않았다. 그에게 미지인 것은 여전히 미지로 남아 있었다. 그래서 그는 입을 다물었다. 이제 침묵은 그가 쓰는 모든 것에 와 있었다. 아무리 소리쳐도 깨뜨릴 수 없는 위대한 힘으로. 이토록 부당한 대우를 받은 ── 그를 거짓말쟁이로 취급한 자들은 진리에 대한 근심은 추호도 없는 자들이었다 ── 루소의 충실한 열독자였던 장 게에노⁴는 이렇게 말했다.

자기 인식은 자신의 내면을 파악하려는 심리학적 태도가 아니라, 자신과 자신을 들여다보는 자신의 관계를 자연의 속성처럼 온전히 무매개적인 관계로 깨닫는 태도이다. 인간 개체는 자연수 1처럼 그 무엇에 의해서도 통분되지 않는다. 이런 완전한 내밀성으로 들어갈 때 도리어 자아(에고)로부터 해방되어 참된 인간성을 회복할 수 있다고 생각한다. ── 옮긴이
4 Jean Guéhenno(1890~1978). 프랑스의 작가이자 문학 비평가이다. 제1차 세계 대전에 참전하였고, 훗날 평화 운동에 투신한다. 레지스탕스 활동을 했고, 젊은이들의 교육 운동에도 헌신했다. ── 옮긴이

"완성할 수 없었기에 『고백록』이 아름다운 것이다." "1766년 2월, 런던에 온 그는,[5] 돌연, 자신이 어떻게 되었는지 들여다보고는 더 이상 할 말이 없어졌다. 더 이상 쓸 수 없어졌다. 그는 거기서 작품을 중단한다. 이건 아마 진실되고 싶다는 그의 의지가 가장 잘 드러난 징후였을 것이다. 우리 같은 비평가와 전기작가들은 모든 것을 다 말할 수 있고, 적당히 정리해서도 말할 수 있다. 그들에게는 이것이 대수롭지 않다. 그러나 루소는 말이 잘려 나간 듯 아무 말도 할 수 없었다."

자서전이 진실의 중심을 존중한다면 그 증거는? 진실한 중심을 찾는 책은 침묵을 향한다. 책에서 끝까지 가는 자는 자신에 대해서는 끝까지 가지 않았던 자이다. 결국 말은 잘려 나갈 것이다. 이런 모든 "진짜" 고백 속의 비극은 ── 가장 강력한 측면은 ──, 더 이상 말을 할 수 없게 되는 그 순간이 오기를 기다리면서 말을 하기 시작했다는 것이다. 말은 할 수 없지만 뭔가 말할 게 있다. 그게 무슨 추문과 관련된

---

5 1761~1762년 『사회계약론』과 『에밀』이 출판되고 나서 두 책에는 판매 금지령이 떨어지고 루소에게는 구속영장이 발부된다. 루소는 그날 오후 스위스로 도피하고, 이후 몇몇 유력가들에게 피신과 보호를 요청하는 등 힘든 시기를 보낸다. 루소가 『고백록』을 쓰기로 결심한 것은 1764년경으로, 스위스 베른 정부에 의해 스위스에서 추방된 루소에게 영국의 정치사상가 흄이 편지를 보내와 영국으로 피신할 것을 제안한다. 1766년 1월 흄과 함께 파리를 출발하여 런던에 도착한 루소는 계속해서 『고백록』을 써 가는데, 런던에 체류하는 동안 그의 정신적 불안감은 가중된다. 흄의 제안으로 런던에 왔지만, 흄이 자신을 음모하는 것은 아닌가 의심한다. 그도 그럴 것이 일정 기간(1756년~1757년 사이 6개월)의 편지들이 통째로 사라졌고 그 편지가 쓰인 시기가 자신을 음모한 어떤 사건의 시기와 일치하기 때문이다 (실제로는 도난당한 게 아니라 자신의 실수로 편지를 잘못 정리한 것이었다). 그는 불안함에 결국 『고백록』 집필을 중단한다. 그러나 몇 년이 지나 다시 시작하여 1770년 12월에 완성한다. ── 옮긴이

것은 아니다. 아마도 그건 평범한 것 그 이상일 것이다. 누락 부분, 텅 빈 부분, 밝은 빛을 견디지 못하는 어떤 지대. 밝은 빛이 들어오면 힘들어하는 것이 그의 성격이기 때문이다. 비밀 아닌 비밀. 봉인된 밀랍은 깨져 떨어져 나갔지만, 이 비밀 아닌 비밀은 바로 그의 무언증 그 자체이다.

*

아마도 미셸 레리스의 유리한 점 가운데 하나는 자기에 대해 말하려는 성향과 말하기를 거부하려는 의지가 불안하고도 심각한 방식으로 자기 안에서 하나가 되는 순간을 스스로 정확히 포착한다는 것이다. 그는 말을 자를 줄 알기 때문에 정확하게 말한다. 남에게서 잘려 나가 고립감이 들면 자기에 대해 말한다. 불안한 분리감 속에서 자신을 표현할 수 있는, 그것을 알아보게 할 수 있는 힘을 찾는 것이다. "나의 친구들은 모두 알고 있다. 내가 고백의 전문가, 고백의 마니아라는 것을. 그런데 내가 자꾸 속내 이야기를 하게 되는 것은――특히 여자들과 ―, 바로 소심함 때문이다. 성性이 나와 너무 다르게 느껴지는 어떤 존재와 단둘이 있게 되면, 나의 고립감은, 나의 비참한 감정은 더욱 커져 나는 대화를 이어 갈 만한 뭐라도 찾아내 상대에게 말해 보려고 필사적이게 되는데, 그녀를 원하면서도 그녀의 마음을 사지 못해 쩔쩔매다 마땅한 주제를 찾지 못하면 결국 나 자신에 대해 말하게 되는 것이다. 내 문장들이 흘러나옴에 따라 긴장은 올라가고, 나는 나의 파트너와 나 사이에 놀라운 극적 흐름을 만들어 내는 데 이르고 마는 것이다."[6] 바로 거기가 출발점이다. 공허가 생기면 괜히 말할 필요를 느껴 말을 하게 되고, 어떻게든 이 공허가 채워지면, 욕망이 더 자극되어 또 말을 한다. 요컨대, 이 공허가 욕구가 되고, 욕망이 되고, 이것이 가라앉으면 다시 공허가 되는 것이다. 일종의 자정력. 눈이 용해되듯, 과음으로 인해 블랙아웃이 되듯, 이 상태에서 말하는 자는 자기 자신에 대한 불확실한 확신 말고는 말할 게 없다. 내가 말야, 내가 말야, 나는 말이지. 쓸데없는 건 아니나 대단한 것도 아닌 말이 되는 것이다. 볼품없게 손상된 말이지만, 그래서 행복하진 않지만, 이렇게라도 부여잡고 뭐라도 말을 하는 이상 약간은 숨을 쉴 수 있는 것이다.

이런 운동성은 "도스토옙스키식 고백"에서 기인했을 수도 있다. 무언가를 열정적으로 토해 내지만 그 말들은 응집력을 갖지 않고 이런 불안과 동요 외에(이것도 이미 많은 거지만) 딱히 말하는 것은 없다. 그러나 만일 그가 이와 전혀 다른 결과에 이른 것이라면, 다시 말해 확고한 의식을 갖고 지배하며 쓰는 작품 안에서 규칙이 보이게, 물론 이런 규칙은 쓰면서 예감할 뿐이지만, 끊임없이 통제하고 제어하면서 자신을 표현하기에 이른 것이라면, 그것은 우선 미셸 레리스가 엄격함도 없고 형식도 없는 취기의 말을 상당히 불신하기 때문이다. 왜냐하면 이런 식으로 표현하다 보면 당장이라도 자신을 거부할 것이기 때문이다. 자기를 내려놓고 싶고, 포기하고 싶은 욕구, 그러나 위험한 욕구. 이런 약함은 "진짜" 약함이 아니기 때문이다. 이것은 그저 위로받고 싶

---

6 Michel Leiris, *L'âge d'homme*, Paris: Gallimard, 1939.

은 마음에 불과하다. 그래서 제3권에서는 옛날식의 속내 고백을 다소 요약적으로 비판한다. 가령 이렇게 말한다. "술을 마신 후 도스토옙스키식으로 하는 고백은 내게 거의 관성이 되다시피했다. 그러나 이제는 그렇게 감정적으로 도취되어 내 안에서 일어나는 반응을 나는 끔찍이도 싫어한다." 둑을 무너뜨릴 만큼 통렬하게 쏟아붓는 격정적 토로는 가끔은 술에 취했기에 허용될 수 있었지만 이제는 기피된다. 피상적인 말, 속임수를 쓴 말. 이건 그저 말에 불과하다. 반면, 미셸 레리스는 쓴다는 것을 의식하면서 쓰고, 쓴 것 ─ 진정 "문학적인" 작품 ─ 에서 막연하게나마 어떤 효과를 발휘하는 그 무엇을 기대한다. 그가 이런 글을 쓰는 이유는 글에서 자신을 드러내려는 것이 아니라 지나치게 자신을 곡해하지 않는 선에서 자신에 대해 쓰며 자신을 되찾고 혼란스럽게나마 찾고자 하는 것을 하나하나 찾아 가기 위해서다.

자신을 찾아 가면서 자신을 재구축하기. 계획치고 너무 간단한 도식인가? 다소 불분명하고 주저함이 없지는 않은 계획이지만, 이 계획을 실행하면서 더 잘 알 수 있게 될 것이라는 희망으로 시도해 보는 것이다. 레리스는 『성년』을 쓰고 나서 『게임의 규칙』이라는 제목의 새로운 작품을 구상한다. 15년에 걸쳐 두 권으로 나누어 출판하고, 뒤이어 다른 두 권이 또 나온다.[7]

---

7 『게임의 규칙』(La règle du jeu)의 제1권은 『삭제선들』(Biffures), 제2권은 『잡동사니들』(Fourbis)이다(갈리마르 출판사에서 출간했다). 이어 "미세 섬유들"(Fibrilles)이라는 제목으로 제3권이 나왔다. 이 프로젝트를 종료하려는 시도가 없었기 때문에 어쩌면 가장 직접적이고 격렬한 방식으로 우리에게 한 생애 전부를 온전히 껴안을 수 있는 권한을 준 셈이다. 후대에 이것을 읽는 독자는, 그러니까 만기가 지나서 나중에 읽는 독자는 이른바 "시

『성년』의 후속을 낸다는 것은 위험한 시도였다. 원했던 것을 완벽히 해냈는데, 그러니까 "최대의 통찰력과 진정성"으로 자신에 대해 말하는 것에 성공했는데, 이를 멈추지 못한다면 위험하다는 것이다. 그런데 저자로서는 이처럼 유혹적인 게 없다. "지아"는 풍요로움 때문이라기보다 가난함, 만족이 안 되는 결핍감 때문에 아무리 말해도 지치지 않는다. 그러나 독자로서는 대단한 문학적 장점이 많아 찬사를 보내는 책 한 권만 읽어도 만족이 된다. 할 말이 너무 많아 격렬해지고 ——내가 나 자신에 대해 말할 때, 거의 나체가 된 듯 솔직함으로 말할 때 어찌 격렬해지지 않을 수 있겠는가 ——그 격렬함이 그대로 언어 형태를 띠면, 둘 사이에 균형이 잘 유지되기란 어렵다. 그렇다면 독자로서는 이런 불안과 불만이 따르게 된다. 왜 그는 아직도 자기에 대해 말하지? 이미 다 말하지 않았어? 패기였던 것이 독선이 되고 마는 것인가? 처음에는 도저히 억누를 수 없어 ——둑을 무너뜨리지 않고 안에 잘 담고 있듯 애써 참아 왔는데 ——말했던 것인데, 아무 말도 할 수 없었을 때부터 실은 뭔가 말하고 싶었다는 것이 드러난 셈이다. 그러나 지금은, 그저 자신에 대해서만 말하고 있지 않은가. 아무런 할 말도 없기 때문에 말이다. 그렇다면 세계의 이야기가 끝이 나지 않듯, 자서전도 끝이 나지 않고 계속될 수 있을 것이다. 그러나 『성년』은 이야기와는 거리가

학"이 부여한 약속에 항상 늦는 셈이 된다. 다시 말해, 여기서의 언어는 도래할 언어이다. 그리고 그 언어에는 독자의 고유한 목표 또한 포함되어 있다.

먼 어떤 심오한 초상화다. 한 존재의 감각적인 점들을 탐색하며 아주 엄정하게 추억과 사건들을 꺼내 씨줄과 날줄을 짠다. 따라가기 쉬운 편리한 연대기가 아니라, 처음에는 잘 잡히지 않다가 마지막에 가서야 뚜렷하고 단단한 윤곽선으로 그 형상이 드러나는 것이다. 진정성으로 가득한 위대한 외양이 나타나는 것이다. 명확하지는 않지만 그 이야기에서 튀어나온 어떤 현존이 우리 앞에 있는 것만 같다. 한데 이 현존은 글쓰기 작업에 휘말려 이야기 바깥으로, 시간의 표면 뒤로 물러난다. 그래서 이른바 뚜렷한 "캐릭터"는 없지만 그것 자체가 캐릭터가 된다. 거의 신통한 현존처럼 인식되거나, 이런 이미지를 어딘가에 투사하기 위해 탐색하는 와중에 루크레티아나 유디트 같은 신화적 이름을 떠올리기도 한다. 마치 밤하늘의 주요한 별들처럼 연상하는 것이다. 사실, 우리는 이런 현존에 집착하게 된다. 우리는 책에서 느끼는 그 현존을 이런 식으로 혼동하기를 좋아하는 것이다.

악의적인 독자는 미셸 레리스가 원래의 자신보다 더 멀리 나간 것에는, 아니 자신을 그렇게 만든 것에는 어떤 절대적 이유가 있었을 것이라고 생각한다. 그가 아니라 그의 이미지에 우리가 그토록 만족한다면, 우리가 원하는 정말 유일무이한 그를 갖게 될 수도 있을 것이다. 하지만 그가 그렇게 될 수 없었던 것도 아마 같은 이유 때문일 것이다. 그는 우리처럼 자신에 만족하고 사는 정도로는 살 수 없었다. 그는 자주 이런 말을 하곤 했다. 그가 글을 쓰면서 추구하는 목표 가운데 하나는 시간의 파괴자 같은 작업에 대항해 자기 고유의 조각상을 만드는 것이라고 말이다. 이는 고전적 형태의 엄격성에도 부합하는 고정성에 대한 욕구이다. 그러면 그보다 더 오래 지속될 수 있는데, 이토록 지극히 만족스러운 그의 첫 초상을 왜 망가뜨리려고 했을까? 한 권의 다른 책을 쓰는 게 아니라 왜 자신이 쓴 것에, 그리고 사라지고 말 것에 왜 그토록 심혈을 기울였을까? 영속성이 있어야 행복한데, 그렇지 못한 엄연한 현실 때문에 그랬을 것이다. 영속성을 믿지만, 그것을 오류로 인식해서 그랬을 것이다. 그는 자신을 사랑스럽고 찬사받을 만한 영웅적인 "나"로 바꾸는 것을 좋아하는지 모른다. 그리고 그런 "나"를 숨김없이 드러내는 것을 ─ 그래서 그걸 말하는 것일 게다 ─ 좋아하는지 모른다. 자신을 속여서라도 실제는 그렇지 않지만 대리석 같은 존재라고 믿고 싶은 것이다. 그 아닌 다른 사람으로 영속되는 형태로 영원히 머문들 무슨 소용일까? 그가 사는 모습, 그가 자신을 보는 모습 그 자체가 그이다. 그가 상을, 형상을, 책을, 그것도 진정한 책을 만들고 싶다면 다른 그 무엇도 아닌 그의 삶의 엄격한 진실 속에서다. 그래야 문학적으로도 가치 있고, 읽힐 수도 있고, 다른 사람 또한 흥분시킬 수 있는 책이 될 것이다. 그렇다면 『성년』은 충실하거나 닮은 초상화가 아니었던가? 불가피하게 불충실했어야 했다. 왜냐하면 닮았지만, 자신과는 달라야 하기 때문이다. 이런 초상화는 확고한 진실성을 추구하지만 살아 숨 쉬는 존재는 부정확성을 항구적으로 벗어나지 못하므로 둘은 배치될 수 있었다.

어떻게 하면 진실을 다해 자신을 말할 수 있을까. 만일 이 진실이 뒤로 가는 것만이 아니라 앞으로 가는 것이라면. 다시 말해, 지난 이야기의 진실만이 아니라 미래의 진실에 관한 거라면. 여기서 미래란 단순히 시간상의 미래가 아니라, 예고되는 미래, 미지의 이상, 자유롭고 언제든 취소할 수 있는 이상인 미래이다. 왜냐하면 미셸 레리스는 한 권의 진실한 책이 그에 대해 제시하는 충실한 이미지만으로는 만족하지 못하기 때문이다. 그렇다고 그런 그를 비인칭적 위상으로 대체하기를 원하는 것도 아니다. 그는 열혈 당원 또는 이상적인 인류학자 같은 작가가 되려는 게 아니다. 완벽한 남편 또는 완벽한 난봉꾼(그렇게 될 수 없다는 걸 그는 잘 안다)이 되려는 것도 아니다. 그런데 이런 완벽함에 끌렸다면, 그것은 시간을 뛰어넘을 수 있는 가능성이 열렸기 때문이다. 그는 일체의 완성이 싫다. 완성은 곧 죽음을 의미하기 때문이다. 죽음이 다가오면 천사가 다가올 것이다. 그를 상대하는 천사가 내밀히 나타나 미셸 레리스에게 글을 쓰게 한다. 도망치려 해도 도망치지 못하게 항복시켜 결국은 글을 쓰게 한다.

『성년』에서 『게임의 규칙』에 이르는 동안, 아마도 이런 차이가 처음 생겼을 것이다. 『성년』은 존재하는 진실(거의 영원한)의 정당성을 인정하며 썼다면, 새로운 작품은 비스듬히 스치며 다가오는 빛의 진실 아래 썼을 것이다. 저자는 이런 빛을 향해 항상 신중하게 몸을 튼다. 욕망하면서도 의심한다. 살아가며, 글을 써 가며, 이런 게임의 규칙들을 배워 나간다. 희미한 희망 속에 그가 왜 글을 써야 하는지, 어떤 이름으로 살아가야 하는지 알게 된다. 계획을 남길 때만 완성될 수 있는 계획. 사행천처럼 굽이굽이 흘러가며 무한한 탐색을 하는 동안 알 수 없는 신통한 소리는 때로는 갈라졌다가 때로는 조여졌다가 때로는 진중하고 충만해지며 마침내 일단락이 되듯 표명되고야 마는 것이다. 결국은, 완성되기를 희망하는 수밖에 없는 것이다.

미셸 레리스는 이제 미끄러지듯 스며들어 오는 진실에 호소하며 『삭제선들』을 쓴다. 점진적으로 다가오는 진실을 하나의 확정 사실로 받아들이라는 게 아니다. 절대적 미래가 온다는 식의 확고부동한 결정을 내리라는 말이 아니다. 현재를 살아가지만 현재를 이야기로 쓰기는 어렵다는 식의 협소한 현재로 받아들이라는 말은 더더욱 아니다. 말 그대로 미끄러짐. 진실은 그런 양태이다. 그의 책이 우선 시도하는 것이 바로 이것이다. 미끄러짐의 경험. 『성년』은 과거에 닻을 내리고 있는 편인데, 아마도 대부분 저 먼 유년 시절에 깊이 틀어박혀 있지만, 회전판을 돌려 글을 진행시키듯 특별히 애호하는 몇몇 단어들이나 일련의 수수께끼들을 찾아 글을 구성한다. 그렇게 단어들이 (연속 동작으로) 배열된다. 그러면서 느닷없이 글의 방향이 바뀌거나 ─두 갈래로 나뉘기도 하고─, 빈 구멍이 생기거나, 추억이 밀려들어 와 글을 가득 채우거나, 어떤 몽상이 떠오르면서 비슷한 상념들이 이어진다. "단어들의 형편을 따라가니 엉뚱한 괴리"가 생기고, "생각이 흘러가다 파열이 생기면 바로 거기서 다시 다른 생각으로 미끄러지기도 한다". 깨닫고 들으며 부단히 움직이고 요동치는 자신을 느끼기도 하는데, 그러면서 어떤 단단한 지점 ─차가운 조약돌 같은─ 과 부딪히기도 한다. 이런 자극적이고 도발적인 단어들 덕분에 다시 막힌 삶이 흐르는 것도 같다. 순간 실재와 상상이, 현재와 과거가, 아니 제행무상의 모든 것들이 알려지고, 드러난다.

　이런 경험의 첫 번째 특징은, 진실에 대한 극도의 근심 때문에 상상이 더 큰 역할을 한다는 것이다. 자신을 마주하면서도, 자신이 불러일으키는 메아리에 귀를 기울이다 보니, 자신이 지금 기억을 하는 건지, 아니면 상상으로 그것을 지어낸 것인지 알지 못할 지경이다. 하지만 새로운 차원의 진실을 깨닫기 위해 그는 이 혼돈을 엄정하게 예의 주시한다. 이제 그가 찾는 것은 실재 세계가 아니다. 그렇다고 정신분석을 하는 것도 아니다. 그는 오래전부터 자신을 둘러싼 큰 테마들에 사로잡혀 있었고, 이 테마들 주변으로 그가 자신에 대해 아는 것들이 구성되고, 조합되고, 적용되고, 재적용된다. 그렇다면 도대체 그는 무엇을 원하는가? 우선 이런 구형球形의 영역을 움직이는 상태로 유지하는 것이다. 그것을 인정하고 주장해야 책이 쓰이는데, 그러다 보면 그 영역이 너무 고정될 위험이 생긴다.[8] 이런저런 숨겨진 사건이나 그의 운명을 뒤덮고 있는 몇몇 큰 특징들만 되짚는 게 아니다. 자신을 일부러라도 불안정하게 만든다. 헛발을 짚기도 하고 위기의 핵심에 닿기도 할 것이다. 현재의 그, 또는 지난날의 그만 흔들리는 것이 아니라 그에게 한때 있었던 여유와 자유 또한 흔들린다. 그러나 이렇게 되어 가는 비밀, 이런 행복, 그리고 또 이런 잘려 나간 호흡, 이런 진동, 이런 섬광과 함께 찰나적으로 자유를 발견한 듯하면서 명민한 의식의 불빛이 켜

---

8 바로 이런 이유로 해설자는 저자의 솔직함에 이와 똑같은 신중함으로 대답해야 한다. 특히 어떤 초상화의 초상화가 되지 않도록 각별히 주의해야 한다. 흔히 이런 초상화는 단순화되게 마련인데, 그러면 살아 있는 모델에 죽은 가면을 씌워 주는 것이 되기 때문이다. 이미 다소 고전적인 방식으로 미셸 레리스라는 인물의 성격이 완성된 첫 번째 저작과는 다르게, 여기서 저자는 자신의 자유로운 진실을 되찾기 위해 본능적으로 자신 안에 빠져들며 반응했다.

지고 다시 자유가 불타오른다.

어린 시절의 경험이 우대된 것은, 재발견이라는 희망으로 어린아
이처럼 질문하기를 멈추지 않아서인 것으로 보인다. 속임수를 쓰거나
시적 활동과 약간 거리를 두는 경험을 통해, 지금은 다 박탈당했다고
여겨지는 수많은 자원들을 잠시라도 되찾는 것 같기 때문이다 ─ 그
는 더는 꿈꾸지 않는다. 더는 시를 쓰지 않는다. 더는 상상의 이야기를
쓰지 않는다. 그는 요람에서 조용히 흔들리며 잠들듯 자신을 달래기
위해 어린 시절을 찾는 게 아니다. 자기 실존에 자유를 주기 위해서다.
활발하고 거칠게 움직이기 위해서다. 그의 책에 이 짧은 찰나적 순간
들을 가득 채우기 위해서다. 삶이 반짝거리며 빛나듯 그런 눈부신 순
간들을 책에 담고 싶은 것이다.

자기 안에서 일어나는 예측할 수 없는 것들을 해방시키고 통제하
기 위해 ─ 그는 이 예측할 수 없는 것을 찾고 있으면서도 막상 두렵
다 ─ , 미셸 레리스는 아마도 변덕을 부리듯 다소 즉흥적인 말로 돌아
왔는지 모른다. 그에게 도취성, 소극성, 그리고 초현실주의가 차례차
례 나타나는 것도 그래서다. 하지만 삶의 우연성이 그를 혼자 있게 하
지 않는다. 『삭제선들』의 독창성과 그 어려움은 발견하게 될지도 모를
것이 있음을 말해서가 아니라 이미 너무나 중요해진 발견의 경험에 대
해 말하고 있기 때문이다. 저자는 자신에게 거의 속지 않는다. 경솔함
에 빠지지도 않고 오히려 과학적인 방법론에 훨씬 익숙하다. 여기서
경험이라는 단어에는 연구와 탐색의 의미가 있다. 준비가 철두철미한
작업, 엄격한 장악 정신, 언어에 자신을 내맡김 같은 것이 서로 공조한
다. 이로써 "탐지와 흥분"이라는 서로 다른 기제가 마법적으로 하나가

되며 더욱 힘을 발휘한다. 파일을 연구하고, 자신에 대한 여러 문헌들을 연구한다. 이 문헌들에는 자기 이야기들이 파편적으로 들어 있다. 이것은 마치 아무리 해도 일렁이지 않는 말 없는 먼지 가루 같다. 한데, 먼지 같은 이 부스러기들이 사색과 사실의 첫 번째 소재가 된다. 자석에 딸려오듯 이 소재들이 글에 딸려오면서 활성화되는 것이다. 이제 이 소재들은 각기 그룹을 이루어 새로운 형상을 만든다. 새로운 것만이 아니라, 진실하면서도 사람을 흥분시키는 뭔가가 있다. 인생 교훈 그 이상의 전율에 가까운 지혜를 만난다.

이런 작업을 위해서는, 분명 남들과는 아주 다른 재능과 약간의 방법론을, 더욱이 아주 많은 인내심과 엄격함을 지녀야 한다. 불신 속에서도, 존재와 사물의 거래를 가능하게 하는 경이와 모종의 관계를 가진 자유로운 말. 이런 말과의 계약은 어느 정도 유지되어야 한다. 『삭제선들』의 저자를 매우 박식한 사람으로 만들어야 잘 속을 수 있을 것 같다는 생각이 든다. 불타는 직감으로, 단어들을 모으기 전 파일들을 분류하고 정리하는 문서관 아니면 회계원 같은 사람 말이다. "문학적 작업의 수준"에 이르지 못했다고 느낄 때 쓴 주석들은 학문이라기보다 우울함의 산물 같다. 하여 아주 희미하게나마 남은 희망으로 작은 계획들을 수행하며 사는 수밖에 없는 것 같다. 『삭제선들』에서 일화들은 최소한으로 축소된다. 추억은 생각이 움직이면서 파편화되고 원자화된다. 생각에 생각을 거듭해 추억을 끝없이 일으켜야 그 추억의 싹이 튼다. 생명력을 얻어 살아날 수 있는 힘을 얻는 것이다. 경험이란 거의 성찰의 삶과 그 성찰을 수행하는 경계와 감시에 의해 지탱된다. 사실을 검증하는 것만이 아니라, 상상을 숙고해야 한다는 경각심.

또 그런 의식을 갖고 늘 극한의 노력과 긴장을 해야 하는 것이다.『성년』이후 언어조차 변했다. 문장들은 더 길어지고, 더 무거워졌다. 항상 온갖 세심함과 주의를 다하고 미묘한 차이를 살리고 우회한다. 직진을 거부하며 더 무거워진다. 왜냐하면 "실제 행위"$_{fait}$는 누설될 위험이 항상 있기 때문이다. 이어, 일단 소통되면 다시 공허만 남을 수 있다. 이 공허 앞에서 저자는 분명 공허를 피하지만, 결국 피할 수 없게 된다. 왜냐하면 이런 도피는 속임수에 불과하다는 것이 뻔히 보이기 때문이다. 글을 쓰면서 형상으로 나타나는 번뇌, 이것은 그의 요구이자 그의 삶이다.

*

그 결과 결박되고 뒤틀린, 행복하지 않은 책이 나왔다고 말하는 것은 쉽다(나는 진실이 나타날 때까지 계속해서 글쓰기를 멈추지 않는 이 집요한 진실의 탐색을 통해 이 놀라운 책이 나왔다고 생각한다). 하지만 여기에 하나 덧붙일 것이 있다.『잡동사니들』이라는 이름으로 ——『삭제선들』이라는 단어를 반어적으로 뒤집거나 약화한 —— 출판된 다음 권에서 저자와 독자는 이 힘든 싸움에 대한 보상을 받는다. 보이지 않는 채를 집요하게 휘둘러 그의 낮과 밤을 뒤흔든 나머지, 아니 그 자신을 뒤흔든 나머지 이제 충분히 결박에서 풀려난 듯하다. 두 개 혹은 세 개의 큰 심상이 떠오르고, 반드시 진실해야 한다는 강박적 번뇌와 자유롭게 있고 싶은 희망과 그 자신과 다른 사람에게 다 읽히고, 보이고 싶은 욕망이 마침내 화해하는 것이다. 베니-우니프의 매춘녀였던 카디쟈의 일화로 결국 작품이 끝나는데, 여기서 카디쟈는 그 자체로 신격화된다. 저자는 이 인물을 있는 그대로 그릴 뿐 더 낮추거나——지독하게——더 높여 이상화하지 않는다. 미셸 레리스는 마르셀 주앙도가 아니다. 주앙도는 점술적 상상력을 통해 인물들에 전설 같은 진실을 부여하는 편이다. 카디쟈는 의심할 바 없이 정확히 서술되고 충분히 수정된 것으로 보인다. 그 솔직함과 신중함이 묘하게 하나로 어우러져 있는 인물이다. 차마 다 보여 줄 수 없는 외설적인 디테일까지 섬세하게 진술되는데, 기교적으로 생략할 수 있는 바를 차라리 충실하게 기록하는 것이다. 거기서 생기는 정당한 감정 외에 다른 특별한 것을 존중해서가 아니다. 이 일화에서 위대한 신비감이 생기는 것은 바로 그래서다. 그는 "창녀 카디쟈에게" 강인함과 부드러움이 하나된 천사의 위엄을 수여한다. 이 천사의 어둡고 침묵에 가까운 대화 때문에 저자는 마침내 그나마 가지고 있던 것도 다 포기하기에 이른다. 겨우 두세 가지 몸짓인데, 잘 포착되지 않는 실상의 진리를 인간 존재가 포착하려면, 아니 그런 능력을 가지려면 아마도 하나의 단어, 하나의 태도가 필요할 것이다. 한순간의 엄청난 존재감은 바로 그렇게 느껴지는 것이다. 로르라는 이름의 젊은 여자도 이런 식으로 그려진다. 격정적이면서 반항적인 순수성은 도무지 잊히지 않는 몇몇 페이지들을 만들어 냈다. 이 젊은 여자는 아주 멀리서 말해지는 것 같다. 마치 죽음 속에 있다가 뛰어나온 것처럼 두세 가지 이미지만을 가지고 조용히, 그러나 힘 있게 말해지는 것이다. 이런 이미지만으로도 충분히 그녀를 그려 낼 수 있다. 카디쟈의 천사 이상으로 접근이 힘들지만 그만큼 어둡고 깊은 힘을 발휘하는 천사가 나타나 미셸 레리스를 글 쓰게 한다. 하지

만 뭔가를 약속해 주는 진실은 없다. 도리어 진실을 크게 손상시키며 그로 하여금 글을 쓰게 하는 것이다.'

---

9 진실과 『게임의 규칙』의 저자 사이에 이렇게 거의 강제된 관계는 어디서 오는 걸까? 왜 이 저자는 진실한 자신을 찾으려 하는 걸까? 왜 이토록 진실하게 자신을 표현하고 싶어 하는 걸까? 순신한 질문일 수 있다. 그러나 이런 질문을 자꾸 하게 만드는 작품이다. 그는 어떤 신체적 힘과 담대함이 여러 미덕을 갖지만 자신에게는 이것이 부족하다고 생각한다. 이것 들이 결점을 만들어 내므로 균형을 잃지 않기 위해서 자신을 인식하고 판단하는 까다로운 욕구로 이를 만회하려 한다. 명철함은 바로 이런 결핍에서 나온다. 이 명철함은 빛을 발하 는 부재가 될 것이다. 빛이 나는 공허가 될 것이다. 돌아보는 시선으로 확실한 힘을 만들려 면 여린 부분이 있어야 한다. 애초에 열린 틈 같은 절개 부분이 있어야 이 공허에서 시선이 생기고 그 시선을 자신을 향해 던지면서 자신을 조명하고 자신을 정확히 채우면서, 새롭게 충만해지는 미래가 — 비록 환상일지언정 — 오는 것이다. 『삭제선들』의 저자는 뱅자맹 콩스탕과 프루스트 사이에 위치한다. 두 작가 모두 자기 나약함에 대한 가혹한 감정과 자 기 부족함을 딛고 나온 경험을 통해 자신들을 바라보는 혜안을 갖고 있다. 하지만 미셸 레 리스는 자신의 공허를 있는 그대로 투명하게 볼 수 있는 능력이 있고, 그렇게 조명함으로 써 자신을 안심시키려 한다. 이것은 죽음에 대한 강박의 또 다른 양상으로, 그는 이런 강박 아래서 살고 글을 쓴다. "모든 것이 달아나는 이 구역질 나는 순간에 대한 예지로 나는 이런 나로써 솜털처럼 여리고 희미한 세계를 만들 수 있다. [⋯] 내 귓가에서는 아무런 노랫소리 도 들리지 않는다. 몇 년 전부터는 나의 밤들이 꿈을 통해서도 소생하지 않는다. 엄중하고 진지한 세계의 경계들을 빠져나오는 이 모든 것들이 나는 공포스럽다." 그에게 주어진 이 런 "좌절의 대가로 매우 건조한, 긍정주의적인 방식으로 사물들을 보게 하는 어떤 능력을 얻는다". 그저, 이런 자서전 문학은 자신을 해체하는 힘을 제어하기 위한 시도처럼 보일 수 있다. 그가 이 힘을 남성적으로 극복하지 못한 이상 — 이 세계의 사회적·경제적 해방을 위해 남자로서 일해야 하는 의무 — 그렇다면 이런 문학을 함으로써 그의 목표를 달성할 수 있을까? "도스토옙스키식의 고백들"이 나타난 이래 문학은 사실상 최고의 위협이 되었 다. 자기 안에 있던 텅 빈 말마저 침묵하게 하면서 이제 남은 것은 공허밖에 없음을 문학은 알리고 있는 것이다. 그런 날이 되면, 글쓰기를 포기하는 것만이 아니라, 그가 적응하는 데 실패한 기만의 또 다른 형태인 진지한 정신으로 자신을 석화시켜 버릴지도 모른다. 따라서 그는 이것을 이겨 내지도 못하고 또 지게 놔두지도 못한다. 하여 글을 쓰면서 이런 동맹 조 약을 체결해야 한다. 글쓰기를 통해 거스르는 힘이 생겨 이렇게 수줍게 도식화라도 하면서 결론 낼 수 있게 된 것이다. "죽음이 나를 점령하지 못하는 이상, 요컨대 죽음은 멀리 떨어 놓아 서는 안 되고 오히려 길들여야 하는 하나의 관념이 된다."

17

몽상하다, 쓰다

"황금기"라는 제목의 왜소하고 얇은 시리즈가 있었다. 프랑스 작품 옆에 외국 작품들도 함께 들어가 있는데(조르주 바타유, 르네 샤르, 마아스트, 랭부르, 레오노라 캐링턴 또는 그라베, 브렌타노 등), 미셸 레리스도 여기서 처음『밤들』[1]을 출간했다. 40여 년간 그의 동반자였던 꿈들에 대한 이야기였는데, 꿈꾼 것을 정확히 기술하듯 쓰여 이것은 그의 삶의 보완일 수도 있고, 더 나아가 그가 부단히 심화한 글쓰기를 통해 묘사하고 포착한 바를 더욱 보완하는 것이라고도 볼 수 있다. 그렇다, 옛날에는 이것을 아마 이렇게 읽었던 것 같다. 그리고 거기서 읽은 아주 인상적인 꿈이 있는데,『성년』을 쓰면서 작가로서 얼마나 많은 근심과 경계와 주의가 있었기에 밤의 꿈속까지 따라온 것일까. "이런 꿈

---

1 Michel Leiris, *Nuits sans nuit et quelques jours sans jour*, Paris: Gallimard, 1961.

을 꾸고는 소스라치게 놀라 깸. (Z.는 소리를 지르지 않을 수 없었다.) 나는 더 잘 들여다보려고 소의 눈을 닮은 구멍 속으로 내 머리를 집어넣었다. 그러자 아프리카에서 보았던 진흙으로 만든 원통형 곡물 창고와 유사한 어둡고 닫힌 공간이 나타났다. 내 불안은 여기서 기인했을 것이다. 이렇게 밀폐된 공간 위로 내 몸을 기울이고 그 컴컴한 내부를 보는데, 내가 바라보고 있는 것은 다름 아닌 나 자신이었던 것이다."

한데 여기서 꿈꾸는 자는 자기 계획과 성찰을 추구하는 게 아니다. 계획을 세워 작품을 만드는 것이라기보다 이런 계획을 그대로 옮겨 보는 것이다. 다시 말해 어둡고 난해한 언어로 옮겨 보는 것이다. 불안은 자신의 내면을 억누르고 있는 기괴한 현실들을 알아보면서 생긴 게 아니라, 자기 자신을 들여다보는 행위에서 생긴 것이다. 빛 하나 없는 꽉 막힌 공간 외에 달리 보이는 것은 하나도 없는데 말이다. 더욱이 이 공간은 점점 조여 오기 시작한다. 3년 후 이런 행위에 관한 전혀 다른 새로운 꿈을 꾼다. 한데 이번에는 이런 테마와 직결된다. 꿈이 다시 꿈으로 이어져야 끝이 날 것이다. 강바닥이 상승한 탓에 강물이 드러나고 범람하듯 깊은 수면 속으로부터 위로 올라와 잠을 깨려는 노력이 아니라, 이와 반대로 출구가 바닥에라도 있듯 더욱 아래로 하강하여 또 다른 꿈속으로 들어가 깊이 침잠한다. 이 두 꿈에는, 그러니까 하나씩 차례대로 이미지로서 포착되고 체험되는 이 두 꿈에는 공통적인 것이 있다. 그것은 바로 뒤돌아보려는, 되돌아가려는 행위이다. 첫 번째 꿈에서는 하나의 단순한 이미지로 내적 성찰을 하며 자신을 뒤돌아본다. 두 번째 꿈에서의 행위는 아까 그 꿈으로 되돌아가려는 행위이다. 스스로 낚이고, 스스로 감시하고, 스스로 자기가 누군지 확인하려고 뒤돌아보면서 몸부림치는 것이다. 깨어서 불침번을 서는 것이 아니라, 잠이 들어, 꿈을 꾸며 불침번을 서듯 그야말로 이해할 수 없는 이상한 각성 상태로 들어가는 것이다. 자기 고유의 대단원을 찾아가는 것처럼 말이다.

이런 성격의 우회 운동을 어떻게 설명할 수 있을까. 꿈을 꾸는 자가 잠을 자는 자에게서 돌아눕기? 때론 꿈을 꾸지 않는다고, 그러니까 잠을 자지 않는다고 생각하는 꿈을 꾼다. 때론 그가 꿈을 꾼다고 생각하는 꿈을 꾼다. 더 안에 있는 꿈속으로 이렇게 도망치면서 첫 번째 꿈이 꿈이 아니라고 믿는 식이다. 혹은 그가 꿈을 꾼다는 것을 알면서 잠을 깨지만 다시 그 꿈과 완전히 똑같은 꿈속이다. 다시 말해, 꿈을 꾸다 깨어나지만 다시 꿈이고 또다시 꿈인 것이다. 비슷한 꿈속으로 계속해서 떨어지는 이 영원한 전락(돌발적 사건들의 연속처럼). 이토록 집요한 도착성(로제 카유아[2]는 그의 책에서 깨어날 때까지 계속되는 이런 혼란한 연속성을 잘 묘사한 바 있다) 때문에 우리는 밤마다 순진하게, 아니면 불충하게 이런 질문을 던질 수밖에 없는 것 같다. 꿈속에서, 누가 꿈을 꾸는가? 꿈을 꾸는 이 "나"는 어떤 자인가? 이 "나"로 간주되는 인물이 한 명 있다고 가정하면, 그 자는 어떤 자인가? 잠자는 자와 꿈속 줄거리의 주체인 자 사이에는 어떤 벌어진 틈이 있다. 구조의 차이 또는 간격이 있지 않나 하는 의심이 드는 것이다. 물론 정말 다른 사람이라는 게 아니라 다른 성격의 사람이라는 말이다. 한데 그게 도대체

---

2 Roger Caillois, *L'incertitude qui vient des rêves*, Paris: Gallimard, 1956.

뭘까? 만일 우리가 밤의 그 모험들이 당연히 우리 것이라도 되는 양 서두르며 갈급히 가지려 한다면. 우리가 그것을 횡령한 것 같은(승인한 것도 같고) 기분이 들지 않을까? 나와 또 다른 나 사이에 거리가 생기는 것이다. 그런 식의 약간의 특별한 종류의 거리는 말하자면 원상 복귀가 불가능한 거리이다. 이 거리를 그대로 유지한 채 꿈의 기억을 간직하는 것이다. 꿈을 꾼 자와 꿈속의 그 자는 동일한 인물인 게 확실한데, 거리가 있으면서도 거리가 없는 것 같고, 멀어서 더 가까운 것도 같다. 아니면 멀어서 더 잘 보이고 매혹적인 것만 같다. 얼마 전부터 자주 나오는 표현이지만, 서술하는 화자가 있는 작품이나 시적 또는 극적인 작품을 읽다 보면 이런 의문이 생긴다. 화자는 "나"라고 쓴다. 한데 그 "나"가 저자 자신과 어떤 상관성을 갖는지 알지 못하고 쓰는 건 아닐까 하는 의문이 드는 것이다.

이런 맥락에서, 벌써, 꿈은 아마도 문학 가까이에 있다. 아니면 적어도 수수께끼, 예언, 환각 가까이에 있다.

미셸 레리스로 다시 돌아오면, 자신에 대해 그렇게 근심이 많고, 자신이 하는 고유한 설명에 그토록 집중하는 자인 레리스가 자기가 꾼 꿈을 증언하는 데도 상당히 신중하다는 점을 나는 발견한다. 그는 그것을 적는다. 아니, 좀 더 정확히 말하면, 그는 그것을 글로 쓴다. 꿈에 대해 질문하는 것은 아니다. 이는 신중해서 그러는 것이 아니다. 주지하다시피, 자신을 점검하는 데 있어 미셸 레리스만큼 철저한 사람이 없다. 하여 사전에 예고도 없이 우리는 그의 정직한 세계로 끌려들어 간다. 이것을 다르게 말해 보면, 그는 정신분석학을 아는 것 같다. 그 방법론과 계략, 그 멈추지 않는 호기심을 잘 알고 있다. 따라서 다른 어떤 것보다 그는 자신의 꿈을 해체하여 문서처럼 읽어 낼 수 있다. 스스로는 이를 금하지만, 만일 이것을 출판하여 공개한다면, 우리에게 그것을 해독하는 기쁨을 주기 위해서? 아니다, 우리도 그가 한 것과 똑같이 매우 신중하고 분별력 있게 그것을 있는 그대로 목도하기를 바라는 것이다. 그러다 보면 그 자체로 어떤 고유한 빛이 생기기 때문이다. 하여, 이른바 문학으로 확언될 만한 흔적들이 강렬히 느껴지는 것이지 정신분석학 또는 자서전을 위해 그러지는 않을 것이다. 바로 이런 것이 꿈이다. 시가 나타날 징후들이다.

자연스레 우리가 인정할 수밖에 없는 것이지만, 꿈 상태와 글쓰기 상태 사이에는 정확한 연관성이 있다. 밤에 나타나는 여러 요소들을 가지고 문학적 작품을 만든다는 말은 아니다. 꿈의 요소들을 변형하고, 미화한다는 것도 아니다. 시적 자원들을 가지고 더 도착적으로, 더 비슷하게 흉내 낸다는 말도 아니다. 이 게임의 규칙에는 엄밀한 정확성이 따른다. 꿈이 글쓰기에 되잡히면서 외연화되는 것이다. 꿈의 존재와 글쓰기의 비존재가 서로 맞물려 간다. 적어도, 이런 기획의 가설을 다음과 같은 문장으로 도식화해 볼 수 있을 것이다. 나는 꿈꾼다, 고로 그것은 쓰인다.

*

이번에는 우리가 꿈과 글쓰기에 전제된 유사성을 꿈꿔 보자. 여기서는 글에 대해 말해 보자는 것이지 말에 대해 말해 보자는 것은 아니다. 꿈을 꾸다 깨어나면, 이것을 이야기하고 싶은 이상한 욕구를 느낀다. 꿈에서 체험한 경이로움을 누군가와 공유하고 싶어지는 것이다. 아침부터 내 말을 들어 줄 사람을 찾는데, 이 사람은 나처럼 그렇게 경탄하지 않는다. 악몽처럼 어둡거나 치명적인 꿈은 예외겠지만, 우리는 우리가 꾼 꿈 때문에 행복해한다. 자긍심을 느끼기도 한다. 작가들이 작품을 쓰면서 느끼는 자긍심처럼 순진한 자긍심으로 꿈을 꾸며 독창적인 작품을 만들었다는 확신까지 드는 것이다. 물론 우리가 뭔가를 위해 거기 있는 것은 아니지만 말이다. 그런 작품은 정말 공개될 필요가 있는지 항상 물어봐야 한다. 그 꿈이 말해져야 할 필요가 있는지, 아니 베일에 싸인 채로, 말해질 필요가 있는지 물어봐야 한다. 고대 수메르 문화에서는 이야기할 것을, 즉 꿈을 말로 옮길 것을 주문했다. 그러면 꿈에서 조금 벗어나 신비한 마력을 얻을 수 있기 때문이었다. 이렇게 이야기하는 것은 초래될 나쁜 일들을 막는 최고의 방법이었다. 아니면 진흙 덩어리 위에 특징적인 부호를 새겨 그것을 물속에 던지기도 했다. 진흙 덩어리는 책을 상징했다. 물은 대중을 상징했다. 이슬람의 지혜는 이보다도 더 확실해 보인다. 꿈을 꾸는 자에게 자신의 꿈을 털어놓을 자를 잘 선택하라고 조언하기 때문이다. 잘못 전달하느니 차라리 비밀을 지키라고 조언하기도 했다. "꿈은 최초의 통역사의 것이다. 너는 꿈을 비밀 속에서만 말해야 한다. 그것이 너에게 주어진 것처럼. 나쁜 꿈은 아무에게도 말해서는 안 된다."[3]

　　우리는 알 수 없는 갈급한 필요 때문에 우리의 꿈을 다른 누군가

---

3 나는 이 지혜를 『꿈들과 그 해석』이라는 제목의 책에서 빌려 왔다. 이 책은 마르셀 라이보비치가 기획하고 쇠이유 출판사가 출간한 "동양의 자원"이라는 시리즈에 들어 있다.

에게 이야기한다. 아마도 이 꿈을 더 사실적으로 만들기 위해서? 아니면 다른 누군가와 그 특이함을 나누면서 더 생생하게 살아가기 위해서? 꿈은 단 한 사람을 향한 것이지만, 더 많은 사람을 향해 갈 수도 있다. 공통 언어 덕분에 우리는 다른 사람의 꿈을 내 것으로 만들어 꿈의 연출자만이 아니라 배우가 될 수도 있다. 우리는 밤 동안만큼은 기꺼이 상궤를 벗어나 엉뚱하기는 해도 왠지 우리와 유사한 이 자가 되고자 하는 것이다.

*

상궤를 벗어난 이런 엉뚱함excentricité은 어디서 나오는 것일까? 가장 간단한 꿈에도 엉뚱한 게 나오면, 이런 독특한 것을 우리 아닌 다른 사람도 함께 봐 주길 바라게 된다. 답은 우선 단어 자체에 있다. 중심에서 벗어남, 아니면 중심에서 약간 바깥쪽으로 기울어짐이라는 뜻의 이 단어처럼 꿈은 실제로 그런 구조를 갖는다(또는 우리가 그런 구조로 다시 만든다). 우리로부터 벗어나 측정할 수 없는—감지할 수 없는—거리만큼 떨어진 깊은 꿈속으로 들어가게 되는데, 이렇게 거리가 멀지만 거기에 우리가 없다고도 할 수 없다. 그도 그럴 것이 도저히 무시할 수 없을 만큼 확실한 존재성이 느껴지기 때문이다. 한데 이렇게 확실한 존재성을 누구에게 가져다준다는 것인가? 꿈속에서 현존성이 가능하다는 것을 적어도 꿈속에서는 잊어버리거나 간과한다. 종종 우리에게 예견되지 않은 어떤 상면을 보거나 어깨 너머로 어떤 이미지나 진실을 포착하는 기분이 들지 않는가? 그렇다고 어떤 이미지나 진실을 포착하기 위해 우리가 거기 있는 것은 아니다. 거기 자리하지 않은 누군가에게 그것이 나타나거나 보여지는 것이다. 그것은 현존하는 주체 같은 위상도 갖지 않는다. 꿈속에서 우리가 이방인처럼 있다는 사실 자체가 바로 모든 걸 이상하게 만드는 것이다. 우리는 이방인이다. 왜냐하면 꿈꾸는 자로서의 내가 현실에 있는 진짜 나와 같은 의미를 갖는 것은 아니기 때문이다. 아니, 극단적으로 말하면 꿈속에는 아무도 없다. 그렇다면 꿈은 있지만 꿈꾸는 사람은 없는 것이다. 한데 또 의문이 생긴다. 우리가 꿈을 꿀 때, 꿈을 꾸는 것은 다른 누군가이고 우리는 그 꿈에 나오는 건 아닌지. 아니면, 그 다른 누군가가 이번에는 그의 차례가 되어 또 다른 누군가가 꿈을 꾸고 그가 그 꿈에 나오는 건 아닌지. 꿈꾸는 사람은 없는 이런 꿈의 예감이 맞다면 밤 자체의 꿈인 건지(플라톤과 니체를, 노자와 보르헤스를 동서남북 사방에 놓아야 이런 꿈에 대한 사상과 개념이 포괄적으로 이해될 수 있을 것이다).

근원을 알 수 없는, 몰개성적인, 아니면 중성적인 빛으로 가득한 이 공간에(꿈의 조명의 정도를 거의 단 한 번도 우리가 결정할 수 없다. 퍼지는 것도 같고, 부서지는 것도 같고, 잠재적으로 부유하는 것도 같다. 밝은데도 빛의 정확한 중심점은 없다) 우리 자신이라고 여겨질 만한 인물 형상들이 나타난다. 아니면 이 형상들이 우리를 그려 낸다. 미셸 레리스의 『밤들』에는 여러 다양한 시기의 작가의 모습만이 아니라, 그의 친구들도 나온다. 이들은 각기 이름과 얼굴, 습관적 특징을 갖고 있다. 당연하다. 꿈속에는 현실과 유사한 것들이 나오게 마련이다. 결코 부족하지 않고, 도리어 차고 넘친다. 왜냐하면 되도록, 경이롭게, 현실과 유사하려고 애를 쓰는 것이다. 마치 그래야 동일성이 확보된다는 듯이. 절대적으로 유사해야 빛을 발하는 지대에 들어와 있는 것이다. 그런 지대에 속해 있는 것이다. 확실하고 고정된 유사성 ── 거의 항상 확실하다 ── 을 띠지만, 불안정하게 배회하기도 한다. 하지만 매번 이끌리고 또 이끌린다. 그 무엇이 되었든 간에 어떤 것이 우릴 스치고 지나가면 우리는 주문에 걸린 듯 황홀해지는데, 찰나적으로라도 어떤 유사함을 지니고 있어서일 것이다. 이런 마력을 생각해 보자. 어떤 얼굴이 우릴 끌어당긴다. 우릴 사로잡는다. 익숙하면서도 멀게 느껴지는 얼굴은 우릴 그다지 겁주지 않는다. 우린 서둘러 그 얼굴을 식별하려 한다. 다시 말해, 어떤 원 안으로 끌고 들어가 그 얼굴을 지우는 식이다. 이 원에는 살아 있는 인물들이 연달아 달려 있는데, 유사성은 없다. 한데 갑자기 "닮아 보이기" 시작하는 순간 실제의 삶은 멀어져 버린다. 전혀 다른 세계로 들어가는 것이다. 어떤 이미지가 바로 앞에 있는데 근접할 수는 없다. 분명 현존하는데, 자기도 아니고 다른 사람도 아닌 현존의 현현 같다. 그 외양이 계속해서 다른 외양으로 바뀌며 현존하는 것이다. 시간이 지속되는 동안 ── 무한한 시간 ── 이런 유사함은 확고해지지만, 그렇다고 이런저런 개별성이 주어지는 것은 아니다. 그저 순수하고 절대적인, 단순한 유사성이다. 중성인 듯한 유사성 말이다. 닮은 자가 누구와 닮았는가? 이 사람도 아니고 저 사람도 아니다. 아무도 아니다. 아니, 잡을 수 없는 어떤 누군가다. 마치 시체 특유의 유사성처럼. 이제 막 죽은 자는 닮아 가기 시작한다. 저 도저한 유사성으로 장엄하게. 드디어 자기 자신과 하나로 결합되는 것이다. 이때의 자기 자신은 저 깊은 바닷속으로부터 천천히 수면 위로 올라오고 있는 자신의 분신이다. 정말 이상하고 아름다운 비인칭성의 몰개성적인 현존.

　꿈 역시 그러하다. 꿈은 유사성의 장소이다. 닮은 것들로 가득한 환경이다. 개별적 지시성 이전에 모든 것을 서로 유사하게 만드는, 이른바 중성적 힘이 현존한다. 꿈이라는 이 장소에 자리 잡기 위해서라도 형상들을 끊임없이 불러내야 한다. 이것은 파우스트의 거울이다. 이 자가 보는 것은 젊은 여성도 아니고 자신과 닮은 얼굴도 아니다. 수많은 일렁임과 동요를 통해 반영⁴이 생기면서, 닮게 만드는 정의할 수 없는 힘. 꿈은 흔히 이런 유사성 놀이를 통해 우리에게 온다는 것을 기억하자. 아니, 꿈은 이 유사작용 그 자체일 수 있다. 꿈에서 깨어날 때마다 묻는다. 한데 그 존재는 누구지? 그리고 곧장, 아니면 같은 순간에, 누가 떠올랐다가 다시 다른 누가 떠올랐다가, 다시 또 다른 누가 떠오른다. 형상이 또 다른 형상을 부르며 사라지듯 하는 것이다. 이 운동을 중단시킬 수 있는 힘을 가진 유일한 자는 각성 상태의 나다. 이 나의 동의하에 결정적 형태 속에 완전히 병합되고 함몰될 때까지 이 유사성 놀이는 계속된다.

4　"이어지는 밤. 그것이 끝나자마자 나는 수많은 반사광들에 있었다. 하지만 그것들을 붙잡을 수 없었다. 나는 다만 내가 꿈을 꾸었다는 것만을 확신했다. 반사광들은 너무 많은 말을 하는 것 같았다. 나는 누군가가 자기 안에서 녹아 버리는 것 같은 이 느낌을 그대로 간직했다…"(『건너간 다리』). 장 폴랑의 이 사흘 밤을 제외하곤 꿈의 투명성을 이토록 가깝게 잘 말한 것을 나는 알지 못한다. 밤부터 아침까지의 이 건너간 다리. 이것을 읽으면, 미셸 레리스를 읽을 때처럼 꿈들을 기록할 수 있다는 것이 이해된다. 또한 꿈들을 기록하고 싶어 하지 않는 것도 이해된다. 그것들이 신속히 지워져 버린다면, 빛의 흔적만을 남길 뿐인데, 여기에 아마도 그들이 우리에게 들려주고 싶은 유일한 진실이 숨어 있는 것 같다. 거기서는 드디어 추억과 망각이 일치한다.

이런 식의 성찰은 여기까지만 하겠다. 한마디로, 꿈을 꾸는 자와 자신은 그저 유사성의 관계일 뿐이라는 것이다. 분명 비슷하지만, 동일한 자는 아니라는 말이다. 이 유사성에 입각하여 그 누구든 그 무엇이든 될 준비가 되어 있어야 한다. 한데 이를 기꺼이 받아들이기 힘든 것이다. 이미지 상태의 나는 나의 이미지에 불과하다. 나의 이미지는 굽힐 수 없는 확실성 속에 있지만, 그 안에 내가 온전히 물러나 있을 수 없어 의심한다. 나의 이미지는 기묘한 나이기도 하다. 주체라기보다 객체인 것 같다. 아니면 그림자 같다. 내 안에서 빠져나가 내 말을 받아주는, 나보다 더 진실해 보이는 반짝이는 그림자. 이 그림자는 나를 훨씬 닮았지만, 나에게도 덜 알려져 있다. 꿈의 저 바닥에 뭔가 있다는 것은 ─ 깊이가 있음을 인정해야 한다. 표면이 있다는 것은 깊이가 있다는 뜻이다 ─ 익명으로 존재하는 것이 가능하다는 암시이다. 꿈을 꾼다는 것은 거의 익명성으로 존재하는 장소에 갈 수 있는 초대장을 받는 일이다. 유사성이라는 이 수수께끼 같은 보증을 믿고 자기 자신으로부터 나와 바깥 세계로 가면 될 일이다. 나 없는 나. 자신은 자신의 주체가 될 수 없다. 그런 주체로서의 자신은 더 이상 알아볼 수 없다. 이러니 누가 감히 꿈을 꾸는 자가 되려고 하겠는가? 꾀바른 화신의 초대를 받아 옮겨 가면 몰라도. **코기토**Cogito의 특전을 지닌 자처럼 이런 언질을 하고 들어가야 할까? "나는 꿈꾼다, 고로 존재한다." 아니면 이렇게 말해야 할까? "내가 꿈꾸는 그곳은 나를 깨닫게 한다." 너무 주의하고 긴장한 탓인지 꿈속에서 화들짝 놀랄 수 있다. 사실상, 이 순간이, 현재, 그러니까 지속성 없는 현재 속이다. 앞에 그 누구도 없지만, 분명 어떤 현존을 일깨우는 순간이다. 결코 어떤 존재를 상정하는 것이 아닌 그저 비존재, 문법적 도식으로 말하면, 3인칭처럼 쓰지만 그 또는 다른 어떤 그를 가리키는 것이 아닌 비인칭 주어. 미셸 레리스가 정말 안간힘을 써서라도 되고 싶은 것이 바로 이 기념비적인 "그"[11]이다. 빛도 없이 텅 빈 자신의 사일로[5] 안을 가만히 들여다볼 때 그는 그렇게 될 것이다.

*

꿈은 글에게는 하나의 유혹이다. 왜냐하면 글은 반몽 반각성 상태와도 같은 이런 중성적 경계심을 필요로 하기 때문이다. 수면의 밤에는 이 경계심이 꺼져 있지만, 꿈의 밤에는 깨어 있기 때문이다. 한편, 밤은 실존하는 것처럼 보이게 하면서 현존을 영속시킨다. 따라서 이를 분명히 할 필요가 있다. 밤으로부터 그 중성성과 불확실성을 차용하고 이 기원을 알 수 없는 모사와 유사의 힘을 흉내 냄으로써 글쓰기는 드디어 꿈의 방향을 향해 몸을 돌리는 것이다. 너무 쉽게 말하는 무의식 기법이나 나른한 선잠의 행복 따위를 말하는 게 아니다. 수면의 한가운데서 깊이 잠들어 꾸는 꿈을 말하는 게 아니다. 여기서 꿈은 밤의 한가운데에서 발휘되는 여전한 경계심이며, 늘 움직이며 살아 있고, 포착되는, 한마디로 현존성을 입증하는 명징한 의식 상태이다. 아예 잠들지 않는다면, 우리가 깨어 있는 밤에 더 가까이 갈 수 있을 것이라고 믿고

---

5 농산물 보관 창고나 지하의 전략 미사일 발사 기지를 뜻하는데 여기서는 비유적 표현으로 쓰였다. ─ 옮긴이

싶은 마음이 생긴다. 그게 암시든 환상이든 그렇게 믿고 싶은 강렬한 마음이 생긴다. 고대인들은 깨어 있는 밤을 신성한 밤이라 불렀다. 밤을 빼앗김으로써 밤을 간직한 이 기나긴 불면의 밤. 끝없이 마음이 끌려다니며 걷잡을 수 없는 영감이 일렁인다. 우리가 말하기 전에 우리에게 다 말해 주는 것만 같다. 아니 다 말해 주지는 않고 무한하고 막연할 뿐이지만 선행적으로 다 말해 주는 것만 같은 말. 카프카는 이렇게 말하곤 했다. "이 끔찍한 불면의 밤이 없었다면, 나는 글을 쓰지 못했을 것이다." 그리고 르네 샤르는 좀 추상적인 방식으로 이렇게 말했다. "시는 영원한 불면의 밤을 산다." 시詩는 바로 이것을 산다. 밤 없는 밤을 산다. 이것이 바로 미셸 레리스가 말한, 밤을 부재시킴으로써, 밤을 공제시킴으로써 두 배 강화된 밤이다. 우리도 이렇게 공제되고 숨겨지면서, 깨어 있는 자가, 각성한 자가 되었다. 잠을 잘 때도 잠들게 내버려 두지 않으니 존재와 비존재 그 사이의 긴장감 속에 있는 것 같다. 횔덜린은 이것을 다음처럼 정확한 용어를 써서 말한 바 있다. "도처에 떠다니던 가능성은 현존과 비현존 사이의 상태 속에서 비로소 실제가 된다. 이상적인 실제. 자유로운 모방 속에 이 끔찍한 그러나 신성한 꿈이 있다."

말라르메는 폭력적인 분할로, 언어를, 아마도 거의 아무런 상관성 없는 두 형태로 분리했다. 하나는 날것의 초보적 언어, 다른 하나는 본질과 정수가 살아 있는 언어. 아마도 이것이 진정한 2개 국어 병용일 것이다. 작가는 아직 결코 주어진 적 없는 말을 찾아 길을 떠난다. 말하기를 기다리면서 말을 하는 것이다. 이런 여정을 마치려면, 그를 위해 이미 역사적으로 의도된 언어에 더 많이 다가가면서도, 가끔은 모국어의 소속성을 문제 삼아야 한다.

여러 언어를 쓰면서 생각해야 한다는 말일까? 매번, 우리는 유일무이한 언어로 생각하고자 한다. 그래야 이것이 그대로 생각의 언어가 되기 때문이다. 그러나 결국 꿈을 꾸는 것처럼 생각하게 된다. 외국어 같은 낯선 언어 속에서 꿈을 꾸는 것이다. 아니, 원래 꿈이란 게 그렇다. 우리가 알지 못하는 언어로 말하게 하기 위한 계략이다. 여러 개의 다양한 언어. 투명성을 가지면서도 불투명하고 어둡고 모호한 언어로 말하게 하려는 계략인 것이다. 아마도 장 폴랑이 『건너간 다리』*Le Pont traversé*를 통해 우리에게 보여 주려고 한 것이 이것일 것이다.

18
수월한 죽음[1]

내가 장 폴랑에게서 받은 첫 번째 편지의 날짜는 1940년 5월 10일로 되어 있다.[2] 편지에서 그는 나에게 "우리는 이 날들을 기억하게 될 겁니다"라고 말했다. 그리고 18년 후의 그날, 5월 13일. 그다음 그에게 일어난 일련의 일 때문에, 우리는 의견의 일치를 보지 못했다 ─ 이어 10년이 흐르는 동안 서로 소원해지기 시작했다. 봄이 오면, 우리는 다

---

1 불교적 불립문자(不立文字)의 세계에서 말하듯이, 이 수사적 표현은 '죽음이 쉽다'는 의미가 결코 아니다. 삶과 죽음을 언어적으로 구분하는 대립논리가 아니라 지속적 일체성으로 파악하며 나온 표현이다. ─ 옮긴이

2 Jean Paulhan(1884~1968). 프랑스의 비평가이다. 1920년대에 다다이즘 운동에 참여했으며, 『신프랑스 평론』(NRF)에서 일하다, 1925년 J. 리비에르의 뒤를 이어 주필이 되었다. 1940년, 독일에 대한 협력을 거부하고 레지스탕스 활동을 했다. 1944년 그의 여러 활동과 전적이 독일군에게 알려졌고, 특히 친구의 아내이자 작가이며 댄서인 엘리자베트 클레르 툴르몽의 밀고로 게슈타포에 체포되었다. 후에 탈출하여 지인의 집에서 잠적 및 은둔 생활을 한다. ─ 옮긴이

시 만나기로 했는데 결국 그러지 못했다. 이야기의 심각성 때문에 쉽게 말할 수 없지만 일어난 일을 하나씩 떠올려 보고 싶다. 그 일을 애써 떠올리며 심각한 말을 하려는 건 아니다 ─ 심각해 보이기는 하지만 구체적인 일화가 심각하다는 것이 아니다. 그 일화들 간의 상관성이 심각하다는 것이다. 그럼에도 불구하고, 아니 그도 그럴 것이, 내가 미처 알아보지 못한 그것이 가장 중요하고 심각한 것이었다. 분명 그의 삶은 가시적으로 변화했고, 역사 또한 상당히 변화했다. 암묵적인 말만으로도 서로 이해하거나 오해하곤 하였는데, 이런 여지조차 없어질 만큼 상당한 변화가 있었다. 개인은 대중이 말하도록 입을 다물었다. 그런 것도 일종의 표현 방법이었다. 공산주의, 그것은 약분이 될 수 없는 무한한 소통에 다름 아니다. 왜냐하면 공산주의에서는 모든 것이 공동이고 공통이어야 하기 때문이다. 가장 가까운 사람과 연결되면 결국 다른 남들과 다 연결되는 것, 공산주의란 다른 차원에서 보면 이런 것이다.

❖ 나는 그의 이야기들이 ─ 이 이야기에 내가 감동받는 것은 이제야 더 잘 추억할 수 있는 어떤 모종의 방식이 있기 때문이다 ─ 거의 대부분 전쟁을 바탕에 두거나 꼭 전쟁이 주제가 아니어도 전쟁이라는 수단을 통해 쓰였다는 것에 주목하곤 했다. (가끔은 아주 짧은 암시 ─『충분히 느린 사랑의 전개』─, 가끔은 날짜 그 이상은 없는 ─『건너간 다리』.) 나는 전쟁으로 인한 커다란 공허가 필요하다고 너무 쉽게 말하곤 했다. 전쟁은 우리 목숨을 앗아 가고 우리에게 행복을 가져다주지 않는다. 모든 걸 빼앗는 박탈과도 같은 불행 역시 필요하다고 나는 너무

쉽게 말해 왔던 것이다. 그것에 대해 이야기하는 것이 가능하다면, 그것에 대해 이야기하지 않는 것도 가능하다. 나는 장 폴랑이 그의 책을, 가장 의지를 가지고 출판했던 때는 바로 전쟁 시기였다는 생각을 지금도 여전히 한다. 왜 그랬을까? 아마도 그의 책들을 시간의 틀 밖에 두려고? 아니면, 그를 통상적인 문학계에서 빠져나오게 만든 이 어마어마한 결핍과 부재가 우리 모두에게 필요했기 때문에? 이름을 남기며 책을 출판하는 행위를 하되, 통상적인 시간 밖의 시간에서 이것을 함으로써 우리를 여전히 익명의 존재로 남기고 너무 오만하거나 불손하지 않게 진정한 무언가가 되어 가기 위해서?

❖ 나는 장 폴랑은 이야기 또는 이야기 형태로만 글을 썼다는 생각을 한다. 분별력 있게도 그가 원한 것은 진지함이었지만, 바로 그랬기 때문에 우리는 그의 글을 읽으며 가벼워진다. 그의 탐색은 멈추지 않았다. 잠시 중단된다면 지속적인 운동(이야기하는 운동)을 위해 잠시 호흡을 고를 때다. 이런 지속성은 공허를 감추기 위해서다. 이 공허는 잘 보이지 않지만, 빛을 통과시킬 수도 있고 빛을 잃어버릴 수도 있다. 투명한 현상 속에서 무언가 계시되는 느낌 같기도 하다. 마치 꿈속에서 모든 것이 드러나는 것처럼. 꿈을 가능하게 하고 보장하며, 기능하게 하는 결여만큼은 드러나지 않지만. 꿈을 발견한다고 주장하는 순간, 꿈은 계속해서 변한다. 수면에 비친 반영처럼 지워진다. 만일 모든 것이 이야기라면, 장 폴랑에게는 이 모든 것이 꿈이 될 것이다. 어둠 속에서 각성이 올 때까지 꾸는 꿈. 마찬가지로 글도 꿈으로부터 나온다. 너무나 정확하고 민첩하게 계시되는 꿈처럼. 수수께끼 같은 단어로 꿈에

서 말해지듯 말이다. 이 수수께끼가 꿈속으로 부단히 들어가면서, 바야흐로, 수수께끼가 계시된다. 『건너간 다리』의 첫 문단을 기억해 보자. "너를 찾아야겠다는 결심을 애써 했을 때, 나는 꿈의 충일함 속에서 내게 응답했다. 그 다음 날부터 그랬다. 하나의 꿈은 시작을 갖지 않는다. 그러나 어떤 순수한 감정으로 녹아 흐르는 것만 같을 때 꿈은 멎는다. 더 이상 이미지들이 필요 없어져 만족이 된 건지 그때서야 꿈은 멎는다."

❖ 우리가 아마도 장 폴랑을 가장 잘 알 수 있는 것은 이야기의 운동성을 통해서다(연속적 이야기의 불연속성). 폴랑은 이야기에서 벗어나 있지만, 자신을 충분히 토로한다. 왜냐하면 그는 사람들이 믿지 않는 것들에 대해 말하는 것만으로도 충분하다는 것을 알게 되었기 때문이다 —— 이것은 작가로서 처음 발견한 것들 가운데 하나다. 사람들은 손가락만 바라보지 손가락이 가리키는 것을 바라보지 않는다는 것을 알게 되었기 때문이다(이것은 자크 라캉이 너무나 잘 활용한 에드거 앨런 포의 "도둑맞은 편지"³이다. 거기에는 계략도 도착倒錯도 없다. 쓰기

---

3 단편소설 「도둑맞은 편지」는 계략가이자 정치가인 D장관이 왕비의 비밀편지를 훔쳐 가면서 시작되는데, 도둑맞은 편지로 인해 곤경에 빠진 왕비는 파리 경시청장에게 수사를 의뢰하지만, 편지를 찾는 데 실패한다. 하여 다시 사설탐정 뒤팽에게 의뢰하는데, 편지는 누구나 볼 수 있는 편지꽂이에 아무렇게나 꽂혀 있었다. D장관은 과감하게 단순성으로 승부를 걸었고, 그의 의도를 뒤팽이 간파하여 장관이 그에게 당하는 반전으로 소설은 끝난다. 라캉은 이 "도둑맞은 편지"를 순수 기표로 설정하고, 이 기표를 바라보는 몇 가지 시선을 구분한다. 첫 번째 시선은 아무것도 보지 못하는 시선이다. 왕과 경시청장의 시선이다. 두 번째 시선은 첫 번째 시선이 아무것도 볼 수 없으니 자신이 숨겨 놓은 것이 드러나지 않으리라

와 읽기에 고유한 우회만이 있을 뿐이다. 이제부터 그가 이야기하며 찾으려고 하는 것은 바로 이 이중 놀이다. 이 이중성을 단순히 잘 살리기 위해서만이 아니라, 이 이중성을 통해 하나의 거대한 진리의 흔적을 포착하기 위해서다. 다시 말해, 비밀을 비밀로서 발견하기 위해서다. 비밀인 이상 비밀을 폭로하는 것이 아니라 비밀을 비밀 **그대로** 두면서 뭔가 분리되어 드러나는 발견. 그의 편지 가운데 몇몇 편지들은 그의 겸손을 그대로 보여 준다. 오늘날의 철학자들은 퐁랑만큼이나 합일성"에 대한 열정이 있지는 않다. 계시는 주의가 산만한 확신처럼 계시되지 않고 항상 연기된다. 인내심 깊게 기다려도 결국 실패가 예정되어 있다. 궁극적으로는 결함이다. 그렇다면 유일불가분의 세계란 어떤 종류의 세계라는 말일까?

❖ "…언젠간 나를 확신시킬 사상을 발견하게 될 것을 나는 추호도 의

여기는 스스로를 기만하는 시선이다. 왕비의 시선과 D장관의 시선이 여기에 속한다. 세 번째 시선은 앞의 두 시선들이 실패한 이유를 알고 누구나 볼 수 있도록 방치해 두는 것이 오히려 진정으로 숨기는 것이라고 생각하는 시선이다. D장관과 최종적으로 탐정 뒤팽의 시선이 여기에 속한다. 이 소설을 활용한 라캉의 분석은 면면으로 들어가면 상당히 복잡하지만, 하나만 약술하면, 도둑맞은 편지는 전달되지 않음으로써 의미의 지연이 성립되고 그래서 고통받고 있는 편지로 상징된다. 그런데 바로 그렇기 때문에 더 풍부한 의미를 띠게 된다. 퐁랑의 합일 세계란 최종 목표에 도달하지 않으려고 계속해서 탐색할 뿐 의미 확정을 지연하는 세계이다. 블랑쇼는 이런 맥락에서 도둑맞은 편지를 연상했을 것이다. 비밀은 폭로될 때 그 의미가 완성되는 게 아니라, 비밀이 비밀로서 남으며 계속해서 의미가 지연될 때 도리어 그 의미의 최종 목표에 도달하는 셈이다. ── 옮긴이
4 여기서 원어는 L'Un이다. 숫자 하나를 뜻하는 Un에 정관사를 붙여 그 특유의 고유한 의미를 함의하여 쓰고 있는데, 인간의 모든 분별심과 차이성에도 불구하고 청정한 하나의 세계로 들어가는 운동성과 수행성을 강조하고 있어 이렇게 옮겨 본다. ── 옮긴이

심하지 않는다. 줄곧 황홀경을, 권태의 부재를 발견하게 될 것이다. 내가 이런 발견을 곧 하게 된다고 생각하는 이유는 하나가 아니다."

❖ 책을 말하면서 책을 쓰는 개념에 대해 다시 한번 말하고 싶다. 이런 글을 쓰는 자는 다른 그 무엇이 아닌 탐색 자체를 위해 글을 쓰는지도 모른다. 다시 말해, 어떻게 말할 것인지, 어떻게 쓸 것인지를 끊임없이 탐색하며 글을 쓰는 것이다. 이런 탐색은 가장 어려우면서도 가장 쉽다는 것에 주목해야 한다. 왜냐하면 탐색이 행복에 선행하기 때문이다. 아니면 적어도 탐색이 있어야 강렬한 기쁨이 오기 때문이다. 이미 발견해 놓고도 잘 지각하지 못했다면, 다시 또 발견할 수밖에 없다. 이런 것이 탐색이다. 찾고 찾고 또 찾기. 이야기 형태 ── 속임수 형태 ── 를 취할 수밖에 없는 이유이다. 마치 도착한 것이 아니라 계속해서 도착 중인 물건처럼. 어떻게 그것이 도착하게 되었는지를 말하는 것 외에 달리 할 말은 없는 것이다. 그 물건이 그럴 만하기 위해서는, 즉 약속에 응답하기 위해서는 과거의 추억처럼 말해지기보다 항상 미래형이어야 한다. 그 물건이 곧 미래를 표상해야 한다. 달리 말하면, 있었던 곳이 없었어야 한다. 항상 그것을 다시 새롭게 찾지 않을 방법이 있어야 한다. "나는 이렇게 뒤섞여 있던 모험들을 이제 뒤돌아서서 본다. 한데 그렇게 복잡하던 것이 그토록 간단해 보여 깜짝 놀란다. 이 모험들의 가장 큰 장점은, 아마도, 나에게 와서 바로 나의 것이 된다는 것이다. 이게 가장 설명하기 힘든 지점이기도 하다…" 좀 더 분명한 설명은 이것이다. "이미 너무 앞서간 삶을 찾아낸 것처럼 모든 일들이 내게 일어났다. 사람들이 너무 복잡하다고 생각하는 것들을 나는 잘 알고 있

는 것 같다. 하지만 나는 그게 내게 부족한 가장 단순한 것들이라는 것을 안다. 나는 속이고 싶지 않다. 이건 정말 가장 단순한 거다…"

단순함은 항상 이미 주어진 것이어서, 결과적으로 상실된다는 것이다. 어떻게 해야 그것이 온 것을 알 수 있을까? 헤겔은 결과로써 안다고 말한다. 그러니까 일종의 "속임수"로. 또는 이치의 교활함으로 단순함이 생산되고 또 재생산될 수 있다는 것이다. 한데 장 폴랑은 이런 속임수나 이치의 교활함에 그다지 만족하지 못했다는 생각이 든다. 왜냐하면 아주 유의미한 방법으로 평가되는 이른바 변증법을 통해 상반되는 것들을 서로 이해시킬 수는 있는데(그의 탐색 중에 가장 중요한 특징 가운데 하나이다), 이렇게 하면 단순함에서 멀어지는 구조가 되어 버리기 때문이다. 이런 단순함은 지시되기 위해 반복되는 구조이다. 다시 말해 글의 중언重言 구조 속에서만 단순함이 그야말로 단순하게 표현될 뿐이다.[5] 따라서 단순해지기 위해서는 둘로 분기分岐되어야 한다. 첫 번째가 벌써 두 번째가 되어야 한다. 어떻게 해야 할까? (여러 차수가 곧 모든 차수, 아니 무한 차수가 되는 식으로.) 달리 말하면 죽음의 유혹을 피하기 위해 죽음을 중재자로 내세우는 식이다. 우리가 너무 쉽게 죽음을 이용하지 못하도록, 그러니까 우리 스스로 죽음을 자제하도록, 죽음을 가장 공포스러운 방식으로 우리 앞에 제시하고야 마

---

5 변증법과 비교되어 설명되는 이유는, 변증법이 정반합을 거쳐 플러스 방식, 즉 N+1의 방식으로 늘어나는 거라면 블랑쇼가 장 폴랑의 글에서 본 '합일' 구조는 반대로 N-1의 방식이라고 유추해 볼 수 있다. 미분되듯 자체 안에서 분화되면서 절대 밖으로는 증식되지 않기에 단순함을 유지하면서도 자체 내의 생기성은 충만하다. — 옮긴이

는 것이다.[6]

❖ 죽음과의 상관성 ── 이것을 병이라 부르자 ── 은 이야기 안에서 절대 등한시해서는 안 되는 역할을 한다. 마치 아픈 사람을 통해, 우리가 치료를 받아들여 삶을 정상적으로 사용하는 중에도 기이하고 낯선 것이 있다는 것을 알게 되듯 말이다. ("진지한 치료", "상상적 번뇌", "의사에게 보내는 편지". 우리의 마음을 울컥하게 만드는 이런 글들을 나는 다시 읽는다. "가끔 나는 여러 개의 핏방울들이 내 몸에서 갈 길을 잃고 따로 떨어져 흘러 일종의 호수를 만드는 것 같다고 느낄 때가 있다. 나는 거기 생긴 곤혹의 장소를 알아본다. 내 안의 귀로 거기 자리 잡은 불안을 듣는다. 마치 내 몸이 내가 그걸 듣지 못하게 될 거라고 애써 지시를 내려 주는 것 같다. 보통은, 꿈에서, 나 자신이 먼저 경고를 받는다. 그러면 곧장 잠에서 깬다. 제법 빨리 진행된 것도 같지만, 나는 이 경고를 깨닫게 될 것이다.") 따라서 나는 그것을 고집하려 하지 않는다. 어휘가 겸손해야 이런 움직임(지워짐)이 같은 효과를 낼 것이다. 그래서일까, 이를 병이라 하자고 제안한다. 모든 단어들을 다 끝장낼 듯 ── 이게 가능할까마는 ── 자신감에 찬 어휘보다 중력이 조금이라도 미치는(돌이킬 수 없다는 말은 하지 않으면서) 조금은 어둡고 무거운 단어를 쓰는 것이다.

---

6 여기서 죽음을 환기하는 것도 자해적으로 자멸하면서 생하는 N-1 방식의 역설을 의미하는 것으로 보인다. 삶이 연장되거나 죽음이 지연되다가 어느 지점에서 삶이 멈추고 죽음이 도래하는 통상적 관념의 죽음을 말하는 것이 아니라, 자기적 파괴로 끊임없이 생을 발동시키는 다른 차원의 사유를 하고 있다. ── 옮긴이

화자는 무심하고 초연하게 말한다. 열정적인 이유가 거기 있을 수 있다(감성의 결핍으로부터 빠져나오기 위해 감정을 애써 가지려 노력하는 것이다). 이런저런 사물과 사람들에 지치지 않고 호기심을 갖는 이유라면 그래야 자신 또는 다른 사람들에 심하게 영향을 받는 자신의 성향을 그나마 덜 가질 수 있기 때문이다. 신중하고 조심한 태도를 갖는 것은 그렇게 친절해야 자신이 편하기 때문이다(사실은 자신의 곤혹을 감추는 가면이다). 그렇게 자신을 분산시켜야 자신이 보호되는 것이다. 유혹을 견딜 수 있는 유일한 힘은 일체성Unité을 고집스럽게 견지하는 것이다 ─ 여기서 일체성이란 가장 큰 유일무이한 구도이다. 분할되어서 다른 바깥으로 떨어져 나가는 것이 아니라 이 하나의 세계 안에서 분할되므로 일체성이 지켜지는 것이다. 그러나 또한 이것은 **무심함**Indifférence[7]이다. 성격적 특징을 말하는 게 아니다. 그렇다면, 무엇인가? 그것은 수월한 죽음이다. 우리는 죽음으로부터 잘 보호받고 있지

---

7 원어의 조어로만 보면, 둘로 갈래가 나뉘지 않음이라는 뜻이다. 또는 차이(différence)에 부정 접두사 in이 붙어 차이가 없음이라는 뜻이다. 일상어로는 무관심하고 태연자약하며 웬만한 것에는 감동하지 않는 무덤덤하고 초연한 태도를 가리키지만, 블랑쇼는 이런 실제성을 더 초월하여 추상성까지 끌어올린다. 흔히 불교 철학에서, 모든 마음의 번뇌가 시시비비를 가리거나 분별하여 구별하고 차별하는 데서 오므로 이를 극복하는 차원에서 제시되는 무타무자(無他無自)의 실상불이관(實相不二觀)적인 세계(가령, 승찬대사의 신심명의 세계)를 연상해 볼 수 있다. 블랑쇼는 장 폴랑의 글과 그 글이 수행하는 바에서 깨달은 것을 L'Un, L'unité, L'indifférence 등의 프랑스어로써 표현하고 있는데, 안에서 분할되고 분별되어도 결국 다시 하나가 되는 합일적인 세계 또는 본체론적인 세계로 이해될 필요가 있다. 결국 스스로 생각을 일으켜도 스스로 소멸되어 경계와 구분이 사라지며 "마음이 여여"(心性如如)한 상태가 된다. 블랑쇼는 이런 상태를 "수월한 죽음"(La facilité de mourir)[몇몇 군데에서는 전치사 de 대신 à를 쓰기도 한다]이라는 독특한 표현으로 수사하면서 이 장의 제목으로 쓰고 있다. ─ 옮긴이

못한데, 이 용이함을 가지면 죽음을 정지시킬 수도 있게 되는 것이다. 이것은 형이상학적인 말도 아니다. 결국 차이가 생기고는 말 것이지만,[8] 할 수 있는 한 계속해서 결정을 미루는 비결정 상태를 갖자는 말이다 ── 생의 시간 또한 그러하므로. 최초의 비결정성 또는 최종의 비결정성 속에 우리가 있음을 깨닫는 문제이다.

❖ "내가 나에 대해 가지고 있는 같은 종류의 무심함을 그녀에 대해서도 가지고 있는 걸까?" "나는 나의 무심함에 자주 놀라곤 했다. 이런 결점은 공통적인 것이라고 생각했다. 가장 흔히 통용되는 감정들이 내게는 쉽게 나타났고, 다른 사람들에게서는, 의지를 가져야, 그러니까 인위적으로 나타나는 것 같았다." "이런 크나큰 발견은 ── 인생을 변화시킨 발견들 ── 내 인생에서 두 번 일어났다. 처음은 10살 무렵이었다. 그러나 그건 그렇게 즐거운 발견은 아니었다. 나는 완전 바보 같았다. 바보, 또는 정말 아무것도 없이 텅 빈 느낌이었다. 아무런 생각도 나지 않았다." "그것은 일종의 무심함으로 충분히 뭘 해결하지 못한 기분이었다." "그리고 분명, 나를 깊이 감동시키는 것이 거의 아무것도 없음이 사실이었다 ── 그러나 결국 오늘날 나는 우리에게 감동을 주는 것이 거의 없다는 생각을 하게 되었다." (이 마지막 인용은 마르셀 아를랑

---

8 생이 연속성을 띠며 유지되다 죽음이 오면 마지막 대단원의 파국적 불연속선이 생긴다고 볼 수 있을 것이다. 차이를 연기한다, 또는 차연하면서 비결정 상태로 놔둔다는 말은 이런 차원에서 이해해 볼 수 있다. 죽음을 가장 심급이 높은 최후의 궁극적 갈라짐(분기, 차이)으로 통찰하고 있다. ── 옮긴이

에게 보내는 편지에서 발췌한 것이다.)

❖ 이야기는 폭로된다. 아니, 비밀을 폭로하면서, 비밀을 감춘다. 좀 더 정확하게 말하면, 이야기는 비밀을 들고 있다. 이 비밀은 모든 이야기의 가시적–비가시적 매력이다. 실용적 서술성의 영역에 들어가 있지 않은 것처럼 보이는 글을 순수하고 정밀한 이야기로 바꿀 수 있게 하는 것도 이런 비밀이 있어서다. 비밀은 단순히 말하면 발견해야 할 어떤 것이다. 여러 기법의 서술성을 통해 어떤 거짓 분위기를 만들어 문서의 열쇠를 쥐게 하는 것이다. 결국 우리는 열쇠를 갖는다. 이야기를 풀 수단을 갖게 되는 것이다. 기다림에 대한 보상일까. 이 비밀의 열쇠를 정해진 한 방향으로 돌리면서 의미를 만들어 낸다 ── 한데 여기에는 유일한 어려움이 있다. 이 어려움을 우리가 항상 알아채는 것은 아니지만, 바로 이 열쇠 자체에 열쇠가 없을 때다. 설명할 수 있는 수단은 있는데, 설명 없이 남는다는 것이다. 아니면 그 반대로(이것이 가장 아름답고 단단한 이야기를 만든다) 어둡고 모호한 서술들이 계속 모여 단 하나의 점에서 수렴되는 것이다. 고유하고도 엄밀한 의미에서 이 단순함이 바로 우리를 흥분시킨다. 그도 그럴 것이, 우리는 옮겨지고, 또 옮겨지기 때문이다. 같은 순간, 시작에서 끝으로, 끝에서 시작으로 이동하고 전이하는 것이다. 이 유일무이한 "디테일" 속에서, 그러니까 이를 한 단어로 표현하면 일종의 일체성 속에서 말이다. 한데 이 일체성이라는 단어는 의외로 담론_{dis-cours}'의 상태를 환히 보여 준다. 왜냐하면 담론이란 결국 여러 부분들로 모호하게 흩어져 있는 것들을 하나로 **재규합**해 놓은 것이기 때문이다. 바로 이런 담론을 통해 우리는 영끙

스럽게도 전체성을 얻는 것이다. 태양이 여러 광선을 펼치며 찬란하게 빛나듯 분산성을 통해 하나의 전체성을 획득한다는 것이다. 단순히 비밀로서만이 아니라, 법을 저촉한 듯 감히 발설할 수 없는 금기로 우리에게 나타날 때까지 비밀은 그렇게 분산적이면서 전체적으로 우리에게 전해진다. 우리는 이야기 역시나 비밀을 간직한 채 이런 능력을 가지고 있음을 예감한다. 이 비밀과 함께 이야기의 가능성이 생긴다. 하여 이런 질문들도 하게 된다. 어떻게 연속과 불연속을 가지고 이야기를 하나씩 들어 올려 절대에 이르게 할까? 이런 동행성을 위해 왜 반드시 공허가 요구되고, 그에 따른 충일성이 확인될까. 분리하는 간격. 수단이면서 동시에 장애물인 이 상관성? 왜 "건너간 다리"인가?

❖ 그러나 훨씬 인내를 가지고 찾아보자. 만일 비밀이 있고, 이 비밀이 이야기의 흐름을 가능하게 한다면, 그것은 이야기가 비밀을 미리부터 보유하고 있지만, 말하지 않기 때문이다(적어도 직접적으로는). 이야기를 받치고 있는 비밀에 의해 이야기가 진행되는 것이다. 한데 비밀을 말하지 않는 것은, 말하면 뒤로 물러나거나 **뒤집어질**renverser 수 있기 때문이다. 그러나 이 비밀은, 그러니까 전복 그 자체가 아닐까. 신묘

---

9 담론이란 이야기를 주거니 받거니 하는 논의 과정으로, 단순히 한 문장이 아니라 여러 일련의 문장들 속에서 대강의 큰 화두가 읽히는 대화법이다. 블랑쇼는 이 단어의 어원 및 그 조어법에 유의하라는 듯 dis와 cours 사이에 줄표를 넣어 분리하고 있다. 어원대로라면 담론 또는 담화, 대화 등으로 번역되는 discours는 일정한 방향 없이(dis) 흘러다니며 달리는(courir), 즉 분망(奔忙)한 말이다. 롤랑 바르트는 사랑에 빠진 주체의 말은 이런 방향성 없는 분망한 말이라고도 한다. ─옮긴이

한 "실제 행위" 그 자체. 헤겔 이전에 블레즈 파스칼도 찬성에서 반대로 전복되는 이런 신묘한 일을 겪었다.[10] 이런 신묘한 행위가 우리에게 말해졌고, 어떤 면에서, 그것을 말했기 때문에 과오를 저지른 셈이 되었다. 이런 행위가 일어나는 공정은 누군가가 그것을 포착하거나 없애 버릴 수 없도록 아예 형식으로 만들지 말아야 할 것이다. 말로써 도식화하지 않는다는 조건에 따를 때만 이런 신묘한 행위가 일어나지 않을까? 어쩌면 이런 비밀은 아이러니하게도 가장 공공연한 비밀이다(너무 알려져서 다행히 잘 모르는 식으로). 모두에게 좋은 것, 그래서 상투적으로 보이기까지 하는 일반적인 것. 우리는 우리도 모르는 사이에 이를 함께 나누고 있다. 장 폴랑은 이를 언어 속에서 식별하고 그것을 거의 그의 유일한 연구로 삼았을 정도다. 언어 안에 비밀을 새겨 넣는 게 아니라 이런 비밀에서 언어의 비밀만을 보는 것이다. 우리가 잘 이해하고 있듯, 다른 것들을 가지고 어떤 하나에 대해 말하는 것은 하등 중요하지 않다. 거꾸로, 어떤 하나를 가지고 다른 것들에 대해 말하는 것 역시나 하등 중요하지 않다. 왜냐하면 거기서도 이런 전복의 법칙

---

10 블레즈 파스칼은 완전한 신에 대한 강렬한 희구와 억누를 수 없을 정도로 과도한 지적 호기심 및 자신을 초월하려는 무한한 세계에 대한 열망이 있었는데, 이른바 파스칼식의 종교적 회심에 영향을 준 몇몇 일화가 있다. 특히, 파스칼은 1654년 뇌이이 다리에서 마차가 전복되는 사고가 일어나 죽음 바로 직전까지 가는 체험을 한다. 그는 의식을 잃고 15일 동안 깨어나지 못하다가, 같은 해 11월 23일 밤 10시 반에서 12시 반 사이에 이른바 죽음의 협곡을 넘어 생으로 돌아온다. 혹자는 이를 On&Off의 체험이라 하고, 또는 바로크적 체험이라고도 한다. 이때 깨어나서 처음 쓰기 시작한 글이 『팡세』의 근간이 되었다. 이 글에서 주제어로 주로 등장하는 프랑스어 renverser/renversement은 단순히 뒤돌아 가거나 되돌아 가는 것이 아니라 물 또는 강물이 거꾸로 뒤집히는 것처럼 완전히 다른 방향으로 전복되어 돌아가는 근원적 회귀나 거듭남에 가까운 극단의 변화를 의미한다. ─ 옮긴이

이 작동하기 때문이다. 언어가 비밀을 포함한다(따라서 언어는 비밀 너머에 있다)는 것을 인정하는 순간, 이것도 덧붙여야 한다. 비밀은 언어 너머에 있다는 것. 다시 말해, 언어는 언어에 대해 말하지 않으면서 말하고 있다는 것이다. 아니, 그것만이 아니라 언어가 담론 바깥에 놓여 있다는 조건하에서 언어에 말이 주어진다는 것이다.[11]

❖ 파스칼: 파스칼에서 장 폴랑까지. 나는 그들의 행로가, 때로는 요구 사항이 동일하다고까지 말할 것이다. 거의 닮은 구석이라고는 없는 정신성인데, 이것들이 동일하다는 것은 정말 놀라운 일이 ─ 계시적인 일이 ─ 아닐 수 없다. 행로를 보자. 한 사람은 기분 전환[12]에서 출발한다 ─ 모호한 혹은 비결정적인 모호성. 다른 한 사람은 무심함 indifférence에서 출발한다. 즉 이런 상태에서는 모든 것이 구분 및 분간 없이 주어진다. 이런 모호한 비결정성 또는 구분 없는 초연함에서 차이가 서서히 뚜렷하게 구분되는 분간성 또는 판별성에 이른다. 이어

---

11 블랑쇼의 원문은 언어와 비밀의 관계를 다소 난해하게 형상화하고 있는데, 언어와 비밀(비언어성)을 표면적으로 양립해 놓는 것이 아니라, 층위적으로, 즉 뒤로 겹쳐 놓거나 포개 놓는 구조로 형상화하고 있음에 유의해야 한다. "언어는 비밀 너머에 있고", "비밀은 언어 너머에 있다"고 다소 모순적으로 말하는 것도 그래서다. 다른 두 세계가 서로 포함하고 있으면서 연이어 겹쳐 있다면 가능한 구조다. ─ 옮긴이

12 divertissement. 블레즈 파스칼의 『팡세』에 실린 글의 제목이자 개념이다. "인간의 모든 비극은 자기 방에서만 머물지 못하는 것에서 비롯되었다"는 유명한 문장이 등장하는 단락이다. 파스칼에 따르면, 인간은 자기 안, 또는 자기 내면을 들여다보면 너무 고통스러워 차라리 그것을 보지 않기 위해 바깥 세계로 향한다. di-vertir 동사는 이런 운동성을 띤 표현이다. 자기 안에 집중하지 못함이 기분 전환, 오락, 여흥, 도박 등의 뜻으로 전환되었다. ─ 옮긴이

이렇게 구분된 것을 용어 대 용어로 정리하여 양립시킨다. 너무나 분명하게 대립성 또는 상반성으로 구조화한다. 언어에서 항상 부딪히는 문제가 이것이다. 대관절 무엇이 구두적 또는 언어적인 것과 비구두적 또는 비언어적인 것을 나누는가? 그런 다음에는 의미와 비의미를 나누는가. 그것도 항상 대화 및 담론 안에서. 아니면 이미 대화 및 담론 밖에서 순수 언어와 순수 사유를 나눈다. 그리고 사유 안에서 정신과 세계를 나눈다. 그런 다음에는, 사유 밖에서, 그러니까 항상 사유 안에서 세계와 신을 나눈다. 또 빛과 어둠을.[13] 이런 것들은 끝없이 그리고 정말 끝도 없이 반드시 동시에 있어야 한다(바로 이게 놀랍도록 경이로운 것이다). 찰나적인 극단의 경험 속에서, 또는 잠정적인 결정의 경험 속에서 우리는 이렇게 상반되는 것들이 번갈아 교체되며 생겨나는 신기를 형언할 말이 없지만, 일거에 느끼고 포착하는 데 성공한다. 그것을 고스란히 느끼는 나이지만 이 나를 호환할 수 있는 단어가 없을 만큼 너무나 격렬한 이 경험은 지극히 엄정하면서도 모호한 상태다. **모든 수동성 너머의 궁극적 수동성**은 텅 빈 세계처럼 덩그러니 있고 나는 거기 휩쓸려 들어가거나 너무 놀라 거기서 달아난다. 참관하는 것이 아니라 참여하는 사건(부지불식간에 그 일부가 되어 버린다는 의미에서).

---

13 원문에 et가 일일이 부각되어 있어 고딕체로 표기했다. '그리고', '빛', '와', '과' 등으로 번역할 수 있는 이 접속사는 나열할 때만이 아니라, 같은 종류의 요소를 연결할 때도 다른 종류의 요소를 연결할 때도 모두 쓸 수 있다. 나무, 강, 바람 등 자연의 요소들은 이런 식으로 각자의 다양성 속에서 열거 및 연언되지 결코 같다거나 다르다는 식으로 가치 평가되어 범주화되지 않을 것이다. 차이의 문제를 논하며 언어 체계 안에서 분류화 오류에 빠지는 인간의 의식을 암시적으로 비판하고 있다. ──옮긴이

절대적 모호함이 절대적 명료함이 되는 적나라한 사건. 전체를 완전히 한 번에 밝혀 버리는 사건. 이제부터는 이것을 요구하게 된다. 정상을 발견하기 위해 비정상을 찾아 헤매기. 설명할 수 없는 것으로만 설명하기. 사유를 반대함으로써만 사유하기. 다시 말해 이런 **"불가사의에 따르면"**을 해 보기. 자기가 필요한 것을 잃어버리기. 이런 요구가 체계적으로 자리 잡는 순간, 이제 어두운 부분은 예감과 징후의 한 방법이 된다. 달리 말하면, 논리란 비논리를 사전에 삭제하면서(동화하면서) 논리로 축소된 것이므로, 비논리에 호소해야 이런 결함 상태가 그대로 드러나며 일관성이 살아나는 것이다.

❖ 나는 상반성을 통해 숨이 있는 신(불확실한 상태로 확실한)에게 인도되는 운동성을 사유한다. 계시와 밤, 법과 위반 같은 상반되는 것이 충돌하여 독특하면서도 상투적인 경험을 만들어 내는 이 전혀 다른 차원의 운동성 말이다. 장 폴랑이 끌어낸 경험은 비의秘儀적인 것이다. 한편 파스칼적인 사상은 비의적 현존을 금한다. 비의적이라는 것은, 이런 종류의 눈부심을 통해 깨달아진다는 것이다("비의교로 돌아가야 한다. 모든 철학 가운데 그것만이 시련에 진정 열려 있기 때문이다. 하여 궁극에 그들 철학을 현실화하기 때문이다"). 그러나 특히, 그것은 바로 이런 운동성을 통해 **깨닫는** 것만이 아니라 그렇게 **현존하기** 때문이다. "밝음의 이유가 곧 어둠이고, 해결은 곧 문제에 있다." "하지만 밤과 변신의 영역에서만 자기 자신이 **된다**." 게다가, 황홀경 또는 흥분도 이렇게 말해진다. 겸손을 엄격함의 결과라고 하듯, 황홀경은 약하고, 흥분은 재생 가능한 것이라고 덧붙여야 한다. 언어 자체가 (그러나 아마도 우

리가 이런 비의교 전통 속에 있거나, 그 비슷한 유일무이한 상황 속에 있을 때만 이런 말을 할 수 있을 것이다. 그도 그럴 것이, 이 전통에 따르면, 그건 종교가 아닌 채 현존하기 때문이다. 경험이라는 것도 말하거나 쓰는 경험이 아니다. 말하기는 경험의 첫 번째 파생 결과일 뿐이며 경험 가운데 있는 것일 뿐이다) 황홀경의 장소이다. 양립이 안 되는 것이 양립이 되는 순간 말은 없어진다. 물리적인 면과 개념 사이에, "시니피앙"과 "시니피에" 사이에 건널 수 없는 작은 심연이나 공허 같은 거리와 간격이 있거나, 끊임없이 건널 수 있는(그러나 결코 없어지지는 않고) 분리 또는 분할이 있을 뿐이다. 언어가 작동할 때마다 우리는 이런 불가사의를 수행한다. 우리는 이 불가사의가 말하고자 하는 바를 안다. 시니피앙에서 시니피에로의 통행로를, 주체에서 객체로의 통행로를, 사유에서 세계로의 통행로를, 가시성에서 비가시성으로의 통행로를 우리는 공허라 부른다. 이 공허의 세계는 개종과 전복의 장소이기도 하다. 좀 더 정확히 말하면, 서로 상충되는 용어, 근원적 차이가 있다고 여겨지는 양립되는 두 세계가 함께 있는 곳이 바로 공허의 세계이다. 불연속성은 이런 용어들이(또는 이런 순간들이) 연속해서 바로 이어지지 않게 한다. 하나로 함몰되어 합체되는 것을 방해한다. 개종 또는 전복이 거기서 일어난다면, 확신성에 사로잡혀서다. 거기에는 두 가지가 있지만, 이 둘을 지배하는 것은 바로 합일성이다. 갈라져 차이가 생긴 것들을 분간하지 않고 무심하고 초연하게 견지하는 세계가 바로 이 합일의 세계이다. 따라서 우리가 이 세계를 간절히 깨닫고 싶다면, 그런 요구를, 즉 그런 상충적 모순성을 인정해야 한다. 불연속성, 분할성 또는 배분과 공유 같은 것을 확신해야 하는 것이다. 우리가 단지 속해 있는 것만이 아니라, "우리가 뒤섞여 있는" 단일성 세계를 느끼기 위해서 ── 확신하기 위해서 ── 말이다. 매번(아마도 좀 과장해서 이것을 분명히 하는 것은 나이다) 불연속 또는 분할을 통해 합일성에 이르며 모종의 사유에 이르고, 절대의 경지에 이르는 것이다.

❖ 따라서 겸양된 표현에 속아서는 안 된다. 그것은 가공ᄁᆞ恐할 만한 경험이다. 항상 그 경험을 대면하는 것이 불확실한데도 그것을 증언하기 위해 불려 나왔다고 주장해야 하기 때문이다. 아주 드문 몇몇 순간에만 장 폴랑은 자기 세계에서 빠져나와 대중의 글 속으로 들어온다. 경험 또는 사유는 "한번 빛에 닿으면 그 빛을 버텨 낼 수 없다. 하지만 일단 경험 또는 사유가 나타나면, 뚜렷한 세계가 그 빛과 어둠으로 나타나 무한으로 펼쳐진다."(마르셀 아를랑에게 보낸 편지들 가운데) "삶이 흘러가는 동안 각자 거의 참기 힘든 경험을 하며 고통을 받는다. 살고 싶다면, 정신적으로 성스럽게 살고 싶다면, 이제부터 삶을 그 경험으로 대체해야 한다." 종교적 경험에 대한 거리감을 지적하기 위해 그는 덧붙인다. "종교적 신앙이 이런 끔찍한 경험으로 구성되는 하나의 방식이라는 것은 자명하다. 이것을 전적인 삶으로 확장하면서, 그 독을 제거하는 것이다. 그러니까 독을 용해하는 것이다." "이것은 수많은 모험을 만드는데, 반드시 즐겁지만은 않은 모험이다. 내가 여기서 어떻게 벗어났는지는, 나도 잘 모르겠다. 흔적을 남기지 않도록 어떻게 그렇게 했는지! 내가 쓴 것 안에 있는 것은 내가 가끔 두려워한 것이다."

그러나 나는 종교적 과정과 장 폴랑의 과정 사이에 또 다른 차이점이 있다는 것을 지적하고 싶다. 이 과정은 장 폴랑 스스로에게 제안

된 것이기도 하고 우리에게 제안된 것이기도 하다. 그것은 성공을 처음으로 받아들였다는 것이다(황홀감, 또는 천부적으로 받은 재능과 성공의 징후가 합일되며 느껴지는 황홀경). 한편, 두 번째 암시되는 것은, 실패감이다. 아니, 실패감이 아니라면, 적어도 의욕의 저하. 균열, 결여 혹은 결핍감. 글의 의욕은 저하되고, 우리의 의욕도 함께 저하된다. 숫제 우릴 포기하고 글은 달아나거나 숨는다. "휴식이 없는" 이유가 이것이다. 왜냐하면 이런 결핍감 자체도 궁극적인 경험에 속하는 것이기 때문이다. 아니 그 증거가 될 것이다(마찬가지로, 방금 말한 것처럼, 논리의 부족 또는 의미의 결여 또는 그렇게 된 이유도 느낌의 완성을 위해 응용된다. 그렇게 정당화되면서, 결여 또는 부족감이 아까와는 전혀 다른 차원으로 인식되는 것이다). 바로 이런 점에서, 결함도 약속 또는 경험의 조건이 된다. 필요한 부분으로써 복구되는 것이다. 따라서 자신의 결함에 집중하고, 인정하고, 확신하는 동안 벌써 자신의 결함이 그리워지는 것이다. "이런 논의는 더하면 더할수록 설득력이 떨어질 것이다." 어떤 것으로도 채워지지 않으면 살 수 없는 법이다. 바로 이래서 모순성으로 가득한 이런 과정은 빛을 볼 때까지 어둡게 찾고 또 찾아야 하며, 인내력 많고 고집스럽게, 겸손하게, 그러나 시끄럽지 않게 조용히, 관절을 하나하나 펴듯 분명하고 명료하게 해 나가야 하는 것이다. 어느 현자의 구도 과정처럼 설명하기 위해 설명할 수 없는 것을 소중히 여기는 것이 비의적 구도 과정이라 할 것이다. 이야기에 빨려 들어가면서 만일 이런 구도 과정에 우리도 참여하는 것 같다면, 어떤 것을 알게 되어서가 아니라, 그렇게 현존하는, 다시 말해, 그렇게 긴장감 있게 현존하는 경험 때문일 것이다. 어떤 중지가 있으면서 자신의 역할이 들어가면 전복 또는 변신에 더 유리하다. 아니면, 이런 방법 또는 과정 자체가 과학의 과정이자 비과학 또는 불가지不可知의 과정이라 할 것이다. 전자와 후자 사이에서 정신이 잠시 멈추거나 두 가지가 잠시 절연되는 상태가 있다. 도약이 있기 전 이 둘 간의 상호적 긴장이 있다가, 비로소 이 도약만으로도 이 둘 간의 통행 금지가 극복될 것이다.

❖ "우리가 추구하는 비밀은 충분히 잘 말해질 것이다. 아무리 큰일을 저질렀어도 세계에는 그 어떤 차이도 없다. 모든 것은 하나다."

❖ 아마도 학구적으로 성찰하면 도약이 쉬워지는 것(가령, 모순성의 일반 구조를 도출하는 것이 그것이다. 무심하고 초연한 단순함 또는 모호한 비결정성으로부터 성찰이 시작되면 모순성의 보편 구조를 이해할 수 있고 아울러 실행할 수도 있다)만 아니라, 더 어렵게도 만들면서, 결국 궁극에는 도약을 준비하는 셈이다. 왜냐하면 질문하고 분석하다 보면, 양립 용어 사이에 놓인 깊은 공허가 드러나기 때문이다. 이 공허는 때론 치명적인데, 그래서 통과 불가능하다는 것을 깨닫는다. 아니, 통과 불가능성의 필요성에 더욱 주목한다. 죽을지도 모르는 도약은 멈춰야 하는 것이다. 시련épreuve[14]이라는 말에는 이런 치명적인 통과 행위가

---

14 시련, 시험 등으로 번역되는 épreuve는 중세 때 고문 및 형벌의 한 방법이었다. 죄를 저지른 자를 불이 이글거리는 (양 끝이 뚫린) 통 속에 집어넣는데, 통을 빠져나오면 용서해 주기도 했다. '밖으로 나와'(é) 그 존재를 입증(preuve)한다는 의미였다. 힘든 과정이나 관문을 통과하는 이런 행위는 이동, 전이, 통과의 가장 치명적인 사례일 수 있다. ──옮긴이

함의되어 있다. 이로써 이동$_{\text{transport}}$[15]의 의미 역시나 폭로되는데, 아니 그 의미라기보다 어떤 사건이 도래하는지 그 현실을 폭로한다. 불법적인 것을 발견한 듯 절대 그 행위를 하면 안 된다는 것을 안다. 도약을 이해하고 납득한 순간, 도약해 버리고 싶어지다가도 우발적이거나 돌발적인 죽음을 맞을 수도 있으므로, 최대한 적절한 범위 안에서만 도약을 하는 것이다.

방심한 듯한 큰 보폭으로 심연을 그렇게 끊임없이 건너뛸 수 있는 것인지 모른다. 이런 도약으로 죽음 자체라 부를 만한 것을(달리 어떻게 부르겠는가) 통과할 수 있는지도 모른다. 이런 것을 우리는 "수월한 죽음"이라 부를 수 있다. 우리는 평생 살아가면서 죽어 가는데 차라리 이런 수월한 죽음을 실현함으로써 죽음을 무시하거나 죽어 가고 있다는 것을 잊을 수 있기에 진짜 죽음으로부터 달아날 수 있다는 것이다. 너무 범주적인 단어를 사용하지 않으면서 최대한 신중하게 말하다 보니, 장 폴랑은 의도적으로 감동적이거나 너무 강하거나 어두운 언어로부터 멀찌감치 떨어져 있게 되었을 것이라고 나는 짐작한다. 폴랑이 그렇게 글을 쓴 이유 가운데 하나가 여기 있을 것이다. 때로는 자신을 의심하는 경솔함을 보이기도 하는데, 너무 무거워지면 전복이 —— 급변이 —— 잘 되지 않으므로 이에 대한 방어책이기도 하다. 하지만 이렇게 함으로써 도약이 가능해진다. 기어코 가벼워지겠다는 것이, 대조적

---

15 일상적으로는 운반, 운송 등 교통과 관련된 말이지만, 정신분석학에서는 정신이 이동하거나 전이된 상태, 즉 정신이 나간 상태를 가리킨다. 병리적으로까지 보이는 극도의 흥분 상태를 뜻하기도 한다. ——옮긴이

으로는 다른 것을, 그러니까 이제 무거워질 것임을 예고하는 것도 같다. 그러나 이 무거움은 심각함은 보장하지 않는 또 다른 종류의 무거움이다.

죽어 가야 할 필요. 이것은 아마도 경험 속에서 항상 일어난다. 장 폴랑이 이에 대놓고 동의하지 않을 것을 나는 잘 안다. 직접적으로 이런 용어를 쓰거나 언급한 적도 없다. 다만 편지에서는 더러 나타난다(마르셀 아를랑에게 보낸 편지). "그러니까 내 말은, 이 공허는 전혀 자각할 수 없는 거네. 우리가 우리 안에서 일어난 일에 대해 자각할 수 없듯이. 마치 일종의 죽음처럼." 그리고 이런 고백. "내가 오랫동안 두려워했던 것은 죽음이라기보다 죽음에 대한 갈망이다. (이 순간에서 저 순간으로 가 버릴 수 있을 것만 같다고 느끼는.) 이건 절대 말해질 수 없는 것이다." 물론 고백이다. 그러나 자신만의 비밀 속에서 그런 경험에 거의 닿았을 수 있다. 왜냐하면 결정적 부재를 제안받는 즉시, 혹은 생각으로라도 성취하기 위해 자신의 불연속성을 완전히 연상하고 명상하다 보면 그런 일이 거의 수월하게 일어나기 때문이다. 다 내려놓고 무너지고 싶은 매력(그것을 성취할 시간도 필요 없이 당장). 그러나 바로 그래서 그 가능성에 개입해 그것을 차단해 버릴 수도 있다. 수월한 죽음. 우리에게 도사리고 있는 위험이 있다면 바로 이것이다.

❖ 이것을 다른 간접적 수단을 통해 취해 보자. 합리적일 수 있는 유일한 방법은, 모든 비합리로부터 자유롭다고 주장하지 않는 것이다(그럴 수 있다고 가정은 해도). 거기서 달아날 수 있다고도 주장하지 않는 것이다. 그보다는 차라리 비합리가 너무나 가깝고, 접근 가능하고, 익숙

해서 끊임없이 약간은 비합리적으로 된다고 주장하는 것이다. 너무 지체되거나 둔해지지 않고 비합리성이 보이지 않을 정도로 비합리성을 아무렇지 않게 실천함으로써 도리어 합리적일 수 있다.

거기에는 난파, 광기, 아니면 급류처럼 거세게 흐르는 죽음이 있다. 너무 물살이 강해 죽음에 대한 "갈망"이 일었다가도 회피하게 되는, 그래서 죽음을 피할 수도 있는 속도인 것이다. 죽음의 매혹을 견딜 수 있을 정도여야 하니, 아니, 그 매혹 속에서 부주의로 죽게 되어도 받아들일 수 있을 정도여야 하니 죽음은 이다지도 쉬운 것일까. 그래서 위험이다. 이중의 위험이다. 부주의하여 죽을 수 있거나 부주의하여 살 수 있기 때문에. 이런 부주의와 방심 때문에 죽음에 도달한다는 것을 우리는 미처 깨닫지 못하고 있는 것이다. 그러나 경계 태세하며 치르는 위험이다. 이 경계 태세가 곧 경험의 "주체"이다. 임박한 순간 이 경험을 지연시켜야 한다. 이 경험을 견뎌 내고, 오게 하고, 내달리게 하고, 숨죽이게 해야 한다. 이 경험을 위해서는 우선 자신을 삭제하거나 아니면 자신을 삭제할 수 있는 여건을 마련해야 한다. 모든 차이들은 합일을 지시하고 있는데, 차이들이 합일을 지울 때 그 차이들도 스스로 지워지게 된다. 바로 그 순간 합일 안으로 함몰되는 것이다. 이와 마찬가지로 "외양, 사물, 단어, 또는 생각"은 언어를 통해 구분되어 있을 뿐 결국은 같은 것이고 하나를 이룬다. 이 말은 이 용어들이 각기 자기 정체성을 포기해야 한다는 의미이다. 정체성$_{identité}$이란 동질성을 의미한다기보다 다른 것과 구분하기 위해 부여된 것이다. 이런 동질성을 포기하고 이 개념 자체를 파괴해야 한다는 의미를 함축하고 있는 것이다. "같음"은 차이를 무시하기에(장 폴랑에 따르면) 합일 또는 범일汎一,

Tout-Un의 상생 세계를 만들려는 것처럼 보인다. 그러나 범일성이 차이에 방해가 될 때만 이런 상생이 이루어진다는 조건 또한 받아들여야 한다.

바로 여기서 핵심적인 특징이 나온다. 결코 정면이 아니라 옆면을 보인다는 것이다. "우리가 혼재되어 있는 이 유일무이한 세계"는 그렇게 모습을 드러낼 것이다. 바로 이런 우회를 통해 우리는 단순한 것을 포착한다. 간접적인 것을 통해 직선적인 것을 포착한다. 차이 없음을 통해 차이 있음을 포착한다. 여기서 차이 없음이란 이른바 무관심, 초연함에 이르는 경지이다. 이런 세계에서는 모든 양립적이고 대립적인 것들이 합일의 세계로 환원되고 함몰되어 모든 것이 소멸하는 세계다 (순수 단순성 속에 접힌다).

❖ 나는 다시 새롭게 그리고 훨씬 분명하게 이런 운동성이 갖는 의도와 성격, 그리고 조건들을 정리하며 기록하고 싶다.

1. 이것은 더 이상 개인적인 경험이 아니다. 장 폴랑은 이것이 그의 고유한 경험이라고 주장하지 않는다. 반대로 그의 과업은 한편으로는 이런 것이 왜, 그리고 어떻게 일어났는가를 보여 주는 데 있다. 처음 누군가가 어떤 것을 알게 되면 ——더욱이 그것이 안티테제일 때——, 다른 사람들도 거기에 주목하게 되고, 그럼으로써 이 앎은 사라지거나 공유된다. 그러면 다시 사람들이 주목한 그 방향이 아닌 다른 방향으로 주목하게 되고, 이런 식으로 결국 앎은 하나로 통합된다(최초의 것을 살리면서). 더욱이 이런 앎을 파괴하고 말았을 환각을 알게 되고, 공

허 ─ 이런 죽음 ─ 를 인식하면서 이 앎은 더욱 풍부해진다. 비극적으로 고정된 순간을 거쳐야 비로소 완전한 앎으로 통합되는 것이다. 따라서 나는 앎과 무지가 교차하는 방식을 고집하고 싶다. 두 가지가 서로 허용되고 화해되어야 적어도 양립할 필요성이 더 잘 이해되기 때문이다. 이런 방식을 특히 언어학자나(예를 들어) 철학자는 만족하지 않을 수 있다. 모든 것을 받아들일 수 있는 문학만이 그것을 받아들일 준비가 되어 있다. 비록 학술적일지라도. 문학에서는 서로 모순되는 것들을 절충하려고 애를 쓰면서 이를 더 감각적으로 예민하게 기꺼이 활용한다. 훨씬 더 야생적인 것을 끌어오려 하고, 비밀을 굳이 발견하려 하지 않는다. 비밀은 그저 비밀로서 말없이 계시되도록 해야 더 완벽한 문학적 작품을 만들어 낼 수 있기 때문이다.

2. 합일. 나는 다시 이 질문을 한다. 어떤 종류의 합일인가? 응답 자체가 모호할지 모른다. 소위 가능한 세계로 인식되는 합일의 세계가 아니기 때문이다. 장 폴랑이 훨씬 의도적으로 쓴 이 도식은 내가 방금 떠올린 도식과 어울린다 ─ 적어도 내겐 그래 보인다. "우리들로 혼재되어 있는 이 유일무이한 세계." 좀 다르게 인용해 보면, "이것은 구성원들이 함께 있는 하나의 사회다 ─ 우리들 모두라고 하지만, 그다지 멀지 않은 우리들. 우리들로 혼재되어 있는 이 유일무이한 세계라는 신성한 존재를 이 사회 구성원들은 인식하거나, 아니면 적어도 의구심을 가지며 인식한다. 차라리 신들이 우리들의 분할과 연구와 학문에 의해 찢어진 것이라고 생각한다." 이 "유일무이한 세계"는 합일로, 즉 하나의 단위체로 있는 신적 세계다. 또한 하나의 세계이기도 하다. 플라

톤이 우리에게 생각해 보라고 한, 존재를 초월한 세계는 아니다. (물론, 장 폴랑은, 어딘가에서는 "초월적 사건"에 대해 말하기는 한다. 학술적 용어를 거의 사용하지 않는 그의 작품에서 이런 철학적 용어는 거의 드물게 나온다.) 우리들로 혼재되어 있는 이 유일무이한 세계에서 우리는 동일한 외연을 갖는다. 이런 세계는 모든 면에서 우릴 압도한다. 한데 우리에게는 근본적으로 낯설다. 왜냐하면 자신과 완전히 합일된 생각 그 밖에 존재하는 절대적 세계이기 때문이다. 장 폴랑에게 가장 중요해 보이는 경험은, 이런 외부 세계의 현실을 증명해 줄 경험이다. 그럼에도 불구하고 이런 경험은 분명 전통적인 문제에도 답해 줄 것이다. 왜냐하면 여기서 확인된 것은, 안에서가 아니라 저 밖에서부터 온 충격적 놀라움이기 때문이다. 왜 충격적인가 하면, 밖에서 우연히 온 것이 우리 고유의 맥락 속으로 들어와 조용히 자리 잡으며 우리 자신을 뒤로 물러나 있게 만들었기 때문이다. 이런 퇴거 속에 우리는 "전능한 나"의 직위에서 면직된다. 그런 뒤 우리는 이 합일의 세계로 이동하는 것이다 ── 이것이야말로 절대적이고 순수한 이동이다, 전이이다. 신들림이다, 건너서 뒤로 넘어감이다. 트랜스$_{trans}$이다.[16] "범일". 궁극의 이원성 도식이며 궁극의 일체성 도식. 또는 그 어떤 것으로도 환원 불가능한 합일 세계의 이중성.

3. 장 폴랑은 "유일무이한 세계의 신성한 현존"을 복원한다는 간단한

---

16 transporter(이동하다, 전이하다, 바꾸다), transe(신들림, 최면, 황홀경), trans(~를 넘어서). 모두 같은 어원에서 파생했다. ── 옮긴이

표명만으로는 만족할 수 없었다. 우리의 과학과 연구, 그리고 분류 등 모든 것을 이렇게 다 갈라놓은 책임은 어디에 있을까. 왜냐하면 연구와 과학만이 아니라 (인식을 넘어) 불연속성에 대한 요구 역시나 비본질적인 것으로 새롭게 여겨질 수 있기 때문이다. 불연속성은 편차나 비일치성에 의해 유지되는데, 생각도 이렇게 불연속적으로 이뤄지면서 학습된다. 합일 세계의 가능성은 오로지 무한한 차이에 대한 애매한 관점 안에서만 가정되고 발견된다. 왜냐하면 뫼비우스의 띠처럼 안과 겉, 위와 아래를 이어 이동하며 차이가 사라지게 하고 무한이 자리 잡도록 하는 것만이 관건이 아니기 때문이다. 이어서도 가고 뒤집어서도 가고 꼬이면서도 가고 풀어지면서도 가는 식의 연속성을 만드는 것 또한 관건이다. 한데 이런 연속성은 잘 설명되지도 않았다(이런 연속성은 가능할 법하지도 않았다).

여기에는 (피할 수 없는) 두 가지 난제가 있다는 점을 상기해야 할 것 같다.

a) 우선은 비결정성이라는 무심함에서 출발한다. 그리고 비차이성을 재인식하며 돌아온다. 합일 세계에 대한 열정이 있어도, 우선 차이에 대해 작업해야 할 뿐만 아니라, 이 차이 구조를 이른바 양항적으로 짤 수밖에 없다는 결정을 하게 된다. 용어 대 용어 식으로 항상 두 개를 놓고 엄격한 양립성을 부여한다. (가령, 글을 쓸 때 발화된 문장 안에 그리고$_{et}$ 등을 이탤릭체로 써서 눈에 띄게 표현할 때가 있지 않은가. 소리 그리고 의미, 언어 그리고 사상, 사상 그리고 세계, 시간 그리고 공간. 이 것은 다시 그 안에서 그리고 아니면 또는$_{ou}$으로 다시 갈라진다. 양립의 대안으로 동시적이지 않으면서 동시적인 상태를 만드는 것이다.) 분산성을

포함해 복수성의 대안으로 이원성을 미리 상정해 놓은 셈이다. 왜냐하면 이런 이원성은, 이미 헤라클레이토스도 암시한 바 있지만, 가령 다음 같은 배열 구조를 갖기 때문이다. "흩어지며 모이다"(분산되며 수렴되다). 이와 같은 배열의 단일한 절차를 따를 뿐이다. 항상 이미 이원성이 가정되었기 때문에 나중에 되살려 내는 것뿐이다.

b) 연속과 불연속도 같은 양립 구도로(이건 게디가 그 사체로 역설적이다. 불연속과 연속 사이에 사이가 있으려면, 이미 사전에 불연속이 있어야 하기 때문이다), 만일 공허가 덮여 없으면 그리고를 쓸 수 있는 건지 항상 우리 자신에게 되묻게 된다. 반대되는 의미의 용어를 같은 의미로 쓸 때도 있다. 연속과 불연속이 계속해서 사슬로 연결되듯 연쇄성을 갖는다는 것을 인정하기로 하자. 소리/의미, 언어/사상, 사상/세계. 두 개의 용어, 두 개의 형상, 두 개의 위상 사이에는 빈틈과 간격이 있는데, 우리는 무엇 때문에 이를 매번 하나로 동일하게 받아들이나? 왜 벌어진 간격이 있는데 동일한가? 불연속은 왜 정해진 용법을 벗어나지 않으면서도 매번 전혀 다른 기능을 하는 것을 확인할 수밖에 없는가. 이런 기능을 통해, 항상 달라지는 차이처럼 특수화되는가? 달리 말하면 우리는 일원적으로 같음의 원칙에 따라, 파열 또는 절단은 우릴 잠시 산만하게 한다는 생각을 하지 않는가. 가까우면서도 먼 길을 가야 하므로 연속해서 이어지는 실 ─ 이런 것이 진짜 아리아드네의 실이다 ─ 을 유지하기 위해 일부러 그렇게 잠시 끊어 가는 것일 뿐이다. 이 같은 불연속선 덕분에 우리는 탈선은 하지 않되 어느 정도 헤매며 이 분산의 미로를 빠져나오는 데 성공하는 것이다.

적어도 불연속선 안의 공허를 은연중 절대처럼 생각하거나 그렇게 해서 절대에 이른다고 생각하지는 않아도, 절대는 그런 상태 그대로 이런 모든 구분(모든 복수성)을 벗어나지 못한다고는 생각한다. 그러나 이게 무한이라면? 아니, 순수하게 종교적이거나, 더 나아가 미학적인 것이라 부를 만한 요구가 있다면? 마치 합일이 아닌 듯하거나 합일에 무심하거나. 마찬가지로 절단(소리/의미, 언어/사상, 대화/쓰기)이 아마도 가장 결정적인 기능을 하려면, 아무런 기능을 하지 않는 것처럼 보여야 한다는 것이다. 추가적인 단위를 표시하지만, 이것조차 (정말 미세해서) 거의 식별되지 않아야 한다. 동화성에 약간 낯선 이질감이 있지만, 결국 합일해야 한다. 아주 작고 미세한 절단 —— 분리 —— 을 하여, 근본적인 비유사성을 유지하되, 곧바로 합일 세계가 적용되지 않도록 해야 한다. 너무 쉽게 합일이 되어서는 안 된다는 것이다. 그러니까 약간의 결핍을 만들어 합일의 세계가 이런 비유사성을 통제하든 말든 신경쓰지 말고 초연히 있어야 하는 것이다. 하나로 통일된 신의 현존성 안에 있으면서도 만일 합일 세계가 실패한다면, 나누지는 않고 자르기만 하는 나눔이다 —— '나눔'이란 '공유'인데,[17] 이런 공유에는 이미 나눔이 있다. 현재성과 부재성이든 현재성 **또는** 부재성이든 상관없이 말이다.

---

17 앞의 나눔의 원어는 partage이고, 뒤의 공유는 indivision이다. 접두사 in이 없는 division도 나눔, 분할 등으로 옮겨지곤 하는데, indivision과 division은 차원이 다른 나눔이다. indivision은 N-1, 즉 안에서 자꾸 쪼개지면서 계속해서 나눠지는 것이고, division은 칼로 자르는 듯한 일회성의 나눔이다. 블랑쇼가 이 문맥에서 말하고자 하는 바가 단어에 이미 함축되어 있다. —— 옮긴이

❖ "우리 세계가 어떤 다른 세계에 붙어 있어, 평상시에는 보이지 않지만, 결정적인 시기에 이 세계가 개입하면, 오로지 그 개입만이 붕괴로부터 우리 세계를 구할 수 있다."

"그러나 어떻게 사물을 처음 일별하면서 두 번째로 보는 경지에 이를 수 있을까?"

"…그리고 나는, 죽음의 쾌락에 빠져든다. 내 몸은 최초의 의심을 받는 자다."

"이런 기다림과 수긍의 삶."

"내가 틀렸다고 하는 자, 그가 나를 매료한다. 내가 옳다고 하는 자, 나는 그가 나를 잘 이해하지 못했다고 상상한다. 나는 기꺼이 내 편을 취하지 않는다. 마치 만족하기 위해 내가 다른 사람이며 나 자신이기를 기다리는 것처럼."

"여기서 내 작가로서의 절망이 시작된다."

❖ 이야기만이 공간을 만들어 경험 속으로 들어가게 하는데, 이야기 공간 안에서 경험하는 것은 매 순간 두루 모순으로, 심지어 경험한 합일 세계 안에서도 강박이라도 된 듯 고집스럽게 자신을 거역하며 끝없이 모순을 만들어 대는데, 경험이라는 것 자체를 부정할 때까지 그럴 것으로 보인다 ── 이것은 차라리 경험이라기보다 어떤 것이 있는 정도, 아니면 어떤 것이 있으려고 하는 정도이거나, 그것도 아니면 공공연한 표현을 잠시 중단하면서(잠시 연기하면서) 결국 표현되게 하는 일종의 호소이자 울부짖음이다. 이것이 이야기의 쟁점이다. 이야기를 끌고는 가지만 누군가에게 권리 양도를 한 사람처럼 구현되지 못하게 막으면

서 끌고는 간다. 마치 미완성을 요구받은 사람처럼, 미완성을 향해 가는 것 같다. 이토록 번뇌스러운 완강한 부인이 장 폴랑이 추구하는 완벽한 형식이다. 수월한 죽음이란 이런 전복적인 제안까지 수용할 때 훨씬 명료한 표현이 될 것이다. 매 순간 쓰기와 읽기가 우리에게 답을 줌을 알지 못하므로 우리가 항상 의문을 제기하는 거라면, 그 비밀스러운 증거가 바로 이것이다. 수월한 죽음이 우릴 보호해 준다고 믿는 반면, 그 말은 이미 항상 해서는 안 되는 말이 되어 있다. 피해야 할 말이 되어 있다. 그것은 항상, 이미, 피해야 할 발언이 되어 있다. 마치 법에 결함이 있으므로 거스르는 식이다 ─ 선을 넘어 이미 그 세계에 들어간 것처럼. 추월할 수 없는 법을 추월하거나, 훨씬 난해하게 말해 본다면, 위반을 통해서만 그것을 생산해 낼 수 있는 것처럼. 경계 ─ 추월하는 것이 **불가능한** 경계 ─ 가 드러날 수 있다면, 이미 자신의 "아마도" 안에서 경계를 부수기로 결정했을 때다. 글쓰기, "수월한 죽음"에 대한 갈망은 아니어도 어떤 매혹과 연관된 글쓰기가 우리에게 예고하는 것이 이것이다. 위반이 있어야 "법"이 있다는 것. "법"의 견지에서 위반이 있다는 것. 그러나 이 둘 간에는 어떤 상호성도 없고 대칭적 상관성도 없다. 왜냐하면, 법에서는 모든 위법을 언급할 뿐만 아니라, 늘 그걸 확증하기 때문이다. 마찬가지로 거스르는 발걸음은, 그렇게 해야 자기 너머의 세계로 이행하는 것이므로(그곳은 알 수 없는 것/곳이기에), 금지는 모험을 통해서만 공간을 마련하고 그것을 입법화한다. 항상 금지를 가지고 "놀아야" 바로 미지의 미래가 온다.

　위반은 자기 세계 너머에 있는 경계를 가리키고, 법은 그 세계 안쪽을 가리킨다. 둘 사이에는 그래서 불규칙적인 간격이 있다 ─ 같으면서도 전혀 같지 않은 간격. 소위 경계라는 것은, 결정적인 멈춤이 있을수록 그 경계는 무無 또는 무한이 된다(긍정도 부정도 아닌). 그도 그럴 것이, 법의 관점에서 보면 경계는 절대적 경계이다(넘을 수 없는 경계가 있다). 한데 위반의 관점은 부족하므로, 여기서 경계란 "마치 ~인 것처럼" 같은 양태에 불과할 수 있다(장 폴랑은 아주 명료하게 이런 양태를 통해 이동의 힘을 다시 만들어 냈다). 이 "마치 ~인 것처럼"은 차라리 그렇게 미완성의 힘을 발휘하여 헤아리지 않으면서 헤아리는 것이다. 하나의 미확정에서 또 다른 미확정 사이의 거리는 무엇으로도 잴 수 없는데 이를 구획하는 선이 있다면, 그것은 없는 선이거나, 결정할 수 없는 선, 즉 어떤 것도 나눌 수 없는 선일 것이다. 법은 자기가 오며 낸 표시를 없애기 위해 항상 먼저 와서 자리 잡고 있는 자 같다. 법은 항상 이렇게 말한다. "그건 불가능합니다." 위반은 이렇게 말한다. "불가능." 무슨 말인가 하면, 매번 불가능할 때마다 매번 자기가 먼저 그렇게 말하고 보는 것이다. 두 용어는 절대적으로 동일하면서 근본적으로 차이가 있는데, 하나는 가능성의 여지를 극단까지 밀고 가는 경향이 있다면, 다른 하나는 아무것도 할 수 없는 여지를 불확실한 공간까지 밀고 가는 경향이 있다는 것이다. 죽음을 띤, 그러니까 "수월한 죽음"을 띤 글쓰기에는 바로 동일성의 차이 또는 동일성의 비동일성(하나지만 그 안에 잘 보이지 않는 갈라진 틈)이 늘 도사리고 있다.

❖ "그리고 우리는 모두 죽는다는 수월한 죽음으로부터 나를 지켜 내기 힘든 나의 첫 어리숙함."

❖ 수월한 죽음. 단순하기 짝이 없으나 이토록 이중적인 단어의 속박을 마지막으로 기억해 두자. 1)죽음. 죽음의 수월성을 지우거나 멈추게 하는 것을 금지함. 2)이 수월성은 지워 가는 것이 아니라, 스캔들의 모범처럼 가장 소란스러운 방식으로 가장 치명적인 폭력을 동원하여 더욱 드높일 것. 죽어 가다 ── 불가능성 ──, 그러나 또한 쉽다. 3)금지된, 무분별한 죽음. 글쓰기가 취하는 것이 이것이며, 글쓰기를 취하는 것이 이것이다. 순진하고, 행복하고, 용이한 독서에 의해 비밀스럽게 이 비밀스러움이 복구된다. 4)"모두가 죽어 가는 수월함." 수월성이란, 할 수 있는 힘. 일으켜 해낼 수 있는 절대적으로 순수한 힘. 비록 폭력적인 손아귀에 잡혀 있을지언정 주어진 처분을 절대적으로 감내한다면, 할 수 있는 것이다. 이것은 어쩌면 가장 수동적인 수동성이다. 쓰기의 기이함이란, 오로지 읽기, 그러니까 되풀이로만 가능한 행위라는 것이다. 그래서 행해질 수도 있고 행해지지 않을 수도 있는 행위. 그도 그럴 것이 이 되풀이 행위는 하면서 부재성을 만드는 치명적 행위이기 때문이다. 어떤 유일무이한 독특한 행위로서의 글쓰기 덕분에 이 죽음을 용케 피해 갔다면, 이번에는 거꾸로 읽기가 이런 죽음의 힘을 갖게 되고 마는 것이다.

이런 수월한 죽음의 이중성을 통해 바로 전복이 이뤄진다. 장 폴랑은 그의 삶을 인내한 대가로, 한순간, 이 전복을 취하고 장악한다. 한번 그 가능성을 취해 봤다면, 항상, 또다시 취하게 될 것이다. 읽기-쓰기라는 이 마르지 않는 비밀의 샘이 그에게 가능성을 계시한 것이다. 읽기-쓰기는 무심한 차이를 만드는 필연적인 놀이이다.

19
신들의 웃음

나중에 『로베르트』 3부작으로 재출간된 『바포멧』[1]의 이야기 덕분에,[2] 작가로서만이 아니라 사상가, 그리고 이미지 세계의 창조자인 피에르 클로소프스키[3]의 중요성과 유일성이 바야흐로 적절한 빛 아래 드러나지 않을까 생각한다. 어둠을 간직하므로 빛도 스스로 간직하면서 그 외양을 홀연히 밝게 드러내는 빛처럼 말이다. 이 작품을 그저 그림이

---

1 바포멧은 중세 및 르네상스 시절의 작가들이 마호메트를 부르던 이름이다. ─ 옮긴이
2 *Le Baphomet*, Paris: Mercure de France, 1965; *Les Lois de l'hospitalité*, Paris: Gallimard, 1965.
3 Pierre Klossowski(1905~2001). 폴란드 태생의 프랑스 작가이자 철학가이며 화가이고 번역가이다. 특히 프랑스에서는 니체 저작의 번역가로 유명하며, 앞 장에서 다룬 루이르네 데 포레의 중학교 친구이기도 하다. 또 발튀스라는 이름으로 알려진 화가의 형이다. 조르주 바타유, 앙드레 브르통, 앙드레 마송, 롤랑 바르트, 미셸 푸코 등 많은 지식인과 화가들과 교유했고, 로베르 브레송의 영화에도 출연했다. 특히 라이너 마리아 릴케와 가깝게 지냈고, 릴케와 살로메가 주고받은 편지도 클로소프스키의 번역본으로 나와 있다. ─ 옮긴이

될 만한 것이 많아 매력을 끄는 작품이라며 지나치게 가시적인 것들만 강조해서도 안 될 것이다. 그가 좋아하는 작가들이 가지고 있는 몇몇 전기적 특징들이 여기 반영되어 있다 보니 그럴 수는 있을 것이다. 멀리는 릴케에 대한 추억, 좀 가깝게는 지드에 대한 추억, 그리고 초현실주의의 진원에서 다소 벗어난 몇몇 이미지들에 이르기까지. 신학에서 결혼에 이르는 다양한 형태를 요구하며, 다양한 이름을 띤 낯선 소명들을 결국 돌고 돌아 가지게 된다. 그럼에도 자신이 획득한 그 어떤 것도 결코 포기하지 않으며 글쓰기의 본질적 구조 안에서 자기 중력을 갖는다. 따라서 그럴 만한 충분한 특징들이 있으므로 주앙도[4]와 같은 상을 본따 대중적인 상을 구상할 수도 있었을 것이다. 걱정할 거리는 이것이 아니다. 이런 명성을 그도 지닐 수 있다. 다만 조심스러운 신중함이 항상 그의 중심에 있을 것이다. 이런 신중함은 수호자가 지닐 법한 신중함이다. 단순한 진리에는 만족하지 않는 사상의 수호자 말이다. 아마 진리라는 이런 단순 명사에도 그는 만족하지 못할 것이다. 어둡고 추상적인, 조형적으로도 매우 풍부한 작품의 수호자이기 때문에.

따라서 나는 이 작품을 읽는 데 도움을 주기보다 읽기를 준비하는데 소용될 만한 몇몇 의견을 정리하는 데 그칠 것이다.

1. 새로운 인식을 제안할 수 있을 만큼 낯선 요소들이 풍부할지라도 이 작품은 기본적으로 문학적인 작품이다. 문학적인 작품이라면, 문학에

---

4 Marcel Jouhandeau(1888~1979). 120여 권의 다작을 낸 프랑스의 작가로, 글쓰기 문제 및 자전적 소재의 여러 상념과 의식을 통찰하는 작품을 집요하게 썼다. ─옮긴이

기여하는 바가 있다는 것일 텐데, 로트레아몽[5]부터, 아마 그때부터 줄
곧 문학에 부족한 것이 이것이다. 나는 이것을 진지함의 작렬하는 환
희라 부를 것인데 이는 유머보다 더 멀리 나간 것이다. 단순한 희화이
거나 조소나 냉소 차원의 유머가 아니라, 가히 웃음이 폭발하듯 터지
는 환희이다. 웃음 속에서 신학적이고 궁극적인 목표와 의미를 찾는
것까지를 뜻한다(일단 이 정도만 말해 두고 이후 이것이 어떻게 이렇게
되는지 볼 것이다). 『오늘 저녁 로베르트』*Robert ce soir*는 이런 각도에서
정말 경이로운 작품이다. 이런 작품을 쓴 자를 어찌 인정하지 않을 수
있을까? 그가 한 것을 어떤 작가도 하지 않았는데 어찌 놀라지 않을 수
있을까? 이렇게 순진무구하고 변태적이고 도착적이며, 이렇게 진지하
면서도 무례한 작품을 나는 보지 못했다. 이렇게 자유롭고 천진난만
한 상상력과 박식한 정신이라니. 에로틱한 절제, 신학적인 방탕. 가볍
고 요란한 웃음이 이 글을 무겁게 지배한다. 슬픔도 풍자도 없는 웃음.
어떤 사악함도 현학주의도 요구하지 않는 웃음. 오히려 사적인 경계를
내려놓는 웃음. 왜냐하면 그 웃음은 멀리서 와서, 우리를 통과하여, 다
시 멀리 흩어지기 때문이다(한 공간의 공허에서 무한한 공허를 반향시

---

5 Le comte de Lautréamont(1846~1870). 본명은 이지도르 뤼시앵 뒤카스로, 우루과이 몬
  테비데오에서 태어나 1859년 프랑스 파리로 와서 기숙학교를 다녔다. 그의 생애는 거의 알
  려진 바 없고, 『말도로르의 노래』(1869)와 『시학』(1870)이라는 작품만 남겼을 뿐 무명으로
  살다가 24세에 요절했다. 극한의 명석함과 착란의 낭만성이 혼재되어 있는 그의 작품은 낭
  만주의가 할 수 있는 모든 문학적 방식을 끌어안은 채 문학을 하다 어떤 비의적인 세계에
  닿는가 하면 폭력적이고 자조적이며 냉소적인 것들 속에서 우아함과 미를 갖추기도 하며
  그를 문제적인 작가로 인식시켰다. ─ 옮긴이

키는 웃음). 클로소프스키의 작품에서 가장 중요한 순간들을 이해하기 위해서는, 우선 웃을 줄 알아야 한다. 이 웃음이 우리에게 주는 웃음을 웃을 줄 알아야 하는 것이다. 그래서 더욱 메아리를 울려 퍼지게 해야 한다.

2. 때론 터지는 웃음, 때론 작렬하는 웃음 아래 숨죽인 듯 감춰진 웃음으로 그려지는 이 작품에 대해 나는 또 다른 특징을 지적하고 싶다. 이 작품이 다른 작품들과 구별되는 많은 점들이 있지만, 내가 말하고 싶은 것은 문학의 현대적 특성과 아주 가까운 것이다. 그것은 우회적인 방법을 사용한다는 것이다. 첫 번째 이야기『정지된 소명』*La vocation suspendue*은 그 간단한 예를 우리에게 제공하는데, 그도 그럴 것이 다른 소설을 해설하며 쓰는 소설이기 때문이다. 쓸모없는 복잡함인가? 아니면 편리하고 적절한 방편인가? 여기에서 또 다른 요구를 본다. 그것을 우선은 신중함이라 부르자. 그러나 여기서 신중함은 단순히 예절이나 사회적 태도, 심리적 책략이 아니다. 자신의 의견을 너무 표명하지 않되 은근히 말은 하고 싶은 자가 부리는 능수능란함이다. 신중함 ── 유보함 ── 은 문학의 장소이다. 하나의 점에서 다른 점으로 가장 빨리 갈 수 있는 지름길이 있다면 말 그대로 사선이나 점근선漸近線이다. 문학도 마찬가지이다. 직접적으로 말하는 자는 말을 하지 않는 것이거나 거짓말을 하는 것이다. 직선로를 잃으면 다른 방향은 없을까. 굽이를 돌아 우회를 해야 세계와 바로 이어진다. 약간의 편차와 거리가 생기도록 방향을 약간 돌리는 이 순수 정밀한 움직임. 피에르 클로소프스키는 밖에서 볼 때 그럴듯한지 아닌지 따위는 신경 쓰지 않고 갖기지

방법으로 써 나간다. 일기, 진술, 대화, 희극, 역사적 장면, 동작의 묘사, 신화의 해설 등. 이상하고 낯선 상상 그림들을 보는 것 같은 이유다. 몇 몇 장면들은 가시적 부동성 속에 멈춰 서 있다. 이런 장면들이 있어야 이야기 플롯에서 핵심적인 순간들이 만들어진다. 그런 다음에야 필요한 증식을 해 나가듯 글이 쓰이는 것이다. 이런 그림 또는 장면들이 보이면 보이는 대로 내버려 둔 듯하다(위대한 스타일이란 이런 것일 수 있다). 그래서 바라보는 자와 바라보게 놔두는 것을 좋아하는 자 둘 다 만족하게 된다 ─ 도발적인 생각으로 아주 미묘하게 배치된 장면들은 결국 우리 안에 어떤 신적인 것을 불러일으킨다. 가령 웃음도 그럴 것이다. 하여 이런 그림 또는 장면들은 실로 너무나 세세히 묘사된 나머지 우리 시각을 속이므로 무한한 해설을 하게 만든다. 말을 하게 되면 너무 많이 드러낸 나머지 도리어 숨고, 너무 묘사한 나머지, 아무것도 보여 주지 못한다. 순수하게(불순하게) 말해진 묘사를 계속 증식하면서 보여 준 것을 다시 감춰 버린다.

간사하면서도 특히 아름다운 일종의 사용법이 있다. 그림은 원칙적으로 가장 직접적이고 직선적인 의미를 갖는다. 아마도 우리가 세계를 보는 방식은, 조형 예술 이상으로 거리를 두어, 그 거리를 통해 보는 것일 게다. 대신 그것을 만져서는 안 된다는 조건이 붙는다. 손대지 못하는 것 ─ 접근할 수 없는 것 ─ 만이 눈으로 볼 수 있는 것이다.[6] 그

---

6 내가 거리에서 아름다운 얼굴이나 무릎을 공포에 가까운 황홀경에 빠져 볼 수 있는 것은 그래서다. 이것은 서구의 법률에 저촉되지 않는다. 그러나 내가 그것을 혹여 만지기라도 한다면, 나는 추문에 휩싸이는 것이다. "볼 줄 아는" 것을 모르는 자로 오인받는 것이다.

보상으로, 내가 보는 것은, 그야말로 멀리 있는 것이다. 아주 멀리 있는 것, 나는 그것을 어떤 매개도 없이 즉각 그리고 바로 본다. 눈과 대상물 사이에 공허가 있다는 것이 전제되어야 빛이 생긴다. 이 공허가 있을 때만 밝은 것이다. 그런데 이 공허가 빛이 나면서 공허를 바로 지운다(이런 즉각성 또는 무매개성을 생각하면 데카르트가 옳았다. 철학에서 말하는 즉각성은 물리 법칙 위에서 세워졌다). 이런 중간 매개 없는 직접적 관계성 속에서 거리가 어떻든, 있는 것은 보이게 마련이다. 한데 상상적 그림들이나 장면들은 클로소프스키의 이야기에서 상상할 수 없는 역할을 한다. 그리고 바로 그렇게 엄격히 성찰된 언어 양식으로 인하여 그 장면들은 이런 무매개성에서 다소 물러나 보인다(그래도 거의 가시적이다). 이 무매개성은 곧 성찰의 장소로, 여기서는 모든 것이 시각 세계의 문지방에 있는 것처럼 걸쳐 있거나 멈춰 있는 듯하다. 그러다 그것이 반사되며, 다시 말해 둘로 나뉘며 용해된다. 저 추상의 순수 비가시성의 세계로 완전히 물러날 때까지. (하여 가장 강력한 초혼招魂이 일어난다.) 어떤 어두운 정신의 동요인지 나는 잘 모르겠지만, 보면서 보는 것을 속여야 ── 그래야 보상이 온다 ── 이 동요가 생기므로 그렇게 우회하는 것이다. 이보다 더 인상적이고 많은 것을 시사하는 우회가 있을까.

3. 피에르 클로소프스키의 책들은 이야기들이다. 『다이아나의 목욕』[7]

---

7 *Le Bain de Diane*, Paris: Jean-Jacques Pauvert, 1956.

이라는 제목의 이 심오한 책처럼 그의 책들은 신화를 해설하기도 하지만, 기본적으로 소설식 이야기이다. 서술을 하고, 묘사를 하고, 진술을하며, 플롯도 있다. 어떤 사람들은 그의 책을 신학적이라고 하고, 어떤사람들은 에로틱하다고 한다. 또 어떤 사람들은 정신분석학적이라고한다. 나는 어떤 수사적 표현으로 그의 책의 특성을 규명하는가가 그렇게 중요하다고는 생각하지 않는다. 새롭게 만들어 낸 형태로 독특한여운을 남기며 어떤 진실이 우러나는 그 독창성에 나는 도리어 놀란다. 이 작품들의 저자에 대해 전혀 알지 못하는 상태에서, 그렇게 낯선상태에서, 이 독특한 작품들을 읽어 보자. 작품에 어떤 무거운 것이 흐르고 있다는 느낌을 우리도 충분히 갖게 되는데, 이 무게감은 웃음 속에서 드러난다. 아마 이 글을 쓴 사람의 운명에 이런 무게감이 영향을미쳤을 것이다. 그래서 이 글을 읽게 될 자의 마음에도 영향을 미치게되는 것이다(그래야 글쓰기의 폐쇄 회로가 완성된다). 그렇다면 도대체쟁점은 무엇인가? 그의 이야기들이 아주 강렬한 현실성을 띤 것이긴하지만, 현실과 직접적 관련성이 있는 것도 아니고, 어렵게 여겨지는알레고리나 상징 또는 우의 같은 간접적인 것이 가득하지도 않다. 오히려 이런 것을 배제한다. 그렇다고 체험 문학이라 부르고 싶지는 않다. 분명한 것은, 어떤 경험이 나타나지만 증명의 영역 바깥에 있는 **징후**signe[8]처럼 나타난다는 것이다. 한데 이 징후가 아주 이상한 것은 징

---

8 signe은 어떤 하나의 의미로 고정하여 번역하기 힘든 단어이다. 사인(싸인)이라고 외래어발음 그대로 옮겨도 의미 왜곡이 일어난다. 기호나 신호 등으로 옮기면 일정 부분은 코드화된 체계로 오인되기 십상이어서, 최대한 불확실성이 전제된 (그러나 가장 강력한) 기미

후 자체만을 의미하지 다른 것은 의미하지 않는다는 것이다. 자의적으로, 불가사의하게 (비밀 없는) 비밀처럼 말해지는 징후. 사유가 이 하나의 점으로 응축되어 그만큼 에너지 넘치는 사유의 생을 표현하고 확언한다. 일상에는 강력한 응집을 유지하는 일상적 징후 체계가 있는데, 이제 이것이 안에서나 바깥에서나 견디기 힘든 비응집을 띠게 될 것이다. 보장이 있는 징후란 없게 되는 것이다. (뒤에는 신도 없고,⁹ 이성적이고 합리적인 지배자도 없다). 응집과 강도를 갖춘 한 점에서 사유의 흔적을 보는 것 자체가 이미 대단하다. 누군가는 이것만을 요구할 정도로 오로지 이 징후에 집착할 것이다. 시작이나 끝이라는 개념을 갖지 않고 부단히 다시 자신으로 돌아오면서 쌓이는 징후이기 때문에 그토록 정밀한 순도와 강도를 갖는 것이다. 『로베르트』의 재간행본 후기에서 클로소프스키는 이를 설명하는데, 우리가 오늘날 읽을 수 있는 고도로 추상화된 글 가운데 이렇게 극적인 것은 없을 것이다. 물론 작가마다 자기 나름의 방식으로 이런 경험을 한다. 자신을 에워싼 원 하나에 갇히는 경험 말이다. 아니, 완전히 막힌 원이라기보다 광대한 원주圓周가 그려지고 그 사이 단절이 생기면서 낮과 밤이 우리에게 오는 것만 같은 경험.

그런데 이 독특한 징후에 사유가 나타나고, 완벽한 응집을 갖춘 이 징후는 고도의 추상으로 이 사유를 다시 나타낸다. 이 징후가 누설

나 기색, 징후 등의 우리말이 더 가깝다고 생각해 징후로 옮겼다. ──옮긴이

9 그럼에도 신이 있다면, 다만 훨씬 소용한 신일 것이다. 아니면 일체감의 매혹이 있을 뿐이다. 징후는 흔적에 불과하고, 유일무이한 징후는 이제 요구하지 않는다.

하는 기밀이 이것이다. 단일한 징후 하나와 단일한 관계를 맺는다면, 미치지 않고는 살 수 없을 것이다. 그러나 동시에 이 징후는 최고점에서도 어떤 것도 보장하지 않으며 그 어떤 보장도 거부할 정도로 완전히 자의적이다. 하여 이 징후는 극도의 일관성에는 순응하지 못하는 모든 생명을 그야말로 비일관적으로 광기에 사로잡힌 듯 폭발시키는 것이다. 광기는 양쪽에서 위협을 가하는 듯하다. 먼저, 사유를 통해 사유에 온 광기. 사유가 유일무이한 응집을 갖도록 요청받을 때다. 다른 하나는 일상적인 비응집에서 오는 광기다. 우리가 단 하나의 응집을 갖는 광기에 저항할 때 — 거기서 빠져나갈 때 —, 그 강력한 구속에 저항할 때다. 그래서 누설은 필수적이다. 이 징후에는 공허한 주권만 있을 뿐이다. 원은 움직여도 다시 제자리로 돌아오고 — 그렇다면 원이 있으면서 원이 없는 것인가 — 글쓰기가 그리는 원 또한 이러하다. 그렇다면 어떻게 기밀이 누설될 수 있을까. 그렇다면 독특한 응집을 유지하는 이 징후는 비응집을 갖는 다양성 속에서 응집될 수 없을까? 가령, 세계를 살아가는 나와 나에 의해 경험되는 세계 사이에 응집이 없다면 행복을 얻는 것인가, 불행을 얻는 것인가? 어떻게 이런 망상 또는 착란을 피할 수 있을까? 이 징후가 기밀을 누설한다고 하지만 거기서 나온 가짜 불빛을 잡지 말란 법이 없다. 이 유일무이한 징후 자체는 어떤 타협을 하지 않아도, 다른 외부 징후와 타협한다면 이런 망상과 혼란이 생기지 않는가? 따라서 타협이 불가피한 것처럼 망상 또는 착란은 불가피하다. 다시 말해, 어떤 기만은 불가피하다. 공허하나 강한 지배력을 갖는 이 징후는 기억을 유린하고 약탈한 것처럼 어느 날, 하나의 단순명료한 이름 속에 나타날 것이다. 가령, 로베르트라는 이름. 이것은 용인될 수 있는 것이다. 왜냐하면 이 이름 역시 유일무이하기 때문이다. 말 없고 고요하며 자신 외에 다른 어떤 것도 전달하지 않기 때문이다. 이 이름은 자기 응집력이 있는 순수 침묵 안에서 드러나는 징후이다. 한데 이런 움직임은 이미 짓궂다. 왜 짓궂은가. 이름 자체가 징후가 되어 하나의 외관이 되기 때문이다 ── 그것을 불러일으키는 정도에서 나아가. 이런 외관은 외적인 것이 될 것이다. 그런데 이번에는 외관이 조용하고 아무런 말도 하지 않는 위대한 형상이다. 심지어 가장 도발적인 방식으로 자신을 보는 것도 내버려 둔다. 이로써 징후의 비가시적 지배력이 미치는 것이다. 여타의 이야기도 없는 이름, 말없이 가만히 있는 인물 형상, 말과 이야기의 망각 속에 항상 놓인 이름. 그러나 다른 인물들이 함께 나오고, 여러 사건들이 함께 자리 잡으면 그런 초상화에는 동의하는 듯하다. 여기에는 어떤 교훈이 있는데, 인습적인 제도 속에서 주장되곤 하던 교훈이다. 가령, **환대의 법칙들**. 하여, 다음과 같이 말할 수 있게 된다. 이 징후는 광기를 피해야 하는 요구 때문에 타협이 불가피하며 이 기묘한 상황 속에서 점차 이런 이상한 인습으로 표현됨으로써 자신의 등가어를 갖는다고. 여기서 "등가어"라는 단어는 새로운 방식으로 취하지 않는 한 잘못하면 속는 말이다. 상징 또는 우의 방식이 적용될 수 있지만, 여기서 징후는 더욱 초월하여 내재적으로 적용되어야 한다. 왜냐하면 여기서는 징후 자체가 의미이기 때문이다. 등가성은 평등성으로 주어지지 않는다. 차라리 절대적인 불평등 속에 무한한 기회가 열려 있다. 가령, (이것은 피상적인 예에 불과하지만,) 이야기 플롯이 복잡하면, 이것은 클로소프스키의 이야기를 움직이는 비밀의 법칙처럼 보일 수 있지만, 차라리 단순한 징후가 단순하게 말해지지 않다 보니 그 역으로 나온 결과일 뿐이다. 역행하는 방식을 취하지 않고는 이 정밀하며 순수한 절대적 강도가 표현되지 않는 것이다(우회와 전변처럼). 하여 기억을 약탈하고, 유린한다. 그렇게 기억을 유린하는 것은, 공허를 생겨나게 하기 위해서다. 복잡하게 만들면서 비우는 것이다. 왜냐하면 동일성을, 일체성을 파괴하지만, 아마도 이런 강제성으로 새로운 일체성을 작동시킬 수 있기 때문이다. 이 일체성은 동일성이 없는, 즉 정체를 식별할 수 없는 것이다.[10]

4. 비등가적인 이야기들이 전개되는 가운데, 다시 말해 이야기들끼리는 별다른 등가성이 없는데, 여기서 어떻게 유일무이한 징후를 알아보고 다가갈 수 있을까? 그런데 확실한 것은 이야기들이 서로 떨어져 있거나 벌어져 있을 때 징후가 햇살처럼 빛난다는 것이다. 그래서 내 입장에서는 이 떨어져 있거나 벌어져 있는 곳을 신중히 유념한다. 그곳을 통해 이야기 공간 속으로 들어갈 수 있기 때문이다. 피에르 클로소프스키는 담대하게도 이런 어수선한 지대 한가운데에 있을 때가 있다. 서로 낯선 세 개의 담론이 격론을 펼치는 이곳에는 그러니까 사드 후작의 담론, 니체의 담론, 그리고 가장 도착적인 신학적 담론이 함께 있다. 이 담론들의 공통점은 무엇일까? 이상하게 들릴지 모르지만, 우선 사드 후작만이 유일한 신학자이며 위대한 신학자라고 말하는 위험을 감수해야 한다. 왜냐하면 사드가 될 수 없다는 불가능성 때문이다. 그

---

10 이것이 바로 징후(signe)의 모호함이다. 유일무이하면서, 일체성을 파괴하고, 보존하는가 하면 초월한다.

렇다면 어떻게 해야 사드가 될 수 있는가? 어떻게 해야 신을 완전히 부정하는 자가 될 수 있는가? 어떻게 해야 전복이나 개종 없이 근본적인 무신론자가 될 수 있는가? 어떻게 해야 절대를 가장 숭배하는 자가 될 수 있는가? 어떻게 하면 이런 부정성으로부터 기쁨과 진실을 끌어낼 수 있는가? 제한선을 거스를 때, 아니 무제한성 속에서조차 부정할 때 이런 기쁨과 진리는 주어지지 않을까? 직접 화법의 허위성은, 그 말을 반대로 해도, 유사한 질문이 제기되면서 드러난다. 순수한 것에 대해 (이런 게 있다면) 직접적으로 동정과 연민, 성스러움과 덕성에 대해 말한다는 것은 이미 일반적인 공통어 속에 들어와 말한다는 것이다. 다시 말해 언어의 가능성 안에서 말해진다는 것이다. 어떤 의미로 가장 악독하고 불경한 언어로 말한다는 것이다. 과연 도덕자연하는 언어가 진실을 드러낼 수 있을 것인가. 도덕자연하는 문학은(거의 칭찬 일색이므로) 부패한 것이다. 『정지된 소명』에서 기독교인인 소설가는 주님이 마련하신 예측 불가능한 길을 상상하는 것이 아니라, 그런 길을 언짢아하고 거역하느라 더 애를 쓴다 — 예측 불가능한 것을 거역하는 것도 결코 쉬운 일이 아니다. 이것을 이른바 **대립추론**a contrario으로 제시해야 하기 때문이다. 차라리 진실이 그냥 우연히 나타나기를 바라는 편이 낫다. 진실은 불가사의한 우연에 다름 아니지 않은가. 왠지 우리가 초현실주의에 근접해 있는 것 같다. 유일한 신은 우연이다. 따라서 담론을 시도하지만, 뒤집어야 한다. 언어를 도발적으로 쓰면서 불안의 원인들을 캐내고 떨쳐 내야 한다. 헛되이 말하느니 차라리 우리 입을 다물게 할 만큼 언어를 더욱 도발적으로 분발시켜야 한다. 신성모독이 곧 신성을 증명하려는 몸부림 아닌가? 법의 위반이 곧 가장 공정한 수행이 된다. 금기를 정하고, 금기를 가정하고, 다시 이를 건들고 만지면서 금기를 거스르는 것은, 육신이 영靈이 될 만큼 위험한 일일 수 있다. 열정과 생을 건 일이다. 위반이 금기를 요구한다면, 신성이 신성모독을 요구한다면, 그 정도가 될 수 있다면, 담론을 분명 뒤집을 수 있다. 신성모독의 불순하고 불결한 말을 통해서만 신성이 정밀하고 순수하게 입증된다. 신성이란 위반할 수 있는 힘과 불가분의 관계에 놓여 있다고 말하지 않을 수 없는 것이다.

그렇다면 이 신묘한, 정확히 밝힐 수는 없는 힘은 어디에서 나오는가? 이 힘이 두 번째라면, 첫 번째는? 실체가 파악이 안 되는 도대체 알 수 없는 이것은 만물을 지배하는 최고의 권능인가? 만일 내 앞의 타자l'Autre가 고통이나 악, 또는 그런 장소와 그런 정신을 표상해 왔다면, 우리의 정신은 이 다른 것에 동요된다. 이 타자는 '같음'le Même의 차원 안에서만 다른 사람일 뿐이다. 같으면서도 다른 것을 같음의 비같음이라고 해야 할까? 같음과 다름의 분별법을 끊으면 변증법의 논리처럼 같음과 다름이 연기緣起되며 진실을 보여 줄 뿐 같음도 다름도 없게 된다. 정靜한 것을 같음의 원칙처럼 우리는 인식하지만, 갑자기 이 정한 것에 작은 균열이 이는 것을 보게 된다. 정한 것 안에 조용한 것만 있는 것이 아니라 상반되어 소란한 것도 잠재되어 있는 것이다. 부정否定이란(이것을 악한 정신의 위력이라 부르자), 더 이상 긍정에 비해 부정이라거나 같은 것 안에서 양립적인 것을 보는 게 아니다. 부정은 정밀한 유사성 안에 있다. 같은 것 안에 미세한 간격이 있고, 거의 지각이 안 되는 차이가 있는데, 이것을 위조나 속임수로 가려서 유사하게 보는 것이 아니라, 부정은 유사성 안에만 있다는 기이한 법칙을 체득하는 것이다. 유사한 것에서 유사한 것들이 무한으로 나온다. 잘 식별할 수 없지만 분명히 구분되는 것들로 가득한 복수성에서 곧 무한이 밤하늘의 별처럼 반짝거리는 것이다. 이미지는 소위 첫 번째 오브제에 상관하여 두 번째 오브제가 되는 것이 아니다. 이미지는 원본처럼 어떤 우위권을 요구한다. 기원이 있고, 기원에서 파생한 것이 생기면서 기원은 최초의 힘, 즉 어떤 특권을 잃는다.

자, 이걸 단순화해서 다시 말해 보겠다. 다만 질문의 순서를 정하는 게 문제다. 신성은 어디에 있나? 신성 모독은 어디에 있나? 만일 이것이 불가분일 뿐만 아니라, 강렬한 차이 속에서도 차이가 없다면? 사드 후작처럼 언어의 계통을 하나하나 밟아 가며 다 고갈시켜야 할까? 이렇게 서로 돌아가며 말하면서 ── 즉, 차단했다가 차단을 깼다가 ──, 금기를 깨고 금기를 되살리려면 모든 것을 다 말해야 하지 않나? 이것은 말하는 것을 결코 중단하지 않는 자만이 할 수 있는 일이다. 아니면, 결국 위반은 ── 넘을 수 없는 경계를 넘는 일 ── 더 이상 가능한 일이 아니다. 아니, 그 어떤 것보다 어려운 일일 뿐만 아니라, 근본적으로 인간의 영역 바깥에 있는 것이라고 이해해야 하는 것일까? 이것이 인간에게도 열려 있는 것이라면, 개인적인 힘과 지배력이 궁극의 차원에서 멈출 때(가장 최고 수위일 때) 가능할 것이다. 이 경우, 금기는, 더 이상 긍정적인 것이 아니다 ── 헤겔의 논리에 이르게 될 것이다. 위반은 부정성을 더 격상하기 위해서라도 여전히 필요하다. 어떤 결정적 절대에 이를 때까지 수위를 높이면서 금기를 다시 세우게 될 것이다. 금기는 어떤 점點을 찍는데, 이 점에서 **위력**이 중단된다(그리고 동일성의 논리에 따라 우위를 점하는 **예고**가 이 점에 자리 잡

는다). 위반은 이 위력으로부터 벗어나는 경험이다. 이 경험 자체가 **불
가능 그 자체지만.**[11]

5. 여기서 잠시 멈추자. 나는 클로소프스키의 구문처럼 이야기를 계속
해서 뒤집고, 휘게 하고, 다시 또 흐르게 하는 이 끝없는 전복이 변증법
적 전복과 무엇이, 또 왜 다른지 보여 주기 위해 충분히 말하였다. 이토
록 매혹적인 전복. 『환대의 법칙』은 지금은 삼부작 전체의 제목이 되어
있는데, 단순히 한 가지 의미만을 갖지 않는다. 사제가 되려다 실패한
후 이상한 신학자가 된 사람이 결혼을 해서 매번, 로베르트를 주인에
게 주겠다고 하면, 이것은 기부를 요구하는 결혼의 신성함인지. 아내
는 신성 그 자체이다. 유일한 것이며, 교환 불가능한 유일성이다. 아내
를 다른 사람에게 준다는 것, 그것은 가장 모범적인 기부이다. 결코 나
눌 수 없는 "실제적 현존"을 나눌 수 있는 힘을 얻게 된 재생된 행위이
다. 이 지고한 권력에는 사악한 정신의 오만이 서려 있다 ── 그러나 여
전히 권력인가? 마찬가지로, 아내를 준 남편은, 초대한 손님에게 어떤
간음을 저지르게 하면서, 자신이 잘못을 저지른다기보다 잘못을 저지
르게 하는 유혹에 빠지는 건 아닐까? 자신이 직접 하는 것보다 타자로
하여금 그것을 하게 만드는 게 훨씬 편리할까? 그런데 겉으로 봐도 확
연히 이성적이지 않은 이런 행동의 의미에 대해 좀 더 깊이 생각해 봐
야 한다. 이 선물을 돌려주지 못하고 그냥 받아야만 하는 이 낯선 손님

---

11 여기서 나는 같은 주제를 다룬 미셸 푸코의 아름다운 에세이 「아크테온의 산문」을 떠올린
　다("La prose d'Actéon", *La Nouvelle Revue Francaise*, n° 135, mars 1964, pp.444~459).

은 옛날 사유 방식대로라면, 미지의 자, 아니 그런 이유로 신에 다름 아니다. 신이 아닌 다른 누구를 상상할 수 있겠는가. 이건 현현이라 할 수 있다(신은 반복 행위를 해도 신으로밖에 환원되지 않으므로 신에게 이 선물이 주어짐으로써 두 번 신성해진다). 유보 조항 없이 아내를 봉헌받은 이 미지의 자는 이 아내에게 미지의 것을, 그러니까 자신의 비밀을 계시하게 된다. 그 비밀은 익숙한 기억이나 내밀한 기억이다. 습관이 되어 알게 된 기억이 감추고 있는 부분이다. 바로 신적인 영역이며, 곧 망각의 영역이다. 도착적인 신학자 옥타브는 이런 상호성 없는 선물을 통해 간접적으로밖에 그 비밀을 알지 못한다. 이 비밀에서 자신은 배제되어 있는 것이다. 그럼에도 불구하고 자신이 주동자인 이상 여기에 전적으로 개입되어 있다. 한데 그가 정말 주동자인가? 놀잇감인가 희생물인가. 아니면 보잘것없는, 그러나 수완 좋은 연출가인가? 가시적이어야만 소통되는 이런 소통 불가능한 정체는 차라리 완전히 드러나야 ── 장갑을 벗은 아름답고 큰 손, 칼집에서 빠져나온 칼 같은 준엄한 몸처럼 ── 로베르트의 진짜 얼굴과 발가벗은 몸이 우리에게 계시된다. 사실상 여기서 소통은 증식하는 방식이다. 같은 것을 여러 개로 만들고 로베르트를 반복시켜 테오도르처럼 우리는 거의 두 개의 천을 하나로 붙여 만든 이중 천의 짜임새 같은 플롯 가운데에 놓이게 된다. 매번 의외의 돌발적인 사건이 펼쳐지지만, 정밀한 관계에 의해 ── 중심에서 벗어나면서도 항상 중심으로 돌아오는 ── 항상 중심과 연결되어 있다. 더욱이 로베르트는 무신론적 건강함과 기질적 건강함으로 선물 기부를 대체한다. 한마디로 교환 경제의 원칙이다 ── 사드 후작에게서 빌린 듯, 롱샹 호텔의 경제를 통해 서로를 세속적으로 공유하는 남자와 여자들의 세계를 만든다. 이런 일들은 신학적 경험을 끊임없이 방해한다. 교환 경제와 신학 경험을 양립시키는 것이 아니라, 정확히 서로를 모방하여 숨기는 식으로 완전히 동일하지는 않지만 결국 유사한 것으로 만듦으로써 각각의 속성을 두 배로 강화한다.

하지만 이것은 기억해야 한다 ─ 아니, 줄기차게 말해야 한다. 클로소프스키의 이야기들은 심리적 동기를 말하려는 게 아니라는 것이다. 이상하지만 그래도 있을 법한 등장인물들, 가령 도착적인 신학자나 자유분방하다 못해 극단적인 사회주의자 같은 아내에 대한 설명이 아니라, 전혀 새로운 논리와 이치를 표명하기 위한 설명이라는 것이다. 지극히 일상적인 현실을 연구하면서 신학적 성찰로 비약하듯 옮겨 가므로 거북하고 불편하며 혼란한 마음이 생기지만, 바로 이렇게 할 때만 새로운 이치와 논리에 더욱 가깝게 다가갈 수 있게 되는 것이다.[12] 나는 앞에서 "실제적 현존"의 신비와 선물 인습의 기원이기도 한 봉헌자 행위를 인용한 바 있다. 삼위일체 교리의 관점에서도 소통 불가능한 것들의 소통 문제가 우리에게 완전히 새로운 방식으로 암시되

---

12 여기서 새로운 이치와 새로운 논리는 의미를 기표로 이해하는 것이 아니라, 여러 다른 기표들을 조합하면서 불쑥 찰나적으로 생기는 것만을 의미로 이해하는 방식에서 가능할 수 있다. 클로드 레비스트로스는 의미는 언제나 하나의 결과, 하나의 효과라고 말했다. 의미는 구조 안 자리들의 조합 체계, 또는 중층 결정에서 하나의 효과로 생겨날 뿐이지, 전제되거나 미리 부여되는 게 아니다. 클로소프스키의 작품에서 성도착자, 신학자, 사회주의자가 만일 등가어일 수 있으려면 이런 식의 사고방식으로서만 가능하다. 상징의 어원인 그리스어 symbole은 '깨진 조각들의 합'이다. 극도의 발열 상태에서 느닷없이 끼워 맞춰지는 남녀 양항의 찰나적 합처럼, 상징은 교미하는 두 연인처럼 기표가 2이고 기의가 1일 수도 있고, 기표가 1이고 기의가 2일 수도 있다. ─ 옮긴이

고 있는 것이다. 마찬가지로, 더욱이, 이교도 신학 관점에서도, 우리는 12대신大神의 문제 앞에 서게 된다. 12대신의 본질은 동일하나 각각 구분된다. 각각은 유일무이한 신성을 가지지만 12개로 나뉘어 존재하는데, 서로가 서로를 보여 주는 역할 외에 다른 역할은 없다. 테오파니 théophanie, 즉 신들이 인간에게 보여지기 위해 여러 다양한 현현을 취하는 것처럼 말이다. 아무리 갖다 써도 고갈되지 않을 만큼 인간은 극치의 단순함을 얼마나 복잡하고 다양하게 상상하며 바라보고 성찰하는가. 절대를 말하는 신학은, 자기 영역 아닌 영역에 적용되는 순간, 스스로 미치거나 미치게 만들지 모른다. 광기란, 다른 이유가 있는 것이라고 말할 수 있을지 모르겠지만, 아니 아마도 광기란 이런 것이다. 이토록 충격적인 책들을 통한 경험은 그저 순전히 관념적인 정신 놀이는 아니다. **유일무이한 징후**signe unique를 일관되게 가져가면서 적절한 상관성을 취한다는 점을 잊지 말자. 로베르트라는 이름과 그녀의 미친 이야기 뒤에 말 없는 구속적 응력應力이 늘 도사리고 있을 것이다.

6. 만일 우리에게 지시된 이런 운동이 가능하다면, 조금 더 추적해 볼수 있다. 실존은 외양으로 가장하여 은폐한다. 은폐하면서도 역할을 하며 계속해서 정통한 실존으로 있는 것이다. 안에 실로 진정한 본체가 있는데, 도저히 풀 수 없을 만큼 악다구니를 쓰고 얽혀 있는 시뮬라크르로 말이다. 신에 대한 믿음이 무너지는 순간, 동일성 또는 정체성도 무너진다. 더욱이 개인의 정체성을 보장해 주는(세속적 무신론) 신에 대한 믿음이 무너진다면, 나라는 동일성 또는 정체성도 함께 무너진다. 불경하게도, 신에 대한 엄숙한 사유가 "신으로부터 받은 영감"

정도로 말해진다. 신 안에, 또는 신이 계신 공간 안에도 시뮬라크르가 있다고 감히 보는 것이다. 그렇다면 타자는 여전히 현재한다. 이 타자는 자신에게서 조금 떨어져 있는 자신에 다름 아니다. 이 거리 때문에 차이가 생기면서 자신과 유사한 것이 만들어지는 것이다. 어쨌든 완전히 동일한 것은 아니다. 각 존재마다 이런 분해가 일어난다. 그래서 각 존재 안에는 무한대의 유사체가 끊임없이 만들어진다. 원본 또는 원상元象을 식별하지 않아도 유일무이한 기호와 그 등가물들은 자체적으로 폭로되고 해석된다 ── 실존적으로 말하면, 개체로서의 인격성을 우위에 두는 것을 포기함으로써다(다른 사람들은 이렇게도 말한다. 광기로, 즉 인격성의 분쇄화로). 신학적으로 말하면, 하나의 신성 안에 복수의 신성이 포함되어 있음을 깨달음으로써다. 형이상학적으로 말하면, 영원한 재생이 있다는 개념을 가짐으로써다.

클로소프스키에게서 우리는 니체의 새로운 변호사 면모를 엿볼수 있다. 프랑스어로 쓰인 니체에 관한 가장 중요한 글 가운데 하나인클로소프스키의 에세이 「니체, 다신교와 패러디」[13]를 참조하며 나는 한마디만 할 것이다. 사드처럼, 니체가 클로소프스키에게 주어질 운명이었다는 식으로는 생각하지 않으련다. 왜냐하면 사드처럼 무신론자이며 심지어 반예수적이기에(물론 사드에게 이런 번뇌는 없었지만) 무신론자라는 상투적인 저주를 받을 수 있기 때문이다. 그러니까 신의 부재에 대해 말하려면 이런 부재 자체를 가지고 현존하는 신을 말해야

---

[13] "Nietzsche, le polythéisme et la parodie", *Un si funeste désir*, Paris: Gallimard, 1963.

하는데 이렇게 될 수 없는 것이다. (다행히도) 니체에게는 다른 게 있고, 클로소프스키가 우리에게 제안하는 니체에 대한 개념에도 다른 게 있다. 모든 것은 다시 돌아오고, 다시 시작한다는 이런 낯선 사유야말로 가장 강력한 현대적 무신론의 긍정 아닌가. 왜 그런가? 왜냐하면 무한한 일체성이 무한한 복수성으로 대체되기 때문이다. 구원이 가능하고 진보가 가능하다고 말할 수 있는 선線적인 시간은 둥근 구형 개념의 공간과 시간 개념으로 대체된다. 하여, 저주가 크나큰 기쁨으로 쉽게 전복된다. 왜냐하면 이런 사유는 존재의 동일성을, 즉 여기 그리고 지금hic et nunc이라는 단 하나의 성격, 에고의 단 하나의 성격, 그러니까 영혼의 단 하나의 성격, 일자一者로서의 단 하나의 성격에 이의를 제기하기 때문이다. 그리고 아마도 이런 이유도 있을 것이다. 이런 사유가 우리의 우주에 결정적으로 자리 잡으면, 이제 상image은 모델model에 따라 생겨난 이른바 두 번째 것이 아니게 된다. 모델은 진리를 기만하는 협잡꾼으로, 이제 원본original은 더 이상 없고 그저 무한한 반짝거림만 있게 된다. 빛이 가물거리며 빛나고 흩어지는 가운데 돌고, 돌아가고, 돌아오는 무궁한 움직임만 있을 뿐이다. 기원origine은 없는 것이다. 물론 함정이 있는 사유일 수 있다. 인간의 한계를 알고 물러나 위축된 — 무신론이 위협받는 게 이것이다 — 것이 아니라 이런 불가능성의 무한한 힘을 느끼는 것이다. 무위의 힘을 느끼는 것이다. 음산한 힘이나 알 수 없는 형상과 어둡고 음침한 환상에 반기를 드는 것이 아니라, 결코 고갈되지 않는 힘으로 끝없이 변신하는 것이다. 나타나고 사라지고 하는 것은 존재를 이롭게 하는가 하면 이롭게 하지 않는 것으로 이런 끝없는 반복 속에 존재는 더욱 무위의 힘을 갖게 되는 것이다.

시작할 때 이미 재시작이 있었다. 이것은 새로운 복음인가. 니체를 생각한다는 것은, 그 모든 귀결과 결과를 수용한다는 것이다. 옛것이 이미 긍정한 것을 부정하는 것이 아니라, 그것을 그대로 가져가면서 결코 잃어버리지 않으면서, 기꺼이 옛것을 교체하는 것이다. 말도, 어쩔 수 없이 최초의 말이 한 번은 있다. 그러나 불가사의한 반복의 힘으로 아무리 같은 말을 반복해도 결코 같은 말이 아니다. "이번을 마지막으로"가 아니라, "아직도 한 번 더"이다. "이미 한 번 있었으니 아직도 한 번 더 있을 수 있고, 항상 다시, 다시, 또 다시가 있을 것이다." 발작하듯 터지는 거대한 웃음이라서 우주가 전율하는 것이다. 무겁고 진중한 가운데 공간이 열리고 깨지는 이 탁월한 신성 기운과 기질. 망각의 이 실념失念 세계에서도 계속되는 영원한 회귀. 순간 정점에서 법도처럼 계시되는 진리. 영원한 회귀는 곧 신들의 무한한 부재를 증명하는 것이 아니고 무엇이겠는가. 아니, 신들이 회귀하기를 바라는 것은 이 영원한 회귀가 곧 신임을 입증하는 것이다. 피에르 클로소프스키가 진술한 탁월한 문장을 일부 여기서 인용하고 싶다. 니체를 연상하게도 하지만, 내가 보기에는 피에르 클로소프스키 스스로에게서 나온 문장이다. "영원한 회귀라는 교리는 또 한번 여기서 **가장된 교리**simulacre de doctrine로 보인다. 왜냐하면 **폭소**hilarité는 존재론적 속성을 패러디한 것이기 때문이다. 웃음은 전체 진리의 저 심연에서 터진다. 진리가 신들의 웃음 속에서 터지는 것이든, 신들이 미친 듯 웃다가 죽는 것이든. 한 신이 유일신이 되고자 할 때 나머지 다른 모든 신들이 미친 듯이 웃어 댈 것이다. **웃겨 죽겠다는 듯이**mourir de rire.[14] 『바포멧』의 라이트모

티프[15] 가운데 하나가 정확히 이 문장이다. 그 단순함 속에서 진리의 귀환이 우여곡절을 겪는다 해도 진리는 끝없는 운동성을 유지한다. 그런데 왜 웃음일까? 왜냐하면, 웃음이 신의 세계이기 때문이다. 그렇다. "유일신이 아니라 여러 갈래의 복수 신이라서 웃음일까?" 그런데, 웃음 속에서 신들은 유일신(웃지 않는 신)을 비웃으며 죽어 간다. 그런데 웃다가 죽는다는 것은 신성 그 자체, 즉 "신의 극치의 현현" 때문에 웃는 것일 수 있다. 신들은 다시 태어나기를 기다리며 다시 자신 안으로 흡수되기 때문에 사라지는 것이다. 그럼에도 불구하고 모든 게 결정적으로, 확정적으로 말해지지 않는다. 왜냐하면, 신들이 웃다가 죽는다는 것은, 확실히 웃음은 신의 운동이라는 건데, 그러면서 죽어 가는 공간 자체일 수 있다. 죽다와 웃다는 같은 공간에 있는 것인지 모른다. 신처럼 웃다, 죽을 만큼 웃다. 바쿠스처럼 실제로 웃어야 한다. 한 곳에서 다른 곳으로 끊임없이 옮겨 가고 무한히 실수하며 요란히 웃어 대야 한다. 하여 유일무이한 징후의 절대적 모호성으로 다시 전부 돌아간다. 징후는 자신을 까발리며 자신과 유사한 것을 찾다가 드디어 발견하는데, 다시 길을 여의고, 헤매고, 또 길을 잃지만 자신을 찾았다고 생

---

14 죽다(mourir)와 웃다(rire) 사이에 de를 놓음으로써 행위의 연속성(실제로 웃다가 숨이 넘어가 죽을 수도 있다)을 연상하게 하거나 어떤 동작 행위(여기서는 웃는 행위)를 적극적으로 행하면서, 더욱 강도를 높여 결국 폭발하게 하여 소멸시키는 자기 파괴적 수행성으로도 이해할 수 있다. 블랑쇼가 바로 앞에서 니체의 철학이 "옛것이 이미 긍정한 것을 부정하는 것이 아니라, 그것을 그대로 가져가면서 결코 잃어버리지 않으면서, 기꺼이 옛것을 교체하는 것이다"라고 섬세하게 부연하는 것도 그래서다. 이 글의 갈무리 부분에서는 '웃다'와 '죽다'라는 전혀 다른 동사에서 완전히 공통적인 속성을 추출해 내기에 이른다. ── 옮긴이
15 음악의 동기부나 문학 작품에서 되풀이 되는 주제. ── 옮긴이

각한다.[16]

---

16 『바포멧』은 중세 성당기사단(탕플리에)의 전설을 신화로 변형시켜 바로크적 성대함으로
이 영원한 회귀 ── 전생의 영혼이 다시 태어나듯 윤회의 회귀와 비슷한 회귀로, 비극적이
기보다는 희극화되어 있다(몇몇 동방의 설화처럼) ── 의 경험을 옮겨 낸 작품이다. 소용돌
이처럼 빙빙 도는 내세에서 ── 정령들의 왕국 ── 모든 일이 일어난다. 비가시성의 빛 아
래서 모든 진실은 그 빛을 잃고 있는데 이런 풍경이 지극히 자연스러워 보인다. 여기서 신
은 밀리 떨어져 있는 어떤 구형처럼 그려진다. 힘도 약화되어 있다. 특히 죽음의 신은 결정
력까지 상실할 만큼 모든 힘을 잃고 있다. 그렇다고 치명적으로 죽게 마련인 인간처럼 유
약한 존재도 아니고 신처럼 불멸하는 존재도 아니다. 그저 영속적 운동성에 내맡겨진 존재
다. 이 정령들의 왕국에서 강도 높은 운동성만이 그들의 실체로, 그들 존재 자체는 부재한
채 계속해서 이 운동을 반복할 뿐이다. 반복성이 만들어 낸 이 기이한 동일성이 하나의 작
용을 만들어 낸다. 어떤 것과도 닮지 않은 유사성을 만들어 내는 것이다. 모방할 수 없는 모
방이라 할 것이 바로 이들의 "숨결"이다. 정령의 말 또는 작가의 말, 이 말들이 만들어 내
는 형상과 작품이 곧 이 작품이 되는 것이다. 그런데 궁극의 부활이라는 도그마를 숭상한
다는 이유로 낮의 세계로 돌아오고 싶어 하는 이 설명할 수 없는 욕망의 문제가 아직 남아
있다. 이 욕망은 여러 번에 걸쳐 같은 몸에서 육화되고 싶은 것이다. 정화되기 위해서라기
보다는 스스로 부패하기 위해서, 더 나아가 정화시키려 드는 모든 작품을 부패시키기 위해
서이다. 여기서 기꺼이 존재의 영원성에 내뱉는 저주가 읽힌다(에르 신화의 새롭고 매혹적
인 또 다른 판본 같다). 그노시스의 이름이 여기서 발설될지 모른다. 만일 그렇다면 이건 아
마 틀릴 수도 있고 맞을 수도 있다. 적어도, 만일 둘을 근접시킨다면, 그것은 본질적으로 현
대적인 작품을 늙게 만들려는 것이 아니라, 카프카가 할 수 있었던 식으로, 쓰면서 쓰지 않
는 방식을 취하려는 것일 게다. 다시 말해 카프카는 그의 작품은 그가 이미 썼던 것을 다시
쓰는 것일 뿐 새로운 것을 쓰는 게 아니라고 상상하며 썼다. 그래야 새로운 카발라(유대 신
비주의)가 생겨날 수 있을지 모른다고 생각했다. 이런 유사한 특징을 갖는 것들을 떠올려
보자. 그노시스란 마니교가 아니다. 그노시스는 마니교처럼 확고한 선악 구분의 이원론이
아니라 미묘하게 변화를 준 이원론이다. 그노시스는 신의 반영에 맞추어 자기 자신을 들여
다보며 저 아래 세계로 깊이 침잠하는 신지학 내지 영적 인식으로, 같은 것의 반복이라는
문제를 제기한다. 이런 식으로 단일성 안에 복수성이 도입되는 것이다. 교리 절충주의가 있
건 없건, 이런 식으로 이교 신비주의와 기독교 신비주의가 서로 소통하는 데 성공한 방식
의 요구가 여러 차례에 걸쳐 있게 되는 것이다. 이에 따라 큰 여성 인물들이나 성적 요소들
도(남녀양성성 또는 남색) 여기 들어올 수 있는 여지가 생긴다. 또한 (윤회 사상을 비롯해)
순환하는 시간성에 대한 개념도 가능해진다. 이런 시간성 개념을 상정하는 것은 아직까지
는 이른바 "죽음의 순환"이라 부르는 것과 싸우기 위한 것으로, 거꾸로 돌아가는 것이 결국

은 위로 다시 올라가기 위한 움직임이라고 생각하는 것이다. 그러나 얼마 못 가 영원한 회귀 개념으로 완전히 바뀌긴 할 것이다. 망각에도 생각할 여지를 주어 이제 이 망각은 더욱 심오한 기억으로 나타나게 될 것이다. 그러다 일순간 깨달음이 온다. 신은 ─ 자기가 신이라는 것을 완전히 잊고 ─ 자기가 최초의 신이 아니라는 것을 알게 된다. 그보다 살짝 위에, 훨씬 조용한, 훨씬 포착할 수 없는 신이 하나 더 있다는 것을 알게 되는 것이다(하나가 아니라 또 더, 더 등으로 계속해서 추가하고 싶은 유혹이 이는 것을 어쩔 수 없다). 그노시스는 본질적으로는 이야기다. 복잡성을 관장하고 통제하는 우주적 이야기이다. 부동하는 이야기 같지만 자세히 들여다보면 진실들이 무한히 증식하면서 서로 이야기되고 다시 진실들이 발생하는 구조이다. 그런데 복음서에 없는 것이 그노시스에도 없는 것은 사실이다. 바로 "신의 극치의 현현", 그러니까 웃음이 없다. "전체를 총괄하는 진실 저 밑바닥에서 터져 나오는" 그런 웃음이 없는 것이다. 그런데 이 웃음이 클로소프스키의 작품에 선물처럼 기부되어 있다.

20
위반에 관한 짧은 메모

땅: 카오스

만일 그리스 신들이 우리에게 근친상간은 금지되지 않았다는 것을 가
르쳐 주었다면, 그리스 신들은 땅과 카오스 사이의 분리를 고착화하는
일을 맡은 것으로 보인다. 괴물들을 양산하지 않고는 위반할 수 없는
데, 이 정도로 위반하는 것이 분리이다. 두 용어를 분리하는 것이 무엇
인지 생각하는 일은 지독히 어렵다. 둘 가운데 하나는 단순히 자신을
나타내는 것이 아니라 강제적 벌어짐을 통해 이미 건널 수 없게 된 거
리를 나타낸다. 어떻게 하면 비통일을 통해 비단위체로 하나될 수 있
을까?[1] 어떻게 "경계"는 "경계 없는" 세계에 합류할 수 있을까? 한정

---

1 비통일(désunion)은 이미 분리되고 갈라진 세계인데 그래서 산산이 흩어진다기보다 다시
어느 곳으로 함몰, 수렴됨으로써 통일된 단위체 세계가 아닌 비단위체(non-unité) 세계가

된 경계는 없으나 적절한 분리를 통해? 양항이 어떤 상관성도 갖지 않는 카오스는 두 번에 걸쳐 표시되는 초과의 형상을 갖는다. 카오스와 하나가 되려면, 심연을 짚고, 심연에서 방향을 돌려 다시 심연과 하나가 되어야 가능하다. 어떤 욕망 때문에 이렇게까지 할 수 있을까? 에로스가 아직 발생하기도 전인데. 하나로 통일하는 식 말고, 통일성을 이루는 다른 방식의 좀 기이한 결합은 없을까? 도착적 욕망에 버금가는? 그러나 이런 결합이 있었다면 대관절 무슨 결합일까? 카오스란 비어서 아름다운 형상이 아니라, 완전한 부동 속에서 시작도 끝도 없이 사슬에서 풀린 듯 맹렬하게 늘어나는 증식이다. 반복적 공백과 무위 속에서 이상하리만큼 급속도로 증가하는 번식. 계속해서 늘어나는 빼기. 통일된 단위체 없는 복수성. 저 태고 이야기는 도대체 어떤 방식으로 대사건을 말하는가?[2] (우리에게는) 어마어마한 금기인 것을 상징하는 식으로? 격한 분노로 (단단한 힘으로 경계를 지키고 있는) 땅을 밀어붙

될 수 있다. 블랑쇼는 카오스의 진짜 의미를 성찰하기 위해 우선 이런 화두로 시작하는 것 같다. 카오스는 단순히 혼돈이라는 의미가 아니다. 그리스 신화에서는 처음 태어난 자인데, 원뜻은 '입을 벌리다'이다. 즉, 벌어지거나 갈라진 형상 그 자체를 의미한다. ─ 옮긴이

2 원문은 태고 이야기(le récit archaïque)로 되어 있는데, 그리스 신화나 그리스 전설 등을 의미하는 것으로 봐야 할 것이다. 그리스 신화에서는 카오스 이전에 아무것도 존재하지 않았다. 무(無) 또는 절대공간이었다. 그리스 신화의 다른 전승으로는 카오스는 남성으로 나타나는데, 자신이 생성한 여신 가이아(대지, 땅)와 결혼하고 거기서 다른 아이들이 태어나 세계를 창조할 수 있게 되었다. 맨 서두에 블랑쇼가 근친상간을 언급한 이유가 카오스는 가이아의 아버지이자 가이아와 결혼했기 때문이다. 그러나 이런 근친상간은 금기 사항이 아니다. 헤시오도스에 따르면, 가이아는 카오스로부터 태어난 것이 아니라, 카오스라는 공간 속에서 자연적으로 생겨났다. 이어 타르타로스(지하, 심연), 에로스 등이 순서대로 나타났다. ─ 옮긴이

여 카오스와 결합하게 해서? 그러나 이 격노 —— 저 깊은 바닥부터 끓어오르는 분출 —— 는 이미 카오스에 속한 것으로 괴물 같은 특징을 갖고 있다. 따라서 그것은 —— 그 결과로 여기까지 오게 된 것으로 —— 카오스적 격앙, 혹은 반감 또는 **척력**re-pulsion(즉, 결을 거슬러 거꾸로 가는 것을 반복하면서 생기는 충동)일 것이다. 근원이나 원인, 출처 같은 것도 없는 완전한 무질서 속에서 길을 잃고 실성하도록 마치 무한이 유한을 유혹한 것만 같다(가던 길의 방향을 돌려 딴 길로 새게 하듯).[3] 반감 또는 척력은 결을 거슬러 거꾸로 가는 것과 같으므로, 공격성의 원리를 한참 벗어난 것으로, 에로스보다 먼저 나온 것도 아니다. 반감 또는 척력은 우선 보기에는 직선적 계통에 속해 있는 것 같지만, 유래한 출처 같은 것은 전혀 없다. 바닥 없는 우물 같은 것에서는 실존한다고 말할 수 있을 만한 것이 전혀 나올 수 없다. 그렇다고 반감이 더 본래의 최초의 것이라는 말은 아니다. 삶, 사랑, 파괴, 죽음 같은 것과도 상관되지 않는다. 그래서 이렇게밖에 명명할 수 없는 것이다. 한마디로, 이중적인 언어다. 나뉜 언어다. 여기서 "갈등"의 면부터 먼저 본다면 그건 틀렸다. 왜냐하면 척력, 그러니까 반감 또는 혐오감 같은 마음 작용은 반복의 결과로 나온 것이지 어떤 부정적 감정을 말하는 게 아니기 때문이다. 아무것도 발생시키지 않으면서 발생하는 것. 출산은 없는데 세대는 이어진다.

---

3 유혹하다로 흔히 번역되는 séduire는 어원만 보면 가던 길의 방향에서 벗어나 딴 데로 가다라는 뜻이다. —— 옮긴이

땅: 카오스. 저 태고 이야기는 어떤 통제도 당하지 않을 만큼 강력한 이름들을 가지고 우리의 의미 전달 방식과는 완전히 다르게 읊조린다. 가령 조각들을 병치하고 조정하여 그토록 무거운 번뇌와 알 수 없는 과잉을 덜어 내기 위하여 광시곡(랩소디)을 부르듯 몸부림친다. 이것이 저 기억에도 까마득한 태고의 말씀이다. 이 이름들은 정확히 말하면 힘 있는 용어들이 아니다. 차라리 느닷없는 결정들처럼 쏟아져 나온, 명명할 수 있는 것이라곤 아무것도 없는 파편 같은 용어들이다. 우리의 번역으로 이 거친 격정을 겨우 가라앉히는 것이다. 아니 번역을 한다기보다 그렇게 삭이고 달래어 재사용하는 것이다. 그렇다면 이 태고의 말씀에는 무엇이 실려 있단 말인가? 낭송될 권리가 있기도 하고 없기도 한 것? 전례에 따라 낭송을 제한하였으므로 그럴 권리가 없는데도 위반한 것? 무엇이 허용되고 무엇이 허용되지 않는지 확신이 없으면서 전달하고 전승하는 것? 이야기는 이렇게 발생한다. 아니, 이야기는 이런 발생을 이야기한다. 광시곡(랩소디)은 처음 말한 것으로 끝나지 않는다. 말한 것을 다시 말하다 보면, 말해지지 않은 것조차 말해지는 레시터티브⁴가 된다. 틈에서 틈으로, 파편에서 파편으로 이어지며 같은 것을 반복해도 매번 다르게 발음된다. 이런 읊조림이 갖는 정통성이란 반복의 힘, 더 나아가 반복에 지치면서도 각성되는 힘이다.

---

4 오페라나 종교극 따위에서, 대사를 말하듯이 노래하는 형식. — 옮긴이

우리들은 모두 이런 광시곡풍의 이야기에 의존하고 있다. 낯선 이름들이 ── 한 공동체 바깥의 언어이기에 무시무시하기도 하고, 수수께끼 같기도 하다 ── 연이어 나오며 이야기는 구성된다. 이 이름들이 무엇을 명명하는지 모르겠지만 그래서 멈춰지는 게 아니라, 이야기 공간 안으로 들어와 거무스레하게 무리 짓는다. 반복과 낯선 이름들(혹은 그저 이름을 알 수 없는 이름들), 이런 것들이 이야기 안에서 두 가지 가능성을 띠고 작용한다.

그런데 이번에는 이 이름들이 이중성을 띠며 공통된 척도를 벗어난다. 양방향으로 반복되어 이쪽저쪽으로 하나의 연속적 배열체(시리즈) 또는 하나의 선을 만든다. 이 이름들이 명명하는 것이 그것이다. 우리들은 원래 언어에 들어 있던 것은 그대로 간직하면서 그것을 곧장 번역한다. 땅, 가이아는 발생시킬 수 있는 힘이며 발생된 힘이다. 땅은 이미 형태가 잡혀 있어, 생기 넘치는 밀도로 단단하다. 땅(테라/가이아)은 항상 더 젊은 레아, 데메테르, 코레 같은 다음 세대를 만들어 내지만,[5] 땅이 제1요소는 아니다. 데메테르를 부를 때 ── 데메테르는 고

---

5 헤시오도스의 『신통기』에 따르면, 가이아(Gaia, Gaea)는 세상이 처음 시작되었을 때 카오스(혼돈), 타르타로스(지하세계)와 동시에 등장했다. 처음에 카오스가 있었고 이 카오스에서 가이아가 태어난 것은 아니다. 가이아는 홀로 우라노스(하늘), 우로스(산), 폰토스(바다)를 낳았고, 다시 우라노스와 결합하여 12명의 티탄신을 낳았다. 그리스의 신 가이아가 로마 신화에서는 테라(텔루스)라고 불리는데, 20명의 로마 주신과 12명의 농경의 신 중 하나에 포함된다. 곡식의 여신 케레스(세레스)와 상징적 연관성이 있지만, 테라는 제4원소로 땅 자체를 의미할 뿐이다. 레아는 가이아의 딸이며, 데메테르는 레아의 딸이다. 코레(페르세포네)는 데메테르의 딸인데, 페르세포네라는 이름이 간단하게 젊은 처녀라는 뜻의 '코레'로도 불렸다. ── 옮긴이

장(농경)의 어머니 ──, 가이아도 부르곤 하는데 가까운 것들을 불러내 표현해야 이야기가 더 전개되고 더불어 서술성이 생긴다. 수많은 일화들이 만들어지는 것도 그래서다. 가이아가 있어야 보조가 맞는다. 특별한 형체 없는 끔찍한 물질들과 연결되어 발생하는 것이 신비하긴 하지만, 질료로서 ── 비옥한 진흙 ── 존재한다. 어쨌거나 이미 사실로 입증된 신과의 상관성으로 만들어진 것이다. 카스마(커다란 구멍, 또는 협곡)에서 나왔다고도 하는데, 이것을 기원으로 보지는 못하는 것이, 그것을 기원으로 해서 나온 것은 하나도 없기 때문이다. 크로노스라는 시간의 신은 저 옛적의 카오스와 동시대가 아니다. 크로노스가 최초의 시간 신이라면, 카오스는 시간 개념과 관련해 무엇보다 앞선 것이라거나 그래서 더 힘센 것이라거나 하는 개념을 갖지 않는다. 따라서 우위성 또는 영원성 같은 개념도 전혀 갖지 않는다.

그렇다면 이 태고의 이야기에서, 땅과 카오스가 나온다면 이것은 도대체 무엇일까? 땅은, 무엇인가를 계속해서 발생시키는, 생식 또는 생성이 그 본질이다. 카오스는 재생 반복이 그 본질이다. 땅은 욕망에 따라, 그리고 욕망에 의해 무언가를 발생시키는데, 이로써 불법일지라도 허락된 아름다운 결합을 만들어 낸다. 카오스는, 욕망도 없고, 사랑도 없고, 전혀 열려 있지 않다. 열리는가 싶으면 바로 조여지며 끝도 없이, 자기 안에서만 증식을 한다. 같은 것에서 같은 것이 만들어지는데, 같은 것을 파괴하면서 그렇게 하는 것이다.

그러나 문제는 다시 제기된다. 땅은, 척력 아래, 카오스 또는 에레보스[6] 속으로 빠져 들어가 생성할 수 있는 권리를 상실하게 된다(닮은 것을 계속해서 생성하는). 이어 죽음을 예고하는 불길한 계보 속으로 들어가는데, 여기서는 닮지 않은 것(다른 것)이 닮지 않은 것(다른 것)을 연쇄적으로 만들어 내서, 여러 개의 분리 형상을 만들어 낸다. 이런 불행한 결합으로 태어난 괴물들 가운데 카오스에서 파생된 것 또는 카오스의 자식들이라 부르는 것들이 있다. 살아 있는 존재들, 그것도 괴물처럼 강력하게 살아 있는 존재들과 강력한 힘을 지닌 계보들 사이에는 같은 차이가 있는데, 존재 바깥에 있는 존재, 아니면 존재 아닌 존재라고밖에 말해질 수 없는 것이다. 다음의 이름들은 모든 법에서 벗어난다. 카오스, 에레보스, 타르타로스, 닉스(두 개 혹은 세 개의 밤이 있다. 밤 속에서 길을 잃은 밤, 낮을 예고하는 밤, 이 둘 사이에 있는 자정). 태고의 이야기에서 이런 이름들을 만나면, 계통 관계 때문에라도 서로를 연관시키지 않을 수 없는데, 이 이름들은 그렇게 우릴 향해 한 발씩 다가오는 것이다. 우리가 가능한 경험 영역으로 한 발씩 다가오는 것이다. 이들 이름은 신들의 코스모스 안에 속해 있지 않고는 나타날 수 없는 방식으로 이름 지어져 있다는 것에 우리는 주목한다. 공간과 어떤 상관성

---

6 어둠, 암흑의 신이다. 헤시오도스의 『신통기』에 따르면, 카오스에서 태어난 아들이며, 카오스에서 태어난 밤의 여신 닉스와 교합하여 낮을 의미하는 헤메라와 푸른 하늘을 뜻하는 아이테르를 낳았다고 한다. ——옮긴이

을 띠고 있다는 것이다(분명, 그리스식 카오스와 그리스식 공간은 위험할 정도로 가까운 단어다). 창조된 것은 시간이다. 공간은 이 계통 족보에 들어가 있지 않으며 다른 것의 원인이 될 뿐이다. 그리고 공간은 어두움을 강조하거나(발견되지 않는 것, 에레보스), 현저한 불일치를 강조한다(끝없이 중얼거리거나 알아들을 수 없는 말을 하거나 단어가 아닌 단어들 같은 타르타로스, 바르바로스).

하지만 태고의 말씀이 이들을 알아듣게 한다. 저 옛 언어, 가장 오래된 언어의 메아리는 분명 권위 있는 말씀의 수호신들 아래 놓여 있다. 이 수호신들은 성소와 신들에 따라 각기 다르다. 우리는 허망스레 그 일부만 해석할 뿐이다. 왜냐하면 언어들은 서로 다르지만, 가까이 있기도 하고 떨어져 있기도 해서 어떻게든 서로 중계된다. 가령 아낙시만드로스는 "경계 없는"을 인용하면서, '카스마'Chasma 대신 어원만으로도 현기증이 나는 다른 용어를 내놓는다. 풍부한 의미를 가졌을 뿐만 아니라, 전혀 다른 변형도 허용하는, 새로운 규칙에도 들어맞는 완전히 다른 용어다. 다시 말해 전혀 다른 종류로 사용해도 된다고 미리 알려 주는 것이다. 아니면 적어도 우리 스스로 길을 헤치며 길을 만들어 가도 괜찮다고 독려하는 것 같다. 땅이 카오스와 결합하는 것을 떠올리거나 거기서 파생한 에레보스를 떠올릴 때, 우리는 그야말로 어마어마한 위반에 대해 말하는 것이다. 우리는 물론 그렇게 할 수 있다(해석은 거기, 우리 사정권 안에 있으니까). 또한 우리는 가까운 것들끼리의 관계성(가령 근친상간)이 금기(비교적 덜 변위된 단어)가 아니라는 것에 주목한다. 그것보다 차라리 하나와 다른 하나 사이에 어떤 관계성도 없다는 것을 드러낸다. 방금 내가 함부로 암시한 것처럼. 시간과 공간 사이에 어떤 관계성도 없다는 것처럼.

　이야기는 이야기 자체로 남는다. 이야기가 말한 수수께끼를 이야기가 품고 있을 따름이다. 태고 이야기는 끔찍한 것들을 말하는데, 그것들을 말하고 또 말하기 때문에 끔찍한 것이다. 반복의 이중 놀이에 의거하면, 반복을 통해 기원의 위험에서도 다행히 벗어나는가 하면, 다시 그 반감으로, 즉 어떤 척력으로 다시 그 기원의 위험에 떨어진다. 심장의 고동, 아니면 맥놀이 같은 이런 반복적 두드림은 욕망에 따른 것도 아니고 삶의 본능에 따른 것도 아니다. 하여, 태고 이야기는 신통기, 즉 계보로 말해지기보다 그것과는 한참 다르게 말해져야 한다. 물론 이야기해 주어야 한다는 소명으로, 전달해 줘야 한다는 소명으로, 그 방식을 다시 어쩔 수 없이 밟지만 말이다. 그럼에도 불구하고 카오스는 카오스의 자리가 있다. 아주 이상한 것 자체로, 위험에 노출된 상태로 그대로 있어야 한다. 무엇이 카오스(혼돈)로 변해 가는 게 아니다. 배제하는 것이 아니라 배제를 포함하는 방식으로 할 뿐이다. 즉 카오스가 카오스와 함께 오는 방식으로 할 뿐이다. 이 태고의 이야기처럼 말한다면 위반이 가능하면서 위반이 사라진다. 항상 미완인 채로 있어야 더 스스로 잘 놀 수 있다. 미완만이 유일한 긍정 양태가 될 것이다. 이 도저한 태고의 이야기에 의해 이야기가 다만 흘러갈 뿐이다. 결코 시간에 속해 있지 않은 과거의 흔적이 있다면 이것이다. 그래서(이렇게 말할 수 있을지 모르지만), 척력에 의해 더 끌어당겨지는 세계 쪽으로 걸어가야 한다. "저 너머로의 발걸음"에 호소하는 이유가 그것이다. 도저히 건너갈 수 없는, 그래도 이름 부여할 수 있는 "바깥으로".[7]

7 이런 성찰은 그 지혜와 박식함과 간결함이 너무나 인상적인 클레망스 람누의 『소크라테스 이전의 철학자들 연구』(Clémence Ramnoux, *Études présocratiques*, Paris: Klincksieck, 1970)에서 영감받았다.
이렇게 대립적인 장점들을 만남으로써 지혜롭게 생각해 볼 것이 많다. 이 책의 여백에 나는 이런 생각들을 덧붙여 보고 싶었다. 두 개의 연속 배열체가 주어질 때 신화는 해석된다. 이 배열체의 관계는 곧 신화의 의미가 될 것이다. 우리는 아이스킬로스 삼부작에서, 그리고 그 삼부작들 간에 이런 논쟁을 할 수 있다는 것을 알고 있다. 아이는 아버지로부터 나왔을까? 어머니로부터 나왔을까? 처음의 경우, 오레스테스는 거의 결백하다. 모유 영역의 범죄이지, 피 영역의 범죄는 아닌 것이다. 하지만 아버지와 어머니라는 이 연속 배열체는 서로 간의 더욱 놀랍고 끔찍한 방식으로 교체될 수 있다. 남자는 아버지 '와' 어머니로부터 왔으면서 동시에 아버지 '또는' 어머니로부터 왔다. 이런 게 바로 현대적 신앙, 즉 "오이디푸스적" 신앙이다. 아니면 "지하"(chtonien)라는 기원에서 나왔을까? "chtonien"은 꼭 땅을 의미하지는 않는다. "문지방" 아래를 의미하기도 한다(역시나 모호하다. 나는 땅에서 나왔다는 것일까, 나는 그 땅 안으로 휩쓸려 들어간다는 것일까?). 이런 질문을 하다 보니, 더 멀리까지 밀고 나가면서 결국 이중 배열체로서의 땅, 즉 카오스라는 개념이 생기게 되었다. 카오스는 절대적으로 분리된 세계이면서 끊임없이 그리고 위험하게 서로 연루되고 내포되는 세계이다. 이 의미 말고도 다른 것을 암시해 볼 수 있다. 계보적 이야기 자체가 이런 이중적 배열체 형태 아래서 말해지도록 하면서 그렇게 말해진다(생각된다)는 것이다. 한쪽에 발생과 그 결과에 따른 사물들이나 문장들이 있다면, 다른 쪽에는 반복적인 치고 때리기로 이름들의 차이를 만들어 내는 어둡고 텅 빈 세계가 있다(따라서 카오스에서 에레보스, 타르타로스, 밤[닉스] ─ 삼중의 밤 ─이 나오고, 밤[닉스]에 의해, 죽음, 모로스, 케레스, 타나토스가 나오고, 이어 케레스에 의해 에리네스가 나온다. 카오스는 그렇다면, 거의 우리와 인접해 있다). 헤시오도스가 카오스(여기서는 아래 있는 카오스)와 존재하는 사물들 또는 그것들의 한계, 근원 혹은 뿌리 사이에 흔들리지 않는 공기로 된 문지방을 설정한 것에서 우리는 바로 이 문지방에서 시작하고 끝나는 경계가 있다는 것을 알게 된다. 그리고 여기서 금기를 거스를 수 없는 문지방을 보게 된다. 또한 우리는 여기서 **문지방**(Seuil)이라는 명사를 다시 한번 깨닫게 되는데, 단순히 문지방이 아니라 파울 첼란이 깨닫게 해 준 것처럼 **문지방의 문지방**(seuil en seuil)으로 생각하려고 노력해야 할 것이다.

21
단순함을 향한 우회

죽어 가던 투르게네프가 톨스토이에게 쓴 편지를 생각해 본다. "당신과 동시대인이어서 얼마나 행복했는지 말하고 싶어 이렇게 씁니다." 카뮈를 덮친 죽음을 생각하면 ─ 슬프게도 고인이 된 이들이 더 있다. 엘리오 비토리니, 조르주 바타유 ─ 우리가 그들과 같은 동시대인이었던 것이 얼마나 감사한 일인지 모른다. 사실 우리 역시나 이미 죽어 가고 있기에 이 죽음이 우리 마음 한편 깊은 곳에 자리하는지 모른다. 그런데 이 행복감과 함께 어떤 배반적이고 모순적인 감정이 어둡게 드리워져 있는 것도 사실이다. 같은 시간에 함께 소속되어 있으므로 동시대인이라는 힘을 갖는데, 이들이 사라짐으로써 순간 이 힘이 심각하게 변질되는 것은 아닌가 하는 복잡한 마음이 드는 것이다.

슬픔의 감정이 없다면 우정의 감정도 있을 수 없다. 친구 같았던 작품에 어둡게 드리워진 것을 보지 못하고 이 작품에 대해 천연스럽게 말할 수는 없다. 그것은 진실하지 않은 행동이며, 차마 그렇게 할 수도 없다. 이 작품이 분명 우리 주변에 있는데, 갑자기 부재하는 것처럼 느껴질 수도 있다. 갑자기 그리워지는 것이다. 이렇게 부재하는 것처럼 느껴져도 우리가 이 작품과 멀리 떨어져 있는 것은 아니다. 여전히 가깝게 있다. 그런데 이렇게 가깝다는 생각이 들면 괴로운데, 작품을 향해 돌아보면 단단히 몸을 오므리고 있거나 돌처럼 경화되어 있는 것을 마주하게 된다. 이 작품을 높이 평가하며 감상하거나 지적인 전략에 활용해도 작품을 오므라지게 (아니면 다시 펴거나) 하는 데 우리는 아무런 도움을 주지 못한다.[1]

카뮈는 이런 종류의 불편함을 자주 느꼈다. 때론 자신의 책들에 의해 자신이 고착화되는 것에 힘들어했다.[2] 그가 너무나 눈부신 성공을 거둔 탓도 있지만, 작품에 완벽을 기하면서도 그렇게 완벽을 기하지 않으려고 부단히 애를 쓰기도 했다. 이런 완벽주의 때문인지, 사람들은 그가 너무 빨리 성취를 했다고 보기도 했다. 그런데, 그의 죽음의

---

1 이 장의 제목에 우회(détour)라는 단어가 들어가 있기도 하지만, 블랑쇼는 상당히 우회해서 쓰고 있다. 작가가 생존해 있을 때와 작가가 사망하여 고인이 되었을 때 그 작가의 작품이 감상되고 해석되며 평가받는 데 있어 미묘한 차이가 있음을 말하려 하기 때문이다. 특히, 작가 사후, 작품은 더 신화화되는 경향이 있으며 비평가들이 지나치게 이론화함으로써 도리어 작품의 진짜 본질이 왜곡될 수 있음을 블랑쇼는 비판한다. 카뮈의 예뿐만 아니라 뒤에 이어지는 장에서는 카프카를 예로 든다. — 옮긴이

2 카뮈는 가령 『이방인』이 잘못 읽히는 지점에 대해 자신이 직접 글을 쓰기도 했다. "어떤 사람들은 이 작품에서 새로운 유형의 배덕자를 발견할 수 있다고 했습니다. 그건 완전히 틀린 생각입니다. 여기서 정면으로 공격받고 있는 대상은 윤리가 아니라 재판의 세계입니다. [⋯] 뫼르소는 판사들이나 사회의 법칙이나 판에 박힌 감정들의 편이 아닙니다. 그는 햇볕이 내리쬐는 곳의 돌이나 바람이나 바다처럼(이런 것들은 거짓말을 하지 않아요) 존재합니다"(『이방인』, 김화영 옮김, 책세상. '작가의 말' 중에서 일부 발췌 인용). 옮긴이

날, 느닷없는, 그리고 결정적인 정지가 온 것이다. 하여 이제 그는 더 이상 정지의 위협을 받지 않게 되었다. 우리에게도 이런 일이 언제 닥칠지 모른다. 하고 있는 작업이 있는데, 이 작업을 멈춰야 할 수밖에 없다고 느낄 때, 작업이 이제는 조용해진다. 바로 그래서일까, 이 작품은 보존되겠구나 하는 느낌을 받는다. 그래서 더 그 작품에 서려 있는 비밀의 의미가 눈에 띄게 부각되지 않도록 한다. 왜냐하면, 그것은 비밀스러운 작품이기 때문이다.

*

비밀스러운. 그렇다, 카뮈의 작품은 그 자신과 결부되어 있어 그렇게 비밀스러울 수 있다. 각 책마다 자신에 대해, 아니 자신이 아닌 다른 사람에 대해 말하면서 비밀을 감추거나 가리킨다. 문학 에세이, 철학 에세이, 이야기,[3] 극본 등을 썼지만, 다양한 예를 들기 위해 상황을 선별하되 그 중심에는 자신의 감성과 실존성, 경험 등이 놓여 있기 때문이다. 이 경험은 자신의 것, 그러니까 자신에게 고유한 것이다. 그러나 개

---

3 프랑스에서는 '소설'(roman)이 아닌 '이야기'(récit)라는 장르가 따로 있어, 구분하여 옮긴다. '이야기'란 말이나 글로 된 진술이다. 가령, 『전락』에서 전직 변호사이자 화자인 클라망스는 쉬지 않고 계속해서 이야기한다. 카뮈가 쓴 작가의 말에는 이렇게 쓰여 있다. "『전락』에서 말을 하고 있는 사내는 계산된 고백에 열중해 있다. […] 그는 현대적인 마음씨를 갖추고 있다. 다시 말해 그는 남들에게 심판받는 것을 견디지 못한다. 그래서 그는 서둘러 자기 스스로를 심판하지만 그것은 다른 사람들을 보다 더 자유롭게 심판할 수 있기 위해서인 것이다." ─옮긴이

별적으로 특이하게 자기만 경험한 것이라는 말이 아니라, 누구나 겪을 수 있는 일반적인 상황과 조건 안에서 자기만의 고유한 경험을 했다는 말이다. 그는 경험의 이런 특성을 주요하게 견지한다. 하지만 빛이 너무 밝으면 도리어 잘 보이지 않는 것처럼, 공통 경험으로는 이것이 잘 포착되지 않는다.

그의 위대한 이야기들은 이런 유보 형식을 취하고 있다. 직접적으로는 표명할 수 없는 어떤 본질적인 핵심을 드러내기 위해 감추고 있는 것이다. **이방인**L'Étranger은 카뮈가 아니다. 이방인을 바로 카뮈라고 생각한다면, 그건 너무 단순한 생각이다. 『전락』의 변호사도 카뮈가 아니다. 『페스트』의 의사 리외도 카뮈가 아니다. 전부 이런 동일화가 거부된다. 하지만, 확실한 예감으로, 우리는 이 작중인물들이 너무나 단호하게 그려져 작중인물일 수밖에 없다고 생각한다. 다시 말해 가면들일 수밖에 없다고 파악한다. 이렇게 가면을 쓴 인물 뒤에서 어떤 목소리가 말을 하는 것이고, 이런 목소리는 밝혀질 수밖에 없을 정도로 존재감을 발휘한다고. 가면을 쓴 자가, 그러니까 가면 아래서 자기 목소리를 내는 자가 — 내가 이를 너무 명시하는 감이 없진 않지만 — 자연스럽고 단순한, 그리고 흔히는 너무 직접적인 사람일 수는 없다는 것이다. 그러니까 이 사람이 알베르 카뮈는 아니라는 것이다. 그런데 바로 여기서 비밀이 시작된다. 이런 유의 가면을 쓴 또 다른 저명한 자들이 있는데, 데카르트, 니체이다. 이들도 이렇게 가면을 쓰고 말하는 우회적인 방식으로 자기 생각이 맞는지 확인해 줄 것을 요구하며 자기 실존에 참여한다. 분명, 키르케고르도 이런 식이다. 카뮈는, 이런 간단한 소통 방식을 통해 글쓰기를 시작하는데, 다만 그는 자기 생각을 직접 말하기보다 늘 우회를 통해 말한다. 그러다 보니 거부하고, 피하고, 바꾸기를 줄곧 하면서 우회를 통해서만 새로운 진실이 표명되도록 한다. 그렇다면 글을 쓰면서, 카뮈는 무엇을 원하는 걸까? 글을 쓰면서 허구를 구현하는 이런 우회는 매개체를 요하는 방식인데, 궁극적으로는 온전히 자기가 되는 단순함을 위한 과정일까? 매개체 없는 직접적 소통은 행복일 수도 있고 불행일 수도 있는데, 그렇다면 이보다 더한 것(혹은 덜한 것)을 원하는 것일까? 다른 차원의 단순함? 다른 차원의 존재?

*

왜냐하면 그가 명료하게 자신의 생각을 표현하기 때문이다. 사람들은 카뮈를 그가 달성한 가시적 주장 안에 가둬 놓고 싶어 한다. 왜냐하면 그의 주장에는 여러 가지로 해석될 것이 그다지 없으므로 이런 모호함 없는 진리는 카뮈의 것이라고 간주하는 것이다. 카뮈는 극단적으로 말한다. 그러니 사람들은 카뮈를 이 극단성 안에 고착화되어 있는 사람처럼 보는 것이다. 그가 분명한 경계를 선호하듯 말하니, 그림자 하나 없는 선명한 말로 그의 말을 규정하는 것이다. 그러나 그의 말은 "청명한 날 태어나" 즉각 작은 협로처럼 생긴 갈라진 틈 사이로 들어가는 것 같다. 그런데 그 틈은 알고 보니 빛이다. 이 비밀스러운 벌어진 틈을 통해 이른바 그의 선명한 말은 어둠 속에 있으면서도 거기 현재하는 것을 모두(지금 있는 그 빛마저) 벌려 놓는다.

　모든 오해는 부조리라는 말 때문에 시작되었다. 사람들은 이 말을 개념화했다. 카뮈라는 작가마저 개념화했다. 카뮈는 이런 고정된 "용어"로부터 벗어나기 위해 그것은 개념이라고 비판했다. 칼로 자르듯 결정적이고 단호한 철학 용어가 아니라는 것이다. 이 단어가 보유한 거의 무성음에 가까운 소리가 너무 눈부셔 더욱 낯설게 느껴지는 것이다. 사실 우리 언어에는 이성적인 이유를 일일이 말하지 않는, 어떤 테두리 안에 들어가는 것을 거부하면서 자기 나름의 테두리를 갖는, 그러니까 헐벗은 상태 그대로를 보여 주는 단어가 있다. 휴직을 했거나 휴직을 통보하는 식으로 그냥 가만히 내버려 둘 것을 은근히 종용하는 강경한 단어.

그것은 거의 서약에 가깝다. 그는 확언한다. 도전한다. 신기하게도 진리에서 벗어난 비이성적 울림이 있지 않은, 그래서 차라리 중성적인 단어. 이성적 언어만큼이나 단단한 단어. 우리는 이 단어의 기원을 알고 있다. 그것은 카프카에서 온 것도 아니고, 독일 철학에서 온 것도 아니다(슈티르너[4]의 『독자적인』*L'Unique*은 예외로 해야 할까?). 전혀 다른 지평선을 향해 가는 하이데거나 현상학과도 아무런 상관이 없다. 그러나 도스토옙스키의 도래가, 셰스토프의 도래가 임박했다. 셰스토프[5]는 말한다. 자기 길만 똑바로 보고 가는 자는 자기 앞만 바라보며 자

---

4 Max Stirner(1806~1856). 헤겔 소장파로 베이루트에서 태어나 베를린에서 사망했으며, 바바리아(독일 남부 지역) 국적의 철학자다. 실존주의 및 개인주의적 무정부주의의 선구자로 알려져 있다. 1844년 발표한 『독자적인 것과 그 자산』은 큰 반향을 일으켰다. 도덕적이고 이상적인 관념 세계에 순응하는 것을 거부하고 각자가 자기만의 역량을 발휘하며 살 것을 강조했다. 블랑쇼는 제목을 축약해 적고 있는데, 전체 제목은 위와 같다. ── 옮긴이
5 Lev Isakovich Shestov(1866~1938). 러시아의 작가이자 철학가이다. 파리에서 한동안 머

기 논리를 만든다고. 그리고 자기 이성의 확신 속에 살아간다고. 그러나 몸을 돌리는 자, 뒤를 쳐다보는 자는 자신을 경색시키는 끔찍한 것들을 본다는 것이다. 그걸 한번 본 자는 더 이상 다른 것을 볼 수 없게 된다. 모든 게 산산조각 나는 것이다. 원칙도, 도덕도, 과학도. 부조리는 뒤돌아볼 때, 보이는 것이다. 아니 좀 더 정확히 말하면, 뒤돌아보는 행위 그 자체다. 뒤를 향한 시선, 그렇다, 오르페우스의 시선이다. 롯의 아내의 시선이다. 금기를 위반하는 뒤돌아보기이다. 방향 전환이다. 그것은 불가능을 건드리는 것이다. 그러나 뒤돌아보기는 아무런 힘을 발휘하지 못한다. 그러나 뒤를 돌아본다는 것은, 생각을 열광적으로 한다는 것이다. 그렇게밖에 할 수 없기 때문이다.

카뮈는 셰스토프의 "놀라운 단조로움"에 대해 말한다. 셰스토프 자신도 이렇게 말한다. "나는 항상 같은 것을 반복하기 때문에 사람들을 성나게 한다." 반복은 되돌아옴이다. 되돌아올 때만 세계의 차원이 드러나기 때문에 반복하는 것이다. 이것은 전혀 다른 세계가 아니다. 똑같은 배열인데 낯설어 보이는 것. 세계 안에 있는데 세계 밖에 있는 듯한 것. 결국 같은 것이나 동일하지는 않은 것(우리가 뒤돌아보며 잃게 되는 동일성의 원칙이 보장되지 않는다). 동일하지 않은데non-identique 결국 그 자체로 같아지는 것Même.[6] 항상 분산되고 분산에 의

물렀고 그곳에서 사망했다. 그리스 전통의 이성주의에 대해 연구했다. 카뮈도 이 철학자의 영향을 받았으며, 『시지프의 신화』나 『칼리굴라』에서 그를 언급하기도 한다. —옮긴이
6 블랑쇼는 동일성 또는 비동일성과 관련해서는 identique, identité, non-identique라는 표현을 쓰고 있고, 이와 구분되게 Même라는 단어를 함께 쓰고 있다. identité가 idem에서 파생하여 분리되어 구분됨으로써 동일성 내지 정체성을 확보하는 차원이라면, Même는

해 조합되는 매혹적인 수많은 반사체들의 표식과 기호.

『시지프의 신화』에서 우리는 이 경험이 어떤 주요한 움직임을 통해 이뤄지는지 목도한다. 바위와 함께 있는 남자. 바위는 지겹도록 따분하고 줄기차게 뒤로, 아래로 떨어진다. 남자는 결연하고 우직하게 앞으로, 그리고 위로 직진한다. 이 두 방향의 움직임이 곧 풀리지 않는 모순이다. 그런데 이 두 방향을 순간 **뒤집으면**, 이 부조리한 **반복**이 왜 필요한지 드러난다.

셰스토프식 남자를 신념에 이르게 한 부조리가 시지프를 기쁨에 이르게 한 것이다. 적어도 이런 해석이라면, 다시 말해 대놓고 드러내는 것이 아니라 은밀히 드러나게 해 둔 카뮈의 제안을 간파하고 이를 약술화해서 말하는 거라면, 그것은 받아들일 수 있다. 왜냐하면 행복은 일종의 도덕적 추론에 의해 나온 부조리로부터 오는 것이 아니기 때문이다. 간결하고 존엄한 행복은 희망이 없다는 진리를 충실히 수용할 때 오기 때문이다. 되돌아가는 자에게 ─되돌아갈 수 없는 자인데 ─가장 어려운 비밀이 나타난다. 행복한 부조리는 이런 두 움직임의 신비한 상관성에 있다. 서로 다르지만 하나의 통일성을 갖는다. 이것이 단순함의 수수께끼다. 부조리가 앞에 있을 때 행복을 주고, 행복을 움켜쥘 때 부조리를 주는 이런 단순함. 또한 우리로 하여금 부조리

자체 내에서 분산되고 조합하며 같음을 확보하는 차원이다. 바로 이어 해설될 시지프 신화의 운동성과 관련된다. 바위를 이끌고 산을 올라갔다 내려갔다 하는 두 행위는 비동일성인데, 올라갔다 내려갔다 하는 행위는 서로 분산되지만 서로 조합되면서 결국 같음을 배가하게 된다. ─옮긴이

에서 행복을 끌어내고, 행복에서 부조리를 끌어내게 하는 단순함 때문에 우리는 제대로 존재하는 것이 불가능한 줄 알면서도 끝없이 열정적으로 헌신하는 것이다.

*

나는 여기서 짧게 카뮈의 이 경험이 왜 이렇게 복잡한지, 그리고 곡해되기 쉬운지 지적하고 싶다. 그가 젊은 시절 썼던 이례적인 순간들에 관한 산문이 그에게 무언가를 계시했고, 이것은 추억이 되어 이미지로 새겨졌다. 그에게는 두 개의 방향이 있었다. 그리고 이에 상응하는 두 문화가 있었다. 이 둘을 다 함께 펼쳐야 할 것 같았다. 두 방향성의 두 문화란 바로 러시아식 체험과 그리스식 체험, 이른바 비극의 체험이다. 전자를 키릴로프는 부조리라 말하고, 후자를 아낙사고라스는 필연성이라고 말한다. 물론, 여기서 문화라고 했지만 흔히 우리가 생각하는 책에서 얻은 정보 형태의 문화는 아니다. 카뮈는 책을 존중한다. 책이라는 위상, 또는 우상을 부수지도 않는다. 그러나 그가 사랑하는 예술이라면 이 영광스러운 두 이름을 거쳐야 한다. 그의 예술을 살찌우는 것, 그것은 그 어떤 중간 매개체 없는 직접적 삶 속에 있다.

　이 즉각성은 항상 이중적으로 포착된다. 그런데 두 가지 전통 속에서 포착되는 단순함이기도 하다. 하나는 고통받는 세계의 침묵을 말한다. 다른 하나는 조용한 세계의 침묵을 말한다. 하나는 부당한 빈곤과 인간의 부당한 불행으로 가득 찬 불가능성을 발견한다. 다른 하나는 "인간 없는 자연"의 무위를, 메마른 풍경의 부동을, 우리로부터 어떤 계획이나 희망 따위를 앗아 가는 빛을 나타내 보인다. 이 양쪽 모두 조용히 무심하며, 열정적으로 무관심하다. 거의 묵언의 말을 한다. 매번 거부가 있으면, 매번 동의가 있다. 우리를 거부하는 것에 대한 거부. 바위, 헐벗은 바람, 고통스러운 사막, 거부를 뒤집어 긍정하기. 책임을 지기로 한 이상, 그를 거부하는 것을 얼른 받아들이기. 대낮의 공허한 빛, 인간으로서 절대 굽힐 수 없는 명철성. 바위로부터의 급선회, 시지프의 반란.

이런 식의 전복적 움직임은 참으로 해독하기 어렵다. 그 안에 비밀과 모호한 진실을 지니고 있기 때문이다. 그뿐만 아니라 의미에도 모순이 생겨 도무지 하나의 경험으로 합해지지 않는 상반된 요소가 작동하고 있어 급기야 카뮈의 지식인으로서의 실존을 어둡게 만들기 때문이다. 우리는 이 모든 것을 변증법적으로 이해하게 된다. 적응력 뛰어난 우리 정신은 역사의 발전 과정도 (이런 형태의 하나로) 이를 분명히 보여 주었기 때문에 기꺼이 변증법적으로 사고한다. 이것은 한마디로 불가능을 가능으로 만들자는 것이다. 인간들, 특히 어떤 인간 계층에게는 부당한 고통과 이해할 수 없는 죽음 같은 일체의 부정성이 당연하고 필수적인 양 일어났다. 하여 여기서 전혀 다른 종류의 이해를 끌어내야 했다. 아니 이해하는 정도가 아니라 이를 완전히 장악하고 평정해 내야 했다.

그런데 카뮈는 이런 변증법적 운동을 격렬히 비판한다. 그렇다고 그의 비판이 항상 설득적인 것은 아니었다.[7] 정의의 편을 드는 선택은, 언젠가 아주 중요한 날들에, 대단한 명예로 표상될 터인데, 이런 선택을 포기하라는 말처럼 들렸다.

카뮈의 비판은 자신의 논거에 기반하고 있기에 충분히 가능한 것이었고, 이성보다는 폭넓고 복잡다단한 스스로의 경험에서 나온 것이었다. 이 경험이 그의 모든 근원으로, 그는 항상 이 근원으로 되돌아갈 준비를 하고 있었다. 그가 하는 모든 말도 사실 이 근원의 차원에서 이루어지고 있다. 다들 알고 있다시피, 그의 경험은 정치적, 사회적 행동과 그 책임감 때문에 균형을 잃는가 하면, 위력으로 모든 것을 단순화시키는 시간에 덜미를 잡힌다. 부조리라는 단어가 오해를 낳은 것도 그 때문이다. (내가 착각한 게 아니라면, 이 단어는 초기 저작들에는 거의 부재한다.[8] 『안과 겉』에는 "인간과 부조리l'absurdité"라는 표현이 나오고, 『결혼』에는 더 의미를 실어 "삶을 고양시키는 것이라면 어느 것이나 동시에 삶의 부조리l'absurdité도 증대시킨다"는 문장이 나온다. 하지만 여기서 형용사를 명사화한 '부조리'l'absurde가 명사의 '부조리'l'absurdité가 아님을 명확히 해야 한다.[9] 두 단어에는 커다란 차이가 있다. L'absurdité는

---

7 실존주의자들에게 카뮈가 다소 몰이해되었던 배경을 떠올릴 필요가 있다. 닮은 듯 서로 달라 갈라선 사르트르와 카뮈의 불화는 세계에 대한 이런 인식의 차이에서 기인했을 수도 있다. 사르트르의 변증법적 세계관에서 투쟁이 중요했다면, 카뮈는 삶을 온전히 껴안는 것이 중요했다. 그러나 이 온전한 껴안음을 위해 카뮈가 치러야 하는 수행 과정은 실존주의자들의 투쟁만큼이나 가열찬 것이었을 수 있다. 블랑쇼가 해설하는 카뮈는 카뮈의 진짜 방법론이 무엇이었느냐에 초점이 맞춰져 있고, 이 장의 제목 '단순함을 향한 우회'에 함의되어 있다. ──옮긴이

8 카뮈의 원문에서 이 단어를 실제로 찾아보았는데, 블랑쇼가 지적한 대로 1930년대 후반의 저작들에는 주로 absurdité가 더 많이 나오고 1940년대 초의 저작들에는 주로 absurde가 많이 나온다. ──옮긴이

9 "형용사를 명사화한", "명사" 등의 표현은 블랑쇼가 말하고자 하는 바를 전달하기 위해 옮긴이가 자의적으로 덧붙인 표현이다. 프랑스어에는 굳이 명사화하지 않고 형용하는 정도에 그치는, 즉 일반화에 대한 저항으로 나오는 형용사적 표현도 있다. 가령, 문학을 일반화

개념적 성격을 갖는다. 즉, 이것이 어떤 의미도 갖지 않는 의미를 지시한 다면,[10] l'absurde는 중성적이고 중도적이다. 주체도 객체도 없고, 어떤 것에도, 어떤 다른 것에도 속하지 않는다. 의미를 포착할 수 없는 것, 신적인 것, 아니면 '그것 또는 저것'Cela[11] 정도에 그치는 것이다.)

대낮의 훈육과 스스로의 조언으로 서로 상반된 것을 합일하려는 카뮈의 투쟁은 거의 눈물겨울 정도로 비장하다. 이 투쟁으로 그는 경직되고 구속감을 느낀다. 그러나 그것은 자신이 기꺼이 몸 바칠 이상한 고독을 생각하니 지금만큼은, 오늘만큼은 느껴질 수밖에 없는 고통이다. 자신을 고립시키고 너무 빨리 늙어 버리게 만들 것이 거의 확실시되지만, 그러기에 불편하고 그러기에 찬란한 영광이다.

*

"나는 그리스의 심장으로 느낀다." 만일 그가 엘레우시스에게 이것을 말했다면, 그것은 낮은 목소리로 또 다른 생을 기억하며 하는 말이다.

하는 굳건한 명사 la littérature에 대한 불편함으로 문학을 littéraire 정도로만 표현하는 문학도 있다. 우리말 번역어로는 이 뉘앙스 차이를 전달하기 힘들어 '부조리'로 번역하고 (실제 원어와 상관없이 이렇게 통용하고 있으므로), 대신 원어를 병기하여 구분했다. ― 옮긴이

10 말 그대로, 일상어에서는 "absurde"하다고 하면 터무니없고, 말이 안 되고, 황당하고, 엉뚱하다는 식으로, 특별히 무엇을 가리켜서라기보다 그런 상황에 처했을 때 무심결에 내뱉는 말이다. ― 옮긴이

11 Cela는 프랑스어 시시대명사로, 화자가 볼 때 공간적으로나 심리적으로 좀 떨어진 먼 것을 가리킨다. 이에 비해 상대적으로 가까운 것을 가리킬 때는 Ceci를 쓴다. ― 옮긴이

거기서 그는 단순 관계성 속에 있었다. 굳이 이것들을 신들이라고 명명하지는 않지만, 거의 믿을 수 없을 만큼 위대한 현존을 발휘하는 일련의 것들과 함께 그는 지극히 단순한 관계성 속으로 들어가는 것이다. 하늘과 바다, 바위와 바람, 밤과 낮, 그리고 항상 다시 새로워진 태양, 그리고 빛. 이것이 심장이다. 그리스의 심장이다. 이것은 정신이 획득한 것이 아니다. 차라리 미술관에서 발견한 것에 버금간다. 그는 우선 빈곤한 신화에 너무 쉽게 도움을 청하지 말 것을, 디오니소스와 데메테르의 개입을 너무 쉽게 요청하지 말 것을 주장할 것이다. 그렇게 되면 그들의 말에 바로 적응해서 그들로부터 나온 말을 마치 그의 말처럼 하게 되기 때문이다. "이런 것들을 보았던 지상 위의 그 죽고 말 운명의 인간들처럼 행복하다"(그러나 이미 그는 그들의 이름을 알고 있다. 그들은 거기, 부동의 자세로, 가만히, 조용히, 없는 듯 존재한다). 시대의 목격자이자 이미 문명화된 작가가 역사 따위는 없는 사물들의 궁핍한 수준에서 다시 삶을 시작해야 하는 것이다. 아무것도 입지 않고, 있는 그대로의 현존 앞에 그저 있으면 되는 것이다. 이런 단순 관계성의 특별한 점을 나는 지적하고 싶다. 하늘과 땅과 바다라는 절대적 현존, 즉 자연력을 가진 세계와 함께 있는 것을 이교적인 방식으로 말하는 것은 온당해 보인다. 저 태고부터 정착해 일하며 살아온 땅에 대한 오래된 애착은 당연하다. 그렇게 보존하고 기거한 곳은 확실한 곳으로 이런 곳에 대한 소유욕, 더 나아가 그곳에 깊이 뿌리박히고 싶은 마음은 자연스럽다. 현대의 밀집 거주 공간인 도시 환경은 더없이 궁핍하다. 왜냐하면 뿌리가 뽑혔기 때문이다. 장소도 없고 관계도 없이 살아가기 때문이다. 젊은 시절을 보낸 알제의 이 큰 도시에는 분명 "자연"이 가깝게 있었지만, 갑자기 튀어나오듯 생경한 느낌이었을 것이다. 조상 대대로 있어 온 자연, 늘 옆에 있는 인접성 속에서 자연을 산 게 아니다. 전통적으로 자연과 함께하고, 자연의 보호를 받고, 자연을 관리하고, 경작하는 식으로 자연을 산 게 아니었다. 뿌리 없는 가난한 실존, 집들 없이 헐벗은 자연. 이런 이중의 단순함에서 출발하여 헐벗음과 본질의 충만함이라는 관계가 성립된다. 둘의 상관성은 절대 다른 것으로 환원되지 않는다.

이것은 과거도 없고, 미래도 없는, 무매개성, 즉각성이다. 몸이, 어떤 현실 속에 있는 것이라면, 바로 그래서 그 현존을 드러내는 유일한 진리이다. 약속된 것은 아무것도 없지만, 이어져 있지 않으면서 이어져 있어 모든 것이 주어졌고, 모든 것이 긍정된다. 몸은 속일 줄 모르기에 아름답다. 거절은 알지만 포기는 모른다. 기쁨, 고통, 두려움은 알지만, 희망은 모른다. 후회 또는 단념 같은 우울한 진리도 자리 잡지만, 그 자체로 고유한 엄정성을 갖기에 감정의 기만과는 거리가 멀다. "고통과 쾌락을 혼합"한다. "감정을 손실시켜 열정을 연습"한다. "그렇다, 나는 현재한다. 그리고 지금 이 순간 나를 엄습하는 사실은, 내가 더 멀리 갈 수 없다는 것이다." 그의 청춘 시절 명상과 사색에서 나온 가장 빛나는 문장 가운데 하나다.

이 문장은 이 최초의 경험에서 느낀 전혀 다른 것을 짐작케 한다. 삶의 예술은 제한되어 있음이 확실하다는 것이다. 이에 상응하는 것들을 우리는 태고풍의 어떤 범용한 글에서,[12] 그러니까 그의 진솔한 산문성 속에서 쉽게 발견한다. 횔덜린은 이것을 하늘의 불이라 했고 땅의 표명이라 했다. 그러나 여기에 처소를 만들라는 말은 아니다. 도리어 이런 태양-땅에서는 오래 머물지 않되 얼굴 대 얼굴로 마주하며 바라봐야 한다. 비참하도록 아무것도 없는 온전한 결핍이나 그 갖가지 재능을 세세히 느끼고 그 힘을 고스란히 받아들여야 한다. 비극적 행복을 받아들이라는 것이다. 현재하지 않으나 이토록 현재하는 것은 저 먼 옛날에나 발견했을 법한 것들 가운데 하나로, 카뮈는 이것을 항상 제 안에서 되찾게 될 것이다. 그러나 그것은 어렴풋하고, 베일에 가려진 듯 모호해서 잘 잡히지 않는데, 우리식의 등가어로 그것을 무엇이라 정의하는 순간 그것이 아니게 되는 것이다. 그런 유일무이한 형태 아래 있기에 더더욱 그럴 것이다. 카뮈는 이렇게 말했는데, 우리는 이것을 절대 잊지 못할 것이다. "가난은 결코 나에게는 불행이 아니었다. 빛이 그 풍요로움을 거기에 퍼뜨려 놓았기 때문이다." 빛은 항상 가난함을 비춘다. 하지만 가난함은 빛을 열어젖힌다. 헐벗음의 진실을 제시하는 것이다. 이런 벗은 외양이 곧 진실의 특징인 양. "가난함은 결코 나에게는 불행이 아니었다." 여기서, 상당히 신중하게, 우리에게 예를 들고 있기도 하지만, 인생을 처음 시작하던 시절 그의 삶 한가운데 있었던 사건을 그가 어떻게 회고하는지 환기해 볼 것이다. 그리고 "가난한 동네에서 살았던 어린아이"에 대해서도 그와 함께 생각해 보게 될 것이다. 그리고 이 아이의 어머니에 대해서도. 어머니는 "고단한 노동"을 마치고 저녁이 되어서야 집에 돌아오곤 했는데, 아무런 말도 하

---

12 로베르 샹피니는 에세이 『이교적 영웅에 관하여』에서 『이방인』을 주로 다루고 있는데, 여기서 에피쿠로스적인 지혜의 특징들을 발견할 수 있다고 말한다. 결정적인 순간에는 이것을 뛰어넘어 거의 소크라테스 이전의 철학자들이 가졌던 현자적 관점을 가졌다고도 본다.

지 않으셨고, 아무런 말도 듣지 않으셨다. 그렇다고 해서 이것이 사람들이 통상 말하는 "치유되지 않는 상심으로 인한 침묵"이라거나 "이상한 초연함"도 아니다. 마음을 애써 초연하게 만드는 것이 아니라, 그저 그렇게 무심하게 있는 실존 방식이 어머니의 방식이고 어머니의 진실이어서다. 다르게 바꾸어 위장할 것도, 비판할 것도 없다. "세계의 막막한 고독"에 다름 아닌 자기 고독 속에서 어머니는 그렇게 그저 존재하는 것이다. "그녀는 아무런 생각도 하지 않는다. 밖은 빛과 소음. 이곳은 밤과 정적. 아이는 자랄 것이다. 배울 것이다. 아이를 그렇게 키워 주며 감사를 요구할 것이다. 고통을 면하게 해 주지 않았느냐고. 그러나 그의 어머니는 항상 침묵을 유지할 것이다. 아이는 고통 속에서 더 잘 성장할 것이다." 가난하고 힘든 순간을 어떻게 다르게 볼 것인가. 불행한 삶을 바라보는 첫 시선, 여기서 그의 관점이 생겨난다. 아이에게는 오히려 전혀 다른 어떤 근본적인 것이 계시되었다. 행복과 불행은 서로 맞바뀌진다는 것이다. 충만감과 박탈감. 인간과 세계는 조용히 자기만의 고독 속에서, 아니 그들 모두에게 공통적인 고독 속에서 서로 하나가 된다. "되돌아가기"retournement와 유사한 순간이다. 유형지가 곧 왕국임을 인식하는 것이다.

*

"휴지기"라고 그는 말한다. 이런 사이-시간은 분리 한가운데서 서로 통한다. 분리된 인간들과 분리된 사물들. 모든 것을 빼앗기고 포기해야 찾아지는 내밀성. 저 바깥은 텅 빈 채 육중하다. 모든 것이 제 스스로 존재하는 빛 속에서 더 밝고 선명하게 빛나는 결핍. 모든 것이 뒤로 물러나는 실존 속에서 거절이 행해진다. 그리고, 매번 생기는 막막한 확신. 모든 것은 여기-낮은 곳에서만 주어진다는 것이다. 진중하고도 고양된 선물. 이 신비로운 단순함. 그의 원천에 가장 닿아 있으면서 『안과 겉』과도 감동적인 관련성을 맺고 있는 『이방인』에서도 같은 것이 표명된다. 뫼르소는 어머니의 진실을 품고 있다. 어머니처럼 그도 거의 말이 없다. 생각도 없다. 이 원초적 결핍에 가장 가까운 것을 생각하고 있어서다. 이것은 사물의 척도로 보아도, 그들의 침묵과 그들의 기쁨과 그들의 확신을 말하면서 가지는 그 어떤 실질적인 생각보다 더 실질적이고 풍요로운 생각이다. 처음부터 마지막까지 뫼르소의 운명은 어머니의 운명과 연결되어 있었다. 뫼르소를 기소한 재판은 그두 사람 모두에게 공통적이었던 순수하고도 절대적인 결핍을 그저 오류로 바꾸는 데 달려 있었다. 동시에, 그들 관계의 정직성을 범죄로 돌리는 데 달려 있었다. 아들과 어머니는 증거 없이도, 기호 없이도 살았다. 멀리 떨어져 삶으로써 가까이 살았다. 무심하게, 무감하게 살았지만, 서로에 대한 진짜 근심과 걱정은 이런 무관심으로써만 수행될 수 있었다. 이 이야기의 마지막 쪽에서, 우리는 선고받은 자의 입을 통해 어머니의 결백한 운명이 어떻게 말해지는지 듣게 된다. 어떤 것으로도 환원되지 않을 극치의 단순함 속에서 두 삶이 가치 판단으로부터 벗어난 합일 세계에서 만난다.[13] 뫼르소를 벌떡 일어서게 만든 마지막 격

---

13 "정말 오랜만에 처음으로 나는 엄마를 생각했다. 거기, 거기에서도, 목숨들이 꺼져 가는 양로원 주변에도 저녁은 우울한 휴식 시간 같았다. 죽음에 그토록 가까이 있던 엄마는 그제

정 ── 무관심에서 열정으로 뒤바뀐다 ── 을 통해 우리는 절대 수그러들지 않는 욕망을 짐작한다. 일체의 도덕적, 종교적 사칭에 맞서 한 조용한 존재의 단순한 운명을 보호하기 위해서는 이런 욕망이 솟아날 수밖에 없는 것이다. 그리고 마침내 아무 말 하지 않아도 되었던 자에게 언어가 주어진다. 뫼르소의 영혼의 변호사라 할 독자 또는 해설자는 자신이 원하는 틀에서, 가령 단순한 정신분석학이나 단순한 기독교 사상으로 이 언어를 읽어 낸다. 예를 들어, 자신을 잘 변호하지 못하는 미숙함이나 법정이 그를 재촉하자 더욱 꼬여 가는 상황 속에서 그가 내뱉는 후회나 죄책감의 표현을 주로 부각해 읽어 가는 것이다. 작가가 자신의 어머니에 대해 어렴풋하게나마 느꼈던 것도 이런 것이다. 우선, 이런 독자는 자신의 도덕관이나 저의, 속셈을 가지고 종교재판의 심문관처럼 석연치 않은 그를 눈길로 본다. 작가는 재판관이 걸치는 법복이나 성직자가 입는 긴 수단soutane을 형상화해 바로 이런 점을 비난한다. 우리 삶의 가장 진솔한 단순함을 오류로 만들어 버리는(이야기를, 말을, 단순하게 하는 것 역시나 오류라고 하는 식이다) 사람들이 바로 재판관과 성직자이기 때문이다. 인간 영혼의 저 깊은 수심과 의식을 제대로 파악하지 못하는 오류를 스스로 범하면서 말이다.

따라서 이렇게 분명한 책에는 적어도 세 개의 독서가 있다. 하나는 "이 기이한 어머니의 무관심"처럼, "세계의 거대한 고독만이 측정할 수 있는 무관심"처럼 "예와 아니오 사이"에서 하는 독서이다. 또 다

서야 비로소 해방감을 느꼈을 것이다. 다시 살아 보고 싶은 마음도 생겼을 것이다. 아무도, 아무도 엄마를 한탄할 권한은 없다. 나 역시도 다시 살아 보고 싶은 마음이 들었으니까…"

른 독서는 카뮈가 젊은 시절 했던 경험을 되살리는 독서로, 그리스인들의 독서와 연관이 있다. 그것은 현존적인 독서이다. 다시 말해 앞에 있는 사물, 앞에 있는 세계와 혼연일체가 되어 현존의 행복을 느끼는 독서. 불행에 늘 열려 있는, 무력한 존재인 우리는 물아일체 속에서, 즉 이 과도한 현존성 속에서만 행복을 느끼는지 모른다. 마지막으로, 세 번째 독서는 부조리의 영웅을 찾는 것이다. 하늘의 약속을 믿지 않고 고매한 정신을 믿지 않고 그저 고집스럽게 고독한 조건을 애착하는 것이다. 자신을 기다리고 있는 죽음도 받아들일 만큼 지상의 부조리하나 행복한 삶 이외에는 그 어떤 다른 삶의 규칙도 받아들이기 거부하는 것이다. 단어에 비용을 들이지 말자. 이런 건 이미 『안과 겉』이라는 글에 표명되어 있다. 『이방인』과 가장 가까운 이 작품에는 이렇게 쓰여 있다. "그렇다. 모든 것은 단순하다. 사안을 복잡하게 만드는 것은 인간들이다. 우리에게 이야기해 주지 않는다. 사형수에 대해 우리에게 말해 주지 않는다. '사회에 진 빚을 갚게 될 겁니다'가 아니라 '목이 잘려나갈 겁니다'라고 한다. 이것은 아무것도 아닌 것 같지만, 그러나 작은 차이가 있다." 단어를, 이성을, 위로를 입히지 말아야 한다. 우리 운명은 나체처럼 그대로 드러난다. 할 수만 있다면, 있는 그대로 받아들여야 한다. 이것이 이 이야기의 유일한 정신이다. 그 정신은 우선 심미적이다. 그도 그럴 것이 정확한 말을 엄격하게 하면서 우릴 유혹하기 때문이다.

　『이방인』에서도 이런 말은 거부감으로 물러가는 흐름과 격앙감으로 밀쳐 내는 흐름 사이에서 왔다 갔다 진동한다. 두 극의 운동처럼 절제와 격앙, 제지와 노래라는 두 차원으로 정확한 언어를 만드는 것이다. 하여, 이것은 불행하나 불행하지 않은 무위의 아름다움이다. 존재의 두 극단, 침묵의 두 차원이다. 절제된 말과 흔들리는 말이 서로 위아래로 포개질 때, 사라지는 말과 명료해지는 말이, 다시 말해 가령, 수면 아래서 표현하는 말과 수면 위에서 표현되는 말이 서로 충돌할 때, 카뮈가 지향하는 예술이 무엇인지 일말의 해답이 얻어지는 것이다. 카뮈는 전복의 흐름을 멈추지 않고 자유로운 운동 속에 있으면서 그 무엇에도 장악되지 않는 놀이를 하는 것이다. 우리 시대 그 어떤 작가보다 절도 있고 신중한 척도에 고민이 많았던 그는 긍정 명제라는 형태를 결코 끊어 내지 않는다. 그러나 이 긍정 명제는 통상적 차원을 벗어나는 긍정 명제다. 부조리한 행복과 부조리한 불행이 인간들과 함께하는 삶 속에서도 가능하며, 자연에 다가서는 삶 속에서도 가능하다는 전혀 다른 차원의 긍정 명제인 것이다. 인간과 함께하거나 자연과 함께하는 두 매력적인 삶에 대항하여, 제약을 오히려 두 배 강화함으로써 자신을 지켜 내는 것이다. 더욱이 구분과 차이의 분리에서도 철저하고 성실하여, 이른바 그 이상한 무관심을 늘상 보유하는 것이다. 때로는, 이 이상한 무관심이 그에게도 위협처럼 느껴질 때가 있다. 젊은 시절 자연과 열렬히 아름답게 하나로 조율되었던 그 즉각성, 무매개성마저 상실할 것만 같을 때도 있다(『전락』의 그 속도감 넘치는 차가운 조소와 풍자, 규탄과 비난을 떠올려 보라[14]). 때로는 저 최초의 깊은 심연이

---

14 이 이야기에서, 이것이 가장 잘 표현된 단락 가운데 하나는 이것이다. "그렇다, 나보다 더 자연스러운 존재는 없다. 삶과 나의 일치는 전적이었다. 저 위부터 아래까지, 그 아이러니, 위대함, 예속성마저 나는 아무것도 거부하지 않을 것이며, 삶의 모든 것에 딱 달라붙어 있

품은 수수께끼 같기도 하다. 행복과 불행이 공존하며 동맹하는가 하면 화합이 깨지는 저 근원의 바닥이 품고 있는 수수께끼 같기도 하다. 온갖 차이들이 난무해도 저 깊은 곳에 있는 비밀스러운 진리는 이것이다. 공유하며 나누는 (그리스적) 이치에 따라 정해졌던 것이, 권력을 놓고 싸우는 (현대적) 폭력성에 따라 행해진다는 것이다.

*

알베르 카뮈의 작품과 떨어져, 그리고 우리 자신과도 좀 떨어져 거리를 유지한 채 알베르 카뮈의 작품에 대해 질문을 던지는 순간은 아직 오지 않았다. 강물이 흘러가며 갑자기 가파르게 선회하거나 뒤집어지는 것 같은 격동의 시대적 변화 속에서 이젠 이런 종류의 질문을 하는 것이 더 이상 온당해 보이지 않기 때문이다. 그는 이런 되돌아감을 옮기면서도 수심 어린 예감을 갖지 않을 수 없었다. 때로는 열정적으로

을 것이다." 만일 이 자가 물에 빠진 여자를 구하지 않은 것을 두고 죄책감을 느낀다면, 그 잘못은 영혼의 차원에 있는 것이 아니라 신체, 그러니까 추위도 물도 두려워하는 도시인의 신체 차원에 있기 때문이다. 이방인에게는, 이 젊은 혈기의 영웅적 행위가 가장 단순한 행위인 것은 분명하다. 이렇게 말할 수 있을지 모르겠는데(그러나 이것이 "정당하고 합법적인" 독법이다), 이 어두운 이야기를 통해 카뮈는 그를 자기 자신으로부터 멀리 떨어뜨려 놓으면서도 그를 자연으로부터 되찾으려고, 즉 자연적 자발성을 그에게서 되찾으려고 애를 쓴다. 그러다 보니 그를 다시 노동 시간 쪽으로 돌려놓으면서(즉, 글쓰기라는 노역을 하면서), 그는 다시 이방인이 되고 만다. 이런 운동성이 그 시대에 속한 것이기는 하지만, 그러나 그 최종 완성은 자연성 속에서, 그리고 단순성 속에서 찾아지고야 말 것이다. 자연 체험과의 새로운 동맹, 단순성으로의 귀환에 다름 아닌 것이다. 다음에 이어지는 글(「전략과 탈주」)에서는 어쨌든 또 다른 독법을 제안하게 될 것이다.

시대와 하나가 되는가 하면, 때로는 힘들게 시대를 회피한다. 때로는 불행한 인간 조건을 드높이 깨닫고 의식과 양심을 가지며 현재에 더 가까이 가 있는가 하면, 때로는 우리가 만든 척도를 알지 못하고, 이른 바 온건한 휴머니즘의 필요성도 전혀 모르는 저 빛의 절대와 그 순수한 존재에 더 가까이 가 있기도 했다. 그가 수수께끼라고 부르는 이 어둡고 난해한 대안 때문에 그와 그의 동시대인 간에는 거리가 생겼다. 그런데 만일 이 수수께끼가 이와 같은 신비한 선회성을 품고 역동하며 자체적으로 멀어진 거라면, 이것이 그의 현재가 될 것이다. 거의 아무 것도 은폐하지 않는 작품이기에, 너무 눈에 띄어 우리를 피하는 작가이기에, 그런 무시가 생겨났는지 모른다. 왜냐하면 지드의 글처럼 너무 잘 흘러가 포착할 수 없을 정도는 아니기 때문이다. 카뮈는 되돌아감을 두 배 강화하여 요구할 만큼 매번 단호하고 충실하다. 이런 요구 사항은 그가 항상 간직하는 것으로, 처음으로 이것을 경험한 후 줄곧 견지하여 비밀리에 하나로 모인 긍정 명제가 된 것이다.

(카뮈의 각 작품마다 "되돌아감"은 다른 방식으로 피력된다. 아마 이것이 그의 작품 전체의 방향을 결정지을 것이다. 이것은 원만하지 못할 수도 있는 위기를 돌파하기 위해 하는 뒤늦은 행동이 아니다. 데뷔작부터 이것은 그의 책들을 살아 움직이게 하는 원칙이다. 『시지프의 신화』에서 시지프는 되돌아간다. 왜냐하면 바위가 되돌아 굴러떨어지기 때문이다. 여기서 되돌아감은 거부의 몸짓이다. 하늘의 이데아적인 부동성을 굳이 따르지 않겠다는 것이다. 신들이 내놓은 움직일 수 없는 선고나 직선처럼 곧은 결정을 굳이 받아들이거나 이해하려고 하지 않겠다는 것이다. 따라서 그는 바위의 되돌아감에 동의한다. 이어 이 바위가 표상하는 지상

의 현실도 동의한다. 하여, 우리가 굴리고, 관조하고, 사랑할 바위를 갖는 이상, 우리도 더 인간적이게 될 것이다. 『이방인』에서는 이야기 자체가 방향 전환을 한다. 절도 있고 행복했던 존재가 갑자기 이성을 잃고 광분하며 불행으로 떨어지는 것이다. 1부에서 2부로의 전환은 이런 전환이다. 도덕주의자들이 진짜가 아니라고 비난했을 법한 아주 진부하고 평범한 존재가, 도덕적이고 종교적인 변장을 한 자들과 직면하여, 그저 바로 자신을 긍정해 버리는 것이다. 그 순간 그가 더 진짜인, 그래서 더 낯선 이방인이 되는 것이다. 앞에서 지적했지만, 여기에 덧붙일 것은, 카뮈가 이 되돌아감에서 진짜 강렬하게 느끼는 것은, 이 모든 것이 결코 변증법적으로 설명될 수 없다는 것이다. 하여 도리어 변증법을 문제 삼는다. 이것이 바로 『반항하는 인간』의 주제가 될 것이다. 거부에서 긍정으로 되돌아감이 더 이상 어떤 도덕적 결정으로 해석되어서는 안 될 것이다. 카뮈를 도덕주의자들의 계보에 놓는다고 해도, 카뮈는 이렇게 말할 것이다. "우리는 도덕보다 더 멀리 가는 어떤 것 때문에 산다." 아마 이 되돌아감의 의미를 우리가 더 잘 이해하려면, 그 의미를 굳이 강조하지 말고 그저 그 동작의 기술 또는 예술을 있는 그대로 보고 인정하면 될 것이다. 단 조건이 있다. 이 기술 또는 예술은 아무것도 피하지 않고 그냥 하는 것이되, 절대적 예술 구현 같은 것은 애시당초 할 생각이 없어야 하며, 있는 그대로 있음으로 족하지 다른 우회로는 이미 제거하고 없어야 한다.)

22

전략과 탈주

『전락』에서 클라망스라 명명된 남자, 그러나 누군지 알 수 없는 무명의 이 남자(자기만의 사막에서 울부짖는다)는 낮은 목소리로 누군가와 대화하는데, 우리는 그 자의 얼굴을 보지도 못하고, 대답도 듣지 못한다. "이것은 고독한 대화"이다. 『오이디푸스』에서 오이디푸스는 신들의 침묵과 대화하는데, 아직 그 정도로 비극적인 말은 아니다. 홀로 떠드는 이 남자의 말은 둘로 나뉘거나 잘려 나가 있다. 그는 조용한 하늘에 대고 불굴의 대화를 해 나간다. 왜냐하면 신들이 다른 인간들처럼 자신을 따돌린 채 뒤로 물러나 있는 것처럼 보이기 때문이다. 부당한 자신의 운명에 대해 따져야 하는데, 허공에 대고 말해야 한다. 이 허공은 텅 비어 있지 않다. 역경을 통해 알게 된 것이 있어 신의 기호를, 깊은 신성을 불쑥 깨닫기 때문이다.

여기서 말하는 사람에게 오이디푸스와 비슷한 점이 있는 건 사실이다. 그 역시 자기 안과 자기 밖을 다스리는 자다. 외양은 왕이지만,

왕국 없는 시대의 왕에 어울린다. 여론에 의해 왕이 되었지만 여론에 의해 왕의 자리에서 쫓겨난다. 여론은 영광이자 기쁨이며 덕이었고 그런 여론에 힘입어 군건한 현실을 일구었지만, 더 이상 아니다. 그런데 왜 그는 실추했는가? 횔덜린의 광기 덕에 나온 한 시행에 따르면, 오이디푸스 왕이 그렇게 된 것은 "아마 너무도 많은 눈" 때문이다. 명철함은 순진무구한 자에게 오랫동안 기세를 펴지 못한다.

이런 왕 말고 또 다른 왕이 있다. 신들, 그러니까 자신을 외면한 채 멀리 있는 신들과 말하는 게 아니라, 함께하는 동반자의 그림자와 말하는 왕이다. 침묵의 커튼 뒤에서 보이지 않게 있는, 아마도 그의 분신과 말하는 것일 게다. 아니면 주의력 흐트러진 아무나 하고. 이 희끄무레한 존재는 그에 닿으려고 애를 쓰며 너무나 잘 구사된 언어를 말하는데, 이 언어는 끊임없이 다시 비현실 세계로 떨어지곤 한다. 칸막이로 분할된 것 같은 말 속에 냉정한 저주가 흐른다. 이 이야기가 우리에게 전하는 것은 바로 이것이다. 독백으로 닫힌 대화. 다양한 방법의 이런 대화를 하는 자들은 우리에게 부족하지 않다. 『이방인』, 『페스트』, 『전락』 모두 이런 고백의 이야기에 맞춰져 있기 때문이다. "나"$_{Je}$라고 말하면서 자기에 대해 말하는 이방인은 이미 자기에게 낯선 자가 된 듯 "그" 또는 "그것"$_{Il}$이라는 비인칭성으로 말한다. 『페스트』에서는 이야기를 작성하는 자가, 중심적인 작중인물이 3인칭으로 사건들을 이야기하는데, 이 사건들은 직접적으로 그와 관련된 것들이다. 왜냐하면, 익명의 불행을 공유하는 집단에서는 내밀한 기억을 각자에게 나눠 주는 것이 적절치 않다. 그런데, 여기, 『전락』에서는 말하는 자가 자기 자신에 대해서만 말할 뿐이다. 우회는 더러 하지만, 묵언법은 아닌, 그러니까 놀라운 수사법을 다 끌어다 쓰면서 탁월한 변호사처럼 말하는 것이다. 그래서일까, 우리는 이내 그가 자기 자신에 대해 말하지만 실은 자기 인생을 말하는 것이 아니라 우리 모두의 인생을 말한다는 것을 눈치챈다. 이런 인생은 특별한 내용물이 없다. 그의 내밀한 고백도 아무것도 고백하고 있지 않다. 대화 상대가 있지만, 그는 이 대화 상대에게서 몸을 돌리고 있다. 그런데 이 대화 상대는 안개 벽 같아 그가 한 말이 다 이곳으로 들어가 박혀 들리지도 않는다. 그의 말은 아예 발설조차 되지 않은 것 같다.

그러면 무엇이 남는가? 아이러니가 남는다.

*

우리는 이 이야기에서 분명, 만족스럽고 고결한 자아가 될 준비를 너무 한 나머지 자기 안에 있는 불평과 파괴의 힘에 자신을 내맡기는 한 사내의 매서운 움직임을 찾으려 할 것이다. 자신에 너무 주의를 기울이는 것은 위험하다. 이런 주의는 우선 모든 것을 잊는, 즉 다른 사람들과 자신조차 잊는 자발적이고 행복한 결착이다. 하지만 주의는 성찰이 된다. 사랑스럽게 어루만지던 시선이 불신하는 시선이 된다. 사랑받는다고 생각하는 그 지점에서 상처받는다. 상처는 상처 주는 모든 것을 알아내는 직관이다. 모든 것이 상처를 준다는 것이다. 이런 통찰이 마침내 그의 작품을 만든다. 통찰은 모든 것을 판단한다. 모든 것을 선고한다 ── 근엄함도 없이, 느슨함도 없이, 즉 아이러니하게, 그 차가운 불길로 자기 안의 것을 통찰로 불태운 것이다.

하지만 나는 『전락』에서 라 로슈푸코 공작[1]의 심리학으로 이뤄진 서술과는 전혀 다른 것을 읽는다. 여기에는 우리에게 가르쳐 주려고 서술된 불만, 불편한 진실, 필요한 불안 같은 것은 없다. 왜냐하면 우선, 그는 아무것도 가르치려 들지 않기 때문이다. 이것은 아이러니의 은총이다. 아이러니는 우리에게서 가져간 것만을 우리에게 줄 뿐이다. 이 아이러니가 긍정 명제라면, 어서 빠져나가고 싶을 만큼 뜨거운 장소이다. 가끔 아이러니는 무거워진다. 이 무게는 가벼움이기도 하다. 유머가 없기 때문에 가벼움이라는 것이다.

이 매혹적인 이야기에서 나는 달아나는 한 인간의 흔적을 본다. 그리고 내용이 아니라 이 달아나는 운동성 자체로 이야기를 끌고 가는 강렬한 매혹을 느낀다. 언제 그는 달아나는가? 무엇에서 달아나는가? 아마 그도 모를 것이다. 하지만 그라는 사람이 가면에 불과하다는 것을 그는 알고 있다. 이름도 차용한 것이며, 너무 개별적이거나 특별할 것이 없어 어떤 누군가의 삶의 이야기라고 보기에는 적절치 않은 작고 사소한 일화들이기 때문이다. 그의 고백은 계산에 불과하다. 죄인이라고는 하지만 그 자신이 하는 이야기는 자신이 죄를 지었다고 믿고 싶

---

1 François de la Rochefoucauld(1613~1680). 프랑스의 17세기 모랄리스트 작가로, 질식할 것 같은 루이 14세 시대의 절대왕정에 반감을 품은 자유로운 영혼의 소유자였다. 정략과 이해관계로 가득한 정치 사교계 문화 속에서 인간의 위선과 허실을 꿰뚫어 보며 신랄하고 염세적인 글을 썼다. 당시 귀족들의 반란인 프롱드의 난에도 적극 참여하였으며, "우리의 미덕이란 흔히는 위장되는 악덕에 지나지 않는다"는 문장으로 시작하는 『잠언과 성찰』을 썼다. 특히 통렬한 시선처럼 간결하고 날카로운 파편적 문체는 프랑스식 글쓰기의 한 전범이 되었다. ── 옮긴이

은 희망 사항에 불과하다. 왜냐하면, 진짜 오류는 자신의 삶을 정박시킬 수 있다고 믿는 확신, 더 나아가 자신의 진로를 정해 주는 단단한 표지를 믿는 확신에 있기 때문이다. 마찬가지로, 이기주의적인 자신을 나무라며 그는 이렇게 말하기도 한다. "그날그날, 나는, 나는, 나는을 반복하며 살아왔을 뿐이다." 그런데 이렇게 말하는 것은 독특하다. 왜냐하면 그는 말할 때마다 매번 나에 대해 말하지만, 아무도 그의 말에 대답해 주지 않기 때문이다. 여기저기에서 하릴없이 울리는 호소, 아이러니한 회상, 기억하지 못하는 기억들이 글을 가득 채울 뿐이다.

　만일 이 자가 가면을 쓴 자라면, 가면 뒤에는 무엇이 있을까? 니체에 따르면, 여전히 가면이 있다. 그러나 그가 지나갔음을 알리는 차갑고도 들뜬 급작스러운 표출이 있다. 이 덕분에 그나마 긴장감이 흐르면서도 사행천처럼 흘러가는 고백을 우리가 따라갈 수 있는 것이다. 본론의 주제를 벗어나 여담처럼 흐르는 이야기들은 자신의 결연한 거부를 환기하기 위해서인데, 이로써 우리는 그와 함께 있게 되며, 넓게 흐르며 움직이는 물 위에 어떤 불빛이 반짝이는 것 같은 그의 존재를 믿게 되는 것이다. 물론, 그 존재 안에, 그 존재 주변에 대량의 부재가 있다. 이 허공은, 이 거리는 달아날 수 있는, 즉 항상 더 멀리 나아갈 수 있는 가능성을 보유한 잠재된 길이다. 혹여 그것을 포착하더라도, 그에게 남겨진 것은 시늉 낸 것, 헌 옷 같은 것에 불과하다. 여기서 우리는 알베르 카뮈가 전혀 고전적이지 않은 목표로 고전적 예술을 사용하는 방법의 예를 보게 된다. 바로 특징들의 비개성성, 성격들의 일반성, 어떤 독특함에도 부합하지 않는 디테일들, 스탕달의 편지에서 차용한 듯한 회환의 장면까지. 아무것도 고백하지 않는 이런 "경멸에 가득 찬 고백"에서 우리는 몇몇 체험된 것들만을 알아낼 수 있을 뿐이다. 신중함 가득한 고전적 방식으로, 모든 사람에 다 있는 보편적 인간을, 아름다운 비인칭성을 그려 내고 있는 것이다. 이제 거의 그 누구도 아닌 어떤 사람의 존재를 우리로 하여금 느끼게 하기 위해, 우리로부터 달아나면서도 우릴 붙잡는 듯한 알리바이를 만들어 내고 있는 것이다.

　이 이야기는 거의 밤에 가까운 ── 태양이 있어도 ── 어둠 속에서 걸어가는 발걸음이다. 넓게 펼쳐진 평지를, 태양도 없고, 미소도 없는 북쪽 나라를, 회색빛 물로 가득찬 미로를, 젖은 사막을 계속해서 나아가는 걸음. 피난처 없는 이 인간은, 법률 따위는 좋아하지 않는 인간들이 주로 가는, 선원들이 즐겨 찾는 술집 같은 곳에 자신의 본부를 두고 있다. 이런 걸음이 실질적인 이야기이다. 풍경은 어떤 장식도 없다. 그런데, 오히려, 모든 현실이 거기서 발견된다. 이야기가 있고, 이야기 뒤에 그 남자는 감춰져 있다. 고통스럽게 파인 가공의 그 인물은 바로 그렇게 자기 진실의 감동적인 끝단을 지니고 있다. 여기 어떤 것이 산다. 그것이 실재 세계이다. 그것이 실재 세계로 우릴 이끈다. 우리는 누군가가 거기 있을 수도 있다는 것을 안다. 왔다 갔다 하며 하늘에 아직은 부재하지만 곧 비둘기들의 날개를(갈매기들의 날개여도 좋다) 만드는 명료한 빛을 본다. 자기 자신에 대해, 그리고 다른 사람에 대해 판단해 줄 것을 호소하는 우스운 예언자. 판별하여 자기를 붙잡으라고, 자기를 한데 놓으라고 하는 것이다. 헛된 희망이다. 그로서는 그저 달아나야 한다. 이 비상의 날개를 지지 삼아 커다란 탈주 운동을 꾀해야 한다. 각자가 아무도 모르게, 달아나고 있다. 그런데 이를 의식하면, 쓰디쓴 양심의 가책이 인다. 아니다. 쓴 것만이 아니라, 너무 갈망하여, 가끔은 거의 가벼워진, 약간 취한 듯한 가책이 인다.

*

그러나 그는 무엇에서 달아나나? 이런 탈주란 무엇인가? 환심을 사기 위한 것이라면 이 단어는 잘못 선택되었다. 용기 있는 자라면 가짜 피난처에서 조용히 위선적으로 사느니 차라리 도망치는 편을 택한다. 서서 휴식을 취하는데도, 자신이 안정된 것들 속에 있다고 믿는 자들은 가치, 도덕, 종교, 그리고 개인적 신념 등을, 사실은 허울인데 세상이 가져다준 더 오래 머물 것들로 착각한다. 우리의 허영과 자만은 이래서 더 관대하게 생겨난다. 이들은 어디로 가고 있는지 모르지만 항상 큰 패주를 하는 자들이다. 벌이 단조롭게 윙윙거리듯 항상 빠르고 신속하게 발걸음을 움직인다. 한편, 거의 움직이지 않으면서도 객관적으로는 더 크게 많이 움직이는 자들이 있다. 패주 앞의 패주. 클라망스는 신기한 일탈을 밝힌 후, 가짜 체류 속에서는 더 이상 살지 못하는 자들 가운데 하나다. 우선, 그는 이런 움직임을 감행한다. 어떻게든 멀어지고 싶어 한다. 여백에 산다. 후퇴하는 부대에서 비정규군, 그러니까 의용대 역할을 한다. 이들은 탈주병을 향한 악의적 견해나 비판에 몰두하는 자들이다. 잠시나마 일탈한 삶이 어떤 만족감을 준다. 이런 삶은 전체 집단으로부터 불신당하거나 거부당한 게 아니기 때문이다. 이런 덕으로 그나마 자신의 겉모습을 계속해서 보호하게 된다. 그는 아름다운 언어나 좋은 태도를 배운 자, 계속 악을 가르치기에는 그다지 좋지 않다. 뫼르소는, 결백한데도 형을 선고받았다. 거의 눈에 띄지 않는 차이가 있었기 때문이다. 이 편차가 곧 그의 오류였다. 이 자는 자신을 죄인으로 치부할 수 없었다. 왜냐하면, 그가 따로 있기 위해 한 것이, 다른 사람들도 하는 일반적 불일치의 형태에 불과했기 때문이다. 가령, 허공 속에 무거운 몸과 가벼운 몸이 동시에 똑같은 움직임으로 떨어지지만, 결과는 같지 않다. 똑같이 떨어지지 않는다. 아마도 이것이 전락이다. 어떤 개인적 운명에 따른 것이 아니라, 우리 모두 각자 다른 운수에 따른 것이다.[2]

*

신자들은 클라망스가 한 것은 신으로부터 달아난 것밖에 없다고 말할 것이다. 그러면 휴머니스트들은 그가 한 것은 인간들로부터 달아난 것밖에 없다고 말할 것이다. 각자 자기 언어로 이 탈주를 표현한다. 독특한 페이지가 하나 있다. 자기에 만족하는 남자가 자기 삶을 떠올리며 우리에게 놀랍게도 이렇게 말한다. "사실상, 에덴은 그런 게 아니었습니까, 선생님? 삶과 직접 접촉하는 삶? 그렇다면 그건 제 삶이었습니다." 또, "그래요, 나보다 훨씬 자연스러운 존재는 거의 없었습니다. 삶과 나의 조화는 전적이었어요. 삶에, 위에서 아래까지, 나는 완전히 접착되어 있었어요. 그 아이러니도, 그 위대함도 전혀 거부하지 않고요. 그 예속성마저도 거부하지 않았습니다." 이상한 고백이다. 말을

---

2 원문에서 전자는 destin이고, 후자는 sort이다. destin은 일생을 통괄하는 바꿀 수 없는 숙명을, sort는 제비, 추첨 등으로 결정되는 처지, 운수를 뜻한다. — 옮긴이

하는 이 남자는, 아니면 적어도 말을 하기 위해 그가 빌린 이 작중인물은 허영심과 자존심이 강한 남자로 보인다. 하여 이런 자연적 자생성과는 무관해 보인다. 그리고 빈정거리며 꾀를 써서 말함으로써 털어놓지 않는 것 같으면서도 털어놓기에 가식이며 인위라는 인상이 더 강하게 든다. 아니, 이런 인상을 주고 싶어서 그의 성격을 이렇게 정했을 것이다. 그가 결코 삶과 조화를 이뤄 본 적이 없다는 생각을 우리가 어떻게 하겠는가? 아니면 여기서 가면을 쓴 사람이 가면을 벗은 것이라고 생각해야 할까? 그는 다른 누군가를 드러내고 있는 것일까? 나는 여기서 알베르 카뮈가 자기 자신을 자주 떠올렸다는 암시까지는 하고 싶지 않다. 그 자신은 자연스러운 인간, 그저 존재하는 것만으로도 행복했던 인간이다. 그런데 우선 글을 써야만 행복했던 인간이다. 그러니까 오이디푸스처럼 "아마도 너무 많은 눈을 가졌기에" 자연적 인간이기를 멈춰야 할지도 몰랐다. 하지만『이방인』이나『결혼』에서 이런 직접적인 삶의 기쁨을 그대로 느낄 수 있는 것도 사실이다. 이방인은 자기 안에서조차 이방인이다. 왜냐하면 죄인이 될 수밖에 없을 정도로 너무 순수하고 결백하기 때문이다.『전락』의 이 어딘가 부자연스럽고, 뒤틀리고, 씁쓸한 인물은 어떻게든 빠져나가려는 자 같다. 이교도의 세계에서 보았던 새벽을 환기하듯 완전히 다른 사람, 완전히 다른 삶을 살게 될 것만 같다. 전락은 행복을 불신하는 일이 될 것이다. 행복한 것만이 아니라 행복하다는 것을 증명해야 할 필요를 갖는 일이 될 것이다. 그런데 바로 여기에 위험한 탐색이 있다. 이런 증명을 오류를 통해 하게 되기 때문이다. 행복하다는 감정 그 자체만으로도 죄인이 될 수 있다. 이 감정의 본체에는 우선 결백함이 있다. 행복했다, 따라서 결백했다. 행복하다, 따라서 죄를 짓고, 이어 불행하고, 그리고 항상 죄를 짓는다. 특별한 권위도 없고, 증명할 필요도 없다. 잃어버린 행복의 관점에서 보면 결국 충분히 잘못하고 죄를 지은 것도 없다. 오류의 탐색이, 이제, 전 인생 동안 계속된다. 고독을 증가시키는 공동체 사회 안에서 모두가 정말 공유하고 싶어 하는 것이 이 오류이기 때문이다.

그러나 이렇게 보는 방식은 전략이라는 무한한 운동의 관점에서는 순간적 지표에 불과하나. 따라서 실질적인 가치는 아니다. 우리는 떨어진다. 떨어지기 시작했을 지점을 상상적으로 결정하면서 위로해 본다. 우리는 오류 없이 고통받기보다 차라리 죄를 짓는 편을 선호한다. 이유 없는 고통, 왕국 없는 유배지, 소실점 없는 탈주는 더 이상 참을 수 없다. 상상력은 우리가 허공을 채울 수 있도록 해 준다. 우리가 이 허공으로 떨어질 것이기에 이런저런 시작을 설정해야 한다. 이런저런 출발점을 설정해야 이런저런 도착점을 기대할 수 있기 때문이다. 우리가 그걸 다 믿지는 않아도 한순간이라도 고정하는 지표들로 인해 마음이 놓인다. 그러고 나서 우리는 그에 대해 말한다. 여기서는 말하는 것이 핵심이다. 이런 말은 전략처럼 그 자체가 끝이 없다. 이 말은 전략하며 나는 소리이다. 오류 운동의 진실은 이것이다. 본심을 드러내기보다 은밀히 계시하면서 계속해서 듣게 하는 것이 목적이다. 세상으로부터 달아난 한 남자의 독백. 나는 여기서 거짓 고려, 가짜 덕성, 행복 없는 행복 같은 것보다는 우리도 예감할 수 있는 전략 그 자체의 독백을 듣는다. 필요 불가결하게 우리가 유지하고 있는 안정적인 삶에 대해 한순간이라도 수다를 멈추고 침묵할 수 있다면. 말하는 이 등장인물은 일부러 악령의 형상을 하고 있을지 모른다. 그는 우리 뒤에서 신랄하게 중얼댄다. 우리도 모르는 사이 이미 쉼 없이 떨어지고 있었지만, 우리가 떨어지기 시작하는 순간부터 계속 우리에게 알려 주려고 그렇게 중얼댔는지 모른다. 모든 것이 떨어져야만 한다. 떨어지는 모든 것은, 머물러야 한다고 주장되었던 그 모든 것들을 전락 속으로 끌고 들어갈 것이다. 어떤 순간, 우리는 전락이 우리 척도를 상당히 벗어난다는 것을 눈치챈다. 우리가 할 수 있는 일이 있는 게 아니라 그냥 떨어지는 일이 우리가 할 수 있는 일인지 모른다. 현기증이 일기 시작하면, 우리는 둘로 나뉘어, 우리 자신을 위해 스스로 우리 전락의 동반자가 된다. 하지만 가끔 우리 옆에 진짜 동반자를 발견할 행운이 찾아올 수 있다. 이 동반자와 함께 우리는 이 영원한 전락을 영원히 지니려 할 것이다. 우리의 대화는 우리 역시 떨어지는 검박한 심연이 된다, 아이러니하게.

23
동일화의 공포

고르츠의 "자전적" 저작에 실린 서문 형태의 글에서 사르트르는 그에 대해 이렇게 말한다.[1] "나는 그를 무심자Indifférents로 분류한다. 이른바 이 하위군은 그 기원이 최근으로, 그 대표자들은 서른이 넘지 않았다. 그들이 무엇이 될지 아직 어떤 누구도 알 수 없다." 그가 자신에 대해 우리에게 말해 주는 바에 따르면, 고르츠는 오스트리아 태생이다. 아버지는 유대인이며, 어머니는 기독교인이다. 독일과 오스트리아의 병

---

[1] André Gorz, *Le Traître*, Paris: Édition de Seuil, 장폴 사르트르의 서문(앙드레 고르츠는 1923년 빈에서 태어나 2007년 프랑스 보스농에서 사망했다. 프랑스의 철학자이자 기자이다. 그는 사르트르의 실존주의 운동의 중심에 섰다. 1970년대 주요 정치 환경론 이론가였고, 1964년 장 다니엘과 함께 주간지 『누벨 옵세르바퇴르』를 창간했다. 언론인으로 활동할 때는 미셸 보스케(Michel Bosquet)라는 가명을 썼고, 작가 및 철학가로 활동할 때는 앙드레 고르츠라는 가명을 썼다. 그의 본명은 제라르 호르스트(Gérard Horst)이다. 여기서 주로 다루는 『반역자』(*Le Traître*)는 1958년작으로, 자전적인 글이다. ─옮긴이).

합² 이후 그는 스위스에서 살았다. 망명지에서 고독한 유년 시절을 보내던 그는 놀라운 결정을 하게 되는데, 자신의 언어가 아닌 프랑스어로 책을 쓰기로 한 것이 그것이다. 그가 신분증 따위로 자신의 정체성을 파악하기를 좋아하는 사람이 아니라는 점을 여기서 일일이 설명하려는 것은 아니다. 환기해 보면 그보다 40년 전에 그처럼 망명을 떠나 자신의 삶에 대한 진실과 작품에 대한 주제를 다루는 데 있어 정체성 따위에 거의 무심하고 초연한 자가 있었다. 바로 무질이다. 고르츠와 무질³은 둘 다 오스트리아에서 태어났다. 두 사람 모두 비슷한 정치적 어려움으로 망명을 떠나 살았지만, 이런 유사성 때문에 두 사람을 연관시키려는 것은 아니다. 내게는 그보다, 완전히 차원이 다른 사회적·문학적 맥락에서 두 사람이 똑같은 독특한 경험을 했다는 것이 중요하다. 차이성과 개별성에 절망하여 이를 거부하고, 이를 초월하는 무심함에 대해 열정을 보였다는 것이다.

놀랍지 않은가? 분명 그렇다. 매번 우리가 이른바 현대 문학이라 할 만한 것을 만날 때 놀라는 것이 이런 열정적 무심함이다. 문학이 만들어 낸 놀라운 것이 이것이다.

---

2 원어는 독일어로 Anschluss이다. 연결, 접속, 병합이라는 뜻인데, 역사적으로는 1938년 독일과 오스트리아의 병합을 의미한다. —옮긴이

3 Robert Musil(1880~1942). 1880년 오스트리아 클라겐푸르트에서 태어났다. 기계공학도였으며, 베를린 대학에서 실험심리학을 배우며 쓴 소설로 데뷔하여 작가가 되었다. 『특성 없는 남자』를 일종의 연작처럼 1930년과 1932년에 발표했는데, 1938년 나치 정권에 의해 판매가 금지되자, 마저 작품을 완성하기 위해 스위스로 이주한다. 그러나 병과 생활고에 시달리다 1942년 스위스 제네바에서 사망한다. —옮긴이

그런데 덧붙일 것이 있다 ── 안 그러면 오해가 생길 수 있기 때문이다. 여기서 "무심함"은 사람의 성격이나 감성의 무심함이 아니라 글을 쓰는 개체와 간접적으로 관련된 무심함이다. 이 무심함이 그의 과제이자 드라마이며 그의 진실인지 아닌지를 탐색하는 것은 둘째 문제다. 물론 이것도 중요하긴 하다. 하지만 무심함과 씨름하는 작가가 겪는 그 고유한 어려움에 대해 질문하다 보면, 바로 그 본질을 잊어버릴 수 있다. 다시 말해, 무심함이 작가와 관련된 것이 아니라는 말이다. (오히려 완전히 그 반대다.) 그렇다고 작품이 그렇다는 것도 아니다. 작품이 무심함으로 가득한 어떤 몰개성성에 이르려고 애쓴다는 것이 아니다. 작품이 자기만의 존재 방식, 그러니까 어떤 스타일 없는 스타일을 가지려 한다거나 형식주의 또는 고전주의에서 보는 것을 가지려고 한다는 것도 아니다. 이런 경우라면 너무 간단하다. 미학 문제로 들어가면 되기 때문이다. 우리는 우리에게 부족한 이런 행복한 태도를 판단할 줄 안다. 감탄할 줄도 안다. 더욱이 이렇게 판단하고 감탄하면서 우리가 판단될 수도 있고, 감탄 대상이 될 수도 있다. 우리는 행복한 태도가 실행되는 곳에 도달할 권리를 가지고 있지 않기 때문이다. 그러나 문학이 이른바 중성적인 말과 "연결된 몫"을 가지고 있다는 것을 예감하더라도 쉽게 설정하기 힘든 확언 앞에 우리가 있다는 것 또한 알게 된다(확언하는 것 자체가 어렵다는 말이다). 그도 그럴 것이 그것은 우리가 말할 수 있는 것보다 훨씬 앞서 나가 맨 앞에 자리 잡고 있기 때문이다.

사르트르는 글 초반에, 고르츠의 책 뒤에서 들리는 것은 "차분하고, 고르고, 예의 바른" 목소리라고 말한다. "이 목소리는 누구의 것일까? 그 누구의 목소리도 아니다. 아니, 언어 자체가 혼자 말하고 있다고 할 것이다. 때때로 '나'라는 단어가 나오지만, 이 말을 말하는 자, 이 용어를 선택한 주체로 여겨질 뿐이다. 동사의 주체가 되는 이 용어는 절대적으로 신기루 같은 추상적 단어에 불과하다." 조금 더 가서, 사르트르는 이 말에 대해 다시 말하는데, 그것은 거의 황량한 목소리이며 근심의 목소리라는 것이다. "여기에는 이런 목소리가 있다. 그것이 전부다. 무언가를 찾지만 무엇을 찾는지 알지 못하는 목소리. 무언가를 원하지만, 무엇을 원하는지 알지 못하는 목소리. 공허 속에서 말하고, 어둠 속에서 말하는 목소리." 사르트르가 고르츠의 책에서 들은 것은 정확히 이것이었다. 이것이 이유가 없는 것은 아닌데, 책이라고 할 수 있을 만한 것을 쓴다면, 그런 책들에서는 이런 목소리가 항상 들려왔기 때문이다. 적어도 사뮈엘 베케트 이전부터 이런 목소리는 있었다고 나는 생각한다. 그렇다. 물론 우리는 베케트의 『몰로이』, 『말론 죽다』, 『이름 붙일 수 없는 자』에서 그 어떤 핑계나 알리바이 없는 목소리를 처음 만났다. 이 목소리는 자기 말의 분출점이자 고갈점으로 내려가기 위해 하나의 고정점 주변을 지칠 듯 지치지 않으면서 고집스럽게 돌며 나오는 말이다. 누가 말하는지 모르는 모놀로그이다. 더는 누군가가 아니기 때문에 고통받을 수는 없지만, 괴로움을 당하고 고통을 느끼는 존재가 있기는 하다. 오고 가는 자가 있기는 한 것이다. 처음에는 아마도 진짜 떠돌이가, 진짜 죽어 가는 자가 이 방 안에 있었다. 그러다 빈사 상태 속에 허덕이다 죽을 힘까지 다 써 버린 것처럼 떠도는 자는 사라지고 떠도는 동작만 남게 된다. 독 같은 방에 갇혀 있거나 길 위로 쏟아져 흘러 다닌다. 텅 빈 집, 텅 빈 구석에 웅크린 채 있다 보니 더 허약해지고, 사지가 손상되고, 몸이 졸아들어 인간 흔적이 겨우 남은 잔유물에 불과할 뿐 원상 회복이 불가능한 존재가 되어 버렸음이 판명된다. 이름도 얼굴도 없는 무력감. 쉴 수도 없을 만큼 지친 피로. 어떤 자극에도 반응하지 않고, 좌절할 힘조차 없는 텅 빈, 희미한 기다림. 이런 존재에게 더 이상 무슨 일이 일어날 수 있을까? 뭐라도 조금 있다면, 그게 무엇일까? 어떻게 도와야 아예 없는 자가 될 것인가? 침묵 속에 이미 들어가 있는데도 멈추지 않고 말하고 있다면, 어떻게 해야 이 말을 말하지 않게 할 수 있을까?

고르스의 책과 자신의 생각이 합류하는 지점을 도식화하기 위해 사르트르는 그의 생각과 희망을 여기서 밝히고 있다. 차갑고도 먼, 그러면서도 고집을 굽히지 않고 우릴 대신해 증명하고 따지는, 다시 말해 우리에게 정확히 들어맞는 대답이 되기도 하는 이 이상한 말로 우릴 압도하면서 뭔가를 말하고 있는 이 웅얼거림, 아니면 무심하고 몰개성적인 비인칭성 주어 뒤에, 가장 극단적인 소외 속에서도 결코 소외될 수 없는, 일인칭으로 말할 수 있는 힘이 잔존하고 있다는 것이다. '그' 또는 '그것' 뒤에 물론 어둡고 가려져 있지만 테스트 씨가 말한 것처럼 "다른 사람들에게 잡아먹힐" 그 누군가 있다는 것이다. 아니면 설상가상으로 자기 자신에게 잡아먹히거나, 자기 것이 아닌 다른 데서 빌려 온 것인데도 기발하고 일관된 단독성을 갖는 이것에 유혹당해 버린 그토록 투명한 "나"가 지독하게 잔존하고 있다는 것이다. "자, 잠시. 목소리가 인식된다. 그 목소리 안에서 행위가 밝혀지고, 이렇게 말한다. 나, 나는 이 책을 만든다. 나, 나는 나를 찾는다. 나는 쓴다. 어딘가에서, 겁먹은 듯 퀭한 눈이 한숨을 쉰다. 아니, 일인칭으로 말하다니 어떻게 이렇게 잘난 척을!" 이어 눈이 사라지고 고르츠가 나타난다. "나는 고르츠다. 여태 말한 것은 나의 목소리였다. 나는 쓴다, 나는 존재한다, 나는 나를 참는다, 나는 나를 한다, 나는 나의 첫 라운드에서 승리했다."

*

이런 해석을 고르츠의 책은 허용할까? 그의 책은 우릴 현혹하기 좋은 낯설고 열정적인 책이다. 성급한 독자는 거기서 어떤 철학적 작업을 읽거나 그 작업을 자기 자신에 응용하는 책으로 읽을지 모른다. 사르트르가 보들레르, 주네에 대한 철학적 작업을 하고 나서 자신에 응용하는 방법을 보였던 것처럼 말이다. 그렇다, 물론 이런 이상한 종류의 이야기는 이야기에 이어 성찰이 연속해서 나오고 완벽한 이성적 수행을 하는 게 사실이다. 그런데 여기서는 언어적 논쟁을 멈춘다. 매우 민첩하게 말을 할 뿐. 하여 이 글을 읽는 해설자들은 지금 말하고 있는 자의 언어에 쉽게 동화된다. 이 해설자들은 아마도 어떤 모렐Morel 파에 속해 있는 것 같다. 그것은 실제이다. 그리고 그것은 환상이다. 여기 있는 것은 모두 그럴 법하다. 모방하여 비슷하게 보이는 것이다. 화자가 말하는 언어는 사고한 언어가 아니다. 그렇게 보이게 했을 뿐이다. 이런 움직임은 분명 변증법적이다. 여기서 지성이 진짜 경이로운 지성인 것은, 지성을 보장해 주는 그 어떤 것에도 머물지 않으면서, 그 혜안으로 지성은 그 지성 안에서 다시 무한히 분기하며 자기 상을 스스로 모방한다는 것을 알기 때문이다.

이렇게 결론지을 수 있을 것이다. 만일 이것이 모방된 언어라면, 즉 빌려 온 생각이라면, 책이란 원조를 따질 필요 없이 연이어 쓴 것에 불과하다. 이런 속임수는 불가피한데, 한사코 이렇게는 하지 않겠다며 훨씬 더 정통하고, 더 필요 갈급하고, 더 집요한 탐색을 단언하는 곳에 책이란 없는 법이다. 이건 무엇보다 사활이 걸린 사안이다. 파스칼의 내기보다 더 전면적으로 고르츠는 이런 글쓰기 요구 조건의 진실에 모든 것을 걸었다. 그것은, 바로 자신이 선택한, 빌린 존재 위에서는 자신을 남용할 수 없으므로, 그의 인생을 공개적으로, 그리고 일부러 가짜 위에 세워 지음으로써 그런 조건에 자신을 두는 것이다. 우리도 그렇지만, 그렇게 하면 자연스러운 알리바이가 생겨 우리를 우리 자신에 감추느라 전전긍긍할 것도 없다. 다정하고도 이상하리만치 친근한 우리 실존을 갖게 될 것이다. 자신의 모국어를 거부하는 고르츠는 글을 쓸 때만이 아니라 생각할 때도, 꿈을 꿀 때도 프랑스어로 생각하고 꿈꾸면서, 마침내 사르트르에 대해 생각하게 된다. 그는 자신이 자신 외부에 있고, 자기 것이라곤 아무것도 없다는 것을 잠시도 잊지 않는다. 유년 시절의 모습은 없는 것이다. 자기로부터 추방되어, 자기 소유물도 없고, 그저 중립국에서 중립적으로 살고 있을 뿐이다. 이 얼마나 이상하고 공포스러운 추상적 순수인가! 한 외로운 아이가, 갑자기 내린, 이 얼마나 확고한 결정인가! 있는다면 아무것도 아닌 것으로만 있기.

그러니까, 다른 사람으로만 있기. 단호하고도 훈련된 결의로 존재하기. 그러나 이 결의는 항상 지어낸 것이고 인위적인 것일 것. 스스로 거짓말하고 있음을 각성하고 있을 것. 그래야 적어도 이런 가짜 대화를 계속할 수 있으니까. 이런 대화를 해야 자신의 자연스러운 개별성을 거부할 수 있으니까. "그는 전적으로 프랑스인이기로 결심했다. 진정한 사유이자 이성의 몸은 프랑스 언어였다.""그는 결심했다." 그런데 이 '그"는 누구인가? 고르츠는 나는 결심했다고 말하지 않는다. 그는 그것을 말할 수 없다. 왜 그런가? 이 '그'는 누구인가? 갑작스러운 결심으로 벗어던진 과거의 '나', 즉 오스트리아-독일계 유대인이자 기독교인인 나 아닌가? 하지만 만일 이 '그'가 그래도 항상 개별적 존재였다면? 만일 태생적 기원 및 어린 시절의 유전을 이어 온 존재였다면? 완전한 "타자"가 되겠다는 결심에는 반드시 운동이 있어야 할 것이고, 어떤 개별적인 것이 있어야 그렇게 "변질"될 것이다. 따라서 이 그는 다음 같은 개별성 말고는 다른 것을 비출 수 없을 것이다. 옛날의 자신에서 벗어나 새로운 자신이 될 필요. 아니면, 사르트르와 발레리라는 보증 아래로 들어갈 필요. 보편적 소명에 비추어 낯설기 그지없는 이상한 언어로 자신의 경험을 번역함으로써 자기 고유의 경험을 드러낼 수도 있을 뇌관을 제거하기. 이것은 다시 말해 갈라져 불행하고 불편한

---

4 원문에서는 시작하는 첫 글자가 따로 대문자로 표시되어 있어 작은 따옴표로 구분한다. 다음에 나오는 따옴표도 같은 경우다. '동일시에 대한 공포'라는 논점에 따라 자신을 극복하거나 자신을 무화하는 첨예하고 복잡한 투쟁을 다루므로 나(moi), 그(il), 자기/자아(soi), 과거의 나(Moi ancien) 등 관련한 표현들에 특별히 유의할 필요가 있다. ─ 옮긴이

자기로부터의 탈주이다. 그러나 물론, 달아난다 해도 다시 달아나는 자신밖에 되지 못한다. 타자성을 추구하며 자신으로부터 달아나도 다시 자신이 자신을 뒤쫓으니 자신과 붙어 버리게 되는 것이다.

자신을 버린다고 자신을 떠날 수 있는 것이 아니다 ─ 다들 알겠지만. 지나치게 정의된 이런 '나'로부터 떨어져 나오기 위해 일종의 실존성, 그러니까 다소 추상적이고 무한한 존재로 고양해 보지만, 이것으로도 충분치 않다. 완전히 딴 사람이 되고 싶지만, 그런 타자성을 향해 탈주하는 중에도 아직도 전적으로 나 자신 안에, 나라는 동일성 안에 내가 있음이 확인되기 때문이다. 고르츠의 책은 냉철하고 정렬되어 있으면서도 열정적인 탐색이다. 그의 사적인 존재에 뿌리를 두면서 먼 곳을 선택적으로 지향하는데, 이것에 특별한 순서가 있는 것은 아니다. 이것은 나중에 자신을 비개성화하는, 즉 자신을 무화하는 결정과 함께 더 진행될 것이다. 이 책에서 말을 하는 자는 육화가 덜 된 것처럼, 비현실적으로 목소리를 일부러 꾸며 낸다. 다시 말해 가짜로 꾸민 것으로, 현실적이면서도 비현실적인 목소리이다. 이것은 말을 해야하는 냉엄한 필요 때문에 나온 목소리일 뿐, 결국 여전히 말을 하는 것이 아니라 말을 하는 것을 흉내 내고 있을 뿐이다. 이런 이상한 언어로 거리 두기에 성공한 것처럼 무심하게 또는 중립적으로 말하는 것이다. 이를 정신분석학적으로 해석해 본다면, 우리 가장 가까운 곳에, 가령 우리 뒤에 항상 지칠 줄 모르고 언제든 재시작되는 게 있음을 부디 알라는 것이다.

이런 목소리의 특성은 ─ 주술과 매혹의 힘일 수 있다 ─ 무엇일까. 그것은 맨 처음 도래한 사건이 있기에 그것을 명분으로 계속해서 말하는 것이라고 주장하는 것이다.[5] 그렇다면 우리는 짐짓 그가 하는 말대로 따라간다. 그런데 느닷없이 방향을 돌린다. 우리는 분명 당황하고 동요하지만 이상하게 차라리 가벼운 해방감이 드는데, 그러고 보니 여태 우리 삶을 여기까지 오게 만든 그 첫걸음 같은 것을 다시 보게 되는 기분이 들어서다. 한 것을 다시 가장 잘 철회하기 위해서는, 최초의 기획을 기꺼이 환영하며 집중할 수 있어야 한다. 고르츠 역시나 이런 데 사로잡혀 있다. 책에서 나오면, 계시의 충격처럼 갑작스러운 빛에 얻어맞은 듯한 느낌으로 비로소 자기 자신과 부딪히는 것이다. 멈추지 않고 끊임없이 자신이 앎의 차원에 있었다는 것을 놀랍게 재인식하는 것이다. 그로서는, 나머지 다른 모든 것들을 결정하는 최초의 태도는 바로 동화되는 것에 대한 공포이다. 바로 이것이 출발점이다. 타자에 의해, 타자로부터 비롯된 나와 동화되는 것에 대한 깊고도 항구적인 공포감. 이 이상한 나에 <u>스스로</u> 들러붙을까 봐 두려운 마음에 일체의 나를 거부함. 이어, 모든 성격과 기질을 거부함. 모든 감정적 선호성을 기피함. 취향이 생기는 것도, 혐오감이 생기는 것도 다 멀리함. 군이 열정이나 자연성, 충동성을 갖지 않고 그저 열심인 삶. 더 이상 어떤 말도 하지 않거나 사람들이 말하는 것과 다른 것을 말하기 위해 결국 침묵을 택하는 것을 혐오함. 그러니까 그런 식으로 중립적이 되며 아

---

5 고르츠 글에서 들리는 목소리의 특성을 묘사하며 해설하는 이 단락은 형상적으로 떠올려야 이해될 수 있는 구문으로, 원천에서 계속해서 샘솟는 샘물처럼 반복과 재생으로 서술되는 글이라는 의미이다. 고르츠의 글은 강물처럼 상류에서 중류, 하류로 이어지는 기승전결 같은 일방향성을 지향하지 않는다는 의미이다. — 옮긴이

무런 말도 하지 않는 것을 혐오함. 역할을 확신하거나 신념으로 행동하는 것에 대한 공포감. 이런 것으로부터 도주하여 그저 순수하게 지성적인 실존을 살기. 그렇게 자기 실존을 해체하고 자신을 비동일화하는 데 항상 전념하기.

오롯한 자기가 되려는 욕망으로 인해 오롯한 자기가 되어 버리는 것에 대한 공포. 바로 이런 움직임을 고르츠의 가족사에서 찾는 것은 어렵지 않다. 어린 시절의 경험으로부터 출발해야 그를 제대로 이해할 수 있으므로 그걸 찾아야 할 것이다. 그는 어린 시절 내내 어머니의 속박 아래 자랐다. 어머니가 원하기 때문에 그에게 **강요된** 어떤 역할과 자아에 항상 자신을 맞추어 살았다. 어머니가 그런 아들을 보고 싶어 했다는 이유만으로도 말이다. 어머니는 자신이 원하고 바랐던, 자신이 좋아하는 모습으로서의 아들을 보았다. 거울에 비친 자신의 상상적 "나"를 아들에게 제시한 셈이었다. 그러나 이 "나"는 타자의 자아였고, 아니면 자기와 완전히 상반되는 자아였다. 따라서 가짜였다. 그에게 자아란 타자이고 가짜인 셈이었다. 바로 여기서, 어느 날, 모국어로부터 해방될 필요를 강렬하게 느끼게 된다. 어머니의 왕국에서 벗어나 그 밖으로 도망칠 필요가 있었던 것이다. 동시에, 그녀가 아들에게 부여한 모호한 왜곡과도 싸워야 했다. 그러기 위해서는 거의 이 방법밖에 없었다. 어머니가 만든 왜곡의 끝까지 가 보는 것. 즉 모국어가 아니라 배운 언어, 그리고 그렇게 배운 언어로부터 빌려 온 생각에 자신을 동화시킴으로써 완전히 다른 나를 만드는 것.[6] 여기에는 거의 현기증 나는 어지러운 힘이 요구되는데, 원래의 자신을 되찾기 위해, 과거의 공포에 사로잡힌 자신으로 돌아오는 게 아니라, 동일화의 공포에서 해방된 또 하나의 나, 즉 비동일화 자체에 동일화된 나, 다른 말로 하면 거의 완전무결하게 투명한 나로 돌아오는 것이다. 이 이야기가 특별한 주어나 주체 없이 중화된 말의 매력으로 시작되어 마지막에 가서는 화자 자신과 화해하며 끝이 나는 이유가 그래서다. 낯선 말투 속에서만 자신을 알아보는 이 화자는 우선은 일인칭으로 쓸 수 있는 권리를 얻는다. 그리고 글을 써 나가면서, 타자와 연관되다 보면 자신을 잃어버릴지도 모른다는 두려움을 더 이상 갖지 않는 그런 '나'를 적어도 찾게 되는 것이다.

*

하여, 시사하는 바가 많은 행복한 결말. 이런 결말이 나를 설득했다고 말하지는 않겠지만, 다시 소생하겠다는 에너지가 그대로 드러나며 넘치는 이 근심에 감동한 건 사실이다. 나는 무엇보다, 가야 할 길을 철저히 탐색하는 가운데, 무분별할 수도 있지만 일단 첫 번째로 그 길을 선택하는(다른 사람에게 빼앗길까 두려워) 그 속임수 비책에 감탄했다. 첫 번째를 그렇게 선택했으니, 두 번째는 훨씬 단호하게 선택할 수 있다. 이어 매번 새롭게 그러나 훨씬 폭넓은 구도로 고집스럽게 천착하

---

6 여기서 어찌 울프슨의 시도를 환기하지 않을 수 있을까(*Le Schizo et les Langues*[『분열증과 언어들』], Paris: Gallimard, 1970). 그런데 이는 전혀 다른 차원의 시도다. 그도 그럴 것이, 울프슨의 작업은 그의 언어 자체를 가지고 하는 것이기 때문이다. 여기서 사물과 단어의 관계는 의미가 아니라 질료적 차원에 있다 ──사물화된 관계. 이로써 "병든 나쁜 질료"와 불행을 초래하는 모성적 오브제를 분리하는 방법을 찾게 될까?

다 보면, 가장 핵심적이고 본질적인 의미들이 채워질 것이다. 그렇다면 이 첫 번째 선택은 무엇일까? 사실상 모든 것이 다 거기에 의존해 있는 셈이다. 우리 인생이 의미를 띠게 될지도 모를 그 출발점, 시작점은 무엇일까? 고르츠는 바로 근원으로 돌아가는 것이라고 예감하고 있다. 열쇠가 되는 주요 문장을 처음으로 돌아가 찾는다. 이런 문장을 찾다 보면 단어가 알아서 그에게 넘어올 것이다. 시작하면 더 시작하게 되는 이른바 이런 시작의 환상만큼 그를 매료시키는 게 없다. 시작의 시작으로 계속해서 거슬러 올라갈 때 결정적인 것이 나오기 때문이다. 그가 의도한 문장은 지금 쓰는 문장 뒤에 있어 지금 쓰는 문장을 열어야 그 문장의 유일무이한 의미가 새어 나온다(도래하는 사건 또는 쓰고 난 문장에 의해서만 "기의되는" 복합성). 같은 문장이 다시 말해질 때 같은 의미가 생기면서 동시에 전혀 다른 의미가 솟구치는 것이다. 바로 앞에서 울렸던 메아리를 다시 울려야 아직 다 말해지지 않은 것이 울리는 식이다. 나를 이렇게 만든 모델이 도대체 무엇인지 보기 위해 우리 자신을 향해 몸을 기울여 보면, 저 유년 시절이 감춰져 있는 것을 깨닫게 되는 것처럼 말이다. 그러나 여기서 우리가 보는 것은 결코 우리 최초의 가장 본래적인 일종의 초판 같은 것이 아니다. 우리의 이중적 자아, 또는 우리의 분신, 우리의 이미지, 더 나아가 이 이중적 자아 안에서 다시 복분해되는 무수한 분열성과 그 해체성이다. 이것이 이른바 유사성이 갖는 매력적인 힘이다. 유사성이란 상사성相似性의 한복판에서 닮은 것이 닮은 것 안으로 끊임없이 미끄러져 들어가는 것에 다름 아니다. 여기서 상사성이란 '무엇을' 닮았다가 아니라 '서로' 닮았다는 것이다.'

고르츠의 경우, 우리가 이미 보았다시피, 이것이 그의 이야기의 마지막이다. 여기서 생긴 충격으로 그가 깨닫게 되는 것은, 그가 최초의 텍스트라 알고 읽었던 것이 훨씬 더 복잡한 것, 그에게는 다름 아닌 "동일화에 대한 공포"였다는 것이다. 한편, 이 책의 초반 20쪽 정도에서, 이미 그는 가장 분명한 방식으로 이런 도식을 세워 놓고 있다. "그의 행위나 작업이 자신과 동일화되는 것을 극도로 두려워한 나머지, 자기 추월을 스스로 표명하면서 그의 행위를 그리는 형상을 어떻게든 벗어나려 했다." 그렇다면 이 순간, 이런 문장은, 왜 그에게 말하는 것이 아닌가? 이것은 왜 계시 또는 폭로가 될 수 없는가? 결국 200쪽 뒤에 가서 이런 그를 다시 드러내게 될 텐데. 우리는 여기서 분명 글쓰기를 통해 완성되는 운동성의 증거를 갖게 된다. 여기서 우리가 구분할 게 있는데, 그는 자신이 쓰는 문장을 가지고 소통을 하는 게 아니라는 것이다. 물론 완전한 명철함 속에서 쓰는 글이지만 그가 의도하는 바가 꼭 지금 쓰는 문장이 나라는 사람과 관련되는지 아닌지를 아는 게 중요한 게 아니라는 것이다. 그도 그럴 것이 외국어로 쓰는 것이어서 여전히 중화된 문장이라는 것이다. 자기로부터 나타난 것을 결국 다른 사람으로부터 나타난 것처럼 보이게 하려는 것에 불과하다는 것이다. 얼굴 없는 비인칭 주어 특유의 무심함 또는 초연함 속에서 쓰인 글

---

7 특별히 유의해야 하는 표현이라 원문에는 없는 작은 따옴표를 했다. 원문에서는 '닮다'라는 뜻의 동사 ressembler를 한 번은 목적어가 이어 나오는 타동사로 쓰고 있고(ressembler à quoi) 다른 한 번은 대명동사, 즉 상호적으로 반사되는 재귀동사(se ressembler)로 쓰고 있다. ─ 옮긴이

이라는 것이다. 그렇다면 가면을 쓴 것처럼 보일 수도 있지만, 그 가면 뒤에도 부재하는 형상밖에 없다. 다만 언젠가 도래할 형상이 있을 뿐이다. 완전히 거꾸로 돌아가거나 완전히 거꾸로 뒤집어지면서 완성되는 것이 있을 뿐이다. 모든 게 거기 달려 있는데, 이런 방식은 어떤 순간 약간 신비하고 난해할 때가 있다. 그 순간이란, 고르츠가 자신을 지금 현재의 자신과 동화시키는 순간이다. 다시 말해 이른바 "원본"이란 절대로 과거에서 찾아지는 것이 아니라, 현재에서 찾아진다는 것이다.[8] 원본의 계시적 문장이 원본이 아닌, 현재의 판본에서만 이해될 수 있다는 것이다. 현재의 판본으로 원본의 같은 문장을 읽는데, 느닷없이 전격적으로 여러 중첩된 의미가 동시에 읽혀 그 유일무이한 의미가 득도되는 순간이다. 그간의 모든 변형과 수정들이 전부 와서 충돌하지만 이 모두를 즉각적이고 찰나적으로 수렴하여 얻은 그 유일무이한 의미. 같은 문장이 항상 다른 문장이면서 같은 문장일 수 있다는 것은 이런 차원에서 할 수 있는 말이다 —— 찰나의 순간이지만 대번에 다 이해된다. 결정적으로 지금 현재의 나 이외에 나에서 더 앞으로 나아간 다른 기원의 나는 없다는 것을 깨달은 것이다(현재가 진짜이고, 현재는 이미 책 속에 다 모여 있다). 오로지 지금 현재 모든 것을 다시 시작할 수 있다. **여기가 로도스다, 여기서 뛰어라**hic Rhodus, hic salta.

---

8 블랑쇼는 과거-현재-미래식의 시간 분절법, 즉 시간 순차적 또는 직선적 사유가 아닌 곡선적 또는 동심원적 사유를 하며 해설하고 있다. 앞 각주에서 비유한 샘물을 다시 한번 연상해 볼 수 있을 것이다. —— 옮긴이

여기서 쟁점이 무엇인지 예감할 것이다. 이른바 (문학이 요구하는) 글쓰기는 어떻게 행해야 할까. 앞서 말하는 이 말하기는 어떻게 하는 것일까. 전혀 다르게, 차갑게, 내밀함이나 행복감 없이. 아무것도 말하는 게 없으면서 저 안에 있는 깊은 것이 말하는 듯이 말하기. 항상 단 한 사람을 위해, 즉 비인칭적인, 비개인적인 단 한 사람을 위해 말하기. 저 안에 있는 것을 모두 말하면서 그것 자체로 바깥을 말하기. 진실이나 진리 따위는 알 바 아니라는 듯 아무것도 말하지 않으면서 말하기. 정반합 같은 것으로도 설명할 수 없는, 이와는 전혀 다른 다량의 흐름으로, 플럭스$_{flux}$로 말하기. 이런 언어는 결코 진리의 언어나 행복한 명상의 언어, 다시 가능한 대화의 언어가 될 수 없다. 두 언어 사이에서 고르츠는 어떤 실질적인 '코스'를 제공하려는 걸까? 그의 시도에서 놀라운 것은, 중성적인 말을 하는 것을 원할 뿐 일체 말을 불신하며, 그저 글쓰기 운동을 빌리는 것일 뿐이라는 점이다. 글을 잘 써야 한다기보다 잘 쓰고 싶은 유혹을 느끼다 보면 자신으로 돌아올 수 있는 가능성이 생길 수 있는 것이다. 그는 결코 자신을 묶고 있는 밧줄을 끊지 않는다. "그"를 말하지만, 그 "그"는 결국 나와 관련된다. 그는 제 안에서 낯선 목소리가 말하게 내버려 둔다. 단 무심히 던지는, 알맹이 없는 수다 속에서도 그 목소리는 길을 잃지 않는다. 이 책에 놀라운 페이지가 하나 나오는데, 비나 화창한 날씨에 대해 상투적인 대화를 하면서도 "경색되고, 공포에 휩싸이는" 자신을 묘사하는 대목이다. 지극히 평범한 것에서도 평범함을 느끼지 못하는 것이다.' 감동적인 자백이다. 이것

은 정통적이지 않은, 혹은 본래적이지 않은 말을 그가 수용할 수 없다
는 말이다. 불특정 주어 "On"을 써서 말해도 다 말해지는 것이 있는데,
이것을 받아들이지 못하는 것이다. 그것을 수용하지 못하거나 체험하
지 못하지만, 불확실한 경험 상태로 그냥 놔두면서 자신으로부터 도망
치는 데 성공한다. 이것은, 내가 생각하기에, 니힐리즘의 문제이기도
하다. 니힐리즘의 힘이 우리가 니힐리즘 앞에서 물러날 때 만들어지는
것인지, 아니면 니힐리즘의 핵심은 우리 앞에서 니힐리즘이 서서히 빠
져나가는 데 있는 것인지 모르겠다. 우회라는 질문을 통해 니힐리즘의
문제는 항상 제기되었다가 버려졌다가 하는 것 같다.

---

9 여기서 날씨 이야기가 나오는 이유는 다음과 같다. 우리말에서는 "비가 온다"이면 '비'가
   주어가 되지만, 프랑스어에서는 비인칭 주어 Il을 쓴다(Il pleut). 아무리 비인칭 주어를 써
   서 날씨 이야기를 해도 발화한 이상 문장에는 에고(ego)가 들어간다. 언어학에서는 화가
   자 말하는 주체인 자신(ego)을 드러내거나 자신에 대해 말하고 있음을 드러내는 일체의
   자동 지시 사항들이 포함된 언어 요소를 에고포르(egophore)라고 한다. 이 용어가 함의하
   는 것은, 지극히 에고가 약화된 문장에서도 일단 발화된 이상 자동적으로 듣는 '너'가 상정
   되어 이 발화문의 '나'가 함께 부각되어 버리고 만다는 것이다. 블랑쇼가 이 글 말미에서 암
   시하고 있지만, 언어에서 기인하는 "동일화에 대한 공포" 속에서 비동일화를 위한 온갖 시
   도를 해 보아도 결국 다시 '나'로 귀의할 수밖에 없다는 것이다. 고르츠의 경험이 유의미한
   것은, 타자의 시선에 동화된 '나'를 혐오하며 나를 떠나기 위해 온갖 수행을 다하고 난 후
   다시 돌아온 '나'는 이전과는 전혀 차원이 다른 '나'라는 것이다. 이 글을 갈무리하며 블랑
   쇼가 다시 한번 니힐리즘을 언급한 것은, 니힐리즘의 본질은 니힐리즘에 빠지는 것이 아니
   라, 니힐리즘 안에서 니힐리즘이 사라지는 것을 체득하는 순간이라는 말을 하고 싶어서일
   것이다. 언어 문제 또한 같은 차원에서 이해해야 할 것이다. ─ 옮긴이

흔적들

현존

자크 뒤팽이 알베르토 자코메티에 대해 쓴 것을 읽다 보면, 명징하기에 그만큼 불분명한 작품의 차원에 대해 성찰하게 된다. 다시 말해 이런 작품은 기존의 방식으로 재단되지 않을 준비를 항상 한다는 것이다. 이 글을 읽고 난 후, 난 왜 자코메티의 작품이 우리와 가깝게 여겨지는지 훨씬 잘 이해하게 되었다. 여기서 가깝다는 것은, 글쓰기와 가깝다는 것이다. 작가는 글쓰기와 항상 관련되어 있다고 느끼지만, 이 글쓰기는 문자 그대로의 글쓰기가 아닌 다른 것이다. 글쓰기에 대해 질문할 필요를 느끼지만, 그것을 글로 써서 같은 것을 반복할 수 없다는 것도 알고 있다.[1]

---

1 Jacques Dupin, *Alberto Giacometti, Textes pour une approche*, Maeght éditeur, 1962. 이 장에서 성찰하고 있는 내용을 살려 제목을 '흔적'이라고 한 것은 내가 일부러 의도한 것

"분리된 현존의 용출", "부단한 작품", "선의 불연속성"("끊임없이 중단되는 윤곽선으로 공허를 열어 버림으로써 공허를 철회한다…") 등 분리되어 있거나 연결되어 있다는 식의 이런 지시적 표현들을 통해 자크 뒤팽은 우리에게 바로 그런 장소가 있음을 제안한다. 하여, 우리는 그런 장소로 소환되는데, 자코메티의 작품이(가령, 「서 있는 여인」, 「베니스의 여인」) 자크 뒤팽이 말한 그런 장소에 적합하다면, 그야말로 우리는 자코메티 작품에서 그런 장소를 목도하고 마는 것이다. 이 내용은 거리에 관한 것이다. 이 거리는 절대적이다. 우리 앞에, 그러나 우리 없이 불쑥 나타난 이 절대적 거리가 이른바 "현존의 용출"이다. 현존이란 단순히 현재하는 어떤 것이 아니다. 그렇다고 다가오는 것도 아니다. 잘 감지되지 않는 작용들에 대해서는 아랑곳 않고 거친 그대로 명징하게 눈앞에 있는 것이다. 이런 현존은 단계성이나 점진성 같은 개념은 거부한다. 느리게 온다거나 잘 감지하지 못하나 결국 소멸한다는 식의 개념도 거부한다. 그저 어떤 무한한 관계를 지시할 뿐이다. 여기서 현존이란 "분리된 현존"의 용출이다. 그 무엇과도 견줄 수 없는 비범함으로, 느닷없이, 갑작스럽게, 우리 앞에, 그것도 부동으로 와 있는 것. 우리에게 낯설고 기묘하게 주어진 그대로 있는 것. 그런 현존이다.

이다. 30년 전 출간되었다가 최근 독일어로 재간행된(이 재간행본이 프랑스어로 번역되었다), 너무나 풍부한 내용을 담고 있는 에른스트 블로흐의 책 『흔적들』(*Spuren*)에서 빌려 온 제목이다. Spuren은 흔적, 주행 트랙(가령, 녹음기 테이프에 난 트랙을 뜻하는데, 목소리들이 인접해 있는데도 섞이지 않는다), 불연속적인 말, 단순히 부서져 파편적인 것이 아니라, 파편성을 온몸으로 체험하는 감각적 경험과 관련된 확언, 또는 그런 것들의 표명이라는 뜻이다.

자크 뒤팽은 이렇게 말한다. "자코메티에게는 잔혹한 충동과 파괴 본능이 있다. 아니 특히, 있었다. 이것이 그의 창작 활동을 가능하게 한 가장 긴밀하고도 확고한 조건이었을 것이다. 감성이 여린 어린 시절부터 자코메티는 성性적 살해라는 강박에 시달렸다. 어떤 상상적 표현물에도 지배되었다. 폭력적인 장면이나 광경에 공포를 느끼면서도 매료되었다." 자코메티는 이런 현존을 가지고 그 경험을 한 것이다. 하여 이런 현존은 범접 불가능이다. 사람을 죽이거나 폭력을 가하는 일이 우리 모두에게 일어날 수는 있다. 우리는 그것을 행동이나 말로, 또는 짐짓 무심한 척 그러나 의지를 갖는 어떤 행위로 대체한다. 그런데 자코메티의 현존은 폭력을 가하는 힘으로부터 벗어난다. 만지거나 닿고자 하는 파괴성에 맞서기 위해 차라리 쓸모없어 보이게 함으로써 아무런 손도 타지 않는 것이다. 쓸모없어 보여야 흔적을 남기지 않고 사라질 수 있는 것이다(어떤 현존을 상속하지 않으면 전통에서 사라지게 된다). 폭력 경험에 대한 응답으로 이렇게 도리어 폭력이 미치지 못할 정도로 무가치하게 그러나 명징하고 당당하게 현존하는 것이다. 폭력 또는 폭행이 자코메티에게는 형태를 만드는 자이자 형태를 부수는 자, 또는 창조자이자 파괴자의 행위가 되었다. 자크 뒤팽이 말하는 게 바로 이것이다. "자코메티의 몸짓. 그의 반복과 되풀이는 매번 특별한 개입을 할 때마다 일그러지는 형태의 잔혹함에 대한 반박으로 읽혀야 할 것이다. 만들고 부수고. 만들고 부수고. 계속해서 이렇게 하다 보면 결국 줄어들고 가라앉는다, 그 몸짓. 반죽된 작은 상만 보면 조각가가 이 상을 얼마나 학대하며 잔혹한 정성을 쏟았는지 알 것 같다. 그러나 조각상 자체는 학대에 아랑곳하지 않는 듯 보인다. 너무나 강압적이고 격렬한 터치로 반죽되어 그토록 여리고 허약하게 보이는 건지. 필연적으로 자신이 나온 카오스로 다시 돌아가는 것만 같다. 하지만 잘 버티고 있다. 이 작은 조각상은 그토록 파괴적인 공격을 버텨 냈으니, 이제 이 은혜로운 현존에게 남은 것은 미미한 수정뿐이다. 거듭된 수정으로 여러 층위가 생기면서 면역력이 생겼다. 어떤 공격이나 유혹에도 무감할 만큼 스스로를 보호한다. 그리고 이것에 더 익숙해진다. **무제한**이라는 조건이 붙을 만큼 극심한 태형으로 조각상의 자율성과 정체성은 만들어졌다."

현존은 거리가 있어야만 현존한다. 이 거리는 절대적이다. 다시 말해 타협을 모를 만큼 완고하고 무한정이다. 자코메티의 천부적 재능은 세계라는 공간 안에 무한한 간격을 열어 놓은 데 있다. 이 간격으로부터 시작하여 현존이 있는 것이다 ──이 현존은 우리를 위해 있지만, 우리 없이도 있다. 그렇다, 자코메티가 우리에게 주는 것이 이것이다. 그는 보이지 않게 우리를 이 점點을 향해, 이 유일무이한 점을 향해 끌어당긴다. 그곳에 현존하는 사물이(조형적 오브제, 형상화된 인물 입상) 그야말로 순수 현존으로 바뀌어 있는 것이다. 순수 현존이란 그 낯선 기묘함 속에서 마치 타자처럼 있는 것이다. 이것이 바로 가장 급진적이고도 근본적인 비현존성이다. 이 거리는(자크 뒤팽은 이것을 공허라 했다) 현존과 뚜렷이 구분되지 않는다. 이 거리도 이 현존에 속해 있기 때문이다. 마찬가지로 이 현존은 타자와도 같은 이 절대적 거리에 속해 있다. 결국 자코메티가 조각한 것은 다름 아닌 거리라고 말할 수 있을 정도다. 우리에게 주어진 거리는 움직이면서 경직되어 있다. 위협적인 것도 같고 반겨 주는 것도 같다. 관용적이면서 불관용적이다. 우리에게 주어지는 이 현존은 영원할 것도 같고 매번 무너질 것도 같다. 현존의 깊이 그 자체가 거리이다. 분명 뚜렷하게 표면적이다. 다시 말해, 자기 표면으로 축소되어 있어 내부가 없어 보인다. 바로 그렇기 때문에 침범할 수 없다. 왜냐하면 무한으로 열린 바깥과 동일하기 때문이다.

우상 현존이 아닌 그냥 현존. 드러내 보여 주기를 통해 아름다움을 만들고, 형태를 통해 충만한 물적 현실을 만든다는 조형 예술의 차원에서는 자코메티가 만든 형상도 조형 예술 그 이상도 이하도 아닐 수 있다. 가시성에 대한 다소 오만한 확신이 조형 예술계에 있는 이유이다. 그저 어떤 형상, 또는 작은 조각상에 불과한 것을 서 있는 여인이라 부를 수 있다. 나체성 그대로 이 여인을 묘사할 수도 있다. 그런데 이 형상 자체는 무엇인가? 이 형상이 표현하는 것 말고 현존하지 않으면서 현존하는 이 장소. 그것은 무엇인가? 그러면 나체는? 아무것도 없고, 아무것도 아니고, 그 어떤 것도 붙잡고 있지 않고, 그 어떤 것도 감추고 있지 않은 그야말로 벗은 현존에 대한 확언인가? "미지의 현존"처럼 두텁고 불투명한 것으로 빚어져 있으나 투명할 정도로 훤히 드러나 보이는 현존이라는 말인가? 그런데 이 미지의 현존은 우리가 항상 외면하던 것을 보게 했다. 바로 인간과 인간 사이에 있는 절대적 거리, 그 무한한 낯섦을 말이다.

하여, 매번, 우리는 자코메티로부터 두 가지 깨달음을 얻게 된다. 볼 때마다 그건 분명 실제이고 진실이지만, 그 순간 그것은 사라진다는 것. 오로지 인간만이 우리 앞에 있을 테지만, 오로지 인간만이 우리에게 낯설고도 낯선 현존이라는 것.

전야前夜

로제 라포르트의 이야기[2]는 사유를 이끌어 사유의 중립le neutre[3]에 이르는 하나의 시도 —— 내게는 그렇게 보인다 —— 이다. 이것은 성찰적 시도이다. 이 성찰은 비장하면서도 절제되어 있고, 완벽히 무언가를 장악하고 있는 하나의 실전이다. 따라서 우리의 모든 관심을 기울여 볼 필요가 있다. 그러나 이런 식으로 지나치게 단순화해서도 안 될 것이다. 철학이란 결국 중립을 길들여 활용하거나 기피하는 노력의 일환이라는 식으로 말이다. 어차피 우리 언어나 진리 안에 이런 개념이 항상 내재되어 있지 않느냐면서. 그렇다면 중립을 어떻게 생각해야 할까? 거기에는 어떤 시간 개념이 있는 걸까? 여기서 시간은 역사적 시간이거나 역사 없는 시간 개념이다. 말한다는 것은 우선 중립적으로 말한다는 것을 요구받는가? 우리가 말할 때 말하는(혹은 말하지 않는) 것에는 본질적으로 중립적인 것이 있어야 한다고 전제해야 할까?

  이것도 문제이지만 또 다른 문제들이 있다. 중립은 어떤 장르나 유형으로 나눌 수 없고, 부정이나 긍정으로 어떤 입장을 취하는 것도 아니고, 존재의 문제를 논하기에 앞서 여러 의문문을 던지며 질의 과정을 거치는 것도 아니다. 현대의 상당한 성찰들은 이런 식으로 이뤄지고 있다. 그러니 이것을 어떻게 지칭해야 할까? 『전야』가 문제 삼는

---

2 Roger Laporte, *La Veille*, collection "Le Chemin", Paris: Gallimard, 1963.
3 le neutre는 중성, 중도, 중용, 중화 등 여러 단어로 번역될 수 있다. 단순히 이도 저도 아닌 중간을 뜻하는 식으로 이 단어는 상당히 오용되어 있는데, 사전적 의미만 충실히 보아도 많은 것을 생각하게 한다. 그 사전적 의미는 "서로 다른 성질을 가진 것이 섞여 각각의 성질을 잃거나 그 중간의 성질을 띠게 함. 또는 그런 상태"이다. —— 옮긴이

쟁점이 중립에 대한 탄원이라고 한다면, 3인칭 대명사 또는 비인칭 대명사가 주목된다. 첫 단어부터, 그러니까 제3자인 어떤 누군가가 아니라, 3인칭이라는 일반적이고 추상적인 개념이 주목되는 것이다. 현존이냐 부재냐 같은 차원도 벗어난다. 그것은 끔찍하고도 황홀한 방식으로 제시된다. 도저히 접근할 수 없거나, 하기에 따라 다가갈 수도 있고 멀어질 수도 있다는 약속과 함께 이른바 불철주야, 즉 뜬눈으로 지새우는 밤처럼 제시되는 것이다. 우선 글을 쓰는 **행위**가 있다. 이어 글을 쓰는 **나**(여기서 '쓰다'와 '나' 사이에는 반드시 모순이 있다[4])와 쓰일 **작품**이 있다. 그런데 뭔가 한 바퀴 돌리면 특혜가 생기는 일이 있다. 글을 쓰는 행위나 글을 쓰는 나나 쓰이는 작품이나 슬슬 풀려나간다는 것이다. 왜 그런가? 글을 써 본 자라면 경험으로 이것을 알 수 있다. 이런 확신이 드는 자만이 작가일 수 있다. 글을 쓰는 "나"는 글을 쓰는 나라는 "그"와 도저히 잴 수 없는 거리 아래에서 글을 쓴다는 것이다. 그러니 이 "나"는 글을 쓰는 자이면서, 글을 쓰지 않는 자이다.

따라서 우린 어떤 관계하에 있는 세 항목이 필요하다. 1) 쓰다. 2) 나. 3) 쓰는 나라는 그. 이 세 항목의 자리를 항상 극적으로, 거의 도착적으로 계속 바꿔 가면서 모든 이야기는 쓰인다. 세 항목은 비대칭으로 무한대에 놓인다. 그러나 우리는 이 가공할 놀이를 하면서 세 요소 가운데 하나가 나머지 둘보다 우세할 위험이 있다는 것을 직감한다. 그러다 스스로 사라진다 해도 말이다. 그것은 바로 "나"이다. 이

---

4 '내가 쓴다'고 보통 말하지만, 쓰는 행위 자체로 보면 '내'가 쓰는 것이 아니라 글을 쓰는 나라는 '그'가 쓴다는 말이다. —옮긴이

"나"만이 명백히 확실하다. 나머지 둘은 꼭 그렇지 않다. 글을 쓸 때는 쓰는지 알지 못한다. 그리고 이 그는(쓰는 나라는 그) 따로 일치시킬 수 있는 정체가 없다. 비일치성이다. 바로 그렇기 때문에 이 "나"는 긴장하고 불안에 떤다. 자기 방어를 하고 스스로 버텨 보는 등 한마디로 이런 모습을 그대로 노출한다. 우리는 글에서 이런 움직임을 전부 목도한다 ── 예민할 정도로 절제하고, 극도로 자제하다 결국 동요한다. 위험은, 바로 3인칭 기법 정도로 쓰는 "그"에서 거의 완전한 비인칭으로 변할 때다. 가장 유쾌한 현존. 가장 희망적인 현존이란 무서울 만큼 부재하는 현존이기 때문이다. 다시 말해 모든 것에서 완전히 분리되어 생기는 폭발적인 힘. 분리되고 이탈되었지만 하나에 통일되고 하나로 통일할 수 있는 힘. 위험은 바로 일인칭 "나"의 긴장과 수축이다. 일인칭의 나는 전혀 다른 지대에 자기성을 투사할 뿐이다. 자신을 잃지 않겠다는 어찌 보면 정당한 욕심. 왜 이러는지 알 수 없지만 신비하게 해체되는 힘에 맞서 자신을 지키려는 의지. 글을 쓰면서, 또 쓰지 않으면서, 나는 지독하게 작품에 열성적이었다. 이것 또한 위험이다. 작품이 실체화되면, 작품이 신성시된다. 작가는 글이 다 쓰이고 완성되면 작품으로부터 해고당한다. 그러나 이런 희생으로 이미 보상받았다. 왜냐하면 글을 쓰면서 비인칭성에 도달하는 영광을 이미 누렸으니 말이다. 비인칭이 된 순간의 고독한 축제. 외양을 갖지 않았으므로 아무도 몰라주지만, 이미 찬양받은 그.

중립은 사유에 있어 하나의 위협이자 스캔들이다. 중립은, 만일 중립을 생각하면, 통일성(논리에 따르건, 변증법에 따르건, 직감에 따르건, 신비주의에 따르건 통일성을 늘 의식한다)에 사로잡혀 있는 사유를 그것으로부터 해방시킨다. 하여 우리에게 완전히 다른 요구를 하는데, 그것은 실패하라는 것이다. 그래야 모든 통일성에서 빠져나올 수 있다. 중립은 유일무이한 것이 아니며, 유일무이함을 지향하지도 않는다. 우릴 모이는 쪽도 아니고 흩어지는 쪽도 아닌 곳으로 향하게 한다. 아니, 결합보다는 분산 쪽으로. 작품을 만드는 과업보다는 작품에 무심한 무위 쪽으로 우릴 향하게 하는 것이다. 항상 방향을 돌리고, 그래서 스스로 돌아서는 쪽으로 우릴 향하게 한다. 글을 쓰면서 우리가 끌려가고 있다고 생각되는 중심점은 사실 비어 있는 중심이며, 근원이라 할 만한 것이 없는 세계이다. 중립의 압력에 밀려 글을 쓴다는 것, 그것은 미지의 방향을 향해 글을 쓰는 것이다. 이것이 말할 수 없는 것을 말한다거나, 이야기할 수 없는 것을 이야기한다거나, 기억할 수 없는 것을 기억한다는 의미는 아니다. 뿌리부터 철저히 바꾸는 급진적이고도 신중한 변화를 언어에 가하는 것이다. 하여 이런 제안을 다시 한번 상기하면 그런 근본적인 변화를 예감할 수 있을 것 같다. 중립을 미지未知라 하는 것은, 그런 세계가 있는 것도 아니고 없는 것도 아니기 때문이다. 중립을 택하거나 중립에서 결정을 내린다는 말이 아니라, 그 미지만이 중립의 실상이라는 것이다. 빛을 여는 것도 아니고, 빛의 부재를 닫는 것도 아닌 미지는 그저 연기緣起[5] 상태로 있을 뿐이다. 중립은 곧

---

5 원어는 rapport이다. 블랑쇼는 중립을 설명하기 위해 rapport라는 단어를 반복적으로 쓰고 있는데, 관계, 연관, 상관 같은 통상적인 단어로 번역하면 그 깊은 함의가 잘 표현되지 않아, 불교에서 쓰는 '연기'라는 단어로 옮겨 보았다. 연기적 세계란 있음과 없음을 초월하여 있음도 실로 있음이 아니고(그것은 있음이라는 집착에 불과하다), 없음도 실로 없음이 아님을 헤아리는 세계이다. 분별성이 언어에 내재되어 있어 언어로는 진리의 실상을 결코 제

연기이다. 다시 말해 중립을 사유한다는 것은, 그냥 사유하는 것이다. 가시적인 것, 비가시적인 것 등의 구분을 일절 하지 않고, 아니면 이런 것들로부터 완전히 몸을 돌려 그냥 글을 쓰는 것이다.

내가 보기에는, 로제 라포르트의 주저(이런 혐의를 받지 않는 다른 책들보다는 이 책이 이런 탐색이 더 풍부하다)로 보이는 이 책에서 읽어야 할 것은 바로 이런 탐색과 관련된 것이다. 그렇다고 이 책에 그런 영감이 있어 우리가 배워야 할 뭔가가 있다는 말은 아니다. 도리어 우리에게 가르쳐 주는 게 하나도 없기 때문에 중립에 가까이 간 것이라는 말이다. 『전야』는 빛도 없고 어둠도 없다. 낮도 아니고 밤도 아닌 전야이다. 특별한 깨달음이나 각성이 있는 것도 아니다. 그저 깨어 있는 전야일 뿐, 어떤 이미지나 추상을 통해 무엇을 말하는 것도 아니다. 그런 것 외에 그저 미지만이 현존하는 방식. 한없이 멀어졌다 한없이 흩어지는 것이 있다. 말이 현존할 뿐이다. 미지는 그렇게 현재하게 되고, 하여 항상 미지이다. "감시하에 있지 않은 것을 감시하는" 전야 전날의 경계警戒.

질문의 서

에드몽 자베스의 책에 대해, 아니 책들에 대해, 나는 아무 말도 하지 않겠다고 스스로 다짐하곤 했다(준엄하게 더 뒤로 물러나 있는 몇몇 작품

대로 표현하지 못하기 때문이다. 블랑쇼가 말하는 중립은 이런 세계관으로서만 이해될 수 있다. 중립은 이쪽 저쪽도 아닌 제3의 길을 '택하는' 문제가 아니라 차라리 어느 쪽도 '택하지 않되', 무언가를 실현할 수 있는 다른 차원의 길이다. —옮긴이

들에 대해서는 나는 아예 침묵을 지키려 했다. 하지만 시기상조로 그의 작품들이 누설되기 시작했고, 이상한 명성을 얻어 이른바 어떤 계층, 집단을 위한 용도로 소구되는 작품이 되어 버렸다). 그런데 이제 뜻하지 않게 우리에게 마음껏 주어진 작품이 되었다. 그의 작품을 이런 식으로 내세움으로써 우리는 어떤 의미로 그의 작품에 폐를 끼치게 된 것이다. 더 정확히 말하면, 그저 저장의 공간에, 우정의 공간에 가만히 놔두었어야 할 것을 그 공간 밖으로 꺼내 놓은 것이다. 그러나 밖으로 나오는 순간이 옴으로써 그의 책의 가장 중요한 중심이자 핵인 일종의 준엄성이 가장 부드럽고 고통스러운 것이 되었다. 하여 우릴 그 중심핵에서 벗어나게 만들었으며 그 중심핵과 우릴 연결시키고 있던 끈도 다 끊어 놓고 말았다. 그 책은 이제 소속을 갖지 않는다. 그 책을 책으로서 축성하게 된 것이다.[6]

　한 편의 시라는 우회 방법을 택했을 뿐 작은 파편들처럼 떨어져 있는 말들과 생각들, 대화와 기도, 염원, 그리고 서술하면서도 한곳에 자리 잡지 못하고 떠도는 말들의 총체에서 나는 중단되면서 생기는 강력한 힘을 느꼈다. 이 글쓰기는 바로 그 힘으로 유지되고 있었다(결코 멈추지 않는, 부단한 속삭임). 중단되면서 기록되어야만 하는 글쓰기처럼. 그러나 『질문의 서』에서 —— 그 불안정과 괴로움에서 오는 힘 ——, 파열은 서로 다른 의미의 층위를 갖는 시적 파편성을 보여 주는 것만이 아니라, 캐묻고, 답하고, 이어 되짚어 말하다 보니, 항상 두 번씩 말

---

6 Edmond Jabès, *Le Livre des Questions*, Paris: Gallimard, 1963.

하게 되거나, 매번 말이 중복된다. 이야기 여백에 이야기가 있고 글쓰기가 있게 되는 것이다. 이야기 속 파열의 중심은 이른바 유대주의라 불린다. 시인의 어려움, 즉 정확히 말하고 싶어 하는 자의 어려움만이 아니라 어려운 정의正義, 즉 유대 법률의 정의라는 어려움 그 자체가 이 글 안에 투영되어 있다. 기록된 말을 가지고는 어떻게 할 수 없기 때문이다. 그것은 문자의 피로와 무거움 때문에 생긴 정신 그 자체이기 때문이다.

이야기 안에서 이런 파열에 시달리면서, 재앙 같은 것이 여전히, 그리고 늘 아주 가까이서 말을 하고 있다. 재앙이란 불행이라는 무한한 폭력이다. 격렬한 힘을 지닌 이 파열로써 시대를 만들고 한 시대를 표시하고 싶은 것이다. 이어, 전혀 다른, 원래 있었던 파열이 생긴다. 이 파열은 역사보다 선행하는 것으로, 앞에서 말한 어려움을 감내하거나 요구받지 않으며, 모든 위력으로부터 일정한 거리를 취하겠다는 뜻을 표현하며 적절한 간격을 유지한다. 바로 이 간격을 통해 유대주의는 자기 고유의 확신을 표명할 수 있게 된다. 이 파열은 다름 아닌 "시작부터 있었으나 잘 보이지 않았던 상처"이거나, "책으로부터 유래한 민족이었기에 재발견된 상처"이다. 다시 말해, "과거와 그 과거의 연속성이 글쓰기를 통해 이뤄지다 보니 뒤섞여" 생긴 고통에 다름 아니다. 왜냐하면, 이 간격, 이 격차는 어떤 사안들이 압력을 가하고 어떤 사건들이 지배하면서 그것과 관련해 확언된 것이기 때문이다. 바로 그 장소에 말이 들어와 자리를 잡았고, 이 말은 더 이상 자기가 가진 힘으로 자기 정체성을 찾을 수 없는 사람들을 말하게 해 준 것이다. 이것은 곧 불가능한 말이다. 하여 시인 자베스가 행동과 시적 요구에 대해 성찰한다는 것은, 곧 자신의 소속에 대해 성찰한다는 것과 마찬가지임을 우리는 이해하게 된다. 여기서 소속이란 뿌리가 깊이 박힌, 끝없이 성찰하는, 최근의 것이면서 아주 오래된 것이기도 한 소속이다. 즉 유대인이라는 조건이다.[7] "유대인으로서의 어려움과 글쓰기의 어려움이 서로 혼동된다는 것을 저는 여러분에게 말씀드렸습니다. 왜냐하면 유대주의와 글쓰기는 같은 기다림, 같은 희망, 같은 마모이기 때문입니다." 따라서 『질문의 서』는 항상 두 번 쓰인다. 파열의 움직임을 질문하는 책이면서, 그 파열의 움직임에 의해 쓰이는 책. 하여, "자기 속으로 물러나 있는 한 민족의 이야기가 재시작되어 나온 '씩씩한 말'parole viril". 바로 이 두 움직임을 아래에서 받치며 에드몽 자베스는 글을 쓰고 있는 것이다. 그 두 움직임을 하나로 통합하거나 절충하지 않고 말

---

7 나는 여기서 단순히 개인적인 사연에서 나타나는 어떤 특이점을 말하려는 게 아니다. 일종의 전혀 다른 진실을 말하려는 것이다. "유대인이다"라는 것은 더 이상 존재로서의 운명성(혹은 그 존엄성) — 인종적인 측면에서, 생물학적 또는 전기적 차원의 소명을 갖기도 하는데 — 을 갖는 게 아니라 이제 무조건적으로 이런 운명에서 자유로운 다른 힘을 갖는다는 것이다. 우리의 소속이 "인류"가 아니냐고, 그건 자명하지 않냐고 말할지도 모른다. 그런데 여전히 남는 문제는 인류, 그리고 유대인이라는 이 두 소속이 왜 똑같은 삶의 진변을 통해서 오느냐이다. 은총 가득한 동의를 얻어 유대인이 되는 것은 아니다. 존재 이전에 유대인이 먼저 있다. 이른바 역사적 차원에서, 인간 존재에 앞서서 유대인이라는 선행성이 생긴 것이다. 이 때문에 인간 존재는 자연성(태어나면서 자연스럽게 생기는 정체성에 대한 확신) 안에 뿌리 박혀 있지 못한다. 자연성 대신에, 이미 구성되어 있는, 하지만 아직은, 아니 영원히 도래하지 않을지도 모를 타자성 안에 뿌리 박혀 있는 것이다. 책임감을 거부하지도 못하고, 이 타자성에 응당 답해야만 하는 것이다. "유대인이라는 조건"이 "반성적"인 것은 그래서다. 무한한 성찰을 통해 자신을 반성하고 끊임없이 성찰하다 보니, 자연성보다 자신을 더 붙드는 이 단언 명제에 더 뿌리박혀 있는 것이다. 의무를 위반해도 절대 그 의무감으로부터 벗어나지 못한다.

이다.

　사막 같은 텅 빈 기다림의 그곳이 그 책의 문지방이다. 글 쓰는 자는 거기 붙들린 채 작가 아닌 문지방의 문지기가 되고, 그의 글은 사막이 된다. 공허이자 약속의 부재에 다름 아닌 그에게 또 다른 기다림이 기다리고 있다(또 다른 사막). 바로 여기에서 금기에 관한 첫 십계명이 발설된다. 하지만 아까의 사막과 지금의 사막 사이에는 공허가, 간격이, 파열이 있다. 우선, 율법의 판은 신의 성황증거indice가 생기기 무섭게 부서지고 말았다(벌주기 위한 저주가 아니라 금기를 거둬들이기 위해). 그리고 분명 다시 쓰였지만 원 상태로 복원되어 쓰인 것은 아니다. 하여 이미 항상 파괴된 말인데, 거기서 요구 사항을 끌어내 말하게 된 것이다. 따라서 그것은 진정한 신의 합의는 아니다. 손 하나 대지 않은 최초의 순결한 말은 아닌 것이다. 결국 우리는 처음의 말을 거부하거나, 기원에서 일정한 거리를 두고 떨어져 말하는 것이므로, 우리가 하는 말이란 두 번째 말에 불과하다. 다른 한편 ── 아마도 이것 때문에 결정적으로 "씩씩한 말"이 되었을 것이다 ──, 첫 번째 글(이것 역시 결코 최초의 글은 아니다)은, 즉 쓰인 말(이상하게도 쓰였기에 성찰된다. 이 최초의 쓰인 말은, 말해진 것이 아니라 쓰인 것으로, 바로 이런 쓰인 말이 도래함으로써 엄정한 문자가 도래했다. 처음으로 쓰였기에, 문자 앞에는 자기 자신 외에 그 어떤 것도 오지 않는다. 새겨짐으로써 의미가 더 가중된다는 요구, 이것 외에 문자에 그 어떤 다른 요구도, 다른 의미도 있을 수 없다)은 글이 되면서 동시에 해설이 붙는 글이 된다. 자기 정체성 안에서 되뇌는 것만 아니라 무궁무진한 차이성 속에서 터득하는 게 있게 된다. 에드몽 자베스는 이렇게 말한다. "신성한 글이 불러일으킨 수많은 해설들, 그 한가운데 놓인 신성한 글이 곧 유대인의 조국이다.” 랍비의 전통에 따른 존엄한 주해가 우선 상당한 비중을 차지한다. 더 나아가, 기원이 되는 최초의 말씀은 아니지만, 쓰인 글로서의 이 율법은 해설하는 목소리를 통해 다시 생생하게 전해진다 ── 구두로 하는 해설을 통해 율법이 재확인되는 것이다. 이 구두 해설은 율법보다 나중에 행해지는 것이라기보다 동시에 행해진다.[8] 그런데 율법과 해설이 결합되는 것이라기보다 분리된 상태에서, 어쩌면 이런 분리 상태가 무한한 척도라는 듯, 그 상태 그대로 재생된다. 율법이라는 쓰인 글로서의 1차 텍스트와 그것을 해석하고 해설하는 말로서의 2차 텍스트가 동시에 재생되면서 그야말로 새로운 형태가, 새로운 간격이 생겨난다. 이번에는 바로 이렇게 재생된 형태가 곧 신성한 것이 된다. 일정한 거리를 분명 취하고 있는데도 너무나 무매개적이어서 신성함이 느껴진다면 이것을 도대체 어떻게 표현할 수 있을까? 차라리 어떤 반감과 혐오감이 느껴질 만큼 강렬한 느낌?

그가 유대주의와 함께 겪은 이 맹렬하고도 열띤 경험으로 ── 율법의 서판만이 아니라, 창조 이전까지도(진흙에 깨진 금이 보일 때까

8 『어려운 자유』(*Difficile Liberté*, Albin Michel, 1963)라는 책에서 에마뉘엘 레비나스는 그 특유의 권위와 깊이로 유대교에 대해 말하면서 우리 모두와 관련된 이야기를 한다. 많은 핵심적인 성찰들 가운데 특히나 이 부분을 인용해 본다. “구두적 율법은 쓰인 율법과 영원히 동시대적이다. 문어와 구어 사이의 본원적 관계에서 그 지성이 나오는데 이것이 유대교의 분위기를 만든다 할 것이다. 구어는 문어를 붙들지도 파괴하지도 않는다. 그러나 구어는 문어를 실현하게 하고 읽히게 한다. 매일같이 일상적으로 이런 차원 안으로 스며들어 가 그 상태로 머물면 이것이 바로 **토라** 공부가 된다. 유대 종교 생활에서 중심적인 자리를 차지하는 **레르넨**(Lernen)이 된다.”

지) 거슬러 올라갈 정도로 한없이 더 높은 금과 파열이 있는 곳까지 올라가는 경험을 한다. 이어 기호들을 경배하는 것이 아니라 그 기호들이 나타나는 간헐적 중단 속에서 그 기호들이 지시하는 바를 해설하는 정통적 주해의 경험을 한다 ── 시인, 즉 말씀을 다루는 자는 훨씬 자주 자신이 유대주의와 상관되어 검증받는가 하면, 반박당하기도 하고, 그러면 그 또한 반박하기도 한다. 중단하고 싶어도 중단할 수가 없는 것이다. 그건 시적 단정 아니냐고 비난한다면, 그런 준엄한 비반에는 아무런 대답도 할 수 없게 된다. 유대주의 시인이라면 적어도 엄정함의 수호자라는 것이다. 그런 중립적인 말은 아무도 보증할 수 없으니 인정받지 못하며 어떤 자취도 남기지 못하고 결과에 대한 보장도 없을 뿐이다. 그러나 다른 측면에서 보면, 시인은, 그야말로 권위나 위력 없이 그저 말씀을 쓰는 자로, 그것이 그의 가장 고유한 숙제이기에 이런 중단 및 균열에 대해 답하는 것일 뿐, 이렇게 그의 말을 떼어 냄으로써 스스로 그토록 성실하게 그토록 불성실한 자가 되어 버렸으니 어떻게 첫 번째 메시지만을 따를 수 있겠는가? 유일자만을 참조하라. 초월적 현존을 인정하고 확언하라. 창조자와 창조된 자의 거리로 인해 중단이 생겼고, 그것을 하나의 정확한 차원으로 인정하고, 주장하고, 의거는 하되 차단도 하라는 것이다. 사실 시인은 다신多神의 대체물도 아니고 그들의 부재에 눈감고 있는 얼굴도 아니고, 그 신들의 지지자 아닌가? 그리고 시인은 더 이상 말에 헌신하는 자, 아니 그런 소명 의식과 헌신으로 도도한 승천을 하는 자, 우상의 힘을 가진 자도 아니다. 주술 같은 특권으로 환상 속에서 어떤 절대적 자유 놀이를 할 수 있는 마법을 발휘하는 자도 아니다. 자율성에도 이타성에도 속해 있지 않다. 이

타성을 지니고 있다 해도 도덕 법칙에 따르는 것도 아니다. 그의 언술은 분망한 언술이다. 이 분망한 언술 때문에 모든 언술 층위에 중단이 생겨 피로와 고통, 불행이 야기된다 ─ 이것이 곧 작품이 된다. 피로, 고통, 불행이 ─ 작업의 부재 또는 무위의 영역으로 생각될 수 있겠지만 ─ 도리어 작업이, 작품이 되는 것이다. 하여 부단히 끊어지고 중단될 것이 요청된다(이 균열이 곧 리듬이 된다). 왜냐하면 그는 말이 힘과 폭력이 될 수 있다는 것을 알고 있기 때문이다. 여기서 힘이란 엄금하거나 정지시키는 힘이다. 금기어가 단순하지만 힘을 발휘한다면 아마도 그래서일 것이다(윤리에 이런 금기어가 비일비재하다).

　"네가 균열의 핵이라는 것을 결코 잊지 말라." 결합되고 분리되는 두 경험이 바로 유대주의의 경험이자 글쓰기의 경험이다. 에드몽 자베스가 표현하는 것이 바로 이것이다. 그리고 그는 전자로써 후자를, 후자로써 전자를 확언할 뿐만 아니라, 이 두 가지 소명을 인내와 관용 속에서 다시 한번 확실히 표명한다. 따라서 모호함을 갖는 이 균열 속에 두 개의 공통적 뿌리가 함께 자라난 것이라고 할 수 있다. 아무런 타격도 받지 않은 채 고스란히 있으면서도 자신의 빛으로 중심(핵, 단위)을 드러내는데, 아마도 중심에서도 빛이 나는 것일 게다. 이 중심은 중심에서 벗어나려는 원심적인 점인데, 균열이 생길 때 터지는 강렬한 빛으로써만 중심인 것이다. "내가 택한 길은 가장 가파른 길이다. …어려움에서 시작하여 ─ 존재의 어려움, 글쓰기의 어려움 ─ 어려움에 이른다." 이 후자의 어려움이란, 그가 어려움을 완화하는 것이 아니라 정확한 목소리를 내는 범위 내에서 이 어려움을 유지하는 데 성공한 어려움이다. 아마도 바로 여기에, 이 책의 가장 중요한 특징이 있을 것이다. 가장 고통스러운 어려움에 봉착해도 이 어려움은 반드시 잡아 두는 것이다. 신중함의 책이지만, 그렇다고 그가 할 말을 다 하지 않는 것도 아니다. 왜냐하면 말하는 사이의 공간과 시간 속에 그가 버티고 있기 때문이다. 이런 시공간 사이에서는, 율법, 즉 금지라는 절대 멈춤이 그 준엄함을 다소 완화하기 때문이다. 하여, 이 사이 시공간에서는 외침과 비명이 "인내"와 "결백한 외침"이 되는 것이다. 부드러운 인내의 노래. 끊어지고 잘린 말. 그러나 이 중간 휴지에서 결정적인 질문이 시작되고, 이어 낭송된다. 그 결과 가령 사라, 유켈(서로 간에 깊은 공동체를 확실히 표명하고 있기에 이들은 어쩌면 분리되어 있다. 다시 말해, 결합되어 있다는 말은 다른 시각으로는 곧 분리되어 있다는 말이다) 같은 분리된 존재들이 환기된다. 그러나 이들을 말하면서도 말하지 않는 투로 너무나 조심스럽게 환기된다. 책의 접힌 부분과 그 접힌 부분을 따라 더 안으로 들어가 있는 부분에 둘이 이웃해 있는 식으로 환기되므로 둘은 항상 만남을 대기하고 있는 상태 또는 분리가 항상 연기되는 상태로 그곳에 머물고 있다. 여기서, 상기해야 할 게 있다 ── 분명히 말하지만, 에드몽 자베스가 여기에 어떤 방식으로든 영향을 받았거나 매료되었다는 것은 아니다. 그것은 바로 하시디즘⁹의 놀라운 이야기를 하고 있는 마르틴 부버의 『곡과 마곡』이 우리에게 보여 주는 찬란

---

9 hassidisme은 헤브라이어의 hasid, 즉 신의 약속을 수호하는 경건한 자라는 뜻에서 파생했다. 어렵고 복잡한 탈무드의 가르침이나 경전의 믿음과 달리 신의 계시에 담긴 현재적 의미를 강조한다. 유대인 대중 사이에 퍼진 성속일여의 사상이 들어 있어 정통파로부터는 이단시되었으나 마르틴 부버에 의해 그 깊은 종교적 의미가 재발견되고 재평가되었다. ── 옮긴이

한 기쁨이다.[10] 이제 우리는 그 책을 읽을 수 있게 되었는데, 그가 직접 편집하고 재구성, 재고안한 것들이 이 프랑스어 번역본에 실려 있다.

---

10 마르틴 부버, 『하시디즘 이야기들』(*Les Récits hassidiques*, Paris: Plon, 1949). 이 텍스트에 걸맞게 — 기원 없는 원본 — 아르멜 게른의 번역으로 나왔다. 여러 이야기들을 모아 수록한 그의 작업에 대해 마르틴 부버는 이렇게 말하고 있다. "나는 민간에서 읽히던 책들과 기록 노트, 낱장에 적힌 글 등 전승된 것들을 다 모았다(하시디즘의 전설). 그뿐만 아니라 나는 입에서 입으로 전해지는 구전 설화들도 들었다. 서툴게 더듬거린 말들 속에서도 메시지는 그대로 전해졌다. 나는 그것을 그대로 기록했지 무슨 문학 작품처럼 각색하지 않았다. 우화에 어떤 주제가 있는 것처럼 그것을 일부러 더 꾸며 내지도 않았다. 나는 그저 후손처럼 이번에는 내가 그 이야기를 그대로 전승했을 뿐이다. 나는 구술꾼들로 이어진 사슬 편물에서 한 코에 불과하다. 이번에는 내 차례가 되어 나는 옛이야기를 반복했을 뿐이다. 만일 거기서 새로운 것이 들린다면, 그 새로움은 그 자체에 있던 것으로 마치 처음 나오는 것처럼 말해졌을 뿐이다."

나는 로베르 미스라이의 『유대인의 반사적 조건』(*La condition réflexive de l'homme Juif*, Paris: Julliard, 1963)이라는 책도 읽어 볼 것을 권하고 싶다. 특히 「현대 유대인의 본원적 경험으로서의 나치 반유대주의의 의미」라는 제목의 장을. 성찰해 볼 만한 것이 많은 그 장의 일부를 여기 발췌하여 인용한다. "유대인에게는, 나치가 내린 재앙의 폭이 이토록 넓다는 것은, 그 깊이가 배가 '닻을 내려 정박한 듯' 깊고도 깊다는 것을 의미한다. 반유대주의는 유대인을 향하여 **영구한** 가능성으로 지속될 것이라는 것을 폭로하는 것이다. 이것을 재앙이라고 인식하는 이상, 유대인의 의식 속에서 이것이 계속해서 되살아난다는 것을 의미하기도 한다. 이것은 일종의 암울한 전향, 그러니까 빛을 향한 전향이 아니라 밤을 향한 전향이다. **시작이 지나감으로써**, 즉 시작이 과거가 됨으로써 이 최초의 경험은 그 최초의 경험 너머로 다시 거슬러 올라갈 수 없는 것이 되고 만다. 이런 식의 인식은 사실상 유대인에게 일종의 입문식, 즉 통과의례로 자리 잡았다. 유대인에게는 지혜를 배운다는 것이 곧 두려움을 배운다는 것이 된다. '유대인이다'라고 하는 것은 유대인이라는 **사실 자체만으로도** 두려움을 배운다는 것이다. 사실상 그것 말고는 다르게 정의되지 않는다. 유대인 교육을 받아 유대인으로 동화된 자는 역설적으로, 그리고 순환적으로 "'유대인으로서' 언제든 단지 유대인이라는 이유로 암살당할 수 있는 자"가 됨을 의미한다." 유대인 사회는 항구적 변동의 가능성을 띠면서 이제부터는 잠재된 위협이 그 사회의 주요 구성 요소가 되는 것이다. 미스라이는 이렇게 덧붙인다. "나치의 반유대주의는 사회적 원인과 구조를 정의하게 되는 역사적 현상인 것만이 아니라, […] 전혀 다른 것이기도 하다. **전혀 다른 실존**이라는 그 파렴치한 행위를 구현해서만이 아니라, 어떤 이유나 동기가 없이도 타자를 향해 가할 수 있는 순수 폭력의 표명이라는 것이다."

나는 이 책이 정말 눈부시다고 생각한다. 오늘날 현대 시인이 남긴 이 뜻밖의 보고서와 전설적 이야기들은 단순히 동방의 우화를 매개로 완성된 것은 아니다. 다시 말해 어떤 장르의 틀이나 어떤 전통을 배경으로 한 것만은 아니다. 이것을 나 자신에게 더 잘 설명하기 위해 마르틴 부버가 하시디즘의 최근 마지막 대표자들 가운데 하나라는 점을 상기할 필요가 있다. 하시디즘은 동시대적 위기와 맞물려 나타나는 사상이고, 이런 위기의 특징이란 항상 동시대적인 문제를 갖고 나타난다는 것이다. 그는 어떤 주장도 하지 않고 겸손한 침묵을 무한히 유지할 수 있는 사람이다. 여기서 침묵은 종교적 황홀경의 권위를 갖는 것도 아니고, 기도로써 토로하는 것도 아니며, 다만 "소리 없는 외침"이거나 "말없이 흐르는 눈물"을 그대로 붙잡아 두는 수행이다. 부버는 덧붙이기를 이 "소리 없는 외침"은 크나큰 고통을 당하고 있는 유대인들 그 누구나의 보편적 반응이라는 것이다. 그것마저 망가져 아무것도 할 수 없는 때가 되면 다시 외침이 "우릴 찾아온다". 그리고 그런 외침의 말은 시가 되어 찾아온다. 뒤로 한없이 물러나 있는 고독 속에서, 고통스러우나 다정한 열병 속에서, 에드몽 자베스가 바로 이렇게 적절하게 때마침 찾아온 것을 정확히 재발견한 것이다.

단어 하나에서 단어 하나로
가능한 공허

25

곡과 마곡[1]

하시디즘이라는 단어를 들으면 우리는 무엇을 떠올리는가? 사실 말하자면, 거의 아무것도 없다. 중세 유대교 신앙과 더불어 떠오르는 몇몇 기억들? 골렘? 카발라?[2] 신의 비밀과 연관된 인간의 신통한 힘? 게토에 숨어 있는 지혜? 그러나 이렇게 떠올린 것들은 이미 다 틀렸다. 18세기 하시디즘은 이런 중세 유대교 신앙과 아무런 관련이 없다. 카

---

1 '곡'(Gog)과 '마곡'(Magog)은 구약 「에스겔서」에 나오는데, 곡은 로스와 메섹과 두발 지역에 세워진 마곡 왕국의 통치자(「에스겔서」 38:2)이며, '마곡'은 노아의 손자, 야벳의 둘째 아들인데 그가 팔레스타인 북방의 로스, 메섹, 두발 지역에 세운 나라 이름이기도 하다. 선지자 에스겔은 마곡의 왕 곡이 북방 군대를 인솔하여 이스라엘을 공격하지만 하나님의 권능으로 멸망할 것을 예언한다. 신약에서는 곡과 마곡이 불신 세력을 규합하여 하나님의 백성을 대적하는 지상 최후의 전쟁, 곧 아마겟돈 전쟁을 일으킬 적그리스도 세력으로 묘사된다(「요한계시록」 20:8). ─ 옮긴이

2 골렘은 유대교 전설에서 내려오는 거인, 카발라는 유대인들의 구약 성서에 대한 신비적 해석에서 비롯된 유대교 신비 철학을 말한다. 헤브라이어로 '전승'이라는 뜻의 카발라는 유대인 박해가 심했던 13세기 독일에서 생겨나 14세기 스페인에서 이론화되었다. ─ 옮긴이

발라, 즉 유대교 신비 철학의 몇몇 테마를 수용해, 그것을 민간 신앙화하면서 가장 보편적인 것들을 견지한 것일 수는 있다. 카발라는 비의 ésoterisme, 秘義이다.[3] 이와는 달리 하시디즘은 모두가 비밀에 다가가기를 원한다. 하시디즘의 수장은 엄숙한 신비교의 명상 속에 머물며 고독하게 사색하는 현자가 아니다. 한 공동체를 책임지는 종교적 수장이다. 자신의 경험을 공동체에 전수하고 자신의 삶에서 배운 것을 단순하고 생생한 언어를 통해 공동체에 가르친다. 여기서는 이 수장의 인성이 교리보다 더 중요하다. 그래서 종교적 정통성을 보여 주는 자디킴[4]이 5세대에 걸쳐 유지되려면 강한 정신력을 가진 개인들이 나와 정신적 힘과 생명성, 독창성을 보여 줘야 한다. 그래서 그들의 지식은 보통 박학다식하기로 유명한 랍비의 지식과는 비교가 되지 않는다. 그 지식은 학문이 아니다. 은혜로운 천부적 재능이며, 카리스마 넘치는 힘이며, 주변에 제자들과 신자들, 순례자들을 불러 모을 수 있는 인품과 성정이다. "내가 메체리츠 마지드[5]에게 간 것은 그에게 토라를 배우기 위해서가 아니라, 신발 끈을 매는 그를 보기 위해서입니다." 한 제자의 이런 언급은 기독교 종교철학이나 동양의 종교철학에서 봐도 이상하지만, 유대 종교철학에서 봐도 아주 이상하고 엉뚱하다. "토라를 말하는 자"이자(다시 말해 자신의 정신적 지혜로 쓰인 이 문어를 해설하

---

3 이 단언에는 미묘한 어조가 실려 있다.
4 율법자 또는 성자. — 옮긴이
5 메체리츠의 설교자라는 뜻. 1700~1710년 경 폴란드의 한 작은 지방에서 태어나 1772년에 사망한 그는 하시디즘을 전파한 유명한 스승이다. 토라를 잠언이나 노래로 전수했다. — 옮긴이

는 자), 랍비(제사장)인 이 감춰진 자디크⁶는 이렇게 말한다. "토라란 무엇인가? 각자가 토라대로 수행을 하면 그 수행이 곧 토라이다." 바로 여기서 우리는 하시디즘이 어떻게 실존의 교리와 마주치는 여러 교차점들을 제공하는지 알 수 있다. 이 운동의 창시자인 바알-솀은, 자신이 하는 것은, 모두 자신의 몸으로 하는 것이라고 하면서, 이렇게 권고한다. "당신의 손이 무엇을 하든, 당신의 모든 힘으로 그것을 한다." 심오한 진리를 교리로 가르치는 것이 아니라 가장 일상적인 행동과 몸짓으로 가르치는 것이 아마도 진정한 스승들이 갖는 고유한 속성일지 모른다. 이런 것들을 환기하는 수많은 예들이 있다. 가령, 불교 선사의 한 스승은 수년간 그를 모시던 제자가 어느 날 도대체 왜 아직도 지혜의 가르침을 주지 않는지 불평하자 제자에게 이렇게 말한다. "자네가 왔던 날부터 나는 자네에게 지혜를 가르쳐 주는 것을 멈추지 않았네." "어떻게요, 스승님?" "자네가 나한테 차 한 잔을 가져다주지 않았나? 그래서 내가 그것을 마시지 않았나? 자네가 내게 절을 했을 때, 나도 자네에게 절을 하지 않았나?" 제자는 그때야 고개를 숙인다. 이해한 것이다. 따라서 하시디즘은 자신이 원래 속해 있지 않은 전통을 이어받은 셈이다. 하지만, 정확히 말하면, 유대교의 경건한 신앙이나 신비적 비의 전통에 새로운 특색을 가져다준 것이다. 이런 새로운 특색을 유대 신앙의 대표적인 것으로 받아들이지 않는 것은 그래서일 것이다.

---

6 Zaddik. '올바른'이라는 뜻으로 하시디즘의 지도자를 의미한다. ― 옮긴이

우리가 헤브라이즘의 명성을 인정하는 바에 비해 헤브라이 신비주의의 큰 변화와 움직임에 대한 우리의 무지는 깊다. 이것은 성찰의 수고가 요구되는 하나의 현상이다. 19세기 문학 일각에서는 ── 더 위로 거슬러 올라갈 것까지는 없고 ── 카발라의 신비성에 그야말로 아찔하게 압도당하며 그 비의성에 대해 그 누구도 정확한 개념을 가지진 못했지만 감탄과 찬미가 있었던 것이다. 카발라의 비밀스러운 지식, 여러 익명의 머릿속에 파묻혀 있는 숨어 있는 힘. 늘 모호한 불신에 사로잡혀 있는 작가들에게 문학에 도움이 될 수도 있을 법한, 꿈과도 같은 자원을 제공해 준 것이다. 이 작가들은 놀랍고도 신기한 신화적 상상력에 매료되기도 하고, 저 옛날부터 내려오는 신통한 힘에 매료되었다. 거의 저주받은 듯한 강력한 지식의 힘으로 쓰인 몇몇 단어들에 이 힘은 깃들어 있다. 이 힘으로 신비로운 삶을 가능하게 하면서도 신비마저 벗어나는 최고의 비밀을 간직한, 그러나 아무도 알지 못하는 책을 누군가 썼다면 모든 작가가 질투하지 않을 수 없는 문학적 재능을 가진 자일 것이다.

여기에 문인이라면 의심치 않는 재량이 덧붙는다. 문인은 아마도 자의 반 타의 반 그것을 모방하게 될 것이다. 하지만 이것은 유대 신비교의 가장 자랑스러운 것들 가운데 하나이다. 다른 종교들은 만일 신비를 경험했다면 그 극치의 경험을 너무나 흘러넘치게 드러낸다. 기독교인들은 적잖이 수다쟁이들이다(당연히 마이스터 에크하르트[7]만은 예외로 하고). 카발라의 스승들은 자신들에 대해 말하는 것을 극도로 혐오한다. 이들은 모든 자전적인 것과 거리를 둔다. 그들이 느낀 종교적 황홀경의 혜택을 받는 것은 오로지 다른 사람들이지 자기 자신이 아니다. 그들은 내밀한 자기 토로의 주체가 되는 것을 원하지 않는다. 가르침을 주는 것도 원하지 않는다(아불라피아[7]와 그의 교파는 제외하고). 몇몇 개인적 글들을 우리가 갖게 된 것은 수 세기 동안 우연히 발견되었기 때문일 뿐, 이것들이 출판을 목적으로 쓰인 것은 아니다. 이 글들만 보아도 명백한 증언들이 나온다. 이들은 객관성에 유의하며 "전통"에 나와 있는 것을 주로 계시한다. 흥분하기보다 그들의 독특한 모험에 대해 별다른 관심을 두지 않거나 혹여 그걸 말하게 된다면 거의 부끄러워한다. 이것은 무력함 때문인가? 말해지지 않는 것을 단어를 써서 말하면 그것이 업신여겨지는 것은 아닐까 하는 근심 때문인가? 아니면 도리어 언어에 대한 경외 때문일까? 여기서 언어란 신성한 가치를 갖는 신의 기원으로서의 언어이다. 히브리어는 신에 대해 말할 수 있다. 왜냐하면 신은 그 언어 속에 있고, 그 언어가 신에서 나왔기 때문이다. 하지만 신의 언어가 거기에 우리의 소소한 개별적 이야기들을 살짝 끼워 넣으라고 만들어진 건 아니지 않을까? 이 소소한 이야기들은 우리 자신의 것이 아닌 것들도 칭송하나? 유대 신비 종교가 만들어 낸 모든 것들에는 익명성이라는 놀라운 탐색이 있다. 그 저자들은

---

7 중세 독일의 신비주의 사상가. 삼위격 같은 구별성을 초월한 근원적 신성을 설파하였다. ─ 옮긴이

8 중세 유대 신비 철학자. 당시 다른 카발라 지도자들과는 달리 그는 저서를 통해 그의 사상을 가르쳤다. ─ 옮긴이

존엄한 이름들 아래 자신을 감춘다. 『조하르』*Zobar*⁹가 이른바 유사제목 pseudépigraphie을 가장 잘 변호해 줄 수 있는 저작일 것이다. 비개인적 장소로서의 필요성이 더 많으면 많았지 저자로서의 필요성은 그다지 없기 때문이다. 이런 비개인적 장소이어야 전통이 스스로 탁월하게 표명되기 때문이다. 사적인 계시, 그러니까 "주관적" 계시는 아무런 의미가 없다. 계시가 정통적이면 정통일수록, 거기서 드러난 계시가 공통적 지식의 근원적 토대가 된다 —— 공통적이면서도 신비로운, 아니면 공통적이면서도 동시에 신비로운. 왜냐하면 감춰져 있는 것을 다루기 때문이다. 몇몇 사람들만을 위해서 다루기 때문이다. 여기서 익명성은 비가시적인 외투이다. 이 익명성이 지배력을 은닉하고 있고, 이 지배력은 그렇기 때문에 더 중요해진다. 가르침에 자신의 개성이 묻어나지 않도록 자제하기 때문에 카발라 스승의 수는 매우 적다고 숄렘¹⁰은 지적한 바 있다. 하시디즘 운동에서, 하시디즘을 수행하는 개인과 스승을 찾으려면 그것이 잘 드러나지 않는 자들에게서 찾아야 하는 일이 생기는 것도 그래서다.

---

9 처음에는 2세기의 저작으로 알려졌으나 13세기에 모세스 데 레온이 쓴 것으로 판명되었다. —— 옮긴이

10 Gershom Gerhard Scholem(1897~1982). 베를린 유대인 가정에서 태어났으며 유대 신비주의와 카발라 연구의 석학이다. 발터 벤야민의 평생의 친구이자 지적 동반자로도 알려져 있다. —— 옮긴이

신비사상에 고유한, "나는 ~이다"에 대한 반감은 주어와 술어 같은 기본 구조에 대한 반감이라 할 수 있다. 이것은 어쩌면 사라져야 할 어떤 것이다.[11] 하지만 유대교 신비주의의 특징 가운데 하나는 아주 드문 경우를 제외하고는 신과 인간 사이의 모든 차이를 폐기하는 통합을 굳이 주장하지 않는다는 것이다. 거리감은 절대 없어지지 않는다. 오히려 그 거리감을 절대적으로 유지하며, 그 자체로 종교적 법열에 이른다. 부버가 말했듯이, 만일 이스라엘이 한 위대한 일이 있다면, 그것은 유일신을 가르친 것이 아니라, 신과 인간 사이의 대화를 기초로 유대 신앙의 역사를 구축한 것이다. 여기서 신과 인간 간의 대화는 상호적으로 주고받는 말에 대한 근심이기도 하다. 나와 너는 가장 열띤 신과의 교제 한가운데서, 서로 지워지지 않고 만난다. 오로지 말로써만 그 심연을 건널 수 있다. 오로지 신의 목소리만이, 혹은 목소리로 현현하는 신만이, 즉 불시에 부르지 않으면서도 불시에 부르는 힘만이 일치 속에서도 분리를 행한다. 분명, 모든 종교에는 창조자와 창조물 사이의 관계를 보여 주는 게 있는데, 가령 제물, 기도, 내적 신들림 같은 것들이다. 하지만 이스라엘에서는 익숙함과 낯섦, 가까움과 멂, 자유와

---

11 할라야(서기 9세기경 페르시아 유대교 신비주의 사상가이다. 코란의 순수 근원과 다시 만나려 했고, 관련한 글을 많이 남겼다. ── 옮긴이)는 이렇게 쓰고 있다. "나와 너 사이에 '나는 ~이다'가 있어 나는 괴롭다. 너의 '나는 ~이다'로써 우리 둘 사이에 있는 나의 '나는 ~이다'를 제거하기를."

복종, 의식의 단순과 복잡 같은 관계만 있다. 여기서 말, 신비, 말의 우정, 그 정의, 상호성 등이 생겨난다. 가령 호출을 하고, 대답을 기다리는 것 등이 그것이다. 그것이 원칙 또는 실체를 구성한다. 서양 기독교에서는, 독백하는 삶의 경향이 아주 강하다. 말을 걸 수 있는 신이 있다는 은밀한 확신은 항상 있다. 하지만 당신에게 말을 해 주는 신은 그다지 순수하거나 절대적이지도 않고, 신적이지도 않다. 그러나 신과의 대화를 통해 더 내적인 것을, 영혼의 정수를 탐색한다. 고독한 영혼이 고독한 신과 용무가 있다는 듯 거의 실신할 정도로 열렬히 몰두하는 토론이다. 실제 인류를 대표하는 어떤 실제 민족이, 신의 말씀에 다름 없는 그분과의 기본적 대화를 나누는 것이 아니다. 이스라엘 전통에서 신에게 말을 한다는 것은 고독한 영혼의 순수 행위, 이른바 조악한 서정성이 아니다. 그것은 우선 역사를 통해 이행된 구체적 관계로서의 진리를 견지하며, 세계 속에서 그 총체적이고도 생생한 만남의 가능성을 마련하는 것이다. 사실, 유대인에게 추방은 실제 사실이며, 고통스럽게도 절대 고갈되지 않는 하나의 의미이자 현상이다. 그 동인은 여전히 모호하지만, 이것이 미치는 범위가 너무나 커서 인간으로서 할 수 있는 자주적 행동을 축소함과 동시에 터무니없을 만큼 더 그것을 축소하라고 요구한다.

부버의 책은 이 근대사 일화에 대해 지상의 계획과 천상의 계획이 섞인 우주적 차원을 묘사한다. 그리고 이런 차원 때문에 우리는 살아가는 것이라고 하는데, 이것에 대해 말하기 전에 우선 상기할 게 있다. 찬미되었고, 분명 찬미할 만한 카발라는 유대 종교계에서는 거의 항상 다소 보류하며 받아들여졌다. 아니, 흔히는 반감이나 수치감 속

에서 받아들여졌다. 이런 것들에 대해 그나마 상세한 지식을 갖게 해
준 숄렘은 한쪽으로 치우침 없이 정확히 이렇게 말한다.[12] "위대한 카
발라의 저작들을 검토하다 보면, 끊임없이 찬미와 반감 사이에서 양분
된다." 그 이유는 분명하다. 기원부터 도덕적 요구들이 뚜렷이 드러난
유대 종교는 선과 악의 구분과 성과 속의 구분을 서로 겹쳐 하나로 일
치시켰고, 신화학의 세계에서도 신화적 우상을 일관되게 거부했다. 그
런데 카발라 신비주의와 함께 신화가 반격을 가한다. 숄렘은 "카발라
의 주요한 상징들은 본래적 종교적 감정에서 솟구치지만, 동시에 신화
학의 세계를 통해 강한 인상을 남긴다." 그노시스[13]는 유대주의와 접촉
하며 형성된 것인데, 유대주의와 싸우면서도 영향력을 넓혀 유대 신비
주의에 어떤 고유의 표현물들을 만들어 놓았다(저 옛날 동방 종교의 잔
해들과 파편들이 섞여 외양적으로는 확연히 기이하다). 카발리스트(카
발라 사상가)들은 중요한 신학적 문제에 접근하기 위해 이것들을 이용
하면서 생생한 것들을 포착해 자기 것으로 정교하게 만들어 냈다. 그
결과 심오한 사상과 기상천외한 신화, 무례한 형상들, 순수한 개념들

---

12 G. G. Scholem, *Les grands courants de la Mystique juive*[『유대교 신비주의의 주류』],
trans. M.-M. Davy, Paris: Payot, 1950. 이 비평을 쓰는 데 있어 마르틴 부버의 저작(『시작
과 끝』)만이 아니라 숄렘의 이 탁월한 책을 참조했음을 밝힌다.

13 서양 현대어에서 '인식'(영어의 know, 프랑스어의 connaître)을 뜻하는 단어들이 이 그노
시스와 어떤 연관성을 갖고 있음을 미루어 짐작할 수 있는데, 유대 신비주의에서 기원한
개념임을 생각하면 그노시스를 단순히 영적 인식, 깨달음으로 통칭하기보다 "무례한 형상
들", "불꽃처럼 번쩍거리는 이미지들", "고통스러운 시각적 환영들" 등도 함께 연관 지어
생각하면서 그 의미에 유의할 필요가 있어 보인다. 블랑쇼 스스로 이 개념을 이 책 19장의
각주 16에서 자세히 해설한 바 있다. ─ 옮긴이

과 불꽃처럼 번쩍거리는 이미지들과 단순하면서도 고통스러운 시각적 환영들이 전부 섞인 놀라운 조합물이 나온 것이다. 신실한 현자들의 세계와 같은 닫힌 세계에서도 이런 창조물이 성공을 거두었으니 설명되고도 남는 것이다. 수 세기 동안 유대 민족 사이에서 큰 반향을 일으키다가, 마침내 일반 문화로 전파되면서 유대계 민간 신화와 결부된 신비한 현상이자 창조적 힘의 징후로 강렬한 테마에 신화적 상상력까지 더해지면서 이끌리지 않을래야 않을 수 없는 더욱 강력한 징후, 어떤 기호가 된 것이다(바로 이런 징후가, 우리 내면에 고유하게 들어 있는 이상야릇한 것들이 바로 우리의 성찰 주제이다).

*

부버의 책이 사용하는 주술적 특질을 포착하기 위해서는, 우선 이 책의 저자인 부버가 거의 실질적인 저자가 아니라는[14] 것을 밝혀야 할 필요가 있다. 그렇다고 이 책의 장점이 줄어드는 것은 아니다. 오히려 더 순수한 확신으로 감탄하게 되는데, 실제 인물들의 공적과 행동으로 가

---

14 *Gog et Magog, chronique de l'époque napoléonienne*, trans. Jean Loewenson-Lavi, Paris: Gallimard, 1958(『곡과 마곡, 나폴레옹적 시대의 연대기』. 이 책은 우리나라에 번역되지 않았다. 마르틴 부버는 이 책에서 그가 유년 시절을 보낸, 중앙 유럽의 하시디즘 공동체에서 들었던 동화와 설화, 일화 등을 환기하거나 메시아의 도래를 기다리며 유대 신비주의 의식에서 행했던 기호들의 해석을 떠올리기도 한다. 프랑스 혁명의 계승자가 되고 싶었던 나폴레옹은 유럽 일대에 해방자로 등장하기도 하는데, 당시 유대인들 가운데 어떤 사람들은 메시아의 도래가 가까이 왔다고 믿었고, 또 어떤 사람들은 해방과 구원은 오로지 개인의 신실하고 착한 행실을 통해서만 온다고 믿었다. ─ 옮긴이).

득한 이야기와 역사가 마법적으로 구술되는 이 놀라운 구연성의 세계에서 우리는 이 유대 전통을 생생하게 느끼는 것이다. 이 이야기의 두 주인공은 루블린이라는 랍비, 즉 "예언자"와 그의 제자 "성스러운 유대인"이다(서로 다른 두 정신의 행동 양식으로서 둘은 반대된다. 한 사람은 어떤 마법적 효과를 만들어 내려고 하는 반면, 다른 한 사람은 오로지 순수하고 절대적인 내적 전환을 추구한다). 그러나 둘은 서로 결속되어 있다. 이들을 둘러싼 다른 인물들과 몇몇 주요 사건들이 환기된다. 이 살아 있는 공동체에 그들은 세대에 세대를 거쳐 전승되어 온 역사를 이야기하는가 하면 몇몇 자기 말씀을 전한다. 하시디즘의 자산 가운데 하나가 바로 이것이다. 완전무결한 절대적 원본을 되풀이하여 전승하는 게 아니다. 그도 그럴 것이 할라카Halakha, 율법와 하가다Haggada, 구술 옆에 랍비의 생각으로 창조한 것이 같이 놓이기 때문이다. 유대 종교의 이런 생생한 구술적 힘 덕분에 신자들은 성서의 이야기만이 아니라 땅과 하늘이 경이로운 정신세계 속에 한데 융합된 기적적인 이야기들까지도 현실적 삶 속에서 늘 접하며 살아가게 되었다. 하시디즘에는 교리가 거의 없다. 구체적인 실천이 더 위엄 있으며 그와 관련된 수많은 이야기들이 종교 생활의 대부분을 차지한다. 제자들은 스승에 대한 차고 넘칠 만큼 많은 일화들을 이야기하지만, 그 일화들을 통해서만 자신의 생각을 드러낸다. 다시 말하면, 일종의 구술과 서술 기법을 통해서만 자신을 표현하는 것이다. 문학적 주술과도 같은 이런 놀라운 특징은 여기서 생겨나는 것이다. 그 세대 큰 스승들의 궁행은 살아생전의 궁행이기도 하면서 그보다 더 오래된 전통에 속한 궁행이기도 한데, 그래서 디들 그 세세한 내용까지 알고 있다. 그렇다고 이렇게 이야기된 것이 덜 자발적이거나 덜 사실적인 것도 아니다. 오히려 그 반대다. 아주 옛날의 어떤 것이 새롭게 재생됨으로써 연속성이 공고해진다. 전통에서 전승된 것이라고 해서 약한 것도 아니고 그 힘은 고스란하다. 진리는 항상 계시를 대기하고 있다. 도래할 사건은 도래하지 않기에 다시 한번 그 도래가 이뤄지기를 기다리며 그럴 수 있는 능력을 강화하는 것이다.

여기서 역사는 신기하게도 고정불변하는 종교 축일의 주기 속에 나뉘어 나타난다. 그들만의 전설을 만들어 내기 위한 건지 매우 개성 강한 특징을 지니고 있고 어떤 새로운 공동체에 속한 대규모 인간들이 나타난다. 그리고 마지막으로, 믿음의 차원에서 보면 아주 이상할 수도 있는, 바깥, 즉 속俗의 세계에 도래할 사건, 전설적 위업, 독특한 심리적 차원, 그리고 역사적 긴장의 미묘한 혼합 등을 말한다. 『전쟁과 평화』의 진짜 원본 ── 영적으로 더 풍요로운 ── 이 지금 우리 앞에 있는 것일까. 그래서 이 책을 읽는 동안 소스라치게 놀랄 만한 것들을 발견하게 되는 걸까. 프랑스 혁명이나 보나파르트 혁명 전쟁 같은 서구 유럽의 놀라운 사건들을 보며 느끼는 감동 같은 것이 여기에도 있는 것이다. 세기에 남을 기념비적인 영광이 매우 먼 옛날의 영광처럼 아주 작은 점으로 축소되어 예언자 루블린의 망막에 새겨진다. 감방에 숨겨진 작은 구멍을 통해 조용히 이를 바라보면서 그의 원래 구상에 맞게 역사가 소용되도록 한다. 톨스토이는 가장 영광스러운 군사적 기술을 우연성으로 간주함으로써 역사적 위인들에게 모욕감을 주는 것이라고 주장하곤 했다. 여기서도, 이런 관점의 변화가 인상적이다. 유대 공동체와 분리된 이 세계에서는 밖에서 일어난 일이 현실감이 없거나 진짜 자신의 삶과 유리되어 너무 동떨어져 보인다. 반면, 이 모호한 랍비는 엄청난 비율로 큰 인물이 되어 있다. 추호도 의심치 않는 미션을 띠고 역사를 거슬러 온 이 수수께끼 같은 전쟁 사내는 성경 구절을 암시하고 있기에 위대할 뿐이다.

부버가 전하는 이야기는 또 하나의 파우스트 박사 테마처럼 보인다. 파우스트 박사는 사실 히브리 모델들에서 유래했다. 유대교 신비주의에는 신비와 마법이 항상 극도로 뒤얽혀 있다. 중세의 하시드 Hassid, 신비주의 신도와 독일의 신실한 유대인은 마법의 진정한 스승이다. 아무런 자원도 없는 자이거나, 버려진 자, 아니면 자신을 다 버린 자이지만 이에 아랑곳하지 않고 초연한 그는 모든 힘을 지배할 줄 아는 자다. 그가 이렇게 할 수 있는 것은 그가 아무것도 아니기 때문이다. 그리스의 고행주의나 견유학파가 가진 개념도 이런 것이다. 엘르아자르 드 웜스는 전능에 대해 이렇게 멋진 말을 한 적이 있는데, 하시드의 전능도 이런 것이다. "그는 침묵을 지킨다. 하여, 그는 우주를 들고 있다." 훗날, 아불라피아의 예언적 신비주의에서는 주요한 명상 대상이 되는 신성한 이름들을 읊조리는데, 이 이름들은 무서운 힘을 지니고 있어 그렇게 초혼하는 것이다. 조하르의 신비주의를 사적인 목표로 이용할 정도로 어떤 면에서는 다소 불손해지기도 하는데, 이들의 마법은 당시에 일종의 형이상학이었다. 인간이 존재 모순의 비밀을 꿰뚫는 힘을 갖게 된 것이다. 아울러 이런 모순을 잠시 멈추는 적절한 수단을 알게 되었다. 만일 카발라 신비주의가 신의 문제를 해석하듯 세상의 문제를 해석한다면, "지상의 현실이 천상에 영향을 미칠 것이다. 그도 그럴 것이, 우리의 활동을 포함해 모든 것이 세피라[15] 왕국에 그 **깊은 뿌리**

를 두고 있기 때문이다." 그래서 조하르의 이런 말도 나왔다. "저 아래가 자극되면 저 위가 자극된다."

스페인에서 축출당한 후, 추방의 고난은 참을 수 없는 정신적 비극이 된다. 그때까지만 해도 카발의 신비주의자들은 세상의 끝보다는 시작에 더 관심을 가졌다(신을 향한 신비로운 도정은 그 과정의 뒤집기에 불과하다). 우리는 신에서 나왔기에 신으로 돌아간다는 것이다. 그래서 우선 되잡아야 하는 것이 바로 이 근원 운동이다. 이제 그들의 모든 설명은 회귀 교리에 집중될 것이다. 이것이 곧 이삭 루리아가 맡은 몫이었다. 그 영향력은 대단했고, 끊임없이 전파되어(대중화되어) 하시디즘에 이르렀다. 추방에 대한 생각과 인간의 추방과 분리와 분산이라는 형을 선고받은 이스라엘의 추방을 고민하다 보면 신의 지상 계획이 마침내 종지부를 찍고 인간을 그저 기다리기만 하는 무능한 존재로 만들려고 한 것은 아닐까 하는 생각을 할 수도 있다. 그러나 추방이 단순히 한 지역적 사건일 수는 없다. 이것은 반드시 모든 힘들에 영향을 미친다. 그것은 신의 추방일 수도 있다. 어느 한편에서 보면 신이 신 자신과 분리된 것일 수 있다. 어둠 속의 포로가 된 빛 조각들의 고통일 수 있다. 놀랍게도 여전히 생생한 의미를 갖는 그노시스의 고대적 개념을 여기서 다시 보게 된다. 칠흑 같은 어둠 속에 떨어진 빛은 소피아다. 버려진 현존. 자신의 기원에서는 분리되었으나 자신은 분리되지 않은 신성한 현존. 왜냐하면 여기서 분리는 시간이라 불리고 있기 때문이다.

---

15 신이 창조한 열 가지 표장으로, 신은 이 표장을 통해 우주와 인간에 자신을 투영할 수 있다. — 옮긴이

그리고 그 시간은 영원한 재회이다. 그노시스 교리 대부분에서는 오로지 하늘을 통해서만 신적 영혼이 땅 위로 떨어진다. 높은 곳에서 낮은 곳으로 향하는 운동만이 가능한 것처럼. 그것만이 가능한 행위인 것이다. 하지만 유대교 신비주의에서는 지상의 나와 신성의 너 사이의 자유로운 대화가 상호적 관계성에 근거하고 있으며, 인간은 신의 보조자로 머문다고 부버는 적고 있다. 구면sphère, 球面들이 있는데 인간이 이 구면들을 끌어당기면서 이 구면들이 분리되어 버렸다.[16] 모든 창조와 신조차 인간의 기다림 속에 있게 되었다. 신을 그의 왕국에 정착시킬 자는 바로 인간이다. 신의 이름을 하나로 통일하여야 한다. 셰키나[17]를 그의 주인에게 데려다줘야 한다. 추방되면서 신을 기다리니 이 기다림은 심오하고 비감하다. 이 기다림 때문에 인간의 책임감, 가치 있는 행동, 모든 운명을 좌우하는 지배적 영향력 등이 생겨났다. "율법가들이 천국의 지배력을 키워 놓았다." 열성적 믿음. 그러나 바로 이것이 율법

---

16 여기서 구면 또는 구형이 환기된 것은 서로 떨어질 수 없는 두 관계성을 깨닫게 하기 위해서다. 우리는 언젠가부터 관계성을 떠올릴 때 양자성 또는 이원성 및 대립성으로 떠올리는 현대인이 되어 버렸다. 그러나 적어도 마르틴 부버의 세계관에서는 그런 것은 존재하지 않는다. 부버의 저작들을 읽어 보면, 이런 구형성으로 세계를 인식하는 것이 여러 군데서 느껴진다. 여기서 구형성은 그저 세계가 순환한다, 하나이다 같은 동심원적 사유가 아니라, 둘로 나뉘면서 둘로 포괄되는 섭리에 대한 깨달음이다. 부버는 '나-너'는 홀로 있지 않고 어울려 두 겹으로 있어야만 하는 근원어라고 말한다. 또는 이런 식의 관계성에 의한 복합어만이 근원어라고 말한다. 『나와 너』에서 부버는 이렇게 쓰고 있다. "근원어는 홀로 있는 낱말이 아니요, 어울려 있는 낱말이다. 근원어의 하나는 복합어 '나-너'이다. 근원어의 또 하나는 복합어 '나-그것'이다. […] '너'라고 말할 때에는 복합어 '나-너'의 '나'도 함께 말한 것이 된다. '그것'이라고 말할 때에는 복합어 '나-그것'의 '나'도 함께 말한 것이 된다"(김천배 옮김, 대한기독교서회, 2020). ─ 옮긴이
17 하나님의 신적인 임재나 함께 거하심을 뜻한다. ─ 옮긴이

가들을 오만의 유혹에 빠지게 만들었다. 정신적으로 지배하고 싶은 유혹에 빠지게 만든 것이다.

*

부버의 이야기에서, 어떻게, 나폴레옹이 구원의 희망에 협력할 수 있는 자로 소환되었을까? 두 개의 해석 구도가 있다. 뮤자 그대로 사안은 간단하다. 왜냐하면 예언에 따르면 마곡이라는 나라에서 곡의 승리는 메시아의 도래에 바로 앞서 있기 때문이다. 여기서 흥미로운 것은 서방의 어떤 인간이 어두운 심연을 들어 올려 70부족을 그곳으로 이끄는 악마적 힘을 발휘한다는 것이다. 그렇게 되려면, 곡은 정말 현존해야 하고, 차원을 달리하는 암흑의 현존이 되어야 한다. 신비주의 예언자들은 하늘을 읽는 자들이며 하늘의 강력한 힘을 받는 자들인데, 그렇다면 곡의 운명을 도와 곡이 그런 초인간적인 힘을 발휘하도록 할 필요가 있다. 그런데 이런 개입은 아주 위험천만한 일이며 과연 그렇게 해도 되는지 상당한 의구심이 든다. 악을 비호해야 하는 걸까? 악이 절정에 이르게 하여 재앙을 촉발해야 하는 걸까? 그래야 해방이 오나? 종말이 오도록 압박해야 할까? 그 끔찍한 사바티아니즘[18]은 어떤 신중

---

18 사바타이 체비(1626~1676)의 메시아 선포 이후 유럽 및 지중해, 근동 일대에 일어났던 종교운동. 1648년 사바타이 체비는 한 카발리스트를 찾아와 극심한 우울증에서 벗어나게 해달라며 치료를 부탁했다. 그러자 카발리스트는 당신의 고통은 메시아적 고통이기 때문에 치료를 해 줄 수 없다며 당신 안에 메시아의 영혼이 자리하고 있다고 말했다. 그러자 두 사람에게 감응성 정신병 현상이 일어나 한 사람은 메시아가 되고 다른 한 사람은 메시아를

함 때문에라도 부버의 이야기에서는 구체적으로 암시되어 있지 않다. 하지만 이런 모든 행위의 배경에는 이런 것이 있는 것으로 보인다. 그 이야기를 여기서 짧게 소개하고자 한다. 사바타이 체비는 17세기의 메시아인데, 결국에는 이슬람으로 개종한 자이다. 그의 출현은 그야말로 특이하다. 그의 배교는 꼭 신앙을 저버린 것이 아니다. 오히려 구세주로서의 임무를 드러낸 징후였기 때문이다. 악을 본질적으로 뿌리 뽑기 위해서는 가장 끔찍한 심연 속으로 들어가 악 자체가 되어야 한다. 배교란, 자기 부인이며, 자기 진실의 거부로 더 나아가 그 속에서 완전히 내적으로 살아가는 것을 의미한다(가톨릭 교회는 마란[19]에게 이런 자들이 있다고 본다). 즉, 사바타이 체비의 배교는 메시아가 오게 하기 위한 극도의 희생이라는 것이다. 이런 견해를 좀 더 밀고 나가면, 기독교에서의 진짜 구원은 역설로 온다는 것이다. 그리스도의 제자라면, 사형을 선고받고 십자가에 못 박힌 이 가난한 자가 구세주라는 것을 알아보기 위해 분명 자신의 신앙을 건 극도의 노력이 있었어야 했다. 그러나 만일 구세주가 배교자라면 어떻게 될까? 미화될 행위가 불명예스러운 죽음이 아니라 배신이라면 어떻게 될까? 그리스도가 유다가 된다면? 숄렘은 이를 잘 말해 주고 있다. 역설은 그 정도로 공포스럽다는 것이다. 역설은 모든 것을 구렁텅이 심연으로 몰고 간다. 얼마나 절망의 깊이가 깊었으면 그 많은 사람들이 그렇게 이상하고 기묘한 것 주

선포하는 자가 되었다. 이것이 흩어진 이스라엘 모든 부족에게 전염되며 일어난 메시아 운동이다. ― 옮긴이
19 중세 후기 가톨릭 신자로 개종된 스페인·포르투갈의 유대인을 가리킨다. ― 옮긴이

변에 몰려들어 그것을 지지할 수 있단 말인가. 그렇게 갑자기 사취당했다는 것은, 그간 신앙의 힘이 무서울 정도로 계속해서 축적되어 왔다는 것이다.

사바타이 체비의 모험은 괴로운 재앙이다. 종교적 니힐리즘의 도래를, 전통 가치와의 결별을 알리는 것이다. 종말 세상에 악은 신성시되고, 구시대 율법은 힘을 잃었음을 인정하며, 마침내 정통적 유대 신앙의 메시아주의는 심각하게 변질되는 것이다. 한편, 하시디즘은 이런 황당무계한 운동의 상속자로 보일 수도 있지만, 그러나 여기서는 순수히 정화된 응답을 내놓는다. 정통주의 바깥에 있으면서 정통주의와 길항하지만 여하튼 전통적 신앙심과 완전히 결별하지 않는다는 것이다. 선이 악의 심연 속으로 들어가 악에 개입할지언정 악에 삼켜지지만 않는다면, 악을 선에 사용하는 것이 가능할 수도 있다는 논쟁이 랍비들 사이에 격렬히 있었던 것도 그래서다. 또한 정통적 권위의 의미에 대해서도 논쟁이 일었다. 강한 힘을 꿈꾸다 보니 마음이 유혹당한 자디크들이 권한을 찬탈하여 만든 것 아닌가. 그들의 역할은 특이하고, 그들의 임무는 불분명하다. 그러다 사바티아니즘이 보여 준 것과 같은 가시적인 메시아와 진짜 유대 전통에서 나온 메시아 사이에 일종의 타협이 만들어진 것이다. 유대 전통에서는 메시아의 힘이 유일무이한 단일한 존재로 표현되어서는 안 된다. 다만 모든 것 안에 깃들어 있으면서 은폐된 방식으로, 일상적으로, 익명성으로 존재한다. 따라서 각자 자기 나름대로, 특별히 그 누구라기보다, 궁극에 도래할 사건을 제 안에 지니고 있는 것이다. 그리고 이 도래는 매 순간, 보이지 않게, 일어나고 있는 것이다. 자디크들은 메시아의 역할을 절대 주장하지 않는다. 오히려 가장 거만한 자들이므로 경건과 경외로 자신을 보호한다. 우선, 그들은 복수이다. 36인이 드러난다면, 36인은 감춰져 있다. 그 제자들은 항상 그들의 유일한 스승 아래 다른 제자들을 둘 준비가 되어 있다. 이 복수성은 하나의 권한이자, 유일성의 현혹과 싸우게 하는 방어 비밀이다. 하지만 이런 복수적 개체들은 놀라운 힘을 지니고 있으며 무한한 영적 권위를 갖는다. 흔히 위험하고도 강력한 의지를 구현하기도 한다. 자디크는 별도로 보면 독자적 인간이기도 하다. 평범한 인간처럼 소박하다(여기서 바로 그의 영향력이 나오며 이것이 그의 위대함이다). 그러면서도 예외적이다. 투시할 수 있는 자다. 선과도, 악과도 교류하는 자다. 축복을 아래에서 위로, 또 위에서 아래로 주는 자다. 다른 사람들보다 더한 집중력으로 유익한 수고를 아끼지 않는 자다. 그럼에도 불구하고, 인간에 불과하다. 탁월한 인간, 아니 예언자 루블린의 말에 따르면 "진인"眞人이다. 이런 진인이 천사보다 중요하다. 왜냐하면 천사는 부동으로 서 있지만, 진인은 스스로 지나가고, 지나가면서 세계의 운동성을 견지하기 때문이다. 그리고 이렇게 해서 세계를 새롭게 만들기 때문이다. 이 부단한 일신과 쇄신이야말로 자디크의 삶의 원칙이다. 자디크는 임의성으로부터도 해방되어 근원으로 돌아갈 수 있다. 이 과정들이 하나둘 모이며 창조자가 되어 가는 것이다. 이런 능력을 발휘할 수 있는 인간은 하나된 신성과 그 신성의 덕목을 위해 행동하지만, 혼자 하는 것이 아니다. 예외적인 인간이지만, 소박한 사람들의 공동체에 들어가 함께하는 것이다. 이들을 대표하고 안내할 뿐이다.

부버의 이야기가 단순하면서도 설득력 있는 것은 가깝고도 먼, 놀라운 세계의 이야기이기 때문이다. 어렴풋하면서도 순진무구한 이 매력적인 이야기들은 교훈을 이미지로, 이미지를 진실로 바꿔 놓음으로써 독서를 신비한 꿈으로 만든다. 신비가 이토록 완벽하게 전달될 수 있으려면 동화로 완성되는 운명만을 가지고 있는 것은 아닌가 하는 생각을 하다가 때때로 이 꿈에서 깨어난다.

26
카프카와 브로트

카프카의 영광을 보면서 막스 브로트[1]는 뭔가 안심이 되지 않는 것이 있음을 알고 있었다. 카프카의 책이 세상에 나오도록 도움을 준 것이 후회가 되지 않는 것은 아니었다. "카프카의 글에 들어 있는 구세주 같

---

[1] Max Brod(1884~1968). 오스트리아계 이스라엘인으로, 작가이자 평론가이며, 유럽 각지에서 시오니스트(유대 민족운동가)로서 여러 문화 활동을 펼쳤다. 카프카의 친구이자 지지자이고 후원자이며, 카프카 전작의 편집자이자 카프카 전기를 작성한 해설자로 어찌 보면 카프카의 그 모든 것이지만, 블랑쇼는 이 글에서 막스 브로트의 이토록 적극적인 행위로 인해 카프카 작품이 어떻게 왜곡 수용되었는지 암묵적으로 비판하고 있다. 블랑쇼는 앞선 장에서 하시디즘 및 유대 신비교에서의 글쓰기 행위가 어떤 의미를 갖는지 피력했지만 카프카의 글쓰기도 이런 선상에 있음을 유의할 필요가 있다. 지나치게 드러나거나 지나치게 현실적으로 수용되면 안 되는, 또는 빛과 어둠의 경계 및 중간항에 머물러 있어야 그 의미가 더욱 빛을 발하는 카프카 문학이 너무 큰 영광을 입은 것 자체가 어떤 모순을 양산했는지 지적하게 될 것이다. 또한 『변신』이나 『성』의 주인공을 너무 현실 공간에 살고 있는 인물로 읽히게 만든 데에도 브로트에게 일말의 책임이 있음을 블랑쇼는 에둘러 비판하게 될 것이다. ── 옮긴이

은 유익한 것을 세상 사람들이 어떻게 뿌리칠지 보일 때면, 나는 때론 이 작품을 파괴적 어둠 속에서 빼내 온 것이 못내 고통스러웠다. 작가는 자신의 작품이 그 어둠 속에 그대로 깊이 박혀 있기를 원했다. 카프카는 작품이 세상에 노출되면 남용될 것을 예감하지 않았을까? 바로 이런 이유 때문에 출판을 허락하고 싶지 않았던 것일까?" 그런데 이런 문제는 아마도 조금 나중에 제기되었을 것이다. 카프카의 사후 몇 해 동안 출판 작업을 하던 브로트는 그야말로 몇 가지 일들과 실랑이를 벌였다. 그저 조용한 명성을 얻길 희망하며 이 작업을 했을지 모르지만 실상은 그렇지 않았던 것이다. 아니면, 처음부터 이런 눈부신 명성은 전혀 바라지 않았을 수도 있다. 베르펠[2]이 그들 공통의 친구가 쓴 초기 글들을 읽으며 이렇게 말했을 때 이미 괴로워하지 않았을까? "테첸 보덴바흐(독일 국경의 작은 마을)를 넘어가면 아무도 카프카를 이해할 수 없을걸." 카프카의 영광을 보며 자신에 대한 불평도 일부 있지 않았을까? 그 영광의 그림이나 크기가 자신이 생각한 것과 맞지 않아서 말이다. 이 모든 사태가 카프카 특유의 신중함과는 거리가 멀고, 오히려 자신의 행동주의나 신속성, 순진한 낙관주의, 단호한 신념과 가까운 것은 아닐까 하고 브로트 스스로 생각했을 수는 있다. 그렇지만 글을 쓰지 못하게 가로막는 어떤 불편함을 카프카 스스로 만들어 내고 있을

---

2 Franz Werfel(1890~1945). 프라하 태생의 독일계 유대인으로 고등학교 때 막스 브로트, 프란츠 카프카와 우정을 맺었다. 카프카는 브로트를 통해 베르펠을 알게 되었는데, 처음에 베르펠은 카프카를 그다지 인정하지 않았지만, 나중에 자신의 판단이 틀렸음을 인정해야 했다. 그 역시 시인이자, 소설가이며 극작가로, 전후 표현주의 운동에 참여했다. ── 옮긴이

때 그것을 극복할 수 있도록 그의 옆에는 브로트가 정말 필요했는지 모른다. 그들이 공동 작업한 소설은 이런 연대적 운명의 징후였다. 카프카는 공동 작업에 참여하긴 하지만 이에 대한 불편함이 있었는지 그것을 여러 문장에서 드러낸다. 그렇게 하기로 양보한 자신에 대해서도 고통스러워하는 것 같다. 이 공동 작업은 거의 곧 중단된다. 하지만 카프카의 사후에 다시 재개된다. 그런데 그 어느 때보다 가깝고도 무겁게 이뤄진다. 그도 그럴 것이 그가 없는 가운데, 그의 죽음에 바쳐진 한 작품을 세상에 내놓기 위해 살아남은 친구로서 더 없는 비상한 신념으로 온전히 자신을 다 바쳤기 때문이다. 거기에 각 작가가 있다고, 그러니까 브로트가 하나, 카프카가 하나 있다고 말하는 것은 부당할 — 그리고 경박할 — 것이다. 그리고 우리 각자가 할 수 있는 부분의 정당성을 인정하는 차원에서만 글을 쓴다고 말하거나, 만일 친구의 무한한 헌신에 대해 상당 기간 우리가 줄 수 있는 것은 모두 다 내줄 때만 우리가 유명해질 수 있다고 말한다면 그것도 부당할 것이다. 부당한지 부당하지 않은지는 다음에 달려 있을 것이다. 카프카의 문학적 순수성의 모든 장점을 — 글쓰기 앞에서의 망설임, 출판의 거부, 자기 작품을 다 파괴하겠다는 결정 — 따로 잘 보관해 줄 수 있을 것인지. 더 나아가, 너무나 찬란한 이 작품을 지상에서 경영하고 관리하는 데 있어 제기될 모든 문제를 친구로서 우정을 다해 책임질 수 있을 것인지. 죽은 카프카가 은밀히 되살아난 데 대한 책임은 작품을 내자고 고집스럽게 사주한 친구 브로트에게 있으니 말이다. 그런데 왜 카프카는 브로트를 자신의 유증 수혜자로 만들었을까? 왜 자신의 작품을 사라지게 만들고 싶었으면서도 파괴하지 않았을까? 왜 그는 자기 작품을 친구들에게 읽어 주었을까? 왜 그는 펠리체 바우어와 밀레나에게 그 많은 자필 편지를 건넸을까? 아마, 이것은 문학적 허영 때문이라기보다 자신의 어두운 영역 안에서, 밝지 않은 자신의 운명 안에서, 겨우 자신을 드러내려고 해서일까?

브로트의 운명 역시나 비감하다. 우선 이 감탄할 만한 친구가 항상 그의 마음에 자리 잡아, 소설의 주인공으로까지 만들었기 때문이다 ── 기이한 변신이다. 그림자 같은 환영과 자신이 연결되어 있다고 느끼는 징후일 수 있지만, 그림자 같은 환영을 교란시켜서는 안 된다는 의무감 때문에 그와 연결되어 있는 것은 아니라고 느낀다. 하여, 그는 한 작품의 출판을 기획한다. 그가 먼저 처음으로, 그리고 한동안 그 작품의 예외적 진가를 알아봤다. 출판할 자를 알아봐야 했다. 그러나 다들 피했다. 그래서 출판사들이 덜 피할 만한 글들을 모을 필요가 있었다. 여기저기 따로 써 둔 글들을 찾아 맥락의 일관성을 확인할 필요가 있었다. 완결된 건 거의 하나도 없었고, 완성된 것처럼 대강 보일 뿐이었다. 파편적인 글들이지만 출판을 시작할 만한 것은 되었다. 장편 소설도 있었는데, 그 가운데 몇몇 장章은 왜인지 모르지만 보류되었다. 여전히 미지의 아궁이인데, 그 아궁이가 어디에서 불빛이 나와 빛나다 꺼지는지 몰랐다. 전체 중 어떤 페이지가 어디서 어떻게 나왔는지 알 수가 없었다. 일기만 해도, 생존해 있는 사람들을 의식해서 너무 직접적인 것들은 제외되었다. 별 의미 없는 것들도 제외되었다. 그래도 핵심은 가져가야 했는데, 핵심은 어디에 있었을까? 그런데 작가의 영광은 너무나 빨리 찾아왔고, 이내 강력한 것이 되었다. 미출간된 것들이 그대로 남아 있을 수가 없었다. 참을 수 없었는지, 게걸스럽게 달려들어 가장 깊은 곳에 가장 잘 보호되어 있는 것까지 다 헤집어 갔다. 그러다 서서히, 카프카가 자신을 위해 말했던 것들이, 아니 자신에 대해 말했던 것들이, 또한 그가 사랑했거나 사랑할 수 없었던 그들에 대해 말한 모든 것들이 뒤죽박죽이 되어 세상 밖으로 나왔고 흘러넘칠 만큼 많은 해설이 달렸다. 이 해설들 자체도 뒤죽박죽이고 모순되었다. 정중한 것도 있고, 후안무치한 것도 있었다. 세상에서 가장 얼굴 두꺼운 작가여도 이런 호기심을 감당할 수 없을 만큼 지치지도 않는지 끊임없이 해설을 해 댔다.

하지만 이런 끔찍한 발행에서 승인해서 절대 안 되는 것은 없다. 출판 결정이 한번 이뤄지면 수순대로 가게 마련이기 때문이다. 결국 다 나타날 수밖에 없다. 이게 규칙이다. 글 쓰는 사람은 이런 규칙을 밀어내 보긴 하지만 결국 순응하게 된다. 전집 출간이 기획된 이상 ─ 끝까지 하게 된다 ─ 우연성과 임의성은 가능한 한 줄어든다. 나름의 타당한 순서에 따라 구성되기 때문에 ─ 이론의 여지도 있겠지만 ─ 편지와 관련된 것은 예외로 하더라도 이제 모든 것을 알게 될 것이다. 가령, 몇몇 편지는 생존자들이 문제 삼을 수 있기에 제외되었지만, 이들도 곧이어 세상을 떠났다. 이미, 전쟁의 시련이나 학대의 고통 같은, 굳이 다시 회상할 필요가 없는 부분은 폐기되었다. 그에 관한 증언이나 견해도 삭제되었다. 사실 이런 것들이 삭제됨으로써 작품에서 중요한 부분이 사라진 셈이다. 살아생전, 카프카가 직접 일부를 없앴고, 그가 사망하고 나서는, 카프카가 남긴 지시 사항에 따라 도라 디아만트[3]가 일부를 없애기도 했는데, 특히 일기와 관련된 것이다. (일기에는 분명 그의 생애 마지막 부분이 사라지고 없다. 1923년부터로 이른바 그가 안정과 화해를 찾은 시기다. 아니, 그렇게 알려져 있을 뿐 실제 그런지는 알 수 없다. 그의 일기를 읽다 보면, 그가 자신을 친구들이나 지인들이 보는 것과 얼마나 다르게 평가하는지 알게 된다. 생애 마지막이 다가왔을 때, 그가 겪은 사건들이 그에게 어떤 의미였는지, 우리는 여전히 모르는 채로 있다.)

그런데 카프카는 누구인가? 자기 방식대로 친구의 수고본을 출간하자, 이미 "오해와 위조"로 명성이 생긴 이상 다들 그 신비한 얼굴을 해독해 보려 했다. 그러자 브로트는 그 얼굴을 더 잘 조명해 주기 위해 책 하나를 써야겠다는 결심을 한다. 일종의 전기이면서 해설과 주석을 달아 사람들이 제발 알았으면 하는 것을 정확한 빛을 쏘아 조명하려는 것이었다.[4] 카프카의 실존이나 그에게 일어난 사건들을 다루니 대단한 관심을 불러일으킬 만한 책이었지만 반드시 보관하고 있어야 할 것들도 있어 약간 어수선하게, 살짝 암시만 하는 선에서, 게다가 아주 불완전하게 쓰였다. 왜냐하면 단 한 사람의 증언자가 모든 것을 다 알 수는 없기 때문이다. 친구가 가지고 있는 천재성의 가장 중심적인 신비와 그 복잡함을 잘 알고 있던 브로트는 그를 너무 어두운 색으로 보는 것에 대해 항상 항변했다. 그렇게 너무 어둡게 보면, 후대 사람들은 숫제 검은색으로 그 인물과 그 작품을 즐길 우려가 있기 때문이다. 카프

---

3 Dora Diamant(1898~1952). 카프카의 마지막 연인으로, 카프카가 죽기 직전 폐기를 요청한 글들이 있었는데, 이를 버리지 않고 가지고 있다가 나중에 게슈타포에게 압수당한다. ── 옮긴이

4 전기만이 아니라, 브로트는 자신의 친구에 관한 여러 권의 책을 썼다. 거기서 그는 자신의 관점에 따라 카프카의 "신앙과 교육"이 어떤 것이었는지 자세히 설명한다.

카의 다른 친구들도 그에게 있던 생기와 유쾌함, 예민하면서도 대단히 정확한 젊은 정신을 잘 알고 있었다. 펠릭스 벨취[5]는 "카프카는 정말 완전히 절망했을까?" 하고 자문한다. 그리고 대답한다. "세상의 모든 인상들에 열려 있고 구원의 손길을 건네줄 것만 같은 한 줄기 빛을 두 눈에서 발산하고 있는 이 남자가 그토록 절망적이었다고? 그를 그렇게 보는 건 너무 어렵다, 아니 불가능하다." 브로트도 이렇게 말한다. "일반적으로는, 카프카가 쓴 글을 읽고 그에 대한 이미지를 자기 스스로 만들어 낸 사람들은 개인적으로 그를 잘 알고 있던 사람들보다 훨씬 어두운 톤으로 그를 본다." 바로 그래서 브로트는 이런 인습적인 도식을 수정하는 데 알맞은 특색들을 그가 쓰는 전기에다 한가득 쌓기로 한 것이다. 중요하고 모든 것이 확인되는 증언들 위주로. 그렇다면 다른 얼굴, 그러니까 "너무 큰 그림자가 드리워진" 그 남자는 잊어야 할까? 그의 깊은 슬픔과 고독, 세계로부터의 동떨어짐, 무심하고도 차가웠던 순간들, 그의 불안과 어두운 고통, 심한 배회 직전까지 가게 만들었던 그의 내면적 투쟁은 다 잊어야 할까? (특히, 1922년 스핀들레르무흘레에서) 누가 카프카를 알았을까? 도대체 왜 카프카는 그에 대한 친구들의 평가를 미리부터 거부했을까?[6] 그를 알았던 사람들도 젊고 감각적이고 유쾌한 남자에 대한 추억에서 작품으로 —— 소설과 실화 소설 —— 넘어가기만 하면 왜 차갑고 고통스러우며 빛 하나 없는 어두운

---

5 Félix Weltsch (1884~1964). 카프카의 친구로 막스 브로트와 공동으로 철학 논문을 쓰기도 했다. 팔레스타인으로 이주하여 예루살렘 대학의 도서관장이 되었다. —— 옮긴이
6 카프카의 일기, 1915년 5월 3일 기록.

밤의 세계로 넘어가는 것만 같아 깜짝 놀라는 것일까? 그러나 동시에 이 세계에서도 앞이 잘 안 보이는 빛이나마 조용히 빛나고 있지 않은 가. 희망을 주고 있지 않은가. 아니 희망으로 불안의 그림자와 절망의 그림자를 만들고 있는 걸까? 왜 객관적 이야기에서 내밀한 일기로 접어드는 이 자는 아직도 어두운, 아니 그보다 더 어두운 밤 속으로 내려 가는 걸까? 거기서는 패배한 자의 외침이 들려서? 왜 그의 심장 가까 이 다가가면 다가갈수록 위로할 길 없는 한 중심에 다가가는 것 같다 고 느껴질까? 그러나 이 중심에서는 가끔 구멍을 뚫을 듯한 강렬한 빛 이 튄다. 지나친 고통 때문일까? 지나친 기쁨 때문일까? 이런 복잡성 을 가지고 무엇인가를 말하는 수수께끼를 듣지 않고, 아니, 이토록 복 잡한 수수께끼의 단순함을 듣지 않고 누가 카프카에 대해 말할 권리가 있을까?

*

카프카를 출판하고 해설한 데 이어 카프카를 자신의 소설 주인공으 로까지 만든 후, 이제 브로트는 그의 분신으로서의 삶을 더 밀고 나가 자신을 카프카 세계에 더 밀어 넣는다. 카프카의 가장 중요한 작품인 『성』을, 그 미완성의 이야기를 한 편의 완성된 연극으로 만든 것이 아 마도 결정적이었다. 지드와 바로도 몇 년 전 『소송』을 가지고 그 비슷 한 작업을 한 바 있지만, 그것과는 비교할 수도 없는 결단이었다. 아마 잘못 알고 한 것이겠지만, 지드와 바로는 연극 무대라는 공간에서 서 로 만나고 싶어 했던 것 같다. 왜냐하면 연극 무대 공간은 이중적이고 모호한 공간이기 때문이다. 마치 원근법이 없는 곳처럼 완전히 표면적인가 하면 깊이가 없는 공간이면서 동시에 바닥이 없기에 더 깊어 보이는 공간이기 때문이다. 하여 『소송』이 표상하는 세계처럼 이 연극 무대 공간이 무한한 배회의 세계처럼 보였을 수 있다. 그러나 브로트는 훨씬 내밀한 유혹에 굴복한 것 같다. 중심인물의 삶을 직접 살고, 그와 더 가까워지고, 그와 우리를 더 가깝게 만들고, 이 시대 생활과 그를 더 가깝게 만들고 싶은 유혹 말이다. 그 유혹은 다시 말하면, 일과 돈, 생존을 찾기 위해 필사적으로 투쟁하는 한 남자의 실존을 이 중심인물로 하여금 살게 하면서 그를 더 인간적으로 만들고 싶은 유혹이었다. 그런데 바로 그렇게 해 버림으로써 이 중심인물은 잘못 온 이방인이 되어 버렸다.

브로트는 『성』을 연극으로 각색했다. 그가 한 결정은 그렇다 치자. 그런데 하나의 형태를 가진 작품을 다른 형태의 작품으로 옮기는 것은 불가능한 것을 강요하는 일이 될 수 있다. 다시 말해 하나의 작품을 가지고 또 하나의 작품을 만들면 작품에 전혀 다른 기승전결적 공간을 부여할 수밖에 없게 된다. 현대적 니힐리즘을 위해 자신에게 너무나 엄격할 준비가 이미 된 자에게 절대 해서는 안 될 일종의 겁탈을 하고 만 것이다. 카프카의 작품을 각색하면서 정말 충실히 하면 되지 않느냐는 신념은 그렇다 치자. 그러나 한동안 너무나 충실하게 작품에 있는 것을 하나도 감추지 않고 있는 그대로 살린다 해도, 각색은 부득이 충실성에서 벗어나게 마련이다. 단순히 작품을 왜곡시키는 것만이 아니라 가짜 판본으로 대체했으니 이제 원본은 소멸되고, 그 불편한 진실로 돌아가는 것은 더더욱 어려워졌다. 각색자에게도 주어진 권리가 있으니 이런 건 그냥 잊읍시다? 결말이 나지 않은 이야기지만 극적 필요 때문에라도 이야기에 결말을 추가할 수밖에 없다고 생각하는 것이다. 아마 한동안은 카프카의 머릿속에서도 결말이 있었을 것이다. 그의 친구에게 말해 줬을지도 모른다. 물론 이런 의심도 가능하다. 그러나 결말이 있었다 해도, 그것을 쓰겠다는 결심을 전혀 하지 않았다면? 작품의 생과 그 내부로 결코 들어가지 않을 생각을 했다면? 더욱이 이런 문제가 남는다. 우리가 보게 되는 K의 매장 장면은 어떤 의미로 그가 그토록 정착하고 싶었던 땅과의 화해를 상징할 수 있다. 각자 시체에 한마디 말과 한 줌의 흙을 던지고 마침내 시체는 휴식에 들어간다. 브로트가 완전히 창작한 장면이긴 하지만, 이 장면은 이 극에서 단연 최고의 장면이다. 거꾸로 말하면 카프카에게 하나도 빚지지 않고 연극이 더 많은 것을 벌어들일 수 있다는 것을 보여 준 것이다. 그렇다면 왜 브로트는 그 어떤 다른 작품보다 손상되지 않고 온전히 보존되어야 한다고 생각했던 이 작품에 개입하는 것이, 그러니까 이 작품의 비밀 속으로 스스로 들어가는 것이 좋다고 판단했을까? 드라마로 각색함으로써 "전대미문의 과오"를 저질렀다고 지드와 바로를 그토록 격렬히 비판해 놓고 왜 그는 그렇게 공공연한 방식으로 작품 안에 들어감으로써 작품의 중심을 바꾸었을까? 왜 중심인물을 단어의 친족성 외에 그 어떤 공통성도 없는 다른 인물로 대체했을까? 그가 걸어간 여정의 정신적 의미를 더 분명히 하기 위해서가 아니라, 그를 인간적으로 더 비참한 수준으로 떨어뜨리기 위해서?

그래도 수수께끼는 남는다. 틀림없이 각색자는 어떤 계획이 있어 이야기를 그렇게 흘러가게 하고 싶었을 것이다. 그에 따르면, 그 이야기는 우리 마음에 와닿을 수 있는 가장 감동적인 이야기로, 그는 카프카가 그렇게 이상한 작가가 아니라는 것을 이해시키고 싶었다. 카프카는 부조리의 악령도 아니고 신랄한 꿈들을 창조하며 불안을 야기하는 작가도 아니다. 그는 심히 예민한 천재이며, 그래서 그의 작품은 직접적이고도 인간적인 메시지를 담고 있는 것이다. 칭찬하려는 의도였지만, 그 결과는 어떻게 되었나? 이야기를 따라가다 보니, 측량사라는 그 복잡한 신화는 일자리 없고 거주지 없는 한 인간의 불행한 운명이 되어 버렸다. 자리에서 밀려난 사람, 그렇게 소속되고 싶어 했던 공동체 안에서 받아들여지는 데 성공하지 못한 사람. 주인공이 직면한 요구에 비해, 그가 만나는 장애물들은 이미 그의 영역 밖이다. 왜냐하면 그는 자신으로부터도 유배당한 사람처럼 이미 완전히 세상 바깥에 있는 사람이기 때문이다. 이런 견지에서, 감정을 절제하긴 하지만 K를 자신이 느끼는 것을 모두 표현하고, 화내고, 울부짖고, 무너지는 과장된 인물로 바꿔 놓았으니, 이런 전환은 그야말로 웃음거리밖에 되지 않는 것이다.

어떻게 해서라도 인간을 가지고 무엇을 해 보려고 하니 그 비용이 만만치 않은 것이다.

브로트는 바로와 지드가 『소송』을 각색하며 그 주인공을 "순교자"로 왜곡시켰다고 비난했다. 소설을 "피상적으로 각색하여 도망자와 탐정이 서로 쫓고 쫓기는 탐정물"로 만들었다고 비난했다. 하지만 이런 비난이 그에게도 가야 하지 않을까. 그 역시 K의 운명을 사라지게 만든 것만이 아니라, K를 그저 쓸데없이 비장한 감정 투쟁에 매몰된 자로 만든 것이다. 특히나 이것이 오류라면 오류일 것이다. 희망도 힘도 없이 적들과 싸우는 자, 그런데 그 적들이 상징하는 것은 현대적 세계이다. 실제 바깥에 있는 K의 도정은, 그 도정 자체가 잘못된 것으로, 조바심이라는 주된 잘못으로 나타난다. 하지만 이런 오류 한가운데서도 커다란 목표를 향해 나아가는 것을 멈추지 않는다.

필연적 방황에 내맡겨진 인간은 무엇을 할 수 있을까? 개인적 감정이 표출되지 않은 어두운 결정을 하고, 태생지를 포기하고, 공동체를 버리고, 아내와 아이들과 멀어져 기억조차 잃어버리는 일? 절대적 유배와 분산, 분리의 인간? 세계의 부재 속에서 더 이상 세계를 갖지 않는 남자는 진정한 체류 조건을 찾기 위해 그래도 노력한다. 이것이 K의 운명이다. 그도 너무나 잘 인지하고 있지만, 이것이 바로 조제프 K와 너무나 다른 점이다. 조제프 K는 무신경하고 무심한 자다. 조금만 상황이 되어도 만족하는 자다. 자신이 진정 실존하고 있는 것이 아님을 깨닫지 못한다. 모든 과정은 천천히 일어난다. 근본적인 배제, 애초에 그에게 닥친 이 죽음에 대한 인식은 천천히 일어난다.

브로트의 극에서는, 이런 작품 정신이 마법처럼 사라지고 없다. 인류애라는 비장함 속에서 너무나 감동적이고 인간적인 것을 찾다 보니 도리어 감정은 이런 것을 피하게 되고, 위기나 격렬함, 헛된 하소연 따위도 거부한다. 조용히 모든 것을 거부하거나, 애초부터 상처가 있어서였겠지만 내면의 생을 잃어버린 채 차가운 무관심으로 일관할 뿐이다. 그런데 이 작품을 소생시키는 것은 바로 이런 내적 상처이다. 이 것만이 이 작품에서 유일하게 탐색할 것이다.

그 결과 브로트의 극에서는 이 작품에서 그래도 "포지티브"한 것으로 취할 수 있는 것이 모두 사라졌다 ——기력이 소진할 정도로 방황하며 노력했지만, 나아갈 어떤 방향도 주지 못하는 성이라는 배경만이 아니라(좀 더 가까이 가서 보면 성은 독단적 권력이 응축된 곳이다. 위력과 악의만 추출되어 있는 제5원소 같다. 하여, 이에 영향받아 그 두려움으로 마을에서 벌레처럼 사는 사람들도 자기 나름대로 포악한 술책을 벌이며 살아간다), 무력해도, 아니 진실에 대한 번민으로 심한 방황을 해도 발산되었던 힘이 사라졌다. 자신감의 상실 속에서 불굴의 의지를 발휘했던 결정성도 사라졌다. 이미 모든 것이 사라진 희미하고 텅 빈 밤이어도 맑은 빛이 있었는데, 그것마저 사라졌다.

왜 이렇게 되었을까? 이 작품에 그래도 허무적이지 않은 것이 있다고 너무나 확신한 브로트가 인간의 피상적인 불행만을 부각했기 때문이 아니겠는가?

*

그의 실수 가운데 하나는 일부러 ── 인류애와 현재적 시사성에 대한 걱정으로 ──『성』의 신화를 낯선 나라에서 헛되이 일자리를 찾거나 안정적인 가정의 행복을 찾는 한 남자의 이야기로 축소시킨 것이다. K가 그것을 원하는 걸까? 아마도. 하지만 의지로 원할 것이다. 아무리 해도 만족이 안 되는 의지로, 목표를 이루고 나면 그 너머를 원하는, 어떻게 해도 충족이 안 되는 변질된 의지로 그것을 원하는 것이다. 자신을 극단까지 몰아붙여 방황해야 할 갈급한 필요에 다름 아닌 그의 "의지"의 성격을 제대로 인식하지 못하고 이야기의 표피적 얼개만 이해함으로써 결국 아무것도 이해하지 못하는 상황에 놓이게 된 것이다.

그렇다면 K가 어떤 결과에 도달할 때마다 그것을 취하는 대신 왜 밀어내는지는 어떻게 설명해야 할까? K는 마을 여인숙에 방 하나를 얻었다. 그리고 '나리들'이 관리하는 여인숙에 거주하길 원한다. 학교에서 작은 일자리를 얻고 나자 이제 그 일을 소홀히 하고 직원들을 무시한다. 여관 여주인이 그에게 어떤 자리를 알선해 주려 하지만 그것을 거부한다. 시장은 그에게 지원을 약속하지만, 그는 그걸 원치 않는다. 그는 프리다를 갖지만, 올가를, 아멜리아를, 한스의 엄마를 또한 갖기 원한다. 그리고 마지막에는, 비서인 뷔르겔의 방에 들어가 예기치 않은 면담을 하게 되는데, 이 비서로부터 왕국의 열쇠를 건네받을 수 있는 절호의 기회를 갖는다. 그래서 "모든 것이 가능"해질 수 있는 은총의 시간이 오는데, 그는 잠에 빠진다. 하여, 이 제안은 한편에 놔두게 된다. 아마도 이것은 그를 끊임없이 더 먼 곳으로 밀고 가는 또 다른 형태의 불만족일 것이다. 그는 한 번도 '예'라고 말하지 않는다. 그 어떤 가시적인 약속으로도 채워지지 않는, 비밀스러운, 유보 부분을 그 안에 꼭 남겨 둔다.

출판된 『성』에 들어가 있지는 않지만 그가 쓴 작은 단상에 같은 주제와 관련해 표명한 게 있다. 카프카는 이렇게 썼다. "낯선 가족에 들어가고 싶으면, 공통적인 지식을 찾아 그것을 그 가족과 중재해야 한다. 만일 그런 지식을 찾지 못했다면, 인내하고 적절한 때를 기다려야 한다. 우리가 사는 나라가 비록 작은 나라여도 그게 없지는 않을 것이다. 만일 그 기회가 오늘이 아니라면, 내일은 오리라. 만일 전혀 안 온다면, 하찮은 일로, 세계의 기둥들을 흔들지는 말아라. 만일 가족이 너 없이도 잘 지낸다면, 넌 그걸 더 이상 받아들이지도 못할 것이다. 그건 분명하다. 다만 K는 그걸 이해하지 못하는 거다. 그는 최근 우리 분야를 관리하는 주인의 가족이 돼 보려고 머리를 써 봤지만, 소위 사회생활의 길을 빌려 가는 것은 거부한다. 그는 직접, 그곳에 이르기를 원한다. 늘상 하는 식의 관례적인 길은 그에게 너무나 지루하다. 그렇다. 하지만 그가 가겠다는 길은 불가능하다. 우리 주인을 과대평가하려는 건 아니다. 영리하고, 열심이고, 존경할 만하지만 그게 전부다. K는 그에게서 뭘 원하는가? 그 분야의 자리? 아니다. 그는 그걸 원하지 않는다. 그저 자기가 좋아하는 것을 하고, 이런 근심들로부터 자유로운, 그런 삶을 살고 싶을 뿐이다. 그렇다면 그의 딸을 좋아하게 될까? 아니다, 아니다. 그런 의심은 할 수도 없다."

K 역시나 목표에 도달하길 원하지만 ── 그가 원하는 것은 일자리도 그가 집착하는 프리다도 아니다 ──, 인내와 절제된 사회성이라는 지루한 길을 통해서가 아니라, 불가능한 길을 통해, 그것도 직접적으로 도달하길 원한다. 더욱이 그도 알지 못하는 길, 다만 예감만 하는 길이다. 더욱이 그 예감이란, 다른 모든 길을 거부하는 쪽으로 그가 갈 것이라는 예감이다. 그렇다면, 이건 어떤 절대에 대한 낭만적 열정일 텐데, 그렇다면 여기에 그의 잘못이 있다는 건가? 한마디로 어떤 의미에서는 그렇다. 그러나 또 다른 의미에서는 전혀 아니다. 만일 K가 불가능을 선택했다면, 처음부터 그런 결정을 해서다. 왜냐하면 모든 가능성으로부터 배제되어 있어서다. 만일 그가 세계 속을 걸어갈 수도 없고, 그가 원한 것처럼 사회생활이라는 평범한 길을 빌려 갈 수도 없다면, 그것은 그가 세계로부터, 또 자기 세계로부터도 축출당했기 때문이다. 그에게는 세계의 부재라는 형이 선고되었다. 진정한 체류지 없

는 세계로 유배당한 것이다. 헤매기. 이것이 그의 율법이다. 어떻게 해도 만족되지 않는 것은 이런 잘못 탓이다. 아니, 그 잘못을 행동으로, 표현으로, 반영으로 보여 주는 것이다. 따라서 이 잘못은 본질적으로는 틀렸다. 그러나, 이 잘못된 방향으로 항상 더 가려 한다. 그것이 그에게 남은 유일한 희망이기 때문이다. 그와 배치되지 않는 유일한 진실이기 때문이다. 그 진실을 확고부동하게, 성실하게 지킨다. 그리고 이 확고부동함이 그를 불굴의 고집을 지닌 영웅으로 만든 것이다.

그는 옳은 걸까? 틀린 걸까? 그는 알지 못하고, 우리도 알지 못한다. 하지만 사람들이 그에게 내미는 쉬운 길은 모두 자신을 시험하는 유혹에 불과하다는 의심을 갖고 있다. 그러니 그에게 더 많은 이득을 가져다주면 줄수록 그것으로부터 달아나야 한다. 여관 여주인의 약속은 의심스러우며, 촌장의 호의도 악의적으로 본다. 그에게 제공하겠다는 일자리로 그를 포획하려는 쇠사슬일 것이다 — 그렇다면, 프리다의 애정은 진지한 것일까?[7] 그녀는 그의 비몽사몽 중에 나타난 신기

---

7 마지막 장에서, 이제는 페피가 프리다를 대신해 K를 유혹하려 한다. 페피는 그가 어떤 음모의 대상이었는지를 길게 설명한다. 클람의 애인이 낯선 남자에게 몸을 던진 것은 스캔들을 일으켜 주의를 끌기 위함이었다는 것이다. 그녀의 육체적 매력은 볼품없었고 성격도 비호감이었기에 이런 그녀가 그 낯선 방문객을 유혹하는 것만으로도 그를 패배자로 만드는 것이었고, 그러면 그녀는 약간의 명예라도 다시 챙길 수 있었다. 더욱이 그녀는 클람의 애인이지 않은가. 모든 건 이 야망 가득한 여자가 능숙하게 지어낸 우화를 믿느냐에 달려 있었다. 이런 게 이 작은 불행한 실존에 대한 페피의 관점이었다. K 본인은 이 슬픈, 길들여진 지하 생활자의 삶 속에서 피난처를 찾고 싶은 마음이 있긴 했지만, 그걸 믿지는 않는다. 그가 말한다. "당신은 틀렸어요." 마지막 장에서 그는 관리 나리들이 경영하는 여인숙 주인의 아내와 새로운 밀통을 하기에 이른다. 따라서 모든 게 다시 시작되는 셈이다. 하지만 이토록 끝없는 재시작은 책은 중단될 수밖에 없다 하더라도 모든 게 다시 이 같은 상황 속으로

루일까? 웃고 있는 비서 뷔르겔이 법의 틈새를 통해 그에게 내민 은혜로운 선물일까?[8] 이 모든 것이 다 마음이 끌리지 않을 수 없을 만큼 매력적이고 또한 진실하다. 하지만 이것이 진실하다면, 아마도 이미지라서? 환각적 이미지라서? 사람들이 맹목적으로 헌신하며 집착하는 것은 그것이 이미지이기 때문일 것이다. 바로 거기서 가장 심각한 도착증인 우상 숭배가 탄생한다.

K는 그의 바깥에 있는 것은 —자신도 바깥에 내던져져 있지만— 모두 이미지에 불과하다는 것을 예감한다. 그는 이미지들에 자신을 내맡겨서도, 거기에 집착해서도 안 된다는 것을 알고 있다. 그는 무제한 논쟁할 수 있는 힘을 가지고 있을 만큼 강하다. 그 힘과 상응하는 것은 불확정적이나 유일무이한 하나의 점을 향한 무제한적 열정밖에 없다. 만일 그의 상황이 이렇다면, 이런 초조함으로 그가 할 수 있는 것이라곤 엄격한 유일신에 복종하는 것밖에 없다. 오로지 그것만이 그를 소생시킨다면, 바로 그래서 이런 초조함이 분명 그의 오류가 될 것이라는 것이다. 조제프 K의 오류가 소홀함, 무심함이었다면 말이다. 어쨌든 이런 이미지들이 그가 목표하는 이미지들인 것이다. 그 이미지들도 그의 빛의 일부이고, 그 이미지들을 인식하지 못한다는 것은, 이

매몰될 것이라는 것을 보여 준다.

8 어느 한 대목에서 마을의 한 관찰자는 K가 비서 뷔르겔과 한 면담을 "모험"이라 부르며 지극히 하찮은 것으로 폄하한다. 그가 말한다. "뷔르겔과 했을 수밖에요. 그러니 아주 코믹하다는 겁니다." 뷔르겔은 사실상 성의 공무원인 프레데릭이라는 사람의 비서이다. 그런데 프레데릭은 오래전부터 이미 한물간 사람이고, 어떤 영향력도 없다. 말할 것도 없이 뷔르겔은 최하급 비서에 불과하다.

미 본질에 눈을 감는다는 것이다. 불안하고 초조하면 형상들이 주는 유혹에서 벗어날 수 있을까. 그러면 그 형상들이 보여 주는 진실에서도 벗어나게 된다. 중간 매개를 통하지 않고 목표를 향해 곧장 가고 싶어 초조해하다 보니 결국 그 목표에 이르지 못하고 그 중간 매개체에 이르는 정도에 그친다. 그를 목표로 인도하는 것이 아니라, 그 목표에 다다르지 못하게 함에 이르게 된 것이다. 그래서 장애물들이 미분되어 무한 증식하듯 계속해서 갈라져 나오는 것이다. 그러면 여주인의 조언을 따르면서 얌전히, 인내하고 있으면 될까? 프리다 옆에서 그저 평화롭고 착한 마음으로 머물면 될까? 아니다. 그 모든 것이 이미지에 불과하기 때문이다. 이미지는 자기 상실로 인해, 진짜 원본 같은 진실한 현실 세계의 상실로 인해 생겨난 텅 빈 실체이며, 상상계가 만들어 낸 불행이자 혐오스러운 환영이기 때문이다.

*

K의 죽음은 불안에 내몰려 핍진에 이르는 행로에 불가피한 일로 보인다. 여기서 피곤은 카프카도 내적으로 겪고 있었던 것으로 ─ 신체만이 아니라 영혼에 이른 피로와 추위 ─ 이야기의 얼개를 만드는 동인動因 가운데 하나이다. 좀 더 정확히 말하면, 『성』의 주인공이 살아가는 공간의 차원 가운데 하나로, 진정한 휴식을 할 수 있는 조건과는 거리가 멀다. 연극 무대에서 이런 피로를 재현하려면, 배우가 역할에 충실하여 눈을 사로잡을 만한 핍진을 보여 주면 되지만, 실패로 귀결될 점진적 추이로서의 치명성까지는 다 담아내지 못할 것이다. 이 피로는

그 자체로 수수께끼다. 확실히, K는 피곤하다. 왜냐하면 조심하지도 않고, 인내하지도 않고, 이리 갔다 저리 갔다 분투하기 때문이다. 그럴 필요가 없을 때는 실패 단계로 접어들고, 더 이상 힘이 없을 때는 성공하기 위해서라도 그렇게 해야 한다. 몽롱한 상태에서 모든 것을 수용한 것이 원인이 되어 다시 모든 것을 거부하는 불만족의 결과로 이런 피로가 온 것이다. 따라서 방황하는 자에게 또 다른 형태의 무한한 불운이 오는 것이다. 전혀 휴식할 수 없고, 이 휴식에 이를 수도 없다. 왜냐하면 이 휴식이란 죽음에 다름 아니므로. 하여 메마른 피로가 계속된다. K처럼 완전히 지쳐 떨어진 자는 차라리 계속해서 움직여야 한다. 결론을 찾기 위해 필요한 힘마저 그에게는 남아 있지 않기 때문이다.

그러나, 동시에, 이런 권태를, 더욱이 비밀스러운 이런 권태를 전혀 진열하지 않는다. 오히려 그 특유의 신중한 재능으로 이를 은폐한다. 그렇다면 이런 권태는 그가 단죄되었다는 징후일까? 그러면 이제 구원의 경사면으로 들어선 것일까? 침묵의 완전함에 들어선 것일까? 완전한 합일을 상징하는, 깊은 수면으로 들어가는 부드럽고도 무감한 경사면. 그가 지친 것은 바로 그 순간이다. 호의적인 비서와 면담을 하던 그 순간. 그 면담이 이뤄지던 중 그는 거의 목표에 다다른 것처럼 보인다. 이것은 밤에 일어난다. 저 아래에서부터 시작된 면담처럼. 밤이, 속임수의 기만적인 밤이, 기꺼이 도와줄 수 있는 밤이 필요하다. 그래야 신비한 모든 천부적 재능들이 망각에 싸여 사라질 테니까. 그렇다면 이때 그는 도대체 무엇을 해야 할까? 피곤하고 지쳐 있으면 경이로운 기적의 기회를 놓치지 않을까? 아니면, 그 기회에 다가갈 수 있으려면 잠이라는 위로와 은총이 있어야만 하는 걸까? 아마도 둘 다이다. 그는 잠을 잔다. 하지만 그렇게 충분히 깊게 자는 것은 아니다. 그것은 아직 순수하고 절대적인 진짜 잠은 아니다. 그는 자야 할 것이다. "잠은 가장 순결한 것이다. 잠 없는 인간, 그것은 가장 죄악스러운 것이다." 자야 한다. 죽어야 하는 것과 마찬가지로 자야 한다. 우리의 일상적 권태 속에 그럭저럭 만족하는, 미완의, 비현실적인 잠이나 죽음이 아니라 전혀 다른 잠, 전혀 다른 죽음. 미지의, 비가시적인, 명명할 수 없는, 더욱이 접근할 수도 없는 그런 잠, 그런 죽음. K가 이르렀을지 모를 잠, 그런 죽음. 그는 책이 다 끝난 곳에 이른 게 아니라, 책이 아예 부재하는 침묵에 이르렀을 것이다. 그런데 여기에 처벌이 추가되는데, 브로트의 연극이 와서 불행하게도 그 잠을 방해하고 만 것이다.

27
마지막 말

카프카의 전집이 독일어판으로 출간되었을 때(1958년), 맨 마지막 권에는 "편지들"을 실었으므로, 이것이 카프카의 마지막 말이라 볼 수 있었다. 따라서 이 마지막 권에서 우리는 마치 최후의 심판일에 수수께끼의 형상이 풀리듯 그의 최종적 계시가 드러날 것을 기대했다. 어린아이처럼 순진하게 그런 것이 행여라도 있을까 안절부절하며 읽었지만 기대는 실망에 그쳤다. 최후의 심판일도 없었고, 이른바 대단원의 끝도 없었다. 카프카 유고작 출판물의 이상한 성격은, 마르지 않는 샘처럼 계속해서 뭔가가 흘러나올 것 같다는 것이다.

분명 전쟁, 학살, 체제 변화 등으로 그의 주변인들이 사라지면서, 상당한 증언과 목격자들이 없어진 측면은 있지만, 그래도 여전히 상당히 많은 자료가 있었고, 계속해서 발견되었다. 아마도 여기에는 중요한 자료도 있고 그다지 의미 없는 자료도 있을 것이었다. 그의 유년 및 청소년 시절에 대한 질문과 인터뷰가 이뤄졌고, 그 결과물들이 모이기 시작했다. 어떤 식으로든 전기가 쓰이는 일만 남았다.[1] 현재까지, 우리가 아는 것은, 막스 브로트가 알고 있던 그대로의 카프카의 얼굴과 삶이다. 물론 이것은 대체 불가능한 것이다. 편지들만 보아도 그들의 관계를 확인할 수 있다. 단단한 신뢰로 그토록 가까웠던 친구는 그 말고는 없다. 그러나 성격이나 행동이 그렇게 가까웠다는 말은 아니다. "막스와 나는 근본적으로 달랐다." 그런데 바로 이런 차이로 우정이 생겨났고, 강하고 씩씩하게 두 사람을 단결시켰다. 카프카가 브로트의 강한 기질과 실천 능력, 작가로서의 힘에 탄복했다 해도, 그러니까 자신보다 훨씬 우등하다고 봤다 해도, 그는 결코 그 앞에서 주눅 들지 않았다. 그와의 관계에 있어, 그가 보인 자신을 낮추는 태도는 다른 친구들과의 관계에서도 증명된다. 다른 사람들과 함께 있을 때는 그가 전혀 딴판이었다면, 그 자신과만 있을 때의 그는 어땠을까? 우리에게까지도 감춰져 잘 보이지 않는 그 자신은 여전히 순진한 우리 호기심의 대상으로 남는데, 아무리 탐색해도 알 수 없어 결국 실망하고 만다.

편지는 그의 인생 20년을 망라한다. 이 편지가 우리가 예상한 것 이하를 보여 주는 데는 몇 가지 동기가 있다. 우선, 이 편지들은 부분적으로 이미 알려진 것들이다. 브로트가 그의 전기 및 다른 저서에서 사용했기 때문이다. 게다가, 편지들이 아주 파편적으로 남아 있어서다.

---

1 클라우스 바겐바흐가 집필할 계획을 세우고 매우 학술적인 작업을 하여 쓴 전기이다. *Franz Kakfa, Eine Biographie seiner Jugend*, 1958. 카프카가 첫 약혼자인 펠리체 바우어에게 쓴 편지들에 대해 다룬 다음 장(28장)을 참조할 것. 출판사가 정리하여 나온 서간집 제1권에서 이 편지들은 배제되었다.

영문도 모르게 없어진 것도 있고 우연히 보관된 것들을 모아 어렵사리 출판한 것이어서 그렇다. 더욱이 가족과 주고받은 편지는 거의 소개되지 않았다. 청소년 시절 친구인 오스카 폴락과 주고받은 편지나 조금 후인 1907년 모라비아에서 체류하던 때 만난 헤트비히 바일러라는 소녀와 열정적으로 주고받은 편지들이 있어 그 시절은 그나마 알려졌다. 특히 이 소녀와 주고받은 편지는 여성 세계와 관계를 맺는 것을 힘들어했던 그의 모습의 초안이라 할 것이다. 그 후 브로트, 벨취, 바움 및 그의 평생 친구들(베르펠에게 보낸 편지들이 대부분)과 주고받은 편지들도 있다. 또한 의과대학생이었던 R. 클롭슈토크와 주고받은 편지가 있는데, 이 의대생은 도라 디아만트와 함께 카프카의 마지막을 함께했다. 다행인 것은, 그의 일기에 적힌 가장 가난하고 비참했던 해들이 중요한 문자들로 제일 풍부하게 남았다는 것이다. 취라우에서의 체류를 말하는데, 이때 그는 결핵을 선고받았고, 1921년과 1922년 마틀리아리와 플라나에 체류할 때, 『성』을 썼고, 이어 포기했다. 우리는 이제는 더 자세한 관계를 알고 있다. 암시가 밝혀지면, 어둠이 깊어진다. 이 신비한 성격 속에서 어떤 순간 우리는 더 확신을 느낀다. 이런 커브 곡선에서 우리는 이 희귀한 실존의 무언가를 더 잘 예감하게 된다. 음화로서 보이는 계시에 우리가 더 민감해지는 것처럼.

그러나 예상치 못한 힘에 의해서라도, 밀레나에게 보낸 편지와 비교할 수 있는 것은 아무것도 없다.[2] 일기에서나 볼 수 있는, 거의 임계

---

2 밀레나에게 보낸 편지들은 1952년 분권하여 출판된 적이 있다.

점을 넘어선 것 같은 느낌이 들기 때문이다. 편지를 주고받는 자들과 가까운 사이인 만큼 비밀 이상의 것을 토로하거나, 가차 없는 솔직함으로 자신에 대해 말하지만, 기이하게도 그는 거의 감지되지는 않는 거리를 분명 유지한다. 그래야 그들의 진실이 그리고 그 자신의 고유한 진실이 관리되기 때문이다. "네가 날 이해한다고 넌 말해선 안 돼." 그는 브로트에게 이런 말을 반복한다. 친구들은 감탄을 불러일으키는 그의 인성을 너무나 잘 알기에 그가 절망하지 않아야 할 모든 이유를 그에게 언제든 제시할 준비가 되어 있었다. 하지만 정확히 바로 이 점 때문에 그들은 그를 절망하게 만들었다. 완벽한 불행으로만 그가 행복하지 않은 게 아니라 그를 가장 잘 아는 친구들의 너무나 호의적인 해석들 때문에도 그는 행복하지 않았다. 이것은 그에게 고유한 고통(불행과 괴로움)에 그 누구도 접근할 수 없다는 것을 시사한다. 그의 고통이 얼마나 깊은지, 그리고 자장가를 불러 주듯 조용히 위로하는 해결책이 그에게는 얼마나 별 이득이 없는지 시사한다. "네가 나의 경우에 대해 말한 것은 옳아. 밖에서 보면 그럴 수 있지. 위로가 돼. 하지만 때가 되면, 그건 절망으로 바뀌어. 그렇다면 그 끔찍한 것들을 전혀 떼어 내지 못했다는 거야. 모든 게 내 안에 고인 채 남아 있어. 이 어둠은 나 혼자만 볼 수 있는 거야, 아니 나 자신도 항상 볼 수 있는 건 아냐. 그런 다음 날이 되면 이미 이젠 보이지 않아. 하지만 난 알아. 그게 거기 있다는 것을, 거기서 날 기다리고 있다는 것을…"

여기에 덧붙여야 하는 것은, 카프카는 다른 사람들의 진실을 지극히 존중했다는 점이다. 그래서 이 다른 사람들을 자신이 겪고 있는 어두운 경험에서 최대한 멀찌감치 떨어뜨려 놓았다. 그들에게 조언을 하거나, 평가를 하면서 그 특유의 경쾌한 밝은 표정으로 희망의 문이 열릴 것이라고 그들을 설득했지만, 누군가가 그를 그 희망의 문에 같이 끌어들이려고 하면, 그 즉시 그것을 기피하고 인정하지 않았다. 클롭슈토크에게 보낸 좀 후대의 편지(1922년 7월)에서 나는 이런 행을 발견했다. "만일 우리가 좋은 길을 걷고 있는 게 맞다면, 포기한다라는 것은 무한한 절망이 될 거야. 하지만, 우리가 가는 길은 우릴 두 번째 길로 인도하는 길일 뿐이야. 두 번째 길은 세 번째 길을 인도하겠지. 그 다음 길은 또 그 다음 길을. 진정한 길은 가까운 미래에도 나타나지 않을 거야. 아마 영원히 안 나타날지 몰라. 그도 그럴 것이 우린 지금 완전히 불확실성 속에 있어. 하지만 그래서 또한 생각할 수도 없게 아름다운 다양성 속에 있는 거지. 희망이 이뤄진다면 그건 예기치 않은 기적이지. 그에 대한 보상으로 주어지는…" 카프카에 의해 정말 드물게 묘사된 그나마 긍정적인 양상을 우리는 보고 있는 것이다. 물론 부정적인 탐색을 거듭하다 나온 것이긴 하지만 말이다(그럴 수밖에 없는 것이, 여기서 진정한 길은 유일무이한 독특한 길인데 우리 앞에 주어져 있는 길이 아니다. 길은 없다. 다만 무한히 변화하는 어떤 것이 있을 뿐이다. 우리에게 미학적 기쁨을 주는 어떤 반사체들의 반짝거림과는 비교가 안 될 만큼 아름답게 반짝거리는 그 어떤 것이 있을 뿐이다). 그러나 낙담한 그의 친구에게 그가 한 이런 식의 위로를, 다른 사람이 그에게도 똑같이 해 준다면 그가 받아들였을지 나는 의문이다.[3] 또 다른 예. 브로트

---

3 그는 브로트에게 이렇게 썼다. "내가 나에 대해 갖는 나쁜 의견은 통상적인 나쁜 의견이 아니야. 그건 차라리 나의 유일한 힘일 거야. 내가 절대 가질 수 없는 힘인데, 내 삶에서 합리

는 항상 카프카의 신념에 이것이 중심이라도 되는 것처럼 이런 아포리 즘에 가치를 부여했다. "이론적으로는, 지상에서의 행복이라는 완전한 가능성이 있다. 자신 안에 파괴될 수 없는 것이 있다고 믿는다면, 그것 에 도달하려고 애쓰지 않는다면." 하지만 우리가 한 편지를 통해 보듯, 이런 사상은 막스 브로트의 에세이와 관련된다(이교도, 기독교, 유대교). "그렇게 말했다면, 아마도 너의 개념에 가장 가까울 거야. '이론적으로 는 지상에서의 행복이라는 완벽한 가능성이 있다. 정말로 신성한 것을 믿는다면, 그것에 도달하려고 애쓰지 않는다면.' 이런 행복 가능성은 가까이하기 어려운 만큼 반종교적이야. 하지만 아마 그리스인들이 다

적인 한계선을 그어 놓고 난 후에는 절대 이걸 의심하지 않아. 그게 내 안에서 하나의 질 서 체계를 만들어. 내가 절대 껴안을 수 없는 것이 내 앞에 있게 되면, 그러자마자 나는 내 안에서 무너지고 말아. 하지만 그만 하면 됐다 싶어지면서 마음이 평화로워져." 이런 성찰 은 1912년에 나온 것이다. 나쁜 의견은 아직은 방법론에 그치는데, 자기 밖에 외접선을 그 려 그 안에서 자제하는 듯하다. 그는 같은 편지에서 이렇게도 말한다. "내가 쓴 것은 미지근 한 욕조 안에서 쓰었어. 난 진짜 작가들이 사는 영원한 지옥을 아직 체험하지 못했어." 이런 편지들은 우리가 예감하는 것들을 확인시켜 준다. 삶과의 이 극적인 관계성은 서른 살 무 렵 본격적으로 시작된다. 이 무렵, 그의 한편에서는 글쓰기가 절대적 요구가 되고, 다른 한 편에서는, 약혼자를 만난다. 1912년을 기준으로 정확히 갈라진다. 그는 그때까지는 아버지 에 의해 지배되는 삶을 살았다. 분명 그래서 그는 이미 "절망해" 있었을 것이다. 그러나 이 제 가볍다고 느껴질 정도로 환하고 반짝거리는 유머 속에 그의 절망에도 빛이 들어온다. 물론 일종의 어떤 미학적 기쁨이 그의 절망을 감시하고는 있다. 가령 이런 식으로. "오늘 아 침, 씻기 전 내가 보았듯이, 나는 2년 전부터 정말 절망적이었다. 그런데 그 절망에 어느 정 도 가까운 한계선만이 내 순간의 기분을 결정한다. 지금 나는 카페에서 몇 가지 재미난 것 들을 읽는다. 지금은 기분이 좋다. 나는 내 절망에 대해 말하지 않는다. 아마 내가 집에 있 었다면 그러고도 남았겠지만, 그 정도로 절망에 대한 확신을 가지고 절망을 말하지는 않는 다"(1908). 또 이런 절규에서도 공통된 것이 느껴진다. "들판에서, 내 머리와 내 밤들의 광 기 바깥에서. 나는 어떤 존재인가, 나는 어떤 존재인가. 나는 내 광기를, 나 자신마저 고문한 다. 죽을 때까지"(1916).

른 이들보다 여기에 가까이 갔을 거야." 카프카의 진리는 바로 여기 있는 걸까? 그리스인들이 여기는 진리? 더욱이 "신성모독적"인 것? 이런 그의 해설을 읽다 보면 다시 한번 어떤 조심성을 생각하게 된다. 브로트의 관대한 낙관주의 때문에 때때로 카프카가 잊어버릴 뻔한 그 조심성 말이다.

*

카프카의 삶은 어둠에 의해 보호된 어두운 투쟁이었지만 여기서 우리는 아버지와의 관계, 문학과의 관계, 여성 세계와의 관계를 통해 표현된 네 개의 양상을 뚜렷이 보게 된다. 이 세 관계와의 투쟁이 서로 더 깊이 재해석되면 그가 어떤 정신적 투쟁을 했는지 그 투쟁의 형태가 드러난다. 당연히 각각의 관계가 나머지 관계의 원인을 제공하기도 한다. 위기는 항상 총체적이었다. 각각의 일화가 모든 것을 말해 주고, 다시 모든 것을 고려하게 했다. 몸에 대한 근심은 존재에 대한 근심이다. 불면증, 그러니까 그가 보낸 밤들마다 매번 겪는 비극적 어려움은 그의 모든 어려움을 표현한다. 다 드러나 있지는 않지만, 이 네 가지 중심점들을 가지고 그의 전기를 구성한다면, 잠깐이라도 우리가 관심을 가지고 그의 전기를 들여다볼 수 있게 된다. 이 수수께끼들의 특질은 매우 다르면서도, 어떤 것은 훨씬 명확하고 어떤 것은 좀 덜 명확하긴 하다. 가령 아버지의 문제는 너무나 가시적인 방식으로 나타난다는 것을 우리는 확인할 수 있다. 물론 이 문제가 나머지 세 문제들과 함께 전개되긴 하지만(바로 이어 그가 얼마나 그의 결혼 문제를 복잡하게 만드는지, 글쓰기 문제를 얼마나 그의 강박적 테마로 만드는지, 유대주의의 모든 문제에 얼마나 그가 깊이 사로잡혀 있는지 보게 될 것이다), 그래도 가장 비밀이 적고, 그를 가장 덜 멀리까지 따라다닐 것이다. 그를 가장 멀리까지 따라다니는 문제는 바로 작가로서의 문제이다. 가장 비극적이고, 매 순간 그를 가장 어둡고 침울하게 만드는 문제는 바로 여자 문제일 것이다. 가장 모호하고 난해한 문제는 바로 정신적 세계의 문제로, 그래서 필히 은닉되었을 것이다. 그도 그럴 것이 절대 직접적으로는 포착되지 않기 때문이다. "나는 본질이나 핵심은 말할 수기 없다. 그것이 내 가슴, 저 어둡고 캄캄한 곳에 묻혀 있어 나 자신에게도 보이지 않기 때문이다. 그것은 아마 나와 같은 침대를 쓰면서 내 질병 바로 옆에 있을 것이다."

편지들을 봐도 그 자신의 이런 형태들에 대해 어느 정도 짐작되는 바가 있는데, 명확하지 않다면, 적어도 상당히 신중하게, 뉘앙스를 살피면 이해할 수 있는 가능성은 어느 정도 생긴다. 특히 우리는 그의 생애 전체에 작동한 운동성을 예감하는데, 젊은 시절부터, 어떤 극단적 단언 속에 그는 박혀 있었다. 너무나 깊이 박혀 있어, 도무지 벗어날 수 없어 보이지만, 그래도 부단히 변화하기는 한다. 수수께끼 같으면서도 그의 삶을 더욱 풍부하게 만들어 준 이 운동성은, 말하자면 정중동靜中動 같은 것이라 할 것이다. 청소년 시절의 말과 성년 시절의 말이 서로 포개져 나타날 수 있다. 같은 것이면서 매우 다른 것이다. 그렇지만 전혀 다른 건 아니고, 메아리처럼 퍼지며 서로 교감하며 깊어지는 말이다. 동시에 이런 점진적 변화는 순수하게 내적인 것은 아니다. 이야기도 중요하다. 이야기 한쪽에는 그의 사적인 이야기가 흘러들어 온다.

펠리체 바우어, 율리에 보리첵, 밀레나, 도라 디아만트와의 만남, 또 그의 가족과의 만남, 취라우의 들판, 책, 질병 등. 이야기의 또 다른 쪽에는 유대교의 비극적 문제들을 통해 암암리에 들려오는 무성한 소문들이 있다.

물론 이런 이야기와 운동성은 문학적 창조의 운동성 안으로 모여들고, 항상 거기에 진실이 머물고 있는데, 그래서 그가 늘 찾는 것은 이곳이 될 것이다. 마지막까지 그는 작가로 남는다. 아무런 기력도 없고, 목소리도 나오지 않고, 숨도 잘 쉬어지지 않던 임종의 침대 위에서도 그는 원고를 교정한다(『단식 광대』). 목소리가 나오지 않아 말을 할 수 없어 종이 위에 써서 친구들과 대화했다. 이렇게 쓴 게 있다. "이제, 난 그것들을 읽을 거야. 아마 날 너무 자극할 수도 있겠지. 하지만 그렇게 한 번만 더 살아야겠어." 클롭슈토크가 전하는 바에 따르면, 독서가 끝나자 한동안 그의 얼굴에 눈물이 흘러내렸다. "내가 카프카를 본 것은 그때가 처음이었다. 항상 너무나 자신의 주인이었는데, 처음으로 감정이 흐르는 대로 자신을 내버려 두었던 것이다." 서한 모음집에 아주 엄격하고 거의 냉혹하기까지 한 편지가 하나 있는데, 카프카가 작가로서의 자신의 고독을 옹호하기 위해 쓴 것이었다. 타자에 대한 기적 같은 주의력과 배려에도 불구하고, 넘어가게 내버려 둘 수밖에 없었던 한계선이 그에게 있었음을 보여 주기 위해 나는 그것을 인용하려 한다. 이 젊은 의과대학생 클롭슈토크는 마틀리아리에서 카프카를 알게 되었는데, 그를 무척 좋아했다. 항상 다정하게 대했고, 훨씬 긴밀한 우정을 맺고 싶은 욕심에 그를 더 많이 보고 싶어 했다. 그런데 그는 그들의 첫 만남 이후 카프카가 많이 변해 있다는 것을 느낀다. "마틀리아리와 프라하 사이에 분명 차이가 생겼다는 것을 나는 인정해. 광기의 시기 동안 고통을 겪은 이후, 그 사이 나는 글을 쓰기 시작했으니까. 그리고 이런 활동은, 어떤 식으로든, 내 주변 모든 사람들에게 아주 잔인한 것이 되었고(말할 수 없을 만큼 잔인해. 그건 더 말 못 해), 하지만 내게는 지상에서 가장 중요한 것이 되었어. 미친 사람에게는 자신의 정신착란이 곧 자신의 존재야(존재를 잃으면 "미친" 게 되는 거잖아). 여자에게 임신이 곧 자신의 존재가 되는 것처럼. 이건 쓰인 글의 가치와 무관해. 이런 가치는 내가 알아도 너무 알아. 이건 나를 위한 가치야. 불안과 동요 속에 글을 쓰면서도 글을 동요시키는 것을 글에 다 간직하려 하지. 단순히 글만 아니라 글에 들어 있는 고독까지. 내가 어제 너에게 일요일 저녁에는 오지 말라고 말했을 때, 그러니까 월요일만 오라고 했는데, 넌 두 번이나 반복해서 나에게 이렇게 물었어. '그럼, 저녁 말고는?' 그래서 난 적어도 두 번은 너에게 이렇게 답해야 했어. '그러니까 너도 쉬어'라고. 사실, 이건 완벽한 거짓말이야. 왜냐하면 그건 난 혼자 있고 싶다는 말이었거든."

*

글을 써야 할 갈급한 필요는 운명이자 위협처럼 다가오며 중심적인 문제가 되는데, 편지들 가운데 가장 중요한 두 개의 글이 있다. 그것은 1922년 7월과 9월에 쓰인 것이다. 이 편지가 중요한 것은, 어떤 상황 속에서 『성』을 포기하게 되는지 우리에게 알려 주기 때문이다. 꽤 긴 편지글이라 그 일부만 인용하며 부분적으로 약술해 보고자 한다. 가장 최근의 이야기부터 시작한다. "일주일 전부터 다시 여기(플라나) 있어. 그동안 너무나 즐겁게 지내지 못했어. 왜냐하면, 성의 이야기를 이젠 정말, 아예 정말 포기해야만 하기 때문이야. 프라하 여행 전 일주일 동안 완전히 '붕괴'된 후, 이야기가 그 다음으로 연결이 되질 않아. 너도 아는 것처럼 플라나에서 썼던 것은 그렇게까지 나쁘지 않았는데 말이야." 카프카는 (그와 함께 살고 있던) 여동생 오틀라에게 어떻게 해서 프라하에 곧 그리고 아예 들어가야만 하는지를 이야기한다. 그런데 하녀가 그가 좋아하는 장소이니 체류를 연장하라며 그에게 식사를 준비해 주겠다고 한다. 그는 받아들인다. 모든 게 결정되었다. "겨울은 여기 머물 거야. 여전히 고마워…" "곧장, 내 방으로 통하는 계단으로 올라가는데 그 계단 끝에서 '붕괴'가 일어났어… 그 상태의 외적인 측면은 묘사할 필요가 없어. 너도 아니까. 하지만 네 경험에서 그게 가장 극에 달했을 때, 그래 그걸 생각해 보면 될 거야. 무엇보다, 이제는 잠을 잘 수가 없다는 걸 알아. 수면의 힘이 있는데, 그 한가운데까지 다 갉아 먹혔어. 이미 난 불면을 예감해. 지난 밤 한숨도 자지 못했는데, 그 고통이 또 올 거야. 밖으로 나와 봐도 다른 생각은 할 수가 없어. 괴물 같은 불안이 내 속에 꽉 차 있어. 더 선명한 순간에는 불안의 불안이 보여. 도대체 그게 뭘까? 생각을 더 하면 그 불안 속을 뚫고 들어갈 수 있을 거 같아. 거기에 단 한 가지가 있어. 내가 더 큰 주제들 속으로 들어와야 한다고 네가 말했잖아. 그래, 그거야. 하지만 난 쥐구멍에 들어와 있는 거 같아. 그 단 한 가지가 뭔지 알아? 완전한 고독에 대한 두려움이야. 내가 여기 혼자 남는다면, 난 완전히 고독해질 거야. 사람들과 말할 수도 없고, 그렇게 되면, 고독은 더 증가할 테지. 그럼 적어도 난 고독의 공포들을 알아 버리겠지 ──사람들 속에 있으면서 느끼는 고독 말고 고독한 고독 같은 걸 말하는 거야. 마틀리아리에서 초기에 그랬고, 스핀들레르무흘레에서도 며칠간 그랬어. 하지만 그거에 대해선 말하고 싶지 않아. 고독과 함께 있는 게 뭘까? 고독은 내 유일한 목표이자, 가장 큰 유혹이며 가능성 그 자체야. 내가 나의 삶을 '조직'했다고 말할 수 있다는 조건에서 말이지. 내 삶이 잘 조직되어 있어야 고독이 잘 지낼 수 있으니까. 그럼에도 불구하고, 내가 그렇게 좋아하는 것 앞에서 불안이…"

이 불안은 일종의 욕망에서 불거진 불안이다. 고독 앞에서도 불안을 느끼는데, 아니 고독이 있으면 있는 대로, 없으면 없는 대로 불안을 느끼는데, 따라서 어떤 식으로 해결을 해도 항상 불안을 느끼는 것이다. 이런 불안은 우리가 충분히 이해할 수 있는 것으로, 그러나 서두르면 안 된다. 약간 앞선 시기의 한 편지에서 카프카는 이렇게 복잡하게 얽힌 관계를 수수께끼 풀듯 해명하는데, 이른바 심각한 위기가 와서이다. 친구 바움한테 가서 며칠 머물기 위해 그는 게오르겐탈로 가야 한다. 그는 우선 친구에게 가도 되는지 묻는 편지를 쓴다. 이런 여행은 그가 좋아하는 것이다. 적어도 굳이 가면 안 되는 합당한 이유를 찾지 못한다. 그런데 "붕괴"가 온다. 무한한 불안과 잠들지 못하는 밤이 온다. "내 고통스러운 관자놀이 사이로 이 생각 저 생각이 왔다 갔다 하여 한숨도 자지 못하며 이 밤을 보내는 동안, 충분히 평화로웠던 최근 며칠간 내가 했던 것을 거의 다 잊어버렸다는 것을 다시 의식하게 되었어. 약한 지반 위에, 아니 존재하지도 않는 지반 위에 있으면서 어둠 너머에서 점차 그 어둠의 강력한 힘이 새어 나오는 것을 봐. 내 말더듬증과 상관없이, 이 어둠의 힘이 내 삶을 다 파괴해. 글쓰기가 그나마 날 붙잡고 있어. 아니, 글쓰기가 이런 종류의 삶을 붙잡고 있다고 말하는 게 더 정확할까? 글을 쓰지 않을 때 내 삶이 최고라고, 내가 그런 주장은 당연히 하지 않겠지. 글을 쓰지 않으면 내 삶은 최악이니까, 완전히 참을 수 없을 지경이 되고, 결국 미치고 말 거니까. 하지만, 나로선 말이지, 그렇다 해도, 아니, 지금 이 순간이 그런 경우인데, 글을 쓰지 않아도 작가라는 생각에 매달려 있으니. 글을 쓰지 않는 작가는, 광기를 부르고 말 극악함이야. 하지만, 이렇게 해서라도 작가로 있다는 건 도대체 뭘까? 글을 쓰면 달콤하고 기적 같은 보상이 있어. 하지만 누가 우리에게 무엇을 지불하지? 밤에, 나는, 수업받는 어린이처럼 말똥말똥하게 그 답을 분명 알았어. 바로 악령에 복무한 대가였지. 이 어두운 힘을 향한 하강, 평상시 잘 통제되어 있던 정신들의 분출, 태양 빛 아래에서 이야기를 쓸 때에는, 그렇게 높은 곳에서는 알 수 없었던 것. 아마 전혀 다른 글쓰기 방식이 있을 거야. 내가 아는 것은 그것뿐이고. 밤에, 불안이 나를 잠들지 못하게 할 때, 내가 아는 것은 그것뿐이야. 그 글쓰기 방식에 악마 같은 게 있다면, 내겐 그게 너무 분명해 보여. 나의 자아를, 혹은 어떤 낯선 사람을 둘러싸고 끝도 없이 돌고 돌며 쾌락을 느끼는 공허감, 그리고 색욕. 계속해서 증식할 줄밖에 모르는 그 운동성으로, 공허감의 운동성으로, 이것이 진짜 태양계의 운동이지. '나는 죽고 싶고, 사람들이 어떻게 나를 위해 우는지 보고 싶어.' 도대체 어떤 작가가 이걸 줄곧, 한결같이 구현할까. 죽고(혹은 살지 않고) 그리고 줄곧, 한결같이 그런 자신을 보며 울고. 죽음에 대한 끔찍한 불안감은 이래서 오는데, 이건 반드시 죽음에 대한 공포로 표현되지 않고, 변화에 대한 두려움으로 표명되기도 해. 게오르겐탈에 가는 두려움이 그것일 수도 있어."

그런데 왜 죽음에 대한 두려움일까? 카프카는 그 이유를 둘로 구분하는데, 둘은 배열체처럼 서로 이어져 있다. 사실상, 이런 생각으로 귀착된다. 작가는 죽는 것을 두려워한다. 왜냐하면 아직 다 살지 않았기 때문이다. 단순히 한 여자와 아이들과 재산과 함께 사는 행복이 그에게 부족해서가 아니라 집 안으로 들어가는 대신 밖에서 바라보는 데 만족하기 때문이다. 사물을 누리는 즐거움에서 배제된 채 소유가 아닌 관조로 용마루를, 절정을 표창하는 데 만족하기 때문이다. 이 작가의 내면에서 들려오는 독백을 들어 보자. "내가 즐겼던 것이 실제로 오게 될 것이다. 나는 글쓰기로 나를 속죄한 게 아니다. 나는 죽으러 내 삶을 살았다. 더욱이 실제로 나는 죽게 될 것이다. 나의 인생은 다른 사람들의 인생보다 훨씬 감미로웠다. 나의 죽음은 그래서 더 끔찍할 것이다. 당연히, 내 안에 있는 작가도 곧 죽게 될 것이다. 왜냐하면 그런 인물은 땅에서 나온 것도 아니고, 그 어떤 현실에서 나온 것도 아니기 때문이다. 흙먼지로 만들어진 것도 아니다. 그런 인물이 가능하다면, 약간이라도 가능하다면, 몰지각하고 이상야릇하며 색욕으로 세워진 지상에서의 삶에서일 것이다. 그런 게 작가다. 그러나 나 자신도 그런 삶을 지속할 수 없다. 왜냐하면 나는 살지 않았기 때문이다. 나는 여전히 점토 속에 있다. 아직 불로 변하지 못한 불똥에 나는 불과하다. 나는 그 불똥을 내 시신을 비추는 데나 쓰게 했을 뿐이다." 카프카는 이어 덧붙인다. "그것은 기이한 매장이다. 작가는, 이 실존하지 않는 어떤 것은, 그 늙은 시체를, 언제나 변함없을 그 시체를 묘혈에 전달한다. 나는 제법 작가이다. 나 자신을 완전히 잊은 망아 속에서 그것을 충만히 즐기길 원하니까 ── 통찰력으로 그렇게 되는 게 아니다. 망아는 작가의 첫 번째 조건일 뿐이다 ── 또는, 같은 말이 되겠지만, 그것을 이야기하길 원하니까. 그러나 그런 일은 발생하지 않을 것이다. 왜 진짜 죽음에 대해서만 말해야 할까? 삶 속에서 그것은 같은 것인데…" 카프카는 이어 잠시 후에 두 가지 지적을 한다. "글 쓰는 책상에서 떨어져 있어야만 하는 며칠간, 여행의 두려움 속에서 생각은 하나의 역할을 한다는 사실을 나는 덧붙여야겠다. 이때 하는 웃긴 생각이 사실상 유일한 정당함이다. 왜냐하면 작가의 실존은 사실 그 책상에 달려 있기 때문이다. 광기에서 벗어나고 싶다면, 작가에게는 책상에서 떨어질 권한이 없다. 이빨로라도 거기에 고리못을 박고 있어야 한다. 작가의 정의는, 이런 작가에 대한 정의는 그리고 그가 수행하는 행위에 대한 설명은(그런 게 있다면) 다음과 같다. 그는 인류의 희생양이다. 작가가 있기에 인간들은 악의 없는 원죄를, 거의 악의 없는 원죄를 기꺼이 누릴 수 있기 때문이다."

*

위 행들을 군이 해석하지 않아도, 여기서 주목할 수 있는 것은, 이어지는 확언들이 모두 같은 수준에 있지는 않다는 것이다. 분명한 확언들도 있다. 글쓰기는 삶 바깥에 놓인다는 것. 자신의 죽음을 즐기는 것은 어떤 기만에 의한 것이고 이것이 끔찍한 현실이 되고 말 것이라는 것. 작은 여행이 주어져도 문자 그대로 차형車刑을 당한 사람처럼 악마에게 시달리고 가루로 바스라질 만큼 현실적으로 궁핍한 자아라는 것. 이제 세계는 그에게 금지되었다. 삶은 불가능하다. 고독은 피할 수 없다. "그래서, 난 이제 라보엠[4] 바깥으로는 나갈 수 없겠다고 결정했어. 조만간에는 프라하에 나를 제한하기로 했어. 그 다음엔 내 방에, 그 다음엔 내 침대에, 그 다음엔 내 몸의 어떤 자세에, 그 다음엔 아무것도. 아마, 그렇게 되면 글을 쓰는 행복도 자유롭게 포기할 수 있을 거야—그래, 자유롭게, 가볍게. 그래, 이게 중요해." 혼자라는 불안이 여기서는 거의 거무스레한 무리로 둘러싸진다. 따라서 글을 쓴다는 것은 나쁜 활동이다. 그러나 단순히 이런 이유들 때문은 아니고 더 어두운 다른 이유들이 있다. 글을 쓴다는 것은 야행적이고 몽환적이다. 어두운 힘에 자신을 던지고 저 아래 지역으로 내려가 불순한 포옹에 자신을 내맡기는 일이다. 카프카에게는 이런 모든 표현들이 즉각적 진실이다. 이런 표현들은 암흑의 매혹, 욕망의 어두운 빛, 밤 속에서 풀어헤쳐지는 열정 같은 것들을 환기하는데, 결국 이것들은 다 근원적인 죽음으로 귀결된다. 저 하계 힘에 의해 이끌려 그는 무엇을 듣고 깨닫는 것일까? 우리는 그걸 알지 못한다. 하지만 점점 더, 그는 그의 단어들을, 살아 있는 것들을 집어삼키고 모든 진실을 다 말라비틀어지게 할 것만 같은, 유령같이 비실제하는 단어들을 사용하고 조합한다. 바로 그래서, 친구에게조차, 마지막 해에는 글을 쓰는 것을 거의 그만두었다. 특히 자기 자신에 대해 말하는 것을. "사실이야, 난 아무것도 쓰지 않

---

4 프랑스어로는 라보엠 왕국이라고 하는데, 체코를 뜻한다. 체코어로는 České království이다. —옮긴이

아. 하지만 내가 뭔가 감출 게 있어서 그런 건 아냐(그게 내 삶의 소명이 아닌 한)… 무엇보다 우선, 최근 몇 년간은 전략적인 이유들을 위해 스스로 법칙을 정했어. 나는 이제 단어도 문자도 믿지 않아. 내 단어도 내 문자도 믿지 않아. 난 그저 내 마음을 사람들과 나누고 싶어. 단어들을 가지고 놀고, 문자들을 읽고 미해결로 매달려 있는 언어를 읽는 환영들이 아니라."

따라서 결론은 단정적으로 다음이 될 것이다. 더는 글을 쓰지 않기. 한편, 이 결론은 전혀 다른 것이 된다(그리고 20년 동안, 그 결론은 결코 바뀌지 않았다). "글쓰기는 나에게 있어 가장 필요하고 가장 중요한 것이야." 이 필요성을 말해 준 것만으로도 그는 충분히 그 이유들을 우리에게 알려 줬다. 그가 한 말을 우리가 다른 문자를 써서 다시 한 번 말하게 할 정도로. 그러니까 이런 식으로. 만일 그가 쓰지 않는다면, 미치고 말 것이다. 글쓰기는 광기이고, 그의 광기이지만, 이 광기는 그의 존재 이유이다. 이게 바로 그에게 내려진 영벌이다. 그러나 이 영벌만이 그를 구원할 유일한 길이다(그에게 그런 길이 하나라도 남아 있다면). 길을 잃고 말 것이라는 두 가지 확신 사이에서 — 글을 써도 길을 잃는다. 글을 쓰지 않아도 길을 잃는다 — 그는 하나의 통로를 만들려고 하는데, 그 통로란, 유령들에게 간구하고자 유령들을 초혼하는 글쓰기가 아니라 그저 글쓰기이다. 브로트에게 보낸 편지에서 그는 불안에 떨며 그의 단어들이 환영들에게 넘어간 것 같다고 말하기도 한다.[5]

---

5 밀레나에게 보낸 마지막 편지들에도 이런 표현이 나오는데, 이 편지에서 훨씬 유머 있다.

그리고 부수적으로 이 말을 덧붙이는데, 작가로서의 그의 희망이 무엇이었는지 알게 하는 문장이다. "가끔은 이런 생각이 들어. 예술의 본질은, 예술의 실존은, '전략적 고찰' 자체로 그대로 소명되는 게 아닌가 싶어. 그래야 인간 대 인간으로 진정한 말이 가능해지지 않을까 싶어."[6]

*

그의 생애 마지막 해 동안 썼던 편지들에 남겨진 인상들을 나는 한번 해석해 보고 싶다. 조금만 장소를 이동해도 몹시 힘들어했던 그이지만 가족과 친구들에게 멀리 떨어져, 베를린에서 살아 보겠다는 결심을 한다. 그 옆에는 1923년 7월 뮈리츠에서 알게 된 도라 디아만트가 있긴 했다(그는 1924년 6월 사망하므로, 그녀와 딱 네 달 동안 동거한 셈이다). 그때까지만 해도, 병이 있긴 했지만, 위험할 정도로 아파 보이지는 않았다. 병은 깊어졌으나, 천천히 깊어지고 있었다. 베를린에서의 체류

---

6 그에게 원래 책임이 있다고 보지 않는 세계 바깥에서의 삶, 이른바 그의 예술이 지향하는 이런 삶에 대해 카프카는 다른 글에서도 많이 말한다. 이런 삶은 우선 아버지와의 관계에서 기인했다. 바로 아버지에 의해 그는 삶에서 쫓겨났고 저 경계 바깥으로 추방되었으며, 유배지에서 계속 방황할 것을 선고받았다. 예술은 이런 그의 사전적 운명을 번역하고, 경작하고, 심화하는 것에 다름 아니다. 게다가 카프카는 이런 세계 바깥에서의 삶에 대해 적대적으로 말하지 않는다. 오히려 집요한 힘으로 그런 삶을 탐색했다. 1921년 6월 브로트에게 보낸 편지에서 그는 이렇게 적고 있다. "15일간의 고문 후, 약간은 평화로운 첫날이야. 내가 끌고 온 이 세계 바깥에서의 삶은 그 자체로는 다른 것보다 더 나쁠 것도 없어. 그러니 불평할 이유도 없지. 하지만, 세계 바깥에서의 이 삶 속으로까지 왔다면, 도굴꾼 같은 이 세계는 마구 소리를 질러 대기 시작하고, 나는 내 경첩에서 뛰쳐나와 내 머리를 광기의 문에 정말 세게 부딪혀. 그 문은 항상 방긋이 열려 있지. 아주 사소한 것으로도 이런 상태에 갇혀."

가 치명적이었다. 혹독한 겨울, 나쁜 날씨, 취약한 생활 조건, 내전으로 궁핍하고 시끄러운 이 대도시의 소요와 기근은 하나의 위협으로 다가왔다. 그는 그것을 너무나 잘 의식하지 않을 수 없었다. 친구들의 기도와 조언에도 여기서 빠져나올 생각을 하지 않았다. "시골의사"인 그의 삼촌의 중재가 필요했다. 그는 몇 주라도 체류하는 곳을 바꿔야 한다고 카프카를 설득했다. 결핵 후두염이 선고되기 전이었다. 자기 건강에 대한 무신경은 새로 나타난 현상이었다. 가령 이런 특징을 띠었다. 그는 1923년까지는 조금만 아파도 걱정했다. 상황이 점점 심각해지면 그는 일절 말을 하지 않았다. 이런 그의 절도와 놀라운 신중함은 이제부터 그의 상태가 끔찍해질 것에 대한 사전 통보였다. "결핵 후두염을 운명이라 생각하고 받아들이면, 내 상태는 참을 만해. 나는 다시 삼킬 수 있어. 일시적으로." 브로트가 프라하에서 와서 그를 마지막으로 보고 간 이후, 그에게 보낸 마지막 편지, 마지막 문장에는 즐거운 순간들에 대한 것들이 적혀 있다. "푸념 투성이인 주제들 옆에, 작지만 유쾌한 것들도 있어. 하지만 그건 이야기 못 해. 아니면 내 잘못으로 이토록 참혹하게 망가진 방문과 마찬가지로, 또 한 번 있을 방문을 위해 그것들을 간직하고 있을게. 안녕. 그동안 고마웠어." 이런 푸념에 대한 거부, 두 사람 사이에 할 말을 일부러 하지 않는 어떤 말 없음 속에서, 더 민감하게 느껴지는 자신에 대한 침묵. 베를린에서 쓴 거의 모든 편지들에는 그간 그의 삶에 생긴 변화를 알리는 유일한 징후가 있다. 긴장된, 경계하는, 의도적인 침묵이 그것이다. "나에 대해선 이야기할 게 거의 없어. 그늘 속에서의 약간의 삶. 직접적으로는 보이지 않고 그래서 눈에 띄는 게 하나도 없어." "사실, 내 주변은 아주 조용해. 게다가 절대 이런 적이 없을 만큼 너무 조용해. 밀레나에게 보낸 편지에도 그는 이렇게 쓰고 있다. "내 건강 상태는 프라하에서와 크게 다르지 않아요. 그게 다예요. 더 말하면 안 될 거 같아요. 이미 너무 많이 말했네요."

이 침묵을 이렇게 해석할 수 있을까.[7] 그가 자기 자신에 대해 말하기를 거부하는 것은, 자신의 운명이 또 다른 자신의 운명과 너무 가까워졌기 때문이라고? 그 다른 자신과 말하는 것에 대해 아직은 동의하지 못하기에? 그는 이제부터는 그의 비밀을 그에게만 남겨 두고 싶은 걸까? 아니면, 지금까지보다 더 많은 힘과 밀도로, 자신의 고독 속에 갇히려는 걸까? 1922년 클롭슈토크에게 말했던 것처럼 "자기에 갇힌 자, 이상한 자물쇠로 자기를 걸어 잠근" 자가 되려는 걸까? 그는 정말 이렇게 쓰인 단어들을 불신한 걸까? 기만적이고 불성실한 메신저들에게 진실을 털어놓으면 진실을 남용하는 게 되는 이러한 허깨비 같은 방식으로 소통하며 사용된 단어들을 말이다. 그가 다 설명하고 있지는 않지만, 마지막 요점은 확실하다. 그의 문학적 글에 대해 생각하면서, 그는 픽션이 현실에 낸 흔적을 주목한다. 『시골의사』에서 그는 피가 나는 이상한 상처를 묘사하면서, 그의 각혈을 예감한다. 각혈은 현실에서는 조금 후에 일어난다. 더 인상적인 우연의 일치도 있다. 1924년 3월 병 말기에 그의 목소리의 소멸이 선고되는데, 그가 『조제핀』을 막

---

7 당시의 이런 상황들을 언급해야 한다. 이 기간 막스 브로트는 고통스러운 감정에 시달리고 있었다. 프라하에서 결혼한 그는 베를린에 사는 한 여자에게 열정적으로 빠져 있었다. 카프카는 이 여자를 자주 보고 있었고, 그래서 친구에게 우선 그녀의 이야기부터 해야 한다는 것을 잘 알고 있었다.

완성한 다음에 실제로 그렇게 된다. 이 이야기에서 그는 쩍쩍거리고 휘파람 부는 데 있어 비범한 재능을 갖고 있다고 믿는 노래하는 생쥐에 대해 말한다. 왜냐하면 이 생쥐는 그의 종족들이 사용하는 표현 수단을 갖고 있지 못하기 때문이다. 그는 당시 클롭슈토크에게 이렇게 말한다. "짐승들의 삐약거림에 대해 때마침 내가 연구를 계획했었나 봐." 작가로서의 고통스러운 발견에 대해 그가 말한 것들을 어떻게 여기서 떠올리지 않을 수 있겠는가? 마지막 순간에는 급기야 단어에 사로잡혀 있는 자신을 실제로 보게 될까? "내가 가지고 놀았던 것이 실제로 일어나게 될 것이다." 그에게도 그렇게 될까? 명백하고도, 고통스러운 마지막이 될 그 말놀이를, 그것에 대해서는 말하지 않지만, 이제 조용히 그 일이 그에게 다가오고 있으므로 침묵 속에서 기꺼이 환영하기 위해 온 주의를 다해 몰두하게 될까? 하지만 단어들에 대한 불신이 있다고 해서 글쓰기라는 그의 과제를 중단하지는 못했다. 그와는 전혀 다르게, 더 이상 말할 수 없게 된 그에게 허용된 것은 쓰는 것밖에 없었다. 임종의 순간이, 그러니까 자신의 임종의 순간이 쓰이는 일은 드물다. 그는 특유의 유머를 잃지 않고, 죽음이 이제 그를 완전히 작가로 바꿔 줄—"존재하지 않는 어떤 것"—준비를 다 마쳤음을 막 알려 왔다고 썼다.[8]

---

8 마지막 날들 동안, 카프카는 속삭이는 것을 제외하고는 절대 말하면 안 된다는 지시가 있었다. 그는 임종 때까지, 친구들과 짧은 문장으로 필담을 나눴을 뿐이다. 이렇게 쓴 문장에도 카프카 특유의 생생한 언어적 감수성과 독창성이 있었다.

28

최후의 마지막 말

언젠가 막 출간된 카프카 편지들을 해설하면서, 나는 이 유고작 출판의 성격 때문에라도 이 편지들 역시나 마르고 닿지 않는 샘물처럼 될 공산이 크다고 말했다. 앞에서도 말했지만, 이 유고작 전집에서 마지막 권은 항상 빠져 있을 수밖에 없다. 왜 그런가? 우선, 실질적인 이유가 있기 때문이다. 약혼자인 펠리체 바우어에게 보낸 편지들이 빠진 상태에서 전집이 출판되었기 때문이다. 어려운 협상을 하다, 결국 잠정적으로 이 편지들은 출판에서 배제되었다. 하여 그 편지들은 없어 왔고, 분명 앞으로도 영구적으로 없을 것이다. 항상 그렇게 말할 수 있는 것은 아니지만, 이런 사실 자체가 그가 생의 마지막을 함께했던 도라 디아만트와의 만남을 더 잘 조명해 줄 수 있는 지표가 될 것이다. (아직도 더 모을 수 있는 외부의 증언들이 있어서 내가 이런 말을 하는 것이 아니라, 카프카의 판단과 그가 한 말과 일기에 적힌 기록들이 있기 때문이다.)

방금 말한, 나의 그 해석은 대략 10년 전에 했던 것이다.[1] 지금은 (1967년 10월 이후), 펠리체 바우어에게 쓴 모든 편지들[2]이 알려져 있다. 물론 약간 제외된 부분도 있는데, 두 약혼자의 수수께끼 같은 친구였던 그레테 블로흐에게 보낸 편지들(대략 700쪽이 넘는 한 권이다)이 있어 그것을 합하면 그 빠진 부분이 대략 보완된다. 클라우스 바겐바흐(그가 작성한 전기의 첫 번째 권이 1958년에 출판되었고, 메르퀴르 드 프랑스 출판사에서 프랑스어판으로 번역되었다. 이어 그가 직접 다른 작가들과 공저하여 출판한 『카프카-심포지엄』이 있다. 이 책에는 지금까

---

1 바로 앞 장을 참조.
2 이 편지들은 국내에도 번역판이 나와 있다. 카프카는 1912년 8월 13일 펠리체 바우어를 만난 후 같은 해 9월 20일부터 그녀에게 편지를 쓴다. 거의 매일 계속된 편지는 1917년 10월 16일까지 5년간 이어지고, 엽서까지 포함하면 총 500통이 넘는다. 이것은 단순한 연애편지가 아니다. 카프카의 문학관과 자의식, 고뇌, 자기 상처, 자기 강박, 내적 저항 등이 담겨 있어 이 자체로 많은 연구 대상이 되고 있다. 블랑쇼는 카프카의 편지나 일기 등 사적인 글들에 나타난 패턴을 가령 다음처럼 해설하고 있다. 우선 어떤 주된 주장이 있고, 그 주위로 부분적인 유보 조항들이 나오고 그 주장을 전체적으로 뒷받침하는 부차적인 주장들이 나오고 다시 이를 보충하는 유보 조항이 이어지는 등 이른바 서로 연결된 유보 조항들이 하나의 '부정적' 구조를 형성한다. 마지막에 가서는 이 주장이 완전히 전개되는 동시에 완전히 철회된다. 달리 말해 표면과 이면이 서로 잘 구분되지 않는 구조를 앞에 두고 있는 듯한 느낌이 드는 것이다. 이 글을 읽는 사람들은 어떤 구조물을 앞에 두고 있는지 아니면 그 구조물이 사라진 구덩이를 앞에 두고 있는지 알지 못하게 된다. 마치 꼬여 비틀어 들어가며 무한히 후퇴하는 어떤 조형물을 보고 있는 듯한 느낌이 든다.
한편, 질 들뢰즈도 정신분석학자 펠릭스 가타리와 함께 쓴 『천 개의 고원』에서 카프카에게 펠리체 바우어는 "인터폰 기계"와 같은 것이라고 비유한다. 와 달라고 끝없이 편지를 보내면서도, 막상 오면 문밖에 세워 두는, 즉 사랑을 절실히 원하면서도 동시에 일정한 거리를 유지하는 이중적 성격, 또는 자기 저항선을 넘지 못하는 근원적 두려움을 카프카는 가지고 있었을 수 있다. 그런데 이 두려움은 글쓰기를 위해서는 필요 불가결하게 견지해야 할 절대적 선이었다고도 보고 있다. ─옮긴이

지 덜 조명된 다양한 점들 및 작품 연보, 더 길고 중요한 편지, 특히 두 번째 약혼자인 율리에 보리첵의 여동생에게 보낸 편지 등이 실려 있다. 마지막으로 로볼트 출판사에서 작은 책을 하나 냈는데, 이것은 일종의 카프카가 쓴 카프카[그리고 바겐바흐가 쓴 카프카]로, 꽉 조여진 이런 글쓰기 형식은 우리로 하여금 우리가 알고 있는 것, 우리가 알고 있지 못한 것, 또는 아직은 알지 못하지만 조만간 너무나 분명히 드러날 것 등에 대해 알게 해 준다)가 천천히 그리고 아주 진중하게 모아 놓은 자료들이 우리 가까이에 있게 되었지만, 순수하게 그 편지만 놓고 질문할 수 있는 힘이 이젠 하나도 남아 있지 않게 된 상황이라, 진정한 질문들은 거의 던질 수 없게 된 것이다. 그의 전기에서 비롯된 무성한 소문은 따로 떼어 놓고 질문해야 하는데, 우리는 이미 카프카의 전기로부터 비롯된 소문에 영향을 받아, 질문들을 하긴 하지만, 결국 진정한 질문은 덮어 버리고 마는 것이다.[3]

---

3 이 장의 첫 행에서, 전집의 마지막 권이 펠리체 바우어에게 쓴 카프카의 편지가 되어야 하지만, 전집에서는 빠졌다는 말을 하면서, 동시에 빠질 수밖에 없었던 이유도 블랑쇼는 이 장 전체에서 암시하게 될 것이다. 그런데 이 문장에서 이 편지가 갖는 중요성을 다시 한번 우회적으로 돌려 다소 난해하게 강조하고 있다. 적어도 이 문장에서는 "진정한 질문"과 "소문"이라는 단어가 대립하고 있다. 그런데 단순히 양항적으로 대립하는 것이 아니라, 우리가 던져야 하는 질문이 소문의 영향을 받지 않을 수 없고, 그 소문을 별도로 떼어 놓을 수도 없지만, 떼어 놓아야 하며, 영향을 받지 않으려고 최대한 노력해야 한다는 함의를 전하려는 것으로 보인다. 카프카가 펠리체 바우어와 여러 차례 약혼하고 여러 차례 파혼한 이 일화는 전기적으로도 이미 많이 알려져 있지만, 여기서 진정 우리가 던져야 하는 질문은 이런 소문과는 무관한 더 근원적이고 심층적인 정신분석학적 지평일지 모른다. 블랑쇼는 이런 해석이 대두될 것을 이미 전조한 것으로 보인다. ─옮긴이

1. 이런 것들로부터 해방되기 위해 우선 몇 가지 특징들만을 모아 보자. 편지를 통독하듯 대략 한 번만 읽어 보면, 특별히 이렇다 할 새로운 것이 없는 것 아닌가 하고 자문할 수밖에 없게 된다. 물론 분명 어떤 의도를 가지고 숨길 것은 숨기면서 말하는 방식은 여전하다. 우선 확인되는 것은 이것이다. 매번 카프카는 새로운 여성 세계와 관계를 맺을 때마다 일종의 우아하면서도 가벼운 태도로 유혹적인 기술을 발휘한다. 처음의 편지들은 매혹하면서도 스스로도 매혹된 욕망에 힘입어 쓰인다. 블로흐 양에게 쓸 때도, 적어도 초기에는, 우정의 감정이나 신뢰를 바탕으로 한 어떤 연락 정도만 요구하지 그 이상은 요구하지 않는다. 그런 방식으로 글을 쓰면 적어도 그는 실패하지 않는다. 그러나 젊은, 아직은 아주 젊은 아가씨는 의지로 그랬건 무의지로 그랬건 눈에 확연할 만큼 그에게 동요되어, 결국 카프카의 첫 약혼이 깨지는 데 일조한다. 나중에 이상한 일화를, 그러니까 카프카의 아이로 추정되는 아이를 그녀는 상상으로 지어냈기 때문이다. (적어도, 이건 하나의 가설에 불과한데, 바겐바흐의 실수라면, 이것을 거의 확신으로 바꿔 놓았다는 것이다. 비록 그가 그럴 수도 있고 아닐 수도 있다는 식으로 말하긴 했지만 말이다.[4])

항상 어려움이 너무 빨리 오긴 하지만 ─ 거의 얼마 안 되어 곧장 ─ 이 어려움은 젊은 혈기에서 나온 것으로, 어떤 행복감을 주긴 한다.『변신』을 쓸 때는(카프카는 이 이야기를 펠리체에게 말해 준다) 상대

---

4 이 책의 489쪽을 볼 것.

적으로 행복했던 시기이다(완전히 어둡던 순간들도 있긴 했지만). "정말 역겨운 이야기가 있는데 한쪽에 좀 치워 뒀어. 널 생각하며 좀 쉬기 위해 말이야. 절반 약간 넘게 진행되었어. 전체 중에. 만족하지 않는 건 아냐. 하지만 역겨워. 그 이야기는 경계가 없거든. 있지, 네가 살고 있는 마음에서 나온 것 같은 것들이야. 너의 거처라고 생각하며 지탱하고 있는 것들이 있잖아." 두 번이나 그의 약혼녀가 될 그녀를 그는 1912년 8월 만났다(프라하, 친구 막스 브로트의 부모님 집에서). 그리고 얼마 안 있어 거의 매일 또는 하루에도 여러 차례 만났다. 1913년 초, 둘의 관계는 갑자기 훨씬 어두워진다. 카프카는 이런 변화를 여러 차례 확인한다. "우리가 편지를 주고받던 첫 달 동안의 나와 지금의 나는 전혀 달라. 이건 새로운 변화가 아니라, 오히려 뒤로 가는 회귀야. 지속될 위험이 큰… 내가 처음과는 완전히 달라졌어. 너도 그걸 인정하겠지. 이건 절대 복구가 안 될 거야. 내가 여기서 거기로 간 것은 무슨 인류의 발전 때문이 아냐. 오히려 그 반대야. 내가 옮겨 간 곳은 나의 옛날 길이야. 그 길들 사이에는 직접적인 연관성이 없어. 지그재그로도 연결이 안 돼. 그 슬픈 길들 사이로, 공기들을 가로질러 유령들이 흘러 다니지…" 왜 그는 이런 말을 할까? 이 질문에 대해 우리는 아직 미결정의 대답들밖에 할 수 없다.

거의 같은 시기, 생겨난 감정 때문이거나, 아니면 여자 친구 때문이거나, 카프카는 베를린으로 갈 생각을 한다. 성탄절 때 만나야 했지만 이 만남을 이미 한 번 피한 이후였다. 당장 여행을 떠날 것도 같다가, 또 여행을 물리치기도 하다가, 어쨌든 3월 23일에야 가게 된다. 거의 모든 만남들이 환멸스러워질 것이다. 당시 편지들을 읽다 보면(우리는 이 젊은 여성을 간접적으로만 알 뿐이다), 펠리체는 다정하기보다는 신중한 성격으로 보인다. 그런데 다른 사람들과 함께 있을 때는 사회성이 많고 활달해 보인다. 하지만 여럿이 있을 때 그가 오거나, 아니면 좀 드물기는 하지만 두 사람만 있을 때는 왠지 생기가 없거나, 어쩔 줄 몰라 하거나, 지쳐 보인다. 카프카가 쓴 편지를 통해 나타나는 것이므로, 카프카가 만들어 낸 그녀의 도식적 인상일 수 있다(이것을 너무 쉽게 받아들여서도 안 된다. 자신은 사회적 관계가 불가능하다고 생각할 때, 친구들은 자신을 착하고, 편하고, 특히나 다정다감한 사람이라고 평해 줄 때 그는 이를 반박하곤 했다. 간혹, 그는 완전히 닫혀 있었다. 이상한 방식으로 완전히 스스로 부재했다). 펠리체에 대해서도 그는 자신에게는 없다고 생각되는 그녀의 장점을 인정하고 그것을 항상 표현했다. 자신감 있고, 적극적이며, 용감하고, 거래에 있어 능숙하다. 바로 그렇기 때문에 자신에게 부족한 것이 그녀에게 있어 매력을 느낀다고 말한 것은 너무 쉬운 결론이거나 착각일 수 있다. 신체적인 면에서는, 그녀는 한눈에 반할 만한 스타일이 전혀 아니었다. 일기에 그녀를 이른바 객관적으로 묘사하고 있는데 거의 잔인하거나 최악이다. 블로흐 양에게 보낸 편지에서 그녀를 혐오스럽게 표현하기도 한다(썩은 이빨에, 얼룩덜룩하고 까칠한 피부에, 해골처럼 뼈만 앙상하다). 그리고 동시에 그는 그녀를 사랑한다 ─ 뜨겁게 열정적으로, 그리고 절망적으로. 그리고 동시에. 그렇다, 굳이 무의미한 심리학에 빠지지 않아도 이 **그리고 동시에**가 이미 많은 것을 의미하고 있다. 그녀는 삶을 표상했고, 삶의 기회를, 세계와의 화해 가능성을 표상했다. 그렇다, 이건 사실이다. 그런데 어떤 진실을 그녀가 가지고 있었기에? 나는 그녀보다 그녀가 지니고 있던 진실을 차라리 말하고 싶다 ── 밀레나에게도 그와 비슷한 특징이 있었고, 아마 율리에 보리첵에게도 있었을 것이다. 추크만텔에서 알게 된 어떤 여자에게도, 리바에서 알게 된 소녀에게도 이런 비슷한 특징이 있었다. 그건 일종의 추억하는 방식과 비슷한데, 뭐랄까, 흔적이 남지 않는 흔적, 다시 말해 무죄성, 순결성 같은 것이었다. 첫 번째 만난 그날부터 그는 일기에 이렇게 적고 있다. "F. B. 양. 뼈만 앙상한, 공허한 얼굴, 자신의 공허를 공개적으로 드러내 놓고 있다." 여기서 공허라는 단어가 반복된 것만이 아니라, 추출되어 있다. 무의미함을 강조하기 위해서가 아니라 수수께끼처럼 알 수 없는 가능성에 대한 발견으로서. 그에게 그녀는 이런 결여의 매력을 느끼게 해 주었다. 여기서 결여는 과오가 없다는 의미이다. 어떤 여성 세계에서의 이런 "과오 바깥에 있음"은 명징성을 부여했다. 하지만 바로 이런 명징성 때문에, 그런 현존성 때문에 이미 이별이 예감되었다. 사실상, 모든 유혹은 이 세상에서부터 온다(이것을 순진하게 기독교적인 방식으로 이해하면 안 된다. 육체적인 유혹 같은. 그러니까 우리가 알고 있는 것처럼 카프카는 이런 데 어려움이 있었다[5]). 아니면, 그가 매료된 것은 오히려 삶의 유혹일 수 있다. 왜냐하면 그녀는 좀 이상한 점이 없지 않아 거의 죄의식을 느끼지 않는 여자였기 때문이다. 그런데 이런 그녀의 매력은, 그 매력을 느낀 사람을 영영 죄인으로 만들어 자기 자신을 더는 보지 않고 속임수에 불과할지언정 이제부터는 우회만 하면서 망각의 마법에 빠지

─────────────────────

5 카프카가 밀레나에게 쓴 편지를 참조할 수 있다. 그는 잔인할 만큼 솔직하게 "자신의 첫날 밤"을 이야기한다(카프카 전집 8권 후기에 실린 「밀레나의 실패」).

게 만들었다. 작품 『소송』이 의미하는 것 가운데 하나가 이것이었고, 『성』이 부분적으로 보여 주고 있는 것도 이것이었다. 여성성이라는 기묘함에 자극받아 쓰인 것들이 이 두 작품이었다.

(특별히 불행했던 순간, 펠릭스 벨취에게 쓴 어느 편지에서 카프카는 한결같은 명철함으로 이 점에 대해 설명한다. 그의 친구 역시도 명철해서 그것은 죄의식이 아니라 죄의식이라는 행복감이라고 알려 준다. "넌 내 죄책감이 나에겐 하나의 도움이나 해결책이라고 생각하겠지만, 아냐, 내가 죄책감을 갖는 것은 그게 내겐 모든 가책들 가운데 가장 아름다운 형태이기 때문이야. 하지만 그 죄책감을 너무 가까이서 들여다보다가 괜히 이젠 뒤돌아 가야 한다는 것을 깨닫게 되고 싶진 않아. 이런 가책보다 더 무서운 게 뭔지 알아? 그러면서 이미 자유로운 느낌이 올라오는 거야. 해방감이, 적절한 충족감이 올라오는 거야." 죄책감을 느낀다는 것은 죄가 없다는 것이다. 그도 그럴 것이, 가책을 통해 시간이 만들어 낸 업보를 지울 수 있기 때문이다. 과오에서 벗어날 수 있기 때문이다. 하지만 그러면서 다시 두 번 죄를 짓게 되는데, 시간의 부재로 인한 무력감에 빠져들기 때문이다. 거기에선 더 이상 아무것도 일어나지 않는다. 이 편지에서 카프카가 말하고 있는 것처럼, 그런 곳이 바로 지옥이다, 지옥의 안마당이다.)

2. 그런데, 왜, 처음 몇 달 동안은 그토록 화목을 열심히 찾다가 갑자기 전부 불행해진 것일까? 나는 베를린에 갔던 이야기를 했다. 제대로 설명된 건 없지만. 그가 스스로 뭐라고 말했던가(우리의 임무는 오로지 그것을 반복하는 것이기 때문이다)? 같은 시기, 작가는 고통에 시달리

면서도 격정에 차서 글을 썼다. 거의 시간을 초월한 규칙성으로(매일 밤, 밤의 무한 속에서. F. B.를 만나고 난 후 한 달 만에 『선고』를 썼다. 첫 편지를 그녀에게 보낸 후 이틀이 지나서 이어 소설 『아메리카』를, 그리고 동시에 『변신』을 쓰기 시작했다). 그런데 갑자기 글쓰기를 멈춘다. 글이 끝난 것은 아니고, "소설 노트"를 다시 읽어 보며, 내적 진실에서 멀지 않은 제1장을 제외하곤 "나머지는 모두 저 뿌리부터 부재한 감정에 대한 추억으로만 쓰였다. 그러니 다 쓰레기통에 넣어야 한다. 다시 말해, 400여 쪽 중에서 56쪽만 남아 있을 자격이 있다"라고 한다.

글쓰기의 고독과 투쟁하는 카프카를 보여 주거나, 사람들과 필요한 관계를 맺고 그래서 결혼도 하고 세상 속에서 구원받으려 이토록 삶의 투쟁을 한 카프카를 보여 주는 것은 지극히 상투적이다. 편지 여러 군데에서 ─ 셀 수 없이 많아 다 말할 수 없을 정도다 ─ 이런 말을 하고 있어 그건 당연히 확인된다. 아직 그렇게 친해지지 않은 상태에서 편지를 쓰기 시작하면서도 그는 거리낌 없이 자신의 속내를 털어놓는다. "사실 나의 삶은 오래전부터 글을 쓰려고 애를 쓰고, 또 실패하고, 온통 이것에 달려 있어. 하지만 글을 쓰지 못하면, 바닥에 널브러져 있어. 당장 바깥에 내던져질 것처럼. 내가 이렇게 마른 것은, 글쓰기로 인해, 내 안에 아무것도 없어서야. 어떤 여분도, 상식적 수준의 어떤 여분도 남아 있지 않아. 당신에 대한 생각도 글쓰기와 연동되어 있어. 파도의 움직임 같은 글쓰기의 움직임만이 나를 결정해. 이렇게 지친 단계에서는 당신을 향한 내 마음이 일어날 엄두조차 안 나." 펠리체는 이런 그의 격정이 공포스러워져 이성적인 사람으로서, 그보다 훨씬 자제력 있는 사람으로서 그에게 조언한다. 그러면 그가 이렇게 답한다. "내 마음은 상대적으로는 건강해. 하지만 좋은 글쓰기로 행복해지는 것처럼, 나쁜 글쓰기로 우울해져 이를 버텨야 하는 심장을 가진 나 같은 인간에게는 이게 쉬운 일은 아냐. 나와 글쓰기의 관계를 생각한다면, '정도, 한계' 같은 조언은 그만둬. 인간의 약함이란 모든 것에 한계를 두어 생긴 것에 불과해. 내가 가진 모든 것을 내가 지탱할 수 있는 단 한 지점에 바쳐야 하지 않을까? 내 글은 아무것도 아닐 수도 있어. 하지만, 그러면, 나는 정말, 아무것도 아닌 거지."[6] 이어 1913년 1월 15일자의 그 놀라운 편지가 나온다. 그는 이미 인생의 동반자로 생각한 그녀에게 편지를 쓰면서 그녀에게 제안하고 싶은 이상적 상을 묘사한다. "언젠가 당신이 편지에서 내가 글을 쓰고 있을 때 당신은 그 옆에 앉아 있고 싶다고 했지. 그렇다면 한번 생각해 봐. 난 절대 글을 쓸 수 없을 거야(이미 그건 안 되는 일이야). 그건 절대 할 수 없을 거야. 글을 쓴다는 것은 내가 거의 정상이 아닐 정도로 활짝 열린다는 거야. 끝까지 다 열린 입구 같은 게 있어. 그 안에서 이미 난 딴 세상 사람이 된 것처럼 길을 잃고 헤매. 그러나 정신을 차려, 뒤로 물러서려고 하지, 완전히 겁에 질린 채 ─ 왜냐하면 살 수 있는 한 살아야 하니까. 이렇게 활짝 열려도, 내 심장을 다 내놓아도, 글은 아직 어림도 없어. 글쓰기로 이 표면에서 저 아래로 내려가는 건 ─ 저 아래 깊은 샘이 침묵하지 않으면 그렇게 되지도 않지만 ─ 다른 게 아냐. 진짜 감정이 생겨 저 위의 땅을

---

6 어느 날, 그의 "글쓰기 기벽"을 환기한 펠리체에게 그는 이렇게 썼다. "그건 기벽이 아냐. 전혀 아냐. 글쓰기는 나 자체야. 기벽은 없애거나 줄일 수 있지만, 글쓰기는 나 자신인데, 그렇다면 분명 날 없앨 수는 있겠지만, 그러고 나면 당신에게는 뭐가 남을까?"

흔들어 놓는 순간, 무너지는 거지. 글을 쓸 땐, 충분히 혼자일 수도 없는 게 그래서야. 글을 쓸 때 주변이 절대 충분한 침묵으로 가득 차 있지 않은 것도 그래서야. 밤은 여전히 밤을 지독히 무서워해. 난 자주 생각해. 내가 살아가는 최고의 방법은 내 필기도구와 램프 하나를 들고 길고 넓게 펼쳐진 동굴 맨 안쪽 공간에 가서 자리 잡는 거라고. 나의 유일한 산책은, 실내복 가운을 입고 동굴의 모든 천장 아래를 지나 먹을 걸 찾으러 가는 거야. 그런 다음 탁자로 다시 돌아와 천천히 엄숙하게 먹는 거지. 그런 다음 곧장 다시 쓰기 시작하는 거고. 그때 난 도대체 뭘 쓰게 될까! 얼마나 깊은 데서 그걸 뿌리째 뽑아 올까! 노력할 것도 없어! 왜냐하면 완전한 집중은 노력 따위는 모르니까. 이것을 오랫동안 계속할 수 없다는 보류 사항이 따르면, 난 첫 실패에도 어마어마한 광기에 빠질 거야. 아마도 이런 상황에서는 광기를 피할 수 없을 거야. 어떻게 생각해? 동굴 거주자에게서 물러나지 마!"

이 이야기는 인상적이다(왜냐하면 이것 자체가 하나의 이야기이므로). 하지만, 이 시기는 아직은 청춘의 환상들이 비치던 때이다. 우선, 카프카는 펠리체가 지하 생활의 필요성을 이해하고, 그것을 행복해하고, 동굴에서도 행복해할 거라고 생각하는 것처럼 보인다(정말 그렇게 믿은 걸까). 왜냐하면 동굴은 그에게 속할 곳이면서, 그녀에게도 속할 곳이기 때문이다(조금 후 그는 "동굴은 어쨌든 너에게도 슬픈 소유물이야"라고 말한다). 동굴은 그의 고립에도 필요하지만, 도움을 가져다줄 곳이기도 하다. 동굴은 텅 빈 곳이지만, 그만의 은신처로서 편안하게 거주할 수 있는, 충만한 현존 공간이기 때문이다. 다르게 말하면, 광기 그 자체이지만, 아주 잘 개조되어 보호되는 곳인 것이다(그는

1915~1916년 도시에서 작업할 방을 찾을 때, 수평적인 조망이 없는 방이면 힘들어했다. 그는 몽상 속에 있는 것이 아니라 고독의 사실적 진실성 속에 있게 될 것이다). 펠리체와 함께한 거의 모든 행위가 그의 작업을 보호하겠다는 단 하나의 의지로 설명되는 것은 사실이다. 그들 공통의 미래의 조건에 대해 자신의 약혼자를 속이지 않기 위한 갈망으로도 설명되었다. 간신히 그는 말한다. 그들은 하루에 한 시간씩 보게 될 것이라고. 1914년 7월 12일의 결별(그가 내린 판단이었다) 이후, 11월, 나중에 그는 다시 그녀에게 같은 설명을 하게 된다. 단호함과 새로운 엄격함으로, 그는 그녀에게 이런 진실을 다시 말하게 된다. "그 일이 내게 가하는 힘을 넌 볼 수 없었어. 물론 넌 그걸 봤지만, 불완전하게 본 거야. 아주 불완전하게. 넌 나의 가장 중요한 친구였을 뿐만 아니라 내 작업에 가장 큰 적이었어. 적어도, 작업의 관점에서는 그렇게 고려될 수 있는 사안이야. 모든 한계들을 뛰어넘어 너를 자기 한가운데서 사랑하는 사람이, 자신을 지키기 위해 온 힘을 다해 너로부터 자신을 방어하는 것과 같다고나 할까. 내가 왜 이렇게 행동하는지 내가 설명해 주길 원할 거야.[7] 그 설명이라면 이것에 있어. 나는 내 앞에서 항상 너의 무서움과 혐오감을 보았어. 나는 나에게 살아갈 자격을 주는 유일한 것

---

7 특히 결별을 결심한 날, 그는 자신을 변명하는 것을 포기한다. 블로흐 양에게 쓴 편지에서 비록 최근에 약혼을 했음에도, 결혼에 대한 공포감을 말하는데, 편지의 수신인인 블로흐 양이 그 편지를 펠리체에게 보여 주는 실수를 한다. 그 결과, 펠리체는 견디기 힘든 이중의 감정을 느낀다. 카프카로부터 직접 들어 어떤 예고처럼 알고 있던 진실을, 이젠 다른 누군가를 통해 소통하게 되자마자, 아니, 이런 잔혹한 객관성을 확인하자마자(언제나 그렇듯) 그녀는 온몸이 굳었다.

인 내 작업을 지켜봐야 하는 의무가 있었어. 너의 두려움은 나에게 이런 걸 보여 줬어. 아니 이런 두려움을 갖게 했어(더 이상 견딜 수 없는 두려움으로). 나의 작업에 가장 큰 위험은 바로 그런 너의 두려움이 아닐까 하고 말이야. 그때 나는 블로흐 양에게 편지를 썼어. 이제 넌 모든 걸 되돌릴 수 있어. 이제 너의 본질을 지키는 데 어떤 위협도 없다고 말해도 좋아. 그리고 너의 두려움이 나의 두려움보다 덜 정당화되었던 건 아니라고 말해도 좋아. 아니, 그래서 그런 건 아니라고 생각해. 난 있는 그대로의 너를, 너라는 실제 존재 속의 너를 사랑했어. 내 작업에 적대적인 영향을 미치는 것이, 바로 그거라고 생각했어. 그래서 그걸 두려워한 거야. 아무래도 좋아. 이게 다 사실은 아니겠지. 넌 위협을 받았어. 하지만 그런 존재를 넌 원한 적 없어? 절대로? 어떤 식으로든?" (주도적 공세 속의 이런 질문은 카프카, 그러니까 그 안의 작가의 역할이다 ── 드러내 놓고 말하지는 않지만, 거의 확실하다.)

3. 글쓰기와 삶의 갈등은 간단히 요약되니, 설명을 위해 확고한 원칙을 제시할 것까지도 없다. 설명을 해야 한다면, 여기서는, 글과 삶을 나눠 제한하지 않고 서로 시험에 들게 하기 위해 상호 작용하며 생기는 것들을 하나하나 표명하는 수밖에 다른 방법이 없다. 쓰다와 살다. 어떻게 하면 정확히 대결 구도로 놓기 힘든 두 용어를 대결 구도로 볼 수 있을까? 쓰기는 삶을 파괴하고, 삶을 보존하며 삶을 요구하고, 삶을 무시한다. 이건 상호적이다. 삶이 글로부터 삶을 얻는데, 만일 글이 삶으로부터 얻는 것이 필연적인 불안밖에 없다면, 글쓰기는 궁극적으로는 삶과 어떤 상관성도 없다. 부재하는 관계성. 다시 말해, 글은 자체적으로

모이고 흩어질 뿐 결코 그 어떤 것과 관계성을 맺는 게 아니다. 그러나 글쓰기와 전혀 다른 것이 글쓰기를 망쳐 놓거나 교란시킨다. 그건 "전혀 다른 어떤 것"일 수 있다 ── 중립성을 띤 어떤 것. 그것은 글에 소속되어 있는데, 단, 글은 어떤 데 소속될 줄도 모르고 소속지를 지명할 줄도 몰라야 한다. 카프카는 끈질기고 집요하게, 절대 끊어지지 않고 지속성을 잃지도 않으며 펠리체와 하나가 되기 위한, 그래서 하나로 결합하는(분리를 결합하는) 과정을 수련한 것이다. 그와 여자의 관계는, 우선 맨 처음에는 글로 쓰인 단어들 수준에서 세워진다. 이어 단어들이 보유한 함의 속에 자리 잡는다. 단어들이 반드시 자극하는 어떤 환상적인 진실이 생기는 것이다. 그가 펠리체에게 이렇게 말한 적이 있다(베를린에서 처음으로 재회하기 전에). "이 문자를 통한 교제가 나에겐 가끔 내 비참함에 맞는(물론 내가 항상 비참하게 느끼는 건 아니지만) 유일한 교제인 것 같아 보일 때가 있어. 여기서 넘어가서 현실로 가려는 열망을 가져 보지만 말이야. 내게 부여된 이 제한선을 넘어간다면, 우린 공동의 불행 속으로 들어가게 될 거야." 그는 아직도 무섭고 끔찍한 만남에 대한 두려움을 표현한다. 또한 그가 처한 모순을 예감한다. 편지글을 통해서는 ── 이것은 직접적인 것도 아니고 간접적인 것도 아니고 현존도 아니고 부재도 아닌 혼합형 소통이다(그는 이것을 혼종 또는 **잡종**Zwitter이라고 명명한다) ── 자신을 보여 준다. 하지만 자기를 보지 않는 누군가에게만 보여 주는 것이다(어느 날 밤, 그는 펠리체가 장님이 되는 꿈을 꾼다). 만일 이런 식으로 그가 젊은 여인을 쟁취한다면, 그건 소유하지 않는 방식을 통해서다. 또는 공공연하게 드러내지 않는 방식을 통해서다. 다시 말하면, 비실상non-vérité을 통해서다

("나는 베를린으로 가, 너에게 말하고 보여 주는 것 외에 다른 목표는 없어. 내 편지들이 널 방황하게 만들었지만 난 그래도 편지를 보내기 위해 그곳으로 가. 내 편지들이 진짜 나니까").

공식적 약혼 후, 첫 번째 결별에 이르게 되는, 1913년의 그 비극의 과정에서, 그에게 중요한 단 하나의 쟁점은 진실이었다. 자신에 대한 진실, 또는 더 정확히 말하면, 진실될 수 있는 가능성. 어떻게 하면 이 젊은 여인을 속이지 않을까? 어떻게 하면 있는 그대로의 자신을 그녀가 받아들이게 할까? 이토록 깊은 고독 속에 있는 게 자신이라는 것을, 글쓰기의 밤 속에 도달해 있을 때가 바로 그라는 것을. 어떻게 하면 보여지는 그대로 자신을 폭로할까? 비가시성 속에서 자신을 탐색하는 게 바로 그인데. 다시 말해, 다 은폐하는 것도 아니고 다 폭로하는 것도 아닌 방식으로. "오늘 내 편지는 너에게 찢긴 채 갈 거야. 나는 알 수 없는 무력감으로 화가 나서 역에 가면서 편지를 찢었어. 내가 너에게 글을 쓸 때 진실하고 정확한 내 모습이 되지를 않아서 화가 난 거였어. 난 이제 너에게 글을 쓰면서 널 붙들지도 못하고, 뛰는 내 가슴을 너에게 전달할 수도 없게 되었어. 글쓰기에서 이제 아무것도 기대할 게 없어졌어." 이 이전에는 더 놀라운 방식으로 이렇게 쓴다. "당연히, 너에게 편지를 쓸 때 널 잊을 수 없지. 나는 어떻게 해도 널 잊을 수 없으니까. 하지만 내가 원하는 것은, 뭐랄까, 일종의 꿈에서 겪는 현기증 같은 거야. 그게 없으면 난 너에게 글을 쓸 수가 없어. 너의 이름을 부르면서 난 깨어나지 않으려고 해." 사실, 이것으로 다 전해졌다. 이것이 의미하는 바가 다 말해진 것이다(그녀에게만이 아니라 상급 기관으로서의 이 젊은 여인의 아버지에게도). 그가 얼마나 그녀를 불행하게 만들지, 아니면 그녀와 함께하는 삶은 얼마나 불가능한 것인지. 차마 그녀에게 그런 삶을 살게 할 순 없었다. 그녀가 이걸 인정하고, 불가능한 상태로 그걸 정확히 인식한다 해도 여기엔 어떤 보상도 없었다. 따라서 그녀가 그에게 아무런 답을 하지 않아도 그가 불만을 가질 수는 없었다. 그녀는, 애정의 발로겠지만, 물론 약간의 걱정은 실어서 그 정도는 괜찮다고 가볍게 넘겨 말한다. 가령 이런 식으로 말이다. "당신은 당신 자신에 대해 말할 때 너무 비약하는 거 같아" 또는 "당신이 말한 대로 아마 그럴 수도 있어. 하지만 우리가 함께 있게 되면 그런 일들이 변할 수도 있잖아". 그녀가 가진 이런 희망 때문에 그는 더 절망한다. "내가 어떻게 해야만 해? 내가 어떻게 해야 이 믿기 힘든 걸 믿게 할 수 있지?" "당신이 약간은 알고 있는 장애물이 있어. 하지만 당신은 그걸 충분히 심각하게 받아들이질 않아. 앞으로도 충분히 심각하게 받아들이지 않을 거야. 그러면 당신이 그걸 완전히 다 알게 될까? 내 주변에서는 아무도 심각하게 받아들이지를 않아. 아니면 나를 위해서 그러는 거라며, 우정이라며 그걸 다 무시하지. 네가 내 옆에 있을 때 네가 얼마나 변했는지 난 보여. 얼마나 지쳤으면 그렇게 무관심한 건지, 아니 초연한 건지. 그래, 당신은 늘 확신에 차 있는 여자니까. 늘 재빠르고 자신감 넘치는 생각을 지닌. 따라서, 결론은, 난 책임을 질 수 없어. 왜냐하면 나에겐 그 책임감이 너무 크거든. 당신은 그 책임감을 질 수 없을 거야. 왜냐하면 그걸 거의 보지 못하거든."

이것은 그 일부이다. 다른 부분도 있는데, 만일, 이제 설득이 돼서, 아니면 이 기나긴 상처에 지쳐 그녀가 떠나고, 할 말이 있어도 하지 않고, 의혹을 조장하고, 편지를 덜 쓴다면, 이제 그는 더 절망한다. 왜냐하면 그는 그녀가 그를 알고 있는 지점에서 그를 정확히 알지 못한다고 느끼기 때문이다. 맹목적인 것도 아니고 이성적인 이유를 갖다 대는 것도 아니고, 그저 불가능의 매력 아래 모든 것을 명확히 깨닫고 내린 결정이 아니라, 자기가 그녀에게 알려 줬던 것을 그대로 따라 그런 결정을 내린 것으로 보이기 때문이다. 그는 여기에는 세 가지 답만 있다고 말한다. 이것 말고 그녀가 할 수 있는 다른 것은 없다. "이건 불가능해. 따라서 나는 그걸 원하지 않아.""이건 불가능해. 따라서 난 잠시 동안 그걸 원하지 않아.""이건 불가능해. 따라서 난 그걸 원해." 이 세 번째 답만이 유일하게 맞는 답이다(루터의 이런 문장에 영감받았다면. "그 모든 것에도 불구하고, 나는 달리 어떻게 할 수가 없었다"). 그 역시나 지쳐, 그 당시 다른 수식어 없이 그저 "사랑하는 약혼녀"라 불렀던 그녀를 언젠가는 받아들이게 될 것을 예상할 것이다. "마지막으로 우리의 미래에 대한 나의 비상식적인 두려움에 대해 말할게. 우리가 공동 생활을 하면 더 드러날 내 성격과 단점들이 당신에게 초래할 불행에 대해서도. 왜냐하면 나는 정말 차가운 사람이야. 이기적이고, 몰지각하고. 이런 걸 감추기 위해 내가 아무리 약한 모습을 한다 해도 이런 내 진짜 모습은 약화되지 않을 거야." 결국 총체적 불가능이다. 이런 식으로 지시될 수밖에 없는 이상한 관계성(초월성이라는?)이 이 안에 있는 걸까? 그가 한 말에 어떤 숭고한 투(낭만적인 방식으로)가 있는 것도 아니고, 그렇다고 해서 실천적 이성의 관점에서 이런 사안을 평가하는 것도 아니기에 결국 이 두 가지가 이상한 관계성 속에 있으면서 어떤 초월적인 방식으로 불가능이 말해지는 것이 아닐까. 충분히 그럴 자격이 되지만, 이제 넌덜머리가 났을 펠리체는 그에게 이렇게 쓴다. "결혼은 우리 서로에게 많은 것을 포기하게 만들 거야. 어느 쪽이 더 무거운 무게를 지게 될지 측정하고 싶지는 않을 거야. 우리 둘 다 많은 무게를 질 테니까." 그는 내적으로 상처를 받았다. 정확히 말하면, 그녀가 여기서 불가능을 가능한 합으로 만들었기 때문에, 일종의 계산 가능한 거래를 생각했기 때문에, 그는 상처를 받았다. "당신이 옳아. 계산을 해야겠지. 그게 아니라면, 이건 불공평한 것도 아니고, 그저 무의미한 거지. 그래, 바로 이게 내 의견이야." 마지막에는 항상 진실에 대한 요구가 다시 등장한다. "힘든 공동 생활을 해야 하는데, 내가 보기에 이건 거짓말 없이는 불가능해. 결국 진실 없이는 불가능하다는 거야. 당신 부모님께 내가 보낸 첫 시선은 바로 거짓말이 될 거야."[8]

4. 더 이어 가기 전에, 가장 심각한 두세 개의 글을 인용하고자 한다. 괄호 안에 넣어 인용하려 하는데, 그 이유는 이것이 부수적인 것이어서가 아니라 중대하기 때문이다. 이 글들은 카프카가 왜 그토록 가깝지는 않은 이 젊은 여인을 잃어버리는 것이, 그녀를 잃어버리는 게 아니

---

8 "진실"과 관련해서는, 1917년 9월 20일자 ── 이 전전날일 수도 있다 ── 편지를 인용할 필요가 있다. 그 일부는 이미 일기로 출판되었다. "5년 동안, 이 전투 과정에서, 당신은 때론 단어와 침묵으로, 때론 이 둘의 혼합으로 대부분 고통을 겪어 왔다. 만일 당신이 이것을 항상 진실하게 해 왔다면, 난 다만 이렇게 말할 수 있을 거야. 당신 같은 사람을 대하며, 나는 의식적인 거짓말에 단호하게 거리를 둘 수 없을 거야. 그렇지만 어떤 감소가 있었어. 거짓말을 하긴 하지만, 아주 '희박하게' 한다는 거지. 나는 거짓말로 빚어져 있어. 이게 아니면 나는 균형을 유지할 수가 없어. 나의 나룻배는 아주 약해." 그 다음은 일기에서 읽을 수 있다. 이런 식의 문장으로 끝난다. "나에게 오로지 중요한 것은 인간들의 법정이야. 거기에 더해 내가 속임수 없이 속고 싶은 것도 이 법정이고."

라 자기 자신을 잃어버리는 것이라고 생각하게 되는지 말해 준다(그것이 유일한 이유는 아니지만, 카프카가 위태로운 순간에만 혼잣말을 하게 되는 이유와 같다). "내가 편지를 쓰면서, 오로지 내 근심은 바로 너를 나로부터 해방시키는 거였어. 겨우 거기에 도달하는 것 같은 모습이 보이면, 나는 미치고 말아." 이것은 모순된 열정의 감정 사이에서 양분된, 사랑에 빠진 자의 광기가 아니라, 광기 그 자체, 그러니까 그녀에 대한, 펠리체에 대한 광기이다. 왜냐하면 그녀는 그가 유일하게, 그리고 본질적으로 관계를 맺고 있는 인간이기 때문이다. 그가 글을 쓰지 않을 때, 때론 글을 쓸 때 그의 머릿속에는 괴물 같은 세상이 들어 있는데, 이런 세상과 감히 대적할 수 있는 것은 오로지 글을 쓰는 밤뿐인데, 그녀가 바로 이 괴물 같은 세상으로부터 그를 어느 정도 떨어뜨려 지켜 주는 것이다. "글이 맹위를 떨치며 분출하는 밤을 가로지르는 것, 나는 그걸 원해. 그 밤 속으로 가라앉아 거기서 미치는 것, 그것 또한 원해. 오래전부터 이런 결과를 예감했기 때문이지." 하지만 이런 위협에 맞서기 위해 그녀에게서 도움을, 보호를, 미래를 찾고자 하는 욕망 또한 표명한다. "네가 프라하에 오길 내가 너무나 바라기 때문에 그걸 증명하듯 이런 불안이 생긴 거야. 하지만 만일 우리가 당장 함께 있지 않으면 죽을 것 같은 두려움에 사로잡혀 내 불안은 더 가중돼. 왜냐하면 만일 우리가 당장 함께 있지 않으면, 내 안에 있는 너에 대한 사랑은 그 어떤 다른 생각도 할 수 없게 하면서 한 가지 생각으로, 한 가지 정신으로, 완전히 닿을 수 없지만, 완전히, 영원히 필요한 어떤 것으로 향하게 해. 나를 정말로 세상에서 떼어 낼 수 있는 건 이것밖에 없어. 이걸 쓰면서 나는 떨려." 내가 이 마지막 문장을 번역해도 된다면, '나는 글쓰기에 떨려'일 것이다. 그렇다면 어떤 글일까? "넌 몰라, 펠리체, 어떤 머릿속에 있는 어떤 문학이 무엇인지. 그게 계속해서 추격하고 있어. 땅 위를 걷는 대신, 나무들 꼭대기에 있는 징후들처럼. 이건 실패한 거야. 달리 어쩔 수가 없어. 무엇을 해야만 하지?" 다시, 펠리체에 의해 보호받고 싶은 욕망이나 희망이 아니라, 이런 보호 속에서 더 심각한 위협에 노출될까 하는 두려움이다. 이 위협을 그가 어떻게도 명명할 수 없는 위험에 노출하는 것은 더욱 큰 두려움이다. "이젠, 나는 내 편지 속에서만 너를 괴롭힐 거야. 하지만, 우리가 함께 있게 되자마자, 나는 누군가가 불태우지 않으면 안 될 아주 위험한 미친놈이 될 거야. 나를 잡아 주는 일종의 하늘에서 내려오는 명령 같은 거야. 사람들이 가라앉혀 줄 수 없는 불안이야. 내게 가장 중요하게 보였던 그 모든 것, 내 건강, 내 취약한 자원, 내 비참한 존재, 어떤 합리화를 할 수 있는 그 모든 것이 이 불안 옆에서는 사라져. 이 불안 옆에는 아무것도 없어. 이 모든 것은 이 불안을 핑계로만 받아들일 거야. 정말 솔직해지기 위해, 네가 내 비상식의 정도를 재인식하도록 말해 본다면, 그것은 내가 가장 사랑하는 존재와, 정확히 말하면 바로 당신과 관계를 맺는 데 대한 두려움이야. 결혼에 의해, 이런 관계에 의해, 나 같은 쓸모없는 존재의 붕괴에 의해, 나만이 아니라 내 여자와 함께 난파될 것만 같아. 그 난파는 내가 그녀를 사랑하면 사랑할수록 더 급속하고 더 끔찍할 거야.'"

---

9 모든 면에서 그보다 못하다고 판단하는 펠리체에게 답장을 하며 그는 문학에 대해, 그리고 문학이 표상하는 위험에 대해 가령 이렇게 쓰고 있다. "나는 당신보다 '더할 거야'. 인간들에 대해서는 조금만 판단하기. 공감을 통해, 그들 속으로 들어가기. 그래야 난 그들과 통할

5. 여지껏 편지라는 간접 수단을 통해서만 그녀에게 다가섰지만, 베를린에서 처음으로 그녀를 보게 되었을 때, 둘 간의 이 강렬한 관계에 더 큰 반동이 가해질 터였다. 답장으로, 이번에는 그가 그녀에게 쓴다. "나의 진짜 두려움 — 말해질 수도 이해될 수도 없을 만큼 심각한 — 은 당신을 절대 소유할 수 없을 것이라는 점이야. 가장 순조로운 상황에서도, 미친 개가 미친 듯 그러하듯이, 나에게 무심히 던져진 당신의 손에 키스를 하는 선에서 멈출 거야. 그건 사랑의 기호가 아니라, 절망의 기호겠지. 묵언과 영원한 격리를 선고받은 동물에게서 당신이 느낄지 모를 그런 절망. 간단히 말하면, 난 절대 당신 없이는 여기 남을 수 없어. 당신이 위험에 처하겠지만, 어서 와서 나를 향해 그토록 그윽하게 몸을 기울여 줘." 이튿날, 그는 브로트에게 고백한다. "어제, 큰 고백을 보냈어." 그렇다. 이것은 고백이다. 그러나 너무 단순한 의미를 부여하지는 말자. 그의 친구들이 말하곤 하는 다양한 일시적 관계들과는 상반된 점을 갖는다. 1916년, 마리엔바트에서, 그는 펠리체에게서 그가 멀리서보다는 가까이서도 사랑할 수 있는 존재라는 것을 알아본다. 다

거야. 그건 내가 동의해. 난 기억이 나지 않아. 배운 것도, 읽은 것도, 체험한 것도, 깨달은 것도. 마치 내게 어떤 경험도 없는 것처럼. 나는 그 대부분의 것을 초등학생보다 모를 거야. 나는 생각할 수도 없어. 내 생각 속에서 나는 항상 한계에 부딪혀. 당장은 여기저기 떨어져 있는 것은 아직 잡을 수 있어. 하지만 전개가 가능한 일관된 생각은 불가능해. 실제로 그걸 이야기할 수도 없고, 말로 할 수도 없어. 내가 가진 유일한 것은, 문학이 되도록 수렴되어 더 심화되는 어떤 힘들이야. 정상적인 상태에서는 그게 인식되지 않아. 내 현재의 직업적, 육체적 관계 속에서는 난 감히 그것을 털어놓을 수도 없어. 왜냐하면, 이런 힘의 내적 축적물에, 그 안에 내적 경고가 적어도 없진 않으니까. 그 축적물에 털어놓는다면, 당장 그 축적물이 나를 낚아채서 어딘가로 사라질 거야. 이 모든 내적 비탄 그 바깥으로 말이야"(이걸 삶 바깥에 지정해야 할까?).

시 브로트에게 편지를 쓴다. 친구를 생각하여, 그는 너무나 절제된 성찰들을 써 보낸다. 여기서 나타난 세 가지 특징이 있다. "나는 그녀를 전혀 몰랐다(최근, 그녀와 내밀한 관계를 맺기 전까지도[10]). 나를 불편하게 하는 것은(나를 가로막는 것은), 다른 걱정들보다도, 우선 가장 핵심적인 것은, 그간 그 편지들을 썼던 그녀를 실제로 느끼며 봐야 하는 두려움이다." 따라서, 여기서, 분명한 것은, 현존의 현실 앞에서 뒤로 물러남이 표현된 것이다. 그 존재 때문이 아니라, 글과의 관계성 때문에(글은 비현존성이므로). 이 세계에서 저 세계로 건너가는 것을 거부하거나, 이렇게 건너가는 것 자체가 불가능한 것이다. 두 번째 지표. "그녀가 연회실을 건너올 때(공식적 약혼식 때), 약혼 키스를 받으러 나에게 왔을 때, 나는 끔찍한 공포에 사로잡혔어. 나의 부모님과의 약혼 원정은 나한테는 매 단계마다 고문이었어." 그런데 여기서 집중해야 할 것은, 공포에 이를 정도로 그를 힘들게 만든 것은, 한 여자의 얼굴과의 접촉이 아니라, 그가 부부 관계를 맺는 일에 다가간다는 것에 대한 공포였다. 이 제도적 의무라는 거짓말에 그 역시나 다가간다는 것에 대한 공포였다. 결혼이라는 단어가 그에게 불러일으키는 것은 우선 부부의 그 은밀한 내밀성이었다. 그의 부모님들에게서 본 이 부부 관계는 그에게 항상 어떤 욕지기를 치밀게 했다. 왜냐하면 자신이 바로 이런 관계로부터 태어났으며, 이 "역겨운 것들"[11]에 의존하여 또 태어날 것

10 이 새로운 관계성에 대해, 일기에 아주 짧은 기록이 있다. 막스 브로트는 이 내용은 출판해서는 안 된다고 판단했지만, 바겐바흐는 카프카의 원고에서 이것을 읽었다.
11 나는 이것을 편지에서 참조했지만(그의 가족과의 관계), 그 중요한 일부가 출판된 일기에

이 있음을 떠올려야 했기 때문이다. 결혼이라는 개념 자체가, 즉 법률이라는 것 자체가 그에게는 역겨운 것이었다. 엄숙하고 주권적이지만, 동시에 주권적으로 불결한(아니, 불결하기 때문에 주권적인) 것이 결혼이었다. 한편, 펠리체는 자신을 향해 살롱의 큰 공간을 건너온다. 이 큰 공간은 건널 수 없는 무한한 공간이다. 그리고 펠리체는 그 앞에 우뚝 서서 미리 벌을 내리는 것처럼 그에게 제재를 가하는 것이다.[12] 마지막으로, 세 번째 특징은, 아마도 이게 가장 큰 특징인데, 그는 펠리체와의 이 새로운 친숙함을 떠올리며 이렇게 쓴다. "이제, 나는 한 여자의 눈에서 자신감 넘치는 내밀함을 보았어. 나는 거기 들어가 닫힐 수 없었어. 내가 영원히 간직하고 싶었던 많은 것들이 밝은 빛에 이끌려 찢어지는 것(내가 뽑히는 것) 같았어(특별히 어디 하나가 아니라 온 전체가). 이 찢어짐으로, 그게 솟구쳐. 그게 뭔지 알아. 한 남자의 일생으로도 감당이 안 되는 불행이지만, 이 불행은 내가 부른 게 아니라, 내게 부여된 거야." 나는 이 대목이 중요하다고 생각한다. 1916년 마리엔바트에서 일어난 것의 의미만[13] 말해 주는 것이 아니라(결국 그들 관계의 어려움

─────────────────

(1916년 10월 18일자) 나와 있다.

12 관례에 따르면 ─ 그렇다 관례! ─ 그 큰 공간을 건너와야 하는 것은 카프카다. 자신의 약혼녀를 만나러 몸을 옮겨 와야 하는 사람은 바로 카프카인 것이다. 그러나 그는 이렇게 썼다. "죄수처럼 묶인 것 같다. 나를 누군가가 진짜 사슬로 묶어 구석에다 처박아 놓은 것이다. 그보다 최악인 일은 없을 것이었다"(1914년 6월자 일기).

13 마리엔바트에서의 체류에 대해서도, 역시 일기(1922년 1월 29일자)에 쓰고 있다. 당시 그는 밀레나가 옳지도 모른다는 생각에 겁에 질려 있었다. "이 유일한 수수께끼를 푸는 일만이 남았다. 마리엔바트에서의 15일 동안 나는 왜 행복했던가. 경계가 뚫려 무너진 그토록 고통스러웠던 결별 이후라, 나는, 아마도 아직은 밀레나와 함께 있을 수 있는 존재가 될 수 있었을 것이다. 하지만 이건 마리엔바트에서보다 훨씬 힘들지 모른다. 이데올로기는 훨씬

은 극복되지 못하고, 오히려 이 어려움에 전혀 다른 기원이 있었음을 확인하게 된다), 이 젊은 여인과의 이야기가 지닌 모든 의미를 말해 주는 것이었다. 그의 감정을 떠나서 카프카도 이 이야기의 결정적인 성격을 절대 알지 못했다. 왜냐하면 그녀가 그를 거의 근본적으로 변화시켰다는 것을 알고 있었기 때문이다. 그녀가 자신의 눈으로 그것을 암시하며, 그에게는 결코 잊어서는 안 되는 의무가 있다는 것을 암묵적으로 경고했기 때문이다. 그녀에 의해, 사실상, 그는 "파열"의 시련을 겪었다. 그 원 안에서 자신은 순수하게 보호될 수 있다고 믿었다. 또한 글을 써야 하는 압박만큼이나 그래서 강요된 고립으로 ——여기서 순수하다는 말은 거짓말이 없다는 말이지, 진실하다는 말이 아니다(진실 같은 것을 그는 절대 생각하지 않는다. 진실 바깥에서처럼 오히려 거짓 바깥에서를 의미한다) ——부러뜨려졌고, 어떤 순간에 또는 어떤 돌발적인 일 때문에 생긴 파열이 아니라, 그저 사전적으로, 일이 일어나기 전에, 즉 어떤 도래할 사건 이전에 파열은 이미 생겼다는 것을 드러내고 있는 것이다. 이런 암묵적 폭로는 어떤 결정적 순간에 일어난 게 아니다. 점진적 단계를 거쳐 일어난 것도 아니다. 경험적으로도 아니고 내적으로 느낀 것도 아니고, 안에 함축되어 있는 것도 아니고, 그저 그 작업 속에서, 작업과의 관계성 속에서 이미 만들어지고 있었던 것이다.

6. 이것은 대단한 "예고"였다. 펠리체에게 보내는 편지들은, 내 생각에

단단하고, 경험들은 훨씬 넓어졌기 때문이다. 그때는 서로를 분리하는 띠였던 것이 이제는 하나의 벽이, 하나의 산이, 아니 하나의 무덤이 되겠지."

는 이것을 두 가지 방식으로 확인시켜 주는 것에 불과하다.

A) 젊은 시절 쓴 소설(『아메리카』)의 "실패"와 함께 그의 젊음도 마감되지만, 젊은 작가 시절 동안, 카프카에게는 어떤 자신감이 있었다. 그 자신감은 고통받는 자신감이었다. 불행에 빠져 있어야 어떤 손길도 타지 않은 새로움에 닿기 때문이었다. 그에게 글쓰기란 ── 그가 글을 쓸 수 있기만 한다면 ── 긍정적인 의미가 아니라 부정적인 의미였다. 다시 말해, 어떤 가능성으로서의 글쓰기가 주어지면 그것은 어떤 선고로, 최대한 연기하거나 지체해야 할 것이었다. 그러나 언제 출구가 열릴지 아무도 모른다. 누가 알았겠는가, 도대체 누가 알았겠는가. 동굴에 거주하며 끝도 없이 글을 쓰게 될 줄이야. 글쓰기 외에 다른 끝은 없는 그런 삶을 살게 될 줄 누가 알았겠는가. 동굴의 거주자가 된다는 것은, 글쓰기 외에는 그 어디에도 거주하지(살지, 죽지) 않는다는 것이다(그러나 이 순간, 카프카에게 밖은 여전히 안이다. 내밀성, "열기", 그가 너무나 계시적으로 쓴 이런 문장처럼. "나를 글쓰기 밖으로 던질 수 없어. 나는 이미 글 한가운데, 최고의 열기가 퍼지는 곳에 자리 잡았다고 생각하거든.") "아, 내가 글을 쓸 수 있다면. 이 욕망은 나를 연소시켜. 그러기 위해선 무엇보다 내 자유와 건강이 충분해야 해. 글쓰기는 나의 유일한 실존 가능성이라는 것을 당신은 이해하지 못한 것 같아. 내가 이렇게 잘 표현하지 못하는 것이 그리 놀랄 일은 아냐. 내 내면의 형상들이 가득한 공간에서만 난 겨우 깨어나기 시작하거든." 바로 여기서 결론지을 수 있는 것이, 바로 이 공간 안에서 어떤 각성에 도달할 수 있는 희망을 갖게 된다는 것이다. 그런데 서서히, 글을 써야 한다는 요구 사항을 포기하지는 않지만, 갑자기 이런 요구를 갖게 만들어 온 희

망은 포기해야 할 것만 같은 생각이 든다. 글쓰기가 불확실해서만이 아니라, 글쓰기는 더 이상 폐쇄된 원 안에서 아무런 손도 타지 않은 채 순결하게 가만히 있는 일이 아니기 때문이다. 이제 알 수 없는 힘들이 가득한 높은 곳을 향해 올라가야 한다. 그 도착적인 이상함에 몸을 맡기면서 아마도 파괴적인 것과 연결되어야 할 것이다. 펠리체와의 이야기에서 끝도 없는 실패를 겪어 이런 생각을 하게 된 것은 아닐 것이다(그에겐 이런 실패가 아예 더 많이 필요했거나, 아니면 조금 덜 필요했을 것이다). 작가로서의 미래는 감춰져 보이지 않으면서도 명쾌하게 보였다. 보이면서도 보이지 않는 이 두 움직임은 서로 이어져 있어서가 아니라, 서로 다른 차원에서 부재 조건 ─ 이타 조건 ─ 을 반복함으로써 서로를 지시하고 있었다. 이 부재 조건(끊어짐, 그러나 이 끊어짐 속에서 절대 끊어지지 않음이 있을 수 있다)은 일체의 상관성을 선행한다. 그렇게 선행하면서 상관성을 부수고 받치는 것이다. 그러니까 글쓰기란 쓰는 행위일 뿐, 그 행위를 드러내 표명하는 게 아닌 것이다. 현존을 표명하려는 욕망은 이 수행성 속에서만 일정하게 덜어지는 것이다.

B) 펠리체와 서신 교환을 이제 겨우 시작했는데, 그는 이런 핵심적인 속내를 말한다. "이것은 내 고통 중의 하나야. 사전에 정한 순서대로 내 안에서 생각들이 하나둘 모여 단 하나의 연속적 흐름이 생기면, 난 그 다음엔 아무것도 쓸 수가 없어. 내 기억은 분명 안 좋아. 하지만 최고의 기억이 날 정확히 잘 쓰게 도울 수도 없어. 이건 사전에 전제된(선결적 사고) 것의 일부일 뿐이고, 단순히 표시된 것일 뿐이지. 왜냐하면 각 문장 내부에는 글쓰기 전의, 떠 있는 상태의(보류 상태의) 전환 단계가 있어야 해." 아직 그가 펠리체라고 부르지는 않은 그녀에게 이

런 것을 고백했다면, 이 편지를 쓰기 바로 6일 전 단 하룻밤에 8시간을 내리 써 『판결』을 완성하는, 중단 없는 글쓰기 시도에 성공해서일 것이다. 이 경험은 그에게 결정적이었다. 다가갈 수 없는 공간과의 접촉을 가능하게 했다는 확신이 들었을 것이다. 그는 곧장 이것을 그의 일기에 적는다. "나의 믿음은 확인되었다. 일관된 연속성으로, 육체와 영혼이 완벽하게 열려 이렇게 쓴다면 쓸 수 있을 것이다." 이 절대적 연속성 ─ 사방에서의 중단 없음. 글쓰기 바깥은 어떻게 그대로 고수할까? 그 틈 이외에는 어떤 결핍도 없는 이 결핍. 달리 말해, 어떤 이탈이나 분리도 없이 영속성을 그대로 띠면서 촘촘한 밀도를 갖는 투명성 또는 있는 그대로 비치는 투명함을 갖춘 촘촘한 밀도. 마치 시간 바깥의 시간에 있듯, 무한한 반복이면서 단 한 번인 듯. "나는 글을 쓰기 위해선 격리가 필요해. '은자'처럼이 아니라 죽음처럼. 이런 의미에서 글쓰기는 가장 깊은 수면, 그러니까 죽음과도 같아. 그의 무덤에서도 이 시신을 꺼낼 수 없을 정도로. 밤에는 나의 책상에서 나를 떼어 갈 수 없을 정도로. 이건 내가 사람들과 맺는 관계와는 당장은 아무 상관이 없어. 하지만 이런 엄격하고, 지속적이고, 체계적인 방식으로만 나는 글을 쓸 수 있고, 따라서 그렇게만 삶도 살 수 있어." 한편, 이런 운동성의 특징은 ─ 모든 차원에서의 부단한 운동성 ─ 처음에는 그를 격리시킬 수 있는 유일한 삶의 방식(책상)인 것처럼 보였으나, 이런 격리가 "본질적인" 연기성 속에 있다는 것을 재인식하게 된다. 항상 지연되고 차연되면서 하나의 세계 안에서 분화되는 동시에 함몰되는 것이다. 카프카는 이것을 천천히 깨달아 가지만, 이것을 절대 결핍(파열 또는 결함)으로 보유하지는 않아야 한다고 알고 있었다. 결핍으로서의 이 운동성 또한 ── 아마도 ── 그가 계속해서 글을 쓸 수 있게 했을 것이다. 되어 가는 과정 속에서의 부단함이 아니라 중지되며 되어 가기. 바로 이것이 그의 영원한 투쟁이었다. 그의 모든 작품이 미완성으로 끝났지만, 우선 작가로서의 유죄 선고를 받은 것이나 다름없던 첫 소설도 미완성으로 끝났고, 펠리체와 살 수 있는 능력이 안 되므로 남자로서도 유죄 선고를 받은 그에게,[14] 적어도 그의 눈 아래서만큼은 그만의 고유한 완성이 자기 모습을 드러냈을 것이다. 그것은 바로 중지 속에서, 그리고 중지를 통해(파편성에 대한 매혹에 사로잡혀), 스스로 완성되는 새로운 방식이었다. 하지만 거기서 읽히는 것을 보지 않고서만 할 수 있는 것이었다. 확정되는 것이 아니라, 파괴되기 위해 스스로 부딪히는 요구로써만 거기 도달할 수 있었다. 쓰면서 자꾸 읽게 되는 그 권한을 철회하는 데 동의해야 했다(작가에게 주어지는 그런 호의나 배려가 매번 없어야 했다). 다 쓰지 않았다고 생각하며 쓰고 있거나 그것도 아예 모르면서 쓰다가, 거의 그가 결정적 파괴를 당할 운명에 처하는 순간, 그 책들은 제 스스로로부터 거의 해방되는 선물을 받게 된다. 걸작이라는 개념을 다 지우고, 완성된 작품이라는 개념을 다 지우고, 그저 책이라는 부재성에 동화될 때, 그 순간 우리에게도 독서의 무능이 선물처럼 주어지는 것이다. 이제 책이라는 부재성은 스스로 권좌에서 물러나고, 전복된다. 하여, 궁극적으로 ── 다시 작품이 되어 ── 우리가 흔들림

---

14 그는 어느 날 저녁 그의 『아메리카』를 포기했다. 살릴 것이 있으면 다시 살려야겠다는 생각도 하지 않았다(1914년 10월에 쓴 마지막 장과, 아마, 같은 날에 쓴 브루넬다의 일화는 제외하고). 이미 쓴 400쪽을 다시 읽어 본 다음 그는 전체를 총괄하는 진실을 되잡을 수 없었다.

없는 확신으로 감탄하며 진정한 문화라고 판단하는 작품이 되는 것이다.

7. 카프카는 ──편지로 확인되지만 ──펠리체와의 결별을 위해 심사숙고된 자주적 행동을 했을 뿐이다(그에게 그렇게 할 수 있는 힘이 부족할 때를 제외하곤). 그가 베를린 아스카니서 호프 호텔에서 판결을 받아야 했을 때, 전기적 주장들과는 전혀 다르게, 그는 그의 약혼녀와 그녀의 여동생(에르나), 약혼녀의 친구(그레테 블로흐), 그리고 그의 유일한 동맹자이자 친구인 에른스트 바이스(하지만 그는 펠리체에 적대적이었고 이 결혼에도 적대적이었다)로 구성된 법정[15]에서 출구가 무엇이든 간에 그가 선고받은 것으로 보이는 어떤 이야기로 끝낼 계획이 전혀 없었다. 베를린으로 떠나기 전 그는 여동생 오틀라에게 편지를 쓴다. "베를린에서 너에게 편지를 쓸게. 하지만 당분간은 어떤 사안에 대해 확신을 갖고 쓸 수 없어, 나 자신에 관해서도. 내가 말하는 것과 다르게 쓸 거야. 내가 생각하는 것과 다르게 말할 거야. 내가 생각해야만 하는 것과 다르게 생각할 거야. 이런 식으로 계속해서 저 어둠의 바닥으로 내려갈 때까지." 어떤 것도 중단될 수 없다. 어떤 것도 끊어질 수 없다.[16] 그가 정신적 징후로 보면서 지나치게 명확한 의미를 부여한 병

---

15 약혼 또는 파혼과 관련하여, 법정, 판결, 최고 평의회 같은 법률 용어가 아래에도 여러 차례 나오는데, 실질적 표현이면서 비유적 표현으로도 봐야 할 것이다. 결혼을 법 제도 차원에서 본다면, 이에 대한 거부감, 혐오감이 카프카의 일기와 작품 곳곳에서 등장한다. ──옮긴이
16 이 책의 492쪽＊이하를 볼 것.

마저도(그의 두 번째 약혼식이 있고 겨우 한 달 지나 병이 닥친다. 공식적 약혼 기간은 몇 주 이상을 결코 넘지 않는다) 아무것도 결정할 수 없었다. 모든 것이 아직도 이 젊은 여인에게 달려 있었다("내가 왜 막대기를 당긴 건지 나에게 묻지 마. 이런 식으로 내게 굴욕감을 주지 마. 난 이런 말이라도 하면서, 다시 네 발 아래 엎드리고 있어"). 결핵은 이 전투에서 하나의 무기나 다름없었다. 그가 지금까지 사용했고, 맨 마지막 편지 바로 전 편지에서까지도 사용했던 "셀 수도 없이 많은" 그 모든 일들 보다 더 효과적이지도 덜 효과적이지도 않았다. 그는 이 편지에서 지난 5년 동안 일어났던 그 모든 돌발적 사건들과 대파란들을 일일이 열거한다. 그가 그 사건들을 의미하며 지시하는 명사들은 어떤 아이러니를 가지고 가령 이런 식으로 언급된다. "육체적 불능", "작업", "탐욕", 그리고 지시될 수 없는 쪽으로 끌고 가는 지시들. 가령 이렇게 덧붙일 때도 있다. "그뿐만 아니라, 나는 당신에게 비밀 하나를 말할 거야. 지금으로서는 나도 아직 믿지 못하지만(내가 작업에 들어가고, 생각에 들어가면 내 주변에 어둠이 내리는데 그 어둠만이 나를 설득할 수 있을 거야) 그게 맞을 거야. 난 결코 다시는 좋아질 수 없어. 사람들이 나를 긴 의자 위에 눕혀 놓고 치료하지만 그건 결핵을 치료하는 게 아냐. 내가 살아 있는 한 외부의 필요성으로 남아 있는 무기인 결핵을 치료하는 거야. 이 두 가지는 함께 생존할 수 없을 거야."

하지만, 그는 이것도 말한다. 가장 그럴 법한 것은, 그건 바로 **영원한 투쟁**이라는 것이다. 다시 말해, 끝내는 것이 불가능함. 그는 일 년 후, 쉘레젠의 기숙학교 스퇴들에서 율리에 보리첵을 만나고, 그 다음 계절, 정신적, 신체적으로 극단의 비참한 상황 속에서 그녀와 이어지는데, 이 새로운 약혼은, 새로운 결속은 맺어지자마자 바로 풀린다. 거의 같은 시기, 그는 밀레나의 열정에 자신을 던진다. 그리고 그녀에 대한 자신의 열정에도. 그는 이 결합의 전망이 너무나 불확실해 결혼을 깨기 위해서라도 이 젊은 여인에 빠져들었다. 마지막으로 만난 도라 디아만트와는, 아주 존경받는 랍비(도라의 아버지의 친구인 유대인 학교 교사)의 중재를 통해, 하늘에게까지 이 결혼의 승인을 간청하게 되고, 조용한 거부의 몸짓으로, 절대적 부정의 신호로, 단 한 번 고개를 가로저었을 뿐, 어느 정도는 시인하는 최종적 답변으로 이 결혼을 받아들였다(결국 답을 했지만, 기피하는 형태로, 그러나 위에서 인정하기에 한다는 식으로 이뤄졌다). 절대 끊어져서는 안 되는 제한선에 이르게 되면, 그는 그것을 느끼면서 결국 파열과 결별에 노출된다. 절대 끊어질 수 없음, 이 절대적 제한선은 좀 더 심화해서 보면 배제시켜 달라는, 제거시켜 달라는 강력한 요구이다. 이것은 이미 항상 먼저 발설되었는데도 그 요구를 다시 간청해야 하고 반복해야 한다. 이 반복을 통해 그 요구는 지워지는가 하면 무한한 불능감 속에서 다시 계속되고 재생된다. 바로 결핍 때문에 항상 새롭게 재생되는 것처럼. 따라서 이런 결혼의 시도를 통해 그는 세계와 삶과 화해하고 싶었던 것일까? 결혼으로 상징되는 그 실질적 성격을 미리 고갈시키기 위해? 그는 차라리 법과 비극적 게임을 계속해서 하고 있는지 모른다(도발하고 질의하면서). 그의 고집으로 ── 부드러운, 즉 까다로운 ── 법이 스스로 발설되기를 기다리고 있었다. 결혼을 허락하는 것도 아니고, 결혼에 타격을 주는 것도 아니고, 그저 할당하거나 지정할 수 없는 것으로 명명되기를 기다리면서. 그 결과 그는 왜 글쓰기가 ── 일종의 구원으로 희구한 이 운동성 ── 그를, 그 오래전부터, 그리고 영원히 항상, 그를 법 **바깥**hors에 두게 될지 예감할 수 있었다. 혹은 더 정확히 말하면, 이 **바깥으로부터**dehors[17]의 공간을 차지하도록 이끌어 줄 것이었다. 이 근원적 (무정형적[18]) 외부 세계. 그는 이 근원적 외부 세계에 관해서는 쉽게 알 수 없었다 ── 단, 글을 쓰면서, 또는 글쓰기가 필요 없어질 때까지 글을 쓸 때는 제외하고. 이 외부 세계가 만일, 법 바깥에 있다면, 그 제한선은 어떻게 지시될까? 법이 그 제한선을 지시할까? 아니면 제한선 안에서 그 제한선이 지시될까? 다시 말해 도발하고 도발하고 또 도발하면서 법을 교란하고 그럼으로써 그 법을 능가하게 되는 것 아닐까. 도라 디아만트와의 결혼이 이른바 최고 평의회에서 거부되기 전, 카프

---

17 카프카 해설에서도 블랑쇼의 이른바 '바깥 사유'가 전제되어 있다. '바깥'을 의미하는 프랑스어 단어에는 hors와 dehors가 있는데, 분명 블랑쇼의 바깥은 후자, 즉 dehors이다. hors는 단순히 '안'과 구별되는 '밖'이지만, dehors는 전치사 de가 붙어 출발격, 즉 바깥에 있음에 그치지 않고, 그 바깥으로부터 안으로, 혹은 내 상상적 공간 안으로 거의 기동(起動)적으로 끌고 들어와지는 체험으로 이해될 필요가 있다. 블랑쇼는 다른 저작에 실린 프루스트 비평에서도 프루스트가 순간적으로 또는 즉각적으로 "hors du temps"(시간 바깥, 또는 바깥 시간)이라 급히 표현한 것을 dehors의 감각적 체험 시간 개념으로 환언하여 해설한 바 있다. ── 옮긴이

18 '근원적', '무정형적'으로 각기 옮길 수밖에 없었지만, 상투적인 표현은 아니다. 블랑쇼가 힘주어 강조하는 함의가 그대로 느껴지는데, 원어는 각기 radicale, aorgique이다. aorgique는 그리스어에서 파생한 형용사로, 형태가 없는, 무정형적인 같은 의미를 갖는다. 그리스어에는 '아오리스트'(aoriste)라는 시제가 있는데, 명확한 시점을 밝히지 않는 과거 시제다. 과거-현재-미래 등 삼분법의 절편성, 또는 시간을 불연속적으로 분리하는 측정성(인간이 만들어 낸 시간 및 시제 개념)에 대한 일종의 회의감으로 이런 아득한 시간성에 대한 특별한 취향이 있는 작가들이 선호하는 용어이다. 아오리스트는 시간이 분리되기 이전, 인간이 태어나기(어머니로부터 분리되기) 이전 모태의 따뜻한 모노적 양수 세계를 함의하기도 한다. ── 옮긴이

카는 이런 사회적 인습에 반대하여, 아니 이를 무시하고 이 소녀와 동거를, 일종의 공동 생활을 결정한다. 도라는 당시 열아홉 살이었고, 카프카는 마흔이었다. 거의 딸뻘이거나 막내 여동생뻘[19]이었다(카프카는 어찌 보면 가장 결백한 언어로 말한 것이겠지만, 우연히 발설한 것일 수도 있고, 여동생 오틀라에 대한 선호성을 한 번도 감춘 적이 없다. 그는 오틀라가 자신의 여동생이자, 어머니이며, 아내라고 말했다). 항상 그렇듯이, 위반은 ── 존재할 수 없는 것에는 없는 결정 ── 금기의 선포에 앞서 있다. 건널 수 없는 제한선이 주어졌다는 것은 반드시 건너가게 되어 있다는 것을 암시한다. 건너감으로써만 이것이 건너갈 수 없는 것이라는 것을 암시하는 것이다. 랍비의 "아니오"의 선포는 죽음 바로 앞에 있었다. 드디어 카프카에게 끈을 끊어 버려도 됨이 허용되었다. 드디어, 완전히 해방되어, 글을 쓸 수 있었다, 그러니까 죽을 수 있었다. 드디어. 하지만 이미 영원성은 시작되고 있었다. 유고작으로 인한 사후의 지옥. 냉소를 보내지 않을 수 없는 찬란한 영광. 문화라는 거대한 감옥. 여기서, 다시 한번, 이 마지막 말은, 기다리고 기다리는 최후의 마지막 말을 감추고 은닉하기 위해 행해졌을 뿐이다.

---

19 카프카에게는 엘리, 발리, 오틀라라는 세 여동생이 있었다. 이 세 여동생은 훗날 모두 비극적 죽음을 맞았다. 이들은 제2차 세계 대전 중 게토에 수용되었고, 엘리와 발리는 아마도 1942년 가을 처형되었을 것이다. 오틀라는 1943년 가을 아우슈비츠에서 사망했다. ── 옮긴이

어둡고 불행한 이야기. 여기에 우리가 아는 것, 적어도 내가 아는 이야기가 있다. 당시 스물두 살이었고, 펠리체의 가장 최근 친구인 그레테 블로흐는 프라하로 와서 1913년 10월 카프카를 만났다. 그녀는 빈에 거주하면서 근무했다. 카프카는 그녀에게 편지를 쓰기 시작했고, 총 70여 통의 편지가 출판되었다. 1913년 10월 29일부터 1914년 7월 3일까지이다. 7월 12일은 그가 파혼한 날이다. 1914년 10월, 이 젊은 여성은 이들이 파혼하게 된 것에 자기 책임도 있고 해서 옛 관계를 다시 복구하게 하려고 카프카에게 편지를 보냈다. 10월 15일, 카프카는 이에 대한 답장을 한다. 우리가 가지고 있는 것은 카프카가 블로흐 양에게 보낸 마지막 편지이다. 에리히 헬레, 위르겐 보른이 출판한 이 편지들에 따르면, 카프카가 그녀에게 계속해서 편지를 썼다는 어떤 증거도 없다. (1917년 10월 8일자 일기를 여기서 인용한다. 카프카가 병을 앓던 시기로, 약혼녀에게 "자신의 말"을 돌려준다. "F. 양의 비난조 편지. G. B.는 나에게 당장 편지를 쓰라고 성화다.")

그는 가끔은 펠리체에게 그녀에 대해 말한다. 소식을 물을 때도 있고 안부를 전할 때도 있다. 때론 조언을 하기도 하고, 고통의 순간에는 열렬한 공감을 표하기도 한다. 우리가 알다시피, 펠리체와 그레테 블로흐, 그리고 카프카는 1915년 5월 23일과 24일, 함께 체코의 보헤미아로 바캉스 여행을 떠났다. 최근 출판된 편지들을 봐도, 그녀의 마음을 사려고 했는지, 다정다감하거나 때론 거의 유혹적인 단어들이 나온다. 그러나 동시에 충분히 격식을 차린다. "친애하는 그레테 양"이 가장 친근한 호칭이었다. 이 이상은 없을까? 있다, 바로 이것이다. 막스 브로트는 그레테 블로흐의 편지 일부를 출판했는데, 그녀가 1940년 4월 21일 피렌체에서 이스라엘에 있는 한 친구에게 보낸 편지이다. 그녀는 그 친구에게 옛날에 자기에게 아들이 하나 있었는데, 1921년 뮌헨에서 일곱 살에 죽었다는 사실을 밝힌다. 자기 아들은 "사생아"로 아버지 이름은 밝힐 수 없다는 것이다. 그런데 이 편지의 수신자는 (이 이야기에 대해서는 브로트가 유일한 보증인이다) 그레테 블로흐가 아이의 아버지를 카프카로 보고 있다는 것을 장담했다.

무슨 말을 할 수 있을까? 어떤 면에서는, 분명, 아무것도. 이유들 자체가 의심이 들지만 그렇게 의심하는 이유를 말해 보자. 바겐바흐는 1914년 가을부터 그레테와 카프카 사이에 내밀한 편지가 오고 갔다고 본다. 분명 그의 착각이다. 유일하게 알려진 편지들은 1913년 가을부터 1914년 여름까지이다. 따라서 두 사람 사이에 어떤 관계가 생겼다고는 결론 낼 수 없다. 당연히 우리는 모든 걸 다 알지는 못한다. 카프카에게 항상 있었던 절대적 솔직함이라는 규칙을 상기한다면(펠리체와 처음 결별했을 때, 그는 리바로 가서 며칠간 젊은 스위스 여성과 내밀한 관계를 가졌다. 펠리체와의 관계가 회복되자마자, 이제는 더 이상 자신의 약혼녀가 아닌 그녀에게 이 모든 이야기를 다 말한 카프카였다), 그런 관계에 대해 침묵을 지킬 수 있었다는 것은 곧 이중의 배신이므로 카프카답지 않다. 그럼에도 불구하고, 그레테 블로흐의 평판을 위태롭게 하지 않기 위해 그가 침묵했을 것이라고 상상하는 사람도 있다. 하지만 얼마나 이상하고 모호한 상황인가. 이런 증언도 언급해야 한다. 그레테 블로흐의 친구들에 따르면 이 젊은 여성이 피렌체에 체류하던 중에(그녀가 아이의 이야기를 폭로했을 때), 아주 깊은 우울병 내지 정신 착란에 가까운 침울증의 징후들이 있었다는 것이다. 하지만 이런 주장이 설득력이 있는지는 모르겠다. 심각하면서도 모호하기 때문이다. 상상이든 상상이 아니든 카프카도 모르는 아이가 이런 유령적인, 현실적이고도 비현실적인 존재로 살고 있었다. 당분간은, 꿈에서 봤으면 몰라도 꿈 밖에서 살게 할 수는 없는 아이였다.

그레테 블로흐와 펠리체는 마지막까지 우정으로 맺어져 있었다. 그녀가 독일을 떠나야 했을 때 그레테는 자신이 카프카로부터 받은 편지의 일부를(거의 절반을) 건네주었다. 나머지는 피렌체의 한 공증인에 맡겼다. 이 공증인은 나중에, 막스 브로트에게 그 복사본을 주었다. 이 편지들 중 12통은 "충분히 이상한 방식"으로 둘로 찢어져 있었다. 하지만 하나만 제외하고, 그 나머지는 복구될 수 있었다. 왜냐하면 그 편지들 중 절반은 펠리체의 수중에 있었고, 그 나머지는 피렌체에 있는 공증인 집에 있었기 때문이다. 그레테 블로흐는, 독일을 떠난 이후 이스라엘에 거주하다 이탈리아로 돌아왔는데 이것이 불행이었다. 당시 이탈리아는 나치 점령지로 들어가게 되었고, 그녀는 다른 많은 유대인들과 함께 끌려가 강제 수용 기간에 사망했거나 수용소에서 사망한 것으로 보인다. 적십자의 수사에서도 이것은 확인이 되지 않고 있다. 펠리체는 이런 운명을 피했다. 결혼하여, 우선 스위스에서 살았고, 이어 미국에서 살았으며 1960년 사망했다. 또 덧붙이고 싶은 것이 있다. 카프카의 일기 중에서 1922년 1월과 2월은 스핀들레르무흘레에서 고독하고 비극적인 체류를 하던 때이다 ─ 희망 없이 밀레나와 아직도 이어져 있을 때였다. G라는 이니셜이 나오는 기록이 있는데, 1월 18일자는 "약간의 평화, 그 대신, G.가 온다. 해방 혹은 악화. 그게 뭐든". 또 2월 10일자. "G.의 새로운 공격. 아주 강력한 적들로부터 왼쪽, 오른쪽에서 공격을 받고 있는 나는 도주할 수가 없다."[20] 그리고 1월 29일자 일기에는 어떤 이름도 언급되어 있지 않지만, 수수께끼 같은 난해한 방식으로 표현되어 있어, 나를 이전에, 아마도 다소 무모하게, 거의 "신비주의" 풍으로 어둠의 빛 속에서 이 단락을 읽게 만든 적이 있다. "길 위에서 공격, 저녁, 눈 속에서." "나는 그들을 피했다." 그리고 좀 더 후인 3월 24일자. "얼마나 염탐하는지. 가령, 의사 집으로 가는 길 위에서, 거기서 항상." 숨 막히게 하는 이상한 글이다. 카프카가 손으로 쓴 일기를 직접 본 바겐바흐는 거기서 이렇게 읽었을지 모른다. "그레테의 새로운 공격." 더 많은 것은 알지 못하므로 나는 이 정도만 암시한다.

*

나 스스로 납득해 보기 위해, 2년간의 결별 과정을 작은 연대기로 작성해 본다. 내가 기억하기로는, 1912년 9월 20일, 편지가 시작되면서 그 첫 두 해가 시작된다. 11월 중반부터, 카프카는 편지를 썼다(이 젊은 여인은 악의는 없었지만 그를 항상 이해하지 못했다. 또는 그에게는 어떤 특징들로 인해 그녀가 낯설었다). "우리 삶이 우리에게 소중하다면, 이만 끝내요." 곤경에 처해, 어쩔 줄 모르게 된 펠리체는 브로트에게 편지를 쓰고, 브로트는 그녀에

---

20 국내에 번역된 『카프카의 일기』(장혜순, 이유선, 오순희, 목승숙 옮김, 솔, 2017)에 실린 원주 번역본에 따르면 이 G.를 그레테로 보고 있지 않다. 원주에는 이렇게 적혀 있다. "1912년 라이프치히에서 초연된 비극. 게르트 폰 바세비츠의 작품." 국내 번역본은 이 일기 출판물의 정확한 원전을 밝히고 있지 않아 원주 작성자가 누구인지 확인할 수 없는데, 일러두기에 국내 독자가 일기의 흐름을 이해하는 데 도움을 주는 선에서 여러 자료를 재량껏, 부분적으로 참조했다고 양해를 구하고 있다. 아울러 카프카 편집자들이 주로 참조하는 앤소니 노시의 연구나 막스 브로트의 저서 『프라하 일간지』 등을 참조해 원주 번역문을 작성했다고 밝히고 있다. 이어지는 문장들의 맥락으로 보아, G.가 반드시 그레테인지는 확인할 길이 없다. 하지만 블랑쇼는 이 추가적인 글에서 이 G.를 그레테로 확신하고 있는 듯하다. ─ 옮긴이

게 이렇게 답한다. "프란츠는 병적으로 예민한 감수성을 가지고 있으니 많은 것을 줘야 합니다. 그는 순간적 기분에 좌우됩니다. 그는 모든 것에서 절대를 원하는 존재예요. 타협이나 협상은 절대 받아들이지 않습니다." 11월 20일 카프카는 이렇게 쓰고 있다. "하지만 아직도 당신은 소식이 없군요. 당신이 나에게 침묵으로 말했으니 나는 숨김없이 작별을 고해야겠어요."

　1913년 1월 초, 카프카에게서 변화가 시작된다. 이 변화는 이제 상황이나 기분에 따른 것이 아니다. 변화는 더 가중되는데, 그들의 관계가 약해졌다기보다 강화되면서 더욱 심화된다. 3월 23일, 그들은 베를린에서 만난다. 그 다음 고백의 편지. "나의 진짜 두려움은 결코 당신을 소유할 수 없을 것이라는 것", 이건 그가 여자 친구에서 멀어진다는 것을 의미하는 게 아니라, 그녀가 그를 다르게 대했다는 것을 의미한다. 그녀의 편지들은 뜸해지고, 프랑크푸르트 여행을 이유로 편지를 중단하는 등 이런 방약무도함은 카프카를 거의 미치게 만든다. 5월 11일, 오순절 휴가 동안 베를린에서의 새로운 만남. 이 만남으로 그에게는 약간의 희망이 생긴다. 적어도 하루 동안 그는 "그녀와 (그들의 미래에 대해) 어떤 끔찍한 것들까지도 깊이 이야기를 나눌 수 있게 된 것이다. 하여 서서히 자유로운 분위기에 이르게 된다". 그렇지만, 그는 덧붙인다. "베를린에서, 내 여행 가방을 쌀 때, 나는 머릿속에 완전히 다른 글을 넣고 있었다. '그녀가 없으면, 난 살 수 없어. 그녀와 함께도 난 살 수 없어.'" 동시에 진실의 고통이 온다. 6월 10일 시작되었다가 잠시 중단된 후 다시 용기를 내어 16일에 마친 편지에서는 이렇게 말한다. "당신이 나의 아내가 되고 싶은지 한번 곰곰이 생각해 보고 싶어? 그걸 원해?" 이어 논쟁이 계속되고, 7월 1일(1913년)에야 이런 단어로 종결된다. "그러니까, 그 모든 것에도 불구하고, 당신 위에 십자가를 지고 싶다는 거지, 펠리체? 불가능을 시도해 보겠다는 거지?" 이어, 심각한 첫 번째 결별이 온다. 두 약혼자는 ─ 공식적인 약혼은 아니고 내적인 감정으로 서로를 그렇게 느낄 때이다 ─ 바캉스를 함께 보내기 위해 서로 다시 만나지 않는다. 펠리체는 베스터란트에서 즐겁게 보낸다("당신을 기다리고 있는 것은 당신이 베스터란트에서 본 것 같은 그런 행복한 것들로 이뤄진 삶이 아니야. 서로 팔짱을 끼고 즐겁게 수다를 나누는 삶이 아니야. 상심과 비탄에 빠져 슬프고, 말 없고, 만족할 줄 모르고, 쉽게 감정이 변하고, 보이지도 않는 사슬에 묶여 문학과 연결되어 있는 존재 옆에서 보내야 하는 감금된 삶이야"). 카프카는 휴가를 구실로 빈으로 간다. 이어 이탈리아로 간다. 거기서 그녀에게 편지 쓰는 것을 그만두겠다는 편지를 쓴다. "더는 앞으로 나갈 수가 없어. 나는 포승줄에 묶여 있어. 우리는 헤어져야 해"(1913년 9월 16일). 그는 잠시 리바에 머물고, 거기서 "스위스" 여성인 아주 젊은 G.W.를 알게 된다.

프라하로 다시 돌아와 그는 이제 그레테 블로흐의 방문을 받는다. 오해를 풀기 위해 펠리체가 보내서 온 것이다. 편지는 이제 이전 같은 삶의 약동으로 교환되지 않는다. 11월 8일, 그는 펠리체를 잠시 보기 위해 베를린으로 간다. 의도가 있었는지 단순히 소홀해서였는지는 모르겠지만, 펠리체가 피해 다녀 정말 잠시 얼굴만 보게 된다. 1914년 3월 초, 여전히 베를린에 있을 때, 어떤 암시로 인해 그는 완전히 낙담하게 된다. 펠리체가 그를 겨우 참아 주고 있음을 알게 된 것이다. 그 사이 블로흐 양과의 편지는 계속되는데 훨씬 다정하다. "당신은 나에게 너무나 중요해요. 당신의 작은 카드는 제가 베를린에서 받았던 그 모든 것만큼이나 저를 기쁘게 했어요. 친애하는 그레테 양, 저는 당신에게서 뜨거운 욕망을 봅니다. 마치 눈에도 확연한 노스탤지어처럼. 베를린에서, 그 누가, 당신의 머리를 만지고 어루만지는 것 말고 다른 욕망을 가질 수 있을까요?" 그리고 펠리체가 그에게 "당신, 그레테에게 관심이 많은 거 같아요"라고 말했을 때, 그는 자신을 변호하지 않는다. 5월 12일과 13일 공식적인 약혼이 결정된 즈음, 두 사람은 만난다. (청첩장, 키스, 축하 같은 겉치레 의식의 공식 약혼식은 6월 1일에 있게 될 것이다.) 카프카는 그레테를 위해 이 약혼식을 평한다. "베를린에서는 좋지도 나쁘지도 않았어요. 하지만 어쨌든 내 감정을 의심하지 않으려면 이런 일이 필요는 합니다." 그리고 펠리체를 위해서는, "정신적으로 나는 이제 너와 하나가 되었어. 그 어떤 랍비의 축성도 이르지 못할 절대 분리될 수 없는 방식으로." 그러나 카프카는 계속해서 그레테에게 편지를 쓴다. 그러면서 그의 환멸, 더 나아가 혐오를 그녀에게 알린다. "가끔 ─ 잠시라도, 이걸 알고 있는 것은 오로지 당신뿐입니다 ─ 그런 책임감을 내가 어떻게 질 수 있을지, 어떻게 내가 결혼을 받아들일 수 있을지 나는 정말 모르겠습니다." 그레테가 펠리체에게 알려 주게 될(어떤 의도가 있었을까?) 내용의 편지가 바로 이것이다. 알다시피, 1914년 7월 3일, 블로흐 양에게 편지를 쓰면서, 바로 그 순간, 또는 그때 그녀와도 거의 관계를 끊는다. "당신은 그 편지를 언급하지 말았어야 했어요. 그래서 저는 당신을 설득한 거였습니다. 당신은 저에게서 펠리체의 약혼자를 본 것이 아니라, 펠리체의 위험을 보기 시작했나 봅니다." 그 다음, 그들의 미래의 물질적 조건들에 대한 힘겨운 논쟁들도 있었다. 펠리체는 자기에게 적합한, 방이 여러 개 딸리고 가구가 갖춰진 편안한 집을 원했다(더욱이 나머지는 임대를 주고). 또한 그녀는 평상시의 사회생활을 포기하고 싶어 하지 않았다. 결국, 카프카는 1914년 7월 12일, 아스카니셔 호프 호텔이라는 '법정'에 서게 된다. 공식적인 약혼에 이은 공식적인 파혼으로 양가는 공포 섞인 큰 동요에 휩싸인다.

이 결별의 작은 이야기를 나는 이제 여기서 멈추겠다. 1914년 11월, 그레테 블로흐의 중재로 편지는 한 번 더 이뤄진다(10월 15일자 일기에서 이렇게 쓰고 있다. "오늘 목요일, 블로흐 양의 편지가 왔다. 나는 어떻게 해야 할지 모르겠다. 내가 혼자 남게 될 것이 확실함은 내가 알고 있다. 하지만 내가 F.를 사랑하는지는 더는 모르겠다(그녀가 춤을 출 때 그녀를 보면서 내가 느꼈던 혐오감을 생각한다). 하지만 그럼에도 불구하고, 끝을 모르겠는 유혹이 되살아난다"). 그러나 이제 편지의 교환이 있어도, 어떤 순간에도 초기의 그 흐름은 다시 찾아지지 않을 것이다. 카프카는 변화시켰고, 자신도 변했다. 7월 29일 이후(파탄이 있고 나서 15일 후) 그는 『소송』을 시작한다. 매일 저녁, 매일 밤, 석 달 동안 쓴다. 1915년 1월, 그는 보덴바흐에서 펠리체를 다시 보지만, 진정한 내적 친밀성은 없었다. 다시 한번 약혼의 문제가, 그리고 약혼과 함께 다시 한번 파혼의 문제가 제기되기 위해서는 1916년 7월 마리엔바트에서의 행복한 재결합이 필요할 것이다.

29

우정

이런 친구에 대해 말하는 것을 어떻게 받아들여야 할까? 예찬을 위한 것도 아니고, 몇 가지 진실에 대한 관심 때문도 아닌데. 그의 성격적 특징과 존재하는 형태, 삶의 일화, 책임 없어질 때까지 책임을 느끼며 그가 하는 탐색에 공감하고 동의하지만 이것은 그 누구의 것도 아니다. 증인은 없다. 가장 가까운 사람들은 그들에 가까운 것만을 말할 뿐이다. 이 가까움 속에서 확인되는 먼 것은 말하지 않는다. 존재가 사라지면 그 먼 것도 사라진다. 우리의 말로, 우리의 글쓰기로, 이 부재하는 자를 붙들겠다는 게 다 헛된 일인지 모른다. 이 자에게 우리의 추억이라는 미끼를, 아직은 형상을 가진 어떤 것을, 밝은 낮에 머무는 행복을, 진정한 외양을 갖추어 더 연장시킨 삶을 헌물로 드리는 것도 다 헛된 일인지 모른다. 우리는 또 우리의 공허를 메우기 위해 이렇게 찾고 또 찾는 것인지 모른다. 우리는 이 공허를 다시 확언하는 고통을 참을 수 없을지 모른다. 도대체 누가 이런 무의미를 받아들이겠는가? 받아들인 기억조차 없을 만큼 지나친 무의미를 말이다. 그 무의미를 옮기면서 우리는 이미 망각 속으로 미끄러져 들어간다. 수수께끼와도 같은 미끄러짐의 시간. 무의미가 표상하는 것이 바로 이것이다. 우리가 지금까지 말한 것은 이런 확언을 베일로 가려 놓은 것인지 모른다. 모든 것은 지워지고 사라져야 한다. 이 사라져 가는 움직임을 지켜볼 때만 우리는 우리 안의 어떤 것에 충실할 수 있을 것이다. 이 어떤 것은 이미 우리 안에 들어와 버린 추억을 모두 제거하려고 몸부림친다.

*

나는 거기에 책들이 있다는 것을 안다. 책을 읽으면서 이런 소멸의 필요성을 깨닫게 되더라도 책은 일시적으로는 남아 있다. 책 그 자체로 어떤 실존을 일깨운다. 이 실존은 더 이상 어떤 현존이 아니기 때문에, 이야기 속에서, 더욱이 최악의 이야기 속에서, 즉 문학적 이야기 속에서 자신의 실존을 늘어놓기 시작한다. 이 문학적 이야기는 자료를 탐사하고, 탐색하며, 면밀하고 치밀하게 쓰이면서 죽어 버린 의지를 다시 붙잡고, 시대적 유산 속에 떨어져 있던 것을 자기 것으로 취하여 깨달음으로 변모시킨다. 전작全作의 순간이란 이렇게 오는 걸까. "전부 다" 출판하고 싶다. "전부 다" 말하고 싶다. 여기에 안달 그 이상의 것이 있을 수 있다. 모든 것이 다 말해져야 하는 갈급한 마음이 있을 수 있다. "더 이상 할 말이 없음"에 이르러야 드디어 우리가 죽은 말을 멈출 것이다. 이런 죽은 말에서 나온 불쌍한 침묵도 멈출 것이다. 그래야 윤곽선이 분명한 수평선 안에 사후에나 있을지 모를 알 수 없는 어렴풋한 기다림과 우리의 살아 있는 말들이 환각적으로 뒤섞여 있는 것을 굳건히 집어넣어 붙잡을 수 있는 것이다. 우리에게 가까이 있는 것이 존재하는 만큼은 그 존재와 함께, 그 존재가 확언하는 생각이, 즉 그의 생각이 우리에게도 열린다. 이 관계성 안에 보존되어 있는 그의 생각과 그 생각을 보존하고 있는 것이 단순히 삶의 이동성으로는 설명되지 않는다[1](삶이 바로 책으로 이동하는 일은 희박하다). 그게 아니라, 종말의 기이함이 예측 불가능하게 그 안에 그것을 끼워 놓은 것이다. 무한한 임박성 —아마도 죽음의 임박성— 속에 항상 숨어 있던 이 예측 불가능성은 그 기이함에서 온 것은 아니다. 마치 종말이 언제인지 사전에 미리 알 수 없듯이 말이다. 결코 어떤 사건으로 이뤄져 있지도 않고, 불시에 나타나더라도 얼른 잡을 수 있는 현실성을 가진 것도 아니다. 잡을 수 없지만, 그래도 그에게 운명처럼 정해져 오는 자를, 이 잡을 수 없음 속에서 끝까지 붙잡으려는 운동성이 분명 있긴 있다. 이것은 그의 필생의 생각을 훔치고 보유한다는 것을 의미한다. 그의 생각을 모든 통제에서 떨어뜨려 놓고 자유롭게 한다는 것을 의미한다. 그의 안에서 나온 생각도, 그의 바깥에서 나온 생각도.

---

[1] 블랑쇼는 이 단락에서 저자와 독자 그 사이에 있는 책의 관계성을 다소 난해하게, 그러나 하나하나 그 영역 및 의미를 분리하여 매우 정교하게 묘사하고 있다. 우리에게 가까이 있는 것이 책이라면, 그 책 안에 보존되어 있는 것은 저자의 생각일 수 있다. 단, 여기에 독자가 필요하다. 블랑쇼가 '관계성'이라는 단어를 언급한 것은 그래서다. 즉, 단순히 저자의 생각이 아니라, 독자에게까지 열리는 생각만이 "관계성 안에 보존되어 있는 생각"이다. "그 생각을 보존하고 있는 '것'"은 바로 책을 의미할 것이다. 우리는 흔히 저자의 삶이 바로 책에 쓰인다고 생각한다. 그러나 그렇지 않다는 것을 강조하기 위해 블랑쇼는 "단순한 이동성"에 의해 이뤄지는 게 아니라는 말을 덧붙이고 있는 것이다. ─옮긴이

나는 조르주 바타유가 어떤 속박도 없이 자신에 대해 말하기에 우리도 일말의 신중함을 벗어던질 수 있게 된다는 것을 너무나 잘 알고 있다 ─ 그렇다고 그의 자리에 우리를 대신 놓게 하거나, 우리에게 그의 부재를 대신해 그를 대변할 권리까지 주는 것은 아니다. 그렇다면 그가 자신에 대해 말한다는 것은 확실할까? 그가 탐색하는 이 "나"는 그것이 표현되는 순간만큼은 그 현존을 분명 드러내는 듯하다. 그런데 이 "나"는 우리로 하여금 도대체 무엇을 바라보게 하는가? 그것은 분명 에고$_{ego}$와는 전혀 다른 나일 것이다. 삶에서 행복했던 순간의 "나"와 불행했던 순간의 "나"를 알고 있던 사람들은 추억 속에서 이런 에고를 떠올리고 싶어 할 것이다. 결국 이런 생각을 하게 만든다. 말할 수 있는 결정성을 갖는 에고는 실존성 속에 있고, 그런데 그 실존성 안에 무아無我에 가까운 현존성이 끼어들면서 이 둘 간에 수수께끼 같은 이상한 관계가 생겨난다는 것이다. 그런데 이 무아는 자기 실존을 요구하는 것도 아니고, 자신의 전기를 하나의 사건으로 만들려고도 하지 않는다(차라리 이 전기가 들어올 수 없는 간극 부분을 원한다). 우리가 "이 경험의 주체는 누구였던가?"라고 질문할 때, 이 질문 자체가 이미 답일수 있다. 단호하고 유일한 이 "나"를 대신하여 답 없는 "누구"라는 열린 공간이 들어오면, 그 답이 질문 자체에서 확인되는 것이다. 즉, 질문을 던진 자에게도 그 답이 얻어지는 질문 형식이 되는 것이다. 단순히 "'나'라는 이 '나'는 누구인가?"라고 물어보는 것이 아니라, 훨씬 근본적으로 이 "나"가 아니라, 이 어떤 "누구"를 줄기차게 붙잡아야 함을 암시적으로 피력하는 것이다. 이 어떤 "누구"는 정의할 수 없는 미지의 존재이면서도 내 안으로 미끄러져 들어오는 것만 같은 존재이다.

그들이 우리와 본질적으로 이어져 있기에 그들을 알아야 하는 것이 아니다. 그렇게 아는 것을 차라리 포기해야 한다. 우리는 그들을 미지 속에서 환영해야 하고, 그들 역시나 우리와 떨어져 있기에 우리를 환영한다. 어떤 종속성도 어떤 일화성도 없는 우정. 지극히 단순한 삶의 원리만이 들어올 수 있는 우정. 우리의 친구들에 대해 이렇다 저렇다 말하는 것이 허용되지 않고, 그저 서로 낯설지만 서로 알아보는 우정. 대화 주제를 가지고(또는 대화 항목을 가지고) 말하는 것이 아니라, 서로 그렇게 교감하며 그저 말하는 우정. 우리는 서로 대화하면서 친숙함을 갖지만 그 친숙함 속에서 무한한 거리성을 확보해야 한다. 이 너무나도 근원적인 분리. 이 분리로부터 출발하여 분리되어 있으면서도 연결되는 관계를 만들어야 한다. 이른바 말 없는 신중함은, 단순히 서로 비밀스러운 속내 이야기를 하는 것을(이런 건 너무 조잡하다. 그걸 그려 보는 것만으로도) 거부한다는 말이 아니다. 말 없는 신중함이란 사이, 간격, 순수한 절대적 간격을 갖는다는 말이다. 나로부터 하나의 친구인 이 타자와의 사이에 있는 거리, 그리고 간격. 우리 사이에 있는 그 모든 차원. 내가 그를 내 마음대로 다루거나 그에 대해 내가 안다고 하는 것(그게 칭찬을 위한 것이어도)을 결코 나 스스로에게 허락하지 않아야 한다. 일시 중단할 줄 알아야 한다. 이것은 소통을 그만두는 게 아니라, 차이 속에서 때로는 말의 침묵 속에서 서로가 연결되는 것이다.

어느 순간, 이런 말 없는 신중함은 죽음과도 같은 갈라진 틈이 된다. 하지만 어떤 의미에서 그래도 변한 것은 아무것도 없다고 나는 생각할 것이다. 우리 사이에 자리를 차지하고 들어선 이 "비밀" 속에서, 이 비밀을 중지하지 않고도 대화는 지속되는데, 우리가 서로에게 현존이 되어 주는 시간에 이미, 비록 말이 없어도, 최후의 말 없는 신중함이 될 임박한 현존이 있기 때문이다. 바로 이 임박한 현존 덕분에 우정 어린 말들이 조용히 예고된다. 이쪽 강가에서 저쪽 강가로 건너가는 말, 저쪽 다른 끝에 대해 말하는 누군가에게 화답하는 말. 우리 삶이 시작되자마자 죽어 가는 이 기상천외한 운동성도 이런 것이다. 하지만 그 사건이 도래해도, 이 변화는 온다. 분리를 강화해서가 아니라 분리를 지움으로써. 이 중간 휴지를 확대하는 것이 아니라, 펼쳐서 평평하게 만듦으로써. 그렇게 할 때 우리 사이의 공허가 사라지는 것이다. 저 옛날부터 이야기 없이도 관계의 솔직함은 있어 왔다. 따라서, 이제, 우리에게 가까이 있던 자가 가까이 다가오는 것을 중단한 것이 아니라, 저 극단의 진실마저 잃어버렸다는 것이다. 죽음은 심각한 분쟁으로 갈라선 자들을 다시 친밀하게 만들어 줄 것 같은 가짜 미덕을 가지고 있는 것 같기도 하다. 이 죽음과 함께 분리된 모든 것이 사라진다. 분리는 관계성 속에 원래 있던 것이다. 단순하고 소박하게, 우정을 확인하며 항상 서로 화목했던 관계에도 심연은 있는 것이다.

　우리는, 얕은 꾀를 써서, 대화를 이어 가는 척 꾸며서는 안 될 것이다. 우리에게서 무엇이 떨어져 나가면 한때 우리 존재의 일부였던 것도 떨어져 나간다. 말이 침묵한다면, 이 말은 수년간 "존경심 없는 요구"에 따라 행해진 말이라서이다. 따라서 이 요구 많은 까다로운 말만 멈춰진 것이 아니라 그 말 때문에 생긴 침묵도 멈춰졌다. 이 침묵으로부터 다시 말이 돌아온다면, 시간의 불안을 향한 감지할 수 없는 경사면을 따라 오고 있을 것이다. 분명, 우리는 같은 길을 또 갈 수도 있다. 우리는 이미지들을 나타나게 할 수도 있고, 우리가 형상화하는 부재에 호소할 수도 있다. 그것이 우리의 부재라며 거짓 위로를 하면서. 한마디로, 우리는 추억할 수도 있다. 그러나 생각으로는 추억하지 않는다는 것을 안다. 기억도 없고, 생각도 없다. 모든 것이 무심함으로 귀결되는 이 보이지 않는 세계 속에서 우리는 이미 싸우고 있을 뿐이다. 바로 여기에 그 깊은 고통이 있는 것이다. 그 고통이 우정이 망각에 이르는 동안 동행해 줄 것이다.

『우정』: 언어와 에고를 녹이는 번뇌와 해탈의 바다

최근 급격히 느끼는 이 정신적 피로감의 원인은 무엇일까 하고 곰곰이 생각하던 나는 그것이 '말'로부터 오는 것임을 깨달았다. 인간은 대상 앞에 선 주체가 되는 순간, '말'이라는 칼을 꺼낸다. 괜한 과잉 방어 아닌가. 상대의 공격이 들어오지도 않았는데, 먼저 제압하기 위해 우선 '말'을 하고 보는 것이다.

이른바 묵언 수행이 어려운 것은, 말을 함으로써 얼마나 많은 죄업에 빠지는가를 온전히 깨닫지 못해서일 것이다. 그런데 왜 말을 하는가? 말을 하는 순간 타자와의 관계성이 생기고, 타자가 내 앞에 현존하는 이상, 우리는 부득이 말을 하게 된다. 결국 모든 것이 어렵다. 홀로 있음도, 홀로 있지 않음도. 말을 함도, 말을 하지 않음도.

온종일 '커넥티드'되어 있는 우리는 어쩌면 그래서 더욱 외로운데, 나는 동動도, 정靜도 아닌, 역易을 차라리 택하기로 했다. 동이 멈추면 정이 오고, 정이 멈추면 동이 오니, 말과 침묵은 서로 양립하는 것이 아니라 서로 포개지고 교체된다. 늘 그렇게 번갈아 흐를 뿐이라고… 바로 이것만을 나는 믿는 것이다. 완전한 박탈은 없다. 완전한 제거는 없다. 어떻게 말을 제거하며, 침묵을 제거하겠는가? 우리는 이런 박탈로 인한 상처, 그 흔적에마저 취약하다.

ON&OFF. 관계를 끊는 것이 아니라, 잠시 벗어나기. 은혜롭게도 다시 숨 쉴 수 있을 것만 같은 생기의 물이 흘러나온다. 시원하고도 여여與與한 물살이 기분 좋게 운동하며 나를 뜻밖에도 가볍게 구원한다. 나의 '에고'ego는 액체처럼 녹는다.

*

모리스 블랑쇼가 『우정』 첫머리에 제사로 실은 조르주 바타유의 "공모적 우정"의 함의는 무엇일까. 이것은 관계 맺기의 우정이 아니라 관계 맺지 않으면서 관계하는 자유로운 우정이다. 결합이나 느슨한 결합이다. 버드나무는 강가에서, 땅과 물 사이, 그러니까 두 세계의 경계 사이에서 그 어느 쪽에도 과하지 않게 상관되며 유유하게 살아간다.

여태 우리가 범한 수많은 관계 맺기의 조악함. 거칠고 과한 것만이 아니라 교활하고 악독했다. 때로는 우연으로, 그러나 대부분은 이해타산으로 맺어진 관계. 우리는 이를 '지인'이라 명명한다. 그런데 왜 지인일까? 왜 안다고 하는 것일까? 무엇을 안다는 것일까? 정말 알기는 아는 것일까?

'안다고 하는 것'에 대한 블랑쇼의 입장은 명확하다. 안다고 하지 말 것! "우리와 이어져 있기에 그들을 알아야 하는 것이 아니라, 그렇게 아는 것을 차라리 포기해야 한다"고 블랑쇼는 말한다. "어떤 종속성도, 어떤 일화성도 없는 우정." 대화 주제를 가지고 열정적으로 말하거나, 조용히 비밀의 속내를 나누는 것이 아니라, "말 없는 신중함"으로 그저 교감하는 우정. 친구를, 지인을 그저 내 앞에 현존하는 사물처럼 놓고 절대 거리를 두면서 교감할 뿐, 내 마음대로 다루지도, 안다고도 하지 말 것. 나와 너 사이에 원래부터 있었던, 그리고 영구히 있게 될 이 절대적 거리가 유지되는 우정. 타자를 뜻하는 프랑스어 'autre'는 원래부터 이런 의미였다. 그는 나와 '다른/분기된'différent 자가 아니라, 완전한 절연성의 부도체처럼 있는 절대적 타자, 아니 내 앞에 현존하는 대상일 뿐이다. 그리고 우리에게는 이것밖에 없다.

나와 너의 관계성이란 이렇게 분명 따로 떨어진 존재로서밖에 가능하지 않고, 블랑쇼의 화두 '현존'présence은 이런 전제 속에 우리 앞에 제시되고 있는 것이다. 블랑쇼는 '실존'파가 아니라, '현존'파다. 실존은 무엇이고, 현존은 무엇인가? '언어'와 '에고'가 있어야 '실존'한다. '무언어'와 '무아'無我가 있어야 '현존'한다. 한편, 실존과 현존은 끊임없이 서로 교차하거나 분기하는데, 블랑쇼는 이 두 차원의 간극 사이를 유영하며 그 무엇 하나로 결정되거나 소속되는 것을 최대한 피하려 하는 듯하다. 그렇다. 이른바 블랑쇼의 '모호함'은 비결정성에 함몰된 낭만적 멜랑콜리와 추상적 허무주의에서 비롯된 게 아니라, 전진과 퇴행, 상향과 하향, 생성과 소멸, 아니 어쩌면 어떤 엔트로피의 증가와 감소를, 어떤 만물의 일음일양의 운동 변화를 우주론적으로, 철학적으로 관통한 명철함에서 비롯되었을 것이다.

블랑쇼 읽기의 어려움 때문에 블랑쇼에 대한 오해가 생겨나서는 안 된다. 블랑쇼의 진실은 의외로 담박하다. 어떤 본원으로 회귀하기 위한 요원하고도 심려 깊은 수행을 하고 있어 블랑쇼의 언어는 이토록 고난 가득 찬 것이 되었을지 모른다. 그의 언어는 끊임없이 이어지고 갈라지며 위로 솟구치는가 하면 아래로, 저 아래로, 저 심연 바닥까지 하강하여 그곳에 은밀히 체류하기도 하지만, 결코 자신의 거대한 기氣를 흐트러뜨리거나 상실한 적이 없다. 블랑쇼의 텍스트는 시공연속체 같기도, 어떤 우주 속 같기도 하다.

반듯하기에, 진실만을 말하려고 하기에, 이 도저한 글쓰기 수행 속에서 가히 충격적인 전대미문의 문장을 쓸 수 있게 되었을 것이다. 블랑쇼는 도대체 무엇을 희구하는 것일까? 어떤 속죄를 통해 어떤 구원을 호소하는 것일까?

언어가, 말이 공허하지만 그 공허함에 집착하는 것 또한 공허하다. 블랑쇼는 말을 굶지 않는다. 블랑쇼의 말은 계속된다. 그런데 이 하염없이 계속되는 말은 마치 말을 깨고, 말로부터 벗어나기 위해 말을 생성시키는 것처럼 속개되고 진행된다. 이런 말을 통해 '나'라는 주어의 강력한 외피인 'moi-je'가 부드럽게 떨어져 나가고, 탈주체의 'on'이, 비인칭성의 'il'이 잠시 스며들어 오는 것도 같다. 블랑쇼는 je, moi를 완전히 박탈하고 삭제하는 것이 아니라 중화된 on이나 il의 도래를 믿으며 인내하고, 기다리는 것이다.

발화를 하는 순간, 에고가 전제되고, 부각되며, 강화되는 숙명 때문에, 언어의 병이 곧 주체의 병으로 병합되는 것을 우리는 이쯤 되면 짐작할 수 있다. 에고란 무엇인가? 그것은 물物 자체라기보다 거울 따위에 비친 '상'image이다. 하여, 우리는 이 허상에 현혹되고 결박당해 궁극에 이 허상이 실상이라 믿는 오류에 빠지게 된다. 너 자신이 되라? 차라리 너 자신이 되지 말라! 블랑쇼는 인칭성, 개성성을 고통스러워하고 급기야 혐오하며, 저 피안彼岸에 있는 비인칭성, 몰개성성에 이르기 위해 복분해식의 분열과 해제 작업을 감행하는 듯하나. 이런 식으로 동일화에 대한 혐오와 공포를 극복하는 것이다. 가령, 블랑쇼가 니힐리즘을 말할 때, 그것은 니힐리즘으로 주창되고 추앙받는 것을 말하는 게 아니다. 니힐리즘 안에서 니힐리즘이 사라질 때까지 니힐리즘을 껴안으며 걷어 내는 그런 니힐리즘이다.

*

번역하는 동안, 블랑쇼의 글은 나무 한 그루처럼 내 앞에 서 있었다. 내 앞에 현존하는 이 대상은 범상치 않은 활기와 생기를 띠었고, 그 에너지의 여파가 분명 나에게 전달되었다. 그러나 알 것 같으면서도 매번 그 절대적 거리를 절감했다. 안다고 하지 말 것! 블랑쇼의 글은, 아니 블랑쇼의 나무는 복잡한 수형체계로 우선 내 앞에 있었다. 잎들이, 꽃들이, 열매가 무분별하게, 일정한 순서도 없이, 그저 제 마음대로 변덕스럽게 내 지각기관 속으로 들어온다. 전부를 다 본 적이 없다. 전부를 다 안 적도 소유한 적도 없다. 나무는 그저 창공과 태양, 공기 아래서, 바람이 이러저러하게 부는 대로 미동하거나 약동한다. 초록빛 잎들과 분홍빛 꽃잎들을 조용히 흔들어 대며 하나의 광경처럼, 하나의 인상처럼 내게 어떤 심상을 만들었을 뿐이다.

블랑쇼의 글은 다세포 생물의 유성생식이라기보다 단세포 생물의 무성생식 같았다. 몇몇 전치사나 관계사 장치를 이용하여 명사가 끝없이 나열될 때, 이것은 마치 생명체의 생식 작용 같았던 것이다. 계속해서 이어지는 단어와 명사구, 마침표를 찍지 못하고 쉼표로 이어지는 블랑쇼 특유의 이른바 만연체는 서술과 설명을 위해 한없이 의미를 덧대어 증식시키는 것처럼 보이면서도, 아니다, 그게 아니었다! 이것은 단일한 하나의 세계로 함몰되기 위해 일어나는 복분열 및 해체 작용이었다.

나무를 외양이 아닌 운동으로 보는 순간, 우리는 나무의 본질에 대해 더욱 정확히 알게 된다. 뿌리와 줄기, 잎과 꽃, 열매가 어떤 원리로 자기 기능을 하며 그 생명을 보존해 나가고 성장하는지 알게 되는 것이다. 블랑쇼의 글을 문장 및 문형 구조로 보면서 일정한 고통을 감내하고 나면, 그 구조가 운동성으로 체득되는 순간이 분명 있다. 저자의 생각은 단어보다 문형을 통해 실릴 때가 더욱 많다. 생각이 언어로 일거에 표현되는 것이 아니라, 도무지 끝날 생각이 없는 문장의 지속성 속에서 원元 의미 안으로 들어가거나 다시 원 의미 밖으로 흘러나와 배회하면서, 어쨌거나 자신이 포착하려는 그 의미를 끝까지 포기하지 않고 붙잡으며 파악하고 있는 중인 것이다.

조르주 바타유, 앙드레 말로, 클로드 레비스트로스, 앙리 르페브르, 마르그리트 뒤라스, 루이르네 데 포레, 미셸 레리스, 장 폴랑, 피에르 클로소프스키, 로제 라포르트, 에드몽 자베스, 알베르 카뮈, 프란츠 카프카 등 블랑쇼가 "공모적 우정"을 느끼는 동시대 작가들을 소환하여 연대하고 있는 이 비평 문학 속에서, 우리는 충분히 유사한 세계관과 언어관, 그리고 문학관을 가지면서 비슷한 구조와 양식을 갖춘 종種

을 연상하며 20세기 프랑스 현대 문학사의 맥락을 꿰어 볼 수도 있다. 아니다, 적어도 블랑쇼에 '필터링'된 이 20여 명의 작가들은 다시 한번 블랑쇼다! 우리가 만나는 것은 블랑쇼의 독존성 그 자체다. 어쩌면 그래서 우리를 이토록 압도하는지도 모른다. 왜냐하면 블랑쇼는 모든 독서가, 모든 독법이 그저 현존성 안에 머물기를 바라는 것 같기 때문이다. 작가의 영혼과 그 요정을 만나는 것도 오로지 그 순간뿐이다.

얼굴 없는 작가로 유명한 블랑쇼가 평생 어떤 공적 활동도 하지 않고 오로지 글쓰기에만 전념한 것은, 그에게 문학이 '에고'로 가득한 자기 자신을 소거함으로써만 가능한 일이었기 때문이다. '문학이란 무엇인가'에 대한 블랑쇼의 성찰은 다른 저작에서도 이미 견고하고 인내심 깊게 이루어져 왔는데, 그가 "공모적 우정"을 느끼는 작가들은 낯설고도 결코 쉽지 않은, 아니 공포스럽기까지 한 무위無爲의 깊이를 경험한 자들이다. 이들은 문학 모임이나 학회, 협회 등의 이해타산적이고 속물화된 친교를 맺지 않고도 글을 통해 서로의 기질을 알아본다.

'je'(1인칭)에서 'il'(3인칭 혹은 비인칭)로 혹은 'on'(프랑스어 특유의 제4인칭?)으로 전환되며 이른바 '중성적 광채'를 발휘하는 작가들만이 여기 소개되어 있다. 블랑쇼는 이들과 무한한 대화를 이어 가면서, 다시 한번 자신을 파기하고 새로이 융합하는, 가히 무신론적 법열 체험을 시도하는 것 같다.

*

라스코 동굴 벽화를 통해 예술 탄생의 비밀을 득도한 조르주 바타유에게 블랑쇼가 "공모적 우정"을 느끼는 것은, 바타유가 예술의 본질이 벽화에 새겨진 선묘나 형상이 아니라, 즉 재현이 아니라 그 압도적 현존 자체임을 일깨웠기 때문이다. 저 지하세계에 묻혀 있던 선사先史가 현대 앞에 불쑥 드러난 이 어마어마한 우발적 사태. 결코 만날 수 없는 저 선사의 시간과 현대의 시간이 만나고 있는 이 절체절명의 순간, 모든 시간성과 차이성은 소멸되고 그저 그것이 "내 눈앞에 실로 있음"을 절창했기 때문이다. "온갖 문제와 질문은 차치하고라도" 이렇게 어떤 대상 앞에 순진무구한 아이처럼 아연실색하여 "눈이 환해지고 온몸이 불타는 듯한" 느낌을 가져 본 적이 있는가? 너무 많은 예술 작품을 보아 왔고, 소비해 온 우리는 실상 별반 느끼지 못한다. 극단적으로 말해, 예술은 예술에서 무엇을 느꼈다고 말하는 것이 아니라, 그저 느끼는 것이다.

선사시대에 동굴이 있었다면, 현대에는 박물관이 있다. 조르주 바타유에 이어 앙드레 말로를 다음 장에 이어 붙임으로써 블랑쇼는 선사와 현대를 다시 한번 서로 마주 보게 한 셈이다. 박물관은 일단 예술품으로 인정된 모든 문명의, 모든 예술이 들어오는 공간으로, 이곳에 내걸린 대상은 보는 주체에게 선사시대의 동굴 벽화와는 전혀 다른 관계성을 요구한다. 말로가 정초한 "상상의 박물관" 개념은 우선, 내 눈앞의 대상 자체로부터 압도적 현존을 오롯이 느낄 수 없는 총체적 불가능성에서 비롯된 것으로 보인다. 박물관 공간은 일견 예술품을 "쟁취하고, 시위하듯 전시하는" 위협적 공간이자, 관객을 수동적으로 만드는 상업적 공간이다. 소수의 전유물을 대중과 민주적으로 공유하게 만들었으니, 혁명에 가까운 대단한 혁신이지만 동시에 예술을 대단히 척박하게 만들 징후이기도 하다. 예술이 더 이상 주술적 샤머니즘에 가까운 법열을 일으키지 않는다면, 근원 종교 대신 유사 종교(사이비)를 찾듯 유사한 종교 감정을 불러일으키는 선에서 만족하는 수밖에 없는지 모른다. 하여, 박물관은 이제 "상상의 박물관"이 된다. 상상계 속에서 기꺼이 몽상하고 희열하는 것이다. 블랑쇼는 조토가 목동일 때 늘 상 양들을 보아 오며 화가의 소명을 발견한 것이 아니라, 치마부에의 그림을 수없이 보고 상상하면서, 모방하고 복제하면서, 자신의 소명을 발견했음을 염두에 둔다. 그렇다면 박물관은 이제 예술가가 자신의 예술을 탄생시키기 위해 스스로 기어들어 가 닫히는 모태적 공간이 된다. 왜냐하면 이 '상상' 공간은 분명 '메타모르포세스'의 힘을 지니고 있기 때문이다. 반복과 재생을 통해, 거의 기적적으로 신생되는 탈바꿈, 그 일변만이 현대 박물관을 그나마 구원할 수 있을 것이다. 표절하는 예술가가 아니라, 변신하며 신생하는 미래의 예술가가 탄생한다면 말이다.

블랑쇼는 신이 없다면, 하여 절대적 기원이 없다면, 예술도 순수 최초의 빛이 있는 것이 아니라, 끝없이 재생되는 무한한 운동성 속에서 솟구치는 빛이 있다고 생각하는 것 같다. 그래서 그 빛은 최초의 빛이 아니지만, 그래서 다시 최초의 빛이다. 프랑스 18세기 백과사전파의 번뇌와 그들이 이룬 성과는 단순히 만물의 지식을 모아 놓았다는 데 있는 것이 아니라, 무한한 순환성을 띠는 지식 배열 체계의 가능성을 제시했다는 데에 있다. 이제 지식은 학문 간에 위계질서가 없고 서로가 서로를 상쇄하고 보완하면서 원처럼 순환하는 것이다. 학문에 무슨 신학적 교리와 도식이 있기라도 한 것처럼, 지식을 나누고 순서를 배치하는 것 자체가 18세기 제3신분 계몽주의 사상가들에게는 지극히 불편하고 불온한 것이었다. 리좀 식물처럼 자유롭게 무한히 증식하는 21세기 위키 사전의 역동적 네트워크를 디드로가 보았다면 어떤 표정을 지었을까?

블랑쇼는 문학은 우선, 반론하는 힘에 있다고 생각한다. 냉정하게 말하면, 동화성은 퇴행성이다. 분리를 받아들이지 못하고, 과거로, 유아기로, 모태로 퇴행하는 일체의 상상계 병. 자신에게 익숙한 동화된 세계에 똬리를 틀면 일순 불안감이 해소되고 알싸하게 황홀해지지만, 결국 끔찍한 지옥이 될 것이다. 금기를 위반하지도 못하고, 자기 한계성 안에 매몰되는 퇴행성. 그런데 이 퇴행성과 유사한 이른바 '동일화' 판타지와 프로파간다가 세계를 지배하고 있다. 이것이 곧 진보라며 우리를 기만하고, 각자 다른 삶과 행복의 기준이 있는데, 이를 표준화하고 대중화하는 데 혈안이 되어 있다. 지식 전달과 배급에 급급한 나머지 '포켓' 문학이 판을 치고, 패배하는 문학이 아니라 승리하는 문학을 소비하라고 외치고 있는 것이다. 블랑쇼는 숨죽인 둔중한 반어법으로 이것을 "위대한 축소주의자"라 일갈한다. '문학'이 '문화'가 된 시대. 진짜 문학은 어디에 있는가? 자신의 이름 앞에 작가라 이름 붙인 작가들이 범람하는 시대, 도대체 진짜 작가는 어디에 있는가?

자화상과 '셀카' 프로필이 넘쳐 나는 시대. 데스마스크만이 우리들의 유일하고 진실한 초상화가 될 것이다. 블랑쇼는 철저히 근본적이다. 그래서 이토록 온당하다. "위대한 축소주의자들"이 아니라, "영점에 선 인간"이 그나마 진짜 작가가 될 일말의 가능성이 있다. 레비스트로스식 인류학은 왜 탄생했는가? 철학에 염증을 느끼고, 역사학의 오류를 깨달아서일까? 레비스트로스 인류학은 인간 현상에 대한 연구로, 이 인간 현상은 자연 현상에 귀속된다. 수시로 변하는 다양한 현상 뒤에 숨은 근본적 내적 원리를 추출하려 한 구조주의 방법론의 혁신은 '차이'에 대한 개념을 완전히 다른 방식으로 인식한 획기적 일변성에 있다. 차이가 있는 것이 아니라, '닮은 차이'가, '상이한 유사성'이 있을 뿐이다. 고유한 속성을 보기 위해 우선 차이를 관찰하는 것일 뿐, 레비스트로스 인류학은 소위 문화 비교론이 아니다. 공간적으로나 시간적으로 먼 낯선 나라를 찾아 나선 것은, 오만한 서구인이 낭만적 감성으로 원시를 찾아간 게 아니라, 문명이 상실한 '최초'를 찾아간 것이었다.

흔히 '최초' 또는 '근원'을 찾아 나서는 이와 같은 일련의 탐색은 근본주의 운동처럼 어떤 도그마티즘으로 오인받기 십상이다. 공산주의 운동은 끊임없이 '되어 가는' '영구 혁명'을 수행하는 것이지, 한 당에 가입함으로써 완결되는 것은 아니다. 그럼에도 불구하고 공산주의 철학은 이런 결정성, 즉 당에 가입하는 실천 행동 속에서만 가장 고양된 철학적 대단원을 맞이한다는 것을 블랑쇼는 적시한다. 그러나「느린 장례」라는 제목의 장이 함의하는 것처럼 마르크스주의의 하이라이트는 철학에서 시작하여 그 철학이 소멸됨으로써 진정한 철학에 도달하는 이 특수한 실천적 초월성에 있음도 분명 강조한다. 어떤 의미에서, 바로 그렇기 때문에, 공산주의는 철학 중의 철학이 될 수 있다. 이론이 실천이 되었기에 위대하다는 것이 아니라, 이론과 실천의 초월, 즉 '프락시스'praxis를 시도하는 가운데, 철학의 자살이 이루어졌기 때문이다.

블랑쇼가 앙리 르페브르에 헌사한 장「느린 장례」에서 우리는 로

렌스가 갑자기 군인이 되거나, 랭보가 갑자기 상인이 되는 것과 같은 단 한 번의 초월, 혹은 단 한 번의 "과목 변경"이 아니라, 여러 번의 초월, 아니 계속되는 초월이라는 더 어려운 과제를 제시받기에 이른다. 인간은 끊임없이 극복되어야 할 무엇이라는 근원적 질문 앞에 다시 서게 되는 것이다. 최고의 마르크시즘 이론가이자 실천가가 된 르페브르가 마르크시즘을 떠나는 이유가 마르크시즘에 입문한 이유와 동일하다는 것에 블랑쇼는 주목한다. 이것은 도대체 무슨 말일까? 살아남기 위해 우파로 변신한 좌파, 좌파로 변신한 우파처럼 개인적 생각이나 신념이 바뀐 것이 아니라, 우주 생태가 그러하듯 사회체 생태 역시나 점진적 변화 발전을 통해 의연하고 완만한 "느린 장례"로 일련의 되어 가기를, 일련의 자살 원리를 수행한다는 것일까?

블랑쇼에게 이런 활물적 자기 초월성은 '실천성'이라는 도그마티즘에 강박된 관념적 실존 철학보다 훨씬 실존적이다. 왜냐하면 끊임없이 운동하기 때문이다. '자기 추월'dépassement하기 때문이다. 철학이 그럴 수 있다면, 문학은 훨씬 그럴 수 있을 것이다. 아니, 더 그래야 한다. 디오니스 마스콜로, 마르그리트 뒤라스, 로베르 앙텔므 등 레지스탕스 운동을 하며 문학을 했던 동시대 작가들에 대한 블랑쇼의 시대적 증언과 열린 공감 비평은 2차 세계 대전 후 프랑스 현대 문학이 왜 그러한 자기 파괴적 일변에 이르렀는지를 짐작케 한다. 해방되기 위해서는 우선 자신으로부터도 해방되어야 한다. 그래서 자신을 파괴해야 한다. 기존에 가능성의 영역으로 확언되고 신뢰되었던 것들부터 파괴되어야 한다.

왜 '누보 로망' 문학에서 주제와 인물과 사건이 파괴되고 소멸되었는가. 아니, 왜 완전히 소멸되지 못한 채 그 흔적들을 남겨 놓았는가. 기존에 익숙하던 것이 부재하여 무미하고 중성적인 텍스트. 수천수만 가지를 말하지만, 그 수천수만 가지는 그저 흰 공백의 결핍 공간을 점철하는 무미한 다층적 운동의 흔적일 뿐이다. 어떤 일도 일어나지 않았고, 세계를 구원할 어떤 의미심장한 사건이나 메시지도 발화되지 않았지만, 미묘한 해방감이 찾아온다.

실상을 통하지 않고서는 비실상을 얻을 수 없다. 구체성을 통하지 않고서는 추상성을 얻을 수 없다. 픽션이라는 허구성, 더 나아가 시뮬라크르(가짜, 모의)에 불과한 언어를 통해 말을 소비하고 연소함으로써 에고의 올가미를 벗어던지는 것이다. 루이르네 데 포레, 미셸 레리스, 장 폴랑 등으로 이어지는 블랑쇼의 당대 문학 논평은 궁극의 무, 궁극의 무심함에 도달하기 위해 이 작가들이 얼마나 백팔번뇌에 가까운 고난한 수행을 했는지 여실히 증명하고도 남는다.

언어는 절대 관념도, 절대 진리도 아니다. 따라서, 당장 버릴 수 있을 것도 같은데, 인간이 세계를 인식하고 자기화하는 실천 활동 속에 가장 확실하게 들어와 있기에 결코 버릴 수도 없다. 20세기 현대 유럽의 작가들은 이렇게, 험난한 일체의 '트랜스'trans를 시도하고 노력한 것이다. 언어를 주도하는 전능한 나의 직위에서 면직되고, 더 이상 언어를 중시하지 않기 위해, 그래, 언어를 경시하기 위해 언어를 이처럼 도착적으로 껴안는 문학 행위는 그러나 말처럼 쉽게 이해될 만한 것은 아니다. 완전한 포기가 아니라, 현기증이 일어날 만큼 소용돌이치는 나선형의 구도求道 행위이기 때문이다.

블랑쇼가 카뮈를 추모하는 방식은 그래서 더더욱 수긍이 간다. 카뭐가 그토록 이르려 했던 '단순함' 또는 '무심함', '무관심'이 저 거대하고 무거운 철학적 용어 '부조리'로 둔갑했으니 말이다. 블랑쇼의 논조는 그래서 더욱 진중하고 결연하다. 한편, 이렇게 철학적으로 해석되고 비평될 여지를 카뮈 스스로가 만들어 냈으니, 이에 대한 오독을 불식시키고 그의 의도를 옹호하기 위해 블랑쇼는 더욱 섬세하고 정교한 해설을 해낸다. 그런데, 삶을 온전히 껴안기 위해, 열정을 연습하고 감정을 손실시켜 몸이 즉자적으로 느낄 수 있는 무매개성의 언어를 희구했음을 우리는 과연 카뮈의 문학 속에서 쉽게 간파할 수 있을까? 아들을 정말로 걱정하고 근심하면서도 별반 말이 없던 어머니의 묵언을, 작가 카뮈는 할 수 있었을까?

무심함을 뜻하는 Indifférence는 차이, 구분, 분별이 없어짐을 뜻한다. 일찍이 서양 철학은 차이를 통해 사물의 고유한 속성을 보려는 지난한 이지적 작업을 해 왔다. 그런데 서서히, 부지불식간에, '실로 있음'과 '실로 없음'이라는 두 치우침으로 나뉘면서 그 어느 것 하나에 부질없이 집착하게 되었다. 우리는 스스로의 인식 경험을 통해서나 사람 사는 세상의 숱한 논쟁과 갈등 양상을 통해서도 이것을 익히 체험하고 있다. 정체성, 동일성, 신분 증명을 뜻하는 Identité는, 그러니까 이른바 ID는 아이러니하게 내가 나임을 증명하는 것만이 아니라, 내가 네가 아님을 증명하는 것이기도 하다. 다르게 말해 보면, 다름을 통해 같음을 증명하는 것이다. 같음이나 다름이나, 실로 그러하다면 그러한 것이겠지만, 문제는 이것에 집착하는 순간, 이 실로 그러함 또는 그러하지 않음이 지극히 공허한 것이 되고 만다는 것이다. 나는 나이고, 너는 너라는 응당한 분별심의 진리가 이제 괴로운 진리가 된다. 이름, 가족, 국가! 탄생과 함께 자동 발급되는 이 강력한 소속 증명의 ID. 이것 또한 괴로운 진리다.

오스트리아 태생이고, 아버지는 유대인이며, 어머니는 기독교인이었던 앙드레 고르츠가 문학하는 이유를 해설하며, 블랑쇼는 총체적 억압과도 같은 이런 강력한 소속으로부터 우리는 탈출해야 한다고 촉구한다. 또한 바로 이런 지점에 현대 문학의 소임이 있다. 차이성과 개별성을 주의주장하는 것이 아니라, 차라리 이에 절망해야 한다. 이를 거부해야 한다. 개성성을, 자기 중심주의를, 소속주의를, 애국주의를, 한마디로 일체의 이런 동일화를 공포로 여겨야 하는 것이다. 블랑쇼는 문학이 하는 놀라운 것이 있다면, 바로 이런 무심함에 열정을 보이는 일이지 다른 게 있겠느냐고 묵시적으로 말한다.

여리고 허약하나 마치 학대하고 자학하듯 강렬하고 격렬한 터치로 반죽되어 나온 최종의 형상. 자코메티의 조각상은 저 고대 그리스 조각상부터 이어져 온 당당한 ID의 현존과 극단의 대치점에 있다. 자코메티 예술에 대한 수많은 무분별한 관념적 해석보다 나는 블랑쇼가 쓴 이 몇 쪽의 비범한 비평에 감동과 충격을 받았다. 마치 극한의 태형 고문을 당한 듯, 이 한없이 취약한, 그러나 숱하게 거듭된 수정으로 여러 층위가 발생하면서 면역력이 생겼을, 그래서 그 어떤 유혹이나 공격에도 무감할 만큼 강해진, 이 '흔적'이라는 현존. 동일화에 대한 공포를 이겨 낸 '무심함'의 현현.

블랑쇼가 이 무심함이라는 '니르바나'를 얼마나 사모하고 열중하는지는 로제 라포르트의 글쓰기 수행에서 그가 어떻게 '중립'에 이르렀는지를 해명하는 데에서도 엿볼 수 있다. 3인칭 대명사와 비인칭 대명사를 활용하며 글을 쓰는데도, '나'와 '쓰다'와 '쓰는 나'라는 세 항목은 끊임없이 길항하고 반목한다. 제 아무리 '나'와 '쓰는 나'를 비일치하게 만들어 '쓰다'의 수련 속에 '나'라는 번뇌를 소멸시키려 해도, 이 '나'는 자꾸 되살아나고 말기 때문이다.

작품보다 작가가 신성시되는 사회. 잡문을 고작 한두 편 내어도 '작가'로 등재되고 추앙받는 이 기이한 대중 교양물의 세계. 블랑쇼는 외롭게 힐난한다. 아니, 우리에게 경종을 울린다. 굳이 추앙하려면, 작가보다 작품에게 해라. 왜냐하면 작가는 작품이 완료되면, 작품으로부터 해고당하기 때문이다. 에고에 갇혀 "나!" "나!" "나!" 하고 신음하는 1인칭 중독의 나르시시스트가 열성적으로 글을 쓰며 이미 보상받은 게 있기 때문이다. 그렇게 지독하게 글을 쓰며 자신을 핍진하고, 연소하고, 희생시켰으므로, 비록 외양이 사라져 아무도 알아보지 못하지만 바야흐로 비인칭성에 도달하는 영광을 누렸기 때문이다. 이로써 이미 작가는 구원받았으니, 스스로 구세주라 칭할 것까지는 없지 않겠는가. 자신을 구세주라 칭하는 자들이 넘쳐 나듯, 자신을 스스로 작가라 칭하는 자들이 넘쳐 난다.

책은 완료형이 되는 순간 미래형이 된다. 책은 결코 멈추지 않고 속개되는 부단한 속삭임일 뿐이다. 신은 도래하고 있을 뿐, 아직 도착하지 않았고, 어쩌면 영영 도착하지 않을지 모른다. 도래할 메시아를 기다리며 종교적 수행이 거듭되듯, '나'는 '쓰는 나' 속에서 도래할 '무아'를 기다리며 글쓰기를 거듭할 뿐, 작가라는 명성을 얻기 위해 글을 쓰는 것은 아니지 않은가. 에고에 붙잡혀 결코 뛰어내리지 못한다면, 이곳이 곧 지옥이다.

에드몽 자베스, 마르틴 부버, 그리고 특히 카프카. 블랑쇼는 왜 『우정』의 말미에서 이토록 갈구하고 기도하듯 유대인 작가들을 소환하는가? 끊어지고 잘린 말이지만 부드러운 인내와 결백한 외침과 다정한 열병 속에서 끝없이 자신을 무화하며 글을 쓰는 자들이기 때문이다. "단어 하나에서 단어 하나로 가능한 공허"를 발견한 자들이기 때문이다. 이른바 하시디즘과 카발라의 스승들은 자신에 대해 말하는 것을 극도로 혐오하는 자들이다. 그 모든 작가가 질투할 만한 강력한 힘이 깃든, 최고의 비밀을 간직한 책을 썼으면서도 그것을 흘러넘치게 드러내지 않는 자이다. 카프카가 특히 그랬다. 익명성을 놀랍도록 탐색하고 그것을 실행하는 자로서 블랑쇼는 그를 추앙한다. 「마지막 말」 그리고 또 「최후의 마지막 말」이라고 명명된 유언과도 같은 장에서 블랑쇼는 카프카를 빌려 "작가란 무엇인가"를 근원적으로 묻고 또 묻는다.

출판을 거부하고 자기 작품을 다 파괴하겠다는 결정을 내린 것에서부터 블랑쇼는 카프카 문학의 순수성을 진단한다. 파괴되어 저 어둠 속에 영원히 매장되었어야 할 운명의 글이 친구 막스 브로트에 의해 출판되어 이토록 눈부신 명성을 얻게 되었으니 이것이야말로 아이러니 아닌가. 블랑쇼가 지극한 공을 들여 절제하고 또 절제하되 저 모종의 강력한 함의로 비판하고 있는 카프카 전작의 출판 배경. 그리고 막스 브로트의 일말의 남용과 왜곡. 전집에 실릴 수 없었거나, 실리기를 끝까지 지연해야 했던 약혼자 펠리체 바우어와의 편지, 그리고 거의 이해 불가능한, 그래서 은닉되었을 수 있는 카프카의 정신적 고투와 투쟁. 블랑쇼는 저 심원한 유대주의 신비사상과의 연관성을 우회하여 신중하게 말하되, 카프카의 과도한 글쓰기 열정은 어쩌면 그가 스스로에게, 근원적 죽음으로 귀결될 때만이 비로소 구원될 영벌을 내려서일 것이라고 짐작한다. 글을 써도, 글을 쓰지 않아도 괴로운 카프카는 그가 단어들을 쓰는 것이 아니라, 그의 단어들이 환영들에 넘어간 것 같다고 말한다.

글을 쓰는 자에게 어떠한 보상이 따르는가? 눈부신 명성? 카프카는 이렇게 쓰고 있다.

글을 쓰면 달콤하고 기적 같은 보상이 있어. 하지만 누가 우리에게 무엇을 지불하지? 밤에, 나는, 수업받는 어린이처럼 말똥말똥하게 그 답을 분명 알았어. 바로 악령에 복무한 대가였지. 이 어두운 힘을 향한 하강, 평상시 잘 통제되어 있던 정신들의 분출, 태양 빛 아래에서 이야기를 쓸 때에는, 그렇게 높은 곳에서는 알 수 없었던 것.

또 이렇게도 쓰고 있다.

너는 나더러 더 내려가라고 하지만, 나는 이미 아주 깊이 내려왔어. 그런데도, 그래야 한다면, 나는 여기 머물게. 멋진 곳이야! 어딘가에 제일 깊은 곳이 있겠지. 하지만 나는 여기 머물 테니, 더 깊이 내려가라고 다그치지만 말아 줘.

*

사족이 될지언정, 마지막으로 덧붙이고 싶은 게 있다.

지난 2년 동안 모리스 블랑쇼를 고통스럽게 번역하며, 내게 어떤 보상이 따랐는가? 노동에 대한 수고로 돌아올 미약한 보수와 늘 별 볼일 없이 평가되는 번역자의, 학계에서의 위상을 수없이 떠올리며 자책하고 절망했다. 씁쓸한 자조의 말을 어둠의 공허 속에 내뱉곤 했지만, 블랑쇼가 거의 카프카가 되어 있는 이 마지막 장을 번역할 무렵에야 나는 깨달았고, 확신했다. 바로 공허가 나를 보상해 준다고. 내가 경험한 그 위대한 공허가 나에게 많은 것을 이미 지불해 주었다고 말이다.

블랑쇼의 원문이 번역문으로 오는 과정에서, 문형이 파괴되고, 품사가 교체되고, 만연체가 단속적 단언과 확언의 요약문으로 변형되고, 의미의 와전과 곡해가 발생했다면, 그건 순전히 헤라클레스에 버금가는 노역을 해내다 벌어진 나의 불미한 죄업이다. 블랑쇼가 요청했건만, 나는 아마도 "헤라클레스가 바다의 양안을 한꺼번에 움켜잡은 것처럼, 서로 다른 두 언어를 헤라클레스의 힘에 버금가는 강력한 통일의 힘으로 담대하게 근접"시키지 못했을 것이다. 내 능력의 무한한 한계 때문에라도 나는 헤라클레스를 영원히 나의 수호신으로 삼을 수밖에 없다.

한없이 늦어진 원고 마감을 깊은 인내로 기다려 주신 그린비 편집부에게도 미안함과 감사의 말을 전한다.

2022년 8월

류재화

지은이 모리스 블랑쇼 Maurice Blanchot, 1907~2003　젊은 시절 몇 년간 저널리스트로 활동한 것 이외에는 평생 모든 공식 활동으로부터 물러나 글쓰기에 전념했다. 작가이자 사상가로서 철학·문학비평·소설의 영역에서 방대한 양의 글을 남겼다. 문학의 영역에서는 말라르메를 전후로 하는 거의 모든 전위적 문학의 흐름에 대해 깊고 독창적인 성찰을 보여 주었고, 또한 후기에는 철학적 시론과 픽션의 경계를 뛰어넘는 독특한 스타일의 문학작품을 창조했다. 철학의 영역에서 그는 존재의 한계·부재에 대한 급진적 사유를 대변하고 있으며, 한 세대 이후의 여러 사상가들에게 큰 영향을 주는 동시에 그들과 적지 않은 점에서 여러 문제들을 공유하였다. 주요 저서로 『토마 알 수 없는 자』, 『죽음의 선고』, 『원하던 순간에』, 『문학의 공간』, 『도래할 책』, 『무한한 대화』, 『우정』, 『저 너머로의 발걸음』, 『카오스의 글쓰기』, 『나의 죽음의 순간』 등이 있다.

옮긴이 류재화　고려대학교 불어불문학과를 졸업하고 파리 소르본누벨대학에서 파스칼 키냐르 연구로 문학박사 학위를 받았다. 고려대학교, 한국외국어대학교 통번역대학원, 철학아카데미에서 프랑스 문학 및 역사와 문화, 번역의 이론과 실제 등을 강의하고 있다. 옮긴 책으로 파스칼 키냐르의 『심연들』, 『세상의 모든 아침』, 클로드 레비스트로스의 『달의 이면』, 『오늘날의 토테미즘』, 『레비스트로스의 인류학 강의』, 『보다 듣다 읽다』, 발자크의 『공무원 생리학』, 『기자 생리학』 등이 있다.

우정 (모리스 블랑쇼 선집 6)

초판1쇄 펴냄 2022년 09월 02일
초판2쇄 펴냄 2024년 02월 29일

지은이 모리스 블랑쇼
옮긴이 류재화
펴낸이 유재건
펴낸곳 (주)그린비출판사
주소 서울시 마포구 와우산로 180, 4층
대표전화 02-702-2717 | **팩스** 02-703-0272
홈페이지 www.greenbee.co.kr
원고투고 및 문의 editor@greenbee.co.kr

편집 이진희, 구세주, 송예진, 김아영 | **디자인** 이은솔, 박예은
마케팅 육소연 | **물류유통** 류경희

ISBN 978-89-7682-688-6 04100   978-89-7682-320-5 (세트)

독자의 학문사변행學問思辨行을 돕는 든든한 가이드 _(주)그린비출판사